高等学校

学習指導要領(平成30年告示)

平成30年3月　告示

文部科学省

目次

- 教育基本法 …………………………………………………… 2
- 学校教育法（抄） ……………………………………………… 5
- 学校教育法施行規則（抄） …………………………………… 7
- 第1章　総　則 ………………………………………………… 19
- 第2章　各学科に共通する各教科 …………………………… 33
  - 第1節　国　語 ……………………………………………… 33
  - 第2節　地理歴史 …………………………………………… 48
  - 第3節　公　民 ……………………………………………… 79
  - 第4節　数　学 ……………………………………………… 91
  - 第5節　理　科 ……………………………………………… 103
  - 第6節　保健体育 …………………………………………… 131
  - 第7節　芸　術 ……………………………………………… 141
  - 第8節　外国語 ……………………………………………… 163
  - 第9節　家　庭 ……………………………………………… 181
  - 第10節　情　報 ……………………………………………… 190
  - 第11節　理　数 ……………………………………………… 196
- 第3章　主として専門学科において開設される各教科 … 199
  - 第1節　農　業 ……………………………………………… 199
  - 第2節　工　業 ……………………………………………… 241
  - 第3節　商　業 ……………………………………………… 310
  - 第4節　水　産 ……………………………………………… 337
  - 第5節　家　庭 ……………………………………………… 366
  - 第6節　看　護 ……………………………………………… 391
  - 第7節　情　報 ……………………………………………… 407
  - 第8節　福　祉 ……………………………………………… 422
  - 第9節　理　数 ……………………………………………… 435
  - 第10節　体　育 ……………………………………………… 442
  - 第11節　音　楽 ……………………………………………… 448
  - 第12節　美　術 ……………………………………………… 453
  - 第13節　英　語 ……………………………………………… 460
- 第4章　総合的な探究の時間 ………………………………… 475
- 第5章　特別活動 ……………………………………………… 478
- 移行措置関係規定 …………………………………………… 485
- 中等教育学校等関係法令 …………………………………… 489
- 中学校学習指導要領 ………………………………………… 497

教育基本法

平成十八年十二月二十二日法律第百二十号

　我々日本国民は，たゆまぬ努力によって築いてきた民主的で文化的な国家を更に発展させるとともに，世界の平和と人類の福祉の向上に貢献することを願うものである。

　我々は，この理想を実現するため，個人の尊厳を重んじ，真理と正義を希求し，公共の精神を尊び，豊かな人間性と創造性を備えた人間の育成を期するとともに，伝統を継承し，新しい文化の創造を目指す教育を推進する。

　ここに，我々は，日本国憲法の精神にのっとり，我が国の未来を切り拓く教育の基本を確立し，その振興を図るため，この法律を制定する。

第一章　教育の目的及び理念

（教育の目的）

第一条　教育は，人格の完成を目指し，平和で民主的な国家及び社会の形成者として必要な資質を備えた心身ともに健康な国民の育成を期して行われなければならない。

（教育の目標）

第二条　教育は，その目的を実現するため，学問の自由を尊重しつつ，次に掲げる目標を達成するよう行われるものとする。

　一　幅広い知識と教養を身に付け，真理を求める態度を養い，豊かな情操と道徳心を培うとともに，健やかな身体を養うこと。

　二　個人の価値を尊重して，その能力を伸ばし，創造性を培い，自主及び自律の精神を養うとともに，職業及び生活との関連を重視し，勤労を重んずる態度を養うこと。

　三　正義と責任，男女の平等，自他の敬愛と協力を重んずるとともに，公共の精神に基づき，主体的に社会の形成に参画し，その発展に寄与する態度を養うこと。

　四　生命を尊び，自然を大切にし，環境の保全に寄与する態度を養うこと。

　五　伝統と文化を尊重し，それらをはぐくんできた我が国と郷土を愛するとともに，他国を尊重し，国際社会の平和と発展に寄与する態度を養うこと。

（生涯学習の理念）

第三条　国民一人一人が，自己の人格を磨き，豊かな人生を送ることができるよう，その生涯にわたって，あらゆる機会に，あらゆる場所において学習することができ，その成果を適切に生かすことのできる社会の実現が図られなければならない。

（教育の機会均等）

第四条　すべて国民は，ひとしく，その能力に応じた教育を受ける機会を与えられなければならず，人種，信条，性別，社会的身分，経済的地位又は門地によって，教育上差別されない。

2　国及び地方公共団体は，障害のある者が，その障害の状態に応じ，十分な教育を受けられるよう，教育上必要な支援を講じなければならない。

3　国及び地方公共団体は，能力があるにもかかわらず，経済的理由によって修学が困難な者に対して，奨学の措置を講じなければならない。

第二章　教育の実施に関する基本

（義務教育）

第五条　国民は，その保護する子に，別に法律で定めるところにより，普通教育を受けさせる義務を負う。

2　義務教育として行われる普通教育は，各個人の有する能力を伸ばしつつ社会において自立的に生きる基礎を培い，また，国家及び社会の形成者として必要とされる基本的な資質を養うことを目的として行われるものとする。

3　国及び地方公共団体は，義務教育の機会を保障し，その水準を確保するため，適切な役割分担及び相互の協力の下，その実施に責任を負う。

4　国又は地方公共団体の設置する学校における義務教育については，授業料を徴収しない。

（学校教育）

第六条　法律に定める学校は，公の性質を有するものであって，国，地方公共団体及び法律に定める法人のみが，これを設置することができる。

2　前項の学校においては，教育の目標が達成されるよう，教育を受ける者の心身の発達に応じて，体系的な教育が組織的に行われなければならない。この場合において，教育を受ける者が，学校生活を営む上で必要な規律を重んずるとともに，自ら進んで学習に取り組む意欲を高めることを重視して行われなければならない。

（大学）

第七条　大学は，学術の中心として，高い教養と専門的能力を培うとともに，深く真理を探究して新たな知見を創造し，これらの成果を広く社会に提供することにより，社会の発展に寄与するものとする。

2　大学については，自主性，自律性その他の大学における教育及び研究の特性が尊重されなければならない。

（私立学校）

第八条　私立学校の有する公の性質及び学校教育において果たす重要な役割にかんがみ，国及び地方公共団体は，その自主性を尊重しつつ，助成その他の適当な方法によって私立学校教育の振興に努めなければならない。

（教員）

第九条　法律に定める学校の教員は，自己の崇高な使命を深く自覚し，絶えず研究と修養に励み，その職責の遂行に努めなければならない。

2　前項の教員については，その使命と職責の重要性にかんがみ，その身分は尊重され，待遇の適正が期せられるとともに，養成と研修の充実が図られなければならない。

（家庭教育）

第十条　父母その他の保護者は，子の教育について第一義的責任を有するものであって，生活のために必要な習慣を身に付けさせるとともに，自立心を育成し，心身の調和のとれた発達を図るよう努めるものとする。

2　国及び地方公共団体は，家庭教育の自主性を尊重しつつ，保護者に対する学習の機会及び情報の提供その他の家庭教育を支援するために必要な施策を講ずるよう努めなければならない。

（幼児期の教育）

第十一条　幼児期の教育は，生涯にわたる人格形成の基礎を培う重要なものであることにかんがみ，国及び地方公共団体は，幼児の健やかな成長に資する良好な環境の整備その他適当な方法によって，その振興に努めなければならない。

（社会教育）

第十二条　個人の要望や社会の要請にこたえ，社会において行われる教育は，国及び地方公共団体によって奨励されなければならない。

2　国及び地方公共団体は，図書館，博物館，公民館その他の社会教育施設の設置，学校の施設の利用，学習の機会及び情報の提供その他の適当な方法によって社会教育の振興に努めなければならない。

（学校，家庭及び地域住民等の相互の連携協力）

第十三条　学校，家庭及び地域住民その他の関係者は，教育におけるそれぞれの役割と責任を自覚するとともに，相互の連携及び協力に努めるものとする。

（政治教育）

第十四条　良識ある公民として必要な政治的教養は，教育上尊重されなければならない。

2　法律に定める学校は，特定の政党を支持し，又はこれに反対するための政治教育その他政治的活動をしてはならない。

（宗教教育）

第十五条　宗教に関する寛容の態度，宗教に関する一般的な教養及び宗教の社会生活における地位は，教育上尊重されなければならない。

2　国及び地方公共団体が設置する学校は，特定の宗教のための宗教教育その他宗教的活動をしてはならない。

第三章　教育行政

（教育行政）

第十六条　教育は，不当な支配に服することなく，この法律及び他の法律の定めるところにより行われるべきものであり，教育行政は，国と地方公共団体との適切な役割分担及び相互の協力の下，公正かつ適正に行われなければならない。

2　国は，全国的な教育の機会均等と教育水準の維持向上を図るため，教育に関する施策を総合的に策定し，実施しなければならない。

3　地方公共団体は，その地域における教育の振興を図るため，その実情に応じた教育に関する施策を策定し，実施しなければならない。

4　国及び地方公共団体は，教育が円滑かつ継続的に実施されるよう，必要な財政上の措置を講じなければならない。

（教育振興基本計画）

第十七条　政府は，教育の振興に関する施策の総合的かつ計画的な推進を図るため，教育の振興に関する施策についての基本的な方針及び講ずべき施策その他必要な事項について，基本的な計画を定め，これを国会に報告するとともに，公表しなければならない。

2　地方公共団体は，前項の計画を参酌し，その地域の実情に応じ，当該地方公共団体における教育の振興のための施策に関する基本的な計画を定めるよう努めなければならない。

第四章　法令の制定

第十八条　この法律に規定する諸条項を実施するため，必要な法令が制定されなければならない。

学校教育法（抄）

昭和二十二年三月三十一日法律第二十六号
一部改正：平成三十年六月一日法律第三十九号

第四章　小学校

第三十条　小学校における教育は，前条に規定する目的を実現するために必要な程度において第二十一条各号に掲げる目標を達成するよう行われるものとする。

②　前項の場合においては，生涯にわたり学習する基盤が培われるよう，基礎的な知識及び技能を習得させるとともに，これらを活用して課題を解決するために必要な思考力，判断力，表現力その他の能力をはぐくみ，主体的に学習に取り組む態度を養うことに，特に意を用いなければならない。

第三十一条　小学校においては，前条第一項の規定による目標の達成に資するよう，教育指導を行うに当たり，児童の体験的な学習活動，特にボランティア活動など社会奉仕体験活動，自然体験活動その他の体験活動の充実に努めるものとする。この場合において，社会教育関係団体その他の関係団体及び関係機関との連携に十分配慮しなければならない。

第六章　高等学校

第五十条　高等学校は，中学校における教育の基礎の上に，心身の発達及び進路に応じて，高度な普通教育及び専門教育を施すことを目的とする。

第五十一条　高等学校における教育は，前条に規定する目的を実現するため，次に掲げる目標を達成するよう行われるものとする。

一　義務教育として行われる普通教育の成果を更に発展拡充させて，豊かな人間性，創造性及び健やかな身体を養い，国家及び社会の形成者として必要な資質を養うこと。

二　社会において果たさなければならない使命の自覚に基づき，個性に応じて将来の進路を決定させ，一般的な教養を高め，専門的な知識，技術及び技能を習得させること。

三　個性の確立に努めるとともに，社会について，広く深い理解と健全な批判力を養い，社会の発展に寄与する態度を養うこと。

第五十二条　高等学校の学科及び教育課程に関する事項は，前二条の規定及び第六十二条において読み替えて準用する第三十条第二項の規定に従い，文部科学大臣が定める。

第五十三条　高等学校には，全日制の課程のほか，定時制の課程を置くことができる。

②　高等学校には，定時制の課程のみを置くことができる。

第五十四条　高等学校には，全日制の課程又は定時制の課程のほか，通信制の課程を置くことができる。

②　高等学校には，通信制の課程のみを置くことができる。

③・④　（略）

第五十五条　高等学校の定時制の課程又は通信制の課程に在学する生徒が，技能教育のための施設で当該施設の所在地の都道府県の教育委員会の指定するものにおいて教育を受けているときは，校長は，文部科学大臣の定めるところにより，当該施設における学習を当該高等学校における教科の一部の履修とみなすことができる。

②　（略）

第五十六条　高等学校の修業年限は，全日制の課程については，三年とし，定時制の課程及び通信制の課程については，三年以上とする。

第五十八条　高等学校には，専攻科及び別科を置くことができる。

② 高等学校の専攻科は，高等学校若しくはこれに準ずる学校若しくは中等教育学校を卒業した者又は文部科学大臣の定めるところにより，これと同等以上の学力があると認められた者に対して，精深な程度において，特別の事項を教授し，その研究を指導することを目的とし，その修業年限は，一年以上とする。

③ 高等学校の別科は，前条に規定する入学資格を有する者に対して，簡易な程度において，特別の技能教育を施すことを目的とし，その修業年限は，一年以上とする。

第六十二条　第三十条第二項，第三十一条，第三十四条，第三十七条第四項から第十七項まで及び第十九項並びに第四十二条から第四十四条までの規定は，高等学校に準用する。この場合において，第三十条第二項中「前項」とあるのは「第五十一条」と，第三十一条中「前条第一項」とあるのは「第五十一条」と読み替えるものとする。

第八章　特別支援教育

第八十一条　幼稚園，小学校，中学校，義務教育学校，高等学校及び中等教育学校においては，次項各号のいずれかに該当する幼児，児童及び生徒その他教育上特別の支援を必要とする幼児，児童及び生徒に対し，文部科学大臣の定めるところにより，障害による学習上又は生活上の困難を克服するための教育を行うものとする。

② 小学校，中学校，義務教育学校，高等学校及び中等教育学校には，次の各号のいずれかに該当する児童及び生徒のために，特別支援学級を置くことができる。

一　知的障害者
二　肢体不自由者
三　身体虚弱者
四　弱視者
五　難聴者
六　その他障害のある者で，特別支援学級において教育を行うことが適当なもの

③ 前項に規定する学校においては，疾病により療養中の児童及び生徒に対して，特別支援学級を設け，又は教員を派遣して，教育を行うことができる。

学校教育法施行規則　（抄）

昭和二十二年五月二十三日文部省令第十一号
一部改正：平成三十年三月三十日文部科学省令第十三号
平成三十年八月二十七日文部科学省令第二十七号

第四章　小学校

第二節　教育課程

第五十四条　児童が心身の状況によつて履修することが困難な各教科は，その児童の心身の状況に適合するように課さなければならない。

第五十七条　小学校において，各学年の課程の修了又は卒業を認めるに当たつては，児童の平素の成績を評価して，これを定めなければならない。

第五十八条　校長は，小学校の全課程を修了したと認めた者には，卒業証書を授与しなければならない。

第六章　高等学校

第一節　設備，編制，学科及び教育課程

第八十一条　二以上の学科を置く高等学校には，専門教育を主とする学科（以下「専門学科」という。）ごとに学科主任を置き，農業に関する専門学科を置く高等学校には，農場長を置くものとする。

2～5　（略）

第八十三条　高等学校の教育課程は，別表第三に定める各教科に属する科目，総合的な探究の時間及び特別活動によつて編成するものとする。

第八十四条　高等学校の教育課程については，この章に定めるもののほか，教育課程の基準として文部科学大臣が別に公示する高等学校学習指導要領によるものとする。

第八十五条　高等学校の教育課程に関し，その改善に資する研究を行うため特に必要があり，かつ，生徒の教育上適切な配慮がなされていると文部科学大臣が認める場合においては，文部科学大臣が別に定めるところにより，前二条の規定によらないことができる。

第八十五条の二　文部科学大臣が，高等学校において，当該高等学校又は当該高等学校が設置されている地域の実態に照らし，より効果的な教育を実施するため，当該高等学校又は当該地域の特色を生かした特別の教育課程を編成して教育を実施する必要があり，かつ，当該特別の教育課程について，教育基本法及び学校教育法第五十一条の規定等に照らして適切であり，生徒の教育上適切な配慮がなされているものとして文部科学大臣が定める基準を満たしていると認める場合においては，文部科学大臣が別に定めるところにより，第八十三条又は第八十四条の規定の全部又は一部によらないことができる。

第八十六条　高等学校において，学校生活への適応が困難であるため，相当の期間高等学校を欠席し引き続き欠席すると認められる生徒，高等学校を退学し，その後高等学校に入学していないと認められる者若しくは学校教育法第五十七条に規定する高等学校の入学資格を有するが，高等学校に入学していないと認められる者又は疾病による療養のため若しくは障害のため，相当の期間高等学校を欠席すると認められる生徒，高等学校を退学し，その後高等学校に入学していないと認められる者若しくは学校教育法第五十七条に規定する高等学校の入学資格を有するが，高等学校に入学していないと認められる者を対象として，その実態に配慮した特別の教育課程を編成して教育を実施する必要があると文部科学大臣が認める場合においては，文部科学大臣が別に定めるところにより，第八十三条又は第八十四条の規定によらないことができる。

第八十八条の二　スイス民法典に基づく財団法人である国際バカロレア事務局から国際バカロレア・ディプロマ・プログラムを提供する学校として認められた高等学校の教育課程については，この章に定めるもののほか，教育課程の基準の特例として文部科学大臣が別に定めるところによるものとする。

第八十八条の三　高等学校は，文部科学大臣が別に定めるところにより，授業を，多様なメディアを高度に利用して，当該授業を行う教室等以外の場所で履修させることができる。

第二節　入学，退学，転学，留学，休学及び卒業等

第九十一条　第一学年の途中又は第二学年以上に入学を許可される者は，相当年齢に達し，当該学年に在学する者と同等以上の学力があると認められた者とする。

第九十二条　他の高等学校に転学を志望する生徒のあるときは，校長は，その事由を具し，生徒の在学証明書その他必要な書類を転学先の校長に送付しなければならない。転学先の校長は，教育上支障がない場合には，転学を許可することができる。

2　全日制の課程，定時制の課程及び通信制の課程相互の間の転学又は転籍については，修得した単位に応じて，相当学年に転入することができる。

第九十三条　校長は，教育上有益と認めるときは，生徒が外国の高等学校に留学することを許可することができる。

2　校長は，前項の規定により留学することを許可された生徒について，外国の高等学校における履修を高等学校における履修とみなし，三十六単位を超えない範囲で単位の修得を認定することができる。

3　校長は，前項の規定により単位の修得を認定された生徒について，第百四条第一項において準用する第五十九条又は第百四条第二項に規定する学年の途中においても，各学年の課程の修了又は卒業を認めることができる。

第九十六条　校長は，生徒の高等学校の全課程の修了を認めるに当たつては，高等学校学習指導要領の定めるところにより，七十四単位以上を修得した者について行わなければならない。ただし，第八十五条，第八十五条の二又は第八十六条の規定により，高等学校の教育課程に関し第八十三条又は第八十四条の規定によらない場合においては，文部科学大臣が別に定めるところにより行うものとする。

2　前項前段の規定により全課程の修了の要件として修得すべき七十四単位のうち，第八十八条の三に規定する授業の方法により修得する単位数は三十六単位を超えないものとする。

第九十七条　校長は，教育上有益と認めるときは，生徒が当該校長の定めるところにより他の高等学校又は中等教育学校の後期課程において一部の科目の単位を修得したときは，当該修得した単位数を当該生徒の在学する高等学校が定めた全課程の修了を認めるに必要な単位数のうちに加えることができる。

2　前項の規定により，生徒が他の高等学校又は中等教育学校の後期課程において一部の科目の単位を修得する場合においては，当該他の高等学校又は中等教育学校の校長は，当該生徒について一部の科目の履修を許可することができる。

3　同一の高等学校に置かれている全日制の課程，定時制の課程及び通信制の課程相互の間の併修については，前二項の規定を準用する。

第九十八条　校長は，教育上有益と認めるときは，当該校長の定めるところにより，生徒が行う次に掲げる学修を当該生徒の在学する高等学校における科目の履修とみなし，当該科目の単位を与えることができる。

　一　大学，高等専門学校又は専修学校の高等課程若しくは専門課程における学修その他の教育施設等における学修で文部科学大臣が別に定めるもの

　二　知識及び技能に関する審査で文部科学大臣が別に定めるものに係る学修

　三　ボランティア活動その他の継続的に行われる活動（当該生徒の在学する高等学校の教育活動として行

われるものを除く。）に係る学修で文部科学大臣が別に定めるもの

第九十九条　第九十七条の規定に基づき加えることのできる単位数及び前条の規定に基づき与えることのできる単位数の合計数は三十六を超えないものとする。

第百条　校長は，教育上有益と認めるときは，当該校長の定めるところにより，生徒が行う次に掲げる学修（当該生徒が入学する前に行つたものを含む。）を当該生徒の在学する高等学校における科目の履修とみなし，当該科目の単位を与えることができる。

一　高等学校卒業程度認定試験規則（平成十七年文部科学省令第一号）の定めるところにより合格点を得た試験科目（同令附則第二条の規定による廃止前の大学入学資格検定規程（昭和二十六年文部省令第十三号。以下「旧規程」という。）の定めるところにより合格点を得た受検科目を含む。）に係る学修

二　高等学校の別科における学修で第八十四条の規定に基づき文部科学大臣が公示する高等学校学習指導要領の定めるところに準じて修得した科目に係る学修

第三節　定時制の課程及び通信制の課程並びに学年による教育課程の区分を設けない場合その他

第百二条　高等学校の定時制の課程又は通信制の課程の修業年限を定めるに当たつては，勤労青年の教育上適切な配慮をするよう努めるものとする。

第百三条　高等学校においては，第百四条第一項において準用する第五十七条（各学年の課程の修了に係る部分に限る。）の規定にかかわらず，学年による教育課程の区分を設けないことができる。

2　前項の規定により学年による教育課程の区分を設けない場合における入学等に関する特例その他必要な事項は，単位制高等学校教育規程（昭和六十三年文部省令第六号）の定めるところによる。

第百四条　第四十三条から第四十九条まで（第四十六条を除く。），第五十四条，第五十七条から第七十一条まで（第六十九条を除く。）及び第七十八条の二の規定は，高等学校に準用する。

2　前項の規定において準用する第五十九条の規定にかかわらず，修業年限が三年を超える定時制の課程を置く場合は，その最終の学年は，四月一日に始まり，九月三十日に終わるものとすることができる。

3　校長は，特別の必要があり，かつ，教育上支障がないときは，第一項において準用する第五十九条に規定する学年の途中においても，学期の区分に従い，入学（第九十一条に規定する入学を除く。）を許可し並びに各学年の課程の修了及び卒業を認めることができる。

第八章　特別支援教育

第百三十四条の二　校長は，特別支援学校に在学する児童等について個別の教育支援計画（学校と医療，保健，福祉，労働等に関する業務を行う関係機関及び民間団体（次項において「関係機関等」という。）との連携の下に行う当該児童等に対する長期的な支援に関する計画をいう。）を作成しなければならない。

2　校長は，前項の規定により個別の教育支援計画を作成するに当たつては，当該児童等又はその保護者の意向を踏まえつつ，あらかじめ，関係機関等と当該児童等の支援に関する必要な情報の共有を図らなければならない。

第百四十条　小学校，中学校，義務教育学校，高等学校又は中等教育学校において，次の各号のいずれかに該当する児童又は生徒（特別支援学級の児童及び生徒を除く。）のうち当該障害に応じた特別の指導を行う必要があるものを教育する場合には，文部科学大臣が別に定めるところにより，第五十条第一項（第七十九条の六第一項において準用する場合を含む。），第五十一条，第五十二条（第七十九条の六第一項において準用する場合を含む。），第五十二条の三，第七十二条（第七十九条の六第二項及び第百八条第一項にお

いて準用する場合を含む。），第七十三条，第七十四条（第七十九条の六第二項及び第百八条第一項において準用する場合を含む。），第七十四条の三，第七十六条，第七十九条の五（第七十九条の十二において準用する場合を含む。），第八十三条及び第八十四条（第百八条第二項において準用する場合を含む。）並びに第百七条（第百十七条において準用する場合を含む。）の規定にかかわらず，特別の教育課程によることができる。
一　言語障害者
二　自閉症者
三　情緒障害者
四　弱視者
五　難聴者
六　学習障害者
七　注意欠陥多動性障害者
八　その他障害のある者で，この条の規定により特別の教育課程による教育を行うことが適当なもの

第百四十一条　前条の規定により特別の教育課程による場合においては，校長は，児童又は生徒が，当該小学校，中学校，義務教育学校，高等学校又は中等教育学校の設置者の定めるところにより他の小学校，中学校，義務教育学校，高等学校，中等教育学校又は特別支援学校の小学部，中学部若しくは高等部において受けた授業を，当該小学校，中学校，義務教育学校，高等学校又は中等教育学校において受けた当該特別の教育課程に係る授業とみなすことができる。

第百四十一条の二　第百三十四条の二の規定は，第百四十条の規定により特別の指導が行われている児童又は生徒について準用する。

附　則　(平成三十年三月三十日文部科学省令第十三号)

1　この省令は，平成三十四年四月一日から施行する。
2　改正後の学校教育法施行規則(以下この項及び次項において「新令」という。)別表第三の規定は，施行の日以降高等学校(中等教育学校の後期課程及び特別支援学校の高等部を含む。以下この項及び次項において同じ。)に入学した生徒(新令第九十一条(新令第百十三条第一項及び第百三十五条第五項で準用する場合を含む。)の規定により入学した生徒であって同日前に入学した生徒に係る教育課程により履修するものを除く。)に係る教育課程から適用する。
3　前項の規定により新令別表第三の規定が適用されるまでの高等学校の教育課程については，なお従前の例による。

別表第三(第八十三条，第百八条，第百二十八条関係)
(一)　各学科に共通する各教科

各教科	各教科に属する科目
国　　語	現代の国語，言語文化，論理国語，文学国語，国語表現，古典探究
地理歴史	地理総合，地理探究，歴史総合，日本史探究，世界史探究
公　　民	公共，倫理，政治・経済
数　　学	数学Ⅰ，数学Ⅱ，数学Ⅲ，数学А，数学В，数学С
理　　科	科学と人間生活，物理基礎，物理，化学基礎，化学，生物基礎，生物，地学基礎，地学
保健体育	体育，保健
芸　　術	音楽Ⅰ，音楽Ⅱ，音楽Ⅲ，美術Ⅰ，美術Ⅱ，美術Ⅲ，工芸Ⅰ，工芸Ⅱ，工芸Ⅲ，書道Ⅰ，書道Ⅱ，書道Ⅲ
外国語	英語コミュニケーションⅠ，英語コミュニケーションⅡ，英語コミュニケーションⅢ，論理・表現Ⅰ，論理・表現Ⅱ，論理・表現Ⅲ
家　　庭	家庭基礎，家庭総合
情　　報	情報Ⅰ，情報Ⅱ
理　　数	理数探究基礎，理数探究

(二)　主として専門学科において開設される各教科

各教科	各教科に属する科目
農　　業	農業と環境，課題研究，総合実習，農業と情報，作物，野菜，果樹，草花，畜産，栽培と環境，飼育と環境，農業経営，農業機械，植物バイオテクノロジー，食品製造，食品化学，食品微生物，食品流通，森林科学，森林経営，林産物利用，農業土木設計，農業土木施工，水循環，造園計画，造園施工管理，造園植栽，測量，生物活用，地域資源活用

工　　業	工業技術基礎，課題研究，実習，製図，工業情報数理，工業材料技術，工業技術英語，工業管理技術，工業環境技術，機械工作，機械設計，原動機，電子機械，生産技術，自動車工学，自動車整備，船舶工学，電気回路，電気機器，電力技術，電子技術，電子回路，電子計測制御，通信技術，プログラミング技術，ハードウェア技術，ソフトウェア技術，コンピュータシステム技術，建築構造，建築計画，建築構造設計，建築施工，建築法規，設備計画，空気調和設備，衛生・防災設備，測量，土木基盤力学，土木構造設計，土木施工，社会基盤工学，工業化学，化学工学，地球環境化学，材料製造技術，材料工学，材料加工，セラミック化学，セラミック技術，セラミック工業，繊維製品，繊維・染色技術，染織デザイン，インテリア計画，インテリア装備，インテリアエレメント生産，デザイン実践，デザイン材料，デザイン史
商　　業	ビジネス基礎，課題研究，総合実践，ビジネス・コミュニケーション，マーケティング，商品開発と流通，観光ビジネス，ビジネス・マネジメント，グローバル経済，ビジネス法規，簿記，財務会計Ⅰ，財務会計Ⅱ，原価計算，管理会計，情報処理，ソフトウェア活用，プログラミング，ネットワーク活用，ネットワーク管理
水　　産	水産海洋基礎，課題研究，総合実習，海洋情報技術，水産海洋科学，漁業，航海・計器，船舶運用，船用機関，機械設計工作，電気理論，移動体通信工学，海洋通信技術，資源増殖，海洋生物，海洋環境，小型船舶，食品製造，食品管理，水産流通，ダイビング，マリンスポーツ
家　　庭	生活産業基礎，課題研究，生活産業情報，消費生活，保育基礎，保育実践，生活と福祉，住生活デザイン，服飾文化，ファッション造形基礎，ファッション造形，ファッションデザイン，服飾手芸，フードデザイン，食文化，調理，栄養，食品，食品衛生，公衆衛生，総合調理実習
看　　護	基礎看護，人体の構造と機能，疾病の成り立ちと回復の促進，健康支援と社会保障制度，成人看護，老年看護，小児看護，母性看護，精神看護，在宅看護，看護の統合と実践，看護臨地実習，看護情報
情　　報	情報産業と社会，課題研究，情報の表現と管理，情報テクノロジー，情報セキュリティ，情報システムのプログラミング，ネットワークシステム，データベース，情報デザイン，コンテンツの制作と発信，メディアとサービス，情報実習
福　　祉	社会福祉基礎，介護福祉基礎，コミュニケーション技術，生活支援技術，介護過程，介護総合演習，介護実習，こころとからだの理解，福祉情報
理　　数	理数数学Ⅰ，理数数学Ⅱ，理数数学特論，理数物理，理数化学，理数生物，理数地学
体　　育	スポーツ概論，スポーツⅠ，スポーツⅡ，スポーツⅢ，スポーツⅣ，スポーツⅤ，スポーツⅥ，スポーツ総合演習
音　　楽	音楽理論，音楽史，演奏研究，ソルフェージュ，声楽，器楽，作曲，鑑賞研究

美　　　術	美術概論，美術史，鑑賞研究，素描，構成，絵画，版画，彫刻，ビジュアルデザイン，クラフトデザイン，情報メディアデザイン，映像表現，環境造形
英　　　語	総合英語Ⅰ，総合英語Ⅱ，総合英語Ⅲ，ディベート・ディスカッションⅠ，ディベート・ディスカッションⅡ，エッセイライティングⅠ，エッセイライティングⅡ

備考
一　(一)及び(二)の表の上欄に掲げる各教科について，それぞれの表の下欄に掲げる各教科に属する科目以外の科目を設けることができる。

二　(一)及び(二)の表の上欄に掲げる各教科以外の教科及び当該教科に関する科目を設けることができる。

総則
国語
地理歴史
公民
数学
理科
保健体育
芸術
外国語
家庭
情報
理数
農業
工業
商業
水産
家庭
看護
情報
福祉
理数
体育
音楽
美術
英語
総合的な探究の時間
特別活動
移行措置関係規定
中等教育学校等関係法令
中学校学習指導要領

○文部科学省告示第六十八号

　学校教育法施行規則（昭和二十二年文部省令第十一号）第八十四条及び第九十六条の規定に基づき，高等学校学習指導要領（平成二十一年文部科学省告示第三十四号）の全部を次のように改正する。この告示による改正後の高等学校学習指導要領が適用されるまでの高等学校学習指導要領の特例については，別に定める。

　平成三十年三月三十日

　　　　　　　　　　　　　　　　　　　　　　　　　　　　文部科学大臣　　林　　芳正

　　　　　　高等学校学習指導要領

　目　次
　前　文
　第1章　総　則
　第2章　各学科に共通する各教科
　　　第1節　国　語
　　　第2節　地理歴史
　　　第3節　公　民
　　　第4節　数　学
　　　第5節　理　科
　　　第6節　保健体育
　　　第7節　芸　術
　　　第8節　外国語
　　　第9節　家　庭
　　　第10節　情　報
　　　第11節　理　数
　第3章　主として専門学科において開設される各教科
　　　第1節　農　業
　　　第2節　工　業
　　　第3節　商　業
　　　第4節　水　産
　　　第5節　家　庭
　　　第6節　看　護
　　　第7節　情　報
　　　第8節　福　祉
　　　第9節　理　数
　　　第10節　体　育
　　　第11節　音　楽
　　　第12節　美　術
　　　第13節　英　語
　第4章　総合的な探究の時間
　第5章　特別活動
　　附　則

教育は，教育基本法第1条に定めるとおり，人格の完成を目指し，平和で民主的な国家及び社会の形成者として必要な資質を備えた心身ともに健康な国民の育成を期すという目的のもと，同法第2条に掲げる次の目標を達成するよう行われなければならない。

1　幅広い知識と教養を身に付け，真理を求める態度を養い，豊かな情操と道徳心を培うとともに，健やかな身体を養うこと。
2　個人の価値を尊重して，その能力を伸ばし，創造性を培い，自主及び自律の精神を養うとともに，職業及び生活との関連を重視し，勤労を重んずる態度を養うこと。
3　正義と責任，男女の平等，自他の敬愛と協力を重んずるとともに，公共の精神に基づき，主体的に社会の形成に参画し，その発展に寄与する態度を養うこと。
4　生命を尊び，自然を大切にし，環境の保全に寄与する態度を養うこと。
5　伝統と文化を尊重し，それらをはぐくんできた我が国と郷土を愛するとともに，他国を尊重し，国際社会の平和と発展に寄与する態度を養うこと。

　これからの学校には，こうした教育の目的及び目標の達成を目指しつつ，一人一人の生徒が，自分のよさや可能性を認識するとともに，あらゆる他者を価値のある存在として尊重し，多様な人々と協働しながら様々な社会的変化を乗り越え，豊かな人生を切り拓き，持続可能な社会の創り手となることができるようにすることが求められる。このために必要な教育の在り方を具体化するのが，各学校において教育の内容等を組織的かつ計画的に組み立てた教育課程である。

　教育課程を通して，これからの時代に求められる教育を実現していくためには，よりよい学校教育を通してよりよい社会を創るという理念を学校と社会とが共有し，それぞれの学校において，必要な学習内容をどのように学び，どのような資質・能力を身に付けられるようにするのかを教育課程において明確にしながら，社会との連携及び協働によりその実現を図っていくという，社会に開かれた教育課程の実現が重要となる。

　学習指導要領とは，こうした理念の実現に向けて必要となる教育課程の基準を大綱的に定めるものである。学習指導要領が果たす役割の一つは，公の性質を有する学校における教育水準を全国的に確保することである。また，各学校がその特色を生かして創意工夫を重ね，長年にわたり積み重ねられてきた教育実践や学術研究の蓄積を生かしながら，生徒や地域の現状や課題を捉え，家庭や地域社会と協力して，学習指導要領を踏まえた教育活動の更なる充実を図っていくことも重要である。

　生徒が学ぶことの意義を実感できる環境を整え，一人一人の資質・能力を伸ばせるようにしていくことは，教職員をはじめとする学校関係者はもとより，家庭や地域の人々も含め，様々な立場から生徒や学校に関わる全ての大人に期待される役割である。幼児期の教育及び義務教育の基礎の上に，高等学校卒業以降の教育や職業，生涯にわたる学習とのつながりを見通しながら，生徒の学習の在り方を展望していくために広く活用されるものとなることを期待して，ここに高等学校学習指導要領を定める。

第1章　総則

● 第1款　高等学校教育の基本と教育課程の役割

1　各学校においては，教育基本法及び学校教育法その他の法令並びにこの章以下に示すところに従い，生徒の人間として調和のとれた育成を目指し，生徒の心身の発達の段階や特性等，課程や学科の特色及び学校や地域の実態を十分考慮して，適切な教育課程を編成するものとし，これらに掲げる目標を達成するよう教育を行うものとする。

2　学校の教育活動を進めるに当たっては，各学校において，第3款の1に示す主体的・対話的で深い学びの実現に向けた授業改善を通して，創意工夫を生かした特色ある教育活動を展開する中で，次の(1)から(3)までに掲げる事項の実現を図り，生徒に生きる力を育むことを目指すものとする。

(1) 基礎的・基本的な知識及び技能を確実に習得させ，これらを活用して課題を解決するために必要な思考力，判断力，表現力等を育むとともに，主体的に学習に取り組む態度を養い，個性を生かし多様な人々との協働を促す教育の充実に努めること。その際，生徒の発達の段階を考慮して，生徒の言語活動など，学習の基盤をつくる活動を充実するとともに，家庭との連携を図りながら，生徒の学習習慣が確立するよう配慮すること。

(2) 道徳教育や体験活動，多様な表現や鑑賞の活動等を通して，豊かな心や創造性の涵養を目指した教育の充実に努めること。

　学校における道徳教育は，人間としての在り方生き方に関する教育を学校の教育活動全体を通じて行うことによりその充実を図るものとし，各教科に属する科目（以下「各教科・科目」という。），総合的な探究の時間及び特別活動（以下「各教科・科目等」という。）のそれぞれの特質に応じて，適切な指導を行うこと。

　道徳教育は，教育基本法及び学校教育法に定められた教育の根本精神に基づき，生徒が自己探求と自己実現に努め国家・社会の一員としての自覚に基づき行為しうる発達の段階にあることを考慮し，人間としての在り方生き方を考え，主体的な判断の下に行動し，自立した人間として他者と共によりよく生きるための基盤となる道徳性を養うことを目標とすること。

　道徳教育を進めるに当たっては，人間尊重の精神と生命に対する畏敬の念を家庭，学校，その他社会における具体的な生活の中に生かし，豊かな心をもち，伝統と文化を尊重し，それらを育んできた我が国と郷土を愛し，個性豊かな文化の創造を図るとともに，平和で民主的な国家及び社会の形成者として，公共の精神を尊び，社会及び国家の発展に努め，他国を尊重し，国際社会の平和と発展や環境の保全に貢献し未来を拓く主体性のある日本人の育成に資することとなるよう特に留意すること。

(3) 学校における体育・健康に関する指導を，生徒の発達の段階を考慮して，学校の教育活動全体を通じて適切に行うことにより，健康で安全な生活と豊かなスポーツライフの実現を目指した教育の充実に努めること。特に，学校における食育の推進並びに体力の向上に関する指導，安全に関する指導及び心身の健康の保持増進に関する指導については，保健体育科，家庭科及び特別活動の時間はもとより，各教科・科目及び総合的な探究の時間などにおいてもそれぞれの特質に応じて適切に行うよう努めること。また，それらの指導を通して，家庭や地域社会との連携を図りながら，日常生活において適切な体育・健康に関する活動の実践を促し，生涯を通じて健康・安全で活力ある生活を送るための基礎が培われるよう配慮すること。

3　2の(1)から(3)までに掲げる事項の実現を図り，豊かな創造性を備え持続可能な社会の創り手となることが期待される生徒に，生きる力を育むことを目指すに当たっては，学校教育全体及び各教科・科目等の指導を通してどのような資質・能力の育成を目指すのかを明確にしながら，教育活動の充実を図るものと

する。その際，生徒の発達の段階や特性等を踏まえつつ，次に掲げることが偏りなく実現できるようにするものとする。
(1) 知識及び技能が習得されるようにすること。
(2) 思考力，判断力，表現力等を育成すること。
(3) 学びに向かう力，人間性等を涵養すること。

4 学校においては，地域や学校の実態等に応じて，就業やボランティアに関わる体験的な学習の指導を適切に行うようにし，勤労の尊さや創造することの喜びを体得させ，望ましい勤労観，職業観の育成や社会奉仕の精神の涵養に資するものとする。

5 各学校においては，生徒や学校，地域の実態を適切に把握し，教育の目的や目標の実現に必要な教育の内容等を教科等横断的な視点で組み立てていくこと，教育課程の実施状況を評価してその改善を図っていくこと，教育課程の実施に必要な人的又は物的な体制を確保するとともにその改善を図っていくことなどを通して，教育課程に基づき組織的かつ計画的に各学校の教育活動の質の向上を図っていくこと（以下「カリキュラム・マネジメント」という。）に努めるものとする。

● 第2款　教育課程の編成

1 各学校の教育目標と教育課程の編成
　教育課程の編成に当たっては，学校教育全体や各教科・科目等における指導を通して育成を目指す資質・能力を踏まえつつ，各学校の教育目標を明確にするとともに，教育課程の編成についての基本的な方針が家庭や地域とも共有されるよう努めるものとする。その際，第4章の第2の1に基づき定められる目標との関連を図るものとする。

2 教科等横断的な視点に立った資質・能力の育成
(1) 各学校においては，生徒の発達の段階を考慮し，言語能力，情報活用能力（情報モラルを含む。），問題発見・解決能力等の学習の基盤となる資質・能力を育成していくことができるよう，各教科・科目等の特質を生かし，教科等横断的な視点から教育課程の編成を図るものとする。
(2) 各学校においては，生徒や学校，地域の実態及び生徒の発達の段階を考慮し，豊かな人生の実現や災害等を乗り越えて次代の社会を形成することに向けた現代的な諸課題に対応して求められる資質・能力を，教科等横断的な視点で育成していくことができるよう，各学校の特色を生かした教育課程の編成を図るものとする。

3 教育課程の編成における共通的事項
(1) 各教科・科目及び単位数等
　ア　卒業までに履修させる単位数等
　　各学校においては，卒業までに履修させるイからオまでに示す各教科・科目及びその単位数，総合的な探究の時間の単位数並びに特別活動及びその授業時数に関する事項を定めるものとする。この場合，各教科・科目及び総合的な探究の時間の単位数の計は，(2)のア，イ，ウ及びエの(ｱ)に掲げる各教科・科目の単位数並びに総合的な探究の時間の単位数を含めて74単位以上とする。
　　単位については，1単位時間を50分とし，35単位時間の授業を1単位として計算することを標準とする。ただし，通信制の課程においては，5に定めるところによるものとする。
　イ　各学科に共通する各教科・科目及び総合的な探究の時間並びに標準単位数
　　各学校においては，教育課程の編成に当たって，次の表に掲げる各教科・科目及び総合的な探究の時間並びにそれぞれの標準単位数を踏まえ，生徒に履修させる各教科・科目及び総合的な探究の時間並びにそれらの単位数について適切に定めるものとする。ただし，生徒の実態等を考慮し，特に必要

がある場合には，標準単位数の標準の限度を超えて単位数を増加して配当することができる。

教科等	科目	標準単位数	教科等	科目	標準単位数
国語	現代の国語	2		保健	2
	言語文化	2	芸術	音楽Ⅰ	2
	論理国語	4		音楽Ⅱ	2
	文学国語	4		音楽Ⅲ	2
	国語表現	4		美術Ⅰ	2
	古典探究	4		美術Ⅱ	2
地理歴史	地理総合	2		美術Ⅲ	2
	地理探究	3		工芸Ⅰ	2
	歴史総合	2		工芸Ⅱ	2
	日本史探究	3		工芸Ⅲ	2
	世界史探究	3		書道Ⅰ	2
公民	公共	2		書道Ⅱ	2
	倫理	2		書道Ⅲ	2
	政治・経済	2	外国語	英語コミュニケーションⅠ	3
数学	数学Ⅰ	3		英語コミュニケーションⅡ	4
	数学Ⅱ	4		英語コミュニケーションⅢ	4
	数学Ⅲ	3		論理・表現Ⅰ	2
	数学A	2		論理・表現Ⅱ	2
	数学B	2		論理・表現Ⅲ	2
	数学C	2	家庭	家庭基礎	2
理科	科学と人間生活	2		家庭総合	4
	物理基礎	2	情報	情報Ⅰ	2
	物理	4		情報Ⅱ	2
	化学基礎	2	理数	理数探究基礎	1
	化学	4		理数探究	2〜5
	生物基礎	2	総合的な探究の時間		3〜6
	生物	4			
	地学基礎	2			
	地学	4			
保健体育	体育	7〜8			

ウ　主として専門学科において開設される各教科・科目

　　各学校においては，教育課程の編成に当たって，次の表に掲げる主として専門学科（専門教育を主とする学科をいう。以下同じ。）において開設される各教科・科目及び設置者の定めるそれぞれの標準単位数を踏まえ，生徒に履修させる各教科・科目及びその単位数について適切に定めるものとする。

教科	科目	教科	科目
農業	農業と環境, 課題研究, 総合実習, 農業と情報, 作物, 野菜, 果樹, 草花, 畜産, 栽培と環境, 飼育と環境, 農業経営, 農業機械, 植物バイオテクノロジー, 食品製造, 食品化学, 食品微生物, 食品流通, 森林科学, 森林経営, 林産物利用, 農業土木設計, 農業土木施工, 水循環, 造園計画, 造園施工管理, 造園植栽, 測量, 生物活用, 地域資源活用		小型船舶, 食品製造, 食品管理, 水産流通, ダイビング, マリンスポーツ
		家庭	生活産業基礎, 課題研究, 生活産業情報, 消費生活, 保育基礎, 保育実践, 生活と福祉, 住生活デザイン, 服飾文化, ファッション造形基礎, ファッション造形, ファッションデザイン, 服飾手芸, フードデザイン, 食文化, 調理, 栄養, 食品, 食品衛生, 公衆衛生, 総合調理実習
工業	工業技術基礎, 課題研究, 実習, 製図, 工業情報数理, 工業材料技術, 工業技術英語, 工業管理技術, 工業環境技術, 機械工作, 機械設計, 原動機, 電子機械, 生産技術, 自動車工学, 自動車整備, 船舶工学, 電気回路, 電気機器, 電力技術, 電子技術, 電子回路, 電子計測制御, 通信技術, プログラミング技術, ハードウェア技術, ソフトウェア技術, コンピュータシステム技術, 建築構造, 建築計画, 建築構造設計, 建築施工, 建築法規, 設備計画, 空気調和設備, 衛生・防災設備, 測量, 土木基盤力学, 土木構造設計, 土木施工, 社会基盤工学, 工業化学, 化学工学, 地球環境化学, 材料製造技術, 材料工学, 材料加工, セラミック化学, セラミック技術, セラミック工業, 繊維製品, 繊維・染色技術, 染織デザイン, インテリア計画, インテリア装備, インテリアエレメント生産, デザイン実践, デザイン材料, デザイン史	看護	基礎看護, 人体の構造と機能, 疾病の成り立ちと回復の促進, 健康支援と社会保障制度, 成人看護, 老年看護, 小児看護, 母性看護, 精神看護, 在宅看護, 看護の統合と実践, 看護臨地実習, 看護情報
		情報	情報産業と社会, 課題研究, 情報の表現と管理, 情報テクノロジー, 情報セキュリティ, 情報システムのプログラミング, ネットワークシステム, データベース, 情報デザイン, コンテンツの制作と発信, メディアとサービス, 情報実習
		福祉	社会福祉基礎, 介護福祉基礎, コミュニケーション技術, 生活支援技術, 介護過程, 介護総合演習, 介護実習, こころとからだの理解, 福祉情報
		理数	理数数学Ⅰ, 理数数学Ⅱ, 理数数学特論, 理数物理, 理数化学, 理数生物, 理数地学
		体育	スポーツ概論, スポーツⅠ, スポーツⅡ, スポーツⅢ, スポーツⅣ, スポーツⅤ, スポーツⅥ, スポーツ総合演習
商業	ビジネス基礎, 課題研究, 総合実践, ビジネス・コミュニケーション, マーケティング, 商品開発と流通, 観光ビジネス, ビジネス・マネジメント, グローバル経済, ビジネス法規, 簿記, 財務会計Ⅰ, 財務会計Ⅱ, 原価計算, 管理会計, 情報処理, ソフトウェア活用, プログラミング, ネットワーク活用, ネットワーク管理	音楽	音楽理論, 音楽史, 演奏研究, ソルフェージュ, 声楽, 器楽, 作曲, 鑑賞研究
		美術	美術概論, 美術史, 鑑賞研究, 素描, 構成, 絵画, 版画, 彫刻, ビジュアルデザイン, クラフトデザイン, 情報メディアデザイン, 映像表現, 環境造形
水産	水産海洋基礎, 課題研究, 総合実習, 海洋情報技術, 水産海洋科学, 漁業, 航海・計器, 船舶運用, 船用機関, 機械設計工作, 電気理論, 移動体通信工学, 海洋通信技術, 資源増殖, 海洋生物, 海洋環境,	英語	総合英語Ⅰ, 総合英語Ⅱ, 総合英語Ⅲ, ディベート・ディスカッションⅠ, ディベート・ディスカッションⅡ, エッセイライティングⅠ, エッセイライティングⅡ

エ 学校設定科目
　学校においては，生徒や学校，地域の実態及び学科の特色等に応じ，特色ある教育課程の編成に資するよう，イ及びウの表に掲げる教科について，これらに属する科目以外の科目（以下「学校設定科目」という。）を設けることができる。この場合において，学校設定科目の名称，目標，内容，単位数等については，その科目の属する教科の目標に基づき，高等学校教育としての水準の確保に十分配慮し，各学校の定めるところによるものとする。

オ 学校設定教科
　(ｱ) 学校においては，生徒や学校，地域の実態及び学科の特色等に応じ，特色ある教育課程の編成に資するよう，イ及びウの表に掲げる教科以外の教科（以下「学校設定教科」という。）及び当該教科に関する科目を設けることができる。この場合において，学校設定教科及び当該教科に関する科目の名称，目標，内容，単位数等については，高等学校教育の目標に基づき，高等学校教育としての水準の確保に十分配慮し，各学校の定めるところによるものとする。
　(ｲ) 学校においては，学校設定教科に関する科目として「産業社会と人間」を設けることができる。この科目の目標，内容，単位数等を各学校において定めるに当たっては，産業社会における自己の在り方生き方について考えさせ，社会に積極的に寄与し，生涯にわたって学習に取り組む意欲や態度を養うとともに，生徒の主体的な各教科・科目の選択に資するよう，就業体験活動等の体験的な学習や調査・研究などを通して，次のような事項について指導することに配慮するものとする。
　　㋐ 社会生活や職業生活に必要な基本的な能力や態度及び望ましい勤労観，職業観の育成
　　㋑ 我が国の産業の発展とそれがもたらした社会の変化についての考察
　　㋒ 自己の将来の生き方や進路についての考察及び各教科・科目の履修計画の作成

(2) 各教科・科目の履修等
ア 各学科に共通する必履修教科・科目及び総合的な探究の時間
　(ｱ) 全ての生徒に履修させる各教科・科目（以下「必履修教科・科目」という。）は次のとおりとし，その単位数は，(1)のイに標準単位数として示された単位数を下らないものとする。ただし，生徒の実態及び専門学科の特色等を考慮し，特に必要がある場合には，「数学Ⅰ」及び「英語コミュニケーションⅠ」については2単位とすることができ，その他の必履修教科・科目（標準単位数が2単位であるものを除く。）についてはその単位数の一部を減じることができる。
　　㋐ 国語のうち「現代の国語」及び「言語文化」
　　㋑ 地理歴史のうち「地理総合」及び「歴史総合」
　　㋒ 公民のうち「公共」
　　㋓ 数学のうち「数学Ⅰ」
　　㋔ 理科のうち「科学と人間生活」，「物理基礎」，「化学基礎」，「生物基礎」及び「地学基礎」のうちから2科目（うち1科目は「科学と人間生活」とする。）又は「物理基礎」，「化学基礎」，「生物基礎」及び「地学基礎」のうちから3科目
　　㋕ 保健体育のうち「体育」及び「保健」
　　㋖ 芸術のうち「音楽Ⅰ」，「美術Ⅰ」，「工芸Ⅰ」及び「書道Ⅰ」のうちから1科目
　　㋗ 外国語のうち「英語コミュニケーションⅠ」（英語以外の外国語を履修する場合は，学校設定科目として設ける1科目とし，その標準単位数は3単位とする。）
　　㋘ 家庭のうち「家庭基礎」及び「家庭総合」のうちから1科目
　　㋙ 情報のうち「情報Ⅰ」
　(ｲ) 総合的な探究の時間については，全ての生徒に履修させるものとし，その単位数は，(1)のイに標準単位数として示された単位数の下限を下らないものとする。ただし，特に必要がある場合には，

その単位数を2単位とすることができる。
　(ｳ) 外国の高等学校に留学していた生徒について，外国の高等学校における履修により，必履修教科・科目又は総合的な探究の時間の履修と同様の成果が認められる場合においては，外国の高等学校における履修をもって相当する必履修教科・科目又は総合的な探究の時間の履修の一部又は全部に替えることができる。

イ　普通科以外の普通教育を主とする学科における各教科・科目等の履修
　普通科以外の普通教育を主とする学科における各教科・科目及び総合的な探究の時間の履修については，アのほか次のとおりとする。
　(ｱ) 普通科以外の普通教育を主とする学科においては，各学科に係る学校教育法施行規則第103条の2各号に掲げる方針を踏まえ，各学科の特色等に応じた目標及び内容を定めた学校設定教科に関する科目を設け，当該科目については，全ての生徒に履修させるものとし，その単位数は2単位を下らないこと。
　(ｲ) 普通科以外の普通教育を主とする学科においては，(ｱ)の学校設定教科に関する科目及び総合的な探究の時間について，全ての生徒に履修させる単位数の計は，6単位を下らないこと。
　(ｳ) 普通科以外の普通教育を主とする学科においては，(ｱ)の学校設定教科に関する科目又は総合的な探究の時間を，原則として各年次にわたり履修させること。その際，学校設定教科に関する科目及び総合的な探究の時間について相互の関連を図り，系統的，発展的な指導を行うことに特に意を用いること。

ウ　専門学科における各教科・科目の履修
　専門学科における各教科・科目の履修については，アのほか次のとおりとする。
　(ｱ) 専門学科においては，専門教科・科目（(1)のウの表に掲げる各教科・科目，同表に掲げる教科に属する学校設定科目及び専門教育に関する学校設定教科に関する科目をいう。以下同じ。）について，全ての生徒に履修させる単位数は，25単位を下らないこと。ただし，商業に関する学科においては，上記の単位数の中に外国語に属する科目の単位を5単位まで含めることができること。また，商業に関する学科以外の専門学科においては，各学科の目標を達成する上で，専門教科・科目以外の各教科・科目の履修により，専門教科・科目の履修と同様の成果が期待できる場合においては，その専門教科・科目以外の各教科・科目の単位を5単位まで上記の単位数の中に含めることができること。
　(ｲ) 専門教科・科目の履修によって，アの必履修教科・科目の履修と同様の成果が期待できる場合においては，その専門教科・科目の履修をもって，必履修教科・科目の履修の一部又は全部に替えることができること。
　(ｳ) 職業教育を主とする専門学科においては，総合的な探究の時間の履修により，農業，工業，商業，水産，家庭若しくは情報の各教科の「課題研究」，看護の「看護臨地実習」又は福祉の「介護総合演習」（以下「課題研究等」という。）の履修と同様の成果が期待できる場合においては，総合的な探究の時間の履修をもって課題研究等の履修の一部又は全部に替えることができること。また，課題研究等の履修により，総合的な探究の時間の履修と同様の成果が期待できる場合においては，課題研究等の履修をもって総合的な探究の時間の履修の一部又は全部に替えることができること。

エ　総合学科における各教科・科目の履修等
　総合学科における各教科・科目の履修等については，アのほか次のとおりとする。
　(ｱ) 総合学科においては，(1)のオの(ｲ)に掲げる「産業社会と人間」を全ての生徒に原則として入学年次に履修させるものとし，標準単位数は2～4単位とすること。
　(ｲ) 総合学科においては，学年による教育課程の区分を設けない課程（以下「単位制による課程」と

いう。）とすることを原則とするとともに，「産業社会と人間」及び専門教科・科目を合わせて25単位以上設け，生徒が多様な各教科・科目から主体的に選択履修できるようにすること。その際，生徒が選択履修するに当たっての指針となるよう，体系性や専門性等において相互に関連する各教科・科目によって構成される科目群を複数設けるとともに，必要に応じ，それら以外の各教科・科目を設け，生徒が自由に選択履修できるようにすること。

(3) 各教科・科目等の授業時数等

ア　全日制の課程における各教科・科目及びホームルーム活動の授業は，年間35週行うことを標準とし，必要がある場合には，各教科・科目の授業を特定の学期又は特定の期間（夏季，冬季，学年末等の休業日の期間に授業日を設定する場合を含む。）に行うことができる。

イ　全日制の課程における週当たりの授業時数は，30単位時間を標準とする。ただし，必要がある場合には，これを増加することができる。

ウ　定時制の課程における授業日数の季節的配分又は週若しくは1日当たりの授業時数については，生徒の勤労状況と地域の諸事情等を考慮して，適切に定めるものとする。

エ　ホームルーム活動の授業時数については，原則として，年間35単位時間以上とするものとする。

オ　生徒会活動及び学校行事については，学校の実態に応じて，それぞれ適切な授業時数を充てるものとする。

カ　定時制の課程において，特別の事情がある場合には，ホームルーム活動の授業時数の一部を減じ，又はホームルーム活動及び生徒会活動の内容の一部を行わないものとすることができる。

キ　各教科・科目等のそれぞれの授業の1単位時間は，各学校において，各教科・科目等の授業時数を確保しつつ，生徒の実態及び各教科・科目等の特質を考慮して適切に定めるものとする。

ク　各教科・科目等の特質に応じ，10分から15分程度の短い時間を活用して特定の各教科・科目等の指導を行う場合において，当該各教科・科目等を担当する教師が単元や題材など内容や時間のまとまりを見通した中で，その指導内容の決定や指導の成果の把握と活用等を責任をもって行う体制が整備されているときは，その時間を当該各教科・科目等の授業時数に含めることができる。

ケ　総合的な探究の時間における学習活動により，特別活動の学校行事に掲げる各行事の実施と同様の成果が期待できる場合においては，総合的な探究の時間における学習活動をもって相当する特別活動の学校行事に掲げる各行事の実施に替えることができる。

コ　理数の「理数探究基礎」又は「理数探究」の履修により，総合的な探究の時間の履修と同様の成果が期待できる場合においては，「理数探究基礎」又は「理数探究」の履修をもって総合的な探究の時間の履修の一部又は全部に替えることができる。

(4) 選択履修の趣旨を生かした適切な教育課程の編成

教育課程の編成に当たっては，生徒の特性，進路等に応じた適切な各教科・科目の履修ができるようにし，このため，多様な各教科・科目を設け生徒が自由に選択履修することのできるよう配慮するものとする。また，教育課程の類型を設け，そのいずれかの類型を選択して履修させる場合においても，その類型において履修させることになっている各教科・科目以外の各教科・科目を履修させたり，生徒が自由に選択履修することのできる各教科・科目を設けたりするものとする。

(5) 各教科・科目等の内容等の取扱い

ア　学校においては，第2章以下に示していない事項を加えて指導することができる。また，第2章以下に示す内容の取扱いのうち内容の範囲や程度等を示す事項は，当該科目を履修する全ての生徒に対して指導するものとする内容の範囲や程度等を示したものであり，学校において必要がある場合には，この事項にかかわらず指導することができる。ただし，これらの場合には，第2章以下に示す教科，科目及び特別活動の目標や内容の趣旨を逸脱したり，生徒の負担が過重となったりすることのないよ

うにするものとする。
　イ　第2章以下に示す各教科・科目及び特別活動の内容に掲げる事項の順序は，特に示す場合を除き，指導の順序を示すものではないので，学校においては，その取扱いについて適切な工夫を加えるものとする。
　ウ　学校においては，あらかじめ計画して，各教科・科目の内容及び総合的な探究の時間における学習活動を学期の区分に応じて単位ごとに分割して指導することができる。
　エ　学校においては，特に必要がある場合には，第2章及び第3章に示す教科及び科目の目標の趣旨を損なわない範囲内で，各教科・科目の内容に関する事項について，基礎的・基本的な事項に重点を置くなどその内容を適切に選択して指導することができる。

(6) 指導計画の作成に当たって配慮すべき事項
　各学校においては，次の事項に配慮しながら，学校の創意工夫を生かし，全体として，調和のとれた具体的な指導計画を作成するものとする。
　ア　各教科・科目等の指導内容については，単元や題材など内容や時間のまとまりを見通しながら，そのまとめ方や重点の置き方に適切な工夫を加え，第3款の1に示す主体的・対話的で深い学びの実現に向けた授業改善を通して資質・能力を育む効果的な指導ができるようにすること。
　イ　各教科・科目等について相互の関連を図り，系統的，発展的な指導ができるようにすること。

(7) キャリア教育及び職業教育に関して配慮すべき事項
　ア　学校においては，第5款の1に示すキャリア教育及び職業教育を推進するために，生徒の特性や進路，学校や地域の実態等を考慮し，地域や産業界等との連携を図り，産業現場等における長期間の実習を取り入れるなどの就業体験活動の機会を積極的に設けるとともに，地域や産業界等の人々の協力を積極的に得るよう配慮するものとする。
　イ　普通教育を主とする学科においては，生徒の特性や進路，学校や地域の実態等を考慮し，必要に応じて，適切な職業に関する各教科・科目の履修の機会の確保について配慮するものとする。
　ウ　職業教育を主とする専門学科においては，次の事項に配慮するものとする。
　　(ｱ)　職業に関する各教科・科目については，実験・実習に配当する授業時数を十分確保するようにすること。
　　(ｲ)　生徒の実態を考慮し，職業に関する各教科・科目の履修を容易にするため特別な配慮が必要な場合には，各分野における基礎的又は中核的な科目を重点的に選択し，その内容については基礎的・基本的な事項が確実に身に付くように取り扱い，また，主として実験・実習によって指導するなどの工夫をこらすようにすること。
　エ　職業に関する各教科・科目については，次の事項に配慮するものとする。
　　(ｱ)　職業に関する各教科・科目については，就業体験活動をもって実習に替えることができること。この場合，就業体験活動は，その各教科・科目の内容に直接関係があり，かつ，その一部としてあらかじめ計画し，評価されるものであることを要すること。
　　(ｲ)　農業，水産及び家庭に関する各教科・科目の指導に当たっては，ホームプロジェクト並びに学校家庭クラブ及び学校農業クラブなどの活動を活用して，学習の効果を上げるよう留意すること。この場合，ホームプロジェクトについては，その各教科・科目の授業時数の10分の2以内をこれに充てることができること。
　　(ｳ)　定時制及び通信制の課程において，職業に関する各教科・科目を履修する生徒が，現にその各教科・科目と密接な関係を有する職業（家事を含む。）に従事している場合で，その職業における実務等が，その各教科・科目の一部を履修した場合と同様の成果があると認められるときは，その実務等をもってその各教科・科目の履修の一部に替えることができること。

4 学校段階等間の接続
　教育課程の編成に当たっては，次の事項に配慮しながら，学校段階等間の接続を図るものとする。
(1) 現行の中学校学習指導要領を踏まえ，中学校教育までの学習の成果が高等学校教育に円滑に接続され，高等学校教育段階の終わりまでに育成することを目指す資質・能力を，生徒が確実に身に付けることができるよう工夫すること。特に，中等教育学校，連携型高等学校及び併設型高等学校においては，中等教育6年間を見通した計画的かつ継続的な教育課程を編成すること。
(2) 生徒や学校の実態等に応じ，必要がある場合には，例えば次のような工夫を行い，義務教育段階での学習内容の確実な定着を図るようにすること。
　ア　各教科・科目の指導に当たり，義務教育段階での学習内容の確実な定着を図るための学習機会を設けること。
　イ　義務教育段階での学習内容の確実な定着を図りながら，必履修教科・科目の内容を十分に習得させることができるよう，その単位数を標準単位数の標準の限度を超えて増加して配当すること。
　ウ　義務教育段階での学習内容の確実な定着を図ることを目標とした学校設定科目等を履修させた後に，必履修教科・科目を履修させるようにすること。
(3) 大学や専門学校等における教育や社会的・職業的自立，生涯にわたる学習のために，高等学校卒業以降の教育や職業との円滑な接続が図られるよう，関連する教育機関や企業等との連携により，卒業後の進路に求められる資質・能力を着実に育成することができるよう工夫すること。

5 通信制の課程における教育課程の特例
　通信制の課程における教育課程については，1から4まで（3の(3)，(4)並びに(7)のエの(ｱ)及び(ｲ)を除く。）並びに第1款及び第3款から第7款までに定めるところによるほか，次に定めるところによる。
(1) 各教科・科目の添削指導の回数及び面接指導の単位時間（1単位時間は，50分として計算するものとする。以下同じ。）数の標準は，1単位につき次の表のとおりとする。

各教科・科目	添削指導（回）	面接指導（単位時間）
国語，地理歴史，公民及び数学に属する科目	3	1
理科に属する科目	3	4
保健体育に属する科目のうち「体育」	1	5
保健体育に属する科目のうち「保健」	3	1
芸術及び外国語に属する科目	3	4
家庭及び情報に属する科目並びに専門教科・科目	各教科・科目の必要に応じて2〜3	各教科・科目の必要に応じて2〜8

(2) 学校設定教科に関する科目のうち専門教科・科目以外のものの添削指導の回数及び面接指導の単位時間数については，1単位につき，それぞれ1回以上及び1単位時間以上を確保した上で，各学校が適切に定めるものとする。
(3) 理数に属する科目及び総合的な探究の時間の添削指導の回数及び面接指導の単位時間数については，1単位につき，それぞれ1回以上及び1単位時間以上を確保した上で，各学校において，学習活動に応じ適切に定めるものとする。
(4) 各学校における面接指導の1回あたりの時間は，各学校において，(1)から(3)までの標準を踏まえ，各教科・科目及び総合的な探究の時間の面接指導の単位時間数を確保しつつ，生徒の実態並びに各教科・科目及び総合的な探究の時間の特質を考慮して適切に定めるものとする。

(5) 学校が，その指導計画に，各教科・科目又は特別活動について体系的に行われるラジオ放送，テレビ放送その他の多様なメディアを利用して行う学習を計画的かつ継続的に取り入れた場合で，生徒がこれらの方法により学習し，報告課題の作成等により，その成果が満足できると認められるときは，その生徒について，その各教科・科目の面接指導の時間数又は特別活動の時間数（以下「面接指導等時間数」という。）のうち，10分の6以内の時間数を免除することができる。また，生徒の実態等を考慮して特に必要がある場合は，面接指導等時間数のうち，複数のメディアを利用することにより，各メディアごとにそれぞれ10分の6以内の時間数を免除することができる。ただし，免除する時間数は，合わせて10分の8を超えることができない。

なお，生徒の面接指導等時間数を免除しようとする場合には，添削指導及び面接指導との関連を図り，第3款の2に示す事項に配慮しながら，本来行われるべき学習の量と質を低下させることがないよう十分配慮しなければならない。

(6) 試験は，各学校において，各教科・科目の目標の実現に向けた学習状況を把握する観点から，単元など内容や時間のまとまりを見通しながら，各教科・科目の履修につき適切な回数を確保した上で，添削指導及び面接指導との関連を図り，その内容及び時期を適切に定めなければならない。

(7) 特別活動については，ホームルーム活動を含めて，各々の生徒の卒業までに30単位時間以上指導するものとする。なお，特別の事情がある場合には，ホームルーム活動及び生徒会活動の内容の一部を行わないものとすることができる。

● 第3款　教育課程の実施と学習評価

1 主体的・対話的で深い学びの実現に向けた授業改善

各教科・科目等の指導に当たっては，次の事項に配慮するものとする。

(1) 第1款の3の(1)から(3)までに示すことが偏りなく実現されるよう，単元や題材など内容や時間のまとまりを見通しながら，生徒の主体的・対話的で深い学びの実現に向けた授業改善を行うこと。

特に，各教科・科目等において身に付けた知識及び技能を活用したり，思考力，判断力，表現力等や学びに向かう力，人間性等を発揮させたりして，学習の対象となる物事を捉え思考することにより，各教科・科目等の特質に応じた物事を捉える視点や考え方（以下「見方・考え方」という。）が鍛えられていくことに留意し，生徒が各教科・科目等の特質に応じた見方・考え方を働かせながら，知識を相互に関連付けてより深く理解したり，情報を精査して考えを形成したり，問題を見いだして解決策を考えたり，思いや考えを基に創造したりすることに向かう過程を重視した学習の充実を図ること。

(2) 第2款の2の(1)に示す言語能力の育成を図るため，各学校において必要な言語環境を整えるとともに，国語科を要としつつ各教科・科目等の特質に応じて，生徒の言語活動を充実すること。あわせて，(6)に示すとおり読書活動を充実すること。

(3) 第2款の2の(1)に示す情報活用能力の育成を図るため，各学校において，コンピュータや情報通信ネットワークなどの情報手段を活用するために必要な環境を整え，これらを適切に活用した学習活動の充実を図ること。また，各種の統計資料や新聞，視聴覚教材や教育機器などの教材・教具の適切な活用を図ること。

(4) 生徒が学習の見通しを立てたり学習したことを振り返ったりする活動を，計画的に取り入れるように工夫すること。

(5) 生徒が生命の有限性や自然の大切さ，主体的に挑戦してみることや多様な他者と協働することの重要性などを実感しながら理解することができるよう，各教科・科目等の特質に応じた体験活動を重視し，家庭や地域社会と連携しつつ体系的・継続的に実施できるよう工夫すること。

(6) 学校図書館を計画的に利用しその機能の活用を図り，生徒の主体的・対話的で深い学びの実現に向けた授業改善に生かすとともに，生徒の自主的，自発的な学習活動や読書活動を充実すること。また，地域の図書館や博物館，美術館，劇場，音楽堂等の施設の活用を積極的に図り，資料を活用した情報の収集や鑑賞等の学習活動を充実すること。

2 学習評価の充実

学習評価の実施に当たっては，次の事項に配慮するものとする。

(1) 生徒のよい点や進歩の状況などを積極的に評価し，学習したことの意義や価値を実感できるようにすること。また，各教科・科目等の目標の実現に向けた学習状況を把握する観点から，単元や題材など内容や時間のまとまりを見通しながら評価の場面や方法を工夫して，学習の過程や成果を評価し，指導の改善や学習意欲の向上を図り，資質・能力の育成に生かすようにすること。

(2) 創意工夫の中で学習評価の妥当性や信頼性が高められるよう，組織的かつ計画的な取組を推進するとともに，学年や学校段階を越えて生徒の学習の成果が円滑に接続されるように工夫すること。

第4款　単位の修得及び卒業の認定

1 各教科・科目及び総合的な探究の時間の単位の修得の認定

(1) 学校においては，生徒が学校の定める指導計画に従って各教科・科目を履修し，その成果が教科及び科目の目標からみて満足できると認められる場合には，その各教科・科目について履修した単位を修得したことを認定しなければならない。

(2) 学校においては，生徒が学校の定める指導計画に従って総合的な探究の時間を履修し，その成果が第4章の第2の1に基づき定められる目標からみて満足できると認められる場合には，総合的な探究の時間について履修した単位を修得したことを認定しなければならない。

(3) 学校においては，生徒が1科目又は総合的な探究の時間を2以上の年次にわたって履修したときは，各年次ごとにその各教科・科目又は総合的な探究の時間について履修した単位を修得したことを認定することを原則とする。また，単位の修得の認定を学期の区分ごとに行うことができる。

2 卒業までに修得させる単位数

学校においては，卒業までに修得させる単位数を定め，校長は，当該単位数を修得した者で，特別活動の成果がその目標からみて満足できると認められるものについて，高等学校の全課程の修了を認定するものとする。この場合，卒業までに修得させる単位数は，74単位以上とする。なお，普通教育を主とする学科においては，卒業までに修得させる単位数に含めることができる学校設定科目及び学校設定教科に関する科目に係る修得単位数は，合わせて20単位を超えることができない。

3 各学年の課程の修了の認定

学校においては，各学年の課程の修了の認定については，単位制が併用されていることを踏まえ，弾力的に行うよう配慮するものとする。

第5款　生徒の発達の支援

1 生徒の発達を支える指導の充実

教育課程の編成及び実施に当たっては，次の事項に配慮するものとする。

(1) 学習や生活の基盤として，教師と生徒との信頼関係及び生徒相互のよりよい人間関係を育てるため，日頃からホームルーム経営の充実を図ること。また，主に集団の場面で必要な指導や援助を行うガイダンスと，個々の生徒の多様な実態を踏まえ，一人一人が抱える課題に個別に対応した指導を行うカウン

セリングの双方により，生徒の発達を支援すること。
(2) 生徒が，自己の存在感を実感しながら，よりよい人間関係を形成し，有意義で充実した学校生活を送る中で，現在及び将来における自己実現を図っていくことができるよう，生徒理解を深め，学習指導と関連付けながら，生徒指導の充実を図ること。
(3) 生徒が，学ぶことと自己の将来とのつながりを見通しながら，社会的・職業的自立に向けて必要な基盤となる資質・能力を身に付けていくことができるよう，特別活動を要としつつ各教科・科目等の特質に応じて，キャリア教育の充実を図ること。その中で，生徒が自己の在り方生き方を考え主体的に進路を選択することができるよう，学校の教育活動全体を通じ，組織的かつ計画的な進路指導を行うこと。
(4) 学校の教育活動全体を通じて，個々の生徒の特性等の的確な把握に努め，その伸長を図ること。また，生徒が適切な各教科・科目や類型を選択し学校やホームルームでの生活によりよく適応するとともに，現在及び将来の生き方を考え行動する態度や能力を育成することができるようにすること。
(5) 生徒が，基礎的・基本的な知識及び技能の習得も含め，学習内容を確実に身に付けることができるよう，生徒や学校の実態に応じ，個別学習やグループ別学習，繰り返し学習，学習内容の習熟の程度に応じた学習，生徒の興味・関心等に応じた課題学習，補充的な学習や発展的な学習などの学習活動を取り入れることや，教師間の協力による指導体制を確保することなど，指導方法や指導体制の工夫改善により，個に応じた指導の充実を図ること。その際，第3款の1の(3)に示す情報手段や教材・教具の活用を図ること。
(6) 学習の遅れがちな生徒などについては，各教科・科目等の選択，その内容の取扱いなどについて必要な配慮を行い，生徒の実態に応じ，例えば義務教育段階の学習内容の確実な定着を図るための指導を適宜取り入れるなど，指導内容や指導方法を工夫すること。
2 特別な配慮を必要とする生徒への指導
(1) 障害のある生徒などへの指導
ア 障害のある生徒などについては，特別支援学校等の助言又は援助を活用しつつ，個々の生徒の障害の状態等に応じた指導内容や指導方法の工夫を組織的かつ計画的に行うものとする。
イ 障害のある生徒に対して，学校教育法施行規則第140条の規定に基づき，特別の教育課程を編成し，障害に応じた特別の指導（以下「通級による指導」という。）を行う場合には，学校教育法施行規則第129条の規定により定める現行の特別支援学校高等部学習指導要領第6章に示す自立活動の内容を参考とし，具体的な目標や内容を定め，指導を行うものとする。その際，通級による指導が効果的に行われるよう，各教科・科目等と通級による指導との関連を図るなど，教師間の連携に努めるものとする。
なお，通級による指導における単位の修得の認定については，次のとおりとする。
(ｱ) 学校においては，生徒が学校の定める個別の指導計画に従って通級による指導を履修し，その成果が個別に設定された指導目標からみて満足できると認められる場合には，当該学校の単位を修得したことを認定しなければならない。
(ｲ) 学校においては，生徒が通級による指導を2以上の年次にわたって履修したときは，各年次ごとに当該学校の単位を修得したことを認定することを原則とする。ただし，年度途中から通級による指導を開始するなど，特定の年度における授業時数が，1単位として計算する標準の単位時間に満たない場合は，次年度以降に通級による指導の時間を設定し，2以上の年次にわたる授業時数を合算して単位の修得の認定を行うことができる。また，単位の修得の認定を学期の区分ごとに行うことができる。
ウ 障害のある生徒などについては，家庭，地域及び医療や福祉，保健，労働等の業務を行う関係機関との連携を図り，長期的な視点で生徒への教育的支援を行うために，個別の教育支援計画を作成し活

用することに努めるとともに，各教科・科目等の指導に当たって，個々の生徒の実態を的確に把握し，個別の指導計画を作成し活用することに努めるものとする。特に，通級による指導を受ける生徒については，個々の生徒の障害の状態等の実態を的確に把握し，個別の教育支援計画や個別の指導計画を作成し，効果的に活用するものとする。

(2) 海外から帰国した生徒などの学校生活への適応や，日本語の習得に困難のある生徒に対する日本語指導

ア 海外から帰国した生徒などについては，学校生活への適応を図るとともに，外国における生活経験を生かすなどの適切な指導を行うものとする。

イ 日本語の習得に困難のある生徒については，個々の生徒の実態に応じた指導内容や指導方法の工夫を組織的かつ計画的に行うものとする。

ウ 日本語の修得に困難のある生徒に対して，学校教育法施行規則第86条の2の規定に基づき，特別の教育課程を編成し，日本語の能力に応じた特別の指導（以下「通級による日本語指導」という。）を行う場合には，教師間の連携に努め，指導についての計画を個別に作成することなどにより，効果的な指導に努めるものとする。

なお，通級による日本語指導における単位の修得の認定については，次のとおりとする。

(ｱ) 学校においては，生徒が学校の定める個別の指導計画に従って通級による日本語指導を履修し，その成果が個別に設定された指導目標からみて満足できると認められる場合には，当該学校の単位を修得したことを認定しなければならない。

(ｲ) 学校においては，生徒が通級による日本語指導を2以上の年次にわたって履修したときは，各年次ごとに当該学校の単位を修得したことを認定することを原則とする。ただし，年度途中から通級による日本語指導を開始するなど，特定の年度における授業時数が，1単位として計算する標準の単位時間に満たない場合は，次年度以降に通級による日本語指導の時間を設定し，2以上の年次にわたる授業時数を合算して単位の修得の認定を行うことができる。また，単位の修得の認定を学期の区分ごとに行うことができる。

(3) 不登校生徒への配慮

ア 不登校生徒については，保護者や関係機関と連携を図り，心理や福祉の専門家の助言又は援助を得ながら，社会的自立を目指す観点から，個々の生徒の実態に応じた情報の提供その他の必要な支援を行うものとする。

イ 相当の期間高等学校を欠席し引き続き欠席すると認められる生徒等を対象として，文部科学大臣が認める特別の教育課程を編成する場合には，生徒の実態に配慮した教育課程を編成するとともに，個別学習やグループ別学習など指導方法や指導体制の工夫改善に努めるものとする。

第6款 学校運営上の留意事項

1 教育課程の改善と学校評価，教育課程外の活動との連携等

ア 各学校においては，校長の方針の下に，校務分掌に基づき教職員が適切に役割を分担しつつ，相互に連携しながら，各学校の特色を生かしたカリキュラム・マネジメントを行うよう努めるものとする。また，各学校が行う学校評価については，教育課程の編成，実施，改善が教育活動や学校運営の中核となることを踏まえ，カリキュラム・マネジメントと関連付けながら実施するよう留意するものとする。

イ 教育課程の編成及び実施に当たっては，学校保健計画，学校安全計画，食に関する指導の全体計画，いじめの防止等のための対策に関する基本的な方針など，各分野における学校の全体計画等と関連付けながら，効果的な指導が行われるように留意するものとする。

ウ 教育課程外の学校教育活動と教育課程の関連が図られるように留意するものとする。特に，生徒の自主的，自発的な参加により行われる部活動については，スポーツや文化，科学等に親しませ，学習意欲の向上や責任感，連帯感の涵養等，学校教育が目指す資質・能力の育成に資するものであり，学校教育の一環として，教育課程との関連が図られるよう留意すること。その際，学校や地域の実態に応じ，地域の人々の協力，社会教育施設や社会教育関係団体等の各種団体との連携などの運営上の工夫を行い，持続可能な運営体制が整えられるようにするものとする。

2 家庭や地域社会との連携及び協働と学校間の連携

教育課程の編成及び実施に当たっては，次の事項に配慮するものとする。

ア 学校がその目的を達成するため，学校や地域の実態等に応じ，教育活動の実施に必要な人的又は物的な体制を家庭や地域の人々の協力を得ながら整えるなど，家庭や地域社会との連携及び協働を深めること。また，高齢者や異年齢の子供など，地域における世代を越えた交流の機会を設けること。

イ 他の高等学校や，幼稚園，認定こども園，保育所，小学校，中学校，特別支援学校及び大学などとの間の連携や交流を図るとともに，障害のある幼児児童生徒との交流及び共同学習の機会を設け，共に尊重し合いながら協働して生活していく態度を育むようにすること。

●第7款 道徳教育に関する配慮事項

道徳教育を進めるに当たっては，道徳教育の特質を踏まえ，第6款までに示す事項に加え，次の事項に配慮するものとする。

1 各学校においては，第1款の2の(2)に示す道徳教育の目標を踏まえ，道徳教育の全体計画を作成し，校長の方針の下に，道徳教育の推進を主に担当する教師（「道徳教育推進教師」という。）を中心に，全教師が協力して道徳教育を展開すること。なお，道徳教育の全体計画の作成に当たっては，生徒や学校の実態に応じ，指導の方針や重点を明らかにして，各教科・科目等との関係を明らかにすること。その際，公民科の「公共」及び「倫理」並びに特別活動が，人間としての在り方生き方に関する中核的な指導の場面であることに配慮すること。

2 道徳教育を進めるに当たっては，中学校までの特別の教科である道徳の学習等を通じて深めた，主として自分自身，人との関わり，集団や社会との関わり，生命や自然，崇高なものとの関わりに関する道徳的諸価値についての理解を基にしながら，様々な体験や思索の機会等を通して，人間としての在り方生き方についての考えを深めるよう留意すること。また，自立心や自律性を高め，規律ある生活をすること，生命を尊重する心を育てること，社会連帯の自覚を高め，主体的に社会の形成に参画する意欲と態度を養うこと，義務を果たし責任を重んずる態度及び人権を尊重し差別のないよりよい社会を実現しようとする態度を養うこと，伝統と文化を尊重し，それらを育んできた我が国と郷土を愛するとともに，他国を尊重すること，国際社会に生きる日本人としての自覚を身に付けることに関する指導が適切に行われるよう配慮すること。

3 学校やホームルーム内の人間関係や環境を整えるとともに，就業体験活動やボランティア活動，自然体験活動，地域の行事への参加などの豊かな体験を充実すること。また，道徳教育の指導が，生徒の日常生活に生かされるようにすること。その際，いじめの防止や安全の確保等にも資することとなるように留意すること。

4 学校の道徳教育の全体計画や道徳教育に関する諸活動などの情報を積極的に公表したり，道徳教育の充実のために家庭や地域の人々の積極的な参加や協力を得たりするなど，家庭や地域社会との共通理解を深めること。

第2章　各学科に共通する各教科

第1節　国語

●第1款　目標

　言葉による見方・考え方を働かせ，言語活動を通して，国語で的確に理解し効果的に表現する資質・能力を次のとおり育成することを目指す。
　(1) 生涯にわたる社会生活に必要な国語について，その特質を理解し適切に使うことができるようにする。
　(2) 生涯にわたる社会生活における他者との関わりの中で伝え合う力を高め，思考力や想像力を伸ばす。
　(3) 言葉のもつ価値への認識を深めるとともに，言語感覚を磨き，我が国の言語文化の担い手としての自覚をもち，生涯にわたり国語を尊重してその能力の向上を図る態度を養う。

●第2款　各科目

第1　現代の国語

1　目標

　言葉による見方・考え方を働かせ，言語活動を通して，国語で的確に理解し効果的に表現する資質・能力を次のとおり育成することを目指す。
　(1) 実社会に必要な国語の知識や技能を身に付けるようにする。
　(2) 論理的に考える力や深く共感したり豊かに想像したりする力を伸ばし，他者との関わりの中で伝え合う力を高め，自分の思いや考えを広げたり深めたりすることができるようにする。
　(3) 言葉がもつ価値への認識を深めるとともに，生涯にわたって読書に親しみ自己を向上させ，我が国の言語文化の担い手としての自覚をもち，言葉を通して他者や社会に関わろうとする態度を養う。

2　内容

〔知識及び技能〕
(1) 言葉の特徴や使い方に関する次の事項を身に付けることができるよう指導する。
　ア　言葉には，認識や思考を支える働きがあることを理解すること。
　イ　話し言葉と書き言葉の特徴や役割，表現の特色を踏まえ，正確さ，分かりやすさ，適切さ，敬意と親しさなどに配慮した表現や言葉遣いについて理解し，使うこと。
　ウ　常用漢字の読みに慣れ，主な常用漢字を書き，文や文章の中で使うこと。
　エ　実社会において理解したり表現したりするために必要な語句の量を増すとともに，語句や語彙の構造や特色，用法及び表記の仕方などを理解し，話や文章の中で使うことを通して，語感を磨き語彙を豊かにすること。
　オ　文，話，文章の効果的な組立て方や接続の仕方について理解すること。
　カ　比喩，例示，言い換えなどの修辞や，直接的な述べ方や婉曲的な述べ方について理解し使うこと。
(2) 話や文章に含まれている情報の扱い方に関する次の事項を身に付けることができるよう指導する。
　ア　主張と論拠など情報と情報との関係について理解すること。
　イ　個別の情報と一般化された情報との関係について理解すること。
　ウ　推論の仕方を理解し使うこと。

エ　情報の妥当性や信頼性の吟味の仕方について理解を深め使うこと。
　　オ　引用の仕方や出典の示し方，それらの必要性について理解を深め使うこと。
　(3) 我が国の言語文化に関する次の事項を身に付けることができるよう指導する。
　　ア　実社会との関わりを考えるための読書の意義と効用について理解を深めること。
〔思考力，判断力，表現力等〕
A　話すこと・聞くこと
　(1) 話すこと・聞くことに関する次の事項を身に付けることができるよう指導する。
　　ア　目的や場に応じて，実社会の中から適切な話題を決め，様々な観点から情報を収集，整理して，伝え合う内容を検討すること。
　　イ　自分の考えが的確に伝わるよう，自分の立場や考えを明確にするとともに，相手の反応を予想して論理の展開を考えるなど，話の構成や展開を工夫すること。
　　ウ　話し言葉の特徴を踏まえて話したり，場の状況に応じて資料や機器を効果的に用いたりするなど，相手の理解が得られるように表現を工夫すること。
　　エ　論理の展開を予想しながら聞き，話の内容や構成，論理の展開，表現の仕方を評価するとともに，聞き取った情報を整理して自分の考えを広げたり深めたりすること。
　　オ　論点を共有し，考えを広げたり深めたりしながら，話合いの目的，種類，状況に応じて，表現や進行など話合いの仕方や結論の出し方を工夫すること。
　(2) (1)に示す事項については，例えば，次のような言語活動を通して指導するものとする。
　　ア　自分の考えについてスピーチをしたり，それを聞いて，同意したり，質問したり，論拠を示して反論したりする活動。
　　イ　報告や連絡，案内などのために，資料に基づいて必要な事柄を話したり，それらを聞いて，質問したり批評したりする活動。
　　ウ　話合いの目的に応じて結論を得たり，多様な考えを引き出したりするための議論や討論を，他の議論や討論の記録などを参考にしながら行う活動。
　　エ　集めた情報を資料にまとめ，聴衆に対して発表する活動。
B　書くこと
　(1) 書くことに関する次の事項を身に付けることができるよう指導する。
　　ア　目的や意図に応じて，実社会の中から適切な題材を決め，集めた情報の妥当性や信頼性を吟味して，伝えたいことを明確にすること。
　　イ　読み手の理解が得られるよう，論理の展開，情報の分量や重要度などを考えて，文章の構成や展開を工夫すること。
　　ウ　自分の考えや事柄が的確に伝わるよう，根拠の示し方や説明の仕方を考えるとともに，文章の種類や，文体，語句などの表現の仕方を工夫すること。
　　エ　目的や意図に応じて書かれているかなどを確かめて，文章全体を整えたり，読み手からの助言などを踏まえて，自分の文章の特長や課題を捉え直したりすること。
　(2) (1)に示す事項については，例えば，次のような言語活動を通して指導するものとする。
　　ア　論理的な文章や実用的な文章を読み，本文や資料を引用しながら，自分の意見や考えを論述する活動。
　　イ　読み手が必要とする情報に応じて手順書や紹介文などを書いたり，書式を踏まえて案内文や通知文などを書いたりする活動。
　　ウ　調べたことを整理して，報告書や説明資料などにまとめる活動。

C 読むこと
(1) 読むことに関する次の事項を身に付けることができるよう指導する。
　ア 文章の種類を踏まえて，内容や構成，論理の展開などについて叙述を基に的確に捉え，要旨や要点を把握すること。
　イ 目的に応じて，文章や図表などに含まれている情報を相互に関係付けながら，内容や書き手の意図を解釈したり，文章の構成や論理の展開などについて評価したりするとともに，自分の考えを深めること。
(2) (1)に示す事項については，例えば，次のような言語活動を通して指導するものとする。
　ア 論理的な文章や実用的な文章を読み，その内容や形式について，引用や要約などをしながら論述したり批評したりする活動。
　イ 異なる形式で書かれた複数の文章や，図表等を伴う文章を読み，理解したことや解釈したことをまとめて発表したり，他の形式の文章に書き換えたりする活動。

3　内容の取扱い

(1) 内容の〔思考力，判断力，表現力等〕における授業時数については，次の事項に配慮するものとする。
　ア 「A話すこと・聞くこと」に関する指導については，20〜30単位時間程度を配当するものとし，計画的に指導すること。
　イ 「B書くこと」に関する指導については，30〜40単位時間程度を配当するものとし，計画的に指導すること。
　ウ 「C読むこと」に関する指導については，10〜20単位時間程度を配当するものとし，計画的に指導すること。
(2) 内容の〔知識及び技能〕に関する指導については，次の事項に配慮するものとする。
　ア (1)のウの指導については，「言語文化」の内容の〔知識及び技能〕の(1)のイの指導との関連を図り，計画的に指導すること。
(3) 内容の〔思考力，判断力，表現力等〕に関する指導については，次の事項に配慮するものとする。
　ア 「A話すこと・聞くこと」に関する指導については，必要に応じて，口語のきまり，敬語の用法などを扱うこと。
　イ 「B書くこと」に関する指導については，中学校国語科の書写との関連を図り，効果的に文字を書く機会を設けること。
(4) 教材については，次の事項に留意するものとする。
　ア 内容の〔思考力，判断力，表現力等〕の「C読むこと」の教材は，現代の社会生活に必要とされる論理的な文章及び実用的な文章とすること。
　イ 内容の〔思考力，判断力，表現力等〕の「A話すこと・聞くこと」，「B書くこと」及び「C読むこと」のそれぞれの(2)に掲げる言語活動が十分行われるよう教材を選定すること。
　ウ 教材は，次のような観点に配慮して取り上げること。
　　(ｱ) 言語文化に対する関心や理解を深め，国語を尊重する態度を育てるのに役立つこと。
　　(ｲ) 日常の言葉遣いなど言語生活に関心をもち，伝え合う力を高めるのに役立つこと。
　　(ｳ) 思考力や想像力を伸ばし，心情を豊かにし，言語感覚を磨くのに役立つこと。
　　(ｴ) 情報を活用して，公正かつ適切に判断する能力や創造的精神を養うのに役立つこと。
　　(ｵ) 科学的，論理的に物事を捉え考察し，視野を広げるのに役立つこと。
　　(ｶ) 生活や人生について考えを深め，人間性を豊かにし，たくましく生きる意志を培うのに役立つこと。

(キ) 人間，社会，自然などに広く目を向け，考えを深めるのに役立つこと。
(ク) 広い視野から国際理解を深め，日本人としての自覚をもち，国際協調の精神を高めるのに役立つこと。

第2 言語文化

1 目標

言葉による見方・考え方を働かせ，言語活動を通して，国語で的確に理解し効果的に表現する資質・能力を次のとおり育成することを目指す。

(1) 生涯にわたる社会生活に必要な国語の知識や技能を身に付けるとともに，我が国の言語文化に対する理解を深めることができるようにする。

(2) 論理的に考える力や深く共感したり豊かに想像したりする力を伸ばし，他者との関わりの中で伝え合う力を高め，自分の思いや考えを広げたり深めたりすることができるようにする。

(3) 言葉がもつ価値への認識を深めるとともに，生涯にわたって読書に親しみ自己を向上させ，我が国の言語文化の担い手としての自覚をもち，言葉を通して他者や社会に関わろうとする態度を養う。

2 内容

〔知識及び技能〕

(1) 言葉の特徴や使い方に関する次の事項を身に付けることができるよう指導する。

　ア　言葉には，文化の継承，発展，創造を支える働きがあることを理解すること。

　イ　常用漢字の読みに慣れ，主な常用漢字を書き，文や文章の中で使うこと。

　ウ　我が国の言語文化に特徴的な語句の量を増し，それらの文化的背景について理解を深め，文章の中で使うことを通して，語感を磨き語彙を豊かにすること。

　エ　文章の意味は，文脈の中で形成されることを理解すること。

　オ　本歌取りや見立てなどの我が国の言語文化に特徴的な表現の技法とその効果について理解すること。

(2) 我が国の言語文化に関する次の事項を身に付けることができるよう指導する。

　ア　我が国の言語文化の特質や我が国の文化と外国の文化との関係について理解すること。

　イ　古典の世界に親しむために，作品や文章の歴史的・文化的背景などを理解すること。

　ウ　古典の世界に親しむために，古典を読むために必要な文語のきまりや訓読のきまり，古典特有の表現などについて理解すること。

　エ　時間の経過や地域の文化的特徴などによる文字や言葉の変化について理解を深め，古典の言葉と現代の言葉とのつながりについて理解すること。

　オ　言文一致体や和漢混交文など歴史的な文体の変化について理解を深めること。

　カ　我が国の言語文化への理解につながる読書の意義と効用について理解を深めること。

〔思考力，判断力，表現力等〕

A　書くこと

(1) 書くことに関する次の事項を身に付けることができるよう指導する。

　ア　自分の知識や体験の中から適切な題材を決め，集めた材料のよさや味わいを吟味して，表現したいことを明確にすること。

　イ　自分の体験や思いが効果的に伝わるよう，文章の種類，構成，展開や，文体，描写，語句などの表現の仕方を工夫すること。

(2) (1)に示す事項については，例えば，次のような言語活動を通して指導するものとする。

ア　本歌取りや折句などを用いて，感じたことや発見したことを短歌や俳句で表したり，伝統行事や風物詩などの文化に関する題材を選んで，随筆などを書いたりする活動。
　B　読むこと
　(1) 読むことに関する次の事項を身に付けることができるよう指導する。
　　ア　文章の種類を踏まえて，内容や構成，展開などについて叙述を基に的確に捉えること。
　　イ　作品や文章に表れているものの見方，感じ方，考え方を捉え，内容を解釈すること。
　　ウ　文章の構成や展開，表現の仕方，表現の特色について評価すること。
　　エ　作品や文章の成立した背景や他の作品などとの関係を踏まえ，内容の解釈を深めること。
　　オ　作品の内容や解釈を踏まえ，自分のものの見方，感じ方，考え方を深め，我が国の言語文化について自分の考えをもつこと。
　(2) (1)に示す事項については，例えば，次のような言語活動を通して指導するものとする。
　　ア　我が国の伝統や文化について書かれた解説や評論，随筆などを読み，我が国の言語文化について論述したり発表したりする活動。
　　イ　作品の内容や形式について，批評したり討論したりする活動。
　　ウ　異なる時代に成立した随筆や小説，物語などを読み比べ，それらを比較して論じたり批評したりする活動。
　　エ　和歌や俳句などを読み，書き換えたり外国語に訳したりすることなどを通して互いの解釈の違いについて話し合ったり，テーマを立ててまとめたりする活動。
　　オ　古典から受け継がれてきた詩歌や芸能の題材，内容，表現の技法などについて調べ，その成果を発表したり文章にまとめたりする活動。

3　内容の取扱い

(1) 内容の〔思考力，判断力，表現力等〕における授業時数については，次の事項に配慮するものとする。
　　ア　「A書くこと」に関する指導については，5～10単位時間程度を配当するものとし，計画的に指導すること。
　　イ　「B読むこと」の古典に関する指導については，40～45単位時間程度を配当するものとし，計画的に指導するとともに，古典における古文と漢文の割合は，一方に偏らないようにすること。その際，古典について解説した近代以降の文章などを活用するなどして，我が国の言語文化への理解を深めるよう指導を工夫すること。
　　ウ　「B読むこと」の近代以降の文章に関する指導については，20単位時間程度を配当するものとし，計画的に指導すること。その際，我が国の伝統と文化に関する近代以降の論理的な文章や古典に関連する近代以降の文学的な文章を活用するなどして，我が国の言語文化への理解を深めるよう指導を工夫すること。
(2) 内容の〔知識及び技能〕に関する指導については，次の事項に配慮するものとする。
　　ア　(1)のイの指導については，「現代の国語」の内容の〔知識及び技能〕の(1)のウの指導との関連を図り，計画的に指導すること。
　　イ　(2)のウの指導については，〔思考力，判断力，表現力等〕の「B読むこと」の指導に即して行うこと。
(3) 内容の〔思考力，判断力，表現力等〕に関する指導については，次の事項に配慮するものとする。
　　ア　「A書くこと」に関する指導については，中学校国語科の書写との関連を図り，効果的に文字を書く機会を設けること。
　　イ　「B読むこと」に関する指導については，文章を読み深めるため，音読，朗読，暗唱などを取り

入れること。
(4) 教材については，次の事項に留意するものとする。
　ア　内容の〔思考力，判断力，表現力等〕の「B読むこと」の教材は，古典及び近代以降の文章とし，日本漢文，近代以降の文語文や漢詩文などを含めるとともに，我が国の言語文化への理解を深める学習に資するよう，我が国の伝統と文化や古典に関連する近代以降の文章を取り上げること。また，必要に応じて，伝承や伝統芸能などに関する音声や画像の資料を用いることができること。
　イ　古典の教材については，表記を工夫し，注釈，傍注，解説，現代語訳などを適切に用い，特に漢文については訓点を付け，必要に応じて書き下し文を用いるなど理解しやすいようにすること。
　ウ　内容の〔思考力，判断力，表現力等〕の「A書くこと」及び「B読むこと」のそれぞれの(2)に掲げる言語活動が十分行われるよう教材を選定すること。
　エ　教材は，次のような観点に配慮して取り上げること。
　　(ｱ)　言語文化に対する関心や理解を深め，国語を尊重する態度を育てるのに役立つこと。
　　(ｲ)　日常の言葉遣いなど言語生活に関心をもち，伝え合う力を高めるのに役立つこと。
　　(ｳ)　思考力や想像力を伸ばし，心情を豊かにし，言語感覚を磨くのに役立つこと。
　　(ｴ)　情報を活用して，公正かつ適切に判断する能力や創造的精神を養うのに役立つこと。
　　(ｵ)　生活や人生について考えを深め，人間性を豊かにし，たくましく生きる意志を培うのに役立つこと。
　　(ｶ)　人間，社会，自然などに広く目を向け，考えを深めるのに役立つこと。
　　(ｷ)　我が国の伝統と文化に対する関心や理解を深め，それらを尊重する態度を育てるのに役立つこと。
　　(ｸ)　広い視野から国際理解を深め，日本人としての自覚をもち，国際協調の精神を高めるのに役立つこと。
　オ　古典の教材は，次のような観点に配慮して取り上げること。
　　(ｱ)　伝統的な言語文化への理解を深め，古典を進んで学習する意欲や態度を養うのに役立つこと。
　　(ｲ)　人間，社会，自然などに対する様々な時代の人々のものの見方，感じ方，考え方について理解を深めるのに役立つこと。
　　(ｳ)　様々な時代の人々の生き方や自分の生き方について考えたり，我が国の伝統と文化について理解を深めたりするのに役立つこと。
　　(ｴ)　古典を読むのに必要な知識を身に付けるのに役立つこと。
　　(ｵ)　現代の国語について考えたり，言語感覚を豊かにしたりするのに役立つこと。
　　(ｶ)　中国など外国の文化との関係について理解を深めるのに役立つこと。

第3　論理国語

1　目　標

　言葉による見方・考え方を働かせ，言語活動を通して，国語で的確に理解し効果的に表現する資質・能力を次のとおり育成することを目指す。
(1) 実社会に必要な国語の知識や技能を身に付けるようにする。
(2) 論理的，批判的に考える力を伸ばすとともに，創造的に考える力を養い，他者との関わりの中で伝え合う力を高め，自分の思いや考えを広げたり深めたりすることができるようにする。
(3) 言葉がもつ価値への認識を深めるとともに，生涯にわたって読書に親しみ自己を向上させ，我が国の言語文化の担い手としての自覚を深め，言葉を通して他者や社会に関わろうとする態度を養う。

2 内容

〔知識及び技能〕

(1) 言葉の特徴や使い方に関する次の事項を身に付けることができるよう指導する。

　ア　言葉には，言葉そのものを認識したり説明したりすることを可能にする働きがあることを理解すること。

　イ　論証したり学術的な学習の基礎を学んだりするために必要な語句の量を増し，文章の中で使うことを通して，語感を磨き語彙を豊かにすること。

　ウ　文や文章の効果的な組立て方や接続の仕方について理解を深めること。

　エ　文章の種類に基づく効果的な段落の構造や論の形式など，文章の構成や展開の仕方について理解を深めること。

(2) 文章に含まれている情報の扱い方に関する次の事項を身に付けることができるよう指導する。

　ア　主張とその前提や反証など情報と情報との関係について理解を深めること。

　イ　情報を重要度や抽象度などによって階層化して整理する方法について理解を深め使うこと。

　ウ　推論の仕方について理解を深め使うこと。

(3) 我が国の言語文化に関する次の事項を身に付けることができるよう指導する。

　ア　新たな考えの構築に資する読書の意義と効用について理解を深めること。

〔思考力，判断力，表現力等〕

A　書くこと

(1) 書くことに関する次の事項を身に付けることができるよう指導する。

　ア　実社会や学術的な学習の基礎に関する事柄について，書き手の立場や論点などの様々な観点から情報を収集，整理して，目的や意図に応じた適切な題材を決めること。

　イ　情報の妥当性や信頼性を吟味しながら，自分の立場や論点を明確にして，主張を支える適切な根拠をそろえること。

　ウ　立場の異なる読み手を説得するために，批判的に読まれることを想定して，効果的な文章の構成や論理の展開を工夫すること。

　エ　多面的・多角的な視点から自分の考えを見直したり，根拠や論拠の吟味を重ねたりして，主張を明確にすること。

　オ　個々の文の表現の仕方や段落の構造を吟味するなど，文章全体の論理の明晰さを確かめ，自分の主張が的確に伝わる文章になるよう工夫すること。

　カ　文章の構成や展開，表現の仕方などについて，自分の主張が的確に伝わるように書かれているかなどを吟味して，文章全体を整えたり，読み手からの助言などを踏まえて，自分の文章の特長や課題を捉え直したりすること。

(2) (1)に示す事項については，例えば，次のような言語活動を通して指導するものとする。

　ア　特定の資料について，様々な観点から概要などをまとめる活動。

　イ　設定した題材について，分析した内容を報告文などにまとめたり，仮説を立てて考察した内容を意見文などにまとめたりする活動。

　ウ　社会的な話題について書かれた論説文やその関連資料を参考にして，自分の考えを短い論文にまとめ，批評し合う活動。

　エ　設定した題材について多様な資料を集め，調べたことを整理して，様々な観点から自分の意見や考えを論述する活動。

B　読むこと

(1) 読むことに関する次の事項を身に付けることができるよう指導する。

ア 文章の種類を踏まえて，内容や構成，論理の展開などを的確に捉え，論点を明確にしながら要旨を把握すること。
イ 文章の種類を踏まえて，資料との関係を把握し，内容や構成を的確に捉えること。
ウ 主張を支える根拠や結論を導く論拠を批判的に検討し，文章や資料の妥当性や信頼性を吟味して内容を解釈すること。
エ 文章の構成や論理の展開，表現の仕方について，書き手の意図との関係において多面的・多角的な視点から評価すること。
オ 関連する文章や資料を基に，書き手の立場や目的を考えながら，内容の解釈を深めること。
カ 人間，社会，自然などについて，文章の内容や解釈を多様な論点や異なる価値観と結び付けて，新たな観点から自分の考えを深めること。
キ 設定した題材に関連する複数の文章や資料を基に，必要な情報を関係付けて自分の考えを広げたり深めたりすること。

(2) (1)に示す事項については，例えば，次のような言語活動を通して指導するものとする。
ア 論理的な文章や実用的な文章を読み，その内容や形式について，批評したり討論したりする活動。
イ 社会的な話題について書かれた論説文やその関連資料を読み，それらの内容を基に，自分の考えを論述したり討論したりする活動。
ウ 学術的な学習の基礎に関する事柄について書かれた短い論文を読み，自分の考えを論述したり発表したりする活動。
エ 同じ事柄について異なる論点をもつ複数の文章を読み比べ，それらを比較して論じたり批評したりする活動。
オ 関心をもった事柄について様々な資料を調べ，その成果を発表したり報告書や短い論文などにまとめたりする活動。

3 内容の取扱い
(1) 内容の〔思考力，判断力，表現力等〕における授業時数については，次の事項に配慮するものとする。
ア 「A書くこと」に関する指導については，50〜60単位時間程度を配当するものとし，計画的に指導すること。
イ 「B読むこと」に関する指導については，80〜90単位時間程度を配当するものとし，計画的に指導すること。
(2) 内容の〔思考力，判断力，表現力等〕に関する指導については，次の事項に配慮するものとする。
ア 「B読むこと」に関する指導については，必要に応じて，近代以降の文章の変遷を扱うこと。
(3) 教材については，次の事項に留意するものとする。
ア 内容の〔思考力，判断力，表現力等〕の「B読むこと」の教材は，近代以降の論理的な文章及び現代の社会生活に必要とされる実用的な文章とすること。また，必要に応じて，翻訳の文章や古典における論理的な文章などを用いることができること。
イ 内容の〔思考力，判断力，表現力等〕の「A書くこと」及び「B読むこと」のそれぞれの(2)に掲げる言語活動が十分行われるよう教材を選定すること。

第4 文学国語

1 目 標
言葉による見方・考え方を働かせ，言語活動を通して，国語で的確に理解し効果的に表現する資質・

能力を次のとおり育成することを目指す。
(1) 生涯にわたる社会生活に必要な国語の知識や技能を身に付けるとともに，我が国の言語文化に対する理解を深めることができるようにする。
(2) 深く共感したり豊かに想像したりする力を伸ばすとともに，創造的に考える力を養い，他者との関わりの中で伝え合う力を高め，自分の思いや考えを広げたり深めたりすることができるようにする。
(3) 言葉がもつ価値への認識を深めるとともに，生涯にわたって読書に親しみ自己を向上させ，我が国の言語文化の担い手としての自覚を深め，言葉を通して他者や社会に関わろうとする態度を養う。

2 内容

〔知識及び技能〕
(1) 言葉の特徴や使い方に関する次の事項を身に付けることができるよう指導する。
　ア　言葉には，想像や心情を豊かにする働きがあることを理解すること。
　イ　情景の豊かさや心情の機微を表す語句の量を増し，文章の中で使うことを通して，語感を磨き語彙を豊かにすること。
　ウ　文学的な文章やそれに関する文章の種類や特徴などについて理解を深めること。
　エ　文学的な文章における文体の特徴や修辞などの表現の技法について，体系的に理解し使うこと。
(2) 我が国の言語文化に関する次の事項を身に付けることができるよう指導する。
　ア　文学的な文章を読むことを通して，我が国の言語文化の特質について理解を深めること。
　イ　人間，社会，自然などに対するものの見方，感じ方，考え方を豊かにする読書の意義と効用について理解を深めること。

〔思考力，判断力，表現力等〕

A　書くこと
(1) 書くことに関する次の事項を身に付けることができるよう指導する。
　ア　文学的な文章を書くために，選んだ題材に応じて情報を収集，整理して，表現したいことを明確にすること。
　イ　読み手の関心が得られるよう，文章の構成や展開を工夫すること。
　ウ　文体の特徴や修辞の働きなどを考慮して，読み手を引き付ける独創的な文章になるよう工夫すること。
　エ　文章の構成や展開，表現の仕方などについて，伝えたいことや感じてもらいたいことが伝わるように書かれているかなどを吟味して，文章全体を整えたり，読み手からの助言などを踏まえて，自分の文章の特長や課題を捉え直したりすること。
(2) (1)に示す事項については，例えば，次のような言語活動を通して指導するものとする。
　ア　自由に発想したり評論を参考にしたりして，小説や詩歌などを創作し，批評し合う活動。
　イ　登場人物の心情や情景の描写を，文体や表現の技法等に注意して書き換え，その際に工夫したことなどを話し合ったり，文章にまとめたりする活動。
　ウ　古典を題材として小説を書くなど，翻案作品を創作する活動。
　エ　グループで同じ題材を書き継いで一つの作品をつくるなど，共同で作品制作に取り組む活動。

B　読むこと
(1) 読むことに関する次の事項を身に付けることができるよう指導する。
　ア　文章の種類を踏まえて，内容や構成，展開，描写の仕方などを的確に捉えること。
　イ　語り手の視点や場面の設定の仕方，表現の特色について評価することを通して，内容を解釈すること。
　ウ　他の作品と比較するなどして，文体の特徴や効果について考察すること。

エ　文章の構成や展開，表現の仕方を踏まえ，解釈の多様性について考察すること。

オ　作品に表れているものの見方，感じ方，考え方を捉えるとともに，作品が成立した背景や他の作品などとの関係を踏まえ，作品の解釈を深めること。

カ　作品の内容や解釈を踏まえ，人間，社会，自然などに対するものの見方，感じ方，考え方を深めること。

キ　設定した題材に関連する複数の作品などを基に，自分のものの見方，感じ方，考え方を深めること。

(2) (1)に示す事項については，例えば，次のような言語活動を通して指導するものとする。

ア　作品の内容や形式について，書評を書いたり，自分の解釈や見解を基に議論したりする活動。

イ　作品の内容や形式に対する評価について，評論や解説を参考にしながら，論述したり討論したりする活動。

ウ　小説を，脚本や絵本などの他の形式の作品に書き換える活動。

エ　演劇や映画の作品と基になった作品とを比較して，批評文や紹介文などをまとめる活動。

オ　テーマを立てて詩文を集め，アンソロジーを作成して発表し合い，互いに批評する活動。

カ　作品に関連のある事柄について様々な資料を調べ，その成果を発表したり短い論文などにまとめたりする活動。

3　内容の取扱い

(1) 内容の〔思考力，判断力，表現力等〕における授業時数については，次の事項に配慮するものとする。

ア　「A書くこと」に関する指導については，30～40単位時間程度を配当するものとし，計画的に指導すること。

イ　「B読むこと」に関する指導については，100～110単位時間程度を配当するものとし，計画的に指導すること。

(2) 内容の〔思考力，判断力，表現力等〕に関する指導については，次の事項に配慮するものとする。

ア　「B読むこと」に関する指導については，必要に応じて，文学の変遷を扱うこと。

(3) 教材については，次の事項に留意するものとする。

ア　内容の〔思考力，判断力，表現力等〕の「B読むこと」の教材は，近代以降の文学的な文章とすること。また，必要に応じて，翻訳の文章，古典における文学的な文章，近代以降の文語文，演劇や映画の作品及び文学などについての評論文などを用いることができること。

イ　内容の〔思考力，判断力，表現力等〕の「A書くこと」及び「B読むこと」のそれぞれの(2)に掲げる言語活動が十分行われるよう教材を選定すること。

第5　国語表現

1　目標

言葉による見方・考え方を働かせ，言語活動を通して，国語で的確に理解し効果的に表現する資質・能力を次のとおり育成することを目指す。

(1) 実社会に必要な国語の知識や技能を身に付けるようにする。

(2) 論理的に考える力や深く共感したり豊かに想像したりする力を伸ばし，実社会における他者との多様な関わりの中で伝え合う力を高め，自分の思いや考えを広げたり深めたりすることができるようにする。

(3) 言葉がもつ価値への認識を深めるとともに，生涯にわたって読書に親しみ自己を向上させ，我が国

の言語文化の担い手としての自覚を深め，言葉を通して他者や社会に関わろうとする態度を養う。
2 内容
〔知識及び技能〕
(1) 言葉の特徴や使い方に関する次の事項を身に付けることができるよう指導する。
  ア 言葉には，自己と他者の相互理解を深める働きがあることを理解すること。
  イ 話し言葉と書き言葉の特徴や役割，表現の特色について理解を深め，伝え合う目的や場面，相手，手段に応じた適切な表現や言葉遣いを理解し，使い分けること。
  ウ 自分の思いや考えを多彩に表現するために必要な語句の量を増し，話や文章の中で使うことを通して，語感を磨き語彙を豊かにすること。
  エ 実用的な文章などの種類や特徴，構成や展開の仕方などについて理解を深めること。
  オ 省略や反復などの表現の技法について理解を深め使うこと。
(2) 我が国の言語文化に関する次の事項を身に付けることができるよう指導する。
  ア 自分の思いや考えを伝える際の言語表現を豊かにする読書の意義と効用について理解を深めること。

〔思考力，判断力，表現力等〕
A 話すこと・聞くこと
(1) 話すこと・聞くことに関する次の事項を身に付けることができるよう指導する。
  ア 目的や場に応じて，実社会の問題や自分に関わる事柄の中から話題を決め，他者との多様な交流を想定しながら情報を収集，整理して，伝え合う内容を検討すること。
  イ 自分の主張の合理性が伝わるよう，適切な根拠を効果的に用いるとともに，相手の反論を想定して論理の展開を考えるなど，話の構成や展開を工夫すること。
  ウ 自分の思いや考えが伝わるよう，具体例を効果的に配置するなど，話の構成や展開を工夫すること。
  エ 相手の反応に応じて言葉を選んだり，場の状況に応じて資料や機器を効果的に用いたりするなど，相手の同意や共感が得られるように表現を工夫すること。
  オ 論点を明確にして自分の考えと比較しながら聞き，話の内容や構成，論理の展開，表現の仕方を評価するとともに，聞き取った情報を吟味して自分の考えを広げたり深めたりすること。
  カ 視点を明確にして聞きながら，話の内容に対する共感を伝えたり，相手の思いや考えを引き出したりする工夫をして，自分の思いや考えを広げたり深めたりすること。
  キ 互いの主張や論拠を吟味したり，話合いの進行や展開を助けたりするために発言を工夫するなど，考えを広げたり深めたりしながら，話合いの仕方や結論の出し方を工夫すること。
(2) (1)に示す事項については，例えば，次のような言語活動を通して指導するものとする。
  ア 聴衆に対してスピーチをしたり，面接の場で自分のことを伝えたり，それらを聞いて批評したりする活動。
  イ 他者に連絡したり，紹介や依頼などをするために話をしたり，それらを聞いて批評したりする活動。
  ウ 異なる世代の人や初対面の人にインタビューをしたり，報道や記録の映像などを見たり聞いたりしたことをまとめて，発表する活動。
  エ 話合いの目的に応じて結論を得たり，多様な考えを引き出したりするための議論や討論を行い，その記録を基に話合いの仕方や結論の出し方について批評する活動。
  オ 設定した題材について調べたことを，図表や画像なども用いながら発表資料にまとめ，聴衆に対して説明する活動。

B　書くこと
(1) 書くことに関する次の事項を身に付けることができるよう指導する。
　ア　目的や意図に応じて，実社会の問題や自分に関わる事柄の中から適切な題材を決め，情報の組合せなどを工夫して，伝えたいことを明確にすること。
　イ　読み手の同意が得られるよう，適切な根拠を効果的に用いるとともに，反論などを想定して論理の展開を考えるなど，文章の構成や展開を工夫すること。
　ウ　読み手の共感が得られるよう，適切な具体例を効果的に配置するなど，文章の構成や展開を工夫すること。
　エ　自分の考えを明確にし，根拠となる情報を基に的確に説明するなど，表現の仕方を工夫すること。
　オ　自分の思いや考えを明確にし，事象を的確に描写したり説明したりするなど，表現の仕方を工夫すること。
　カ　読み手に対して自分の思いや考えが効果的に伝わるように書かれているかなどを吟味して，文章全体を整えたり，読み手からの助言などを踏まえて，自分の文章の特長や課題を捉え直したりすること。
(2) (1)に示す事項については，例えば，次のような言語活動を通して指導するものとする。
　ア　社会的な話題や自己の将来などを題材に，自分の思いや考えについて，文章の種類を選んで書く活動。
　イ　文章と図表や画像などを関係付けながら，企画書や報告書などを作成する活動。
　ウ　説明書や報告書の内容を，目的や読み手に応じて再構成し，広報資料などの別の形式に書き換える活動。
　エ　紹介，連絡，依頼などの実務的な手紙や電子メールを書く活動。
　オ　設定した題材について多様な資料を集め，調べたことを整理したり話し合ったりして，自分や集団の意見を提案書などにまとめる活動。
　カ　異なる世代の人や初対面の人にインタビューをするなどして聞いたことを，報告書などにまとめる活動。

3　内容の取扱い
(1) 内容の〔思考力，判断力，表現力等〕における授業時数については，次の事項に配慮するものとする。
　ア　「A話すこと・聞くこと」に関する指導については，40～50単位時間程度を配当するものとし，計画的に指導すること。
　イ　「B書くこと」に関する指導については，90～100単位時間程度を配当するものとし，計画的に指導すること。
(2) 内容の〔思考力，判断力，表現力等〕に関する指導については，次の事項に配慮するものとする。
　ア　「A話すこと・聞くこと」に関する指導については，必要に応じて，発声や発音の仕方，話す速度などを扱うこと。
　イ　「B書くこと」に関する指導については，必要に応じて，文章の形式などを扱うこと。
(3) 教材については，次の事項に留意するものとする。
　ア　内容の〔思考力，判断力，表現力等〕の「A話すこと・聞くこと」の教材は，必要に応じて，音声や画像の資料などを用いることができること。
　イ　内容の〔思考力，判断力，表現力等〕の「A話すこと・聞くこと」及び「B書くこと」のそれぞれの(2)に掲げる言語活動が十分行われるよう教材を選定すること。

第6 古典探究

1 目　標

言葉による見方・考え方を働かせ，言語活動を通して，国語で的確に理解し効果的に表現する資質・能力を次のとおり育成することを目指す。

(1) 生涯にわたる社会生活に必要な国語の知識や技能を身に付けるとともに，我が国の伝統的な言語文化に対する理解を深めることができるようにする。

(2) 論理的に考える力や深く共感したり豊かに想像したりする力を伸ばし，古典などを通した先人のものの見方，感じ方，考え方との関わりの中で伝え合う力を高め，自分の思いや考えを広げたり深めたりすることができるようにする。

(3) 言葉がもつ価値への認識を深めるとともに，生涯にわたって古典に親しみ自己を向上させ，我が国の言語文化の担い手としての自覚を深め，言葉を通して他者や社会に関わろうとする態度を養う。

2 内　容

〔知識及び技能〕

(1) 言葉の特徴や使い方に関する次の事項を身に付けることができるよう指導する。

　ア　古典に用いられている語句の意味や用法を理解し，古典を読むために必要な語句の量を増すことを通して，語感を磨き語彙を豊かにすること。

　イ　古典の作品や文章の種類とその特徴について理解を深めること。

　ウ　古典の文の成分の順序や照応，文章の構成や展開の仕方について理解を深めること。

　エ　古典の作品や文章に表れている，言葉の響きやリズム，修辞などの表現の特色について理解を深めること。

(2) 我が国の言語文化に関する次の事項を身に付けることができるよう指導する。

　ア　古典などを読むことを通して，我が国の文化の特質や，我が国の文化と中国など外国の文化との関係について理解を深めること。

　イ　古典を読むために必要な文語のきまりや訓読のきまりについて理解を深めること。

　ウ　時間の経過による言葉の変化や，古典が現代の言葉の成り立ちにもたらした影響について理解を深めること。

　エ　先人のものの見方，感じ方，考え方に親しみ，自分のものの見方，感じ方，考え方を豊かにする読書の意義と効用について理解を深めること。

〔思考力，判断力，表現力等〕

A　読むこと

(1) 読むことに関する次の事項を身に付けることができるよう指導する。

　ア　文章の種類を踏まえて，構成や展開などを的確に捉えること。

　イ　文章の種類を踏まえて，古典特有の表現に注意して内容を的確に捉えること。

　ウ　必要に応じて書き手の考えや目的，意図を捉えて内容を解釈するとともに，文章の構成や展開，表現の特色について評価すること。

　エ　作品の成立した背景や他の作品などとの関係を踏まえながら古典などを読み，その内容の解釈を深め，作品の価値について考察すること。

　オ　古典の作品や文章について，内容や解釈を自分の知見と結び付け，考えを広げたり深めたりすること。

　カ　古典の作品や文章などに表れているものの見方，感じ方，考え方を踏まえ，人間，社会，自然な

どに対する自分の考えを広げたり深めたりすること。
　キ　関心をもった事柄に関連する様々な古典の作品や文章などを基に、自分のものの見方、感じ方、考え方を深めること。
　ク　古典の作品や文章を多面的・多角的な視点から評価することを通して、我が国の言語文化について自分の考えを広げたり深めたりすること。
(2) (1)に示す事項については、例えば、次のような言語活動を通して指導するものとする。
　ア　古典の作品や文章を読み、その内容や形式などに関して興味をもったことや疑問に感じたことについて、調べて発表したり議論したりする活動。
　イ　同じ題材を取り上げた複数の古典の作品や文章を読み比べ、思想や感情などの共通点や相違点について論述したり発表したりする活動。
　ウ　古典を読み、その語彙や表現の技法などを参考にして、和歌や俳諧、漢詩を創作したり、体験したことや感じたことを文語で書いたりする活動。
　エ　古典の作品について、その内容の解釈を踏まえて朗読する活動。
　オ　古典の作品に関連のある事柄について様々な資料を調べ、その成果を発表したり報告書などにまとめたりする活動。
　カ　古典の言葉を現代の言葉と比較し、その変遷について社会的背景と関連付けながら古典などを読み、分かったことや考えたことを短い論文などにまとめる活動。
　キ　往来物や漢文の名句・名言などを読み、社会生活に役立つ知識の文例を集め、それらの現代における意義や価値などについて随筆などにまとめる活動。

3　内容の取扱い

(1) 内容の〔知識及び技能〕に関する指導については、次の事項に配慮するものとする。
　ア　(2)のイの指導については、〔思考力、判断力、表現力等〕の「A読むこと」の指導に即して行い、必要に応じてある程度まとまった学習もできるようにすること。
(2) 内容の〔思考力、判断力、表現力等〕の「A読むこと」に関する指導については、次の事項に配慮するものとする。
　ア　古文及び漢文の両方を取り上げるものとし、一方に偏らないようにすること。
　イ　古典を読み深めるため、音読、朗読、暗唱などを取り入れること。
　ウ　必要に応じて、古典の変遷を扱うこと。
(3) 教材については、次の事項に留意するものとする。
　ア　内容の〔思考力、判断力、表現力等〕の「A読むこと」の教材は、古典としての古文及び漢文とし、日本漢文を含めるとともに、論理的に考える力を伸ばすよう、古典における論理的な文章を取り上げること。また、必要に応じて、近代以降の文語文や漢詩文、古典についての評論文などを用いることができること。
　イ　内容の〔思考力、判断力、表現力等〕の「A読むこと」の(2)に掲げる言語活動が十分行われるよう教材を選定すること。
　ウ　教材は、言語文化の変遷について理解を深める学習に資するよう、文章の種類、長短や難易などに配慮して適当な部分を取り上げること。

● 第3款　各科目にわたる指導計画の作成と内容の取扱い

1　指導計画の作成に当たっては、次の事項に配慮するものとする。
(1) 単元など内容や時間のまとまりを見通して、その中で育む資質・能力の育成に向けて、生徒の主体

的・対話的で深い学びの実現を図るようにすること。その際,言葉による見方・考え方を働かせ,言語活動を通して,言葉の特徴や使い方などを理解し自分の思いや考えを深める学習の充実を図ること。
  (2) 「論理国語」,「文学国語」,「国語表現」及び「古典探究」の各科目については,原則として,「現代の国語」及び「言語文化」を履修した後に履修させること。
  (3) 各科目の内容の〔知識及び技能〕に示す事項については,〔思考力,判断力,表現力等〕に示す事項の指導を通して指導することを基本とすること。
  (4) 「現代の国語」及び「言語文化」の指導については,中学校国語科との関連を十分に考慮すること。
  (5) 言語能力の向上を図る観点から,外国語科など他教科等との関連を積極的に図り,指導の効果を高めるようにすること。
  (6) 障害のある生徒などについては,学習活動を行う場合に生じる困難さに応じた指導内容や指導方法の工夫を計画的,組織的に行うこと。
2 内容の取扱いに当たっては,次の事項に配慮するものとする。
  (1) 各科目の内容の〔知識及び技能〕に示す事項については,日常の言語活動を振り返ることなどを通して,生徒が,実際に話したり聞いたり書いたり読んだりする場面を意識できるよう指導を工夫すること。
  (2) 生徒の読書意欲を喚起し,読書の幅を一層広げ,読書の習慣を養うとともに,文字・活字文化に対する理解が深まるようにすること。
  (3) 生徒がコンピュータや情報通信ネットワークを積極的に活用する機会を設けるなどして,指導の効果を高めるよう工夫すること。
  (4) 学校図書館などを目的をもって計画的に利用しその機能の活用を図るようにすること。
3 教材については,各科目の3に示す事項のほか,次の事項に留意するものとする。
  (1) 教材は,各科目の内容の〔知識及び技能〕及び〔思考力,判断力,表現力等〕に示す資質・能力を偏りなく養うことや読書に親しむ態度を育成することをねらいとし,生徒の発達の段階に即して適切な話題や題材を精選して調和的に取り上げること。また,必要に応じて音声言語や画像による教材を用い,学習の効果を高めるようにすること。
  (2) 「論理国語」及び「国語表現」は,「現代の国語」の3の(4)のウに示す事項について,「文学国語」は「言語文化」の3の(4)のエに示す事項について,「古典探究」は「言語文化」の3の(4)のイ及びオに示す事項について留意すること。

第2節　地理歴史

● 第1款　目　標

社会的な見方・考え方を働かせ，課題を追究したり解決したりする活動を通して，広い視野に立ち，グローバル化する国際社会に主体的に生きる平和で民主的な国家及び社会の有為な形成者に必要な公民としての資質・能力を次のとおり育成することを目指す。

(1) 現代世界の地域的特色と日本及び世界の歴史の展開に関して理解するとともに，調査や諸資料から様々な情報を適切かつ効果的に調べまとめる技能を身に付けるようにする。

(2) 地理や歴史に関わる事象の意味や意義，特色や相互の関連を，概念などを活用して多面的・多角的に考察したり，社会に見られる課題の解決に向けて構想したりする力や，考察，構想したことを効果的に説明したり，それらを基に議論したりする力を養う。

(3) 地理や歴史に関わる諸事象について，よりよい社会の実現を視野に課題を主体的に解決しようとする態度を養うとともに，多面的・多角的な考察や深い理解を通して涵養される日本国民としての自覚，我が国の国土や歴史に対する愛情，他国や他国の文化を尊重することの大切さについての自覚などを深める。

● 第2款　各　科　目

第1　地理総合

1　目　標

社会的事象の地理的な見方・考え方を働かせ，課題を追究したり解決したりする活動を通して，広い視野に立ち，グローバル化する国際社会に主体的に生きる平和で民主的な国家及び社会の有為な形成者に必要な公民としての資質・能力を次のとおり育成することを目指す。

(1) 地理に関わる諸事象に関して，世界の生活文化の多様性や，防災，地域や地球的課題への取組などを理解するとともに，地図や地理情報システムなどを用いて，調査や諸資料から地理に関する様々な情報を適切かつ効果的に調べまとめる技能を身に付けるようにする。

(2) 地理に関わる事象の意味や意義，特色や相互の関連を，位置や分布，場所，人間と自然環境との相互依存関係，空間的相互依存作用，地域などに着目して，概念などを活用して多面的・多角的に考察したり，地理的な課題の解決に向けて構想したりする力や，考察，構想したことを効果的に説明したり，それらを基に議論したりする力を養う。

(3) 地理に関わる諸事象について，よりよい社会の実現を視野にそこで見られる課題を主体的に追究，解決しようとする態度を養うとともに，多面的・多角的な考察や深い理解を通して涵養される日本国民としての自覚，我が国の国土に対する愛情，世界の諸地域の多様な生活文化を尊重しようとすることの大切さについての自覚などを深める。

2　内　容

A　地図や地理情報システムで捉える現代世界

(1) 地図や地理情報システムと現代世界

位置や分布などに着目して，課題を追究したり解決したりする活動を通して，次の事項を身に付けることができるよう指導する。

ア　次のような知識及び技能を身に付けること。
　　(ｱ)　現代世界の地域構成を示した様々な地図の読図などを基に，方位や時差，日本の位置と領域，国内や国家間の結び付きなどについて理解すること。
　　(ｲ)　日常生活の中で見られる様々な地図の読図などを基に，地図や地理情報システムの役割や有用性などについて理解すること。
　　(ｳ)　現代世界の様々な地理情報について，地図や地理情報システムなどを用いて，その情報を収集し，読み取り，まとめる基礎的・基本的な技能を身に付けること。
　イ　次のような思考力，判断力，表現力等を身に付けること。
　　(ｱ)　現代世界の地域構成について，位置や範囲などに着目して，主題を設定し，世界的視野から見た日本の位置，国内や国家間の結び付きなどを多面的・多角的に考察し，表現すること。
　　(ｲ)　地図や地理情報システムについて，位置や範囲，縮尺などに着目して，目的や用途，内容，適切な活用の仕方などを多面的・多角的に考察し，表現すること。
B　国際理解と国際協力
　(1)　生活文化の多様性と国際理解
　　場所や人間と自然環境との相互依存関係などに着目して，課題を追究したり解決したりする活動を通して，次の事項を身に付けることができるよう指導する。
　ア　次のような知識を身に付けること。
　　(ｱ)　世界の人々の特色ある生活文化を基に，人々の生活文化が地理的環境から影響を受けたり，影響を与えたりして多様性をもつことや，地理的環境の変化によって変容することなどについて理解すること。
　　(ｲ)　世界の人々の特色ある生活文化を基に，自他の文化を尊重し国際理解を図ることの重要性などについて理解すること。
　イ　次のような思考力，判断力，表現力等を身に付けること。
　　(ｱ)　世界の人々の生活文化について，その生活文化が見られる場所の特徴や自然及び社会的条件との関わりなどに着目して，主題を設定し，多様性や変容の要因などを多面的・多角的に考察し，表現すること。
　(2)　地球的課題と国際協力
　　空間的相互依存作用や地域などに着目して，課題を追究したり解決したりする活動を通して，次の事項を身に付けることができるよう指導する。
　ア　次のような知識を身に付けること。
　　(ｱ)　世界各地で見られる地球環境問題，資源・エネルギー問題，人口・食料問題及び居住・都市問題などを基に，地球的課題の各地で共通する傾向性や課題相互の関連性などについて大観し理解すること。
　　(ｲ)　世界各地で見られる地球環境問題，資源・エネルギー問題，人口・食料問題及び居住・都市問題などを基に，地球的課題の解決には持続可能な社会の実現を目指した各国の取組や国際協力が必要であることなどについて理解すること。
　イ　次のような思考力，判断力，表現力等を身に付けること。
　　(ｱ)　世界各地で見られる地球環境問題，資源・エネルギー問題，人口・食料問題及び居住・都市問題などの地球的課題について，地域の結び付きや持続可能な社会づくりなどに着目して，主題を設定し，現状や要因，解決の方向性などを多面的・多角的に考察し，表現すること。
C　持続可能な地域づくりと私たち
　(1)　自然環境と防災

人間と自然環境との相互依存関係や地域などに着目して，課題を追究したり解決したりする活動を通して，次の事項を身に付けることができるよう指導する。

　ア　次のような知識及び技能を身に付けること。
　　(ｱ)　我が国をはじめ世界で見られる自然災害や生徒の生活圏で見られる自然災害を基に，地域の自然環境の特色と自然災害への備えや対応との関わりとともに，自然災害の規模や頻度，地域性を踏まえた備えや対応の重要性などについて理解すること。
　　(ｲ)　様々な自然災害に対応したハザードマップや新旧地形図をはじめとする各種の地理情報について，その情報を収集し，読み取り，まとめる地理的技能を身に付けること。
　イ　次のような思考力，判断力，表現力等を身に付けること。
　　(ｱ)　地域性を踏まえた防災について，自然及び社会的条件との関わり，地域の共通点や差異，持続可能な地域づくりなどに着目して，主題を設定し，自然災害への備えや対応などを多面的・多角的に考察し，表現すること。

(2)　生活圏の調査と地域の展望

空間的相互依存作用や地域などに着目して，課題を探究する活動を通して，次の事項を身に付けることができるよう指導する。

　ア　次のような知識を身に付けること。
　　(ｱ)　生活圏の調査を基に，地理的な課題の解決に向けた取組や探究する手法などについて理解すること。
　イ　次のような思考力，判断力，表現力等を身に付けること。
　　(ｱ)　生活圏の地理的な課題について，生活圏内や生活圏外との結び付き，地域の成り立ちや変容，持続可能な地域づくりなどに着目して，主題を設定し，課題解決に求められる取組などを多面的・多角的に考察，構想し，表現すること。

3　内容の取扱い

(1)　内容の全体にわたって，次の事項に配慮するものとする。

　ア　中学校社会科との関連を図るとともに，1の目標に即して基本的な事柄を基に指導内容を構成すること。
　イ　地図の読図や作図，衛星画像や空中写真，景観写真の読み取りなど地理的技能を身に付けることができるよう系統性に留意して計画的に指導すること。その際，教科用図書「地図」を十分に活用するとともに，地図や統計などの地理情報の収集・分析には，地理情報システムや情報通信ネットワークなどの活用を工夫すること。
　ウ　地図の読図や作図などを主とした作業的で具体的な体験を伴う学習を取り入れるとともに，各項目を関連付けて地理的技能が身に付くよう工夫すること。また，地図を有効に活用して事象を説明したり，自分の解釈を加えて論述したり，討論したりするなどの活動を充実させること。
　エ　学習過程では取り扱う内容の歴史的背景を踏まえることとし，政治的，経済的，生物的，地学的な事象なども必要に応じて扱うことができるが，それらは空間的な傾向性や諸地域の特色を理解するのに必要な程度とすること。
　オ　調査の実施や諸資料の収集に当たっては，専門家や関係諸機関などと円滑に連携・協働などして，社会との関わりを意識した活動を重視すること。
　カ　各項目の内容に応じて日本を含めて扱うとともに，日本と比較し関連付けて考察するようにすること。

(2)　内容の取扱いに当たっては，次の事項に配慮するものとする。

　ア　内容のAについては，次のとおり取り扱うものとすること。

(ｱ) (1)については，次のとおり取り扱うこと。

「現代世界の地域構成を示した様々な地図の読図」については，様々な地図の読図によって現代世界を地理的な視点から概観するとともに，球面上の世界の捉え方にも習熟するよう工夫すること。「日本の位置と領域」については，世界的視野から日本の位置を捉えるとともに，日本の領域をめぐる問題にも触れること。また，我が国の海洋国家としての特色と海洋の果たす役割を取り上げるとともに，竹島や北方領土が我が国の固有の領土であることなど，我が国の領域をめぐる問題も取り上げるようにすること。その際，尖閣諸島については我が国の固有の領土であり，領土問題は存在しないことも扱うこと。また，「国内や国家間の結び付き」については，国内の物流や人の往来，それを支える陸運や海運などの現状や動向，世界の国家群，貿易，交通・通信，観光の現状や動向に関する諸事象を，様々な主題図などを基に取り上げ，地図や地理情報システムの適切な活用の仕方が身に付くよう工夫すること。

「日常生活の中で見られる様々な地図」については，観察や調査，統計，画像，文献などの地理情報の収集，選択，処理，諸資料の地理情報化や地図化などの作業的で具体的な体験を伴う学習を取り入れるよう工夫すること。また，今後の学習全体を通じて地理的技能を活用する端緒となるよう，地図や地理情報システムに関する基礎的・基本的な知識や技能を習得するとともに，地図や地理情報システムが日常生活の様々な場面で持続可能な社会づくりのために果たしている役割やその有用性に気付くことができるよう工夫すること。

イ　内容のＢについては，次のとおり取り扱うものとすること。

(ｱ) (1)については，次のとおり取り扱うこと。

「世界の人々の特色ある生活文化」については，「地理的環境から影響を受けたり，影響を与えたりして多様性をもつこと」や，「地理的環境の変化によって変容すること」などを理解するために，世界の人々の多様な生活文化の中から地理的環境との関わりの深い，ふさわしい特色ある事例を選んで設定すること。その際，地理的環境には自然環境だけでなく，歴史的背景や人々の産業の営みなどの社会環境も含まれることに留意すること。また，ここでは，生活と宗教の関わりなどについて取り上げるとともに，日本との共通点や相違点に着目し，多様な習慣や価値観などをもっている人々と共存していくことの意義に気付くよう工夫すること。

(ｲ) (2)については，次のとおり取り扱うこと。

ここで取り上げる地球的課題については，国際連合における持続可能な開発のための取組などを参考に，「地球的課題の各地で共通する傾向性や課題相互の関連性」などを理解するために，世界各地で見られる様々な地球的課題の中から，ふさわしい特色ある事例を選んで設定すること。その際，地球環境問題，資源・エネルギー問題，人口・食料問題及び居住・都市問題などの地球的課題は，それぞれ相互に関連し合い，地域を越えた課題であるとともに地域によって現れ方が異なるなど共通性とともに地域性をもつことに留意し，それらの現状や要因の分析，解決の方向性については，複数の立場や意見があることに留意すること。また，地球的課題の解決については，人々の生活を支える産業などの経済活動との調和のとれた取組が重要であり，それが持続可能な社会づくりにつながることに留意すること。

ウ　内容のＣについては，次のとおり取り扱うものとすること。

(ｱ) (1)については，次のとおり取り扱うこと。

日本は変化に富んだ地形や気候をもち，様々な自然災害が多発することから，早くから自然災害への対応に努めてきたことなどを，具体例を通して取り扱うこと。その際，地形図やハザードマップなどの主題図の読図など，日常生活と結び付いた地理的技能を身に付けるとともに，防災意識を高めるよう工夫すること。

「我が国をはじめ世界で見られる自然災害」及び「生徒の生活圏で見られる自然災害」については，それぞれ地震災害や津波災害，風水害，火山災害などの中から，適切な事例を取り上げること。
(イ) (2)については，次のとおり取り扱うこと。
「生活圏の調査」については，その指導に当たって，これまでの学習成果を活用しながら，生徒の特性や学校所在地の事情などを考慮して，地域調査を実施し，生徒が適切にその方法を身に付けるよう工夫すること。

第2　地理探究

1　目標
社会的事象の地理的な見方・考え方を働かせ，課題を追究したり解決したりする活動を通して，広い視野に立ち，グローバル化する国際社会に主体的に生きる平和で民主的な国家及び社会の有為な形成者に必要な公民としての資質・能力を次のとおり育成することを目指す。

(1) 地理に関わる諸事象に関して，世界の空間的な諸事象の規則性，傾向性や，世界の諸地域の地域的特色や課題などを理解するとともに，地図や地理情報システムなどを用いて，調査や諸資料から地理に関する様々な情報を適切かつ効果的に調べまとめる技能を身に付けるようにする。

(2) 地理に関わる事象の意味や意義，特色や相互の関連を，位置や分布，場所，人間と自然環境との相互依存関係，空間的相互依存作用，地域などに着目して，系統地理的，地誌的に，概念などを活用して多面的・多角的に考察したり，地理的な課題の解決に向けて構想したりする力や，考察，構想したことを効果的に説明したり，それらを基に議論したりする力を養う。

(3) 地理に関わる諸事象について，よりよい社会の実現を視野にそこで見られる課題を主体的に探究しようとする態度を養うとともに，多面的・多角的な考察や深い理解を通して涵養される日本国民としての自覚，我が国の国土に対する愛情，世界の諸地域の多様な生活文化を尊重しようとすることの大切さについての自覚などを深める。

2　内容
A　現代世界の系統地理的考察
(1) 自然環境
場所や人間と自然環境との相互依存関係などに着目して，課題を追究したり解決したりする活動を通して，次の事項を身に付けることができるよう指導する。
ア　次のような知識を身に付けること。
(ア) 地形，気候，生態系などに関わる諸事象を基に，それらの事象の空間的な規則性，傾向性や，地球環境問題の現状や要因，解決に向けた取組などについて理解すること。
イ　次のような思考力，判断力，表現力等を身に付けること。
(ア) 地形，気候，生態系などに関わる諸事象について，場所の特徴や自然及び社会的条件との関わりなどに着目して，主題を設定し，それらの事象の空間的な規則性，傾向性や，関連する地球的課題の要因や動向などを多面的・多角的に考察し，表現すること。
(2) 資源，産業
場所や空間的相互依存作用などに着目して，課題を追究したり解決したりする活動を通して，次の事項を身に付けることができるよう指導する。
ア　次のような知識を身に付けること。
(ア) 資源・エネルギーや農業，工業などに関わる諸事象を基に，それらの事象の空間的な規則性，

　　　　傾向性や，資源・エネルギー，食料問題の現状や要因，解決に向けた取組などについて理解すること。
　　イ　次のような思考力，判断力，表現力等を身に付けること。
　　　(ｱ)　資源・エネルギーや農業，工業などに関わる諸事象について，場所の特徴や場所の結び付きなどに着目して，主題を設定し，それらの事象の空間的な規則性，傾向性や，関連する地球的課題の要因や動向などを多面的・多角的に考察し，表現すること。
　(3)　交通・通信，観光
　　　場所や空間的相互依存作用などに着目して，課題を追究したり解決したりする活動を通して，次の事項を身に付けることができるよう指導する。
　　ア　次のような知識を身に付けること。
　　　(ｱ)　交通・通信網と物流や人の移動に関する運輸，観光などに関わる諸事象を基に，それらの事象の空間的な規則性，傾向性や，交通・通信，観光に関わる問題の現状や要因，解決に向けた取組などについて理解すること。
　　イ　次のような思考力，判断力，表現力等を身に付けること。
　　　(ｱ)　交通・通信網と物流や人の移動に関する運輸，観光などに関わる諸事象について，場所の特徴や場所の結び付きなどに着目して，主題を設定し，それらの事象の空間的な規則性，傾向性や，関連する地球的課題の要因や動向などを多面的・多角的に考察し，表現すること。
　(4)　人口，都市・村落
　　　場所や空間的相互依存作用などに着目して，課題を追究したり解決したりする活動を通して，次の事項を身に付けることができるよう指導する。
　　ア　次のような知識を身に付けること。
　　　(ｱ)　人口，都市・村落などに関わる諸事象を基に，それらの事象の空間的な規則性，傾向性や，人口，居住・都市問題の現状や要因，解決に向けた取組などについて理解すること。
　　イ　次のような思考力，判断力，表現力等を身に付けること。
　　　(ｱ)　人口，都市・村落などに関わる諸事象について，場所の特徴や場所の結び付きなどに着目して，主題を設定し，それらの事象の空間的な規則性，傾向性や，関連する地球的課題の要因や動向などを多面的・多角的に考察し，表現すること。
　(5)　生活文化，民族・宗教
　　　場所や空間的相互依存作用などに着目して，課題を追究したり解決したりする活動を通して，次の事項を身に付けることができるよう指導する。
　　ア　次のような知識を身に付けること。
　　　(ｱ)　生活文化，民族・宗教などに関わる諸事象を基に，それらの事象の空間的な規則性，傾向性や，民族，領土問題の現状や要因，解決に向けた取組などについて理解すること。
　　イ　次のような思考力，判断力，表現力等を身に付けること。
　　　(ｱ)　生活文化，民族・宗教などに関わる諸事象について，場所の特徴や場所の結び付きなどに着目して，主題を設定し，それらの事象の空間的な規則性，傾向性や，関連する地球的課題の要因や動向などを多面的・多角的に考察し，表現すること。
B　現代世界の地誌的考察
　(1)　現代世界の地域区分
　　　位置や分布，地域などに着目して，課題を追究したり解決したりする活動を通して，次の事項を身に付けることができるよう指導する。
　　ア　次のような知識及び技能を身に付けること。

(ｱ) 世界や世界の諸地域に関する各種の主題図や資料を基に，世界を幾つかの地域に区分する方法や地域の概念，地域区分の意義などについて理解すること。

(ｲ) 世界や世界の諸地域について，各種の主題図や資料を踏まえて地域区分をする地理的技能を身に付けること。

イ 次のような思考力，判断力，表現力等を身に付けること。

(ｱ) 世界や世界の諸地域の地域区分について，地域の共通点や差異，分布などに着目して，主題を設定し，地域の捉え方などを多面的・多角的に考察し，表現すること。

(2) 現代世界の諸地域

空間的相互依存作用や地域などに着目して，課題を追究したり解決したりする活動を通して，次の事項を身に付けることができるよう指導する。

ア 次のような知識を身に付けること。

(ｱ) 幾つかの地域に区分した現代世界の諸地域を基に，諸地域に見られる地域的特色や地球的課題などについて理解すること。

(ｲ) 幾つかの地域に区分した現代世界の諸地域を基に，地域の結び付き，構造や変容などを地誌的に考察する方法などについて理解すること。

イ 次のような思考力，判断力，表現力等を身に付けること。

(ｱ) 現代世界の諸地域について，地域の結び付き，構造や変容などに着目して，主題を設定し，地域的特色や地球的課題などを多面的・多角的に考察し，表現すること。

C 現代世界におけるこれからの日本の国土像

(1) 持続可能な国土像の探究

空間的相互依存作用や地域などに着目して，課題を探究する活動を通して，次の事項を身に付けることができるよう指導する。

ア 次のような知識を身に付けること。

(ｱ) 現代世界におけるこれからの日本の国土像の探究を基に，我が国が抱える地理的な諸課題の解決の方向性や将来の国土の在り方などを構想することの重要性や，探究する手法などについて理解すること。

イ 次のような思考力，判断力，表現力等を身に付けること。

(ｱ) 現代世界におけるこれからの日本の国土像について，地域の結び付き，構造や変容，持続可能な社会づくりなどに着目して，主題を設定し，我が国が抱える地理的な諸課題の解決の方向性や将来の国土の在り方などを多面的・多角的に探究し，表現すること。

3 内容の取扱い

(1) 内容の全体にわたって，次の事項に配慮するものとする。

ア 1の目標に即して基本的な事柄を基に指導内容を構成すること。

イ 地図の読図や作図，衛星画像や空中写真，景観写真の読み取りなど地理的技能を身に付けることができるよう系統性に留意して計画的に指導すること。その際，教科用図書「地図」を十分に活用するとともに，地図や統計などの地理情報の収集・分析には，「地理総合」における学習の成果を生かし，地理情報システムや情報通信ネットワークなどの活用を工夫すること。

ウ 地図を有効に活用して事象を説明したり，自分の解釈を加えて論述したり，討論したりするなどの活動を充実させること。

エ 学習過程では取り扱う内容の歴史的背景を踏まえることとし，政治的，経済的，生物的，地学的な事象なども必要に応じて扱うことができるが，それらは空間的な傾向性や諸地域の特色を理解するのに必要な程度とすること。

オ 調査の実施や諸資料の収集に当たっては，専門家や関係諸機関などと円滑に連携・協働するなどして，社会との関わりを意識した活動を重視すること。

カ 内容のA及びBについては，各項目の内容に応じて日本を含めて扱うとともに，日本と比較し関連付けて考察するようにすること。

(2) 内容の取扱いに当たっては，次の事項に配慮するものとする。

ア 内容のAについては，次のとおり取り扱うものとすること。

分析，考察の過程を重視し，現代世界を系統地理的に捉える視点や考察方法が身に付くよう工夫すること。

(ア) (1)については，次のとおり取り扱うこと。

ここで取り上げる自然環境については，「地理総合」の内容のCの(1)の自然環境と防災における学習を踏まえた取扱いに留意すること。

(イ) (2)については，次のとおり取り扱うこと。

「資源・エネルギーや農業，工業などに関わる諸事象」については，技術革新などによって新たに資源やエネルギーの利用が可能になったり，新たな産業が生まれたり成長したりすることから，社会の動向を踏まえて取り上げる事象を工夫すること。

(ウ) (3)については，次のとおり取り扱うこと。

「交通・通信網と物流や人の移動に関する運輸」に関わる諸事象については，道路や線路，港湾，空港，通信施設などの施設とともに，自動車や鉄道，船舶や航空機といった交通機関や通信手段を介した貿易や情報通信ネットワークなどの結び付きなどに関わる諸事象を取り扱うこと。

(エ) (4)については，次のとおり取り扱うこと。

「人口，都市・村落などに関わる諸事象」については，国や地方公共団体の取組とも深く関わることから，中学校社会科公民的分野及び高等学校公民科などとの関連を踏まえた取扱いに留意すること。

(オ) (5)については，次のとおり取り扱うこと。

ここで取り上げる生活文化については，「地理総合」の内容のBの(1)の生活文化の多様性と国際理解における学習を踏まえて取り上げる事象を工夫すること。

「領土問題の現状や要因，解決に向けた取組」については，それを扱う際に日本の領土問題にも触れること。また，我が国の海洋国家としての特色と海洋の果たす役割を取り上げるとともに，竹島や北方領土が我が国の固有の領土であることなど，我が国の領域をめぐる問題も取り上げるようにすること。その際，尖閣諸島については我が国の固有の領土であり，領土問題は存在しないことも扱うこと。

イ 内容のBについては，次のとおり取り扱うものとすること。

(ア) (1)については，次のとおり取り扱うこと。

現代世界が自然，政治，経済，文化などの指標によって様々に地域区分できることに着目し，それらを比較対照することによって，地域の概念，地域区分の意義などを理解するようにすること。

(イ) (2)については，次のとおり取り扱うこと。

ここで取り上げる地域は，中学校社会科地理的分野の「世界の諸地域」の学習における主に州を単位とする取り上げ方とは異なり，(1)で学習した地域区分を踏まえるとともに，様々な規模の地域を世界全体から偏りなく取り上げるようにすること。また，取り上げた地域の多様な事象を項目ごとに整理して考察する地誌，取り上げた地域の特色ある事象と他の事象を有機的に関連付けて考察する地誌，対照的又は類似的な性格の二つの地域を比較して考察する地誌の考察方法

　　　　を用いて学習できるよう工夫すること。
　ウ　内容のCについては，次のとおり取り扱うものとすること。
　(ｱ)　(1)については，次のとおり取り扱うこと。
　　　この科目のまとめとして位置付けること。
　　　「我が国が抱える地理的な諸課題の解決の方向性や将来の国土の在り方」については，国際連合における持続可能な開発のための取組などを参考に，生徒の興味・関心などを踏まえて適切な事例を選定し，学習できるよう工夫すること。その際，「我が国が抱える地理的な諸課題」に関しては，それぞれの課題が相互に関連し合うとともに，それらの現状や要因の分析，解決の方向性については，複数の立場や意見があることに留意すること。

第3　歴史総合

1　目標

　社会的事象の歴史的な見方・考え方を働かせ，課題を追究したり解決したりする活動を通して，広い視野に立ち，グローバル化する国際社会に主体的に生きる平和で民主的な国家及び社会の有為な形成者に必要な公民としての資質・能力を次のとおり育成することを目指す。

(1)　近現代の歴史の変化に関わる諸事象について，世界とその中の日本を広く相互的な視野から捉え，現代的な諸課題の形成に関わる近現代の歴史を理解するとともに，諸資料から歴史に関する様々な情報を適切かつ効果的に調べまとめる技能を身に付けるようにする。

(2)　近現代の歴史の変化に関わる事象の意味や意義，特色などを，時期や年代，推移，比較，相互の関連や現在とのつながりなどに着目して，概念などを活用して多面的・多角的に考察したり，歴史に見られる課題を把握し解決を視野に入れて構想したりする力や，考察，構想したことを効果的に説明したり，それらを基に議論したりする力を養う。

(3)　近現代の歴史の変化に関わる諸事象について，よりよい社会の実現を視野に課題を主体的に追究，解決しようとする態度を養うとともに，多面的・多角的な考察や深い理解を通して涵養される日本国民としての自覚，我が国の歴史に対する愛情，他国や他国の文化を尊重することの大切さについての自覚などを深める。

2　内容

A　歴史の扉

(1)　歴史と私たち
　諸資料を活用し，課題を追究したり解決したりする活動を通して，次の事項を身に付けることができるよう指導する。
　ア　次のような知識を身に付けること。
　(ｱ)　私たちの生活や身近な地域などに見られる諸事象を基に，それらが日本や日本周辺の地域及び世界の歴史とつながっていることを理解すること。
　イ　次のような思考力，判断力，表現力等を身に付けること。
　(ｱ)　近代化，国際秩序の変化や大衆化，グローバル化などの歴史の変化と関わらせて，アで取り上げる諸事象と日本や日本周辺の地域及び世界の歴史との関連性について考察し，表現すること。

(2)　歴史の特質と資料
　日本や世界の様々な地域の人々の歴史的な営みの痕跡や記録である遺物，文書，図像などの資料を活用し，課題を追究したり解決したりする活動を通して，次の事項を身に付けることができるよう指導する。

ア　次のような知識を身に付けること。
　　(ア)　資料に基づいて歴史が叙述されていることを理解すること。
　イ　次のような思考力，判断力，表現力等を身に付けること。
　　(ア)　複数の資料の関係や異同に着目して，資料から読み取った情報の意味や意義，特色などを考察し，表現すること。
B　近代化と私たち
 (1)　近代化への問い
　　交通と貿易，産業と人口，権利意識と政治参加や国民の義務，学校教育，労働と家族，移民などに関する資料を活用し，課題を追究したり解決したりする活動を通して，次の事項を身に付けることができるよう指導する。
　ア　次のような技能を身に付けること。
　　(ア)　資料から情報を読み取ったりまとめたりする技能を身に付けること。
　イ　次のような思考力，判断力，表現力等を身に付けること。
　　(ア)　近代化に伴う生活や社会の変容について考察し，問いを表現すること。
 (2)　結び付く世界と日本の開国
　　諸資料を活用し，課題を追究したり解決したりする活動を通して，次の事項を身に付けることができるよう指導する。
　ア　次のような知識を身に付けること。
　　(ア)　18世紀のアジアや日本における生産と流通，アジア各地域間やアジア諸国と欧米諸国の貿易などを基に，18世紀のアジアの経済と社会を理解すること。
　　(イ)　産業革命と交通・通信手段の革新，中国の開港と日本の開国などを基に，工業化と世界市場の形成を理解すること。
　イ　次のような思考力，判断力，表現力等を身に付けること。
　　(ア)　18世紀のアジア諸国の経済が欧米諸国に与えた影響などに着目して，主題を設定し，アジア諸国とその他の国や地域の動向を比較したり，相互に関連付けたりするなどして，18世紀のアジア諸国における経済活動の特徴，アジア各地域間の関係，アジア諸国と欧米諸国との関係などを多面的・多角的に考察し，表現すること。
　　(イ)　産業革命の影響，中国の開港と日本の開国の背景とその影響などに着目して，主題を設定し，アジア諸国とその他の国や地域の動向を比較したり，相互に関連付けたりするなどして，アジア諸国と欧米諸国との関係の変容などを多面的・多角的に考察し，表現すること。
 (3)　国民国家と明治維新
　　諸資料を活用し，課題を追究したり解決したりする活動を通して，次の事項を身に付けることができるよう指導する。
　ア　次のような知識を身に付けること。
　　(ア)　18世紀後半以降の欧米の市民革命や国民統合の動向，日本の明治維新や大日本帝国憲法の制定などを基に，立憲体制と国民国家の形成を理解すること。
　　(イ)　列強の進出と植民地の形成，日清・日露戦争などを基に，列強の帝国主義政策とアジア諸国の変容を理解すること。
　イ　次のような思考力，判断力，表現力等を身に付けること。
　　(ア)　国民国家の形成の背景や影響などに着目して，主題を設定し，アジア諸国とその他の国や地域の動向を比較したり，相互に関連付けたりするなどして，政治変革の特徴，国民国家の特徴や社会の変容などを多面的・多角的に考察し，表現すること。

(イ) 帝国主義政策の背景，帝国主義政策がアジア・アフリカに与えた影響などに着目して，主題を設定し，アジア諸国とその他の国や地域の動向を比較したり，相互に関連付けたりするなどして，帝国主義政策の特徴，列強間の関係の変容などを多面的・多角的に考察し，表現すること。

(4) 近代化と現代的な諸課題

内容のA及びBの(1)から(3)までの学習などを基に，自由・制限，平等・格差，開発・保全，統合・分化，対立・協調などの観点から主題を設定し，諸資料を活用して，追究したり解決したりする活動を通して，次の事項を身に付けることができるよう指導する。

ア 次のような知識を身に付けること。

(ア) 現代的な諸課題の形成に関わる近代化の歴史を理解すること。

イ 次のような思考力，判断力，表現力等を身に付けること。

(ア) 事象の背景や原因，結果や影響などに着目して，アジア諸国とその他の国や地域の動向を比較したり，相互に関連付けたりするなどして，主題について多面的・多角的に考察し，表現すること。

C 国際秩序の変化や大衆化と私たち

(1) 国際秩序の変化や大衆化への問い

国際関係の緊密化，アメリカ合衆国とソヴィエト連邦の台頭，植民地の独立，大衆の政治的・経済的・社会的地位の変化，生活様式の変化などに関する資料を活用し，課題を追究したり解決したりする活動を通して，次の事項を身に付けることができるよう指導する。

ア 次のような技能を身に付けること。

(ア) 資料から情報を読み取ったりまとめたりする技能を身に付けること。

イ 次のような思考力，判断力，表現力等を身に付けること。

(ア) 国際秩序の変化や大衆化に伴う生活や社会の変容について考察し，問いを表現すること。

(2) 第一次世界大戦と大衆社会

諸資料を活用し，課題を追究したり解決したりする活動を通して，次の事項を身に付けることができるよう指導する。

ア 次のような知識を身に付けること。

(ア) 第一次世界大戦の展開，日本やアジアの経済成長，ソヴィエト連邦の成立とアメリカ合衆国の台頭，ナショナリズムの動向と国際連盟の成立などを基に，総力戦と第一次世界大戦後の国際協調体制を理解すること。

(イ) 大衆の政治参加と女性の地位向上，大正デモクラシーと政党政治，大量消費社会と大衆文化，教育の普及とマスメディアの発達などを基に，大衆社会の形成と社会運動の広がりを理解すること。

イ 次のような思考力，判断力，表現力等を身に付けること。

(ア) 第一次世界大戦の推移と第一次世界大戦が大戦後の世界に与えた影響，日本の参戦の背景と影響などに着目して，主題を設定し，日本とその他の国や地域の動向を比較したり，相互に関連付けたりするなどして，第一次世界大戦の性格と惨禍，日本とアジア及び太平洋地域の関係や国際協調体制の特徴などを多面的・多角的に考察し，表現すること。

(イ) 第一次世界大戦前後の社会の変化などに着目して，主題を設定し，日本とその他の国や地域の動向を比較したり，相互に関連付けたりするなどして，第一次世界大戦後の社会の変容と社会運動との関連などを多面的・多角的に考察し，表現すること。

(3) 経済危機と第二次世界大戦

諸資料を活用し，課題を追究したり解決したりする活動を通して，次の事項を身に付けることがで

きるよう指導する。
　ア　次のような知識を身に付けること。
　　(ｱ)　世界恐慌，ファシズムの伸張，日本の対外政策などを基に，国際協調体制の動揺を理解すること。
　　(ｲ)　第二次世界大戦の展開，国際連合と国際経済体制，冷戦の始まりとアジア諸国の動向，戦後改革と日本国憲法の制定，平和条約と日本の独立の回復などを基に，第二次世界大戦後の国際秩序と日本の国際社会への復帰を理解すること。
　イ　次のような思考力，判断力，表現力等を身に付けること。
　　(ｱ)　経済危機の背景と影響，国際秩序や政治体制の変化などに着目して，主題を設定し，日本とその他の国や地域の動向を比較したり，相互に関連付けたりするなどして，各国の世界恐慌への対応の特徴，国際協調体制の動揺の要因などを多面的・多角的に考察し，表現すること。
　　(ｲ)　第二次世界大戦の推移と第二次世界大戦が大戦後の世界に与えた影響，第二次世界大戦後の国際秩序の形成が社会に及ぼした影響などに着目して，主題を設定し，日本とその他の国や地域の動向を比較したり，相互に関連付けたりするなどして，第二次世界大戦の性格と惨禍，第二次世界大戦下の社会状況や人々の生活，日本に対する占領政策と国際情勢との関係などを多面的・多角的に考察し，表現すること。
(4)　国際秩序の変化や大衆化と現代的な諸課題
　　内容のA及びCの(1)から(3)までの学習などを基に，自由・制限，平等・格差，開発・保全，統合・分化，対立・協調などの観点から主題を設定し，諸資料を活用して，追究したり解決したりする活動を通して，次の事項を身に付けることができるよう指導する。
　ア　次のような知識を身に付けること。
　　(ｱ)　現代的な諸課題の形成に関わる国際秩序の変化や大衆化の歴史を理解すること。
　イ　次のような思考力，判断力，表現力等を身に付けること。
　　(ｱ)　事象の背景や原因，結果や影響などに着目して，日本とその他の国や地域の動向を比較したり，相互に関連付けたりするなどして，主題について多面的・多角的に考察し表現すること。
D　グローバル化と私たち
(1)　グローバル化への問い
　　冷戦と国際関係，人と資本の移動，高度情報通信，食料と人口，資源・エネルギーと地球環境，感染症，多様な人々の共存などに関する資料を活用し，課題を追究したり解決したりする活動を通して，次の事項を身に付けることができるよう指導する。
　ア　次のような技能を身に付けること。
　　(ｱ)　資料から情報を読み取ったりまとめたりする技能を身に付けること。
　イ　次のような思考力，判断力，表現力等を身に付けること。
　　(ｱ)　グローバル化に伴う生活や社会の変容について考察し，問いを表現すること。
(2)　冷戦と世界経済
　　諸資料を活用し，課題を追究したり解決したりする活動を通して，次の事項を身に付けることができるよう指導する。
　ア　次のような知識を身に付けること。
　　(ｱ)　脱植民地化とアジア・アフリカ諸国，冷戦下の地域紛争，先進国の政治の動向，軍備拡張や核兵器の管理などを基に，国際政治の変容を理解すること。
　　(ｲ)　西ヨーロッパや東南アジアの地域連携，計画経済とその波及，日本の高度経済成長などを基に，世界経済の拡大と経済成長下の日本の社会を理解すること。

イ 次のような思考力，判断力，表現力等を身に付けること。
　(ｱ) 地域紛争の背景や影響，冷戦が各国の政治に及ぼした影響などに着目して，主題を設定し，日本とその他の国や地域の動向を比較したり，相互に関連付けたりするなどして，地域紛争と冷戦の関係，第三世界の国々の経済政策の特徴，欧米やソヴィエト連邦の政策転換の要因などを多面的・多角的に考察し，表現すること。
　(ｲ) 冷戦が各国経済に及ぼした影響，地域連携の背景と影響，日本の高度経済成長の背景と影響などに着目して，主題を設定し，日本とその他の国や地域の動向を比較したり，相互に関連付けたりするなどして，冷戦下の世界経済や地域連携の特徴，経済成長による生活や社会の変容などを多面的・多角的に考察し，表現すること。

(3) 世界秩序の変容と日本
　諸資料を活用し，課題を追究したり解決したりする活動を通して，次の事項を身に付けることができるよう指導する。
ア 次のような知識を身に付けること。
　(ｱ) 石油危機，アジアの諸地域の経済発展，市場開放と経済の自由化，情報通信技術の発展などを基に，市場経済の変容と課題を理解すること。
　(ｲ) 冷戦の終結，民主化の進展，地域統合の拡大と変容，地域紛争の拡散とそれへの対応などを基に，冷戦終結後の国際政治の変容と課題を理解すること。
イ 次のような思考力，判断力，表現力等を身に付けること。
　(ｱ) アジアの諸地域の経済発展の背景，経済の自由化や技術革新の影響，資源・エネルギーと地球環境問題が世界経済に及ぼした影響などに着目して，主題を設定し，日本とその他の国や地域の動向を比較したり，相互に関連付けたりするなどして，市場経済のグローバル化の特徴と日本の役割などを多面的・多角的に考察し，表現すること。
　(ｲ) 冷戦の変容と終結の背景，民主化や地域統合の背景と影響，地域紛争の拡散の背景と影響などに着目して，主題を設定し，日本とその他の国や地域の動向を比較したり，相互に関連付けたりするなどして，冷戦終結後の国際政治の特徴と日本の役割などを多面的・多角的に考察し，表現すること。

(4) 現代的な諸課題の形成と展望
　内容のA，B及びC並びにDの(1)から(3)までの学習などを基に，持続可能な社会の実現を視野に入れ，主題を設定し，諸資料を活用し探究する活動を通して，次の事項を身に付けることができるよう指導する。
ア 次のような知識を身に付けること。
　(ｱ) 歴史的経緯を踏まえて，現代的な諸課題を理解すること。
イ 次のような思考力，判断力，表現力等を身に付けること。
　(ｱ) 事象の背景や原因，結果や影響などに着目して，日本とその他の国や地域の動向を比較し相互に関連付けたり，現代的な諸課題を展望したりするなどして，主題について多面的・多角的に考察，構想し，表現すること。

3　内容の取扱い

(1) 内容の全体にわたって，次の事項に配慮するものとする。
ア　この科目では，中学校までの学習との連続性に留意して諸事象を取り上げることにより，生徒が興味・関心をもって近現代の歴史を学習できるよう指導を工夫すること。その際，近現代の歴史の変化を大観して理解し，考察，表現できるようにすることに指導の重点を置き，個別の事象のみの理解にとどまることのないよう留意すること。

イ　歴史に関わる諸事象については，地理的条件と関連付けて扱うとともに，特定の時間やその推移及び特定の空間やその広がりの中で生起することを踏まえ，時間的・空間的な比較や関連付けなどにより捉えられるよう指導を工夫すること。

ウ　近現代の歴史と現代的な諸課題との関わりを考察する際には，政治，経済，社会，文化，宗教，生活などの観点から諸事象を取り上げ，近現代の歴史を多面的・多角的に考察できるようにすること。また，過去の視点のみで一面的に現在を捉えたり，現在の視点のみで一面的に過去を捉えたりすることがないよう留意すること。

エ　年表や地図，その他の資料を積極的に活用し，文化遺産，博物館や公文書館，その他の資料館などを調査・見学したりするなど，具体的に学ぶよう指導を工夫すること。その際，歴史に関わる諸資料を整理・保存することの意味や意義に気付くようにすること。また，科目の内容に関係する専門家や関係諸機関などとの円滑な連携・協働を図り，社会との関わりを意識した指導を工夫すること。

オ　活用する資料の選択に際しては，生徒の興味・関心，学校や地域の実態などに十分配慮して行うこと。

カ　指導に当たっては，客観的かつ公正な資料に基づいて，事実の正確な理解に導くとともに，多面的・多角的に考察し公正に判断する能力を育成すること。その際，核兵器などの脅威に着目させ，戦争や紛争などを防止し，平和で民主的な国際社会を実現することが重要な課題であることを認識するよう指導を工夫すること。

(2) 内容の取扱いに当たっては，次の事項に配慮するものとする。

ア　内容のA，B，C及びDについては，この順序で取り扱うものとし，A，B及びC並びにDの(1)から(3)までの学習をすることにより，Dの(4)の学習が充実するように年間指導計画を作成すること。

イ　内容のAについては，次のとおり取り扱うものとすること。

　この科目の導入として位置付け，(1)，(2)の順で取り扱うこと。また，中学校社会科の学習の成果を踏まえ，より発展的に学習できるよう留意するとともに，B，C及びDの学習の基盤を養うよう指導を工夫すること。

　(1)については，中学校社会科の学習を踏まえ，生徒の空間的な認識に広がりをもたせるよう指導を工夫すること。

　(2)については，資料から読み取る諸事象の解釈の違いが複数の叙述を生むことを理解できるよう具体的な事例を取り上げて指導すること。また，歴史の叙述には，諸資料の検証と論理性などが求められることに気付くようにすること。

ウ　内容のBについては，次のとおり取り扱うものとすること。

　(1)については，中学校までの学習及びAの学習を踏まえ，学習内容への課題意識をもたせるとともに，(2)，(3)及び(4)の学習内容を見通して指導すること。

　(2)のアについては，日本の美術などのアジアの文物が欧米諸国に与えた影響に気付くようにすること。また，欧米諸国がアジア諸国に進出し，軍事力を背景に勢力拡張を目指した競争が展開され，アジアの経済と社会の仕組みが変容したことにも触れること。また，アジア貿易における琉球(りゅうきゅう)の役割，北方との交易をしていたアイヌについて触れること。その際，琉球(りゅうきゅう)やアイヌの文化についても触れること。

　(3)のアの(ｱ)については，人々の政治的な発言権が拡大し近代民主主義社会の基礎が成立したことや，国民国家以外の国家形態が存在したことにも触れること。また，富国強兵や大日本帝国憲法の制定など日本の近代化への諸政策については，この時期に日本の立憲国家としての基礎が形成さ

れたことや，それらと欧米諸国の諸政策を比較するなどして近代国家として日本の国際的地位を欧米諸国と対等に引き上げようとするものであったことに気付くようにすること。また，日本の国民国家の形成などの学習において，領土の画定などを取り扱うようにすること。その際，北方領土に触れるとともに，竹島，尖閣諸島の編入についても触れること。

(3)のアの(イ)については，アジア諸国では，近代化に向けた動向や民族意識の形成など，主体的な社会変革への動きがあったことにも気付くようにすること。また，日本の近代化や日露戦争の結果が，アジアの諸民族の独立や近代化の運動に与えた影響とともに，欧米諸国がアジア諸国へ勢力を拡張し，日本が朝鮮半島や中国東北地方へ勢力を拡張したことに触れ，各国の国内状況や国際関係の変化に気付くようにすること。

(4)については，一つ，あるいは複数の観点について取り上げ，これまでの学習を振り返り適切な主題を設定すること。その際，自由・制限，平等・格差，開発・保全，統合・分化，対立・協調などの観点に示された二つの要素のどちらかのみに着目することのないよう留意すること。

エ　内容のCについては，次のとおり取り扱うものとすること。

(1)については，中学校までの学習並びにA及びBの学習を踏まえ，学習内容への課題意識をもたせるとともに，(2)，(3)及び(4)の学習内容を見通して指導すること。

(2)のアの(ア)については，社会主義思想の広がりやロシア革命によるソヴィエト連邦の成立が，その後の世界に与えた影響にも触れること。また，国際連盟の成立，国際的な軍縮条約や不戦条約の締結などを扱い，その中で日本が果たした役割や国際的な立場の変化について触れること。

(2)のアの(イ)については，世論の影響力が高まる中で民主主義的風潮が形成され，日本において議会政治に基づく政党内閣制が機能するようになったことに触れること。

(3)のアの(ア)については，世界恐慌による混乱，日本の政治体制や対外政策の変化，国際協調を基調とするこれまでの国際秩序の変容などについて触れること。その際，当時の政治制度の特性や国際情勢に触れること。

(3)のアの(イ)については，第二次世界大戦の過程での米ソ対立や脱植民地化への萌芽などに触れ，大戦の複合的な性格に気付くようにすること。また，この戦争が人類全体に惨禍を及ぼしたことを基に，平和で民主的な国際社会の実現に努めることが大切であることを認識できるようにすること。戦後の国際政治では，冷戦と植民地の独立の動向が相互に関連していたことに触れること。

(4)については，一つ，あるいは複数の観点について取り上げ，これまでの学習を振り返り適切な主題を設定すること。その際，自由・制限，平等・格差，開発・保全，統合・分化，対立・協調などの観点に示された二つの要素のどちらかのみに着目することのないよう留意すること。

オ　内容のDについては，次のとおり取り扱うものとすること。

(1)については，中学校までの学習並びにA，B及びCの学習を踏まえ，学習内容への課題意識をもたせるとともに，(2)及び(3)の学習内容を見通して指導すること。

(2)については，アジア・アフリカ諸国が国際関係の変化に主体的に対応して国家建設を進めたことや，地域連携や経済成長と冷戦との関わりに気付くようにすること。また，この時期の日本の国内政治や，日本とアジア諸国との関係についても触れること。

(3)については，冷戦終結後も引き続き課題として残されたことや，冷戦終結後に新たに生じた課題などに触れること。その際，国家間の対立だけでなく，民族対立が拡大したり，武装集団によるテロ行為を契機として戦争が生じたりするなど，地域紛争の要因が多様化していることにも触れること。また，世界経済の安定に向けた取組を扱い，日本が先進国としての国際的な地位を確立してきたことに気付くようにするとともに，政府開発援助（ODA）や国際連合平和維持活動（PKO），持続可能な開発のための取組などを扱い，日本が国際社会における重要な役割を担ってきたことに

も気付くようにすること。

(4)については，この科目のまとめとして位置付けること。その際，Bの(4)及びCの(4)の内容を更に深めたり，Bの(4)及びCの(4)とは異なる観点を取り上げたりして，この科目の学習を振り返り適切な主題を設定すること。

第4　日本史探究

1　目標

社会的事象の歴史的な見方・考え方を働かせ，課題を追究したり解決したりする活動を通して，広い視野に立ち，グローバル化する国際社会に主体的に生きる平和で民主的な国家及び社会の有為な形成者に必要な公民としての資質・能力を次のとおり育成することを目指す。

(1) 我が国の歴史の展開に関わる諸事象について，地理的条件や世界の歴史と関連付けながら総合的に捉えて理解するとともに，諸資料から我が国の歴史に関する様々な情報を適切かつ効果的に調べまとめる技能を身に付けるようにする。

(2) 我が国の歴史の展開に関わる事象の意味や意義，伝統と文化の特色などを，時期や年代，推移，比較，相互の関連や現在とのつながりなどに着目して，概念などを活用して多面的・多角的に考察したり，歴史に見られる課題を把握し解決を視野に入れて構想したりする力や，考察，構想したことを効果的に説明したり，それらを基に議論したりする力を養う。

(3) 我が国の歴史の展開に関わる諸事象について，よりよい社会の実現を視野に課題を主体的に探究しようとする態度を養うとともに，多面的・多角的な考察や深い理解を通して涵養される日本国民としての自覚，我が国の歴史に対する愛情，他国や他国の文化を尊重することの大切さについての自覚などを深める。

2　内容

A　原始・古代の日本と東アジア

(1) 黎明期の日本列島と歴史的環境

諸資料を活用し，課題を追究したり解決したりする活動を通して，次の事項を身に付けることができるよう指導する。

ア　次のような知識を身に付けること。

(ア) 旧石器文化から縄文文化への変化，弥生文化の成立などを基に，黎明期の日本列島の歴史的環境と文化の形成，原始社会の特色を理解すること。

イ　次のような思考力，判断力，表現力等を身に付けること。

(ア) 自然環境と人間の生活との関わり，中国大陸・朝鮮半島などアジア及び太平洋地域との関係，狩猟採集社会から農耕社会への変化などに着目して，環境への適応と文化の形成について，多面的・多角的に考察し，表現すること。

(イ) 黎明期の日本列島の変化に着目して，原始社会の特色について多面的・多角的に考察し，時代を通観する問いを表現すること。

(2) 歴史資料と原始・古代の展望

諸資料を活用し，(1)で表現した時代を通観する問いを踏まえ，課題を追究したり解決したりする活動を通して，次の事項を身に付けることができるよう指導する。

ア　次のような技能を身に付けること。

(ア) 原始・古代の特色を示す適切な歴史資料を基に，資料から歴史に関わる情報を収集し，読み取る技能を身に付けること。

イ 次のような思考力，判断力，表現力等を身に付けること。
　(ｱ) 歴史資料の特性を踏まえ，資料を通して読み取れる情報から，原始・古代の特色について多面的・多角的に考察し，仮説を表現すること。
(3) 古代の国家・社会の展開と画期（歴史の解釈，説明，論述）
　諸資料を活用し，(2)で表現した仮説を踏まえ，課題を追究したり解決したりする活動を通して，次の事項を身に付けることができるよう指導する。
ア　次のような知識を身に付けること。
　(ｱ) 国家の形成と古墳文化，律令体制の成立過程と諸文化の形成などを基に，原始から古代の政治・社会や文化の特色を理解すること。
　(ｲ) 貴族政治の展開，平安期の文化，地方支配の変化や武士の出現などを基に，律令体制の再編と変容，古代の社会と文化の変容を理解すること。
イ　次のような思考力，判断力，表現力等を身に付けること。
　(ｱ) 中国大陸・朝鮮半島との関係，隋・唐など中国王朝との関係と政治や文化への影響などに着目して，主題を設定し，小国の形成と連合，古代の国家の形成の過程について，事象の意味や意義，関係性などを多面的・多角的に考察し，歴史に関わる諸事象の解釈や歴史の画期などを根拠を示して表現すること。
　(ｲ) 地方の諸勢力の成長と影響，東アジアとの関係の変化，社会の変化と文化との関係などに着目して，主題を設定し，古代の国家・社会の変容について，事象の意味や意義，関係性などを多面的・多角的に考察し，歴史に関わる諸事象の解釈や歴史の画期などを根拠を示して表現すること。

B　中世の日本と世界
(1) 中世への転換と歴史的環境
　諸資料を活用し，課題を追究したり解決したりする活動を通して，次の事項を身に付けることができるよう指導する。
ア　次のような知識を身に付けること。
　(ｱ) 貴族政治の変容と武士の政治進出，土地支配の変容などを基に，古代から中世への時代の転換を理解すること。
イ　次のような思考力，判断力，表現力等を身に付けること。
　(ｱ) 権力の主体の変化，東アジアとの関わりなどに着目して，古代から中世の国家・社会の変容を多面的・多角的に考察し，表現すること。
　(ｲ) 時代の転換に着目して，中世の特色について多面的・多角的に考察し，時代を通観する問いを表現すること。
(2) 歴史資料と中世の展望
　諸資料を活用し，(1)で表現した時代を通観する問いを踏まえ，課題を追究したり解決したりする活動を通して，次の事項を身に付けることができるよう指導する。
ア　次のような技能を身に付けること。
　(ｱ) 中世の特色を示す適切な歴史資料を基に，資料から歴史に関わる情報を収集し，読み取る技能を身に付けること。
イ　次のような思考力，判断力，表現力等を身に付けること。
　(ｱ) 歴史資料の特性を踏まえ，資料を通して読み取れる情報から，中世の特色について多面的・多角的に考察し，仮説を表現すること。
(3) 中世の国家・社会の展開と画期（歴史の解釈，説明，論述）
　諸資料を活用し，(2)で表現した仮説を踏まえ，課題を追究したり解決したりする活動を通して，

次の事項を身に付けることができるよう指導する。
- ア　次のような知識を身に付けること。
  - (ｱ)　武家政権の成立と展開，産業の発達，宗教や文化の展開などを基に，武家政権の伸張，社会や文化の特色を理解すること。
  - (ｲ)　武家政権の変容，日明貿易の展開と琉球王国の成立，村落や都市の自立，多様な文化の形成や融合などを基に，地域権力の成長，社会の変容と文化の特色を理解すること。
- イ　次のような思考力，判断力，表現力等を身に付けること。
  - (ｱ)　公武関係の変化，宋・元（モンゴル帝国）などユーラシアとの交流と経済や文化への影響などに着目して，主題を設定し，中世の国家・社会の展開について，事象の意味や意義，関係性などを多面的・多角的に考察し，歴史に関わる諸事象の解釈や歴史の画期などを根拠を示して表現すること。
  - (ｲ)　社会や経済の変化とその影響，東アジアの国際情勢の変化とその影響，地域の多様性，社会の変化と文化との関係などに着目して，主題を設定し，中世の国家・社会の変容について，事象の意味や意義，関係性などを多面的・多角的に考察し，歴史に関わる諸事象の解釈や歴史の画期などを根拠を示して表現すること。

C　近世の日本と世界
(1)　近世への転換と歴史的環境

諸資料を活用し，課題を追究したり解決したりする活動を通して，次の事項を身に付けることができるよう指導する。
- ア　次のような知識を身に付けること。
  - (ｱ)　織豊政権の政治・経済政策，貿易や対外関係などを基に，中世から近世への時代の転換を理解すること。
- イ　次のような思考力，判断力，表現力等を身に付けること。
  - (ｱ)　村落や都市の支配の変化，アジア各地やヨーロッパ諸国との交流の影響などに着目して，中世から近世の国家・社会の変容を多面的・多角的に考察し，表現すること。
  - (ｲ)　時代の転換に着目して，近世の特色について多面的・多角的に考察し，時代を通観する問いを表現すること。

(2)　歴史資料と近世の展望

諸資料を活用し，(1)で表現した時代を通観する問いを踏まえ，課題を追究したり解決したりする活動を通して，次の事項を身に付けることができるよう指導する。
- ア．次のような技能を身に付けること。
  - (ｱ)　近世の特色を示す適切な歴史資料を基に，資料から歴史に関わる情報を収集し，読み取る技能を身に付けること。
- イ　次のような思考力，判断力，表現力等を身に付けること。
  - (ｱ)　歴史資料の特性を踏まえ，資料を通して読み取れる情報から，近世の特色について多面的・多角的に考察し，仮説を表現すること。

(3)　近世の国家・社会の展開と画期（歴史の解釈，説明，論述）

諸資料を活用し，(2)で表現した仮説を踏まえ，課題を追究したり解決したりする活動を通して，次の事項を身に付けることができるよう指導する。
- ア　次のような知識を身に付けること。
  - (ｱ)　法や制度による支配秩序の形成と身分制，貿易の統制と対外関係，技術の向上と開発の進展，学問・文化の発展などを基に，幕藩体制の確立，近世の社会と文化の特色を理解すること。

(イ) 産業の発達，飢饉や一揆の発生，幕府政治の動揺と諸藩の動向，学問・思想の展開，庶民の生活と文化などを基に，幕藩体制の変容，近世の庶民の生活と文化の特色，近代化の基盤の形成を理解すること。

イ 次のような思考力，判断力，表現力等を身に付けること。

(ア) 織豊政権との類似と相違，アジアの国際情勢の変化，交通・流通の発達，都市の発達と文化の担い手との関係などに着目して，主題を設定し，近世の国家・社会の展開について，事象の意味や意義，関係性などを多面的・多角的に考察し，歴史に関わる諸事象の解釈や歴史の画期などを根拠を示して表現すること。

(イ) 社会・経済の仕組みの変化，幕府や諸藩の政策の変化，国際情勢の変化と影響，政治・経済と文化との関係などに着目して，主題を設定し，近世の国家・社会の変容について，事象の意味や意義，関係性などを多面的・多角的に考察し，歴史に関わる諸事象の解釈や歴史の画期などを根拠を示して表現すること。

D　近現代の地域・日本と世界

(1) 近代への転換と歴史的環境

諸資料を活用し，課題を追究したり解決したりする活動を通して，次の事項を身に付けることができるよう指導する。

ア 次のような知識を身に付けること。

(ア) 対外政策の変容と開国，幕藩体制の崩壊と新政権の成立などを基に，近世から近代への時代の転換を理解すること。

イ 次のような思考力，判断力，表現力等を身に付けること。

(ア) 欧米諸国の進出によるアジア諸国の変化，政治・経済の変化と思想への影響などに着目して，近世から近代の国家・社会の変容を多面的・多角的に考察し，表現すること。

(イ) 時代の転換に着目して，近代の特色について多面的・多角的に考察し，時代を通観する問いを表現すること。

(2) 歴史資料と近代の展望

諸資料を活用し，(1)で表現した時代を通観する問いを踏まえ，課題を追究したり解決したりする活動を通して，次の事項を身に付けることができるよう指導する。

ア 次のような技能を身に付けること。

(ア) 近代の特色を示す適切な歴史資料を基に，資料から歴史に関わる情報を収集し，読み取る技能を身に付けること。

イ 次のような思考力，判断力，表現力等を身に付けること。

(ア) 歴史資料の特性を踏まえ，資料から読み取れる情報から，近代の特色について多面的・多角的に考察し，仮説を表現すること。

(3) 近現代の地域・日本と世界の画期と構造

諸資料を活用し，(2)で表現した仮説を踏まえ，課題を追究したり解決したりする活動を通して，次の事項を身に付けることができるよう指導する。

ア 次のような知識を身に付けること。

(ア) 明治維新，自由民権運動，大日本帝国憲法の制定，条約改正，日清・日露戦争，第一次世界大戦，社会運動の動向，政党政治などを基に，立憲体制への移行，国民国家の形成，アジアや欧米諸国との関係の変容を理解すること。

(イ) 文明開化の風潮，産業革命の展開，交通の整備と産業構造の変容，学問の発展や教育制度の拡充，社会問題の発生などを基に，産業の発展の経緯と近代の文化の特色，大衆社会の形成を理解

すること。
- (ウ) 恐慌と国際関係，軍部の台頭と対外政策，戦時体制の強化と第二次世界大戦の展開などを基に，第二次世界大戦に至る過程及び大戦中の政治・社会，国民生活の変容を理解すること。
- (エ) 占領政策と諸改革，日本国憲法の成立，平和条約と独立の回復，戦後の経済復興，アジア諸国との関係，高度経済成長，社会・経済・情報の国際化などを基に，我が国の再出発及びその後の政治・経済や対外関係，現代の政治や社会の枠組み，国民生活の変容を理解すること。

イ 次のような思考力，判断力，表現力等を身に付けること。
- (ア) アジアや欧米諸国との関係，地域社会の変化，戦争が及ぼした影響などに着目して，主題を設定し，近代の政治の展開と国際的地位の確立，第一次世界大戦前後の対外政策や国内経済，国民の政治参加の拡大について，事象の意味や意義，関係性などを多面的・多角的に考察し，歴史に関わる諸事象の解釈や歴史の画期などを根拠を示して表現すること。
- (イ) 欧米の思想・文化の影響，産業の発達の背景と影響，地域社会における労働や生活の変化，教育の普及とその影響などに着目して，主題を設定し，日本の工業化の進展，近代の文化の形成について，事象の意味や意義，関係性などを多面的・多角的に考察し，歴史に関わる諸事象の解釈や歴史の画期などを根拠を示して表現すること。
- (ウ) 国際社会やアジア近隣諸国との関係，政治・経済体制の変化，戦争の推移と国民生活への影響などに着目して，主題を設定し，第二次世界大戦と日本の動向の関わりについて，事象の意味や意義，関係性などを多面的・多角的に考察し，歴史に関わる諸事象の解釈や歴史の画期などを根拠を示して表現すること。
- (エ) 第二次世界大戦前後の政治や社会の類似と相違，冷戦の影響，グローバル化の進展の影響，国民の生活や地域社会の変化などに着目して，主題を設定し，戦前と戦後の国家・社会の変容，戦後政治の展開，日本経済の発展，第二次世界大戦後の国際社会における我が国の役割について，事象の意味や意義，関係性などを多面的・多角的に考察し，歴史に関わる諸事象の解釈や歴史の画期などを根拠を示して表現すること。
- (オ) 日本と世界の相互の関わり，地域社会の変化，(ア)から(エ)までの学習で見いだした画期などに着目して，事象の意味や意義，関係性などを構造的に整理して多面的・多角的に考察し，我が国の近現代を通した歴史の画期を見いだし，根拠を示して表現すること。

(4) 現代の日本の課題の探究

次の①から③までについて，内容のA，B及びC並びにDの(1)から(3)までの学習を踏まえ，持続可能な社会の実現を視野に入れ，地域社会や身の回りの事象と関連させて主題を設定し，諸資料を活用して探究する活動を通して，以下のア及びイの事項を身に付けることができるよう指導する。
① 社会や集団と個人
② 世界の中の日本
③ 伝統や文化の継承と創造

ア 次のような知識を身に付けること。
- (ア) 歴史的経緯を踏まえて，現代の日本の課題を理解すること。

イ 次のような思考力，判断力，表現力等を身に付けること。
- (ア) 歴史の画期，地域社会の諸相と日本や世界との歴史的な関係，それ以前の時代からの継続や変化などに着目して，現代の日本の課題の形成に関わる歴史について，多面的・多角的に考察，構想して表現すること。

3 内容の取扱い

(1) 内容の全体にわたって，次の事項に配慮するものとする。

ア　我が国の歴史と文化について各時代の国際環境や地理的条件などと関連付け，世界の中の日本という視点から考察できるよう指導を工夫すること。
　イ　この科目では，中学校までの学習や「歴史総合」の学習との連続性に留意して諸事象を取り上げることにより，生徒が興味・関心をもって我が国の歴史の展開を学習できるよう工夫すること。その際，我が国の歴史を大観して理解し，考察，表現できるようにすることに指導の重点を置き，個別の事象のみの理解にとどまることのないよう留意すること。また，各時代の特色を総合的に考察する学習及び前後の時代を比較してその移り変わりを考察する学習の充実を図ること。
　ウ　年表や地図，その他の資料を積極的に活用し，地域の文化遺産，博物館や公文書館，その他の資料館などを調査・見学したりするなど，具体的に学ぶよう指導を工夫すること。その際，歴史に関わる諸資料を整理・保存することの意味や意義，文化財保護の重要性に気付くようにすること。また，科目の内容に関係する専門家や関係諸機関などとの円滑な連携・協働を図り，社会との関わりを意識した指導を工夫すること。
　エ　活用する資料の選択に際しては，生徒の興味・関心，学校や地域の実態などに十分配慮して行うこと。
　オ　近現代史の指導に当たっては，客観的かつ公正な資料に基づいて，事実の正確な理解に導くとともに，多面的・多角的に考察し公正に判断する能力を育成すること。その際，核兵器などの脅威に着目させ，戦争や紛争などを防止し，平和で民主的な国際社会を実現することが重要な課題であることを認識するよう指導を工夫すること。
　カ　近現代史の指導に当たっては，「歴史総合」の学習の成果を踏まえ，より発展的に学習できるよう留意すること。
　キ　文化に関する指導に当たっては，各時代の文化とそれを生み出した時代的背景との関連，外来の文化などとの接触や交流による文化の変容や発展の過程などに着目させ，我が国の伝統と文化の特色とそれを形成した様々な要因を総合的に考察できるよう指導を工夫すること。衣食住や風習・信仰などの生活文化についても，時代の特色や地域社会の様子などと関連付け，民俗学や考古学などの成果の活用を図りながら扱うようにすること。
　ク　地域社会の歴史と文化について扱うようにするとともに，祖先が地域社会の向上と文化の創造や発展に努力したことを具体的に理解させ，それらを尊重する態度を育てるようにすること。
(2)　内容の取扱いに当たっては，次の事項に配慮するものとする。
　ア　内容のＡ，Ｂ，Ｃ及びＤは，この順序で扱うこと。また，「歴史総合」で学習した歴史の学び方を活用すること。
　イ　内容のＡ，Ｂ，Ｃ及びＤのそれぞれの(1)については，対外的な環境の変化や国内の諸状況の変化などを扱い，時代の転換を理解できるようすること。それぞれの(1)のイの(ｱ)については，アの理解に加え，中学校社会科歴史的分野における学習の成果を活用するなどして，対象となる時代の特色を考察するための時代を通観する問いが表現できるよう指導を工夫すること。
　ウ　内容のＡ，Ｂ，Ｃ及びＤのそれぞれの(2)については，政治や経済，社会，生活や文化，国際環境など，各時代の特色を生徒が読み取ることができる複数の適切な資料を活用し，それぞれの(1)で表現した問いを踏まえ，中学校社会科歴史的分野における学習の成果を活用するなどして，対象となる時代の特色について，生徒が仮説を立てることができるよう指導を工夫すること。その際，様々な歴史資料の特性に着目し，諸資料に基づいて歴史が叙述されていることを踏まえて多面的・多角的に考察できるよう，資料を活用する技能を高める指導を工夫すること。また，デジタル化された資料や，地域の遺構や遺物，歴史的な地形，地割や町並みの特徴などを積極的に活用し，具体的に学習できるよう工夫するとともに，歴史資料や遺構の保存・保全などの努力が図られているこ

とに気付くようにすること。
エ　内容のA，B，C及びDのそれぞれの(3)については，それぞれの(2)で表現した仮説を踏まえて主題を設定すること。その際，資料を活用し，事象の意味や意義，事象相互の関係性などを考察できるよう指導を工夫すること。また，根拠や論理を踏まえ，筋道を立てて説明するなどの学習から，歴史に関わる諸事象には複数の解釈が成り立つことや，歴史の変化の意味や意義の考察から，様々な画期を示すことができることに気付くようにすること。また，それらの考察の結果を，文章としてまとめたりするなどの一連の学習を通して，思考力，判断力，表現力等の育成を図ること。
オ　内容のAについては，次のとおり取り扱うものとすること。
　(1)，(2)及び(3)については，遺構や遺物，編纂された歴史書，公家の日記などの資料や，それらを基に作成された資料などから適切なものを取り上げること。
カ　内容のBについては，次のとおり取り扱うものとすること。
　(1)，(2)及び(3)については，武家，公家，幕府や寺社の記録，絵画などの資料や，それらを基に作成された資料などから適切なものを取り上げること。(3)のアの(イ)については，公家や武家，庶民などの文化の形成や融合について扱うこと。また，アイヌや琉球の文化の形成についても扱うこと。
キ　内容のCについては，次のとおり取り扱うものとすること。
　(1)，(2)及び(3)については，幕府や藩の法令，地域に残る村方（地方）・町方文書，浮世絵などの絵画や出版物などの資料や，それらを基に作成された資料などから適切なものを取り上げること。(3)のアの(ア)については，長崎，琉球，対馬，松前藩やアイヌの人々を通して，それぞれオランダ，中国，朝鮮との交流や北方貿易が行われたことについて取り上げること。
ク　内容のDについては，次のとおり取り扱うものとすること。
　(1)，(2)及び(3)については，日記，書簡，自伝，公文書，新聞，統計，写真，地図，映像や音声，生活用品の変遷などの資料や，それらを基に作成された資料などから適切なものを取り上げること。(3)のアの(ア)については，明治維新や国民国家の形成などの学習において，領土の画定などを取り扱うようにすること。その際，北方領土に触れるとともに，竹島，尖閣諸島の編入についても触れること。(3)のアの(ウ)については，第二次世界大戦の学習において，この戦争が人類全体に惨禍を及ぼしたことを基に，平和で民主的な国際社会の実現に努めることが大切であることを認識できるようにすること。(3)のイの(ア)，(イ)，(ウ)及び(エ)については，地域社会と日本や世界の歴史的な変化との関係性に着目して具体的に考察できるようにすること。(3)のイの(オ)については，(1)から(3)までの学習のまとめとして，日本の近現代の推移を踏まえ，生徒が近現代を通した歴史の中に，根拠をもって画期を見いだし表現できるよう指導を工夫すること。その際，事象の因果関係，地域社会と日本や世界などの相互の関係性，政治や経済，社会，文化など歴史の諸要素の関係性など，様々な側面から構造的に整理して考察できるようにすること。(4)については，この科目のまとめとして位置付けること。その際，生徒の生活や生活空間，地域社会との関わりを踏まえた主題を設定するとともに，歴史的な経緯や根拠を踏まえた展望を構想することができるよう指導を工夫すること。

第5　世界史探究

1　目標
　社会的事象の歴史的な見方・考え方を働かせ，課題を追究したり解決したりする活動を通して，広い視野に立ち，グローバル化する国際社会に主体的に生きる平和で民主的な国家及び社会の有為な形成者

に必要な公民としての資質・能力を次のとおり育成することを目指す。
(1) 世界の歴史の大きな枠組みと展開に関わる諸事象について，地理的条件や日本の歴史と関連付けながら理解するとともに，諸資料から世界の歴史に関する様々な情報を適切かつ効果的に調べまとめる技能を身に付けるようにする。
(2) 世界の歴史の大きな枠組みと展開に関わる事象の意味や意義，特色などを，時期や年代，推移，比較，相互の関連や現代世界とのつながりなどに着目して，概念などを活用して多面的・多角的に考察したり，歴史に見られる課題を把握し解決を視野に入れて構想したりする力や，考察，構想したことを効果的に説明したり，それらを基に議論したりする力を養う。
(3) 世界の歴史の大きな枠組みと展開に関わる諸事象について，よりよい社会の実現を視野に課題を主体的に探究しようとする態度を養うとともに，多面的・多角的な考察や深い理解を通して涵養される日本国民としての自覚，我が国の歴史に対する愛情，他国や他国の文化を尊重することの大切さについての自覚などを深める。

2 内容

A 世界史へのまなざし
(1) 地球環境から見る人類の歴史
　諸資料を活用し，課題を追究したり解決したりする活動を通して，次の事項を身に付けることができるよう指導する。
　ア　次のような知識を身に付けること。
　　(ｱ)　人類の誕生と地球規模での拡散・移動を基に，人類の歴史と地球環境との関わりを理解すること。
　イ　次のような思考力，判断力，表現力等を身に付けること。
　　(ｱ)　諸事象を捉えるための時間の尺度や，諸事象の空間的な広がりに着目し，主題を設定し，地球の歴史における人類の歴史の位置と人類の特性を考察し，表現すること。
(2) 日常生活から見る世界の歴史
　諸資料を活用し，課題を追究したり解決したりする活動を通して，次の事項を身に付けることができるよう指導する。
　ア　次のような知識を身に付けること。
　　(ｱ)　衣食住，家族，教育，余暇などの身の回りの諸事象を基に，私たちの日常生活が世界の歴史とつながっていることを理解すること。
　イ　次のような思考力，判断力，表現力等を身に付けること。
　　(ｱ)　諸事象の来歴や変化に着目して，主題を設定し，身の回りの諸事象と世界の歴史との関連性を考察し，表現すること。

B 諸地域の歴史的特質の形成
(1) 諸地域の歴史的特質への問い
　生業，身分・階級，王権，宗教，文化・思想などに関する資料を活用し，課題を追究したり解決したりする活動を通して，次の事項を身に付けることができるよう指導する。
　ア　次のような技能を身に付けること。
　　(ｱ)　資料から情報を読み取ったりまとめたりする技能を身に付けること。
　イ　次のような思考力，判断力，表現力等を身に付けること。
　　(ｱ)　文明の形成に関わる諸事象の背景や原因，結果や影響，事象相互の関連などに着目し，諸地域の歴史的特質を読み解く観点について考察し，問いを表現すること。
(2) 古代文明の歴史的特質

諸資料を活用し，(1)で考察した観点を踏まえた問いを基に，課題を追究したり解決したりする活動を通して，次の事項を身に付けることができるよう指導する。
  ア　次のような知識を身に付けること。
　　(ｱ)　オリエント文明，インダス文明，中華文明などを基に，古代文明の歴史的特質を理解すること。
  イ　次のような思考力，判断力，表現力等を身に付けること。
　　(ｱ)　古代文明に関わる諸事象の背景や原因，結果や影響，事象相互の関連などに着目し，主題を設定し，諸資料を比較したり関連付けたりして読み解き，自然環境と生活や文化との関連性，農耕・牧畜の意義などを多面的・多角的に考察し，表現すること。

(3) 諸地域の歴史的特質

諸資料を活用し，(1)で考察した観点を踏まえた問いを基に，課題を追究したり解決したりする活動を通して，次の事項を身に付けることができるよう指導する。
  ア　次のような知識を身に付けること。
　　(ｱ)　秦・漢と遊牧国家，唐と近隣諸国の動向などを基に，東アジアと中央ユーラシアの歴史的特質を理解すること。
　　(ｲ)　仏教の成立とヒンドゥー教，南アジアと東南アジアの諸国家などを基に，南アジアと東南アジアの歴史的特質を理解すること。
　　(ｳ)　西アジアと地中海周辺の諸国家，キリスト教とイスラームの成立とそれらを基盤とした国家の形成などを基に，西アジアと地中海周辺の歴史的特質を理解すること。
  イ　次のような思考力，判断力，表現力等を身に付けること。
　　(ｱ)　東アジアと中央ユーラシアの歴史に関わる諸事象の背景や原因，結果や影響，事象相互の関連，諸地域相互の関わりなどに着目し，主題を設定し，諸資料を比較したり関連付けたりして読み解き，唐の統治体制と社会や文化の特色，唐と近隣諸国との関係，遊牧民の社会の特徴と周辺諸地域との関係などを多面的・多角的に考察し，表現すること。
　　(ｲ)　南アジアと東南アジアの歴史に関わる諸事象の背景や原因，結果や影響，事象相互の関連，諸地域相互の関わりなどに着目し，主題を設定し，諸資料を比較したり関連付けたりして読み解き，南アジアと東南アジアにおける宗教や文化の特色，東南アジアと周辺諸地域との関係などを多面的・多角的に考察し，表現すること。
　　(ｳ)　西アジアと地中海周辺の歴史に関わる諸事象の背景や原因，結果や影響，事象相互の関連，諸地域相互の関わりなどに着目し，主題を設定し，諸資料を比較したり関連付けたりして読み解き，西アジアと地中海周辺の諸国家の社会や文化の特色，キリスト教とイスラームを基盤とした国家の特徴などを多面的・多角的に考察し，表現すること。

C　諸地域の交流・再編
(1) 諸地域の交流・再編への問い

交易の拡大，都市の発達，国家体制の変化，宗教や科学・技術及び文化・思想の伝播などに関する資料を活用し，課題を追究したり解決したりする活動を通して，次の事項を身に付けることができるよう指導する。
  ア　次のような技能を身に付けること。
　　(ｱ)　資料から情報を読み取ったりまとめたりする技能を身に付けること。
  イ　次のような思考力，判断力，表現力等を身に付けること。
　　(ｱ)　諸地域の交流・再編に関わる諸事象の背景や原因，結果や影響，事象相互の関連，諸地域相互のつながりなどに着目し，諸地域の交流・再編を読み解く観点について考察し，問いを表現すること。

(2) 結び付くユーラシアと諸地域

諸資料を活用し，(1)で考察した観点を踏まえた問いを基に，課題を追究したり解決したりする活動を通して，次の事項を身に付けることができるよう指導する。

ア　次のような知識を身に付けること。

(ア) 西アジア社会の動向とアフリカ・アジアへのイスラームの伝播，ヨーロッパ封建社会とその展開，宋の社会とモンゴル帝国の拡大などを基に，海域と内陸にわたる諸地域の交流の広がりを構造的に理解すること。

(イ) アジア海域での交易の興隆，明と日本・朝鮮の動向，スペインとポルトガルの活動などを基に，諸地域の交易の進展とヨーロッパの進出を構造的に理解すること。

イ　次のような思考力，判断力，表現力等を身に付けること。

(ア) 諸地域の交流の広がりに関わる諸事象の背景や原因，結果や影響，事象相互の関連，諸地域相互のつながりなどに着目し，主題を設定し，諸資料を比較したり関連付けたりして読み解き，諸地域へのイスラームの拡大の要因，ヨーロッパの社会や文化の特色，中国社会の特徴やモンゴル帝国が果たした役割などを多面的・多角的に考察し，表現すること。

(イ) 諸地域の交易とヨーロッパの進出に関わる諸事象の背景や原因，結果や影響，事象相互の関連，諸地域相互のつながりなどに着目し，主題を設定し，諸資料を比較したり関連付けたりして読み解き，アジア海域での交易の特徴，ユーラシアとアメリカ大陸間の交易の特徴とアメリカ大陸の変容などを多面的・多角的に考察し，表現する。

(3) アジア諸地域とヨーロッパの再編

諸資料を活用し，(1)で考察した観点を踏まえた問いを基に，課題を追究したり解決したりする活動を通して，次の事項を身に付けることができるよう指導する。

ア　次のような知識を身に付けること。

(ア) 西アジアや南アジアの諸帝国，清と日本・朝鮮などの動向を基に，アジア諸地域の特質を構造的に理解すること。

(イ) 宗教改革とヨーロッパ諸国の抗争，大西洋三角貿易の展開，科学革命と啓蒙思想などを基に，主権国家体制の形成と地球規模での交易の拡大を構造的に理解すること。

イ　次のような思考力，判断力，表現力等を身に付けること。

(ア) アジア諸地域の動向に関わる諸事象の背景や原因，結果や影響，事象相互の関連，諸地域相互のつながりに着目し，主題を設定し，諸資料を比較したり関連付けたりして読み解き，諸帝国の統治の特徴，アジア諸地域の経済と社会や文化の特色，日本の対外関係の特徴などを多面的・多角的に考察し，表現すること。

(イ) ヨーロッパ諸地域の動向に関わる諸事象の背景や原因，結果や影響，事象相互の関連，諸地域相互のつながりなどに着目し，主題を設定し，諸資料を比較したり関連付けたりして読み解き，宗教改革の意義，大西洋両岸諸地域の経済的連関の特徴，主権国家の特徴と経済活動との関連，ヨーロッパの社会や文化の特色などを多面的・多角的に考察し，表現すること。

D　諸地域の結合・変容

(1) 諸地域の結合・変容への問い

人々の国際的な移動，自由貿易の広がり，マスメディアの発達，国際規範の変容，科学・技術の発達，文化・思想の展開などに関する資料を活用し，課題を追究したり解決したりする活動を通して，次の事項を身に付けることができるよう指導する。

ア　次のような技能を身に付けること。

(ア) 資料から情報を読み取ったりまとめたりする技能を身に付けること。

イ　次のような思考力，判断力，表現力等を身に付けること。
　　(ｱ)　諸地域の結合・変容に関わる諸事象の背景や原因，結果や影響，事象相互の関連，諸地域相互のつながりなどに着目し，諸地域の結合・変容を読み解く観点について考察し，問いを表現すること。
(2)　世界市場の形成と諸地域の結合
　　諸資料を活用し，(1)で考察した観点を踏まえた問いを基に，課題を追究したり解決したりする活動を通して，次の事項を身に付けることができるよう指導する。
　ア　次のような知識を身に付けること。
　　(ｱ)　産業革命と環大西洋革命，自由主義とナショナリズム，南北戦争の展開などを基に，国民国家と近代民主主義社会の形成を構造的に理解すること。
　　(ｲ)　国際的な分業体制と労働力の移動，イギリスを中心とした自由貿易体制，アジア諸国の植民地化と諸改革などを基に，世界市場の形成とアジア諸国の変容を構造的に理解すること。
　イ　次のような思考力，判断力，表現力等を身に付けること。
　　(ｱ)　大西洋両岸諸地域の動向に関わる諸事象の背景や原因，結果や影響，事象相互の関連，諸地域相互のつながりなどに着目し，主題を設定し，諸資料を比較したり関連付けたりして読み解き，産業革命や環大西洋革命の意味や意義，自由主義とナショナリズムの特徴，南北アメリカ大陸の変容などを多面的・多角的に考察し，表現すること。
　　(ｲ)　世界市場の形成とアジア諸国の動向に関わる諸事象の背景や原因，結果や影響，事象相互の関連，諸地域相互のつながりなどに着目し，主題を設定し，諸資料を比較したり関連付けたりして読み解き，労働力の移動を促す要因，イギリスの覇権の特徴，アジア諸国の変容の地域的な特徴などを多面的・多角的に考察し，表現すること。
(3)　帝国主義とナショナリズムの高揚
　　諸資料を活用し，(1)で考察した観点を踏まえた問いを基に，課題を追究したり解決したりする活動を通して，次の事項を身に付けることができるよう指導する。
　ア　次のような知識を身に付けること。
　　(ｱ)　第二次産業革命と帝国主義諸国の抗争，アジア諸国の変革などを基に，世界分割の進展とナショナリズムの高まりを構造的に理解すること。
　　(ｲ)　第一次世界大戦とロシア革命，ヴェルサイユ・ワシントン体制の形成，アメリカ合衆国の台頭，アジア・アフリカの動向とナショナリズムなどを基に，第一次世界大戦の展開と諸地域の変容を構造的に理解すること。
　イ　次のような思考力，判断力，表現力等を身に付けること。
　　(ｱ)　列強の対外進出とアジア・アフリカの動向に関わる諸事象の背景や原因，結果や影響，事象相互の関連，諸地域相互のつながりなどに着目し，主題を設定し，諸資料を比較したり関連付けたりして読み解き，世界経済の構造的な変化，列強の帝国主義政策の共通点と相違点，アジア諸国のナショナリズムの特徴などを多面的・多角的に考察し，表現すること。
　　(ｲ)　第一次世界大戦と大戦後の諸地域の動向に関わる諸事象の背景や原因，結果や影響，事象相互の関連，諸地域相互のつながりなどに着目し，主題を設定し，諸資料を比較したり関連付けたりして読み解き，第一次世界大戦後の国際協調主義の性格，アメリカ合衆国の台頭の要因，アジア・アフリカのナショナリズムの性格などを多面的・多角的に考察し，表現すること。
(4)　第二次世界大戦と諸地域の変容
　　諸資料を活用し，(1)で考察した観点を踏まえた問いを基に，課題を追究したり解決したりする活動を通して，次の事項を身に付けることができるよう指導する。

ア 次のような知識を身に付けること。
　(ｱ) 世界恐慌とファシズムの動向，ヴェルサイユ・ワシントン体制の動揺などを基に，国際関係の緊張と対立を構造的に理解すること。
　(ｲ) 第二次世界大戦の展開と大戦後の国際秩序，冷戦とアジア諸国の独立の始まりなどを基に，第二次世界大戦の展開と諸地域の変容を構造的に理解すること。
イ 次のような思考力，判断力，表現力等を身に付けること。
　(ｱ) 世界恐慌と国際協調体制の動揺に関わる諸事象の背景や原因，結果や影響，事象相互の関連，諸地域相互のつながりなどに着目し，主題を設定し，諸資料を比較したり関連付けたりして読み解き，世界恐慌に対する諸国家の対応策の共通点と相違点，ファシズムの特徴，第二次世界大戦に向かう国際関係の変化の要因などを多面的・多角的に考察し，表現すること。
　(ｲ) 第二次世界大戦と大戦後の諸地域の動向に関わる諸事象の背景や原因，結果や影響，事象相互の関連，諸地域相互のつながりなどに着目し，主題を設定し，諸資料を比較したり関連付けたりして読み解き，第二次世界大戦中の連合国による戦後構想と大戦後の国際秩序との関連，アジア諸国の独立の地域的な特徴などを多面的・多角的に考察し，表現すること。

E 地球世界の課題
(1) 国際機構の形成と平和への模索
　諸資料を活用し，課題を追究したり解決したりする活動を通して，次の事項を身に付けることができるよう指導する。
ア 次のような知識を身に付けること。
　(ｱ) 集団安全保障と冷戦の展開，アジア・アフリカ諸国の独立と地域連携の動き，平和共存と多極化の進展，冷戦の終結と地域紛争の頻発などを基に，紛争解決の取組と課題を理解すること。
イ 次のような思考力，判断力，表現力等を身に付けること。
　(ｱ) 国際機構の形成と紛争に関わる諸事象の歴史的背景や原因，結果や影響，事象相互の関連，諸地域相互のつながりなどに着目し，主題を設定し，諸資料を比較したり関連付けたりして読み解き，国際連盟と国際連合との共通点と相違点，冷戦下の紛争解決と冷戦後の紛争解決との共通点と相違点，紛争と経済や社会の変化との関連性などを多面的・多角的に考察し，表現すること。

(2) 経済のグローバル化と格差の是正
　諸資料を活用し，課題を追究したり解決したりする活動を通して，次の事項を身に付けることができるよう指導する。
ア 次のような知識を身に付けること。
　(ｱ) 先進国の経済成長と南北問題，アメリカ合衆国の覇権の動揺，資源ナショナリズムの動きと産業構造の転換，アジア・ラテンアメリカ諸国の経済成長と南南問題，経済のグローバル化などを基に，格差是正の取組と課題を理解すること。
イ 次のような思考力，判断力，表現力等を身に付けること。
　(ｱ) 国際競争の展開と経済格差に関わる諸事象の歴史的背景や原因，結果や影響，事象相互の関連，諸地域相互のつながりなどに着目し，主題を設定し，諸資料を比較したり関連付けたりして読み解き，先進国による経済援助や経済の成長が見られた地域の特徴，諸地域間の経済格差や各国内の経済格差の特徴，経済格差と政治や社会の変化との関連性などを多面的・多角的に考察し，表現する。

(3) 科学技術の高度化と知識基盤社会
　諸資料を活用し，課題を追究したり解決したりする活動を通して，次の事項を身に付けることができるよう指導する。

ア　次のような知識を身に付けること。
　　(ア)　原子力の利用や宇宙探査などの科学技術，医療技術・バイオテクノロジーと生命倫理，人工知能と労働の在り方の変容，情報通信技術の発達と知識の普及などを基に，知識基盤社会の展開と課題を理解すること。
　イ　次のような思考力，判断力，表現力等を身に付けること。
　　(ア)　科学技術の高度化と知識基盤社会に関わる諸事象の歴史的背景や原因，結果や影響，事象相互の関連などに着目し，主題を設定し，諸資料を比較したり関連付けたりして読み解き，現代の科学技術や文化の歴史的な特色，第二次世界大戦後の科学技術の高度化と政治・経済・社会の変化との関連性などを多面的・多角的に考察し，表現すること。
(4)　地球世界の課題の探究
　　次の①から③までについて，内容のA，B，C及びD並びにEの(1)から(3)までの学習を基に，持続可能な社会の実現を視野に入れ，主題を設定し，諸資料を活用し探究する活動を通して，以下のア及びイの事項を身に付けることができるよう指導する。
　①　紛争解決や共生
　②　経済格差の是正や経済発展
　③　科学技術の発展や文化の変容
　ア　次のような知識を身に付けること。
　　(ア)　歴史的経緯を踏まえて，地球世界の課題を理解すること。
　イ　次のような思考力，判断力，表現力等を身に付けること。
　　(ア)　地球世界の課題の形成に関わる諸事象の歴史的背景や原因，結果や影響，事象相互の関連，諸地域相互のつながりなどに着目し，諸資料を比較したり関連付けたりして読み解き，地球世界の課題の形成に関わる世界の歴史について多面的・多角的に考察，構想し，表現すること。

3　内容の取扱い

(1)　内容の全体にわたって，次の事項に配慮するものとする。
　ア　この科目では，中学校までの学習や「歴史総合」の学習との連続性に留意して諸事象を取り上げることにより，生徒が興味・関心をもって世界の歴史を学習できるよう指導を工夫すること。その際，世界の歴史の大きな枠組みと展開を構造的に理解し，考察，表現できるようにすることに指導の重点を置き，個別の事象のみの理解にとどまることのないように留意すること。
　イ　歴史に関わる諸事象については，地理的条件と関連付けて扱うとともに，特定の時間やその推移及び特定の空間やその広がりの中で生起することを踏まえ，時間的・空間的な比較や関連付けなどにより捉えられるよう指導を工夫すること。
　ウ　年表や地図，その他の資料を積極的に活用し，文化遺産，博物館やその他の資料館などの施設を調査・見学するなど，具体的に学ぶよう指導を工夫すること。その際，歴史に関わる諸資料を整理・保存することの意味や意義に気付くようにすること。また，科目の内容に関係する専門家や関係諸機関などとの円滑な連携・協働を図り，社会との関わりを意識した指導を工夫すること。
　エ　活用する資料の選択に際しては，生徒の興味・関心，学校や地域の実態などに十分配慮して行うこと。
　オ　近現代史の指導に当たっては，客観的かつ公正な資料に基づいて，事実の正確な理解に導くとともに，多面的・多角的に考察し公正に判断する能力を育成すること。その際，核兵器などの脅威に着目させ，戦争や紛争などを防止し，平和で民主的な国際社会を実現することが重要な課題であることを認識するよう指導を工夫すること。
　カ　近現代史の指導に当たっては，「歴史総合」の学習の成果を踏まえ，より発展的に学習できるよう

留意すること。
(2) 内容の取扱いに当たっては，次の事項に配慮するものとする。
ア　内容のA，B，C，D及びEについては，この順序で取り扱うものとし，A，B，C及びD並びにEの(1)から(3)までの学習をすることにより，Eの(4)の学習が充実するように年間指導計画を作成すること。また，「歴史総合」で学習した歴史の学び方を活用すること。
イ　内容のAについては，この科目の導入としての位置付けを踏まえ，生徒が現在と異なる過去や現在につながる過去に触れ，世界史学習の意味や意義に気付くようにすること。
　　(1)については，地球，生命，人類の誕生などの歴史は，それぞれ異なる時間の尺度をもっていることに触れること。
　　(2)については，日常生活に見る世界の歴史に関わる具体的な事例を取り上げ，世界史学習への興味・関心をもたせるよう指導を工夫すること。
ウ　内容のBについては，自然環境と人類との活動の関わりの中で，歴史的に形成された諸地域の生活，社会，文化，宗教の多様性に気付くようにすること。また，遺物や碑文，歴史書，年表や地図などの資料から適切なものを取り上げること。
　　(1)については，生徒の学習意欲を喚起する具体的な事例を取り上げ，(2)及び(3)の学習内容への課題意識やそれらの学習への見通しをもたせるよう指導を工夫すること。また，観点を踏まえることで，諸地域の歴史的特質を構造的に捉えることができることに気付くようにすること。
　　(2)については，自然環境が人類の活動に与える影響や，人類が自然環境に積極的に働きかけた具体的な事例を取り上げ，自然環境と人類の活動との相互の関係を地理的視野から触れること。
　　(3)については，国家と宗教の関係や，文化や宗教が人々の暮らしに与えた影響，異なる宗教の共存に気付くようにすること。また，日本の動向も視野に入れて，日本と他のアジア諸国との比較や関係についても触れること。
エ　内容のCについては，諸地域の交流の広がりとともに再編が進む中で，地球規模で諸地域がつながり始めたことに気付くようにすること。また，日本の動向も視野に入れて，日本と他の国々との比較や関係についても触れること。なお，遺物や碑文，旅行記や歴史書，年表や地図などの資料から適切なものを取り上げること。
　　(1)については，生徒の学習意欲を喚起する具体的な事例を取り上げ，(2)及び(3)の学習内容への課題意識やそれらの学習への見通しをもたせるよう指導を工夫すること。また，観点を踏まえることで，諸地域の交流・再編を構造的に捉えることができることに気付くようにすること。
　　(2)については，人，物産，情報などの具体的な事例を取り上げ，諸地域の交流が海域と内陸の交易ネットワークの形成により活性化したことに気付くようにすること。
　　(3)については，アジアとヨーロッパにおいて特色ある社会構成や文化をもつ諸国家が形成されたことに気付くようにすること。
オ　内容のDについては，諸地域の結合の進展とともに変容が進む中で，地球規模で諸地域のつながりが広まり始めたことに気付くようにすること。また，日本の動向も視野に入れて，日本と他の国々との比較や関係についても触れること。なお，公文書や手紙・日記，歴史書，芸術作品や風刺画，写真や映像，統計，年表や地図などの資料から適切なものを取り上げること。
　　(1)については，生徒の学習意欲を喚起する具体的な事例を取り上げ，(2)，(3)及び(4)の学習内容への課題意識やそれらの学習への見通しをもたせるよう指導を工夫すること。また，観点を踏まえることで，諸地域の結合・変容を構造的に捉えることができることに気付くようにすること。
　　(2)については，諸地域が政治的，経済的に緊密な関係を持ち始めた19世紀の世界の一体化の特徴に触れること。

(3)については，19世紀末に世界経済の構造が大きく変容し，第一次世界大戦を経てこれまでのヨーロッパ中心の国際秩序の見直しが図られたことに気付くようにすること。

(4)については，自由主義経済の危機により，資本主義諸国では国家による経済への関与が積極的に進められるようになり，そのことが，第二次世界大戦を経て，福祉国家体制の成立の契機となったことに気付くようにすること。また，第二次世界大戦を契機とした欧米諸国の覇権の推移に触れるとともに，Eとのつながりに留意すること。

カ　内容のEについては，この科目の学習全体を視野に入れた(4)の主題を探究する活動が充実するよう(1)，(2)及び(3)の主題を設定し，多元的な相互依存関係を深める現代世界の特質を考察できるよう指導を工夫すること。

(1)については，平和で民主的な世界を目指す多様な行動主体に気付くようにすること。

(2)については，経済格差の是正を目指す多様な行動主体に気付くようにすること。

(3)については，欧米などの動向のみを取り上げることのないよう留意し，持続可能な社会の実現に向け，科学技術における知識の在り方について，人文科学や社会科学等の知識との学際的な連携が求められていることに気付くようにすること。

(4)については，この科目のまとめとして位置付けること。その際，この科目の学習を振り返り，よりよい社会を展望できるようにすること。また，①から③までについては，相互につながりをもっていることに気付くようにすること。

第3款　各科目にわたる指導計画の作成と内容の取扱い

1　指導計画の作成に当たっては，次の事項に配慮するものとする。
(1) 単元など内容や時間のまとまりを見通して，その中で育む資質・能力の育成に向けて，生徒の主体的・対話的で深い学びの実現を図るようにすること。その際，科目の特質に応じた見方・考え方を働かせ，社会的事象の意味や意義などを考察し，概念などに関する知識を獲得したり，社会との関わりを意識した課題を追究したり解決したりする活動の充実を図ること。
(2) 地理歴史科の目標を達成するため，公民科などとの関連を図るとともに，地理歴史科に属する科目相互の関連に留意しながら，全体としてのまとまりを工夫し，特定の事項だけに指導が偏らないようにすること。
(3) 各科目の履修については，全ての生徒に履修させる科目である「地理総合」を履修した後に選択科目である「地理探究」を，同じく全ての生徒に履修させる科目である「歴史総合」を履修した後に選択科目である「日本史探究」，「世界史探究」を履修できるという，この教科の基本的な構造に留意し，各学校で創意工夫して適切な指導計画を作成すること。
(4) 障害のある生徒などについては，学習活動を行う場合に生じる困難さに応じた指導内容や指導方法の工夫を計画的，組織的に行うこと。

2　内容の取扱いに当たっては，次の事項に配慮するものとする。
(1) 社会的な見方・考え方を働かせることをより一層重視する観点に立って，社会的事象の意味や意義，事象の特色や事象間の関連，社会に見られる課題などについて，考察したことや構想したことを論理的に説明したり，立場や根拠を明確にして議論したりするなどの言語活動に関わる学習を一層重視すること。
(2) 調査や諸資料から，社会的事象に関する様々な情報を効果的に収集し，読み取り，まとめる技能を身に付ける学習活動を重視するとともに，作業的で具体的な体験を伴う学習の充実を図るようにすること。その際，地図や年表を読んだり作成したり，現代社会の諸課題を捉え，多面的・多角的に考察，構想す

るに当たっては，関連する各種の統計，年鑑，白書，画像，新聞，読み物，その他の資料の出典などを確認し，その信頼性を踏まえつつ適切に活用したり，観察や調査などの過程と結果を整理し報告書にまとめ，発表したりするなどの活動を取り入れるようにすること。

(3) 社会的事象については，生徒の考えが深まるよう様々な見解を提示するよう配慮し，多様な見解のある事柄，未確定な事柄を取り上げる場合には，有益適切な教材に基づいて指導するとともに，特定の事柄を強調し過ぎたり，一面的な見解を十分な配慮なく取り上げたりするなどの偏った取扱いにより，生徒が多面的・多角的に考察したり，事実を客観的に捉え，公正に判断したりすることを妨げることのないよう留意すること。

(4) 情報の収集，処理や発表などに当たっては，学校図書館や地域の公共施設などを活用するとともに，コンピュータや情報通信ネットワークなどの情報手段を積極的に活用し，指導に生かすことで，生徒が主体的に学習に取り組めるようにすること。その際，課題の追究や解決の見通しをもって生徒が主体的に情報手段を活用できるようにするとともに，情報モラルの指導にも留意すること。

3 内容の指導に当たっては，教育基本法第14条及び第15条の規定に基づき，適切に行うよう特に慎重に配慮して，政治及び宗教に関する教育を行うものとする。

第3節 公民

●第1款 目標

社会的な見方・考え方を働かせ，現代の諸課題を追究したり解決したりする活動を通して，広い視野に立ち，グローバル化する国際社会に主体的に生きる平和で民主的な国家及び社会の有為な形成者に必要な公民としての資質・能力を次のとおり育成することを目指す。

(1) 選択・判断の手掛かりとなる概念や理論及び倫理，政治，経済などに関わる現代の諸課題について理解するとともに，諸資料から様々な情報を適切かつ効果的に調べまとめる技能を身に付けるようにする。

(2) 現代の諸課題について，事実を基に概念などを活用して多面的・多角的に考察したり，解決に向けて公正に判断したりする力や，合意形成や社会参画を視野に入れながら構想したことを議論する力を養う。

(3) よりよい社会の実現を視野に，現代の諸課題を主体的に解決しようとする態度を養うとともに，多面的・多角的な考察や深い理解を通して涵養される，人間としての在り方生き方についての自覚や，国民主権を担う公民として，自国を愛し，その平和と繁栄を図ることや，各国が相互に主権を尊重し，各国民が協力し合うことの大切さについての自覚などを深める。

●第2款 各科目

第1 公共

1 目標

人間と社会の在り方についての見方・考え方を働かせ，現代の諸課題を追究したり解決したりする活動を通して，広い視野に立ち，グローバル化する国際社会に主体的に生きる平和で民主的な国家及び社会の有為な形成者に必要な公民としての資質・能力を次のとおり育成することを目指す。

(1) 現代の諸課題を捉え考察し，選択・判断するための手掛かりとなる概念や理論について理解するとともに，諸資料から，倫理的主体などとして活動するために必要となる情報を適切かつ効果的に調べまとめる技能を身に付けるようにする。

(2) 現実社会の諸課題の解決に向けて，選択・判断の手掛かりとなる考え方や公共的な空間における基本的原理を活用して，事実を基に多面的・多角的に考察し公正に判断する力や，合意形成や社会参画を視野に入れながら構想したことを議論する力を養う。

(3) よりよい社会の実現を視野に，現代の諸課題を主体的に解決しようとする態度を養うとともに，多面的・多角的な考察や深い理解を通して涵養される，現代社会に生きる人間としての在り方生き方についての自覚や，公共的な空間に生き国民主権を担う公民として，自国を愛し，その平和と繁栄を図ることや，各国が相互に主権を尊重し，各国民が協力し合うことの大切さについての自覚などを深める。

2 内容

A 公共の扉

(1) 公共的な空間を作る私たち

公共的な空間と人間との関わり，個人の尊厳と自主・自律，人間と社会の多様性と共通性などに着目して，社会に参画する自立した主体とは何かを問い，現代社会に生きる人間としての在り方生き方を探求する活動を通して，次の事項を身に付けることができるよう指導する。

ア　次のような知識を身に付けること。
　　(ア)　自らの体験などを振り返ることを通して，自らを成長させる人間としての在り方生き方について理解すること。
　　(イ)　人間は，個人として相互に尊重されるべき存在であるとともに，対話を通して互いの様々な立場を理解し高め合うことのできる社会的な存在であること，伝統や文化，先人の取組や知恵に触れたりすることなどを通して，自らの価値観を形成するとともに他者の価値観を尊重することができるようになる存在であることについて理解すること。
　　(ウ)　自分自身が，自主的によりよい公共的な空間を作り出していこうとする自立した主体になることが，自らのキャリア形成とともによりよい社会の形成に結び付くことについて理解すること。
　イ　次のような思考力，判断力，表現力等を身に付けること。
　　(ア)　社会に参画する自立した主体とは，孤立して生きるのではなく，地域社会などの様々な集団の一員として生き，他者との協働により当事者として国家・社会などの公共的な空間を作る存在であることについて多面的・多角的に考察し，表現すること。
(2)　公共的な空間における人間としての在り方生き方
　　主体的に社会に参画し，他者と協働することに向けて，幸福，正義，公正などに着目して，課題を追究したり解決したりする活動を通して，次の事項を身に付けることができるよう指導する。
　ア　次のような知識及び技能を身に付けること。
　　(ア)　選択・判断の手掛かりとして，行為の結果である個人や社会全体の幸福を重視する考え方や，行為の動機となる公正などの義務を重視する考え方などについて理解すること。
　　(イ)　現代の諸課題について自らも他者も共に納得できる解決方法を見いだすことに向け，(ア)に示す考え方を活用することを通して，行為者自身の人間としての在り方生き方について探求することが，よりよく生きていく上で重要であることについて理解すること。
　　(ウ)　人間としての在り方生き方に関わる諸資料から，よりよく生きる行為者として活動するために必要な情報を収集し，読み取る技能を身に付けること。
　イ　次のような思考力，判断力，表現力等を身に付けること。
　　(ア)　倫理的価値の判断において，行為の結果である個人や社会全体の幸福を重視する考え方と，行為の動機となる公正などの義務を重視する考え方などを活用し，自らも他者も共に納得できる解決方法を見いだすことに向け，思考実験など概念的な枠組みを用いて考察する活動を通して，人間としての在り方生き方を多面的・多角的に考察し，表現すること。
(3)　公共的な空間における基本的原理
　　自主的によりよい公共的な空間を作り出していこうとする自立した主体となることに向けて，幸福，正義，公正などに着目して，課題を追究したり解決したりする活動を通して，次の事項を身に付けることができるよう指導する。
　ア　次のような知識を身に付けること。
　　(ア)　各人の意見や利害を公平・公正に調整することなどを通して，人間の尊厳と平等，協働の利益と社会の安定性の確保を共に図ることが，公共的な空間を作る上で必要であることについて理解すること。
　　(イ)　人間の尊厳と平等，個人の尊重，民主主義，法の支配，自由・権利と責任・義務など，公共的な空間における基本的原理について理解すること。
　イ　次のような思考力，判断力，表現力等を身に付けること。
　　(ア)　公共的な空間における基本的原理について，思考実験など概念的な枠組みを用いて考察する活動を通して，個人と社会との関わりにおいて多面的・多角的に考察し，表現すること。

B　自立した主体としてよりよい社会の形成に参画する私たち

　自立した主体としてよりよい社会の形成に参画することに向けて，現実社会の諸課題に関わる具体的な主題を設定し，幸福，正義，公正などに着目して，他者と協働して主題を追究したり解決したりする活動を通して，次の事項を身に付けることができるよう指導する。

　　ア　次のような知識及び技能を身に付けること。
　　　(ｱ)　法や規範の意義及び役割，多様な契約及び消費者の権利と責任，司法参加の意義などに関わる現実社会の事柄や課題を基に，憲法の下，適正な手続きに則り，法や規範に基づいて各人の意見や利害を公平・公正に調整し，個人や社会の紛争を調停，解決することなどを通して，権利や自由が保障，実現され，社会の秩序が形成，維持されていくことについて理解すること。
　　　(ｲ)　政治参加と公正な世論の形成，地方自治，国家主権，領土（領海，領空を含む。），我が国の安全保障と防衛，国際貢献を含む国際社会における我が国の役割などに関わる現実社会の事柄や課題を基に，よりよい社会は，憲法の下，個人が議論に参加し，意見や利害の対立状況を調整して合意を形成することなどを通して築かれるものであることについて理解すること。
　　　(ｳ)　職業選択，雇用と労働問題，財政及び租税の役割，少子高齢社会における社会保障の充実・安定化，市場経済の機能と限界，金融の働き，経済のグローバル化と相互依存関係の深まり（国際社会における貧困や格差の問題を含む。）などに関わる現実社会の事柄や課題を基に，公正かつ自由な経済活動を行うことを通して資源の効率的な配分が図られること，市場経済システムを機能させたり国民福祉の向上に寄与したりする役割を政府などが担っていること及びより活発な経済活動と個人の尊重を共に成り立たせることが必要であることについて理解すること。
　　　(ｴ)　現実社会の諸課題に関わる諸資料から，自立した主体として活動するために必要な情報を適切かつ効果的に収集し，読み取り，まとめる技能を身に付けること。
　　イ　次のような思考力，判断力，表現力等を身に付けること。
　　　(ｱ)　アの(ｱ)から(ｳ)までの事項について，法，政治及び経済などの側面を関連させ，自立した主体として解決が求められる具体的な主題を設定し，合意形成や社会参画を視野に入れながら，その主題の解決に向けて事実を基に協働して考察したり構想したりしたことを，論拠をもって表現すること。

C　持続可能な社会づくりの主体となる私たち

　持続可能な地域，国家・社会及び国際社会づくりに向けた役割を担う，公共の精神をもった自立した主体となることに向けて，幸福，正義，公正などに着目して，現代の諸課題を探究する活動を通して，次の事項を身に付けることができるよう指導する。

　　ア　地域の創造，よりよい国家・社会の構築及び平和で安定した国際社会の形成へ主体的に参画し，共に生きる社会を築くという観点から課題を見いだし，その課題の解決に向けて事実を基に協働して考察，構想し，妥当性や効果，実現可能性などを指標にして，論拠を基に自分の考えを説明，論述すること。

3　内容の取扱い

(1) 内容の全体にわたって，次の事項に配慮するものとする。
　ア　内容のA，B及びCについては，この順序で取り扱うものとし，既習の学習の成果を生かすこと。
　イ　中学校社会科及び特別の教科である道徳，高等学校公民科に属する他の科目，この章に示す地理歴史科，家庭科及び情報科並びに特別活動などとの関連を図るとともに，項目相互の関連に留意しながら，全体としてのまとまりを工夫し，特定の事項だけに指導が偏らないようにすること。

(2) 指導計画の作成に当たっては，次の事項に配慮するものとする。
　ア　第1章第1款の2の(2)に示す道徳教育の目標に基づき，この科目の特質に応じて適切な指導を

すること。
(3) 内容の取扱いに当たっては，次の事項に配慮するものとする。
　ア　この科目の内容の特質に応じ，学習のねらいを明確にした上でそれぞれ関係する専門家や関係諸機関などとの連携・協働を積極的に図り，社会との関わりを意識した主題を追究したり解決したりする活動の充実を図るようにすること。また，生徒が他者と共に生きる自らの生き方に関わって主体的・対話的に考察，構想し，表現できるよう学習指導の展開を工夫すること。
　イ　この科目においては，教科目標の実現を見通した上で，キャリア教育の充実の観点から，特別活動などと連携し，自立した主体として社会に参画する力を育む中核的機能を担うことが求められることに留意すること。
　ウ　生徒が内容の基本的な意味を理解できるように配慮し，小・中学校社会科などで鍛えられた見方・考え方に加え，人間と社会の在り方についての見方・考え方を働かせ，現実社会の諸課題と関連付けながら具体的事例を通して社会的事象等についての理解を深め，多面的・多角的に考察，構想し，表現できるようにすること。
　エ　科目全体を通して，選択・判断の手掛かりとなる考え方や公共的な空間における基本的原理を活用して，事実を基に多面的・多角的に考察し公正に判断する力を養うとともに，考察，構想したことを説明したり，論拠を基に自分の意見を説明，論述させたりすることにより，思考力，判断力，表現力等を養うこと。また，考察，構想させる場合には，資料から必要な情報を読み取らせて解釈させたり，議論などを行って考えを深めさせたりするなどの工夫をすること。
　オ　内容のAについては，次のとおり取り扱うものとすること。
　　(ｱ)　この科目の導入として位置付け，(1)，(2)，(3)の順序で取り扱うものとし，B及びCの学習の基盤を養うよう指導すること。その際，Aに示した事項については，B以降の学習においても，それらを踏まえて学習が行われるよう特に留意すること。
　　(ｲ)　Aに示したそれぞれの事項を適切に身に付けることができるよう，指導のねらいを明確にした上で，今まで受け継がれてきた我が国の文化的蓄積を含む古今東西の先人の取組，知恵などにも触れること。
　　(ｳ)　(1)については，アの(ｱ)から(ｳ)までのそれぞれの事項との関連において，学校や地域などにおける生徒の自発的，自治的な活動やBで扱う現実社会の事柄や課題に関わる具体的な場面に触れ，生徒の学習意欲を喚起することができるよう工夫すること。その際，公共的な空間に生きる人間は，様々な集団の一員としての役割を果たす存在であること，伝統や文化，宗教などを背景にして現代の社会が成り立っていることについても触れること。また，生涯における青年期の課題を人，集団及び社会との関わりから捉え，他者と共に生きる自らの生き方についても考察できるよう工夫すること。
　　(ｴ)　(2)については，指導のねらいを明確にした上で，環境保護，生命倫理などの課題を扱うこと。その際，Cで探究する課題との関わりに留意して課題を取り上げるようにすること。
　　(ｵ)　(3)については，指導のねらいを明確にした上で，日本国憲法との関わりに留意して指導すること。「人間の尊厳と平等，個人の尊重」については，男女が共同して社会に参画することの重要性についても触れること。
　カ　内容のBについては，次のとおり取り扱うものとすること。
　　(ｱ)　アの(ｱ)から(ｳ)までのそれぞれの事項は学習の順序を示すものではなく，イの(ｱ)において設定する主題については，生徒の理解のしやすさに応じ，学習意欲を喚起することができるよう創意工夫した適切な順序で指導すること。
　　(ｲ)　小学校及び中学校で習得した知識などを基盤に，Aで身に付けた選択・判断の手掛かりとなる

考え方や公共的な空間における基本的原理を活用して，現実社会の諸課題に関わり設定した主題について，個人を起点に他者と協働して多面的・多角的に考察，構想するとともに，協働の必要な理由，協働を可能とする条件，協働を阻害する要因などについて考察を深めることができるようにすること。その際，生徒の学習意欲を高める具体的な問いを立て，協働して主題を追究したり解決したりすることを通して，自立した主体としてよりよい社会の形成に参画するために必要な知識及び技能を習得できるようにするという観点から，生徒の日常の社会生活と関連付けながら具体的な事柄を取り上げること。

(ｳ) 生徒や学校，地域の実態などに応じて，アの(ｱ)から(ｳ)までのそれぞれの事項において主題を設定すること。その際，主題に関わる基本的人権の保障に関連付けて取り扱ったり，自立した主体となる個人を支える家族・家庭や地域などにあるコミュニティに着目して，世代間の協力，協働や，自助，共助及び公助などによる社会的基盤の強化などと関連付けたりするなどして，主題を追究したり解決したりできるようにすること。また，指導のねらいを明確にした上で，現実の具体的な社会的事象等を扱ったり，模擬的な活動を行ったりすること。

(ｴ) アの(ｱ)の「法や規範の意義及び役割」については，法や道徳などの社会規範がそれぞれの役割を有していることや，法の役割の限界についても扱うこと。「多様な契約及び消費者の権利と責任」については，私法に関する基本的な考え方についても扱うこと。「司法参加の意義」については，裁判員制度についても扱うこと。

(ｵ) アの(ｲ)の「政治参加と公正な世論の形成，地方自治」については関連させて取り扱い，地方自治や我が国の民主政治の発展に寄与しようとする自覚や住民としての自治意識の涵養に向けて，民主政治の推進における選挙の意義について指導すること。「国家主権，領土（領海，領空を含む。）」については関連させて取り扱い，我が国が，固有の領土である竹島や北方領土に関し残されている問題の平和的な手段による解決に向けて努力していることや，尖閣諸島をめぐり解決すべき領有権の問題は存在していないことなどを取り上げること。「国家主権，領土（領海，領空を含む。）」及び「我が国の安全保障と防衛」については，国際法と関連させて取り扱うこと。「国際貢献」については，国際連合における持続可能な開発のための取組についても扱うこと。

(ｶ) アの(ｳ)の「職業選択」については，産業構造の変化やその中での起業についての理解を深めることができるようにすること。「雇用と労働問題」については，仕事と生活の調和という観点から労働保護立法についても扱うこと。「財政及び租税の役割，少子高齢社会における社会保障の充実・安定化」については関連させて取り扱い，国際比較の観点から，我が国の財政の現状や少子高齢社会など，現代社会の特色を踏まえて財政の持続可能性と関連付けて扱うこと。「金融の働き」については，金融とは経済主体間の資金の融通であることの理解を基に，金融を通した経済活動の活性化についても触れること。「経済のグローバル化と相互依存関係の深まり（国際社会における貧困や格差の問題を含む。）」については，文化や宗教の多様性についても触れ，自他の文化などを尊重する相互理解と寛容の態度を養うことができるよう留意して指導すること。

(ｷ) アの(ｴ)については，(ｱ)から(ｳ)までのそれぞれの事項と関連させて取り扱い，情報に関する責任や，利便性及び安全性を多面的・多角的に考察していくことを通して，情報モラルを含む情報の妥当性や信頼性を踏まえた公正な判断力を身に付けることができるよう指導すること。その際，防災情報の受信，発信などにも触れること。

キ 内容のCについては，次のとおり取り扱うものとすること。

(ｱ) この科目のまとめとして位置付け，社会的な見方・考え方を総合的に働かせ，Aで身に付けた選択・判断の手掛かりとなる考え方や公共的な空間における基本的原理などを活用するとともに，A及びBで扱った課題などへの関心を一層高めるよう指導すること。また，個人を起点として，

自立，協働の観点から，多様性を尊重し，合意形成や社会参画を視野に入れながら探究できるよう指導すること。
　(イ)　課題の探究に当たっては，法，政治及び経済などの個々の制度にとどまらず，各領域を横断して総合的に探究できるよう指導すること。

第2　倫理

1　目標
　人間としての在り方生き方についての見方・考え方を働かせ，現代の諸課題を追究したり解決に向けて構想したりする活動を通して，広い視野に立ち，人間尊重の精神と生命に対する畏敬の念に基づいて，グローバル化する国際社会に主体的に生きる平和で民主的な国家及び社会の有為な形成者に必要な公民としての資質・能力を次のとおり育成することを目指す。

(1) 古今東西の幅広い知的蓄積を通して，現代の諸課題を捉え，より深く思索するための手掛かりとなる概念や理論について理解するとともに，諸資料から，人間としての在り方生き方に関わる情報を調べまとめる技能を身に付けるようにする。

(2) 自立した人間として他者と共によりよく生きる自己の生き方についてより深く思索する力や，現代の倫理的諸課題を解決するために倫理に関する概念や理論などを活用して，論理的に思考し，思索を深め，説明したり対話したりする力を養う。

(3) 人間としての在り方生き方に関わる事象や課題について主体的に追究したり，他者と共によりよく生きる自己を形成しようとしたりする態度を養うとともに，多面的・多角的な考察やより深い思索を通して涵養される，現代社会に生きる人間としての在り方生き方についての自覚を深める。

2　内容
A　現代に生きる自己の課題と人間としての在り方生き方

(1) 人間としての在り方生き方の自覚

　　人間の存在や価値に関わる基本的な課題について思索する活動を通して，次の事項を身に付けることができるよう指導する。

　ア　次のような知識及び技能を身に付けること。

　　(ｱ)　個性，感情，認知，発達などに着目して，豊かな自己形成に向けて，他者と共によりよく生きる自己の生き方についての思索を深めるための手掛かりとなる様々な人間の心の在り方について理解すること。

　　(ｲ)　幸福，愛，徳などに着目して，人間としての在り方生き方について思索するための手掛かりとなる様々な人生観について理解すること。その際，人生における宗教や芸術のもつ意義についても理解すること。

　　(ｳ)　善，正義，義務などに着目して，社会の在り方と人間としての在り方生き方について思索するための手掛かりとなる様々な倫理観について理解すること。

　　(ｴ)　真理，存在などに着目して，世界と人間の在り方について思索するための手掛かりとなる様々な世界観について理解すること。

　　(ｵ)　古今東西の先哲の思想に関する原典の日本語訳などの諸資料から，人間としての在り方生き方に関わる情報を読み取る技能を身に付けること。

　イ　次のような思考力，判断力，表現力等を身に付けること。

　　(ｱ)　自己の生き方を見つめ直し，自らの体験や悩みを振り返り，他者，集団や社会，生命や自然などとの関わりにも着目して自己の課題を捉え，その課題を現代の倫理的課題と結び付けて多面

的・多角的に考察し，表現すること。
　　　　(イ)　古今東西の先哲の考え方を手掛かりとして，より広い視野から人間としての在り方生き方について多面的・多角的に考察し，表現すること。
　(2)　国際社会に生きる日本人としての自覚
　　　日本人としての在り方生き方について思索する活動を通して，次の事項を身に付けることができるよう指導する。
　　ア　次のような知識及び技能を身に付けること。
　　　　(ア)　古来の日本人の心情と考え方や日本の先哲の思想に着目して，我が国の風土や伝統，外来思想の受容などを基に，国際社会に生きる日本人としての在り方生き方について思索するための手掛かりとなる日本人に見られる人間観，自然観，宗教観などの特質について，自己との関わりにおいて理解すること。
　　　　(イ)　古来の日本人の心情と考え方や日本の先哲の思想に関する原典や原典の口語訳などの諸資料から，日本人としての在り方生き方に関わる情報を読み取る技能を身に付けること。
　　イ　次のような思考力，判断力，表現力等を身に付けること。
　　　　(ア)　古来の日本人の考え方や日本の先哲の考え方を手掛かりとして，国際社会に主体的に生きる日本人としての在り方生き方について多面的・多角的に考察し，表現すること。
B　現代の諸課題と倫理
　(1)　自然や科学技術に関わる諸課題と倫理
　　　自然や科学技術との関わりにおいて，人間としての在り方生き方についての見方・考え方を働かせ，他者と対話しながら，現代の諸課題を探究する活動を通して，次の事項を身に付けることができるよう指導する。
　　ア　生命，自然，科学技術などと人間との関わりについて倫理的課題を見いだし，その解決に向けて倫理に関する概念や理論などを手掛かりとして多面的・多角的に考察し，公正に判断して構想し，自分の考えを説明，論述すること。
　(2)　社会と文化に関わる諸課題と倫理
　　　様々な他者との協働，共生に向けて，人間としての在り方生き方についての見方・考え方を働かせ，他者と対話しながら，現代の諸課題を探究する活動を通して，次の事項を身に付けることができるよう指導する。
　　ア　福祉，文化と宗教，平和などについて倫理的課題を見いだし，その解決に向けて倫理に関する概念や理論などを手掛かりとして多面的・多角的に考察し，公正に判断して構想し，自分の考えを説明，論述すること。

3　内容の取扱い
　(1)　内容の全体にわたって，次の事項に配慮するものとする。
　　ア　内容のA及びBについては，この順序で取り扱うものとし，既習の学習の成果を生かすこと。
　　イ　中学校社会科及び特別の教科である道徳，高等学校公民科に属する他の科目，この章に示す地理歴史科，家庭科及び情報科並びに特別活動などとの関連を図るとともに，項目相互の関連に留意しながら，全体としてのまとまりを工夫し，特定の事項だけに指導が偏らないようにすること。
　(2)　指導計画の作成に当たっては，次の事項に配慮するものとする。
　　ア　第1章第1款の2の(2)に示す道徳教育の目標に基づき，この科目の特質に応じて適切な指導をすること。
　(3)　内容の取扱いに当たっては，次の事項に配慮するものとする。
　　ア　倫理的諸価値に関する古今東西の先哲の思想を取り上げるに当たっては，原典の日本語訳，口語

訳なども活用し，内容と関連が深く生徒の発達や学習の段階に適した代表的な先哲の言説などを扱うこと。また，生徒自らが人生観，世界観などを確立するための手掛かりを得ることができるよう学習指導の展開を工夫すること。

イ　内容のAについては，次のとおり取り扱うものとすること。

(ｱ)　小学校及び中学校で習得した概念などに関する知識などを基に，「公共」で身に付けた選択・判断の手掛かりとなる考え方を活用し，哲学に関わる対話的な手法などを取り入れた活動を通して，生徒自らが，より深く思索するための概念や理論を理解できるようにし，Bの学習の基盤を養うよう指導すること。

(ｲ)　(1)のアの(ｱ)については，青年期の課題を踏まえ，人格，感情，認知，発達についての心理学の考え方についても触れること。

(ｳ)　(1)のアの(ｲ)については，人間の尊厳と生命への畏敬，自己実現と幸福などについて，古代ギリシアから近代までの思想，キリスト教，イスラーム，仏教，儒教などの基本的な考え方を代表する先哲の思想，芸術家とその作品を，倫理的な観点を明確にして取り上げること。

(ｴ)　(1)のアの(ｳ)については，民主社会における人間の在り方，社会参加と奉仕などについて，倫理的な観点を明確にして取り上げること。

(ｵ)　(1)のアの(ｴ)については，自然と人間との関わり，世界を捉える知の在り方などについて，倫理的な観点を明確にして取り上げること。

(ｶ)　(1)のアの(ｵ)については，古今東西の代表的な先哲の思想を取り上げ，人間をどのように捉え，どのように生きることを指し示しているかについて，自己の課題と結び付けて思索するために必要な技能を身に付けることができるよう指導すること。

(ｷ)　(2)のアの(ｱ)については，古来の日本人の心情と考え方や代表的な日本の先哲の思想を手掛かりにして，自己の課題として学習し，国際社会に生きる日本人としての自覚を深めるよう指導すること。その際，伝統的な芸術作品，茶道や華道などの芸道などを取り上げ，理解を深めることができるよう指導すること。

(ｸ)　(2)のアの(ｲ)については，古来の日本人の心情と考え方や代表的な日本の先哲の思想を取り上げ，それらが日本人の思想形成にどのような影響を及ぼしているかについて思索するために必要な技能を身に付けることができるよう指導すること。

ウ　内容のBについては，次のとおり取り扱うものとすること。

(ｱ)　小学校及び中学校で習得した概念などに関する知識などや，「公共」及びAで身に付けた選択・判断の手掛かりとなる先哲の思想などを基に，人間としての在り方生き方についての見方・考え方を働かせ，現実社会の倫理的諸課題について探究することができるよう指導すること。また，科目のまとめとして位置付け，適切かつ十分な授業時数を配当すること。

(ｲ)　生徒や学校，地域の実態などに応じて課題を選択し，主体的に探究する学習を行うことができるよう工夫すること。その際，哲学に関わる対話的な手法などを取り入れた活動を通して，人格の完成に向けて自己の生き方の確立を促し，他者と共に生きる主体を育むよう指導すること。

(ｳ)　(1)のアの「生命」については，生命科学や医療技術の発達を踏まえ，生命の誕生，老いや病，生と死の問題などを通して，生きることの意義について思索できるようにすること。「自然」については，人間の生命が自然の生態系の中で，植物や他の動物との相互依存関係において維持されており，調和的な共存関係が大切であることについても思索できるようにすること。「科学技術」については，近年の飛躍的な科学技術の進展を踏まえ，人工知能（AI）をはじめとした先端科学技術の利用と人間生活や社会の在り方についても思索できるよう指導すること。

(ｴ)　(2)のアの「福祉」については，多様性を前提として，協働，ケア，共生といった倫理的な視点

から福祉の問題を取り上げること。「文化と宗教」については，文化や宗教が過去を継承する人類の知的遺産であることを踏まえ，それらを尊重し，異なる文化や宗教をもつ人々を理解し，共生に向けて思索できるよう指導すること。「平和」については，人類全体の福祉の向上といった視点からも考察，構想できるよう指導すること。

第3 政治・経済

1 目標

社会の在り方についての見方・考え方を働かせ，現代の諸課題を追究したり解決に向けて構想したりする活動を通して，広い視野に立ち，グローバル化する国際社会に主体的に生きる平和で民主的な国家及び社会の有為な形成者に必要な公民としての資質・能力を次のとおり育成することを目指す。

(1) 社会の在り方に関わる現実社会の諸課題の解決に向けて探究するための手掛かりとなる概念や理論などについて理解するとともに，諸資料から，社会の在り方に関わる情報を適切かつ効果的に調べまとめる技能を身に付けるようにする。

(2) 国家及び社会の形成者として必要な選択・判断の基準となる考え方や政治・経済に関する概念や理論などを活用して，現実社会に見られる複雑な課題を把握し，説明するとともに，身に付けた判断基準を根拠に構想する力や，構想したことの妥当性や効果，実現可能性などを指標にして議論し公正に判断して，合意形成や社会参画に向かう力を養う。

(3) よりよい社会の実現のために現実社会の諸課題を主体的に解決しようとする態度を養うとともに，多面的・多角的な考察や深い理解を通して涵養される，国民主権を担う公民として，自国を愛し，その平和と繁栄を図ることや，我が国及び国際社会において国家及び社会の形成に，より積極的な役割を果たそうとする自覚などを深める。

2 内容

A 現代日本における政治・経済の諸課題

(1) 現代日本の政治・経済

個人の尊厳と基本的人権の尊重，対立，協調，効率，公正などに着目して，現代の諸課題を追究したり解決に向けて構想したりする活動を通して，次の事項を身に付けることができるよう指導する。

ア 次のような知識及び技能を身に付けること。

(ア) 政治と法の意義と機能，基本的人権の保障と法の支配，権利と義務との関係，議会制民主主義，地方自治について，現実社会の諸事象を通して理解を深めること。

(イ) 経済活動と市場，経済主体と経済循環，国民経済の大きさと経済成長，物価と景気変動，財政の働きと仕組み及び租税などの意義，金融の働きと仕組みについて，現実社会の諸事象を通して理解を深めること。

(ウ) 現代日本の政治・経済に関する諸資料から，課題の解決に向けて考察，構想する際に必要な情報を適切かつ効果的に収集し，読み取る技能を身に付けること。

イ 次のような思考力，判断力，表現力等を身に付けること。

(ア) 民主政治の本質を基に，日本国憲法と現代政治の在り方との関連について多面的・多角的に考察し，表現すること。

(イ) 政党政治や選挙などの観点から，望ましい政治の在り方及び主権者としての政治参加の在り方について多面的・多角的に考察，構想し，表現すること。

(ウ) 経済活動と福祉の向上との関連について多面的・多角的に考察し，表現すること。

(エ) 市場経済の機能と限界，持続可能な財政及び租税の在り方，金融を通した経済活動の活性化に

ついて多面的・多角的に考察，構想し，表現すること。
(2) 現代日本における政治・経済の諸課題の探究

社会的な見方・考え方を総合的に働かせ，他者と協働して持続可能な社会の形成が求められる現代日本社会の諸課題を探究する活動を通して，次の事項を身に付けることができるよう指導する。

ア 少子高齢社会における社会保障の充実・安定化，地域社会の自立と政府，多様な働き方・生き方を可能にする社会，産業構造の変化と起業，歳入・歳出両面での財政健全化，食料の安定供給の確保と持続可能な農業構造の実現，防災と安全・安心な社会の実現などについて，取り上げた課題の解決に向けて政治と経済とを関連させて多面的・多角的に考察，構想し，よりよい社会の在り方についての自分の考えを説明，論述すること。

B グローバル化する国際社会の諸課題
(1) 現代の国際政治・経済

国際平和と人類の福祉に寄与しようとする自覚を深めることに向けて，個人の尊厳と基本的人権の尊重，対立，協調，効率，公正などに着目して，現代の諸課題を追究したり解決に向けて構想したりする活動を通して，次の事項を身に付けることができるよう指導する。

ア 次のような知識及び技能を身に付けること。
(ア) 国際社会の変遷，人権，国家主権，領土（領海，領空を含む。）などに関する国際法の意義，国際連合をはじめとする国際機構の役割，我が国の安全保障と防衛，国際貢献について，現実社会の諸事象を通して理解を深めること。
(イ) 貿易の現状と意義，為替相場の変動，国民経済と国際収支，国際協調の必要性や国際経済機関の役割について，現実社会の諸事象を通して理解を深めること。
(ウ) 現代の国際政治・経済に関する諸資料から，課題の解決に向けて考察，構想する際に必要な情報を適切かつ効果的に収集し，読み取る技能を身に付けること。

イ 次のような思考力，判断力，表現力等を身に付けること。
(ア) 国際社会の特質や国際紛争の諸要因を基に，国際法の果たす役割について多面的・多角的に考察し，表現すること。
(イ) 国際平和と人類の福祉に寄与する日本の役割について多面的・多角的に考察，構想し，表現すること。
(ウ) 相互依存関係が深まる国際経済の特質について多面的・多角的に考察し，表現すること。
(エ) 国際経済において果たすことが求められる日本の役割について多面的・多角的に考察，構想し，表現すること。

(2) グローバル化する国際社会の諸課題の探究

社会的な見方・考え方を総合的に働かせ，他者と協働して持続可能な社会の形成が求められる国際社会の諸課題を探究する活動を通して，次の事項を身に付けることができるよう指導する。

ア グローバル化に伴う人々の生活や社会の変容，地球環境と資源・エネルギー問題，国際経済格差の是正と国際協力，イノベーションと成長市場，人種・民族問題や地域紛争の解決に向けた国際社会の取組，持続可能な国際社会づくりなどについて，取り上げた課題の解決に向けて政治と経済とを関連させて多面的・多角的に考察，構想し，よりよい社会の在り方についての自分の考えを説明，論述すること。

3 内容の取扱い

(1) 内容の全体にわたって，次の事項に配慮するものとする。

ア 公民科に属する他の科目，この章に示す地理歴史科，家庭科及び情報科などとの関連を図るとともに，項目相互の関連に留意しながら，全体としてのまとまりを工夫し，特定の事項だけに指導が

偏らないようにすること。
(2) 内容の取扱いに当たっては，次の事項に配慮するものとする。
　ア　この科目の内容の特質に応じ，学習のねらいを明確にした上でそれぞれ関係する専門家や関係諸機関などとの連携・協働を積極的に図り，社会との関わりを意識した課題を追究したり解決に向けて構想したりする活動の充実を図るようにすること。
　イ　内容のA及びBについては，次の事項に留意すること。
　　(ｱ)　A及びBのそれぞれの(2)においては，小学校及び中学校で習得した概念などに関する知識や，「公共」で身に付けた選択・判断の手掛かりとなる考え方などを基に，それぞれの(1)における学習の成果を生かし，政治及び経済の基本的な概念や理論などの理解の上に立って，理論と現実の相互関連を踏まえながら，事実を基に多面的・多角的に探究できるよう学習指導の展開を工夫すること。その際，生徒や学校，地域の実態などに応じて，A及びBのそれぞれにおいて探究する課題を選択させること。また，適切かつ十分な授業時数を配当すること。
　ウ　内容のAについては，次のとおり取り扱うものとすること。
　　(ｱ)　(1)においては，日本の政治・経済の現状について触れること。
　　(ｲ)　(1)のアの(ｱ)については，日本国憲法における基本的人権の尊重，国民主権，天皇の地位と役割，国会，内閣，裁判所などの政治機構に関する小・中学校社会科及び「公共」の学習との関連性に留意して指導すること。
　　(ｳ)　(1)のアの(ｱ)の「政治と法の意義と機能，基本的人権の保障と法の支配，権利と義務との関係」については関連させて取り扱うこと。その際，裁判員制度を扱うこと。また，私法に関する基本的な考え方についても理解を深めることができるよう指導すること。
　　(ｴ)　(1)のアの(ｲ)については，分業と交換，希少性などに関する小・中学校社会科及び「公共」の学習との関連性に留意して指導すること。また，事項の全体を通して日本経済のグローバル化をはじめとする経済生活の変化，現代経済の仕組みや機能について扱うとともに，その特質を捉え，経済についての概念や理論についての理解を深めることができるよう指導すること。
　　(ｵ)　(1)のイの(ｱ)の「民主政治の本質」については，世界の主な政治体制と関連させて取り扱うこと。
　　(ｶ)　(1)のイの(ｲ)の「望ましい政治の在り方及び主権者としての政治参加の在り方」については，(1)のイの(ｱ)の「現代政治の在り方」との関連性に留意して，世論の形成などについて具体的な事例を取り上げて扱い，主権者としての政治に対する関心を高め，主体的に社会に参画する意欲をもたせるよう指導すること。
　　(ｷ)　(1)のイの(ｴ)の「市場経済の機能と限界」については，市場経済の効率性とともに，市場の失敗の補完の観点から，公害防止と環境保全，消費者に関する問題も扱うこと。また，「金融を通した経済活動の活性化」については，金融に関する技術変革と企業経営に関する金融の役割にも触れること。
　　(ｸ)　(2)における課題の探究に当たっては，日本社会の動向に着目したり，国内の諸地域や諸外国における取組などを参考にしたりできるよう指導すること。「産業構造の変化と起業」を取り上げる際には，中小企業の在り方についても触れるよう指導すること。
　エ　内容のBについては，次のとおり取り扱うものとすること。
　　(ｱ)　(1)においては，国際政治及び国際経済の現状についても扱うこと。
　　(ｲ)　(1)のアの(ｱ)の「国家主権，領土（領海，領空を含む。）などに関する国際法の意義，国際連合をはじめとする国際機構の役割」については関連させて取り扱い，我が国が，固有の領土である竹島や北方領土に関し残されている問題の平和的な手段による解決に向けて努力していることや，

尖閣諸島をめぐり解決すべき領有権の問題は存在していないことなどを取り上げること。
　(ｳ) (1)のイの(ｱ)の「国際紛争の諸要因」については，多様な角度から考察させるとともに，軍縮や核兵器廃絶などに関する国際的な取組についても扱うこと。
　(ｴ) (2)における課題の探究に当たっては，国際社会の動向に着目したり，諸外国における取組などを参考にしたりできるよう指導すること。その際，文化や宗教の多様性を踏まえるとともに，国際連合における持続可能な開発のための取組についても扱うこと。

●第3款　各科目にわたる指導計画の作成と内容の取扱い

1　指導計画の作成に当たっては，次の事項に配慮するものとする。
　(1) 単元など内容や時間のまとまりを見通して，その中で育む資質・能力の育成に向けて，生徒の主体的・対話的で深い学びの実現を図るようにすること。その際，科目の特質に応じた見方・考え方を働かせ，社会的事象等の意味や意義などを考察し，概念などに関する知識を獲得したり，社会との関わりを意識した課題を追究したり解決したりする活動の充実を図ること。
　(2) 各科目の履修については，全ての生徒に履修させる科目である「公共」を履修した後に選択科目である「倫理」及び「政治・経済」を履修できるという，この教科の基本的な構造に留意し，各学校で創意工夫して適切な指導計画を作成すること。その際，「公共」は，原則として入学年次及びその次の年次の2か年のうちに履修させること。
　(3) 障害のある生徒などについては，学習活動を行う場合に生じる困難さに応じた指導内容や指導方法の工夫を計画的，組織的に行うこと。
2　内容の取扱いに当たっては，次の事項に配慮するものとする。
　(1) 社会的な見方・考え方を働かせることをより一層重視する観点に立って，社会的事象等の意味や意義，事象の特色や事象間の関連，現実社会に見られる課題などについて，考察したことや構想したことを論理的に説明したり，立場や根拠を明確にして議論したりするなどの言語活動に関わる学習を一層重視すること。
　(2) 諸資料から，社会的事象等に関する様々な情報を効果的に収集し，読み取り，まとめる技能を身に付ける学習活動を重視するとともに，具体的な体験を伴う学習の充実を図るようにすること。その際，現代の諸課題を捉え，多面的・多角的に考察，構想するに当たっては，関連する各種の統計，年鑑，白書，新聞，読み物，地図その他の資料の出典などを確認し，その信頼性を踏まえつつ適切に活用したり，考察，構想の過程と結果を整理し報告書にまとめ，発表したりするなどの活動を取り入れるようにすること。
　(3) 社会的事象等については，生徒の考えが深まるよう様々な見解を提示するよう配慮し，多様な見解のある事柄，未確定な事柄を取り上げる場合には，有益適切な教材に基づいて指導するとともに，特定の事柄を強調し過ぎたり，一面的な見解を十分な配慮なく取り上げたりするなどの偏った取扱いにより，生徒が多面的・多角的に考察したり，事実を客観的に捉え，公正に判断したりすることを妨げることのないよう留意すること。
　(4) 情報の収集，処理や発表などに当たっては，学校図書館や地域の公共施設などを活用するとともに，コンピュータや情報通信ネットワークなどの情報手段を積極的に活用し，指導に生かすことで，生徒が主体的に学習に取り組めるようにすること。その際，課題の追究や解決の見通しをもって生徒が主体的に情報手段を活用できるようにするとともに，情報モラルの指導にも配慮すること。
3　内容の指導に当たっては，教育基本法第14条及び第15条の規定に基づき，適切に行うよう特に慎重に配慮して，政治及び宗教に関する教育を行うものとする。

第4節　数学

● 第1款　目　標

数学的な見方・考え方を働かせ，数学的活動を通して，数学的に考える資質・能力を次のとおり育成することを目指す。

(1) 数学における基本的な概念や原理・法則を体系的に理解するとともに，事象を数学化したり，数学的に解釈したり，数学的に表現・処理したりする技能を身に付けるようにする。

(2) 数学を活用して事象を論理的に考察する力，事象の本質や他の事象との関係を認識し統合的・発展的に考察する力，数学的な表現を用いて事象を簡潔・明瞭・的確に表現する力を養う。

(3) 数学のよさを認識し積極的に数学を活用しようとする態度，粘り強く考え数学的論拠に基づいて判断しようとする態度，問題解決の過程を振り返って考察を深めたり，評価・改善したりしようとする態度や創造性の基礎を養う。

● 第2款　各 科 目

第1　数学Ⅰ

1　目　標

数学的な見方・考え方を働かせ，数学的活動を通して，数学的に考える資質・能力を次のとおり育成することを目指す。

(1) 数と式，図形と計量，二次関数及びデータの分析についての基本的な概念や原理・法則を体系的に理解するとともに，事象を数学化したり，数学的に解釈したり，数学的に表現・処理したりする技能を身に付けるようにする。

(2) 命題の条件や結論に着目し，数や式を多面的にみたり目的に応じて適切に変形したりする力，図形の構成要素間の関係に着目し，図形の性質や計量について論理的に考察し表現する力，関数関係に着目し，事象を的確に表現してその特徴を表，式，グラフを相互に関連付けて考察する力，社会の事象などから設定した問題について，データの散らばりや変量間の関係などに着目し，適切な手法を選択して分析を行い，問題を解決したり，解決の過程や結果を批判的に考察し判断したりする力を養う。

(3) 数学のよさを認識し数学を活用しようとする態度，粘り強く考え数学的論拠に基づいて判断しようとする態度，問題解決の過程を振り返って考察を深めたり，評価・改善したりしようとする態度や創造性の基礎を養う。

2　内　容

(1) 数と式

数と式について，数学的活動を通して，次の事項を身に付けることができるよう指導する。

ア　次のような知識及び技能を身に付けること。

(ア) 数を実数まで拡張する意義を理解し，簡単な無理数の四則計算をすること。

(イ) 集合と命題に関する基本的な概念を理解すること。

(ウ) 二次の乗法公式及び因数分解の公式の理解を深めること。

(エ) 不等式の解の意味や不等式の性質について理解し，一次不等式の解を求めること。

イ　次のような思考力，判断力，表現力等を身に付けること。

(ｱ) 集合の考えを用いて論理的に考察し，簡単な命題を証明すること。

(ｲ) 問題を解決する際に，既に学習した計算の方法と関連付けて，式を多面的に捉えたり目的に応じて適切に変形したりすること。

(ｳ) 不等式の性質を基に一次不等式を解く方法を考察すること。

(ｴ) 日常の事象や社会の事象などを数学的に捉え，一次不等式を問題解決に活用すること。

(2) 図形と計量

図形と計量について，数学的活動を通して，その有用性を認識するとともに，次の事項を身に付けることができるよう指導する。

ア　次のような知識及び技能を身に付けること。

(ｱ) 鋭角の三角比の意味と相互関係について理解すること。

(ｲ) 三角比を鈍角まで拡張する意義を理解し，鋭角の三角比の値を用いて鈍角の三角比の値を求める方法を理解すること。

(ｳ) 正弦定理や余弦定理について三角形の決定条件や三平方の定理と関連付けて理解し，三角形の辺の長さや角の大きさなどを求めること。

イ　次のような思考力，判断力，表現力等を身に付けること。

(ｱ) 図形の構成要素間の関係を三角比を用いて表現するとともに，定理や公式として導くこと。

(ｲ) 図形の構成要素間の関係に着目し，日常の事象や社会の事象などを数学的に捉え，問題を解決したり，解決の過程を振り返って事象の数学的な特徴や他の事象との関係を考察したりすること。

［用語・記号］　正弦, sin, 余弦, cos, 正接, tan

(3) 二次関数

二次関数について，数学的活動を通して，その有用性を認識するとともに，次の事項を身に付けることができるよう指導する。

ア　次のような知識及び技能を身に付けること。

(ｱ) 二次関数の値の変化やグラフの特徴について理解すること。

(ｲ) 二次関数の最大値や最小値を求めること。

(ｳ) 二次方程式の解と二次関数のグラフとの関係について理解すること。また，二次不等式の解と二次関数のグラフとの関係について理解し，二次関数のグラフを用いて二次不等式の解を求めること。

イ　次のような思考力，判断力，表現力等を身に付けること。

(ｱ) 二次関数の式とグラフとの関係について，コンピュータなどの情報機器を用いてグラフをかくなどして多面的に考察すること。

(ｲ) 二つの数量の関係に着目し，日常の事象や社会の事象などを数学的に捉え，問題を解決したり，解決の過程を振り返って事象の数学的な特徴や他の事象との関係を考察したりすること。

(4) データの分析

データの分析について，数学的活動を通して，その有用性を認識するとともに，次の事項を身に付けることができるよう指導する。

ア　次のような知識及び技能を身に付けること。

(ｱ) 分散，標準偏差，散布図及び相関係数の意味やその用い方を理解すること。

(ｲ) コンピュータなどの情報機器を用いるなどして，データを表やグラフに整理したり，分散や標準偏差などの基本的な統計量を求めたりすること。

(ｳ) 具体的な事象において仮説検定の考え方を理解すること。

イ　次のような思考力，判断力，表現力等を身に付けること。

(ｱ) データの散らばり具合や傾向を数値化する方法を考察すること。

(ｲ) 目的に応じて複数の種類のデータを収集し，適切な統計量やグラフ，手法などを選択して分析を行い，データの傾向を把握して事象の特徴を表現すること。

(ｳ) 不確実な事象の起こりやすさに着目し，主張の妥当性について，実験などを通して判断したり，批判的に考察したりすること。

〔用語・記号〕 外れ値

〔課題学習〕

(1)から(4)までの内容又はそれらを相互に関連付けた内容を生活と関連付けたり発展させたりするなどした課題を設け，生徒の主体的な学習を促し，数学のよさを認識させ，学習意欲を含めた数学的に考える資質・能力を高めるようにする。

3 内容の取扱い

(1) 内容の(1)から(4)までについては，中学校数学科との関連を十分に考慮するものとする。

(2) 内容の(1)のアの(ｱ)については，分数が有限小数や循環小数で表される仕組みを扱うものとする。

(3) 内容の(2)のアの(ｲ)については，関連して0°，90°，180°の三角比を扱うものとする。

(4) 課題学習については，それぞれの内容との関連を踏まえ，学習効果を高めるよう指導計画に適切に位置付けるものとする。

第2 数学Ⅱ

1 目 標

数学的な見方・考え方を働かせ，数学的活動を通して，数学的に考える資質・能力を次のとおり育成することを目指す。

(1) いろいろな式，図形と方程式，指数関数・対数関数，三角関数及び微分・積分の考えについての基本的な概念や原理・法則を体系的に理解するとともに，事象を数学化したり，数学的に解釈したり，数学的に表現・処理したりする技能を身に付けるようにする。

(2) 数の範囲や式の性質に着目し，等式や不等式が成り立つことなどについて論理的に考察する力，座標平面上の図形について構成要素間の関係に着目し，方程式を用いて図形を簡潔・明瞭・的確に表現したり，図形の性質を論理的に考察したりする力，関数関係に着目し，事象を的確に表現してその特徴を数学的に考察する力，関数の局所的な変化に着目し，事象を数学的に考察したり，問題解決の過程や結果を振り返って統合的・発展的に考察したりする力を養う。

(3) 数学のよさを認識し数学を活用しようとする態度，粘り強く柔軟に考え数学的論拠に基づいて判断しようとする態度，問題解決の過程を振り返って考察を深めたり，評価・改善したりしようとする態度や創造性の基礎を養う。

2 内 容

(1) いろいろな式

いろいろな式について，数学的活動を通して，次の事項を身に付けることができるよう指導する。

ア 次のような知識及び技能を身に付けること。

(ｱ) 三次の乗法公式及び因数分解の公式を理解し，それらを用いて式の展開や因数分解をすること。

(ｲ) 多項式の除法や分数式の四則計算の方法について理解し，簡単な場合について計算をすること。

(ｳ) 数を複素数まで拡張する意義を理解し，複素数の四則計算をすること。

(ｴ) 二次方程式の解の種類の判別及び解と係数の関係について理解すること。

(ｵ) 因数定理について理解し，簡単な高次方程式について因数定理などを用いてその解を求めるこ

と。
イ　次のような思考力，判断力，表現力等を身に付けること。
(ｱ) 式の計算の方法を既に学習した数や式の計算と関連付け多面的に考察すること。
(ｲ) 実数の性質や等式の性質，不等式の性質などを基に，等式や不等式が成り立つことを論理的に考察し，証明すること。
(ｳ) 日常の事象や社会の事象などを数学的に捉え，方程式を問題解決に活用すること。
［用語・記号］二項定理，虚数，i

(2) 図形と方程式
　図形と方程式について，数学的活動を通して，その有用性を認識するとともに，次の事項を身に付けることができるよう指導する。
ア　次のような知識及び技能を身に付けること。
(ｱ) 座標を用いて，平面上の線分を内分する点，外分する点の位置や二点間の距離を表すこと。
(ｲ) 座標平面上の直線や円を方程式で表すこと。
(ｳ) 軌跡について理解し，簡単な場合について軌跡を求めること。
(ｴ) 簡単な場合について，不等式の表す領域を求めたり領域を不等式で表したりすること。
イ　次のような思考力，判断力，表現力等を身に付けること。
(ｱ) 座標平面上の図形について構成要素間の関係に着目し，それを方程式を用いて表現し，図形の性質や位置関係について考察すること。
(ｲ) 数量と図形との関係などに着目し，日常の事象や社会の事象などを数学的に捉え，コンピュータなどの情報機器を用いて軌跡や不等式の表す領域を座標平面上に表すなどして，問題解決に活用したり，解決の過程を振り返って事象の数学的な特徴や他の事象との関係を考察したりすること。

(3) 指数関数・対数関数
　指数関数及び対数関数について，数学的活動を通して，その有用性を認識するとともに，次の事項を身に付けることができるよう指導する。
ア　次のような知識及び技能を身に付けること。
(ｱ) 指数を正の整数から有理数へ拡張する意義を理解し，指数法則を用いて数や式の計算をすること。
(ｲ) 指数関数の値の変化やグラフの特徴について理解すること。
(ｳ) 対数の意味とその基本的な性質について理解し，簡単な対数の計算をすること。
(ｴ) 対数関数の値の変化やグラフの特徴について理解すること。
イ　次のような思考力，判断力，表現力等を身に付けること。
(ｱ) 指数と対数を相互に関連付けて考察すること。
(ｲ) 指数関数及び対数関数の式とグラフの関係について，多面的に考察すること。
(ｳ) 二つの数量の関係に着目し，日常の事象や社会の事象などを数学的に捉え，問題を解決したり，解決の過程を振り返って事象の数学的な特徴や他の事象との関係を考察したりすること。
［用語・記号］累乗根，$\log_a x$，常用対数

(4) 三角関数
　三角関数について，数学的活動を通して，その有用性を認識するとともに，次の事項を身に付けることができるよう指導する。
ア　次のような知識及び技能を身に付けること。
(ｱ) 角の概念を一般角まで拡張する意義や弧度法による角度の表し方について理解すること。

(イ) 三角関数の値の変化やグラフの特徴について理解すること。
(ウ) 三角関数の相互関係などの基本的な性質を理解すること。
(エ) 三角関数の加法定理や2倍角の公式，三角関数の合成について理解すること。
イ 次のような思考力，判断力，表現力等を身に付けること。
(ア) 三角関数に関する様々な性質について考察するとともに，三角関数の加法定理から新たな性質を導くこと。
(イ) 三角関数の式とグラフの関係について多面的に考察すること。
(ウ) 二つの数量の関係に着目し，日常の事象や社会の事象などを数学的に捉え，問題を解決したり，解決の過程を振り返って事象の数学的な特徴や他の事象との関係を考察したりすること。

(5) 微分・積分の考え

微分と積分の考えについて，数学的活動を通して，その有用性を認識するとともに，次の事項を身に付けることができるよう指導する。

ア 次のような知識及び技能を身に付けること。
(ア) 微分係数や導関数の意味について理解し，関数の定数倍，和及び差の導関数を求めること。
(イ) 導関数を用いて関数の値の増減や極大・極小を調べ，グラフの概形をかく方法を理解すること。
(ウ) 不定積分及び定積分の意味について理解し，関数の定数倍，和及び差の不定積分や定積分の値を求めること。

イ 次のような思考力，判断力，表現力等を身に付けること。
(ア) 関数とその導関数との関係について考察すること。
(イ) 関数の局所的な変化に着目し，日常の事象や社会の事象などを数学的に捉え，問題を解決したり，解決の過程を振り返って事象の数学的な特徴や他の事象との関係を考察したりすること。
(ウ) 微分と積分の関係に着目し，積分の考えを用いて直線や関数のグラフで囲まれた図形の面積を求める方法について考察すること。

〔用語・記号〕極限値，lim

〔課題学習〕

(1)から(5)までの内容又はそれらを相互に関連付けた内容を生活と関連付けたり発展させたりするなどした課題を設け，生徒の主体的な学習を促し，数学のよさを認識させ，学習意欲を含めた数学的に考える資質・能力を高めるようにする。

3 内容の取扱い

(1) 内容の(5)のアの(ア)については，三次までの関数を中心に扱い，アの(ウ)については，二次までの関数を中心に扱うものとする。また，微分係数や導関数を求める際に必要となる極限については，直観的に理解させるよう扱うものとする。
(2) 課題学習については，それぞれの内容との関連を踏まえ，学習効果を高めるよう指導計画に適切に位置付けるものとする。

第3 数学Ⅲ

1 目標

数学的な見方・考え方を働かせ，数学的活動を通して，数学的に考える資質・能力を次のとおり育成することを目指す。

(1) 極限，微分法及び積分法についての概念や原理・法則を体系的に理解するとともに，事象を数学化したり，数学的に解釈したり，数学的に表現・処理したりする技能を身に付けるようにする。

(2) 数列や関数の値の変化に着目し，極限について考察したり，関数関係をより深く捉えて事象を的確に表現し，数学的に考察したりする力，いろいろな関数の局所的な性質や大域的な性質に着目し，事象を数学的に考察したり，問題解決の過程や結果を振り返って統合的・発展的に考察したりする力を養う。

(3) 数学のよさを認識し積極的に数学を活用しようとする態度，粘り強く柔軟に考え数学的論拠に基づいて判断しようとする態度，問題解決の過程を振り返って考察を深めたり，評価・改善したりしようとする態度や創造性の基礎を養う。

2 内容

(1) 極限

数列及び関数の値の極限について，数学的活動を通して，次の事項を身に付けることができるよう指導する。

ア 次のような知識及び技能を身に付けること。
　(ア) 数列の極限について理解し，数列 $\{r^n\}$ の極限などを基に簡単な数列の極限を求めること。
　(イ) 無限級数の収束，発散について理解し，無限等比級数などの簡単な無限級数の和を求めること。
　(ウ) 簡単な分数関数と無理関数の値の変化やグラフの特徴について理解すること。
　(エ) 合成関数や逆関数の意味を理解し，簡単な場合についてそれらを求めること。
　(オ) 関数の値の極限について理解すること。

イ 次のような思考力，判断力，表現力等を身に付けること。
　(ア) 式を多面的に捉えたり目的に応じて適切に変形したりして，極限を求める方法を考察すること。
　(イ) 既に学習した関数の性質と関連付けて，簡単な分数関数と無理関数のグラフの特徴を多面的に考察すること。
　(ウ) 数列や関数の値の極限に着目し，事象を数学的に捉え，コンピュータなどの情報機器を用いて極限を調べるなどして，問題を解決したり，解決の過程を振り返って事象の数学的な特徴や他の事象との関係を考察したりすること。

[用語・記号] ∞

(2) 微分法

微分法について，数学的活動を通して，その有用性を認識するとともに，次の事項を身に付けることができるよう指導する。

ア 次のような知識及び技能を身に付けること。
　(ア) 微分可能性，関数の積及び商の導関数について理解し，関数の和，差，積及び商の導関数を求めること。
　(イ) 合成関数の導関数について理解し，それを求めること。
　(ウ) 三角関数，指数関数及び対数関数の導関数について理解し，それらを求めること。
　(エ) 導関数を用いて，いろいろな曲線の接線の方程式を求めたり，いろいろな関数の値の増減，極大・極小，グラフの凹凸などを調べグラフの概形をかいたりすること。

イ 次のような思考力，判断力，表現力等を身に付けること。
　(ア) 導関数の定義に基づき，三角関数，指数関数及び対数関数の導関数を考察すること。
　(イ) 関数の連続性と微分可能性，関数とその導関数や第二次導関数の関係について考察すること。
　(ウ) 関数の局所的な変化や大域的な変化に着目し，事象を数学的に捉え，問題を解決したり，解決の過程を振り返って事象の数学的な特徴や他の事象との関係を考察したりすること。

[用語・記号] 自然対数，e，変曲点

(3) 積分法

積分法について，数学的活動を通して，その有用性を認識するとともに，次の事項を身に付けることができるよう指導する。

ア 次のような知識及び技能を身に付けること。
(ア) 不定積分及び定積分の基本的な性質についての理解を深め，それらを用いて不定積分や定積分を求めること。
(イ) 置換積分法及び部分積分法について理解し，簡単な場合について，それらを用いて不定積分や定積分を求めること。
(ウ) 定積分を利用して，いろいろな曲線で囲まれた図形の面積や立体の体積及び曲線の長さなどを求めること。

イ 次のような思考力，判断力，表現力等を身に付けること。
(ア) 関数の式を多面的にみたり目的に応じて適切に変形したりして，いろいろな関数の不定積分や定積分を求める方法について考察すること。
(イ) 極限や定積分の考えを基に，立体の体積や曲線の長さなどを求める方法について考察すること。
(ウ) 微分と積分との関係に着目し，事象を数学的に捉え，問題を解決したり，解決の過程を振り返って事象の数学的な特徴や他の事象との関係を考察したりすること。

〔課題学習〕

(1)から(3)までの内容又はそれらを相互に関連付けた内容を生活と関連付けたり発展させたりするなどした課題を設け，生徒の主体的な学習を促し，数学のよさを認識させ，学習意欲を含めた数学的に考える資質・能力を高めるようにする。

3 内容の取扱い

(1) 内容の(2)のイの(ウ)については，関連して直線上の点の運動や平面上の点の運動の速度及び加速度を扱うものとする。
(2) 内容の(3)のアの(イ)については，置換積分法は $ax + b = t,\ x = a\sin\theta$ と置き換えるものを中心に扱うものとする。また，部分積分法は，簡単な関数について1回の適用で結果が得られるものを中心に扱うものとする。
(3) 課題学習については，それぞれの内容との関連を踏まえ，学習効果を高めるよう指導計画に適切に位置付けるものとする。

第4 数学A

1 目 標

数学的な見方・考え方を働かせ，数学的活動を通して，数学的に考える資質・能力を次のとおり育成することを目指す。

(1) 図形の性質，場合の数と確率についての基本的な概念や原理・法則を体系的に理解するとともに，数学と人間の活動の関係について認識を深め，事象を数学化したり，数学的に解釈したり，数学的に表現・処理したりする技能を身に付けるようにする。

(2) 図形の構成要素間の関係などに着目し，図形の性質を見いだし，論理的に考察する力，不確実な事象に着目し，確率の性質などに基づいて事象の起こりやすさを判断する力，数学と人間の活動との関わりに着目し，事象に数学の構造を見いだし，数理的に考察する力を養う。

(3) 数学のよさを認識し数学を活用しようとする態度，粘り強く考え数学的論拠に基づいて判断しようとする態度，問題解決の過程を振り返って考察を深めたり，評価・改善したりしようとする態度や創造性の基礎を養う。

2　内容

(1) 図形の性質

図形の性質について，数学的活動を通して，その有用性を認識するとともに，次の事項を身に付けることができるよう指導する。

ア　次のような知識及び技能を身に付けること。
(ｱ) 三角形に関する基本的な性質について理解すること。
(ｲ) 円に関する基本的な性質について理解すること。
(ｳ) 空間図形に関する基本的な性質について理解すること。

イ　次のような思考力，判断力，表現力等を身に付けること。
(ｱ) 図形の構成要素間の関係や既に学習した図形の性質に着目し，図形の新たな性質を見いだし，その性質について論理的に考察したり説明したりすること。
(ｲ) コンピュータなどの情報機器を用いて図形を表すなどして，図形の性質や作図について統合的・発展的に考察すること。

(2) 場合の数と確率

場合の数と確率について，数学的活動を通して，その有用性を認識するとともに，次の事項を身に付けることができるよう指導する。

ア　次のような知識及び技能を身に付けること。
(ｱ) 集合の要素の個数に関する基本的な関係や和の法則，積の法則などの数え上げの原則について理解すること。
(ｲ) 具体的な事象を基に順列及び組合せの意味を理解し，順列の総数や組合せの総数を求めること。
(ｳ) 確率の意味や基本的な法則についての理解を深め，それらを用いて事象の確率や期待値を求めること。
(ｴ) 独立な試行の意味を理解し，独立な試行の確率を求めること。
(ｵ) 条件付き確率の意味を理解し，簡単な場合について条件付き確率を求めること。

イ　次のような思考力，判断力，表現力等を身に付けること。
(ｱ) 事象の構造などに着目し，場合の数を求める方法を多面的に考察すること。
(ｲ) 確率の性質や法則に着目し，確率を求める方法を多面的に考察すること。
(ｳ) 確率の性質などに基づいて事象の起こりやすさを判断したり，期待値を意思決定に活用したりすること。

［用語・記号］　$n\mathrm{P}r$, $n\mathrm{C}r$, 階乗, $n!$, 排反

(3) 数学と人間の活動

数学と人間の活動について，数学的活動を通して，それらを数理的に考察することの有用性を認識するとともに，次の事項を身に付けることができるよう指導する。

ア　次のような知識及び技能を身に付けること。
(ｱ) 数量や図形に関する概念などと人間の活動との関わりについて理解すること。
(ｲ) 数学史的な話題，数理的なゲームやパズルなどを通して，数学と文化との関わりについての理解を深めること。

イ　次のような思考力，判断力，表現力等を身に付けること。
(ｱ) 数量や図形に関する概念などを，関心に基づいて発展させ考察すること。
(ｲ) パズルなどに数学的な要素を見いだし，目的に応じて数学を活用して考察すること。

3　内容の取扱い

(1) この科目は，内容の(1)から(3)までの中から適宜選択させるものとする。

(2) 内容の(2)のアの(ｳ)及び(ｵ)並びにイの(ｲ)の確率については，論理的な確率及び頻度確率を扱うものとする。
(3) 内容の(3)の指導に当たっては，数学的活動を一層重視し，生徒の関心や多様な考えを生かした学習が行われるよう配慮するものとする。
(4) 内容の(3)のアでは，整数の約数や倍数，ユークリッドの互除法や二進法，平面や空間において点の位置を表す座標の考え方などについても扱うものとする。

第5 数学B

1 目標

数学的な見方・考え方を働かせ，数学的活動を通して，数学的に考える資質・能力を次のとおり育成することを目指す。

(1) 数列，統計的な推測についての基本的な概念や原理・法則を体系的に理解するとともに，数学と社会生活との関わりについて認識を深め，事象を数学化したり，数学的に解釈したり，数学的に表現・処理したりする技能を身に付けるようにする。

(2) 離散的な変化の規則性に着目し，事象を数学的に表現し考察する力，確率分布や標本分布の性質に着目し，母集団の傾向を推測し判断したり，標本調査の方法や結果を批判的に考察したりする力，日常の事象や社会の事象を数学化し，問題を解決したり，解決の過程や結果を振り返って考察したりする力を養う。

(3) 数学のよさを認識し数学を活用しようとする態度，粘り強く柔軟に考え数学的論拠に基づいて判断しようとする態度，問題解決の過程を振り返って考察を深めたり，評価・改善したりしようとする態度や創造性の基礎を養う。

2 内容

(1) 数列

数列について，数学的活動を通して，その有用性を認識するとともに，次の事項を身に付けることができるよう指導する。

ア 次のような知識及び技能を身に付けること。
(ｱ) 等差数列と等比数列について理解し，それらの一般項や和を求めること。
(ｲ) いろいろな数列の一般項や和を求める方法について理解すること。
(ｳ) 漸化式について理解し，事象の変化を漸化式で表したり，簡単な漸化式で表された数列の一般項を求めたりすること。
(ｴ) 数学的帰納法について理解すること。

イ 次のような思考力，判断力，表現力等を身に付けること。
(ｱ) 事象から離散的な変化を見いだし，それらの変化の規則性を数学的に表現し考察すること。
(ｲ) 事象の再帰的な関係に着目し，日常の事象や社会の事象などを数学的に捉え，数列の考えを問題解決に活用すること。
(ｳ) 自然数の性質などを見いだし，それらを数学的帰納法を用いて証明するとともに，他の証明方法と比較し多面的に考察すること。

［用語・記号］Σ

(2) 統計的な推測

統計的な推測について，数学的活動を通して，その有用性を認識するとともに，次の事項を身に付けることができるよう指導する。

ア 次のような知識及び技能を身に付けること。
　(ア) 標本調査の考え方について理解を深めること。
　(イ) 確率変数と確率分布について理解すること。
　(ウ) 二項分布と正規分布の性質や特徴について理解すること。
　(エ) 正規分布を用いた区間推定及び仮説検定の方法を理解すること。
イ 次のような思考力，判断力，表現力等を身に付けること。
　(ア) 確率分布や標本分布の特徴を，確率変数の平均，分散，標準偏差などを用いて考察すること。
　(イ) 目的に応じて標本調査を設計し，収集したデータを基にコンピュータなどの情報機器を用いて処理するなどして，母集団の特徴や傾向を推測し判断するとともに，標本調査の方法や結果を批判的に考察すること。

［用語・記号］信頼区間，有意水準

(3) 数学と社会生活

　数学と社会生活について，数学的活動を通して，それらを数理的に考察することの有用性を認識するとともに，次の事項を身に付けることができるよう指導する。

ア 次のような知識及び技能を身に付けること。
　(ア) 社会生活などにおける問題を，数学を活用して解決する意義について理解すること。
　(イ) 日常の事象や社会の事象などを数学化し，数理的に問題を解決する方法を知ること。
イ 次のような思考力，判断力，表現力等を身に付けること。
　(ア) 日常の事象や社会の事象において，数・量・形やそれらの関係に着目し，理想化したり単純化したりして，問題を数学的に表現すること。
　(イ) 数学化した問題の特徴を見いだし，解決すること。
　(ウ) 問題解決の過程や結果の妥当性について批判的に考察すること。
　(エ) 解決過程を振り返り，そこで用いた方法を一般化して，他の事象に活用すること。

3　内容の取扱い

(1) この科目は，内容の(1)から(3)までの中から適宜選択させるものとする。
(2) 内容の(3)の指導に当たっては，数学的活動を一層重視し，生徒の関心や多様な考えを生かした学習が行われるよう配慮するものとする。
(3) 内容の(3)のアの(イ)については，散布図に表したデータを関数とみなして処理することも扱うものとする。

第6　数学C

1　目　標

　数学的な見方・考え方を働かせ，数学的活動を通して，数学的に考える資質・能力を次のとおり育成することを目指す。

(1) ベクトル，平面上の曲線と複素数平面についての基本的な概念や原理・法則を体系的に理解するとともに，数学的な表現の工夫について認識を深め，事象を数学化したり，数学的に解釈したり，数学的に表現・処理したりする技能を身に付けるようにする。
(2) 大きさと向きをもった量に着目し，演算法則やその図形的な意味を考察する力，図形や図形の構造に着目し，それらの性質を統合的・発展的に考察する力，数学的な表現を用いて事象を簡潔・明瞭・的確に表現する力を養う。
(3) 数学のよさを認識し数学を活用しようとする態度，粘り強く柔軟に考え数学的論拠に基づいて判断

しようとする態度，問題解決の過程を振り返って考察を深めたり，評価・改善したりしようとする態度や創造性の基礎を養う。

2 内容

(1) ベクトル

ベクトルについて，数学的活動を通して，その有用性を認識するとともに，次の事項を身に付けることができるよう指導する。

ア 次のような知識及び技能を身に付けること。

(ア) 平面上のベクトルの意味，相等，和，差，実数倍，位置ベクトル，ベクトルの成分表示について理解すること。

(イ) ベクトルの内積及びその基本的な性質について理解すること。

(ウ) 座標及びベクトルの考えが平面から空間に拡張できることを理解すること。

イ 次のような思考力，判断力，表現力等を身に付けること。

(ア) 実数などの演算の法則と関連付けて，ベクトルの演算法則を考察すること。

(イ) ベクトルやその内積の基本的な性質などを用いて，平面図形や空間図形の性質を見いだしたり，多面的に考察したりすること。

(ウ) 数量や図形及びそれらの関係に着目し，日常の事象や社会の事象などを数学的に捉え，ベクトルやその内積の考えを問題解決に活用すること。

(2) 平面上の曲線と複素数平面

平面上の曲線と複素数平面について，数学的活動を通して，その有用性を認識するとともに，次の事項を身に付けることができるよう指導する。

ア 次のような知識及び技能を身に付けること。

(ア) 放物線，楕円，双曲線が二次式で表されること及びそれらの二次曲線の基本的な性質について理解すること。

(イ) 曲線の媒介変数表示について理解すること。

(ウ) 極座標の意味及び曲線が極方程式で表されることについて理解すること。

(エ) 複素数平面と複素数の極形式，複素数の実数倍，和，差，積及び商の図形的な意味を理解すること。

(オ) ド・モアブルの定理について理解すること。

イ 次のような思考力，判断力，表現力等を身に付けること。

(ア) 放物線，楕円，双曲線を相互に関連付けて捉え，考察すること。

(イ) 複素数平面における図形の移動などと関連付けて，複素数の演算や累乗根などの意味を考察すること。

(ウ) 日常の事象や社会の事象などを数学的に捉え，コンピュータなどの情報機器を用いて曲線を表すなどして，媒介変数や極座標及び複素数平面の考えを問題解決に活用したり，解決の過程を振り返って事象の数学的な特徴や他の事象との関係を考察したりすること。

[用語・記号] 焦点，準線

(3) 数学的な表現の工夫

数学的な表現の工夫について，数学的活動を通して，その有用性を認識するとともに，次の事項を身に付けることができるよう指導する。

ア 次のような知識及び技能を身に付けること。

(ア) 日常の事象や社会の事象などを，図，表，統計グラフなどを用いて工夫して表現することの意義を理解すること。

(イ) 日常の事象や社会の事象などを，離散グラフや行列を用いて工夫して表現することの意義を理解すること。
イ 次のような思考力，判断力，表現力等を身に付けること。
(ア) 図，表，統計グラフ，離散グラフ及び行列などを用いて，日常の事象や社会の事象などを数学的に表現し，考察すること。

3 内容の取扱い

(1) この科目は，内容の(1)から(3)までの中から適宜選択させるものとする。
(2) 内容の(3)の指導に当たっては，数学的活動を一層重視し，生徒の関心や多様な考えを生かした学習が行われるよう配慮するものとする。

●第3款　各科目にわたる指導計画の作成と内容の取扱い

1 指導計画の作成に当たっては，次の事項に配慮するものとする。
(1) 単元など内容や時間のまとまりを見通して，その中で育む資質・能力の育成に向けて，数学的活動を通して，生徒の主体的・対話的で深い学びの実現を図るようにすること。その際，数学的な見方・考え方を働かせながら，日常の事象や社会の事象を数理的に捉え，数学の問題を見いだし，問題を自立的，協働的に解決し，学習の過程を振り返り，概念を形成するなどの学習の充実を図ること。
(2) 「数学Ⅱ」，「数学Ⅲ」を履修させる場合は，「数学Ⅰ」，「数学Ⅱ」，「数学Ⅲ」の順に履修させることを原則とすること。
(3) 「数学A」については，「数学Ⅰ」と並行してあるいは「数学Ⅰ」を履修した後に履修させ，「数学B」及び「数学C」については，「数学Ⅰ」を履修した後に履修させることを原則とすること。
(4) 各科目を履修させるに当たっては，当該科目や数学科に属する他の科目の内容及び理科，家庭科，情報科，この章に示す理数科等の内容を踏まえ，相互の関連を図るとともに，学習内容の系統性に留意すること。
(5) 障害のある生徒などについては，学習活動を行う場合に生じる困難さに応じた指導内容や指導方法の工夫を計画的，組織的に行うこと。
2 内容の取扱いに当たっては，次の事項に配慮するものとする。
(1) 各科目の指導に当たっては，思考力，判断力，表現力等を育成するため，数学的表現を用いて簡潔・明瞭・的確に表現したり，数学的な表現を解釈したり，互いに自分の考えを表現し伝え合ったりするなどの機会を設けること。
(2) 各科目の指導に当たっては，必要に応じて，コンピュータや情報通信ネットワークなどを適切に活用し，学習の効果を高めるようにすること。
(3) 各科目の内容の［用語・記号］は，当該科目で扱う内容の程度や範囲を明確にするために示したものであり，内容と密接に関連させて扱うこと。
3 各科目の指導に当たっては，数学を学習する意義などを実感できるよう工夫するとともに，次のような数学的活動に取り組むものとする。
(1) 日常の事象や社会の事象などを数理的に捉え，数学的に表現・処理して問題を解決し，解決の過程や結果を振り返って考察する活動。
(2) 数学の事象から自ら問題を見いだし解決して，解決の過程や結果を振り返って統合的・発展的に考察する活動。
(3) 自らの考えを数学的に表現して説明したり，議論したりする活動。

第5節 理科

● 第1款 目標

自然の事物・現象に関わり，理科の見方・考え方を働かせ，見通しをもって観察，実験を行うことなどを通して，自然の事物・現象を科学的に探究するために必要な資質・能力を次のとおり育成することを目指す。
(1) 自然の事物・現象についての理解を深め，科学的に探究するために必要な観察，実験などに関する技能を身に付けるようにする。
(2) 観察，実験などを行い，科学的に探究する力を養う。
(3) 自然の事物・現象に主体的に関わり，科学的に探究しようとする態度を養う。

● 第2款 各科目

第1 科学と人間生活

1 目標

自然の事物・現象に関わり，理科の見方・考え方を働かせ，見通しをもって観察，実験を行うことなどを通して，自然の事物・現象を科学的に探究するために必要な資質・能力を次のとおり育成することを目指す。
(1) 自然と人間生活との関わり及び科学技術と人間生活との関わりについての理解を深め，科学的に探究するために必要な観察，実験などに関する技能を身に付けるようにする。
(2) 観察，実験などを行い，人間生活と関連付けて科学的に探究する力を養う。
(3) 自然の事物・現象に進んで関わり，科学的に探究しようとする態度を養うとともに，科学に対する興味・関心を高める。

2 内容

(1) 科学技術の発展

科学技術の発展について，次の事項を身に付けることができるよう指導する。
　ア　科学技術の発展が今日の人間生活に対してどのように貢献してきたかについて理解すること。
　イ　科学技術の発展と人間生活との関わりについて科学的に考察し表現すること。

(2) 人間生活の中の科学

身近な自然の事物・現象及び日常生活や社会の中で利用されている科学技術を取り上げ，それらについての観察，実験などを通して，次の事項を身に付けることができるよう指導する。
　ア　光や熱の科学，物質の科学，生命の科学，宇宙や地球の科学と人間生活との関わりについて認識を深めるとともに，それらの観察，実験などに関する技能を身に付けること。
　　(ｱ)　光や熱の科学
　　　㋐　光の性質とその利用
　　　　光に関する観察，実験などを行い，光を中心とした電磁波の性質とその利用について，日常生活と関連付けて理解すること。
　　　㋑　熱の性質とその利用
　　　　熱に関する観察，実験などを行い，熱の性質，エネルギーの変換と保存及び有効利用について，日常生活と関連付けて理解すること。

(イ) 物質の科学
　㋐　材料とその再利用
　　身近な材料に関する観察，実験などを行い，金属やプラスチックの種類，性質及び用途と資源の再利用について，日常生活と関連付けて理解すること。
　㋑　衣料と食品
　　衣料と食品に関する観察，実験などを行い，身近な衣料材料の性質や用途，食品中の主な成分の性質について，日常生活と関連付けて理解すること。
(ウ) 生命の科学
　㋐　ヒトの生命現象
　　ヒトの生命現象に関する観察，実験などを行い，ヒトの生命現象を人間生活と関連付けて理解すること。
　㋑　微生物とその利用
　　微生物に関する観察，実験などを行い，微生物の働きを人間生活と関連付けて理解すること。
(エ) 宇宙や地球の科学
　㋐　太陽と地球
　　天体に関する観察，実験などを行い，太陽などの身近に見られる天体の運動や太陽の放射エネルギーについて，人間生活と関連付けて理解すること。
　㋑　自然景観と自然災害
　　自然景観と自然災害に関する観察，実験などを行い，身近な自然景観の成り立ちと自然災害について，人間生活と関連付けて理解すること。
イ　光や熱の科学，物質の科学，生命の科学，宇宙や地球の科学について，問題を見いだし見通しをもって観察，実験などを行い，人間生活と関連付けて，科学的に考察し表現すること。
(3) これからの科学と人間生活
　自然と人間生活との関わり及び科学技術と人間生活との関わりについての学習を踏まえて，課題を設定し探究することで，次の事項を身に付けることができるよう指導する。
ア　これからの科学と人間生活との関わり方について認識を深めること。
イ　これからの科学と人間生活との関わり方について科学的に考察し表現すること。

3　内容の取扱い

(1) 内容の取扱いに当たっては，次の事項に配慮するものとする。
　ア　中学校理科との関連を十分考慮するとともに，科学と人間生活との関わりについて理解させ，観察，実験などを中心に扱い，自然や科学技術に対する興味・関心を高めるようにすること。
　イ　この科目で育成を目指す資質・能力を育むため，観察，実験などを行い，探究の過程を踏まえた学習活動を行うようにすること。その際，学習内容の特質に応じて，課題の把握，課題の追究，課題の解決における探究の方法を習得させるようにすること。
　ウ　内容の(1)については，この科目の導入として位置付け，身近な事例を基に科学技術に対する興味・関心を高めるよう展開すること。
　エ　内容の(2)のアの㋐から㋓までについては，生徒の実態等を考慮し，それぞれ㋐又は㋑のいずれかを選択して扱うこと。
　オ　内容の(3)については，(2)の学習を踏まえ，課題を設定し考察させ，報告書を作成させたり発表を行う機会を設けたりすること。
(2) 内容の範囲や程度については，次の事項に配慮するものとする。
　ア　内容の(1)については，身近な科学技術の例を取り上げ，その変遷と人間生活の変化との関わり

を扱うこと。

イ　内容の(2)のアの(ア)の㋐については，光の波としての分類や性質を扱うこと。「電磁波の利用」については，電波やＸ線にも触れること。㋑については，熱量の保存，仕事や電流による熱の発生，エネルギーの変換を扱うこと。「エネルギーの変換と保存」については，熱機関に関する歴史的な事項や熱が仕事に変わる際の不可逆性にも触れること。

(イ)の㋐については，代表的な金属やプラスチックを扱うこと。「金属」については，製錬や腐食とその防止にも触れること。「プラスチック」については，その成分の違い，化学構造及び燃焼に関わる安全性にも触れること。「資源の再利用」については，ガラスにも触れること。㋑については，衣料材料として用いられる代表的な天然繊維及び合成繊維，食品中の主な成分である炭水化物，タンパク質及び脂質を扱うこと。「身近な衣料材料の性質」や「食品中の主な成分の性質」については，化学構造との関連にも触れること。

(ウ)の㋐については，遺伝子の働き，視覚，血糖濃度の調節，免疫についての基本的な仕組みを扱うこと。その際，遺伝子の働きについては，DNAとタンパク質との関係に触れること。視覚については，体内時計との関連についても触れること。血糖濃度の調節については，糖尿病にも触れること。免疫については，アレルギーにも触れること。㋑については，生態系での物質循環における微生物の働き，発酵食品や医薬品への微生物の利用を扱うこと。その際，様々な微生物の存在や微生物の発見の経緯にも触れること。

(エ)の㋐については，太陽や月が地球の大気や海洋，人間生活に及ぼす影響を扱うこと。「天体の運動」については，太陽と地球，月の運動を潮汐と定性的に関連付けて扱うこと。「太陽の放射エネルギー」については，太陽放射の受熱量の違いを大気の運動と関連付けて扱うこと。また，その利用についても触れること。㋑については，地域の自然景観とその変化，自然災害を地域の地質や地形，気候などの特性や地球内部のエネルギーによる変動と関連付けて扱うこと。「身近な自然景観の成り立ち」については，身近な地域の自然景観が長い時間の中で変化してできたことを扱うこと。「自然災害」については，流水の作用や土石流などの作用，地震や火山活動によって発生する災害を扱うこと。また，防災にも触れること。

ウ　内容の(3)については，(2)で学習した内容を踏まえ，生徒の興味・関心等に応じて，自然や科学技術に関連した課題を設定し考察させること。

第2　物理基礎

1　目　標

物体の運動と様々なエネルギーに関わり，理科の見方・考え方を働かせ，見通しをもって観察，実験を行うことなどを通して，物体の運動と様々なエネルギーを科学的に探究するために必要な資質・能力を次のとおり育成することを目指す。

(1) 日常生活や社会との関連を図りながら，物体の運動と様々なエネルギーについて理解するとともに，科学的に探究するために必要な観察，実験などに関する基本的な技能を身に付けるようにする。
(2) 観察，実験などを行い，科学的に探究する力を養う。
(3) 物体の運動と様々なエネルギーに主体的に関わり，科学的に探究しようとする態度を養う。

2　内　容

(1) 物体の運動とエネルギー

日常に起こる物体の運動についての観察，実験などを通して，次の事項を身に付けることができるよう指導する。

ア　物体の運動とエネルギーを日常生活や社会と関連付けながら，次のことを理解するとともに，それらの観察，実験などに関する技能を身に付けること。
　　(ｱ)　運動の表し方
　　　㋐　物理量の測定と扱い方
　　　　身近な物理現象について，物理量の測定と表し方，分析の手法を理解すること。
　　　㋑　運動の表し方
　　　　物体の運動の表し方について，直線運動を中心に理解すること。
　　　㋒　直線運動の加速度
　　　　速度が変化する物体の直線運動に関する実験などを行い，速度と時間との関係を見いだして理解するとともに，物体が直線運動する場合の加速度を理解すること。
　　(ｲ)　様々な力とその働き
　　　㋐　様々な力
　　　　物体に様々な力が働くことを理解すること。
　　　㋑　力のつり合い
　　　　物体に働く力のつり合いを理解すること。
　　　㋒　運動の法則
　　　　物体に一定の力を加え続けたときの運動に関する実験などを行い，物体の質量，物体に働く力，物体に生じる加速度の関係を見いだして理解するとともに，運動の三法則を理解すること。
　　　㋓　物体の落下運動
　　　　物体が落下する際の運動の特徴及び物体に働く力と運動との関係について理解すること。
　　(ｳ)　力学的エネルギー
　　　㋐　運動エネルギーと位置エネルギー
　　　　運動エネルギーと位置エネルギーについて，仕事と関連付けて理解すること。
　　　㋑　力学的エネルギーの保存
　　　　力学的エネルギーに関する実験などを行い，力学的エネルギー保存の法則を仕事と関連付けて理解すること。
　イ　物体の運動とエネルギーについて，観察，実験などを通して探究し，運動の表し方，様々な力とその働き，力学的エネルギーにおける規則性や関係性を見いだして表現すること。
(2)　様々な物理現象とエネルギーの利用
　様々な物理現象についての観察，実験などを通して，次の事項を身に付けることができるよう指導する。
　ア　様々な物理現象とエネルギーの利用を日常生活や社会と関連付けながら，次のことを理解するとともに，それらの観察，実験などに関する技能を身に付けること。
　　(ｱ)　波
　　　㋐　波の性質
　　　　波の性質について，直線状に伝わる場合を中心に理解すること。
　　　㋑　音と振動
　　　　気柱の共鳴に関する実験などを行い，気柱の共鳴と音源の振動数を関連付けて理解すること。また，弦の振動，音波の性質を理解すること。
　　(ｲ)　熱
　　　㋐　熱と温度
　　　　熱と温度について，原子や分子の熱運動の観点から理解すること。

　　　　㋑　熱の利用
　　　　　　熱に関する実験などを行い，熱の移動及び熱と仕事の変換について理解すること。
　　(ｳ)　電気
　　　　㋐　物質と電気抵抗
　　　　　　電気抵抗に関する実験などを行い，同じ物質からなる導体でも長さや断面積によって電気抵抗が異なることを見いだして理解すること。また，物質によって抵抗率が異なることを理解すること。
　　　　㋑　電気の利用
　　　　　　発電，送電及び電気の利用について，基本的な仕組みを理解すること。
　　(ｴ)　エネルギーとその利用
　　　　㋐　エネルギーとその利用
　　　　　　人類が利用可能な水力，化石燃料，原子力，太陽光などを源とするエネルギーの特性や利用などについて，物理学的な観点から理解すること。
　　(ｵ)　物理学が拓(ひら)く世界
　　　　㋐　物理学が拓(ひら)く世界
　　　　　　この科目で学んだ事柄が，日常生活や社会を支えている科学技術と結び付いていることを理解すること。
　イ　様々な物理現象とエネルギーの利用について，観察，実験などを通して探究し，波，熱，電気，エネルギーとその利用における規則性や関係性を見いだして表現すること。

3　内容の取扱い

(1) 内容の取扱いに当たっては，次の事項に配慮するものとする。
　ア　内容の(1)及び(2)については，中学校理科との関連を考慮し，それぞれのアに示す知識及び技能とイに示す思考力，判断力，表現力等とを相互に関連させながら，この科目の学習を通して，科学的に探究するために必要な資質・能力の育成を目指すこと。
　イ　この科目で育成を目指す資質・能力を育むため，観察，実験などを行い，探究の過程を踏まえた学習活動を行うようにすること。その際，学習内容の特質に応じて，情報の収集，仮説の設定，実験の計画，実験による検証，実験データの分析・解釈，法則性の導出などの探究の方法を習得させるようにするとともに，報告書などを作成させたり，発表を行う機会を設けたりすること。

(2) 内容の範囲や程度については，次の事項に配慮するものとする。
　ア　内容の(1)のアの(ｱ)の㋐については，この科目の学習全体に通じる手法などを扱うこと。
　　(ｲ)の㋐については，摩擦力，弾性力，圧力及び浮力を扱うこと。また，空間を隔てて働く力にも定性的に触れること。㋑については，平面内で働く力のつり合いを中心に扱うこと。㋒については，直線運動を中心に扱うこと。㋓については，自由落下，鉛直投射を扱い，水平投射及び空気抵抗の存在にも定性的に触れること。
　　(ｳ)の㋐の「位置エネルギー」については，重力による位置エネルギー，弾性力による位置エネルギーを扱うこと。㋑については，摩擦や空気抵抗がない場合は力学的エネルギーが保存されることを中心に扱うこと。
　イ　内容の(2)のアの(ｱ)の㋐については，作図を用いる方法を中心に扱うこと。また，定在波も扱い，縦波や横波にも触れること。㋑については，波の反射，共振，うなりなどを扱うこと。
　　(ｲ)の㋐については，熱現象を微視的に捉え，原子や分子の熱運動と温度との関係を定性的に扱うこと。また，内部エネルギーや物質の三態にも触れること。㋑については，熱現象における不可逆性にも触れること。

(ウ)の㋐については，金属中の電流が自由電子の流れによることも扱うこと。また，半導体や絶縁体があることにも触れること。㋑については，交流の直流への変換や電磁波の利用にも触れること。

(エ)の㋐については，電気エネルギーへの変換を中心に扱うこと。「原子力」については，核分裂によってエネルギーが発生していることに触れること。関連して放射線の種類と性質，放射性物質の基本的な性質及び原子力の利用とその課題にも触れること。

(オ)の㋐については，日常生活や社会で利用されている科学技術の具体的事例を取り上げること。

第3 物理

1 目標

物理的な事物・現象に関わり，理科の見方・考え方を働かせ，見通しをもって観察，実験を行うことなどを通して，物理的な事物・現象を科学的に探究するために必要な資質・能力を次のとおり育成することを目指す。

(1) 物理学の基本的な概念や原理・法則の理解を深め，科学的に探究するために必要な観察，実験などに関する技能を身に付けるようにする。

(2) 観察，実験などを行い，科学的に探究する力を養う。

(3) 物理的な事物・現象に主体的に関わり，科学的に探究しようとする態度を養う。

2 内容

(1) 様々な運動

物体の運動についての観察，実験などを通して，次の事項を身に付けることができるよう指導する。

ア 様々な運動について，次のことを理解するとともに，それらの観察，実験などに関する技能を身に付けること。

(ア) 平面内の運動と剛体のつり合い

㋐ 曲線運動の速度と加速度

平面内を運動する物体の運動について理解すること。

㋑ 放物運動

水平投射及び斜方投射された物体の運動を直線運動と関連付けて理解すること。

㋒ 剛体のつり合い

大きさのある物体のつり合いに関する実験などを行い，剛体のつり合う条件を見いだして理解すること。

(イ) 運動量

㋐ 運動量と力積

運動量と力積との関係について理解すること。

㋑ 運動量の保存

物体の衝突や分裂に関する実験などを行い，運動量保存の法則を理解すること。

㋒ 衝突と力学的エネルギー

衝突における力学的エネルギーの変化について理解すること。

(ウ) 円運動と単振動

㋐ 円運動

円運動をする物体の様子を表す方法やその物体に働く力などについて理解すること。

㋑ 単振動

振り子に関する実験などを行い，単振動の規則性を見いだして理解するとともに，単振動を

する物体の様子を表す方法やその物体に働く力などについて理解すること。
- (エ) 万有引力
  - ⑦ 惑星の運動

    惑星の観測資料に基づいて、惑星の運動に関する法則を理解すること。
  - ④ 万有引力

    万有引力の法則及び万有引力による物体の運動について理解すること。
- (オ) 気体分子の運動
  - ⑦ 気体分子の運動と圧力

    気体分子の運動と圧力との関係について理解すること。
  - ④ 気体の内部エネルギー

    気体の内部エネルギーについて、気体分子の運動と関連付けて理解すること。
  - ⑦ 気体の状態変化

    気体の状態変化に関する実験などを行い、熱、仕事及び内部エネルギーの関係を理解すること。

イ 様々な物体の運動について、観察、実験などを通して探究し、平面内の運動と剛体のつり合い、運動量、円運動と単振動、万有引力、気体分子の運動における規則性や関係性を見いだして表現すること。

(2) 波

水面波、音、光などの波動現象についての観察、実験などを通して、次の事項を身に付けることができるよう指導する。

ア 波について、日常生活や社会と関連付けて、次のことを理解するとともに、それらの観察、実験などに関する技能を身に付けること。
- (ア) 波の伝わり方
  - ⑦ 波の伝わり方とその表し方

    波の伝わり方とその表し方について理解すること。
  - ④ 波の干渉と回折

    波の干渉と回折について理解すること。
- (イ) 音
  - ⑦ 音の干渉と回折

    音の干渉と回折について理解すること。
  - ④ 音のドップラー効果

    音のドップラー効果について理解すること。
- (ウ) 光
  - ⑦ 光の伝わり方

    光の伝わり方について理解すること。
  - ④ 光の回折と干渉

    光の回折と干渉に関する実験などを行い、光の回折と干渉を光波の性質と関連付けて理解すること。

イ 波について、観察、実験などを通して探究し、波の伝わり方、音、光における規則性や関係性を見いだして表現すること。

(3) 電気と磁気

電気や磁気に関する現象についての観察、実験などを通して、次の事項を身に付けることができる

よう指導する。
ア　電気や磁気について，日常生活や社会と関連付けて，次のことを理解するとともに，それらの観察，実験などに関する技能を身に付けること。
　(ア) 電気と電流
　　㋐　電荷と電界
　　　　電荷が相互に及ぼし合う力を理解すること。また，電界の表し方を理解すること。
　　㋑　電界と電位
　　　　電界と電位との関係を静電気力による位置エネルギーと関連付けて理解すること。
　　㋒　電気容量
　　　　コンデンサーの性質を理解するとともに，電気容量を電界や電位差と関連付けて理解すること。
　　㋓　電気回路
　　　　電気回路に関する実験などを行い，電気回路における基本的な法則を理解すること。
　(イ) 電流と磁界
　　㋐　電流による磁界
　　　　電流がつくる磁界の様子を理解すること。
　　㋑　電流が磁界から受ける力
　　　　電流が磁界から受ける力について理解すること。
　　㋒　電磁誘導
　　　　電磁誘導に関する実験などを行い，磁束の変化と誘導起電力の向きや大きさとの関係を見いだして理解するとともに，電磁誘導の法則を理解すること。また，交流の発生について理解すること。
　　㋓　電磁波
　　　　電磁波の性質とその利用を理解すること。
イ　電気や磁気について，観察，実験などを通して探究し，電気と電流，電流と磁界における規則性や関係性を見いだして表現すること。

(4) 原子
　電子，原子及び原子核に関する現象についての観察，実験などを通して，次の事項を身に付けることができるよう指導する。
ア　原子について，次のことを理解するとともに，それらの観察，実験などに関する技能を身に付けること。
　(ア) 電子と光
　　㋐　電子
　　　　電子の電荷と質量について理解すること。
　　㋑　粒子性と波動性
　　　　電子や光の粒子性と波動性について理解すること。
　(イ) 原子と原子核
　　㋐　原子とスペクトル
　　　　原子の構造及びスペクトルと電子のエネルギー準位との関係について理解すること。
　　㋑　原子核
　　　　原子核の構成，原子核の崩壊及び核反応について理解すること。
　　㋒　素粒子

　　　　　素粒子の存在について知ること。
　　（ウ）物理学が築く未来
　　　　㋐　物理学が築く未来
　　　　　物理学の成果が様々な分野で利用され，未来を築く新しい科学技術の基盤となっていることを理解すること。
　イ　原子について，観察，実験などを通して探究し，電子と光，原子と原子核における規則性や関係性を見いだして表現すること。

3　内容の取扱い

(1) 内容の取扱いに当たっては，次の事項に配慮するものとする。
　ア　内容の(1)から(4)までについては，「物理基礎」との関連を考慮し，それぞれのアに示す知識及び技能とイに示す思考力，判断力，表現力等とを相互に関連させながら，この科目の学習を通して，科学的に探究するために必要な資質・能力の育成を目指すこと。
　イ　この科目で育成を目指す資質・能力を育むため，「物理基礎」の3の(1)のイと同様に取り扱うとともに，この科目の学習を通して，探究の全ての学習過程を経験できるようにすること。

(2) 内容の範囲や程度については，次の事項に配慮するものとする。
　ア　内容の(1)のアの(ア)の㋐については，物体の平面内の運動を表す変位，速度及び加速度はベクトルで表されることを扱うこと。㋑については，物体の水平投射や斜方投射における速度，加速度，重力の働きなどを扱うこと。また，空気の抵抗がある場合の落下運動にも触れること。㋒については，力のモーメントのつり合いを扱うこと。また，物体の重心にも触れること。
　　（イ）の㋐については，運動量と力積がベクトルで表されること，運動量の変化が力積に等しいことを扱うこと。㋒については，はね返り係数も扱うこと。
　　（ウ）の㋐については，等速円運動の速度，周期，角速度，向心加速度及び向心力を扱うこと。また，遠心力にも触れること。㋑については，単振動をする物体の変位，速度，加速度及び復元力を扱うこと。「単振動」については，ばね振り子と単振り子を扱うこと。
　　（エ）の㋐については，ケプラーの法則を扱うこと。㋑については，万有引力による位置エネルギーも扱うこと。
　　（オ）の㋐については，理想気体の状態方程式，気体分子の速さ，平均の運動エネルギーなどを扱うこと。㋑については，理想気体を扱うこと。㋒については，熱力学第一法則を扱うこと。
　イ　内容の(2)のアの(ア)の㋐については，ホイヘンスの原理，水面波の反射や屈折及び波の式を扱うこと。㋑については，水面波を扱うこと。
　　（イ）の㋑については，観測者と音源が同一直線上を動く場合を中心に扱うこと。
　　（ウ）の㋐については，光の速さ，波長，反射，屈折，分散，偏光などを扱い，鏡やレンズの幾何光学的な性質については，基本的な扱いとすること。また，光は横波であることや光のスペクトルにも触れること。㋑については，ヤングの実験，回折格子及び薄膜の干渉を扱うこと。
　ウ　内容の(3)のアの(ア)の㋐については，静電誘導も扱うこと。㋒については，コンデンサーの接続にも触れること。㋓については，抵抗率の温度変化，内部抵抗も扱うこと。また，半導体にも触れること。
　　（イ）の㋐については，直線電流と円電流がつくる磁界を中心に扱うこと。㋑については，ローレンツ力にも触れること。㋒については，電磁誘導の法則を中心に扱い，自己誘導，相互誘導を扱うこと。また，交流回路の基本的な性質にも触れること。㋓については，電気振動，電磁波の発生にも触れること。
　エ　内容の(4)のアの(ア)の㋐については，電子に関する歴史的な実験にも触れること。㋑については，

光電効果，電子線回折などを扱い，X線にも触れること。

(イ)の㋐については，水素原子の構造を中心にスペクトルと関連させて扱うこと。㋑については，質量とエネルギーの等価性にも触れること。

(ウ)の㋐については，物理学の発展と科学技術の進展に対する興味を喚起するような成果を取り上げること。

第4 化学基礎

1 目標

物質とその変化に関わり，理科の見方・考え方を働かせ，見通しをもって観察，実験を行うことなどを通して，物質とその変化を科学的に探究するために必要な資質・能力を次のとおり育成することを目指す。

(1) 日常生活や社会との関連を図りながら，物質とその変化について理解するとともに，科学的に探究するために必要な観察，実験などに関する基本的な技能を身に付けるようにする。

(2) 観察，実験などを行い，科学的に探究する力を養う。

(3) 物質とその変化に主体的に関わり，科学的に探究しようとする態度を養う。

2 内容

(1) 化学と人間生活

化学と人間生活との関わりについての観察，実験などを通して，次の事項を身に付けることができるよう指導する。

ア 化学と人間生活について，次のことを理解するとともに，それらの観察，実験などに関する技能を身に付けること。

(ア) 化学と物質

㋐ 化学の特徴

日常生活や社会を支える身近な物質の性質を調べる活動を通して，物質を対象とする科学である化学の特徴について理解すること。

㋑ 物質の分離・精製

物質の分離や精製の実験などを行い，実験における基本操作と物質を探究する方法を身に付けること。

㋒ 単体と化合物

元素を確認する実験などを行い，単体，化合物について理解すること。

㋓ 熱運動と物質の三態

粒子の熱運動と温度との関係，粒子の熱運動と物質の三態変化との関係について理解すること。

イ 身近な物質や元素について，観察，実験などを通して探究し，科学的に考察し，表現すること。

(2) 物質の構成

物質の構成について，次の事項を身に付けることができるよう指導する。

ア 物質の構成粒子について，次のことを理解すること。また，物質と化学結合についての観察，実験などを通して，次のことを理解するとともに，それらの観察，実験などに関する技能を身に付けること。

(ア) 物質の構成粒子

㋐ 原子の構造

　　　　　　原子の構造及び陽子，中性子，電子の性質を理解すること。
　　　　㋑　電子配置と周期表
　　　　　　元素の周期律及び原子の電子配置と周期表の族や周期との関係について理解すること。
　　(イ) 物質と化学結合
　　　　㋐　イオンとイオン結合
　　　　　　イオンの生成を電子配置と関連付けて理解すること。また，イオン結合及びイオン結合でできた物質の性質を理解すること。
　　　　㋑　分子と共有結合
　　　　　　共有結合を電子配置と関連付けて理解すること。また，分子からなる物質の性質を理解すること。
　　　　㋒　金属と金属結合
　　　　　　金属の性質及び金属結合を理解すること。
　イ　物質の構成について，観察，実験などを通して探究し，物質の構成における規則性や関係性を見いだして表現すること。
(3) 物質の変化とその利用
　　物質の変化とその利用についての観察，実験などを通して，次の事項を身に付けることができるよう指導する。
　ア　物質量と化学反応式，化学反応，化学が拓く世界について，次のことを理解するとともに，それらの観察，実験などに関する技能を身に付けること。
　　(ア) 物質量と化学反応式
　　　　㋐　物質量
　　　　　　物質量と粒子数，質量，気体の体積との関係について理解すること。
　　　　㋑　化学反応式
　　　　　　化学反応に関する実験などを行い，化学反応式が化学反応に関与する物質とその量的関係を表すことを見いだして理解すること。
　　(イ) 化学反応
　　　　㋐　酸・塩基と中和
　　　　　　酸や塩基に関する実験などを行い，酸と塩基の性質及び中和反応に関与する物質の量的関係を理解すること。
　　　　㋑　酸化と還元
　　　　　　酸化と還元が電子の授受によることを理解すること。
　　(ウ) 化学が拓く世界
　　　　㋐　化学が拓く世界
　　　　　　この科目で学んだ事柄が，日常生活や社会を支えている科学技術と結び付いていることを理解すること。
　イ　物質の変化とその利用について，観察，実験などを通して探究し，物質の変化における規則性や関係性を見いだして表現すること。

3　内容の取扱い

(1) 内容の取扱いに当たっては，次の事項に配慮するものとする。
　ア　内容の(1)から(3)までについては，中学校理科との関連を考慮し，それぞれのアに示す知識及び技能とイに示す思考力，判断力，表現力等とを相互に関連させながら，この科目の学習を通して，科学的に探究するために必要な資質・能力の育成を目指すこと。

イ この科目で育成を目指す資質・能力を育むため，観察，実験などを行い，探究の過程を踏まえた学習活動を行うようにすること。その際，学習内容の特質に応じて，情報の収集，仮説の設定，実験の計画，実験による検証，実験データの分析・解釈などの探究の方法を習得させるようにするとともに，報告書などを作成させたり，発表を行う機会を設けたりすること。

ウ 内容の(1)については，この科目の導入として位置付けること。

(2) 内容の範囲や程度については，次の事項に配慮するものとする。

ア 内容の(1)のアの(ｱ)の⒤については，ろ過，蒸留，抽出，再結晶及びクロマトグラフィーを扱うこと。⒣については，炎色反応や沈殿反応を扱うこと。㊁については，物理変化と化学変化の違いにも触れること。

イ 内容の(2)のアの(ｱ)の㋐については，原子番号，質量数及び同位体を扱うこと。その際，放射性同位体とその利用にも触れること。㋑の「原子の電子配置」については，代表的な典型元素を扱うこと。「元素の周期律」については，イオン化エネルギーの変化にも触れること。

(ｲ)の㋐については，多原子イオンも扱うこと。「イオン結合でできた物質」については，代表的なものを扱い，その用途にも触れること。㋑については，代表的な無機物質及び有機化合物を扱い，それらの用途にも触れること。また，分子の極性や配位結合にも触れるとともに，共有結合の結晶及びプラスチックなどの高分子化合物の構造にも触れること。㋒については，代表的な金属を扱い，その用途にも触れること。

ウ 内容の(3)のアの(ｱ)の㋐については，モル質量や溶液のモル濃度も扱うこと。

(ｲ)の㋐については，酸や塩基の強弱と電離度の大小との関係も扱うこと。「酸と塩基」については，水素イオン濃度とpHとの関係にも触れること。「中和反応」については，生成する塩の性質にも触れること。㋑については，代表的な酸化剤，還元剤を扱うこと。また，金属のイオン化傾向やダニエル電池の反応にも触れること。

(ｳ)の㋐については，日常生活や社会で利用されている科学技術の具体的事例を取り上げること。

第5　化　学

1　目　標

化学的な事物・現象に関わり，理科の見方・考え方を働かせ，見通しをもって観察，実験を行うことなどを通して，化学的な事物・現象を科学的に探究するために必要な資質・能力を次のとおり育成することを目指す。

(1) 化学の基本的な概念や原理・法則の理解を深め，科学的に探究するために必要な観察，実験などに関する技能を身に付けるようにする。

(2) 観察，実験などを行い，科学的に探究する力を養う。

(3) 化学的な事物・現象に主体的に関わり，科学的に探究しようとする態度を養う。

2　内　容

(1) 物質の状態と平衡

物質の状態と平衡についての観察，実験などを通して，次の事項を身に付けることができるよう指導する。

ア 物質の状態とその変化，溶液と平衡について，次のことを理解するとともに，それらの観察，実験などに関する技能を身に付けること。

(ｱ) 物質の状態とその変化

㋐ 状態変化

　　　　　物質の沸点，融点を分子間力や化学結合と関連付けて理解すること。また，状態変化に伴う
　　　　エネルギーの出入り及び状態間の平衡と温度や圧力との関係について理解すること。
　　　㋑　気体の性質
　　　　　気体の体積と圧力や温度との関係を理解すること。
　　　㋒　固体の構造
　　　　　結晶格子の概念及び結晶の構造を理解すること。
　　(イ)　溶液と平衡
　　　㋐　溶解平衡
　　　　　溶解の仕組みを理解すること。また，溶解度を溶解平衡と関連付けて理解すること。
　　　㋑　溶液とその性質
　　　　　溶液とその性質に関する実験などを行い，身近な現象を通して溶媒と溶液の性質の違いを理
　　　　解すること。
　イ　物質の状態と平衡について，観察，実験などを通して探究し，物質の状態とその変化，溶液と平
　　衡における規則性や関係性を見いだして表現すること。
(2)　物質の変化と平衡
　　物質の変化と平衡についての観察，実験などを通して，次の事項を身に付けることができるよう指
　導する。
　ア　化学反応とエネルギー，化学反応と化学平衡について，次のことを理解するとともに，それらの
　　観察，実験などに関する技能を身に付けること。
　　(ア)　化学反応とエネルギー
　　　㋐　化学反応と熱・光
　　　　　化学反応と熱や光に関する実験などを行い，化学反応における熱及び光の発生や吸収は，反
　　　　応の前後における物質のもつ化学エネルギーの差から生じることを理解すること。
　　　㋑　電池
　　　　　電気エネルギーを取り出す電池の仕組みを酸化還元反応と関連付けて理解すること。
　　　㋒　電気分解
　　　　　外部から加えた電気エネルギーによって電気分解が起こることを，酸化還元反応と関連付け
　　　　て理解すること。また，その反応に関与した物質の変化量と電気量との関係を理解すること。
　　(イ)　化学反応と化学平衡
　　　㋐　反応速度
　　　　　反応速度の表し方及び反応速度に影響を与える要因を理解すること。
　　　㋑　化学平衡とその移動
　　　　　可逆反応，化学平衡及び化学平衡の移動を理解すること。
　　　㋒　電離平衡
　　　　　水のイオン積，pH及び弱酸や弱塩基の電離平衡について理解すること。
　イ　物質の変化と平衡について，観察，実験などを通して探究し，化学反応とエネルギー，化学反応
　　と化学平衡における規則性や関係性を見いだして表現すること。
(3)　無機物質の性質
　　無機物質の性質についての観察，実験などを通して，次の事項を身に付けることができるよう指導
　する。
　ア　無機物質について，次のことを理解するとともに，それらの観察，実験などに関する技能を身に
　　付けること。

(3) 無機物質
　ア　
　　(ｱ) 典型元素
　　　　典型元素に関する実験などを行い，典型元素の性質が周期表に基づいて整理できることを理解すること。
　　(ｲ) 遷移元素
　　　　遷移元素の単体と化合物の性質を理解すること。
　イ　無機物質について，観察，実験などを通して探究し，典型元素，遷移元素の性質における規則性や関係性を見いだして表現すること。

(4) 有機化合物の性質
　　有機化合物の性質についての観察，実験などを通して，次の事項を身に付けることができるよう指導する。
　ア　有機化合物，高分子化合物について，次のことを理解するとともに，それらの観察，実験などに関する技能を身に付けること。
　　(ｱ) 有機化合物
　　　㋐　炭化水素
　　　　　脂肪族炭化水素の性質や反応を構造と関連付けて理解すること。
　　　㋑　官能基をもつ化合物
　　　　　官能基をもつ脂肪族化合物に関する実験などを行い，その構造，性質及び反応について理解すること。
　　　㋒　芳香族化合物
　　　　　芳香族化合物の構造，性質及び反応について理解すること。
　　(ｲ) 高分子化合物
　　　㋐　合成高分子化合物
　　　　　合成高分子化合物の構造，性質及び合成について理解すること。
　　　㋑　天然高分子化合物
　　　　　天然高分子化合物の構造や性質について理解すること。
　イ　有機化合物，高分子化合物について，観察，実験などを通して探究し，有機化合物，高分子化合物の性質における規則性や関係性を見いだして表現すること。

(5) 化学が果たす役割
　　化学が果たす役割について，次の事項を身に付けることができるよう指導する。
　ア　化学が果たす役割を日常生活や社会と関連付けながら，次のことを理解すること。
　　(ｱ) 人間生活の中の化学
　　　㋐　様々な物質と人間生活
　　　　　化学が果たしてきた役割として，無機物質，有機化合物及び高分子化合物がそれぞれの特徴を生かして人間生活の中で利用されていることを理解すること。
　　　㋑　化学が築く未来
　　　　　化学の成果が様々な分野で利用され，未来を築く新しい科学技術の基盤となっていることを理解すること。
　イ　人間生活の中の化学について，これからの社会における化学が果たす役割を科学的に考察し，表現すること。

3　内容の取扱い

(1) 内容の取扱いに当たっては，次の事項に配慮するものとする。

ア　内容の(1)から(5)までについては,「化学基礎」との関連を考慮し,それぞれのアに示す知識及び技能とイに示す思考力,判断力,表現力等とを相互に関連させながら,この科目の学習を通して,科学的に探究するために必要な資質・能力の育成を目指すこと。

　　イ　この科目で育成を目指す資質・能力を育むため,「化学基礎」の3の(1)のイと同様に取り扱うとともに,この科目の学習を通して,探究の全ての学習過程を経験できるようにすること。

　(2) 内容の範囲や程度については,次の事項に配慮するものとする。

　　ア　内容の(1)のアの(ア)の㋐については,融解熱や蒸発熱を扱うこと。「状態間の平衡」については,気液平衡や蒸気圧を扱うこと。㋑については,ボイル・シャルルの法則や理想気体の状態方程式を扱うこと。その際,分子量測定にも触れること。また,混合気体,分圧の法則及び実在気体も扱うこと。気体分子のエネルギー分布と絶対温度にも触れること。㋒の「結晶の構造」については,体心立方格子,面心立方格子及び六方最密構造を扱うこと。また,アモルファスにも触れること。

　　　　(イ)の㋐については,固体及び気体の溶解度を扱うこと。㋑については,蒸気圧降下,沸点上昇,凝固点降下及び浸透圧を扱うこと。また,コロイド溶液も扱うこと。

　　イ　内容の(2)のアの(ア)の㋐については,ヘスの法則を扱うこと。また,結合エネルギーにも触れるとともに,吸熱反応が自発的に進む要因にも定性的に触れること。㋑については,日常生活や社会で利用されている代表的な実用電池を扱うこと。㋒については,水溶液の電気分解を中心に扱うこと。

　　　　(イ)の㋐については,簡単な反応を扱うこと。「要因」については,濃度,温度及び触媒の有無を扱うこと。㋑の「化学平衡の移動」については,ルシャトリエの原理を中心に扱うこと。㋒については,塩の加水分解や緩衝液にも触れること。

　　ウ　内容の(3)のアの(ア)の㋐については,性質が類似する同族元素の単体や化合物を中心に扱うこと。㋑については,クロム,マンガン,鉄,銅,亜鉛及び銀を扱うこと。

　　エ　内容の(4)のアの(ア)の㋑については,アルコール,エーテル,アルデヒド,ケトン,カルボン酸及びエステルを取り上げ,それらの性質は炭素骨格及び官能基により特徴付けられることを扱うこと。また,鏡像異性体にも触れること。㋒については,芳香族炭化水素,フェノール類,芳香族カルボン酸及び芳香族アミンを扱うこと。

　　　　(イ)の㋐については,代表的な合成繊維及びプラスチックを扱うこと。㋑については,繊維や食物を構成している代表的な天然高分子化合物を扱うこと。その際,単糖類,二糖類及びアミノ酸も扱うこと。

　　オ　内容の(5)のアの(ア)の㋐については,人間生活に利用されている代表的な物質を扱うこと。㋑については,化学の発展と科学技術の進展に対する興味を喚起するような成果を取り上げること。

第6　生物基礎

1　目　標

　生物や生物現象に関わり,理科の見方・考え方を働かせ,見通しをもって観察,実験を行うことなどを通して,生物や生物現象を科学的に探究するために必要な資質・能力を次のとおり育成することを目指す。

(1) 日常生活や社会との関連を図りながら,生物や生物現象について理解するとともに,科学的に探究するために必要な観察,実験などに関する基本的な技能を身に付けるようにする。

(2) 観察,実験などを行い,科学的に探究する力を養う。

(3) 生物や生物現象に主体的に関わり,科学的に探究しようとする態度と,生命を尊重し,自然環境の

保全に寄与する態度を養う。

2 内容

(1) 生物の特徴

生物の特徴についての観察，実験などを通して，次の事項を身に付けることができるよう指導する。

ア 生物の特徴について，次のことを理解するとともに，それらの観察，実験などに関する技能を身に付けること。

(ア) 生物の特徴

㋐ 生物の共通性と多様性

様々な生物の比較に基づいて，生物は多様でありながら共通性をもっていることを見いだして理解すること。また，生物の共通性と起源の共有を関連付けて理解すること。

㋑ 生物とエネルギー

生物とエネルギーに関する資料に基づいて，生命活動にエネルギーが必要であることを理解すること。また，光合成や呼吸などの代謝とATPを関連付けて理解すること。

(イ) 遺伝子とその働き

㋐ 遺伝情報とDNA

DNAの構造に関する資料に基づいて，遺伝情報を担う物質としてのDNAの特徴を見いだして理解するとともに，塩基の相補性とDNAの複製を関連付けて理解すること。

㋑ 遺伝情報とタンパク質の合成

遺伝情報の発現に関する資料に基づいて，DNAの塩基配列とタンパク質のアミノ酸配列との関係を見いだして理解すること。

イ 生物の特徴について，観察，実験などを通して探究し，多様な生物がもつ共通の特徴を見いだして表現すること。

(2) ヒトの体の調節

ヒトの体の調節についての観察，実験などを通して，次の事項を身に付けることができるよう指導する。

ア ヒトの体の調節について，次のことを理解するとともに，それらの観察，実験などの技能を身に付けること。

(ア) 神経系と内分泌系による調節

㋐ 情報の伝達

体の調節に関する観察，実験などを行い，体内での情報の伝達が体の調節に関係していることを見いだして理解すること。

㋑ 体内環境の維持の仕組み

体内環境の維持の仕組みに関する資料に基づいて，体内環境の維持とホルモンの働きとの関係を見いだして理解すること。また，体内環境の維持を自律神経と関連付けて理解すること。

(イ) 免疫

㋐ 免疫の働き

免疫に関する資料に基づいて，異物を排除する防御機構が備わっていることを見いだして理解すること。

イ ヒトの体の調節について，観察，実験などを通して探究し，神経系と内分泌系による調節及び免疫などの特徴を見いだして表現すること。

(3) 生物の多様性と生態系

生物の多様性と生態系についての観察，実験などを通して，次の事項を身に付けることができるよ

う指導する。
ア　生物の多様性と生態系について，次のことを理解するとともに，それらの観察，実験などに関する技能を身に付けること。また，生態系の保全の重要性について認識すること。
　(ｱ) 植生と遷移
　　㋐　植生と遷移
　　　　植生の遷移に関する資料に基づいて，遷移の要因を見いだして理解すること。また，植生の遷移をバイオームと関連付けて理解すること。
　(ｲ) 生態系とその保全
　　㋐　生態系と生物の多様性
　　　　生態系と生物の多様性に関する観察，実験などを行い，生態系における生物の種多様性を見いだして理解すること。また，生物の種多様性と生物間の関係性とを関連付けて理解すること。
　　㋑　生態系のバランスと保全
　　　　生態系のバランスに関する資料に基づいて，生態系のバランスと人為的攪乱を関連付けて理解すること。また，生態系の保全の重要性を認識すること。
イ　生物の多様性と生態系について，観察，実験などを通して探究し，生態系における，生物の多様性及び生物と環境との関係性を見いだして表現すること。

3　内容の取扱い
(1) 内容の取扱いに当たっては，次の事項に配慮するものとする。
ア　内容の(1)から(3)までについては，中学校理科との関連を考慮し，それぞれのアに示す知識及び技能とイに示す思考力，判断力，表現力等とを相互に関連させながら，この科目の学習を通して，科学的に探究するために必要な資質・能力の育成を目指すこと。
イ　この科目で育成を目指す資質・能力を育むため，観察，実験などを行い，探究の過程を踏まえた学習活動を行うようにすること。その際，学習内容の特質に応じて，問題を見いだすための観察，情報の収集，仮説の設定，実験の計画，実験による検証，調査，データの分析・解釈，推論などの探究の方法を習得させるようにするとともに，報告書などを作成させたり，発表を行う機会を設けたりすること。
ウ　内容の(1)のアの(ｱ)の㋐については，この科目の導入として位置付けること。
エ　この科目で扱う用語については，用語の意味を単純に数多く理解させることに指導の重点を置くのではなく，主要な概念を理解させるための指導において重要となる200語程度から250語程度までの重要用語を中心に，その用語に関わる概念を，思考力を発揮しながら理解させるよう指導すること。なお，重要用語には中学校で学習した用語も含まれるものとする。

(2) 内容の範囲や程度については，次の事項に配慮するものとする。
ア　内容の(1)のアの(ｱ)の㋐については，生物は進化の過程で共通性を保ちながら多様化してきたことを扱うこと。その際，原核生物と真核生物に触れること。㋑については，呼吸と光合成の概要を扱うこと。その際，ミトコンドリアと葉緑体，酵素の触媒作用や基質特異性，ATPの役割にも触れること。
　　(ｲ)の㋐については，DNAの複製の概要を扱うこと。その際，細胞周期とDNAの二重らせん構造についても触れること。㋑については，転写と翻訳の概要を扱うこと。その際，タンパク質の生命現象における重要性にも触れること。また，全ての遺伝子が常に発現しているわけではないことにも触れること。さらに，遺伝子とゲノムとの関係にも触れること。
イ　内容の(2)のアの(ｱ)の㋐については，体内環境の変化に応じた体の調節に神経系と内分泌系が関わっていることを取り上げること。また，中枢神経系に関連して脳死についても触れること。㋑に

ついては，血糖濃度の調節機構を取り上げること。その際，身近な疾患の例にも触れること。また，血液凝固にも触れること。

(イ)の㋐については，身近な疾患の例にも触れること。

ウ　内容の(3)のアの(ア)の㋐については，植生の遷移には光や土壌などが関係することを扱うこと。また，植物の環境形成作用にも触れること。環境条件によっては，遷移の結果として，森林の他に草原や荒原になることにも触れること。

(イ)の㋐については，生物の絶滅にも触れること。「生物間の関係性」については，捕食と被食を扱うこと。その際，それに起因する間接的な影響にも触れること。㋑については，人間の活動によって生態系が攪乱され，生物の多様性が損なわれることがあることを扱うこと。

第7　生　物

1　目　標

生物や生物現象に関わり，理科の見方・考え方を働かせ，見通しをもって観察，実験を行うことなどを通して，生物や生物現象を科学的に探究するために必要な資質・能力を次のとおり育成することを目指す。

(1) 生物学の基本的な概念や原理・法則の理解を深め，科学的に探究するために必要な観察，実験などに関する基本的な技能を身に付けるようにする。

(2) 観察，実験などを行い，科学的に探究する力を養う。

(3) 生物や生物現象に主体的に関わり，科学的に探究しようとする態度と，生命を尊重し，自然環境の保全に寄与する態度を養う。

2　内　容

(1) 生物の進化

生物の進化についての観察，実験などを通して，次の事項を身に付けることができるよう指導する。

ア　生物の進化について，次のことを理解するとともに，それらの観察，実験などの技能を身に付けること。

(ア) 生命の起源と細胞の進化

㋐　生命の起源と細胞の進化

生命の起源と細胞の進化に関する資料に基づいて，生命の起源に関する考えを理解するとともに，細胞の進化を地球環境の変化と関連付けて理解すること。

(イ) 遺伝子の変化と進化の仕組み

㋐　遺伝子の変化

遺伝子の変化に関する資料に基づいて，突然変異と生物の形質の変化との関係を見いだして理解すること。

㋑　遺伝子の組合せの変化

交配実験の結果などの資料に基づいて，遺伝子の組合せが変化することを見いだして理解すること。

㋒　進化の仕組み

進化の仕組みに関する観察，実験などを行い，遺伝子頻度が変化する要因を見いだして理解すること。

(ウ) 生物の系統と進化

㋐　生物の系統と進化

　　　　　生物の遺伝情報に関する資料に基づいて，生物の系統と塩基配列やアミノ酸配列との関係を見いだして理解すること。
　　　　④　人類の系統と進化
　　　　　霊長類に関する資料に基づいて，人類の系統と進化を形態的特徴などと関連付けて理解すること。
　イ　生物の進化について，観察，実験などを通して探究し，生物の進化についての特徴を見いだして表現すること。
(2) 生命現象と物質
　生命現象と物質についての観察，実験などを通して，次の事項を身に付けることができるよう指導する。
　ア　生命現象と物質について，次のことを理解するとともに，それらの観察，実験などの技能を身に付けること。
　　(ア) 細胞と分子
　　　⑦　生体物質と細胞
　　　　生体物質と細胞に関する資料に基づいて，細胞を構成する物質を細胞の機能と関連付けて理解すること。
　　　④　生命現象とタンパク質
　　　　生命現象とタンパク質に関する観察，実験などを行い，タンパク質の機能を生命現象と関連付けて理解すること。
　　(イ) 代謝
　　　⑦　呼吸
　　　　呼吸に関する資料に基づいて，呼吸をエネルギーの流れと関連付けて理解すること。
　　　④　光合成
　　　　光合成に関する資料に基づいて，光合成をエネルギーの流れと関連付けて理解すること。
　イ　生命現象と物質について，観察，実験などを通して探究し，生命現象と物質についての特徴を見いだして表現すること。
(3) 遺伝情報の発現と発生
　遺伝情報の発現と発生についての観察，実験などを通して，次の事項を身に付けることができるよう指導する。
　ア　遺伝情報の発現と発生について，次のことを理解するとともに，それらの観察，実験などに関する技能を身に付けること。
　　(ア) 遺伝情報とその発現
　　　⑦　遺伝情報とその発現
　　　　DNAの複製に関する資料に基づいて，DNAの複製の仕組みを理解すること。また，遺伝子発現に関する資料に基づいて，遺伝子の発現の仕組みを理解すること。
　　(イ) 発生と遺伝子発現
　　　⑦　遺伝子の発現調節
　　　　遺伝子の発現調節に関する資料に基づいて，遺伝子の発現が調節されていることを見いだして理解すること。また，転写の調節をそれに関わるタンパク質と関連付けて理解すること。
　　　④　発生と遺伝子発現
　　　　発生に関わる遺伝子の発現に関する資料に基づいて，発生の過程における分化を遺伝子発現の調節と関連付けて理解すること。

(ｳ) 遺伝子を扱う技術
⑦ 遺伝子を扱う技術
遺伝子を扱う技術について，その原理と有用性を理解すること。
イ 遺伝情報の発現と発生について，観察，実験などを通して探究し，遺伝子発現の調節の特徴を見いだして表現すること。

(4) 生物の環境応答

生物の環境応答についての観察，実験などを通して，次の事項を身に付けることができるよう指導する。

ア 生物の環境応答について，次のことを理解するとともに，それらの観察，実験などの技能を身に付けること。
(ｱ) 動物の反応と行動
⑦ 刺激の受容と反応
刺激の受容と反応に関する資料に基づいて，外界の刺激を受容し神経系を介して反応する仕組みを，関与する細胞の特性と関連付けて理解すること。
④ 動物の行動
動物の行動に関する資料に基づいて，行動を神経系の働きと関連付けて理解すること。
(ｲ) 植物の環境応答
⑦ 植物の環境応答
植物の環境応答に関する観察，実験などを行い，植物の成長や反応に植物ホルモンが関わることを見いだして理解すること。
イ 生物の環境応答について，観察，実験などを通して探究し，環境変化に対する生物の応答の特徴を見いだして表現すること。

(5) 生態と環境

生態と環境についての観察，実験などを通して，次の事項を身に付けることができるよう指導する。

ア 生態と環境について，次のことを理解するとともに，それらの観察，実験などに関する技能を身に付けること。
(ｱ) 個体群と生物群集
⑦ 個体群
個体群内の相互作用に関する観察，実験などを行い，個体群が維持される仕組みや個体間の関係性を見いだして理解すること。
④ 生物群集
個体群間の相互作用に関する資料に基づいて，生物群集が維持される仕組みや個体群間の関係性を見いだして理解すること。
(ｲ) 生態系
⑦ 生態系の物質生産と物質循環
生態系の物質生産と物質循環に関する資料に基づいて，生態系における物質生産及びエネルギーの移動と生態系での物質循環とを関連付けて理解すること。
④ 生態系と人間生活
生態系と人間生活に関する資料に基づいて，人間生活が生態系に及ぼす影響を見いだして理解すること。
イ 生態と環境について，観察，実験などを通して探究し，生態系における，生物間の関係性及び生物と環境との関係性を見いだして表現すること。

3 内容の取扱い

(1) 内容の取扱いに当たっては，次の事項に配慮するものとする。

ア 内容の(1)から(5)までについては，「生物基礎」との関連を考慮し，それぞれのアに示す知識及び技能とイに示す思考力，判断力，表現力等とを相互に関連させながら，この科目の学習を通して，科学的に探究するために必要な資質・能力の育成を目指すこと。

イ この科目で育成を目指す資質・能力を育むため，「生物基礎」の3の(1)のイと同様に取り扱うとともに，この科目の学習を通して，探究の全ての過程を経験できるようにすること。

ウ 内容の(1)については，この科目の導入として位置付け，以後の学習においても，進化の視点を意識させるよう展開すること。

エ この科目で扱う用語については，用語の意味を単純に数多く理解させることに指導の重点を置くのではなく，主要な概念を理解させるための指導において重要となる500語程度から600語程度までの重要用語を中心に，その用語に関わる概念を，思考力を発揮しながら理解させるよう指導すること。なお，重要用語には中学校や「生物基礎」で学習した用語も含まれるものとする。

(2) 内容の範囲や程度については，次の事項に配慮するものとする。

ア 内容の(1)のアの(ｱ)の㋐については，化学進化及び細胞内共生を扱うこと。

(ｲ)の㋑については，連鎖と組換えを扱うこと。また，性染色体にも触れること。㋒については，種分化の過程も扱うこと。

(ｳ)の㋐については，3ドメインを扱うこと。また，高次の分類群として界や門にも触れること。

イ 内容の(2)については，生命現象を分子レベルで捉えるために必要な最小限の化学の知識にも触れること。

ウ 内容の(2)のアの(ｱ)の㋐については，生体膜を扱うこと。また，核酸や細胞骨格にも触れること。㋑については，タンパク質が生命現象を支えていることを2，3の例を挙げて扱うこと。また，酵素については，その働きとタンパク質の立体構造との関係を扱うこと。

(ｲ)の㋐については，ATP合成の仕組みを扱うこと。その際，解糖系，クエン酸回路及び電子伝達系に触れること。また，発酵にも触れること。㋑については，ATP合成の仕組みを扱うこと。その際，光化学系，電子伝達系及びカルビン回路に触れること。

エ 内容の(3)のアの(ｱ)の㋐の「DNAの複製の仕組み」については，DNAポリメラーゼに触れること。「遺伝子の発現の仕組み」については，転写及び翻訳を扱い，RNAポリメラーゼとリボソームに触れること。また，スプライシングにも触れること。

(ｲ)の㋐については，原核生物と真核生物に共通する転写レベルの調節を扱うこと。㋑については，2種類程度の生物を例にしてその概要を扱うこと。また，動物の配偶子形成，受精，卵割，形成体と誘導，細胞分化と形態形成，器官分化の始まりについても触れること。

(ｳ)の㋐については，制限酵素，ベクター及び遺伝子の増幅技術に触れること。また，それらが実際にどのように用いられているかについても触れること。

オ 内容の(4)のアの(ｱ)の㋐については，受容器として眼を，効果器として筋肉を扱うこと。また，刺激の受容から反応までの流れを扱うこと。その際，神経系に関連して記憶にも触れること。

(ｲ)の㋐については，被子植物を扱うこと。「植物の成長」については，配偶子形成，受精，胚発生及び器官分化について触れること。また，植物ホルモンは3，4種類について取り上げること。その際，植物ホルモンに関わる光受容体についても触れること。

カ 内容の(5)のアの(ｱ)の㋐については，個体群内の相互作用として種内競争と社会性を扱うこと。㋑については，個体群間の相互作用として種間競争と相利共生を扱うこと。また，多様な種が共存する仕組みを扱うこと。

(イ)の㋐の「物質生産」については，年間生産量を生産者の現存量と関連付けて扱うこと。また，「物質循環」については，炭素と窒素を扱うこと。その際，窒素同化についても触れること。㋑については，人間活動が生態系に及ぼす影響として地球規模のものを中心に扱うこと。

第8 地学基礎

1 目標

地球や地球を取り巻く環境に関わり，理科の見方・考え方を働かせ，見通しをもって観察，実験を行うことなどを通して，地球や地球を取り巻く環境を科学的に探究するために必要な資質・能力を次のとおり育成することを目指す。

(1) 日常生活や社会との関連を図りながら，地球や地球を取り巻く環境について理解するとともに，科学的に探究するために必要な観察，実験などに関する基本的な技能を身に付けるようにする。

(2) 観察，実験などを行い，科学的に探究する力を養う。

(3) 地球や地球を取り巻く環境に主体的に関わり，科学的に探究しようとする態度と，自然環境の保全に寄与する態度を養う。

2 内容

(1) 地球のすがた

地球のすがたについての観察，実験などを通して，次の事項を身に付けることができるよう指導する。

ア 地球のすがたについて，次のことを理解するとともに，それらの観察，実験などに関する技能を身に付けること。

(ア) 惑星としての地球

㋐ 地球の形と大きさ

地球の形や大きさに関する観察，実験などを行い，地球の形の特徴と大きさを見いだして理解すること。

㋑ 地球内部の層構造

地球内部の層構造とその状態を理解すること。

(イ) 活動する地球

㋐ プレートの運動

プレートの分布と運動について理解するとともに，大地形の形成と地質構造をプレートの運動と関連付けて理解すること。

㋑ 火山活動と地震

火山活動や地震に関する資料に基づいて，火山活動と地震の発生の仕組みをプレートの運動と関連付けて理解すること。

(ウ) 大気と海洋

㋐ 地球の熱収支

気圧や気温の鉛直方向の変化などについての資料に基づいて，大気の構造の特徴を見いだして理解するとともに，太陽放射の受熱量と地球放射の放熱量がつり合っていることを理解すること。

㋑ 大気と海水の運動

大気と海水の運動に関する資料に基づいて，大気と海洋の大循環について理解するとともに，緯度により太陽放射の受熱量が異なることなどから，地球規模で熱が輸送されていることを見

いだして理解すること。
　　イ　地球のすがたについて，観察，実験などを通して探究し，惑星としての地球，活動する地球，大気と海洋について，規則性や関係性を見いだして表現すること。
　(2)　変動する地球
　　　変動する地球についての観察，実験などを通して，次の事項を身に付けることができるよう指導する。
　　ア　変動する地球について，宇宙や太陽系の誕生から今日までの一連の時間の中で捉えながら，次のことを理解するとともに，それらの観察，実験などに関する技能を身に付けること。また，自然環境の保全の重要性について認識すること。
　　　(ｱ)　地球の変遷
　　　　㋐　宇宙，太陽系と地球の誕生
　　　　　　宇宙の誕生，太陽系の誕生と生命を生み出す条件を備えた地球の特徴を理解すること。
　　　　㋑　古生物の変遷と地球環境
　　　　　　地層や化石に関する観察などを行い，地質時代が古生物の変遷に基づいて区分されることを理解するとともに，地球環境の変化に関する資料に基づいて，大気の変化と生命活動の相互の関わりを見いだして理解すること。
　　　(ｲ)　地球の環境
　　　　㋐　地球環境の科学
　　　　　　地球規模の自然環境に関する資料に基づいて，地球環境の変化を見いだしてその仕組みを理解するとともに，それらの現象と人間生活との関わりについて認識すること。
　　　　㋑　日本の自然環境
　　　　　　日本の自然環境を理解し，それらがもたらす恩恵や災害など自然環境と人間生活との関わりについて認識すること。
　　イ　変動する地球について，観察，実験などを通して探究し，地球の変遷，地球の環境について，規則性や関係性を見いだして表現すること。

3　内容の取扱い

(1)　内容の取扱いに当たっては，次の事項に配慮するものとする。
　ア　内容の(1)及び(2)については，中学校理科との関連を考慮し，それぞれのアに示す知識及び技能とイに示す思考力，判断力，表現力等とを相互に関連させながら，この科目の学習を通して，科学的に探究させるために必要な資質・能力の育成を目指すこと。
　イ　この科目で育成を目指す資質・能力を育むため，観察，実験などを行い，探究の過程を踏まえた学習活動を行うようにすること。その際，学習内容の特質に応じて，情報の収集，仮説の設定，実験の計画，野外観察，調査，データの分析・解釈，推論などの探究の方法を習得させるようにするとともに，報告書などを作成させたり，発表を行う機会を設けたりすること。

(2)　内容の範囲や程度については，次の事項に配慮するものとする。
　ア　内容の(1)のアの(ｱ)の㋐については，測定の歴史や方法にも触れること。㋑については，構成物質にも触れること。
　　　(ｲ)の㋐については，マントル内のプルームの存在にも触れること。「地質構造」については，変成岩と変成作用との関係についても触れること。㋑の「火山活動」については，プレートの発散境界と収束境界における火山活動を扱い，ホットスポットにおける火山活動にも触れること。また，多様な火成岩の成因をマグマと関連付けて扱うこと。「地震の発生の仕組み」については，プレートの収束境界における地震を中心に扱い，プレート内地震についても触れること。

(ｳ)の⑦については，温室効果に触れること。また，「大気の構造」については，大気中で見られる現象にも触れること。④については，海洋の層構造と深層に及ぶ循環にも触れること。

イ　内容の(2)のアの(ｱ)の⑦の「宇宙の誕生」については，ビッグバンを扱い，宇宙の年齢と水素やヘリウムがつくられたことにも触れること。「太陽系の誕生」については，惑星が形成された過程を中心に扱い，惑星内部の層構造に触れること。その際，太陽の誕生と太陽のエネルギー源についても触れること。「地球の特徴」については，海が形成されたことを中心に扱うこと。④の「古生物の変遷」については，代表的な化石を取り上げること。また，ヒトの進化にも触れること。

(ｲ)の⑦の「地球規模の自然環境」については，地球温暖化，オゾン層破壊，エルニーニョ現象などの現象を，データに基づいて人間生活と関連させて扱うこと。④の「恩恵や災害」については，日本に見られる気象現象，地震や火山活動など特徴的な現象を扱うこと。また，自然災害の予測や防災にも触れること。

第9　地 学

1　目　標

地球や地球を取り巻く環境に関わり，理科の見方・考え方を働かせ，見通しをもって観察，実験を行うことなどを通して，地球や地球を取り巻く環境を科学的に探究するために必要な資質・能力を次のとおり育成することを目指す。

(1) 地学の基本的な概念や原理・法則の理解を深め，科学的に探究するために必要な観察，実験などに関する基本的な技能を身に付けるようにする。

(2) 観察，実験などを行い，科学的に探究する力を養う。

(3) 地球や地球を取り巻く環境に主体的に関わり，科学的に探究しようとする態度と，自然環境の保全に寄与する態度を養う。

2　内　容

(1) 地球の概観

地球の形状や内部構造についての観察，実験などを通して，次の事項を身に付けることができるよう指導する。

ア　地球の形状や内部構造について，次のことを理解するとともに，それらの観察，実験などに関する技能を身に付けること。

(ｱ) 地球の形状

　⑦　地球の形と重力

地球楕円体や地球表面における重力に関する資料に基づいて，地球の形状と重力との関係を見いだして理解すること。

　④　地球の磁気

地磁気に関する観察，実験などを行い，地磁気の特徴とその働きを理解すること。

(ｲ) 地球の内部

　⑦　地球の内部構造

地震波の伝わり方についての資料に基づいて，地球内部の構造を見いだして理解すること。

　④　地球内部の状態と物質

地球内部の温度，密度，圧力及び構成物質の組成について理解すること。

イ　地球の形状や内部構造について，観察，実験などを通して探究し，地球の形状や内部構造の特徴を見いだして表現すること。

(2) 地球の活動と歴史

地球の活動と歴史についての観察，実験などを通して，次の事項を身に付けることができよう指導する。

ア　地球の活動と歴史について，次のことを理解するとともに，それらの観察，実験などに関する技能を身に付けること。

(ア) 地球の活動

⑦　プレートテクトニクス

プレートテクトニクスとその成立過程を理解すること。

④　地震と地殻変動

世界の震源分布についての資料に基づいて，プレート境界における地震活動の特徴をプレート運動と関連付けて理解するとともに，それに伴う地殻変動などについて理解すること。

⑦　火成活動

島弧―海溝系における火成活動の特徴を，マグマの発生と分化及び火成岩の形成と関連付けて理解すること。

㊀　変成作用と変成岩

変成岩に関する観察，実験などを行い，変成作用と変成岩の特徴及び造山帯について理解すること。

(イ) 地球の歴史

⑦　地表の変化

風化，侵食，運搬及び堆積の諸作用による地形の形成について，身近な地形と関連付けて理解すること。

④　地層の観察

地層に関する野外観察や実験などを行い，地層の形成及び地質時代における地球環境や地殻変動について理解すること。

⑦　地球環境の変遷

大気，海洋，大陸及び古生物などの変遷に関する資料に基づいて，地球環境の移り変わりを総合的に理解すること。

㊀　日本列島の成り立ち

日本列島の地形や地質に関する資料に基づいて，島弧としての日本列島の地学的な特徴と形成史をプレート運動などと関連付けて理解すること。

イ　地球の活動と歴史について，観察，実験などを通して探究し，地球の活動の特徴と歴史の概要を見いだして表現すること。

(3) 地球の大気と海洋

地球の大気と海洋についての観察，実験などを通して，次の事項を身に付けることができよう指導する。

ア　地球の大気と海洋について，次のことを理解するとともに，それらの観察，実験などに関する技能を身に付けること。

(ア) 大気の構造と運動

⑦　大気の構造

大気の組成，太陽放射と地球放射の性質を理解するとともに，大気に関する観測資料などに基づいて，各圏の特徴と地球全体の熱収支など大気の構造を理解すること。

④　大気の運動と気象

　　　　　　大循環と対流による現象及び日本や世界の気象の特徴を理解すること。
　　　(イ) 海洋と海水の運動
　　　　㋐ 海洋の構造
　　　　　　海水の組成を理解するとともに，海洋に関する観測資料などに基づいて，水温と塩分の分布との関係など海洋の構造を理解すること。
　　　　㋑ 海水の運動
　　　　　　海水の運動と循環及び海洋と大気の相互作用について理解すること。
　イ　地球の大気と海洋について，観察，実験などを通して探究し，地球の大気と海洋の構造や運動の規則性や関係性を見いだして表現すること。

(4) 宇宙の構造
　　宇宙に関する事物・現象についての観察，実験などを通して，次の事項を身に付けることができるよう指導する。
　ア　宇宙に関する事物・現象について，次のことを理解するとともに，それらの観察，実験などに関する技能を身に付けること。
　　(ア) 太陽系
　　　㋐ 地球の自転と公転
　　　　　地球の自転と公転に関する観察，実験などを行い，地球の自転と公転の証拠となる現象を理解すること。
　　　㋑ 太陽系天体とその運動
　　　　　太陽系天体に関する観測資料などに基づいて，太陽系天体の特徴を理解するとともに，惑星の運動の規則性を見いだし，視運動と関連付けて理解すること。
　　　㋒ 太陽の活動
　　　　　太陽に関する観察，実験などを行い，太陽表面の現象を太陽の活動と関連付けて理解すること。
　　(イ) 恒星と銀河系
　　　㋐ 恒星の性質と進化
　　　　　恒星に関する観察，実験などを行い，恒星の性質と進化の特徴を見いだして理解すること。
　　　㋑ 銀河系の構造
　　　　　銀河系に関する観測資料などに基づいて，銀河系の構成天体とその分布について理解すること。
　　(ウ) 銀河と宇宙
　　　㋐ 様々な銀河
　　　　　銀河についての観測資料などに基づいて，様々な銀河の存在と銀河の分布の特徴を理解すること。
　　　㋑ 膨張する宇宙
　　　　　宇宙の誕生や進化について調べ，現代の宇宙像の概要を理解すること。
　イ　宇宙に関する事物・現象について，観察，実験などを通して探究し，天体の運動や宇宙の構造を見いだして表現すること。

3　内容の取扱い
(1) 内容の取扱いに当たっては，次の事項に配慮するものとする。
　ア　内容の(1)から(4)までについては，「地学基礎」との関係を考慮しながら，それぞれのアに示す知識及び技能とイに示す思考力，判断力，表現力等とを相互に関連させながら，この科目の学習を通

して，科学的に探究するために必要な資質・能力の育成を目指すこと。
イ　この科目で育成を目指す資質・能力を育むため，「地学基礎」の３の(1)のイと同様に取り扱うとともに，この科目の学習を通して，探究の全ての学習過程を経験できるようにすること。
(2) 内容の範囲や程度については，次の事項に配慮するものとする。
　ア　内容の(1)のアの(ア)の㋐については，ジオイドと重力異常にも触れること。㋑については，地磁気の三要素及び磁気圏と太陽風との関連を扱うこと。また，地磁気の原因と古地磁気にも触れること。
　　(イ)の㋐については，走時曲線を扱い，地震波トモグラフィーにも触れること。㋑については，アイソスタシーも扱うこと。また，放射性同位体の崩壊など地球内部の熱源にも触れること。
　イ　内容の(2)のアの(ア)の㋐については，マントル内のプルームも扱うこと。㋑の「地震活動の特徴」については，地震災害にも触れること。「地殻変動」については，活断層と地形との関係にも触れること。㋒の「火成活動の特徴」については，火山災害にも触れること。㋓については，造山帯の特徴を安定地塊と対比させて扱うこと。
　　(イ)の㋐については，段丘，陸上及び海底の堆積物も扱うこと。「地形の形成」については，土砂災害にも触れること。㋑の「地質時代における地球環境や地殻変動」については，地層や化石に基づいて過去の様子を探究する方法を扱うこと。また，地質図の読み方の概要を扱うこと。㋒については，放射年代も扱うこと。㋓については，付加体も扱うこと。
　ウ　内容の(3)のアの(ア)の㋐の「大気の組成」については，大気中の水分も扱うこと。「地球全体の熱収支」については，地表や大気圏などに分けて扱うこと。㋑の「大循環」による現象については，偏西風波動と地上の高気圧や低気圧との関係も扱うこと。「対流」による現象については，大気の安定と不安定にも触れること。「日本や世界の気象の特徴」については，人工衛星などから得られる情報も活用し，大気の大循環と関連させて扱うこと。また，気象災害にも触れること。
　　(イ)の㋑の「海水の運動と循環」については，波浪と潮汐も扱うこと。また，高潮災害にも触れること。「海洋と大気の相互作用」については，地球上の水の分布と循環にも触れること。
　エ　内容の(4)のアの(ア)の㋐の「自転」については，フーコーの振り子を扱うこと。「公転」については，年周視差と年周光行差を扱うこと。また，時刻と太陽暦にも触れること。㋑の「太陽系天体の特徴」については，観測や探査機などによる研究成果を踏まえて特徴を扱うこと。「惑星の運動」については，視運動及びケプラーの法則を扱うこと。また，その発見過程にも触れること。㋒の「太陽表面の現象」については，スペクトルも扱うこと。「太陽の活動」については，太陽の活動周期と地球への影響も扱うこと。太陽の内部構造にも触れること。
　　(イ)の㋐の恒星の「性質」については，距離，絶対等級，半径，表面温度，スペクトル型及び質量を扱うこと。恒星の「進化」については，HR図を扱い，質量により恒星の進化の速さ，恒星の終末及び生成元素が異なることも扱うこと。㋑の「銀河系の構成天体とその分布」については，恒星の進化と関連付けて扱うこと。また，銀河系の回転運動にも触れること。
　　(ウ)の㋐の「様々な銀河の存在」については，銀河までの距離の求め方も扱うこと。「銀河の分布」については，宇宙の大規模構造を扱うこと。㋑の「現代の宇宙像」については，ビッグバンの証拠を扱うこと。ハッブルの法則も扱うこと。

第３款　各科目にわたる指導計画の作成と内容の取扱い

1　指導計画の作成に当たっては，次の事項に配慮するものとする。
(1) 単元など内容や時間のまとまりを見通して，その中で育む資質・能力の育成に向けて，生徒の主体

的・対話的で深い学びの実現を図るようにすること。その際，理科の学習過程の特質を踏まえ，理科の見方・考え方を働かせ，見通しをもって観察，実験を行うことなどの科学的に探究する学習活動の充実を図ること。

(2) 「物理」，「化学」，「生物」及び「地学」の各科目については，原則として，それぞれに対応する基礎を付した科目を履修した後に履修させること。

(3) 各科目を履修させるに当たっては，当該科目や理科に属する他の科目の履修内容を踏まえ，相互の連携を一層充実させるとともに，他教科等の目標や学習の内容の関連に留意し，連携を図ること。

(4) 障害のある生徒などについては，学習活動を行う場合に生じる困難さに応じた指導内容や指導方法の工夫を計画的，組織的に行うこと。

2 内容の取扱いに当たっては，次の事項に配慮するものとする。

(1) 各科目の指導に当たっては，問題を見いだし観察，実験などを計画する学習活動，観察，実験などの結果を分析し解釈する学習活動，科学的な概念を使用して考えたり説明したりする学習活動などが充実するようにすること。

(2) 生命を尊重し，自然環境の保全に寄与する態度の育成を図ること。また，環境問題や科学技術の進歩と人間生活に関わる内容等については，持続可能な社会をつくることの重要性も踏まえながら，科学的な見地から取り扱うこと。

(3) 各科目の指導に当たっては，観察，実験の過程での情報の収集・検索，計測・制御，結果の集計・処理などにおいて，コンピュータや情報通信ネットワークなどを積極的かつ適切に活用すること。

(4) 観察，実験，野外観察などの体験的な学習活動を充実させること。また，環境整備に十分配慮すること。

(5) 各科目の指導に当たっては，大学や研究機関，博物館や科学学習センターなどと積極的に連携，協力を図るようにすること。

(6) 科学技術が日常生活や社会を豊かにしていることや安全性の向上に役立っていることに触れること。また，理科で学習することが様々な職業などと関連していることにも触れること。

(7) 観察，実験，野外観察などの指導に当たっては，関連する法規等に従い，事故防止に十分留意するとともに，使用薬品などの管理及び廃棄についても適切な措置を講ずること。

第6節　保健体育

● 第1款　目　標

体育や保健の見方・考え方を働かせ，課題を発見し，合理的，計画的な解決に向けた学習過程を通して，心と体を一体として捉え，生涯にわたって心身の健康を保持増進し豊かなスポーツライフを継続するための資質・能力を次のとおり育成することを目指す。

(1) 各種の運動の特性に応じた技能等及び社会生活における健康・安全について理解するとともに，技能を身に付けるようにする。
(2) 運動や健康についての自他や社会の課題を発見し，合理的，計画的な解決に向けて思考し判断するとともに，他者に伝える力を養う。
(3) 生涯にわたって継続して運動に親しむとともに健康の保持増進と体力の向上を目指し，明るく豊かで活力ある生活を営む態度を養う。

● 第2款　各　科　目

第1　体　育

1　目　標

体育の見方・考え方を働かせ，課題を発見し，合理的，計画的な解決に向けた学習過程を通して，心と体を一体として捉え，生涯にわたって豊かなスポーツライフを継続するとともに，自己の状況に応じて体力の向上を図るための資質・能力を次のとおり育成することを目指す。

(1) 運動の合理的，計画的な実践を通して，運動の楽しさや喜びを深く味わい，生涯にわたって運動を豊かに継続することができるようにするため，運動の多様性や体力の必要性について理解するとともに，それらの技能を身に付けるようにする。
(2) 生涯にわたって運動を豊かに継続するための課題を発見し，合理的，計画的な解決に向けて思考し判断するとともに，自己や仲間の考えたことを他者に伝える力を養う。
(3) 運動における競争や協働の経験を通して，公正に取り組む，互いに協力する，自己の責任を果たす，参画する，一人一人の違いを大切にしようとするなどの意欲を育てるとともに，健康・安全を確保して，生涯にわたって継続して運動に親しむ態度を養う。

2　内　容

A　体つくり運動

体つくり運動について，次の事項を身に付けることができるよう指導する。

(1) 次の運動を通して，体を動かす楽しさや心地よさを味わい，体つくり運動の行い方，体力の構成要素，実生活への取り入れ方などを理解するとともに，自己の体力や生活に応じた継続的な運動の計画を立て，実生活に役立てること。

　ア　体ほぐしの運動では，手軽な運動を行い，心と体は互いに影響し変化することや心身の状態に気付き，仲間と主体的に関わり合うこと。
　イ　実生活に生かす運動の計画では，自己のねらいに応じて，健康の保持増進や調和のとれた体力の向上を図るための継続的な運動の計画を立て取り組むこと。

(2) 生涯にわたって運動を豊かに継続するための自己や仲間の課題を発見し，合理的，計画的な解決に

向けて取り組み方を工夫するとともに，自己や仲間の考えたことを他者に伝えること。
　(3) 体つくり運動に主体的に取り組むとともに，互いに助け合い高め合おうとすること，一人一人の違いに応じた動きなどを大切にしようとすること，合意形成に貢献しようとすることなどや，健康・安全を確保すること。

　B　器械運動
　　器械運動について，次の事項を身に付けることができるよう指導する。
　(1) 次の運動について，技がよりよくできたり自己や仲間の課題を解決したりするなどの多様な楽しさや喜びを味わい，技の名称や行い方，体力の高め方，課題解決の方法，発表の仕方などを理解するとともに，自己に適した技で演技すること。
　　ア　マット運動では，回転系や巧技系の基本的な技を滑らかに安定して行うこと，条件を変えた技や発展技を行うこと及びそれらを構成し演技すること。
　　イ　鉄棒運動では，支持系や懸垂系の基本的な技を滑らかに安定して行うこと，条件を変えた技や発展技を行うこと及びそれらを構成し演技すること。
　　ウ　平均台運動では，体操系やバランス系の基本的な技を滑らかに安定して行うこと，条件を変えた技や発展技を行うこと及びそれらを構成し演技すること。
　　エ　跳び箱運動では，切り返し系や回転系の基本的な技を滑らかに安定して行うこと，条件を変えた技や発展技を行うこと。
　(2) 生涯にわたって運動を豊かに継続するための自己や仲間の課題を発見し，合理的，計画的な解決に向けて取り組み方を工夫するとともに，自己や仲間の考えたことを他者に伝えること。
　(3) 器械運動に主体的に取り組むとともに，よい演技を讃えようとすること，互いに助け合い高め合おうとすること，一人一人の違いに応じた課題や挑戦を大切にしようとすることなどや，健康・安全を確保すること。

　C　陸上競技
　　陸上競技について，次の事項を身に付けることができるよう指導する。
　(1) 次の運動について，記録の向上や競争及び自己や仲間の課題を解決するなどの多様な楽しさや喜びを味わい，技術の名称や行い方，体力の高め方，課題解決の方法，競技会の仕方などを理解するとともに，各種目特有の技能を身に付けること。
　　ア　短距離走・リレーでは，中間走の高いスピードを維持して速く走ることやバトンの受渡しで次走者と前走者の距離を長くすること，長距離走では，ペースの変化に対応して走ること，ハードル走では，スピードを維持した走りからハードルを低くリズミカルに越すこと。
　　イ　走り幅跳びでは，スピードに乗った助走と力強い踏み切りから着地までの動きを滑らかにして跳ぶこと，走り高跳びでは，スピードのあるリズミカルな助走から力強く踏み切り，滑らかな空間動作で跳ぶこと，三段跳びでは，短い助走からリズミカルに連続して跳ぶこと。
　　ウ　砲丸投げでは，立ち投げなどから砲丸を突き出して投げること，やり投げでは，短い助走からやりを前方にまっすぐ投げること。
　(2) 生涯にわたって運動を豊かに継続するための自己や仲間の課題を発見し，合理的，計画的な解決に向けて取り組み方を工夫するとともに，自己や仲間の考えたことを他者に伝えること。
　(3) 陸上競技に主体的に取り組むとともに，勝敗などを冷静に受け止め，ルールやマナーを大切にしようとすること，役割を積極的に引き受け自己の責任を果たそうとすること，一人一人の違いに応じた課題や挑戦を大切にしようとすることなどや，健康・安全を確保すること。

　D　水　泳
　　水泳について，次の事項を身に付けることができるよう指導する。

(1) 次の運動について，記録の向上や競争及び自己や仲間の課題を解決するなどの多様な楽しさや喜びを味わい，技術の名称や行い方，体力の高め方，課題解決の方法，競技会の仕方などを理解するとともに，自己に適した泳法の効率を高めて泳ぐこと。

　ア　クロールでは，手と足の動き，呼吸のバランスを保ち，伸びのある動作と安定したペースで長く泳いだり速く泳いだりすること。

　イ　平泳ぎでは，手と足の動き，呼吸のバランスを保ち，伸びのある動作と安定したペースで長く泳いだり速く泳いだりすること。

　ウ　背泳ぎでは，手と足の動き，呼吸のバランスを保ち，安定したペースで長く泳いだり速く泳いだりすること。

　エ　バタフライでは，手と足の動き，呼吸のバランスを保ち，安定したペースで長く泳いだり速く泳いだりすること。

　オ　複数の泳法で長く泳ぐこと又はリレーをすること。

(2) 生涯にわたって運動を豊かに継続するための自己や仲間の課題を発見し，合理的，計画的な解決に向けて取り組み方を工夫するとともに，自己や仲間の考えたことを他者に伝えること。

(3) 水泳に主体的に取り組むとともに，勝敗などを冷静に受け止め，ルールやマナーを大切にしようとすること，役割を積極的に引き受け自己の責任を果たそうとすること，一人一人の違いに応じた課題や挑戦を大切にしようとすることなどや，水泳の事故防止に関する心得を遵守するなど健康・安全を確保すること。

E　球　技

　球技について，次の事項を身に付けることができるよう指導する。

(1) 次の運動について，勝敗を競ったりチームや自己の課題を解決したりするなどの多様な楽しさや喜びを味わい，技術などの名称や行い方，体力の高め方，課題解決の方法，競技会の仕方などを理解するとともに，作戦や状況に応じた技能で仲間と連携しゲームを展開すること。

　ア　ゴール型では，状況に応じたボール操作と空間を埋めるなどの動きによって空間への侵入などから攻防をすること。

　イ　ネット型では，状況に応じたボール操作や安定した用具の操作と連携した動きによって空間を作り出すなどの攻防をすること。

　ウ　ベースボール型では，状況に応じたバット操作と走塁での攻撃，安定したボール操作と状況に応じた守備などによって攻防をすること。

(2) 生涯にわたって運動を豊かに継続するためのチームや自己の課題を発見し，合理的，計画的な解決に向けて取り組み方を工夫するとともに，自己やチームの考えたことを他者に伝えること。

(3) 球技に主体的に取り組むとともに，フェアなプレイを大切にしようとすること，合意形成に貢献しようとすること，一人一人の違いに応じたプレイなどを大切にしようとすること，互いに助け合い高め合おうとすることなどや，健康・安全を確保すること。

F　武　道

　武道について，次の事項を身に付けることができるよう指導する。

(1) 次の運動について，勝敗を競ったり自己や仲間の課題を解決したりするなどの多様な楽しさや喜びを味わい，伝統的な考え方，技の名称や見取り稽古の仕方，体力の高め方，課題解決の方法，試合の仕方などを理解するとともに，得意技などを用いた攻防を展開すること。

　ア　柔道では，相手の動きの変化に応じた基本動作から，得意技や連絡技・変化技を用いて，素早く相手を崩して投げたり，抑えたり，返したりするなどの攻防をすること。

　イ　剣道では，相手の動きの変化に応じた基本動作から，得意技を用いて，相手の構えを崩し，素早

くしかけたり応じたりするなどの攻防をすること。
- (2) 生涯にわたって運動を豊かに継続するための自己や仲間の課題を発見し，合理的，計画的な解決に向けて取り組み方を工夫するとともに，自己や仲間の考えたことを他者に伝えること。
- (3) 武道に主体的に取り組むとともに，相手を尊重し，礼法などの伝統的な行動の仕方を大切にしようとすること，役割を積極的に引き受け自己の責任を果たそうとすること，一人一人の違いに応じた課題や挑戦を大切にしようとすることなどや，健康・安全を確保すること。

G　ダンス

　ダンスについて，次の事項を身に付けることができるよう指導する。
- (1) 次の運動について，感じを込めて踊ったり仲間と自由に踊ったり，自己や仲間の課題を解決したりするなどの多様な楽しさや喜びを味わい，ダンスの名称や用語，文化的背景と表現の仕方，交流や発表の仕方，課題解決の方法，体力の高め方などを理解するとともに，それぞれ特有の表現や踊りを身に付けて交流や発表をすること。
  - ア　創作ダンスでは，表したいテーマにふさわしいイメージを捉え，個や群で，対極の動きや空間の使い方で変化を付けて即興的に表現したり，イメージを強調した作品にまとめたりして踊ること。
  - イ　フォークダンスでは，日本の民踊や外国の踊りから，それらの踊り方の特徴を強調して，音楽に合わせて多様なステップや動きと組み方で仲間と対応して踊ること。
  - ウ　現代的なリズムのダンスでは，リズムの特徴を強調して全身で自由に踊ったり，変化とまとまりを付けて仲間と対応したりして踊ること。
- (2) 生涯にわたって運動を豊かに継続するための自己や仲間の課題を発見し，合理的，計画的な解決に向けて取り組み方を工夫するとともに，自己や仲間の考えたことを他者に伝えること。
- (3) ダンスに主体的に取り組むとともに，互いに共感し高め合おうとすること，合意形成に貢献しようとすること，一人一人の違いに応じた表現や役割を大切にしようとすることなどや，健康・安全を確保すること。

H　体育理論
- (1) スポーツの文化的特性や現代のスポーツの発展について，課題を発見し，その解決を目指した活動を通して，次の事項を身に付けることができるよう指導する。
  - ア　スポーツの文化的特性や現代のスポーツの発展について理解すること。
    - (ア) スポーツは，人類の歴史とともに始まり，その理念が時代に応じて多様に変容してきていること。また，我が国から世界に普及し，発展しているスポーツがあること。
    - (イ) 現代のスポーツは，オリンピックやパラリンピック等の国際大会を通して，国際親善や世界平和に大きな役割を果たし，共生社会の実現にも寄与していること。また，ドーピングは，フェアプレイの精神に反するなど，能力の限界に挑戦するスポーツの文化的価値を失わせること。
    - (ウ) 現代のスポーツは，経済的な波及効果があり，スポーツ産業が経済の中で大きな影響を及ぼしていること。また，スポーツの経済的な波及効果が高まるにつれ，スポーツの高潔さなどが一層求められること。
    - (エ) スポーツを行う際は，スポーツが環境や社会にもたらす影響を考慮し，多様性への理解や持続可能な社会の実現に寄与する責任ある行動が求められること。
  - イ　スポーツの文化的特性や現代のスポーツの発展について，課題を発見し，よりよい解決に向けて思考し判断するとともに，他者に伝えること。
  - ウ　スポーツの文化的特性や現代のスポーツの発展についての学習に自主的に取り組むこと。
- (2) 運動やスポーツの効果的な学習の仕方について，課題を発見し，その解決を目指した活動を通して，次の事項を身に付けることができるよう指導する。

ア　運動やスポーツの効果的な学習の仕方について理解すること。
　　(ｱ)　運動やスポーツの技能と体力は，相互に関連していること。また，期待する成果に応じた技能や体力の高め方があること。さらに，過度な負荷や長期的な酷使は，けがや疾病の原因となる可能性があること。
　　(ｲ)　運動やスポーツの技術は，学習を通して技能として発揮されるようになること。また，技術の種類に応じた学習の仕方があること。現代のスポーツの技術や戦術，ルールは，用具の改良やメディアの発達に伴い変わり続けていること。
　　(ｳ)　運動やスポーツの技能の上達過程にはいくつかの段階があり，その学習の段階に応じた練習方法や運動観察の方法，課題の設定方法などがあること。また，これらの獲得には，一定の期間がかかること。
　　(ｴ)　運動やスポーツを行う際は，気象条件の変化など様々な危険を予見し，回避することが求められること。
　イ　運動やスポーツの効果的な学習の仕方について，課題を発見し，よりよい解決に向けて思考し判断するとともに，他者に伝えること。
　ウ　運動やスポーツの効果的な学習の仕方についての学習に主体的に取り組むこと。
(3)　豊かなスポーツライフの設計の仕方について，課題を発見し，その解決を目指した活動を通して，次の事項を身に付けることができるよう指導する。
　ア　豊かなスポーツライフの設計の仕方について理解すること。
　　(ｱ)　スポーツは，各ライフステージにおける身体的，心理的，社会的特徴に応じた多様な楽しみ方があること。また，その楽しみ方は，個人のスポーツに対する欲求などによっても変化すること。
　　(ｲ)　生涯にわたってスポーツを継続するためには，ライフスタイルに応じたスポーツとの関わり方を見付けること，仕事と生活の調和を図ること，運動の機会を生み出す工夫をすることなどが必要であること。
　　(ｳ)　スポーツの推進は，様々な施策や組織，人々の支援や参画によって支えられていること。
　　(ｴ)　人生に潤いをもたらす貴重な文化的資源として，スポーツを未来に継承するためには，スポーツの可能性と問題点を踏まえて適切な「する，みる，支える，知る」などの関わりが求められること。
　イ　豊かなスポーツライフの設計の仕方について，課題を発見し，よりよい解決に向けて思考し判断するとともに，他者に伝えること。
　ウ　豊かなスポーツライフの設計の仕方についての学習に主体的に取り組むこと。

3　内容の取扱い

(1)　内容の「A体つくり運動」から「H体育理論」までの領域については，次のとおり取り扱うものとする。
　ア　「A体つくり運動」及び「H体育理論」については，各年次において全ての生徒に履修させること。
　イ　入学年次においては，「B器械運動」，「C陸上競技」，「D水泳」及び「Gダンス」についてはこれらの中から一つ以上を，「E球技」及び「F武道」についてはこれらの中から一つ以上をそれぞれ選択して履修できるようにすること。その次の年次以降においては，「B器械運動」から「Gダンス」までの中から二つ以上を選択して履修できるようにすること。
(2)　内容の「A体つくり運動」から「H体育理論」までに示す事項については，各年次において次のとおり取り扱うものとする。
　ア　「A体つくり運動」に示す事項については，全ての生徒に履修させること。なお，(1)のアの運動については，「B器械運動」から「Gダンス」までにおいても関連を図って指導することができると

ともに,「保健」における精神疾患の予防と回復などの内容との関連を図ること。(1)のイの運動については,日常的に取り組める運動例を組み合わせることに重点を置くなど指導方法の工夫を図ること。

　イ　「B器械運動」の(1)の運動については,アからエまでの中から選択して履修できるようにすること。

　ウ　「C陸上競技」の(1)の運動については,アからウまでの中から選択して履修できるようにすること。

　エ　「D水泳」の(1)の運動については,アからオまでの中から選択して履修できるようにすること。なお,「保健」における応急手当の内容との関連を図ること。
　　また,泳法との関連において水中からのスタート及びターンを取り上げること。なお,入学年次の次の年次以降は,安全を十分に確保した上で,学校や生徒の実態に応じて段階的な指導を行うことができること。

　オ　「E球技」の(1)の運動については,入学年次においては,アからウまでの中から二つを,その次の年次以降においては,アからウまでの中から一つを選択して履修できるようにすること。また,アについては,バスケットボール,ハンドボール,サッカー,ラグビーの中から,イについては,バレーボール,卓球,テニス,バドミントンの中から,ウについては,ソフトボールを適宜取り上げることとし,学校や地域の実態に応じて,その他の運動についても履修させることができること。

　カ　「F武道」については,柔道,剣道,相撲,空手道,なぎなた,弓道,合気道,少林寺拳法,銃剣道などを通して,我が国固有の伝統と文化により一層触れることができるようにすること。また,(1)の運動については,ア又はイのいずれかを選択して履修できるようにすること。なお,学校や地域の実態に応じて,相撲,空手道,なぎなた,弓道,合気道,少林寺拳法,銃剣道などについても履修させることができること。

　キ　「Gダンス」の(1)の運動については,アからウまでの中から選択して履修できるようにすること。なお,学校や地域の実態に応じて,社交ダンスなどのその他のダンスについても履修させることができること。

　ク　「H体育理論」については,(1)は入学年次,(2)はその次の年次,(3)はそれ以降の年次で取り上げること。その際,各年次で6単位時間以上を配当すること。

(3) 内容の「B器械運動」から「Gダンス」までの領域及び運動については,学校や地域の実態及び生徒の特性や選択履修の状況等を踏まえるとともに,安全を十分に確保した上で,生徒が自由に選択して履修することができるよう配慮するものとする。指導に当たっては,内容の「B器械運動」から「Gダンス」までの領域については,それぞれの運動の特性に触れるために必要な体力を生徒自ら高めるように留意するものとする。また,内容の「B器械運動」から「F武道」までの領域及び運動については,必要に応じて審判の仕方についても指導するものとする。また,「F武道」については,我が国固有の伝統と文化により一層触れさせるため,中学校の学習の基礎の上に,より深められる機会を確保するよう配慮するものとする。

(4) 自然との関わりの深いスキー,スケートや水辺活動などの指導については,学校や地域の実態に応じて積極的に行うことに留意するものとする。また,レスリングについても履修させることができるものとする。

(5) 集合,整頓,列の増減,方向変換などの行動の仕方を身に付け,能率的で安全な集団としての行動ができるようにするための指導については,内容の「A体つくり運動」から「Gダンス」までの領域において適切に行うものとする。

(6) 筋道を立てて練習や作戦について話し合う活動などを通して,コミュニケーション能力や論理的な

思考力の育成を促し，主体的な学習活動が充実するよう配慮するものとする。

第2 保 健

1 目 標

保健の見方・考え方を働かせ，合理的，計画的な解決に向けた学習過程を通して，生涯を通じて人々が自らの健康や環境を適切に管理し，改善していくための資質・能力を次のとおり育成する。

(1) 個人及び社会生活における健康・安全について理解を深めるとともに，技能を身に付けるようにする。

(2) 健康についての自他や社会の課題を発見し，合理的，計画的な解決に向けて思考し判断するとともに，目的や状況に応じて他者に伝える力を養う。

(3) 生涯を通じて自他の健康の保持増進やそれを支える環境づくりを目指し，明るく豊かで活力ある生活を営む態度を養う。

2 内 容

(1) 現代社会と健康について，自他や社会の課題を発見し，その解決を目指した活動を通して，次の事項を身に付けることができるよう指導する。

ア 現代社会と健康について理解を深めること。

(ｱ) 健康の考え方

国民の健康課題や健康の考え方は，国民の健康水準の向上や疾病構造の変化に伴って変わってきていること。また，健康は，様々な要因の影響を受けながら，主体と環境の相互作用の下に成り立っていること。

健康の保持増進には，ヘルスプロモーションの考え方を踏まえた個人の適切な意思決定や行動選択及び環境づくりが関わること。

(ｲ) 現代の感染症とその予防

感染症の発生や流行には，時代や地域によって違いがみられること。その予防には，個人の取組及び社会的な対策を行う必要があること。

(ｳ) 生活習慣病などの予防と回復

健康の保持増進と生活習慣病などの予防と回復には，運動，食事，休養及び睡眠の調和のとれた生活の実践や疾病の早期発見，及社会的な対策が必要であること。

(ｴ) 喫煙，飲酒，薬物乱用と健康

喫煙と飲酒は，生活習慣病などの要因になること。また，薬物乱用は，心身の健康や社会に深刻な影響を与えることから行ってはならないこと。それらの対策には，個人や社会環境への対策が必要であること。

(ｵ) 精神疾患の予防と回復

精神疾患の予防と回復には，運動，食事，休養及び睡眠の調和のとれた生活を実践するとともに，心身の不調に気付くことが重要であること。また，疾病の早期発見及び社会的な対策が必要であること。

イ 現代社会と健康について，課題を発見し，健康や安全に関する原則や概念に着目して解決の方法を思考し判断するとともに，それらを表現すること。

(2) 安全な社会生活について，自他や社会の課題を発見し，その解決を目指した活動を通して，次の事項を身に付けることができるよう指導する。

ア 安全な社会生活について理解を深めるとともに，応急手当を適切にすること。

(ｱ) 安全な社会づくり

　　　　安全な社会づくりには，環境の整備とそれに応じた個人の取組が必要であること。また，交通事故を防止するには，車両の特性の理解，安全な運転や歩行など適切な行動，自他の生命を尊重する態度，交通環境の整備が関わること。交通事故には補償をはじめとした責任が生じること。

　　(ｲ) 応急手当

　　　　適切な応急手当は，傷害や疾病の悪化を軽減できること。応急手当には，正しい手順や方法があること。また，応急手当は，傷害や疾病によって身体が時間の経過とともに損なわれていく場合があることから，速やかに行う必要があること。

　　　　心肺蘇生法などの応急手当を適切に行うこと。

　イ　安全な社会生活について，安全に関する原則や概念に着目して危険の予測やその回避の方法を考え，それらを表現すること。

(3) 生涯を通じる健康について，自他や社会の課題を発見し，その解決を目指した活動を通して，次の事項を身に付けることができるよう指導する。

　ア　生涯を通じる健康について理解を深めること。

　　(ｱ) 生涯の各段階における健康

　　　　生涯を通じる健康の保持増進や回復には，生涯の各段階の健康課題に応じた自己の健康管理及び環境づくりが関わっていること。

　　(ｲ) 労働と健康

　　　　労働災害の防止には，労働環境の変化に起因する傷害や職業病などを踏まえた適切な健康管理及び安全管理をする必要があること。

　イ　生涯を通じる健康に関する情報から課題を発見し，健康に関する原則や概念に着目して解決の方法を思考し判断するとともに，それらを表現すること。

(4) 健康を支える環境づくりについて，自他や社会の課題を発見し，その解決を目指した活動を通して，次の事項を身に付けることができるよう指導する。

　ア　健康を支える環境づくりについて理解を深めること。

　　(ｱ) 環境と健康

　　　　人間の生活や産業活動は，自然環境を汚染し健康に影響を及ぼすことがあること。それらを防ぐには，汚染の防止及び改善の対策をとる必要があること。また，環境衛生活動は，学校や地域の環境を健康に適したものとするよう基準が設定され，それに基づき行われていること。

　　(ｲ) 食品と健康

　　　　食品の安全性を確保することは健康を保持増進する上で重要であること。また，食品衛生活動は，食品の安全性を確保するよう基準が設定され，それに基づき行われていること。

　　(ｳ) 保健・医療制度及び地域の保健・医療機関

　　　　生涯を通じて健康を保持増進するには，保健・医療制度や地域の保健所，保健センター，医療機関などを適切に活用することが必要であること。

　　　　また，医薬品は，有効性や安全性が審査されており，販売には制限があること。疾病からの回復や悪化の防止には，医薬品を正しく使用することが有効であること。

　　(ｴ) 様々な保健活動や社会的対策

　　　　我が国や世界では，健康課題に対応して様々な保健活動や社会的対策などが行われていること。

　　(ｵ) 健康に関する環境づくりと社会参加

　　　　自他の健康を保持増進するには，ヘルスプロモーションの考え方を生かした健康に関する環境づくりが重要であり，それに積極的に参加していくことが必要であること。また，それらを実現

するには，適切な健康情報の活用が有効であること。
　　イ　健康を支える環境づくりに関する情報から課題を発見し，健康に関する原則や概念に着目して解決の方法を思考し判断するとともに，それらを表現すること。
3　内容の取扱い
(1) 内容の(1)のアの(ウ)及び(4)のアの(イ)については，食育の観点を踏まえつつ，健康的な生活習慣の形成に結び付くよう配慮するものとする。また，(1)のアの(ウ)については，がんについても取り扱うものとする。
(2) 内容の(1)のアの(ウ)及び(4)のアの(ウ)については，健康とスポーツの関連について取り扱うものとする。
(3) 内容の(1)のアの(エ)については，疾病との関連，社会への影響などについて総合的に取り扱い，薬物については，麻薬，覚醒剤，大麻等を取り扱うものとする。
(4) 内容の(1)のアの(オ)については，大脳の機能，神経系及び内分泌系の機能について必要に応じ関連付けて扱う程度とする。また，「体育」の「A体つくり運動」における体ほぐしの運動との関連を図るよう配慮するものとする。
(5) 内容の(2)のアの(ア)については，犯罪や自然災害などによる傷害の防止についても，必要に応じ関連付けて扱うよう配慮するものとする。また，交通安全については，二輪車や自動車を中心に取り上げるものとする。
(6) 内容の(2)のアの(イ)については，実習を行うものとし，呼吸器系及び循環器系の機能については，必要に応じ関連付けて扱う程度とする。また，効果的な指導を行うため，「体育」の「D水泳」などとの関連を図るよう配慮するものとする。
(7) 内容の(3)のアの(ア)については，思春期と健康，結婚生活と健康及び加齢と健康を取り扱うものとする。また，生殖に関する機能については，必要に応じ関連付けて扱う程度とする。責任感を涵養することや異性を尊重する態度が必要であること，及び性に関する情報等への適切な対処についても扱うよう配慮するものとする。
(8) 内容の(4)のアの(ア)については，廃棄物の処理と健康についても触れるものとする。
(9) 指導に際しては，自他の健康やそれを支える環境づくりに関心をもてるようにし，健康に関する課題を解決する学習活動を取り入れるなどの指導方法の工夫を行うものとする。

●第3款　各科目にわたる指導計画の作成と内容の取扱い

1　指導計画の作成に当たっては，次の事項に配慮するものとする。
(1) 単元など内容や時間のまとまりを見通して，その中で育む資質・能力の育成に向けて，生徒の主体的・対話的で深い学びの実現を図るようにすること。その際，体育や保健の見方・考え方を働かせながら，運動や健康についての自他や社会の課題を発見し，その合理的，計画的な解決のための活動の充実を図ること。また，運動の楽しさや喜びを深く味わったり，健康の大切さを実感したりすることができるよう留意すること。
(2) 第1章第1款の2の(3)に示す学校における体育・健康に関する指導の趣旨を生かし，特別活動，運動部の活動などとの関連を図り，日常生活における体育・健康に関する活動が適切かつ継続的に実践できるよう留意すること。なお，体力の測定については，計画的に実施し，運動の指導及び体力の向上に活用するようにすること。
(3) 「体育」は，各年次継続して履修できるようにし，各年次の単位数はなるべく均分して配当すること。なお，内容の「A体つくり運動」に対する授業時数については，各年次で7～10単位時間程度を，内容

の「H体育理論」に対する授業時数については，各年次で6単位時間以上を配当するとともに，内容の「B器械運動」から「Gダンス」までの領域に対する授業時数の配当については，その内容の習熟を図ることができるよう考慮すること。

(4) 「保健」は，原則として入学年次及びその次の年次の2か年にわたり履修させること。

(5) 義務教育段階との接続を重視し，中学校保健体育科との関連に留意すること。

(6) 障害のある生徒などについては，学習活動を行う場合に生じる困難さに応じた指導内容や指導方法の工夫を計画的，組織的に行うこと。

2 内容の取扱いに当たっては，次の事項に配慮するものとする。

(1) 言語能力を育成する言語活動を重視し，筋道を立てて練習や作戦について話し合ったり身振りや身体を使って動きの修正を図ったりする活動や，個人及び社会生活における健康の保持増進や回復について話し合う活動などを通して，コミュニケーション能力や論理的な思考力の育成を促し，主体的な学習活動の充実を図ること。

(2) 各科目の指導に当たっては，その特質を踏まえ，必要に応じて，コンピュータや情報通信ネットワークなどを適切に活用し，学習の効果を高めるよう配慮すること。

(3) 体力や技能の程度，性別や障害の有無等にかかわらず，運動の多様な楽しみ方を社会で実践することができるよう留意すること。

(4) 「体育」におけるスポーツとの多様な関わり方や「保健」の指導については，具体的な体験を伴う学習の工夫を行うよう留意すること。

(5) 「体育」と「保健」で示された内容については，相互の関連が図られるよう，それぞれの内容を適切に指導した上で，学習成果の関連が実感できるよう留意すること。

第7節 芸術

● 第1款 目標

　芸術の幅広い活動を通して，各科目における見方・考え方を働かせ，生活や社会の中の芸術や芸術文化と豊かに関わる資質・能力を次のとおり育成することを目指す。
(1) 芸術に関する各科目の特質について理解するとともに，意図に基づいて表現するための技能を身に付けるようにする。
(2) 創造的な表現を工夫したり，芸術のよさや美しさを深く味わったりすることができるようにする。
(3) 生涯にわたり芸術を愛好する心情を育むとともに，感性を高め，心豊かな生活や社会を創造していく態度を養い，豊かな情操を培う。

● 第2款 各科目

第1 音楽Ⅰ

1 目標

　音楽の幅広い活動を通して，音楽的な見方・考え方を働かせ，生活や社会の中の音や音楽，音楽文化と幅広く関わる資質・能力を次のとおり育成することを目指す。
(1) 曲想と音楽の構造や文化的・歴史的背景などとの関わり及び音楽の多様性について理解するとともに，創意工夫を生かした音楽表現をするために必要な技能を身に付けるようにする。
(2) 自己のイメージをもって音楽表現を創意工夫することや，音楽を評価しながらよさや美しさを自ら味わって聴くことができるようにする。
(3) 主体的・協働的に音楽の幅広い活動に取り組み，生涯にわたり音楽を愛好する心情を育むとともに，感性を高め，音楽文化に親しみ，音楽によって生活や社会を明るく豊かなものにしていく態度を養う。

2 内容

A 表現

　表現に関する資質・能力を次のとおり育成する。

(1) 歌唱

　歌唱に関する次の事項を身に付けることができるよう指導する。

　ア　歌唱表現に関わる知識や技能を得たり生かしたりしながら，自己のイメージをもって歌唱表現を創意工夫すること。

　イ　次の(ｱ)から(ｳ)までについて理解すること。

　　(ｱ) 曲想と音楽の構造や歌詞，文化的・歴史的背景との関わり

　　(ｲ) 言葉の特性と曲種に応じた発声との関わり

　　(ｳ) 様々な表現形態による歌唱表現の特徴

　ウ　創意工夫を生かした歌唱表現をするために必要な，次の(ｱ)から(ｳ)までの技能を身に付けること。

　　(ｱ) 曲にふさわしい発声，言葉の発音，身体の使い方などの技能

　　(ｲ) 他者との調和を意識して歌う技能

　　(ｳ) 表現形態の特徴を生かして歌う技能

(2) 器楽

器楽に関する次の事項を身に付けることができるよう指導する。
　　ア　器楽表現に関わる知識や技能を得たり生かしたりしながら，自己のイメージをもって器楽表現を創意工夫すること。
　　イ　次の(ア)から(ウ)までについて理解すること。
　　　(ア)　曲想と音楽の構造や文化的・歴史的背景との関わり
　　　(イ)　曲想と楽器の音色や奏法との関わり
　　　(ウ)　様々な表現形態による器楽表現の特徴
　　ウ　創意工夫を生かした器楽表現をするために必要な，次の(ア)から(ウ)までの技能を身に付けること。
　　　(ア)　曲にふさわしい奏法，身体の使い方などの技能
　　　(イ)　他者との調和を意識して演奏する技能
　　　(ウ)　表現形態の特徴を生かして演奏する技能
　(3)　創作
　　　創作に関する次の事項を身に付けることができるよう指導する。
　　ア　創作表現に関わる知識や技能を得たり生かしたりしながら，自己のイメージをもって創作表現を創意工夫すること。
　　イ　音素材，音を連ねたり重ねたりしたときの響き，音階や音型などの特徴及び構成上の特徴について，表したいイメージと関わらせて理解すること。
　　ウ　創意工夫を生かした創作表現をするために必要な，次の(ア)から(ウ)までの技能を身に付けること。
　　　(ア)　反復，変化，対照などの手法を活用して音楽をつくる技能
　　　(イ)　旋律をつくったり，つくった旋律に副次的な旋律や和音などを付けた音楽をつくったりする技能
　　　(ウ)　音楽を形づくっている要素の働きを変化させ，変奏や編曲をする技能
　B　鑑賞
　　　鑑賞に関する資質・能力を次のとおり育成する。
　(1)　鑑賞
　　　鑑賞に関する次の事項を身に付けることができるよう指導する。
　　ア　鑑賞に関わる知識を得たり生かしたりしながら，次の(ア)から(ウ)までについて考え，音楽のよさや美しさを自ら味わって聴くこと。
　　　(ア)　曲や演奏に対する評価とその根拠
　　　(イ)　自分や社会にとっての音楽の意味や価値
　　　(ウ)　音楽表現の共通性や固有性
　　イ　次の(ア)から(ウ)までについて理解すること。
　　　(ア)　曲想や表現上の効果と音楽の構造との関わり
　　　(イ)　音楽の特徴と文化的・歴史的背景，他の芸術との関わり
　　　(ウ)　我が国や郷土の伝統音楽の種類とそれぞれの特徴
〔共通事項〕
　　　表現及び鑑賞の学習において共通に必要となる資質・能力を次のとおり育成する。
　(1)　「A表現」及び「B鑑賞」の指導を通して，次の事項を身に付けることができるよう指導する。
　　ア　音楽を形づくっている要素や要素同士の関連を知覚し，それらの働きを感受しながら，知覚したことと感受したこととの関わりについて考えること。
　　イ　音楽を形づくっている要素及び音楽に関する用語や記号などについて，音楽における働きと関わらせて理解すること。

3 内容の取扱い

(1) 内容の「A表現」及び「B鑑賞」の指導については，中学校音楽科との関連を十分に考慮し，それぞれ特定の活動のみに偏らないようにするとともに，必要に応じて，〔共通事項〕を要として各領域や分野の関連を図るものとする。

(2) 内容の「A表現」の(1)，(2)及び(3)の指導については，ア，イ及びウの各事項を，「B鑑賞」の(1)の指導については，ア及びイの各事項を適切に関連させて指導する。

(3) 生徒の特性等を考慮し，内容の「A表現」の(3)のウについては(ｱ)，(ｲ)又は(ｳ)のうち一つ以上を選択して扱うことができる。

(4) 内容の〔共通事項〕は，表現及び鑑賞の学習において共通に必要となる資質・能力であり，「A表現」及び「B鑑賞」の指導と併せて，十分な指導が行われるよう工夫する。

(5) 内容の「A表現」の指導に当たっては，生徒の特性等を考慮し，視唱と視奏及び読譜と記譜の指導を含めるものとする。

(6) 内容の「A表現」の指導に当たっては，我が国の伝統的な歌唱及び和楽器を含めて扱うようにする。その際，内容の「B鑑賞」の(1)のア及びイの(ｲ)又は(ｳ)との関連を図るよう配慮するものとする。

(7) 内容の「A表現」の(3)の指導に当たっては，即興的に音を出しながら音のつながり方を試すなど，音を音楽へと構成することを重視するとともに，作品を記録する方法を工夫させるものとする。

(8) 内容の「A表現」及び「B鑑賞」の指導に当たっては，思考力，判断力，表現力等の育成を図るため，音や音楽及び言葉によるコミュニケーションを図り，芸術科音楽の特質に応じた言語活動を適切に位置付けられるよう指導を工夫する。なお，内容の「B鑑賞」の指導に当たっては，曲や演奏について根拠をもって批評する活動などを取り入れるようにする。

(9) 内容の「A表現」及び「B鑑賞」の教材については，学校や地域の実態等を考慮し，我が国や郷土の伝統音楽を含む我が国及び諸外国の様々な音楽から幅広く扱うようにする。また，「B鑑賞」の教材については，アジア地域の諸民族の音楽を含めて扱うようにする。

(10) 音楽活動を通して，それぞれの教材等に応じ，生徒が音や音楽と生活や社会との関わりを実感できるよう指導を工夫する。なお，適宜，自然音や環境音などについても取り扱い，音環境への関心を高めることができるよう指導を工夫する。

(11) 自己や他者の著作物及びそれらの著作者の創造性を尊重する態度の形成を図るとともに，必要に応じて，音楽に関する知的財産権について触れるようにする。また，こうした態度の形成が，音楽文化の継承，発展，創造を支えていることへの理解につながるよう配慮する。

第2 音楽Ⅱ

1 目標

音楽の諸活動を通して，音楽的な見方・考え方を働かせ，生活や社会の中の音や音楽，音楽文化と深く関わる資質・能力を次のとおり育成することを目指す。

(1) 曲想と音楽の構造や文化的・歴史的背景などとの関わり及び音楽の多様性について理解を深めるとともに，創意工夫を生かした音楽表現をするために必要な技能を身に付けるようにする。

(2) 個性豊かに音楽表現を創意工夫することや，音楽を評価しながらよさや美しさを深く味わって聴くことができるようにする。

(3) 主体的・協働的に音楽の諸活動に取り組み，生涯にわたり音楽を愛好する心情を育むとともに，感性を高め，音楽文化に親しみ，音楽によって生活や社会を明るく豊かなものにしていく態度を養う。

2 内容

A 表現

表現に関する資質・能力を次のとおり育成する。

(1) 歌唱

歌唱に関する次の事項を身に付けることができるよう指導する。

ア 歌唱表現に関わる知識や技能を得たり生かしたりしながら,個性豊かに歌唱表現を創意工夫すること。

イ 次の(ｱ)から(ｳ)までについて理解すること。

(ｱ) 曲想と音楽の構造や歌詞,文化的・歴史的背景との関わり及びその関わりによって生み出される表現上の効果

(ｲ) 言葉の特性と曲種に応じた発声との関わり及びその関わりによって生み出される表現上の効果

(ｳ) 様々な表現形態による歌唱表現の固有性や多様性

ウ 創意工夫を生かした歌唱表現をするために必要な,次の(ｱ)から(ｳ)までの技能を身に付けること。

(ｱ) 曲にふさわしい発声,言葉の発音,身体の使い方などの技能

(ｲ) 他者との調和を意識して歌う技能

(ｳ) 表現形態の特徴や表現上の効果を生かして歌う技能

(2) 器楽

器楽に関する次の事項を身に付けることができるよう指導する。

ア 器楽表現に関わる知識や技能を得たり生かしたりしながら,個性豊かに器楽表現を創意工夫すること。

イ 次の(ｱ)から(ｳ)までについて理解すること。

(ｱ) 曲想と音楽の構造や文化的・歴史的背景との関わり及びその関わりによって生み出される表現上の効果

(ｲ) 曲想と楽器の音色や奏法との関わり及びその関わりによって生み出される表現上の効果

(ｳ) 様々な表現形態による器楽表現の固有性や多様性

ウ 創意工夫を生かした器楽表現をするために必要な,次の(ｱ)から(ｳ)までの技能を身に付けること。

(ｱ) 曲にふさわしい奏法,身体の使い方などの技能

(ｲ) 他者との調和を意識して演奏する技能

(ｳ) 表現形態の特徴や表現上の効果を生かして演奏する技能

(3) 創作

創作に関する次の事項を身に付けることができるよう指導する。

ア 創作表現に関わる知識や技能を得たり生かしたりしながら,個性豊かに創作表現を創意工夫すること。

イ 音素材,音を連ねたり重ねたりしたときの響き,音階や音型などの特徴及び構成上の特徴について,表したいイメージと関わらせて理解を深めること。

ウ 創意工夫を生かした創作表現をするために必要な,次の(ｱ)から(ｳ)までの技能を身に付けること。

(ｱ) 反復,変化,対照などの手法を活用して音楽をつくる技能

(ｲ) 旋律をつくったり,つくった旋律に副次的な旋律や和音などを付けた音楽をつくったりする技能

(ｳ) 音楽を形づくっている要素の働きを変化させ,変奏や編曲をする技能

B 鑑賞

鑑賞に関する資質・能力を次のとおり育成する。

(1) 鑑賞

鑑賞に関する次の事項を身に付けることができるよう指導する。

ア　鑑賞に関わる知識を得たり生かしたりしながら，次の(ア)から(ウ)までについて考え，音楽のよさや美しさを深く味わって聴くこと。

(ア) 曲や演奏に対する評価とその根拠

(イ) 自分や社会にとっての音楽の意味や価値

(ウ) 音楽表現の共通性や固有性

イ　次の(ア)から(ウ)までについて理解を深めること。

(ア) 曲想や表現上の効果と音楽の構造との関わり

(イ) 音楽の特徴と文化的・歴史的背景，他の芸術との関わり

(ウ) 我が国や郷土の伝統音楽の種類とそれぞれの特徴

〔共通事項〕

表現及び鑑賞の学習において共通に必要となる資質・能力を次のとおり育成する。

(1) 「A表現」及び「B鑑賞」の指導を通して，次の事項を身に付けることができるよう指導する。

ア　音楽を形づくっている要素や要素同士の関連を知覚し，それらの働きを感受しながら，知覚したことと感受したこととの関わりについて考えること。

イ　音楽を形づくっている要素及び音楽に関する用語や記号などについて，音楽における働きと関わらせて理解すること。

3　内容の取扱い

(1) 内容の「A表現」及び「B鑑賞」の指導については，必要に応じて，〔共通事項〕を要として相互の関連を図るものとする。

(2) 生徒の特性，学校や地域の実態を考慮し，内容の「A表現」については(1)，(2)又は(3)のうち一つ以上を選択して扱うことができる。

(3) 内容の「B鑑賞」の指導については，各事項において育成を目指す資質・能力の定着が図られるよう，適切かつ十分な授業時数を配当するものとする。

(4) 内容の取扱いに当たっては，「音楽Ⅰ」の3の(2)から(11)までと同様に取り扱うものとする。

第3　音楽Ⅲ

1　目　標

音楽の諸活動を通して，音楽的な見方・考え方を働かせ，生活や社会の中の多様な音や音楽，音楽文化と深く関わる資質・能力を次のとおり育成することを目指す。

(1) 曲想と音楽の構造や文化的・歴史的背景などとの関わり及び音楽文化の多様性について理解するとともに，創意工夫や表現上の効果を生かした音楽表現をするために必要な技能を身に付けるようにする。

(2) 音楽に関する知識や技能を総合的に働かせながら，個性豊かに音楽表現を創意工夫したり音楽を評価しながらよさや美しさを深く味わって聴いたりすることができるようにする。

(3) 主体的・協働的に音楽の諸活動に取り組み，生涯にわたり音楽を愛好する心情を育むとともに，感性を磨き，音楽文化を尊重し，音楽によって生活や社会を明るく豊かなものにしていく態度を養う。

2　内　容

A　表　現

表現に関する資質・能力を次のとおり育成する。

(1) 歌唱

歌唱に関する次の事項を身に付けることができるよう指導する。

ア 歌唱表現に関わる知識や技能を総合的に働かせながら，個性豊かに歌唱表現を創意工夫すること。

イ 次の(ｱ)及び(ｲ)について理解すること。

(ｱ) 曲の表現内容や様々な表現形態による歌唱表現の固有性や多様性

(ｲ) 歌や歌うことと生活や社会との関わり

ウ 創意工夫や表現上の効果を生かした歌唱表現をするために必要な技能を身に付けること。

(2) 器楽

器楽に関する次の事項を身に付けることができるよう指導する。

ア 器楽表現に関わる知識や技能を総合的に働かせながら，個性豊かに器楽表現を創意工夫すること。

イ 次の(ｱ)及び(ｲ)について理解すること。

(ｱ) 曲の表現内容や様々な表現形態による器楽表現の固有性や多様性

(ｲ) 曲や演奏することと生活や社会との関わり

ウ 創意工夫や表現上の効果を生かした器楽表現をするために必要な技能を身に付けること。

(3) 創作

創作に関する次の事項を身に付けることができるよう指導する。

ア 創作表現に関わる知識や技能を総合的に働かせながら，個性豊かに創作表現を創意工夫すること。

イ 様々な音素材や様式，表現形態などの特徴について，表したいイメージと関わらせて理解すること。

ウ 創意工夫や表現上の効果を生かした創作表現をするために必要な技能を身に付けること。

B 鑑賞

鑑賞に関する資質・能力を次のとおり育成する。

(1) 鑑賞

鑑賞に関する次の事項を身に付けることができるよう指導する。

ア 鑑賞に関わる知識を総合的に働かせながら，次の(ｱ)から(ｳ)までについて考え，音楽のよさや美しさを深く味わって聴くこと。

(ｱ) 曲や演奏に対する評価とその根拠

(ｲ) 文化や芸術としての音楽の意味や価値

(ｳ) 音楽表現の共通性や固有性

イ 次の(ｱ)から(ｴ)までについて理解すること。

(ｱ) 音楽の美しさと音楽の構造との関わり

(ｲ) 芸術としての音楽と文化的・歴史的背景，他の芸術や文化との関わり

(ｳ) 現代の我が国及び諸外国の音楽の特徴

(ｴ) 音楽と人間の感情との関わり及び社会における音楽に関わる人々の役割

〔共通事項〕

表現及び鑑賞の学習において共通に必要となる資質・能力を次のとおり育成する。

(1) 「A表現」及び「B鑑賞」の指導を通して，次の事項を身に付けることができるよう指導する。

ア 音楽を形づくっている要素や要素同士の関連を知覚し，それらの働きを感受しながら，知覚したことと感受したこととの関わりについて考えること。

イ 音楽を形づくっている要素及び音楽に関する用語や記号などについて，音楽における働きと関わらせて理解すること。

3　内容の取扱い

(1) 生徒の特性，学校や地域の実態を考慮し，内容の「A表現」については(1)，(2)又は(3)のうち一つ以上を選択して扱うことができる。また，内容の「B鑑賞」の(1)のアについては，(ア)を扱うとともに，(イ)又は(ウ)のうち一つ以上を，イについては(ア)，(イ)，(ウ)又は(エ)のうち一つ以上を選択して扱うことができる。

(2) 内容の「A表現」及び「B鑑賞」の教材については，学校や地域の実態等を考慮し，我が国や郷土の伝統音楽を含めて扱うようにする。

(3) 内容の取扱いに当たっては，「音楽Ⅰ」の3の(2)，(4)，(5)，(7)，(8)，(10)及び(11)，「音楽Ⅱ」の3の(1)及び(3)と同様に取り扱うものとする。

第4　美術Ⅰ

1　目　標

美術の幅広い創造活動を通して，造形的な見方・考え方を働かせ，美的体験を重ね，生活や社会の中の美術や美術文化と幅広く関わる資質・能力を次のとおり育成することを目指す。

(1) 対象や事象を捉える造形的な視点について理解を深めるとともに，意図に応じて表現方法を創意工夫し，創造的に表すことができるようにする。

(2) 造形的なよさや美しさ，表現の意図と創意工夫，美術の働きなどについて考え，主題を生成し創造的に発想し構想を練ったり，価値意識をもって美術や美術文化に対する見方や感じ方を深めたりすることができるようにする。

(3) 主体的に美術の幅広い創造活動に取り組み，生涯にわたり美術を愛好する心情を育むとともに，感性を高め，美術文化に親しみ，心豊かな生活や社会を創造していく態度を養う。

2　内　容

A　表　現

表現に関する資質・能力を次のとおり育成する。

(1) 絵画・彫刻

　　絵画・彫刻に関する次の事項を身に付けることができるよう指導する。

　ア　感じ取ったことや考えたことなどを基にした発想や構想

　　(ア) 自然や自己，生活などを見つめ感じ取ったことや考えたこと，夢や想像などから主題を生成すること。

　　(イ) 表現形式の特性を生かし，形体や色彩，構成などについて考え，創造的な表現の構想を練ること。

　イ　発想や構想をしたことを基に，創造的に表す技能

　　(ア) 意図に応じて材料や用具の特性を生かすこと。

　　(イ) 表現方法を創意工夫し，主題を追求して創造的に表すこと。

(2) デザイン

　　デザインに関する次の事項を身に付けることができるよう指導する。

　ア　目的や機能などを考えた発想や構想

　　(ア) 目的や条件，美しさなどを考え，主題を生成すること。

　　(イ) デザインの機能や効果，表現形式の特性などについて考え，創造的な表現の構想を練ること。

　イ　発想や構想をしたことを基に，創造的に表す技能

　　(ア) 意図に応じて材料や用具の特性を生かすこと。

(イ) 表現方法を創意工夫し，目的や計画を基に創造的に表すこと。
 (3) 映像メディア表現
　　映像メディア表現に関する次の事項を身に付けることができるよう指導する。
　ア　映像メディアの特性を踏まえた発想や構想
　　(ｱ) 感じ取ったことや考えたこと，目的や機能などを基に，映像メディアの特性を生かして主題を生成すること。
　　(ｲ) 色光や視点，動きなどの映像表現の視覚的な要素の働きについて考え，創造的な表現の構想を練ること。
　イ　発想や構想をしたことを基に，創造的に表す技能
　　(ｱ) 意図に応じて映像メディア機器等の用具の特性を生かすこと。
　　(ｲ) 表現方法を創意工夫し，表現の意図を効果的に表すこと。
 B　鑑賞
　　鑑賞に関する資質・能力を次のとおり育成する。
 (1) 鑑賞
　　鑑賞に関する次の事項を身に付けることができるよう指導する。
　ア　美術作品などの見方や感じ方を深める鑑賞
　　(ｱ) 造形的なよさや美しさを感じ取り，作者の心情や意図と創造的な表現の工夫などについて考え，見方や感じ方を深めること。
　　(ｲ) 目的や機能との調和の取れた洗練された美しさなどを感じ取り，作者の心情や意図と創造的な表現の工夫などについて考え，見方や感じ方を深めること。
　　(ｳ) 映像メディア表現の特質や表現効果などを感じ取り，作者の心情や意図と創造的な表現の工夫などについて考え，見方や感じ方を深めること。
　イ　生活や社会の中の美術の働きや美術文化についての見方や感じ方を深める鑑賞
　　(ｱ) 環境の中に見られる造形的なよさや美しさを感じ取り，自然と美術の関わり，生活や社会を心豊かにする美術の働きについて考え，見方や感じ方を深めること。
　　(ｲ) 日本及び諸外国の美術作品や文化遺産などから美意識や創造性などを感じ取り，日本の美術の歴史や表現の特質，それぞれの国の美術文化について考え，見方や感じ方を深めること。
〔共通事項〕
　表現及び鑑賞の学習において共通に必要となる資質・能力を次のとおり育成する。
 (1) 「A表現」及び「B鑑賞」の指導を通して，次の事項を身に付けることができるよう指導する。
　ア　造形の要素の働きを理解すること。
　イ　造形的な特徴などを基に，全体のイメージや作風，様式などで捉えることを理解すること。

3　内容の取扱い

 (1) 内容の「A表現」及び「B鑑賞」の指導については，中学校美術科との関連を十分に考慮し，「A表現」及び「B鑑賞」相互の関連を図り，特に発想や構想に関する資質・能力と鑑賞に関する資質・能力とを総合的に働かせて学習が深められるようにする。
 (2) 生徒の特性，学校や地域の実態を考慮し，内容の「A表現」の(1)については絵画と彫刻のいずれかを選択したり一体的に扱ったりすることができる。また，(2)及び(3)についてはいずれかを選択して扱うことができる。その際，感じ取ったことや考えたことなどを基にした表現と，目的や機能などを考えた表現の学習が調和的に行えるようにする。
 (3) 内容の「B鑑賞」の指導については，各事項において育成を目指す資質・能力の定着が図られるよう，適切かつ十分な授業時数を配当するものとする。

(4) 内容の〔共通事項〕は，表現及び鑑賞の学習において共通に必要となる資質・能力であり，「A表現」及び「B鑑賞」の指導と併せて，十分な指導を行い，各事項の実感的な理解を通して，生徒が造形を豊かに捉える多様な視点がもてるように配慮するものとする。

(5) 内容の「A表現」の指導に当たっては，スケッチやデッサンなどにより観察力，思考力，描写力などが十分に高まるよう配慮するものとする。

(6) 内容の「A表現」の指導に当たっては，主題の生成から表現の確認及び完成に至る全過程を通して，自分のよさを発見し喜びを味わい，自己実現を果たしていく態度の形成を図るよう配慮するものとする。

(7) 内容の「B鑑賞」の指導に当たっては，日本の美術も重視して扱うとともに，アジアの美術などについても扱うようにする。

(8) 内容の「A表現」及び「B鑑賞」の指導に当たっては，芸術科美術の特質に応じて，発想や構想に関する資質・能力や鑑賞に関する資質・能力を育成する観点から，〔共通事項〕に示す事項を視点に，アイデアスケッチなどで構想を練ったり，言葉などで考えを整理したりすることや，作品について批評し合う活動などを取り入れるようにする。

(9) 創造することの価値を捉え，自己や他者の作品などに表れている創造性を尊重する態度の形成を図るとともに，必要に応じて，美術に関する知的財産権や肖像権などについて触れるようにする。また，こうした態度の形成が，美術文化の継承，発展，創造を支えていることへの理解につながるよう配慮するものとする。

(10) 事故防止のため，特に，刃物類，塗料，器具などの使い方の指導と保管，活動場所における安全指導などを徹底するものとする。

第5 美術Ⅱ

1 目標

美術の創造的な諸活動を通して，造形的な見方・考え方を働かせ，美的体験を深め，生活や社会の中の美術や美術文化と深く関わる資質・能力を次のとおり育成することを目指す。

(1) 対象や事象を捉える造形的な視点について理解を深めるとともに，意図に応じて表現方法を創意工夫し，個性豊かで創造的に表すことができるようにする。

(2) 造形的なよさや美しさ，表現の意図と創造的な工夫，美術の働きなどについて考え，主題を生成し個性豊かに発想し構想を練ったり，自己の価値観を高めて美術や美術文化に対する見方や感じ方を深めたりすることができるようにする。

(3) 主体的に美術の創造的な諸活動に取り組み，生涯にわたり美術を愛好する心情を育むとともに，感性と美意識を高め，美術文化に親しみ，心豊かな生活や社会を創造していく態度を養う。

2 内容

A 表 現

表現に関する資質・能力を次のとおり育成する。

(1) 絵画・彫刻

絵画・彫刻に関する次の事項を身に付けることができるよう指導する。

ア 感じ取ったことや考えたことなどを基にした発想や構想

(ｱ) 自然や自己，社会などを深く見つめ感じ取ったことや考えたことなどから主題を生成すること。

(ｲ) 主題に応じて表現形式について考え，個性豊かで創造的な表現の構想を練ること。

イ 発想や構想をしたことを基に，創造的に表す技能

(ｱ) 主題に合った表現方法を創意工夫し，個性豊かで創造的に表すこと。
(2) デザイン
デザインに関する次の事項を身に付けることができるよう指導する。
ア 目的や機能などを考えた発想や構想
(ｱ) 目的や条件などを基に，人と社会をつなぐデザインの働きについて考え，主題を生成すること。
(ｲ) 社会におけるデザインの機能や効果，表現形式の特性などについて考え，個性豊かで創造的な表現の構想を練ること。
イ 発想や構想をしたことを基に，創造的に表す技能
(ｱ) 主題に合った表現方法を創意工夫し，個性豊かで創造的に表すこと。
(3) 映像メディア表現
映像メディア表現に関する次の事項を身に付けることができるよう指導する。
ア 映像メディアの特性を踏まえた発想や構想
(ｱ) 自然や自己，人と社会とのつながりなどを深く見つめ，映像メディアの特性を生かして主題を生成すること。
(ｲ) 映像表現の視覚的な要素などの効果的な生かし方について考え，個性豊かで創造的な表現の構想を練ること。
イ 発想や構想をしたことを基に，創造的に表す技能
(ｱ) 主題に合った表現方法を創意工夫し，個性豊かで創造的に表すこと。
B 鑑賞
鑑賞に関する資質・能力を次のとおり育成する。
(1) 鑑賞
鑑賞に関する次の事項を身に付けることができるよう指導する。
ア 美術作品などの見方や感じ方を深める鑑賞
(ｱ) 造形的なよさや美しさを感じ取り，発想や構想の独自性と表現の工夫などについて多様な視点から考え，見方や感じ方を深めること。
(ｲ) 目的や機能との調和の取れた洗練された美しさなどを感じ取り，発想や構想の独自性と表現の工夫などについて多様な視点から考え，見方や感じ方を深めること。
イ 生活や社会の中の美術の働きや美術文化についての見方や感じ方を深める鑑賞
(ｱ) 環境の中に見られる造形的なよさや美しさを感じ取り，心豊かな生き方の創造に関わる美術の働きについて考え，見方や感じ方を深めること。
(ｲ) 日本及び諸外国の美術作品や文化遺産などから表現の独自性などを感じ取り，時代，民族，風土，宗教などによる表現の相違点や共通点などから美術文化について考え，見方や感じ方を深めること。

〔共通事項〕
表現及び鑑賞の学習において共通に必要となる資質・能力を次のとおり育成する。
(1) 「A表現」及び「B鑑賞」の指導を通して，次の事項を身に付けることができるよう指導する。
ア 造形の要素の働きを理解すること。
イ 造形的な特徴などを基に，全体のイメージや作風，様式などで捉えることを理解すること。

3 内容の取扱い
(1) 内容の「A表現」及び「B鑑賞」の指導については，相互の関連を図り，特に発想や構想に関する資質・能力と鑑賞に関する資質・能力とを総合的に働かせて学習が深められるようにする。
(2) 生徒の特性，学校や地域の実態を考慮し，内容の「A表現」については(1)，(2)又は(3)のうち一つ

以上を選択して扱うことができる。また，内容の「A表現」の(1)については，絵画と彫刻のいずれかを選択したり一体的に扱ったりすることができる。
(3) 内容の取扱いに当たっては，「美術Ⅰ」の3の(3)から(10)までと同様に取り扱うものとする。

第6 美術Ⅲ

1 目標
美術の創造的な諸活動を通して，造形的な見方・考え方を働かせ，美的体験を豊かにし，生活や社会の中の多様な美術や美術文化と深く関わる資質・能力を次のとおり育成することを目指す。
(1) 対象や事象を捉える造形的な視点について理解を深めるとともに，意図に応じて表現方法を追求し，個性を生かして創造的に表すことができるようにする。
(2) 造形的なよさや美しさ，独創的な表現の意図と創造的な工夫，美術の働きなどについて考え，主題を生成し個性を生かして発想し構想を練ったり，自己の価値観を働かせて美術や美術文化に対する見方や感じ方を深めたりすることができるようにする。
(3) 主体的に美術の創造的な諸活動に取り組み，生涯にわたり美術を愛好する心情を育むとともに，感性と美意識を磨き，美術文化を尊重し，心豊かな生活や社会を創造していく態度を養う。

2 内容
A 表現
　表現に関する資質・能力を次のとおり育成する。
(1) 絵画・彫刻
　　絵画・彫刻に関する次の事項を身に付けることができるよう指導する。
　ア　感じ取ったことや考えたことなどを基にした発想や構想
　　(ア) 自然や自己，社会などを深く見つめ感じ取ったことや考えたことなどから独創的な主題を生成し，主題に応じた表現の可能性について考え，個性を生かして創造的な表現の構想を練ること。
　イ　発想や構想をしたことを基に，創造的に表す技能
　　(ア) 主題に合った表現方法を追求し，個性を生かして創造的に表すこと。
(2) デザイン
　　デザインに関する次の事項を身に付けることができるよう指導する。
　ア　目的や機能などを考えた発想や構想
　　(ア) 目的や条件などを基に，デザインの社会的な役割について考察して独創的な主題を生成し，主題に応じた表現効果を考え，個性を生かして創造的な表現の構想を練ること。
　イ　発想や構想をしたことを基に，創造的に表す技能
　　(ア) 主題に合った表現方法を追求し，個性を生かして創造的に表すこと。
(3) 映像メディア表現
　　映像メディア表現に関する次の事項を身に付けることができるよう指導する。
　ア　映像メディアの特性を踏まえた発想や構想
　　(ア) 映像メディアの特性を生かして独創的な主題を生成し，主題に応じた表現の可能性や効果について考え，個性を生かして創造的な表現の構想を練ること。
　イ　発想や構想をしたことを基に，創造的に表す技能
　　(ア) 主題に合った表現方法を追求し，個性を生かして創造的に表すこと。
B 鑑賞
　鑑賞に関する資質・能力を次のとおり育成する。

(1) 鑑賞

　鑑賞に関する次の事項を身に付けることができるよう指導する。

　ア　美術作品などの見方や感じ方を深める鑑賞

　　(ｱ)　造形的なよさや美しさ，目的や機能との調和の取れた洗練された美しさなどを感じ取り，作者の主張，作品と時代や社会との関わりなどについて考え，見方や感じ方を深めること。

　イ　生活や社会の中の美術の働きや美術文化についての見方や感じ方を深める鑑賞

　　(ｱ)　日本及び諸外国の美術作品や文化遺産などから伝統や文化の価値を感じ取り，国際理解に果たす美術の役割や美術文化の継承，発展，創造することの意義について考え，見方や感じ方を深めること。

〔共通事項〕

　表現及び鑑賞の学習において共通に必要となる資質・能力を次のとおり育成する。

(1)　「A表現」及び「B鑑賞」の指導を通して，次の事項を身に付けることができるよう指導する。

　ア　造形の要素の働きを理解すること。

　イ　造形的な特徴などを基に，全体のイメージや作風，様式などで捉えることを理解すること。

3　内容の取扱い

(1)　生徒の特性，学校や地域の実態を考慮し，内容の「A表現」については(1)，(2)又は(3)のうち一つ以上を，「B鑑賞」の(1)についてはア又はイのうち一つ以上を選択して扱うことができる。また，内容の「A表現」の(1)については，絵画と彫刻のいずれかを選択したり一体的に扱ったりすることができる。

(2)　内容の取扱いに当たっては，「美術Ⅰ」の3の(3)から(10)まで，「美術Ⅱ」の3の(1)と同様に取り扱うものとする。

第7　工芸Ⅰ

1　目　標

　工芸の幅広い創造活動を通して，造形的な見方・考え方を働かせ，美的体験を重ね，生活や社会の中の工芸や工芸の伝統と文化と幅広く関わる資質・能力を次のとおり育成することを目指す。

(1)　対象や事象を捉える造形的な視点について理解を深めるとともに，意図に応じて制作方法を創意工夫し，創造的に表すことができるようにする。

(2)　造形的なよさや美しさ，表現の意図と創意工夫，工芸の働きなどについて考え，思いや願いなどから心豊かに発想し構想を練ったり，価値意識をもって工芸や工芸の伝統と文化に対する見方や感じ方を深めたりすることができるようにする。

(3)　主体的に工芸の幅広い創造活動に取り組み，生涯にわたり工芸を愛好する心情を育むとともに，感性を高め，工芸の伝統と文化に親しみ，生活や社会を心豊かにするために工夫する態度を養う。

2　内　容

A　表　現

　表現に関する資質・能力を次のとおり育成する。

(1)　身近な生活と工芸

　身近な生活と工芸に関する次の事項を身に付けることができるよう指導する。

　ア　身近な生活の視点に立った発想や構想

　　(ｱ)　自然や素材，自己の思いなどから心豊かな発想をすること。

　　(ｲ)　用途と美しさとの調和を考え，日本の伝統的な表現のよさなどを生かした制作の構想を練るこ

と。
　　イ　発想や構想をしたことを基に，創造的に表す技能
　　　(ｱ)　制作方法を踏まえ，意図に応じて材料や用具を生かすこと。
　　　(ｲ)　手順や技法などを吟味し，創造的に表すこと。
　(2)　社会と工芸
　　　社会と工芸に関する次の事項を身に付けることができるよう指導する。
　　ア　社会的な視点に立った発想や構想
　　　(ｱ)　使う人の願いや心情，生活環境などから心豊かな発想をすること。
　　　(ｲ)　使用する人や場などに求められる機能と美しさとの調和を考え，制作の構想を練ること。
　　イ　発想や構想をしたことを基に，創造的に表す技能
　　　(ｱ)　制作方法を踏まえ，意図に応じて材料や用具を生かすこと。
　　　(ｲ)　手順や技法などを吟味し，創造的に表すこと。
B　鑑賞
　　鑑賞に関する資質・能力を次のとおり育成する。
　(1)　鑑賞
　　　鑑賞に関する次の事項を身に付けることができるよう指導する。
　　ア　工芸作品などの見方や感じ方を深める鑑賞
　　　(ｱ)　身近な生活の視点に立ってよさや美しさを感じ取り，作者の心情や意図と制作過程における工夫や素材の生かし方，技法などについて考え，見方や感じ方を深めること。
　　　(ｲ)　社会的な視点に立ってよさや美しさを感じ取り，作者の心情や意図と制作過程における工夫や素材の生かし方，技法などについて考え，見方や感じ方を深めること。
　　イ　生活や社会の中の工芸の働きや工芸の伝統と文化についての見方や感じ方を深める鑑賞
　　　(ｱ)　環境の中に見られる造形的なよさや美しさを感じ取り，自然と工芸との関わり，生活や社会を心豊かにする工芸の働きについて考え，見方や感じ方を深めること。
　　　(ｲ)　工芸作品や文化遺産などから日本の工芸の特質や美意識を感じ取り，工芸の伝統と文化について考え，見方や感じ方を深めること。
〔共通事項〕
　　表現及び鑑賞の学習において共通に必要となる資質・能力を次のとおり育成する。
　(1)　「A表現」及び「B鑑賞」の指導を通して，次の事項を身に付けることができるよう指導する。
　　ア　造形の要素の働きを理解すること。
　　イ　造形的な特徴などを基に，全体のイメージや作風，様式などで捉えることを理解すること。

3　内容の取扱い

　(1)　内容の「A表現」及び「B鑑賞」の指導については，中学校美術科との関連を十分に考慮し，「A表現」及び「B鑑賞」相互の関連を図り，特に発想や構想に関する資質・能力と鑑賞に関する資質・能力とを総合的に働かせて学習が深められるようにする。
　(2)　内容の「B鑑賞」の指導については，各事項において育成を目指す資質・能力の定着が図られるよう，適切かつ十分な授業時数を配当するものとする。
　(3)　内容の〔共通事項〕は，表現及び鑑賞の学習において共通に必要となる資質・能力であり，「A表現」及び「B鑑賞」の指導と併せて，十分な指導を行い，各事項の実感的な理解を通して，生徒が造形を豊かに捉える多様な視点がもてるように配慮するものとする。
　(4)　内容の「A表現」の指導に当たっては，地域の材料及び伝統的な工芸の表現などを取り入れることにも配慮するものとする。

(5) 内容の「A表現」の指導に当たっては，発想から制作の確認及び完成に至る全過程を通して，自分のよさを発見し喜びを味わい，自己実現を果たしていく態度の形成を図るよう配慮するものとする。

(6) 内容の「B鑑賞」の指導に当たっては，日本の工芸も重視して扱うとともに，アジアをはじめとする諸外国の工芸などについても扱うようにする。

(7) 内容の「A表現」及び「B鑑賞」の指導に当たっては，芸術科工芸の特質に応じて，発想や構想に関する資質・能力や鑑賞に関する資質・能力を育成する観点から，〔共通事項〕に示す事項を視点に，アイデアスケッチなどで構想を練ったり，言葉などで考えを整理したりすることや，作品について批評し合う活動などを取り入れるようにする。

(8) 創造することの価値を捉え，自己や他者の作品などに表れている創造性を尊重する態度の形成を図るとともに，必要に応じて，工芸に関する知的財産権などについて触れるようにする。また，こうした態度の形成が，工芸の伝統と文化の継承，発展，創造を支えていることへの理解につながるよう配慮するものとする。

(9) 事故防止のため，特に，刃物類，塗料，器具などの使い方の指導と保管，活動場所における安全指導などを徹底するものとする。

第8 工芸Ⅱ

1 目標

工芸の創造的な諸活動を通して，造形的な見方・考え方を働かせ，美的体験を深め，生活や社会の中の工芸や工芸の伝統と文化と深く関わる資質・能力を次のとおり育成することを目指す。

(1) 対象や事象を捉える造形的な視点について理解を深めるとともに，意図に応じて制作方法を創意工夫し，個性豊かで創造的に表すことができるようにする。

(2) 造形的なよさや美しさ，表現の意図と創造的な工夫，工芸の働きなどについて考え，思いや願いなどから個性豊かに発想し構想を練ったり，自己の価値観を高めて工芸や工芸の伝統と文化に対する見方や感じ方を深めたりすることができるようにする。

(3) 主体的に工芸の創造的な諸活動に取り組み，生涯にわたり工芸を愛好する心情を育むとともに，感性と美意識を高め，工芸の伝統と文化に親しみ，生活や社会を心豊かにするために工夫する態度を養う。

2 内容

A 表現

表現に関する資質・能力を次のとおり育成する。

(1) 身近な生活と工芸

身近な生活と工芸に関する次の事項を身に付けることができるよう指導する。

ア 身近な生活の視点に立った発想や構想

(ア) 生活の中の工芸を捉え，自己の思いや体験，夢などから個性豊かで創造的な発想をすること。

(イ) 用途と美しさとの調和を考え，素材の特質や表現の多様性などを生かした制作の構想を練ること。

イ 発想や構想をしたことを基に，創造的に表す技能

(ア) 制作方法を踏まえ，意図に応じて材料，用具，手順，技法などを生かし，個性豊かで創造的に表すこと。

(2) 社会と工芸

社会と工芸に関する次の事項を身に付けることができるよう指導する。

ア　社会的な視点に立った発想や構想
　　　(ｱ)　社会や生活環境などの多様な視点や使う人の願いなどから個性豊かで創造的な発想をすること。
　　　(ｲ)　社会における有用性，機能と美しさとの調和を考え，素材の特質や表現の多様性などを生かした制作の構想を練ること。
　　イ　発想や構想をしたことを基に，創造的に表す技能
　　　(ｱ)　制作方法を踏まえ，意図に応じて材料，用具，手順，技法などを生かし，個性豊かで創造的に表すこと。
　B　鑑　賞
　　鑑賞に関する資質・能力を次のとおり育成する。
　(1)　鑑賞
　　鑑賞に関する次の事項を身に付けることができるよう指導する。
　　ア　工芸作品などの見方や感じ方を深める鑑賞
　　　(ｱ)　身近な生活の視点に立ってよさや美しさを感じ取り，発想や構想の独自性と表現の工夫などについて多様な視点から考え，見方や感じ方を深めること。
　　　(ｲ)　社会的な視点に立ってよさや美しさを感じ取り，発想や構想の独自性と表現の工夫などについて多様な視点から考え，見方や感じ方を深めること。
　　イ　生活や社会の中の工芸の働きや工芸の伝統と文化についての見方や感じ方を深める鑑賞
　　　(ｱ)　工芸のもつ機能性と美しさなどを感じ取り，生活環境の改善や心豊かな生き方に関わる工芸の働きについて考え，見方や感じ方を深めること。
　　　(ｲ)　工芸作品や文化遺産などから表現の独自性などを感じ取り，時代，民族，風土などによる表現の相違点や共通点などから工芸の伝統と文化について考え，見方や感じ方を深めること。
〔共通事項〕
　　表現及び鑑賞の学習において共通に必要となる資質・能力を次のとおり育成する。
　(1)　「A表現」及び「B鑑賞」の指導を通して，次の事項を身に付けることができるよう指導する。
　　ア　造形の要素の働きを理解すること。
　　イ　造形的な特徴などを基に，全体のイメージや作風，様式などで捉えることを理解すること。
 3　内容の取扱い
　(1)　内容の「A表現」及び「B鑑賞」の指導については，相互の関連を図り，特に発想や構想に関する資質・能力と鑑賞に関する資質・能力とを総合的に働かせて学習が深められるようにする。
　(2)　生徒の特性，学校や地域の実態を考慮し，内容の「A表現」については(1)又は(2)のうち一つ以上を選択して扱うことができる。
　(3)　内容の取扱いに当たっては，「工芸Ⅰ」の3の(2)から(9)までと同様に取り扱うものとする。

第9　工芸Ⅲ

1　目　標

　　工芸の創造的な諸活動を通して，造形的な見方・考え方を働かせ，美的体験を豊かにし，生活や社会の中の多様な工芸や工芸の伝統と文化と深く関わる資質・能力を次のとおり育成することを目指す。
　(1)　対象や事象を捉える造形的な視点について理解を深めるとともに，意図に応じて制作方法を追求し，個性を生かして創造的に表すことができるようにする。
　(2)　造形的なよさや美しさ，独創的な表現の意図と工夫，工芸の働きなどについて考え，思いや願いなどから個性を生かして発想し構想を練ったり，自己の価値観を働かせて工芸や工芸の伝統と文化に対

する見方や感じ方を深めたりすることができるようにする。
 (3) 主体的に工芸の創造的な諸活動に取り組み，生涯にわたり工芸を愛好する心情を育むとともに，感性と美意識を磨き，工芸の伝統と文化を尊重し，生活や社会を心豊かにするために工夫する態度を養う。

2 内容

A 表現

表現に関する資質・能力を次のとおり育成する。
 (1) 身近な生活と工芸

身近な生活と工芸に関する次の事項を身に付けることができるよう指導する。

 ア 身近な生活の視点に立った発想や構想
　(ｱ) 生活の中の工芸を多様な視点に立って考え，自己の思いなどから個性を生かして独創的に発想し，美的で心豊かな制作の構想を練ること。

 イ 発想や構想をしたことを基に，創造的に表す技能
　(ｱ) 制作過程全体を見通して制作方法を追求し，個性を生かして創造的に表すこと。

 (2) 社会と工芸

社会と工芸に関する次の事項を身に付けることができるよう指導する。

 ア 社会的な視点に立った発想や構想
　(ｱ) 社会における有用性，生活環境の特性などについて多様な視点に立って考え，使う人の願いなどから個性を生かして独創的に発想し，美的で心豊かな制作の構想を練ること。

 イ 発想や構想をしたことを基に，創造的に表す技能
　(ｱ) 制作過程全体を見通して制作方法を追求し，個性を生かして創造的に表すこと。

B 鑑賞

鑑賞に関する資質・能力を次のとおり育成する。
 (1) 鑑賞

鑑賞に関する次の事項を身に付けることができるよう指導する。

 ア 工芸作品などの見方や感じ方を深める鑑賞
　(ｱ) 身近な生活や社会的な視点に立ってよさや美しさを感じ取り，生活文化と工芸との関わり，作品が生まれた背景などについて考え，見方や感じ方を深めること。

 イ 生活や社会の中の工芸の働きや工芸の伝統と文化についての見方や感じ方を深める鑑賞
　(ｱ) 工芸作品や文化遺産などから伝統と文化の価値を感じ取り，国際理解に果たす工芸の役割や工芸の伝統と文化の継承，発展，創造することの意義について考え，見方や感じ方を深めること。

〔共通事項〕

表現及び鑑賞の学習において共通に必要となる資質・能力を次のとおり育成する。
 (1) 「A表現」及び「B鑑賞」の指導を通して，次の事項を身に付けることができるよう指導する。

 ア 造形の要素の働きを理解すること。

 イ 造形的な特徴などを基に，全体のイメージや作風，様式などで捉えることを理解すること。

3 内容の取扱い

 (1) 生徒の特性，学校や地域の実態を考慮し，内容の「A表現」については(1)又は(2)のうち一つ以上を，「B鑑賞」の(1)についてはア又はイのうち一つ以上を選択して扱うことができる。
 (2) 内容の取扱いに当たっては，「工芸Ⅰ」の3の(2)から(9)まで，「工芸Ⅱ」の3の(1)と同様に取り扱うものとする。

第10 書道Ⅰ

1 目標

書道の幅広い活動を通して，書に関する見方・考え方を働かせ，生活や社会の中の文字や書，書の伝統と文化と幅広く関わる資質・能力を次のとおり育成することを目指す。

(1) 書の表現の方法や形式，多様性などについて幅広く理解するとともに，書写能力の向上を図り，書の伝統に基づき，効果的に表現するための基礎的な技能を身に付けるようにする。

(2) 書のよさや美しさを感受し，意図に基づいて構想し表現を工夫したり，作品や書の伝統と文化の意味や価値を考え，書の美を味わい捉えたりすることができるようにする。

(3) 主体的に書の幅広い活動に取り組み，生涯にわたり書を愛好する心情を育むとともに，感性を高め，書の伝統と文化に親しみ，書を通して心豊かな生活や社会を創造していく態度を養う。

2 内容

A 表現

表現に関する資質・能力を次のとおり育成する。

(1) 漢字仮名交じりの書

漢字仮名交じりの書に関する次の事項を身に付けることができるよう指導する。

ア 知識や技能を得たり生かしたりしながら，次の(ｱ)から(ｳ)までについて構想し工夫すること。

(ｱ) 漢字と仮名の調和した字形，文字の大きさ，全体の構成

(ｲ) 目的や用途に即した表現形式，意図に基づいた表現

(ｳ) 名筆を生かした表現や現代に生きる表現

イ 次の(ｱ)及び(ｲ)について理解すること。

(ｱ) 用具・用材の特徴と表現効果との関わり

(ｲ) 名筆や現代の書の表現と用筆・運筆との関わり

ウ 次の(ｱ)及び(ｲ)の技能を身に付けること。

(ｱ) 目的や用途に即した効果的な表現

(ｲ) 漢字と仮名の調和した線質による表現

(2) 漢字の書

漢字の書に関する次の事項を身に付けることができるよう指導する。

ア 知識や技能を得たり生かしたりしながら，次の(ｱ)及び(ｲ)について構想し工夫すること。

(ｱ) 古典の書体や書風に即した用筆・運筆，字形，全体の構成

(ｲ) 意図に基づいた表現

イ 次の(ｱ)及び(ｲ)について理解すること。

(ｱ) 用具・用材の特徴と表現効果との関わり

(ｲ) 書体や書風と用筆・運筆との関わり

ウ 次の(ｱ)及び(ｲ)の技能を身に付けること。

(ｱ) 古典に基づく基本的な用筆・運筆

(ｲ) 古典の線質，字形や構成を生かした表現

(3) 仮名の書

仮名の書に関する次の事項を身に付けることができるよう指導する。

ア 知識や技能を得たり生かしたりしながら，次の(ｱ)及び(ｲ)について構想し工夫すること。

(ｱ) 古典の書風に即した用筆・運筆，字形，全体の構成

(イ) 意図に基づいた表現
イ 次の(ア)及び(イ)について理解すること。
(ア) 用具・用材の特徴と表現効果との関わり
(イ) 線質や書風と用筆・運筆との関わり
ウ 次の(ア)及び(イ)の技能を身に付けること。
(ア) 古典に基づく基本的な用筆・運筆
(イ) 連綿と単体，線質や字形を生かした表現

B 鑑賞

鑑賞に関する資質・能力を次のとおり育成する。

(1) 鑑賞

鑑賞に関する次の事項を身に付けることができるよう指導する。

ア 鑑賞に関わる知識を得たり生かしたりしながら，次の(ア)及び(イ)について考え，書のよさや美しさを味わって捉えること。
(ア) 作品の価値とその根拠
(イ) 生活や社会における書の効用
イ 次の(ア)から(エ)までについて理解すること。
(ア) 線質，字形，構成等の要素と表現効果や風趣との関わり
(イ) 日本及び中国等の文字と書の伝統と文化
(ウ) 漢字の書体の変遷，仮名の成立等
(エ) 書の伝統的な鑑賞の方法や形態

〔共通事項〕

表現及び鑑賞の学習において共通に必要となる資質・能力を次のとおり育成する。

(1) 「A表現」及び「B鑑賞」の指導を通して，次の事項を身に付けることができるよう指導する。
ア 用筆・運筆から生み出される書の表現性とその表現効果との関わりについて理解すること。
イ 書を構成する要素について，それら相互の関連がもたらす働きと関わらせて理解すること。

3 内容の取扱い

(1) 内容の「A表現」及び「B鑑賞」の指導については，それぞれ特定の活動のみに偏らないようにするとともに，「A表現」及び「B鑑賞」相互の関連を図るものとする。

(2) 内容の「A表現」の(1)，(2)及び(3)の指導については，それぞれア，イ及びウの各事項を，「B鑑賞」の(1)の指導については，ア及びイの各事項を適切に関連させて指導する。

(3) 内容の「A表現」の(1)については漢字は楷書及び行書，仮名は平仮名及び片仮名，(2)については楷書及び行書，(3)については平仮名，片仮名及び変体仮名を扱うものとし，また，(2)については，生徒の特性等を考慮し，草書，隷書及び篆書を加えることもできる。

(4) 内容の「A表現」の(2)及び(3)については，臨書及び創作を通して指導するものとする。

(5) 内容の〔共通事項〕は，表現及び鑑賞の学習において共通に必要となる資質・能力であり，「A表現」及び「B鑑賞」の指導と併せて，十分な指導が行われるよう工夫する。

(6) 内容の「A表現」の指導に当たっては，篆刻，刻字等を扱うよう配慮するものとする。

(7) 内容の「A表現」の指導に当たっては，中学校国語科の書写との関連を十分に考慮するとともに，高等学校国語科との関連を図り，学習の成果を生活に生かす視点から，目的や用途に応じて，硬筆も取り上げるよう配慮するものとする。

(8) 内容の「B鑑賞」の(1)のイの(ウ)の指導に当たっては，漢字仮名交じり文の成立について取り上げるようにする。

(9) 内容の「A表現」及び「B鑑賞」の指導に当たっては，思考力，判断力，表現力等の育成を図るため，芸術科書道の特質に応じた言語活動を適切に位置付けられるよう指導を工夫する。なお，内容の「B鑑賞」の指導に当たっては，作品について根拠をもって批評する活動などを取り入れるようにする。

(10) 内容の「A表現」及び「B鑑賞」の指導に当たっては，書道の諸活動を通して，生徒が文字や書と生活や社会との関わりを実感できるよう指導を工夫する。

(11) 自己や他者の著作物及びそれらの著作者の創造性を尊重する態度の形成を図るとともに，必要に応じて，書に関する知的財産権について触れるようにする。また，こうした態度の形成が，書の伝統と文化の継承，発展，創造を支えていることへの理解につながるよう配慮する。

第11 書道Ⅱ

1 目標

書道の創造的な諸活動を通して，書に関する見方・考え方を働かせ，生活や社会の中の文字や書，書の伝統と文化と深く関わる資質・能力を次のとおり育成することを目指す。

(1) 書の表現の方法や形式，多様性などについて理解を深めるとともに，書の伝統に基づき，効果的に表現するための技能を身に付けるようにする。

(2) 書のよさや美しさを感受し，意図に基づいて創造的に構想し個性豊かに表現を工夫したり，作品や書の伝統と文化の意味や価値を考え，書の美を味わい深く捉えたりすることができるようにする。

(3) 主体的に書の創造的な諸活動に取り組み，生涯にわたり書を愛好する心情を育むとともに，感性を高め，書の伝統と文化に親しみ，書を通して心豊かな生活や社会を創造していく態度を養う。

2 内容

A 表現

表現に関する資質・能力を次のとおり育成する。

(1) 漢字仮名交じりの書

漢字仮名交じりの書に関する次の事項を身に付けることができるよう指導する。

ア 知識や技能を得たり生かしたりしながら，次の(ア)から(ウ)までについて構想し工夫すること。
　(ア) 目的や用途，表現形式に応じた全体の構成
　(イ) 感興や意図に応じた個性的な表現
　(ウ) 現代に生きる創造的な表現

イ 次の(ア)及び(イ)について理解すること。
　(ア) 漢字仮名交じりの書を構成する様々な要素
　(イ) 名筆や現代の様々な書の表現と用筆・運筆との関わり

ウ 次の(ア)及び(イ)の技能を身に付けること。
　(ア) 目的や用途，意図に応じた効果的な表現
　(イ) 漢字と仮名の調和等による全体の構成

(2) 漢字の書

漢字の書に関する次の事項を身に付けることができるよう指導する。

ア 知識や技能を得たり生かしたりしながら，次の(ア)及び(イ)について構想し工夫すること。
　(ア) 表現形式に応じた全体の構成
　(イ) 感興や意図に応じた個性的な表現

イ 次の(ア)及び(イ)について理解すること。

　　　　(ｱ)　漢字の書を構成する様々な要素
　　　　(ｲ)　古典の特徴と用筆・運筆との関わり
　　　ウ　次の(ｱ)及び(ｲ)の技能を身に付けること。
　　　　(ｱ)　古典に基づく効果的な表現
　　　　(ｲ)　変化や調和等による全体の構成
　(3)　仮名の書
　　　仮名の書に関する次の事項を身に付けることができるよう指導する。
　　　ア　知識や技能を得たり生かしたりしながら，次の(ｱ)及び(ｲ)について構想し工夫すること。
　　　　(ｱ)　表現形式に応じた全体の構成
　　　　(ｲ)　感興や意図に応じた個性的な表現
　　　イ　次の(ｱ)及び(ｲ)について理解すること。
　　　　(ｱ)　仮名の書を構成する様々な要素
　　　　(ｲ)　古典の特徴と用筆・運筆との関わり
　　　ウ　次の(ｱ)及び(ｲ)の技能を身に付けること。
　　　　(ｱ)　古典に基づく効果的な表現
　　　　(ｲ)　墨継ぎや散らし書き等による全体の構成
　B　鑑賞
　　　鑑賞に関する資質・能力を次のとおり育成する。
　(1)　鑑賞
　　　鑑賞に関する次の事項を身に付けることができるよう指導する。
　　　ア　鑑賞に関わる知識を得たり生かしたりしながら，次の(ｱ)及び(ｲ)について考え，書のよさや美しさを味わって深く捉えること。
　　　　(ｱ)　作品の価値とその根拠
　　　　(ｲ)　生活や社会における書の美の効用と現代的意義
　　　イ　次の(ｱ)から(ｴ)までについて理解を深めること。
　　　　(ｱ)　線質，字形，構成等の要素と表現効果や風趣との関わり
　　　　(ｲ)　日本及び中国等の文字と書の伝統と文化
　　　　(ｳ)　漢字の書，仮名の書，漢字仮名交じりの書の特質とその歴史
　　　　(ｴ)　書の美と時代，風土，筆者などとの関わり
〔共通事項〕
　　　表現及び鑑賞の学習において共通に必要となる資質・能力を次のとおり育成する。
　(1)　「A表現」及び「B鑑賞」の指導を通して，次の事項を身に付けることができるよう指導する。
　　　ア　用筆・運筆から生み出される書の表現性とその表現効果との関わりについて理解すること。
　　　イ　書を構成する要素について，それら相互の関連がもたらす働きと関わらせて理解すること。

3　内容の取扱い

(1)　内容の「A表現」及び「B鑑賞」の指導については，相互の関連を図るものとする。
(2)　生徒の特性，学校や地域の実態を考慮し，内容の「A表現」については(1)を扱うとともに，(2)又は(3)のうち一つ以上を選択して扱うことができる。
(3)　内容の「A表現」の(1)については漢字は楷書，行書，草書及び隷書，仮名は平仮名及び片仮名，(2)については楷書，行書，草書，隷書及び篆書，(3)については平仮名，片仮名及び変体仮名を扱うものとする。
(4)　内容の「A表現」の指導については，篆刻を扱うものとし，生徒の特性等を考慮し，刻字等を加え

ることもできる。
(5) 内容の「B鑑賞」の指導については，各事項において育成を目指す資質・能力の定着が図られるよう，適切かつ十分な授業時数を配当するものとする。
(6) 内容の取扱いに当たっては，「書道Ⅰ」の3の(2)，(4)，(5)及び(9)から(11)までと同様に取り扱うものとする。

第12 書道Ⅲ

1 目標

書道の創造的な諸活動を通して，書に関する見方・考え方を働かせ，生活や社会の中の多様な文字や書，書の伝統と文化と深く関わる資質・能力を次のとおり育成することを目指す。

(1) 書の表現の方法や形式，多様性などについて理解を深めるとともに，書の伝統に基づき，創造的に表現するための技能を身に付けるようにする。
(2) 書のよさや美しさを感受し，意図に基づいて創造的に深く構想し個性豊かに表現を工夫したり，作品や書の伝統と文化の意味や価値を考え，書の美を味わい深く捉えたりすることができるようにする。
(3) 主体的に書の創造的な諸活動に取り組み，生涯にわたり書を愛好する心情を育むとともに，感性を磨き，書の伝統と文化を尊重し，書を通して心豊かな生活や社会を創造していく態度を養う。

2 内容

A 表現

表現に関する資質・能力を次のとおり育成する。

(1) 漢字仮名交じりの書

漢字仮名交じりの書に関する次の事項を身に付けることができるよう指導する。

ア 主体的な構想に基づく個性的，創造的な表現を追求すること。
イ 現代の社会生活に生きる様々な書の表現とその要素について理解を深めること。
ウ 書の伝統を踏まえ，目的や用途，意図に応じて創造的に表現する技能を身に付けること。

(2) 漢字の書

漢字の書に関する次の事項を身に付けることができるよう指導する。

ア 主体的な構想に基づく個性的，創造的な表現を追求すること。
イ 漢字の書を構成する様々な要素について理解を深めること。
ウ 書の伝統を踏まえ，書体の特色を生かして創造的に表現する技能を身に付けること。

(3) 仮名の書

仮名の書に関する次の事項を身に付けることができるよう指導する。

ア 主体的な構想に基づく個性的，創造的な表現を追求すること。
イ 仮名の書を構成する様々な要素について理解を深めること。
ウ 書の伝統を踏まえ，仮名の書の特色を生かして創造的に表現する技能を身に付けること。

B 鑑賞

鑑賞に関する資質・能力を次のとおり育成する。

(1) 鑑賞

鑑賞に関する次の事項を身に付けることができるよう指導する。

ア 鑑賞に関わる知識を得たり生かしたりしながら，次の(ｱ)及び(ｲ)について考え，書のよさや美しさを味わって深く捉えること。

(ｱ) 書の普遍的価値

　　　　　(イ) 書論を踏まえた書の芸術性
　　　イ　次の(ア)から(ウ)までについて理解を深めること。
　　　　　(ア) 線質，字形，構成等の要素と書の美の多様性
　　　　　(イ) 日本及び中国等の書の伝統とその背景となる諸文化等との関わり
　　　　　(ウ) 書の歴史と書論
〔共通事項〕
　　表現及び鑑賞の学習において共通に必要となる資質・能力を次のとおり育成する。
(1) 「A表現」及び「B鑑賞」の指導を通して，次の事項を身に付けることができるよう指導する。
　　ア　用筆・運筆から生み出される書の表現性とその表現効果との関わりについて理解すること。
　　イ　書を構成する要素について，それら相互の関連がもたらす働きと関わらせて理解すること。

3　内容の取扱い

(1) 生徒の特性，学校や地域の実態を考慮し，内容の「A表現」については(1)，(2)又は(3)のうち一つ以上を，「B鑑賞」の(1)のイについては(ア)，(イ)又は(ウ)のうち一つ以上を選択して扱うことができる。
(2) 内容の「A表現」の(2)及び(3)については，目的に応じて臨書又は創作のいずれかを通して指導することができる。
(3) 内容の取扱いに当たっては，「書道Ⅰ」の3の(5)及び(9)から(11)まで，「書道Ⅱ」の3の(1)及び(5)と同様に取り扱うものとする。

第3款　各科目にわたる指導計画の作成と内容の取扱い

1　指導計画の作成に当たっては，次の事項に配慮するものとする。
(1) 題材など内容や時間のまとまりを見通して，その中で育む資質・能力の育成に向けて，生徒の主体的・対話的で深い学びの実現を図るようにすること。その際，各科目における見方・考え方を働かせ，各科目の特質に応じた学習の充実を図ること。
(2) Ⅱを付した科目はそれぞれに対応するⅠを付した科目を履修した後に，Ⅲを付した科目はそれぞれに対応するⅡを付した科目を履修した後に履修させることを原則とすること。
(3) 障害のある生徒などについては，学習活動を行う場合に生じる困難さに応じた指導内容や指導方法の工夫を計画的，組織的に行うこと。
2　内容の取扱いに当たっては，次の事項に配慮するものとする。
(1) 内容の「A表現」及び「B鑑賞」の指導に当たっては，学校の実態に応じて学校図書館を活用すること。また，コンピュータや情報通信ネットワークを積極的に活用して，表現及び鑑賞の学習の充実を図り，生徒が主体的に学習に取り組むことができるように工夫すること。
(2) 各科目の特質を踏まえ，学校や地域の実態に応じて，文化施設，社会教育施設，地域の文化財等の活用を図ったり，地域の人材の協力を求めたりすること。

第8節　外国語

● 第1款　目　標

　外国語によるコミュニケーションにおける見方・考え方を働かせ，外国語による聞くこと，読むこと，話すこと，書くことの言語活動及びこれらを結び付けた統合的な言語活動を通して，情報や考えなどを的確に理解したり適切に表現したり伝え合ったりするコミュニケーションを図る資質・能力を次のとおり育成することを目指す。

(1) 外国語の音声や語彙，表現，文法，言語の働きなどの理解を深めるとともに，これらの知識を，聞くこと，読むこと，話すこと，書くことによる実際のコミュニケーションにおいて，目的や場面，状況などに応じて適切に活用できる技能を身に付けるようにする。

(2) コミュニケーションを行う目的や場面，状況などに応じて，日常的な話題や社会的な話題について，外国語で情報や考えなどの概要や要点，詳細，話し手や書き手の意図などを的確に理解したり，これらを活用して適切に表現したり伝え合ったりすることができる力を養う。

(3) 外国語の背景にある文化に対する理解を深め，聞き手，読み手，話し手，書き手に配慮しながら，主体的，自律的に外国語を用いてコミュニケーションを図ろうとする態度を養う。

● 第2款　各　科　目

第1　英語コミュニケーションⅠ

1　目　標

　英語学習の特質を踏まえ，以下に示す，聞くこと，読むこと，話すこと[やり取り]，話すこと[発表]，書くことの五つの領域（以下この節において「五つの領域」という。）別に設定する目標の実現を目指した指導を通して，第1款の(1)及び(2)に示す資質・能力を一体的に育成するとともに，その過程を通して，第1款の(3)に示す資質・能力を育成する。

(1) 聞くこと

　ア　日常的な話題について，話される速さや，使用される語句や文，情報量などにおいて，多くの支援を活用すれば，必要な情報を聞き取り，話し手の意図を把握することができるようにする。

　イ　社会的な話題について，話される速さや，使用される語句や文，情報量などにおいて，多くの支援を活用すれば，必要な情報を聞き取り，概要や要点を目的に応じて捉えることができるようにする。

(2) 読むこと

　ア　日常的な話題について，使用される語句や文，情報量などにおいて，多くの支援を活用すれば，必要な情報を読み取り，書き手の意図を把握することができるようにする。

　イ　社会的な話題について，使用される語句や文，情報量などにおいて，多くの支援を活用すれば，必要な情報を読み取り，概要や要点を目的に応じて捉えることができるようにする。

(3) 話すこと[やり取り]

　ア　日常的な話題について，使用する語句や文，対話の展開などにおいて，多くの支援を活用すれば，基本的な語句や文を用いて，情報や考え，気持ちなどを話して伝え合うやり取りを続けることができるようにする。

　イ　社会的な話題について，使用する語句や文，対話の展開などにおいて，多くの支援を活用すれば，

聞いたり読んだりしたことを基に，基本的な語句や文を用いて，情報や考え，気持ちなどを論理性に注意して話して伝え合うことができるようにする。

(4) 話すこと［発表］

　ア　日常的な話題について，使用する語句や文，事前の準備などにおいて，多くの支援を活用すれば，基本的な語句や文を用いて，情報や考え，気持ちなどを論理性に注意して話して伝えることができるようにする。

　イ　社会的な話題について，使用する語句や文，事前の準備などにおいて，多くの支援を活用すれば，聞いたり読んだりしたことを基に，基本的な語句や文を用いて，情報や考え，気持ちなどを論理性に注意して話して伝えることができるようにする。

(5) 書くこと

　ア　日常的な話題について，使用する語句や文，事前の準備などにおいて，多くの支援を活用すれば，基本的な語句や文を用いて，情報や考え，気持ちなどを論理性に注意して文章を書いて伝えることができるようにする。

　イ　社会的な話題について，使用する語句や文，事前の準備などにおいて，多くの支援を活用すれば，聞いたり読んだりしたことを基に，基本的な語句や文を用いて，情報や考え，気持ちなどを論理性に注意して文章を書いて伝えることができるようにする。

2　内　容

〔知識及び技能〕

(1) 英語の特徴やきまりに関する事項

　　実際に英語を用いた言語活動を通して，小学校学習指導要領（平成二十九年文部科学省告示第六十三号）第２章第10節の第２の２の(1)，中学校学習指導要領（平成二十九年文部科学省告示第六十四号）第２章第９節の第２の２の(1)及び次に示す言語材料のうち，五つの領域別の目標を達成するのにふさわしいものについて理解するとともに，言語材料と言語活動とを効果的に関連付け，実際のコミュニケーションにおいて活用できる技能を身に付けることができるよう指導する。

　ア　音声

　　(ｱ)　語や句，文における強勢

　　(ｲ)　文におけるイントネーション

　　(ｳ)　文における区切り

　イ　句読法

　　(ｱ)　コンマ

　　(ｲ)　コロン，セミコロン

　　(ｳ)　ダッシュ

　ウ　語，連語及び慣用表現

　　(ｱ)　小学校及び中学校で学習した語に400～600語程度の新語を加えた語

　　(ｲ)　連語

　　(ｳ)　慣用表現

　エ　文構造及び文法事項

　　　小学校学習指導要領第２章第10節の第２の２の(1)のエ，中学校学習指導要領第２章第９節の第２の２の(1)のエ及び次に示す事項については，意味のある文脈でのコミュニケーションの中で繰り返し触れることを通して活用すること。その際，(ｲ)に掲げる全ての事項を，適切に取り扱うこと。

　　(ｱ)　文構造のうち，活用頻度の高いもの

　　(ｲ)　文法事項

a　不定詞の用法
　　　b　関係代名詞の用法
　　　c　関係副詞の用法
　　　d　接続詞の用法
　　　e　助動詞の用法
　　　f　前置詞の用法
　　　g　動詞の時制及び相など
　　　h　仮定法
〔思考力，判断力，表現力等〕
(2) 情報を整理しながら考えなどを形成し，英語で表現したり，伝え合ったりすることに関する事項
　　具体的な課題等を設定し，コミュニケーションを行う目的や場面，状況などに応じて，情報を整理しながら考えなどを形成し，これらを論理的に適切な英語で表現することを通して，次の事項を身に付けることができるよう指導する。
　ア　日常的な話題や社会的な話題について，英語を聞いたり読んだりして，情報や考えなどの概要や要点，詳細，話し手や書き手の意図などを的確に捉えたり，自分自身の考えをまとめたりすること。
　イ　日常的な話題や社会的な話題について，英語を聞いたり読んだりして得られた情報や考えなどを活用しながら，話したり書いたりして情報や自分自身の考えなどを適切に表現すること。
　ウ　日常的な話題や社会的な話題について，伝える内容を整理し，英語で話したり書いたりして，要点や意図などを明確にしながら，情報や自分自身の考えなどを伝え合うこと。
(3) 言語活動及び言語の働きに関する事項
　①　言語活動に関する事項
　　　(2)に示す事項については，(1)に示す事項を活用して，例えば，次のような五つの領域別の言語活動及び複数の領域を結び付けた統合的な言語活動を通して指導する。
　ア　中学校学習指導要領第2章第9節の第2の2の(3)の①に示す言語活動のうち，中学校における学習内容の定着を図るために必要なもの。
　イ　聞くこと
　　(ｱ)　日常的な話題について，話される速さが調整されたり，基本的な語句や文での言い換えを十分に聞いたりしながら，対話や放送などから必要な情報を聞き取り，話し手の意図を把握する活動。また，聞き取った内容を話したり書いたりして伝え合う活動。
　　(ｲ)　社会的な話題について，話される速さが調整されたり，基本的な語句や文での言い換えを十分に聞いたりしながら，対話や説明などから必要な情報を聞き取り，概要や要点を把握する活動。また，聞き取った内容を話したり書いたりして伝え合う活動。
　ウ　読むこと
　　(ｱ)　日常的な話題について，基本的な語句や文での言い換えや，書かれている文章の背景に関する説明などを十分に聞いたり読んだりしながら，電子メールやパンフレットなどから必要な情報を読み取り，書き手の意図を把握する活動。また，読み取った内容を話したり書いたりして伝え合う活動。
　　(ｲ)　社会的な話題について，基本的な語句や文での言い換えや，書かれている文章の背景に関する説明などを十分に聞いたり読んだりしながら，説明文や論証文などから必要な情報を読み取り，概要や要点を把握する活動。また，読み取った内容を話したり書いたりして伝え合う活動。
　エ　話すこと［やり取り］
　　(ｱ)　身近な出来事や家庭生活などの日常的な話題について，使用する語句や文，やり取りの具体

的な進め方が十分に示される状況で，情報や考え，気持ちなどを即興で話して伝え合う活動。また，やり取りした内容を整理して発表したり，文章を書いたりする活動。

(イ) 社会的な話題について，使用する語句や文，やり取りの具体的な進め方が十分に示される状況で，対話や説明などを聞いたり読んだりして，賛成や反対の立場から，情報や考え，気持ちなどを理由や根拠とともに話して伝え合う活動。また，やり取りした内容を踏まえて，自分自身の考えなどを整理して発表したり，文章を書いたりする活動。

オ 話すこと［発表］

(ア) 身近な出来事や家庭生活などの日常的な話題について，使用する語句や文，発話例が十分に示されたり，準備のための多くの時間が確保されたりする状況で，情報や考え，気持ちなどを理由や根拠とともに話して伝える活動。また，発表した内容について，質疑応答をしたり，意見や感想を伝え合ったりする活動。

(イ) 社会的な話題について，使用する語句や文，発話例が十分に示されたり，準備のための多くの時間が確保されたりする状況で，対話や説明などを聞いたり読んだりして，情報や考え，気持ちなどを理由や根拠とともに話して伝える活動。また，発表した内容について，質疑応答をしたり，意見や感想を伝え合ったりする活動。

カ 書くこと

(ア) 身近な出来事や家庭生活などの日常的な話題について，使用する語句や文，文章例が十分に示されたり，準備のための多くの時間が確保されたりする状況で，情報や考え，気持ちなどを理由や根拠とともに段落を書いて伝える活動。また，書いた内容を読み合い，質疑応答をしたり，意見や感想を伝え合ったりする活動。

(イ) 社会的な話題について，使用する語句や文，文章例が十分に示されたり，準備のための多くの時間が確保されたりする状況で，対話や説明などを聞いたり読んだりして，情報や考え，気持ちなどを理由や根拠とともに段落を書いて伝える活動。また，書いた内容を読み合い，質疑応答をしたり，意見や感想を伝え合ったりする活動。

② 言語の働きに関する事項

言語活動を行うに当たり，例えば，次に示すような言語の使用場面や言語の働きの中から，五つの領域別の目標を達成するためにふさわしいものを取り上げ，有機的に組み合わせて活用するようにする。

ア 言語の使用場面の例

(ア) 生徒の暮らしに関わる場面
- 家庭での生活
- 学校での学習や活動
- 地域での活動
- 職場での活動 など

(イ) 多様な手段を通して情報などを得る場面
- 本，新聞，雑誌などを読むこと
- テレビや映画，動画，ラジオなどを観たり，聞いたりすること
- 情報通信ネットワークを活用すること など

(ウ) 特有の表現がよく使われる場面
- 買物
- 食事
- 旅行
- 電話での応対
- 手紙や電子メールのやり取り など

イ 言語の働きの例

(ア) コミュニケーションを円滑にする

- 相づちを打つ
- 繰り返す
- 話題を発展させる
- 聞き直す
- 言い換える
- 話題を変える　など

(イ) 気持ちを伝える
- 共感する
- 謝る
- 望む
- 心配する　など
- 褒める
- 感謝する
- 驚く

(ウ) 事実・情報を伝える
- 説明する
- 描写する
- 要約する
- 報告する
- 理由を述べる
- 訂正する　など

(エ) 考えや意図を伝える
- 提案する
- 賛成する
- 承諾する
- 主張する
- 仮定する
- 申し出る
- 反対する
- 断る
- 推論する

など

(オ) 相手の行動を促す
- 質問する
- 誘う
- 助言する
- 注意をひく
- 依頼する
- 許可する
- 命令する
- 説得する　など

3　内容の取扱い

(1) 中学校におけるコミュニケーションを図る資質・能力を育成するための総合的な指導を踏まえ，五つの領域別の言語活動及び複数の領域を結び付けた統合的な言語活動を通して，総合的に指導するものとする。

(2) 中学校における学習との接続のため，既習の語句や文構造，文法事項などの学習内容を繰り返したり，特にこの科目の学習の初期の段階においては中学校における基礎的な学習内容を整理したりして指導し，定着を図るよう配慮するものとする。

第2　英語コミュニケーションⅡ

1　目　標

英語学習の特質を踏まえ，以下に示す，五つの領域別に設定する目標の実現を目指した指導を通して，第1款の(1)及び(2)に示す資質・能力を一体的に育成するとともに，その過程を通して，第1款の(3)に示す資質・能力を育成する。

(1) 聞くこと

ア　日常的な話題について，話される速さや，使用される語句や文，情報量などにおいて，一定の支援を活用すれば，必要な情報を聞き取り，話の展開や話し手の意図を把握することができるようにする。

イ　社会的な話題について，話される速さや，使用される語句や文，情報量などにおいて，一定の支

援を活用すれば，必要な情報を聞き取り，概要や要点，詳細を目的に応じて捉えることができるようにする。

(2) 読むこと

ア 日常的な話題について，使用される語句や文，情報量などにおいて，一定の支援を活用すれば，必要な情報を読み取り，文章の展開や書き手の意図を把握することができるようにする。

イ 社会的な話題について，使用される語句や文，情報量などにおいて，一定の支援を活用すれば，必要な情報を読み取り，概要や要点，詳細を目的に応じて捉えることができるようにする。

(3) 話すこと［やり取り］

ア 日常的な話題について，使用する語句や文，対話の展開などにおいて，一定の支援を活用すれば，多様な語句や文を用いて，情報や考え，気持ちなどを詳しく話して伝え合うやり取りを続けることができるようにする。

イ 社会的な話題について，使用する語句や文，対話の展開などにおいて，一定の支援を活用すれば，聞いたり読んだりしたことを基に，多様な語句や文を用いて，情報や考え，気持ちなどを論理性に注意して詳しく話して伝え合うことができるようにする。

(4) 話すこと［発表］

ア 日常的な話題について，使用する語句や文，事前の準備などにおいて，一定の支援を活用すれば，多様な語句や文を用いて，情報や考え，気持ちなどを論理性に注意して詳しく話して伝えることができるようにする。

イ 社会的な話題について，使用する語句や文，事前の準備などにおいて，一定の支援を活用すれば，聞いたり読んだりしたことを基に，多様な語句や文を用いて，情報や考え，気持ちなどを論理性に注意して詳しく話して伝えることができるようにする。

(5) 書くこと

ア 日常的な話題について，使用する語句や文，事前の準備などにおいて，一定の支援を活用すれば，多様な語句や文を用いて，情報や考え，気持ちなどを論理性に注意して複数の段落から成る文章で詳しく書いて伝えることができるようにする。

イ 社会的な話題について，使用する語句や文，事前の準備などにおいて，一定の支援を活用すれば，聞いたり読んだりしたことを基に，多様な語句や文を用いて，情報や考え，気持ちなどを論理性に注意して複数の段落から成る文章で詳しく書いて伝えることができるようにする。

2 内 容

〔知識及び技能〕

(1) 英語の特徴やきまりに関する事項

「英語コミュニケーションⅠ」の2の(1)と同様に取り扱うものとする。ただし，指導する語については，「英語コミュニケーションⅠ」の2の(1)のウの(ｱ)で示す語に700～950語程度の新語を加えた語とする。また，「英語コミュニケーションⅠ」の2の(1)のエの(ｲ)については，示された文法事項の中から，五つの領域別の目標を達成するのにふさわしいものを取り扱うものとする。

〔思考力，判断力，表現力等〕

(2) 情報を整理しながら考えなどを形成し，英語で表現したり，伝え合ったりすることに関する事項

「英語コミュニケーションⅠ」の2の(2)に示す事項について，五つの領域別の目標を達成するように取り扱うものとする。

(3) 言語活動及び言語の働きに関する事項

① 言語活動に関する事項

(2)に示す事項については，(1)に示す事項を活用して，例えば，次のような五つの領域別の言語

活動及び複数の領域を結び付けた統合的な言語活動を通して指導する。

ア 「英語コミュニケーションⅠ」の2の(3)の①に示す言語活動のうち、「英語コミュニケーションⅠ」における学習内容の定着を図るために必要なもの。

イ 聞くこと

(ｱ) 日常的な話題について、必要に応じて、話される速さが調整されたり、別の語句や文での言い換えを聞いたりしながら、対話やスピーチなどから必要な情報を聞き取り、話の展開や話し手の意図を把握する活動。また、聞き取った内容を基に考えをまとめ、話したり書いたりして伝え合う活動。

(ｲ) 社会的な話題について、必要に応じて、話される速さが調整されたり、別の語句や文での言い換えを聞いたりしながら、説明や討論などから必要な情報を聞き取り、概要や要点、詳細を把握する活動。また、聞き取った内容を基に考えをまとめ、話したり書いたりして伝え合う活動。

ウ 読むこと

(ｱ) 日常的な話題について、必要に応じて、別の語句や文での言い換えや、書かれている文章の背景に関する説明などを聞いたり読んだりしながら、新聞記事や広告などから必要な情報を読み取り、文章の展開や書き手の意図を把握する活動。また、読み取った内容を基に考えをまとめ、話したり書いたりして伝え合う活動。

(ｲ) 社会的な話題について、必要に応じて、別の語句や文での言い換えや、書かれている文章の背景に関する説明などを聞いたり読んだりしながら、論証文や報告文などから必要な情報を読み取り、概要や要点、詳細を把握する活動。また、読み取った内容を基に考えをまとめ、話したり書いたりして伝え合う活動。

エ 話すこと［やり取り］

(ｱ) 関心のある事柄や学校生活などの日常的な話題について、必要に応じて、使用する語句や文、やり取りの具体的な進め方が示される状況で、情報や考え、気持ちなどを詳しく話して伝え合う活動。また、やり取りした内容を整理して発表したり、文章を書いたりする活動。

(ｲ) 社会的な話題について、必要に応じて、使用する語句や文、やり取りの具体的な進め方が示される状況で、説明や討論などを聞いたり読んだりして、賛成や反対の立場から、情報や考え、気持ちなどを理由や根拠とともに詳しく話して伝え合う活動。また、やり取りした内容を踏まえて、自分自身の考えなどを整理して発表したり、文章を書いたりする活動。

オ 話すこと［発表］

(ｱ) 関心のある事柄や学校生活などの日常的な話題について、必要に応じて、使用する語句や文、発話例が示されたり、準備のための一定の時間が確保されたりする状況で、情報や考え、気持ちなどを理由や根拠とともに詳しく話して伝える活動。また、発表した内容について、質疑応答をしたり、意見や感想を伝え合ったりする活動。

(ｲ) 社会的な話題について、必要に応じて、使用する語句や文、発話例が示されたり、準備のための一定の時間が確保されたりする状況で、説明や討論などを聞いたり読んだりして、情報や考え、気持ちなどを理由や根拠とともに詳しく話して伝える活動。また、発表した内容について、質疑応答をしたり、意見や感想を伝え合ったりする活動。

カ 書くこと

(ｱ) 関心のある事柄や学校生活などの日常的な話題について、必要に応じて、使用する語句や文、文章例が示されたり、準備のための一定の時間が確保されたりする状況で、情報や考え、気持ちなどを理由や根拠とともに複数の段落を用いて詳しく書いて伝える活動。また、書いた内容

を読み合い，質疑応答をしたり，意見や感想を伝え合ったりする活動。
　　　（イ）社会的な話題について，必要に応じて，使用する語句や文，文章例が示されたり，準備のための一定の時間が確保されたりする状況で，説明や討論などを聞いたり読んだりして，情報や考え，気持ちなどを理由や根拠とともに複数の段落を用いて詳しく書いて伝える活動。また，書いた内容を読み合い，質疑応答をしたり，意見や感想を伝え合ったりする活動。
　② 言語の働きに関する事項
　　「英語コミュニケーションⅠ」の2の(3)の②と同様に取り扱うものとする。

3　内容の取扱い

　コミュニケーションを図る資質・能力を育成するためのこれまでの総合的な指導を踏まえ，五つの領域別の言語活動及び複数の領域を結び付けた統合的な言語活動を通して，総合的に指導するものとする。

第3　英語コミュニケーションⅢ

1　目　標

　英語学習の特質を踏まえ，以下に示す，五つの領域別に設定する目標の実現を目指した指導を通して，第1款の(1)及び(2)に示す資質・能力を一体的に育成するとともに，その過程を通して，第1款の(3)に示す資質・能力を育成する。

(1) 聞くこと

　ア　日常的な話題について，話される速さや，使用される語句や文，情報量などにおいて，支援をほとんど活用しなくても，必要な情報を聞き取り，話の展開や話し手の意図を把握することができるようにする。

　イ　社会的な話題について，話される速さや，使用される語句や文，情報量などにおいて，支援をほとんど活用しなくても，話の展開に注意しながら必要な情報を聞き取り，概要や要点，詳細を目的に応じて捉えることができるようにする。

(2) 読むこと

　ア　日常的な話題について，使用される語句や文，情報量などにおいて，支援をほとんど活用しなくても，必要な情報を読み取り，文章の展開や書き手の意図を把握することができるようにする。

　イ　社会的な話題について，使用される語句や文，情報量などにおいて，支援をほとんど活用しなくても，文章の展開に注意しながら必要な情報を読み取り，概要や要点，詳細を目的に応じて捉えることができるようにする。

(3) 話すこと［やり取り］

　ア　日常的な話題について，使用する語句や文，対話の展開などにおいて，支援をほとんど活用しなくても，多様な語句や文を目的や場面，状況などに応じて適切に用いて，情報や考え，気持ちなどを詳しく話して伝え合うやり取りを続け，会話を発展させることができるようにする。

　イ　社会的な話題について，使用する語句や文，対話の展開などにおいて，支援をほとんど活用しなくても，聞いたり読んだりしたことを基に，多様な語句や文を目的や場面，状況などに応じて適切に用いて，情報や考え，課題の解決策などを論理的に詳しく話して伝え合うことができるようにする。

(4) 話すこと［発表］

　ア　日常的な話題について，使用する語句や文，事前の準備などにおいて，支援をほとんど活用しなくても，多様な語句や文を目的や場面，状況などに応じて適切に用いて，情報や考え，気持ちなどを論理的に詳しく話して伝えることができるようにする。

イ　社会的な話題について，使用する語句や文，事前の準備などにおいて，支援をほとんど活用しなくても，聞いたり読んだりしたことを基に，多様な語句や文を目的や場面，状況などに応じて適切に用いて，情報や考え，気持ちなどを論理的に詳しく話して伝えることができるようにする。

(5) 書くこと
　　ア　日常的な話題について，使用する語句や文，事前の準備などにおいて，支援をほとんど活用しなくても，多様な語句や文を目的や場面，状況などに応じて適切に用いて，情報や考え，気持ちなどを複数の段落から成る文章で論理的に詳しく書いて伝えることができるようにする。
　　イ　社会的な話題について，使用する語句や文，事前の準備などにおいて，支援をほとんど活用しなくても，聞いたり読んだりしたことを基に，多様な語句や文を目的や場面，状況などに応じて適切に用いて，情報や考え，気持ちなどを複数の段落から成る文章で論理的に詳しく書いて伝えることができるようにする。

2　内　容

〔知識及び技能〕

(1) 英語の特徴やきまりに関する事項

　　「英語コミュニケーションⅠ」の2の(1)と同様に取り扱うものとする。ただし，指導する語については，「英語コミュニケーションⅡ」の2の(1)で示す語に700～950語程度の新語を加えた語とする。また，「英語コミュニケーションⅠ」の2の(1)のエの(イ)については，示された文法事項の中から，五つの領域別の目標を達成するのにふさわしいものを取り扱うものとする。

〔思考力，判断力，表現力等〕

(2) 情報を整理しながら考えなどを形成し，英語で表現したり，伝え合ったりすることに関する事項

　　「英語コミュニケーションⅠ」の2の(2)に示す事項について，五つの領域別の目標を達成するように取り扱うものとする。

(3) 言語活動及び言語の働きに関する事項

　①　言語活動に関する事項

　　　(2)に示す事項については，(1)に示す事項を活用して，例えば，次のような五つの領域別の言語活動及び複数の領域を結び付けた統合的な言語活動を通して指導する。

　　ア　「英語コミュニケーションⅠ」及び「英語コミュニケーションⅡ」のそれぞれの2の(3)の①に示す言語活動のうち，これらの科目における学習内容の定着を図るために必要なもの。

　　イ　聞くこと

　　　(ア)　日常的な話題について，インタビューやニュースなどから必要な情報を聞き取り，話の展開や話し手の意図を把握する活動。また，聞き取った内容について，質疑応答をしたり，意見や感想を伝え合ったりする活動。

　　　(イ)　社会的な話題について，複数のニュースや講演などから話の展開に注意しながら必要な情報を聞き取り，概要や要点，詳細を把握する活動。また，聞き取った内容について，質疑応答をしたり，意見や感想を伝え合ったりする活動。

　　ウ　読むこと

　　　(ア)　日常的な話題について，新聞記事や物語などから必要な情報を読み取り，文章の展開や書き手の意図を把握する活動。また，読み取った内容について，質疑応答をしたり，意見や感想を伝え合ったりする活動。

　　　(イ)　社会的な話題について，複数の論証文や記録文などから文章の展開に注意しながら課題を解決するために必要な情報を読み取り，概要や要点，詳細をまとめる活動。また，まとめた内容を基に解決策を考え，話したり書いたりして伝え合う活動。

エ 話すこと［やり取り］
- (ｱ) 学校外での生活や地域社会などの日常的な話題について，情報や考え，気持ちなどを詳しく話して伝え合い，会話を発展させる活動。また，やり取りした内容を整理して発表したり，文章を書いたりする活動。
- (ｲ) 社会的な話題について，ニュースや講演などを聞いたり読んだりして，情報や考え，課題の解決策などを明確な理由や根拠とともに詳しく話して伝え合う活動。また，やり取りした内容を踏まえて，自分自身の考えなどを整理して発表したり，文章を書いたりする活動。

オ 話すこと［発表］
- (ｱ) 学校外での生活や地域社会などの日常的な話題について，情報や考え，気持ちなどを明確な理由や根拠とともに詳しく話して伝える活動。また，発表した内容について，質疑応答をしたり，意見や感想を伝え合ったりする活動。
- (ｲ) 社会的な話題について，ニュースや講演などを聞いたり読んだりして，情報や考え，気持ちなどを明確な理由や根拠とともに詳しく話して伝える活動。また，発表した内容について，質疑応答をしたり，意見や感想を伝え合ったりする活動。

カ 書くこと
- (ｱ) 学校外での生活や地域社会などの日常的な話題について，情報や考え，気持ちなどを明確な理由や根拠とともに複数の段落を用いて詳しく書いて伝える活動。また，書いた内容を読み合い，質疑応答をしたり，意見や感想を伝え合ったりする活動。
- (ｲ) 社会的な話題について，ニュースや講演などを聞いたり読んだりして，情報や考え，気持ちなどを自分自身の立場を明らかにしながら，明確な理由や根拠とともに複数の段落を用いて詳しく書いて伝える活動。また，書いた内容を読み合い，質疑応答をしたり，意見や感想を伝え合ったりする活動。

② 言語の働きに関する事項

「英語コミュニケーションⅠ」の2の(3)の②と同様に取り扱うものとする。

3 内容の取扱い

「英語コミュニケーションⅡ」の3と同様に取り扱うものとする。

第4 論理・表現Ⅰ

1 目標

英語学習の特質を踏まえ，以下に示す，話すこと［やり取り］，話すこと［発表］，書くことの三つの領域（以下この節において「三つの領域」という。）別に設定する目標の実現を目指した指導を通して，第1款の(1)及び(2)に示す資質・能力を一体的に育成するとともに，その過程を通して，第1款の(3)に示す資質・能力を育成する。

(1) 話すこと［やり取り］

ア 日常的な話題について，使用する語句や文，対話の展開などにおいて，多くの支援を活用すれば，基本的な語句や文を用いて，情報や考え，気持ちなどを話して伝え合ったり，やり取りを通して必要な情報を得たりすることができるようにする。

イ 日常的な話題や社会的な話題について，使用する語句や文，対話の展開などにおいて，多くの支援を活用すれば，ディベートやディスカッションなどの活動を通して，聞いたり読んだりしたことを活用しながら，基本的な語句や文を用いて，意見や主張などを論理の構成や展開を工夫して話して伝え合うことができるようにする。

(2) 話すこと［発表］
　ア　日常的な話題について，使用する語句や文，事前の準備などにおいて，多くの支援を活用すれば，基本的な語句や文を用いて，情報や考え，気持ちなどを論理の構成や展開を工夫して話して伝えることができるようにする。
　イ　日常的な話題や社会的な話題について，使用する語句や文，事前の準備などにおいて，多くの支援を活用すれば，スピーチやプレゼンテーションなどの活動を通して，聞いたり読んだりしたことを活用しながら，基本的な語句や文を用いて，意見や主張などを論理の構成や展開を工夫して話して伝えることができるようにする。
(3) 書くこと
　ア　日常的な話題について，使用する語句や文，事前の準備などにおいて，多くの支援を活用すれば，基本的な語句や文を用いて，情報や考え，気持ちなどを論理の構成や展開を工夫して文章を書いて伝えることができるようにする。
　イ　日常的な話題や社会的な話題について，使用する語句や文，事前の準備などにおいて，多くの支援を活用すれば，聞いたり読んだりしたことを活用しながら，基本的な語句や文を用いて，意見や主張などを論理の構成や展開を工夫して文章を書いて伝えることができるようにする。

2　内　容

〔知識及び技能〕
(1) 英語の特徴やきまりに関する事項
　　実際に英語を用いた言語活動を通して，小学校学習指導要領第2章第10節の第2の2の(1)，中学校学習指導要領第2章第9節の第2の2の(1)及び「英語コミュニケーションⅠ」の2の(1)に示す言語材料及び次に示す事項のうち，三つの領域別の目標を達成するのにふさわしいものについて理解するとともに，それらと言語活動とを効果的に関連付け，実際のコミュニケーションにおいて活用できる技能を身に付けることができるよう指導する。ただし，語や文法事項については，三つの領域別の目標を達成するのにふさわしいものを適宜取り扱うものとする。
　ア　論理の構成や展開及び表現などに関する事項
　　(ｱ)　目的や場面，状況などに応じた論理の構成や展開
　　(ｲ)　情報や考えなどを効果的に伝える表現

〔思考力，判断力，表現力等〕
(2) 情報を整理しながら考えなどを形成し，英語で表現したり，伝え合ったりすることに関する事項
　　具体的な課題等を設定し，コミュニケーションを行う目的や場面，状況などに応じて，情報を整理しながら考えなどを形成し，これらを論理的に適切な英語で表現することを通して，次の事項を身に付けることができるよう指導する。
　ア　日常的な話題や社会的な話題について，英語を聞いたり読んだりして得られた情報や考えなどを活用しながら，話したり書いたりして情報や自分自身の考えなどを適切に表現すること。
　イ　日常的な話題や社会的な話題について，伝える内容を整理し，英語で話したり書いたりして，要点や意図などを明確にしながら，情報や自分自身の考えなどを伝え合うこと。
(3) 言語活動及び言語の働きに関する事項
　①　言語活動に関する事項
　　　(2)に示す事項については，(1)に示す事項を活用して，例えば，次のような三つの領域別の言語活動及び複数の領域を結び付けた統合的な言語活動を通して指導する。
　　ア　話すこと［やり取り］
　　　(ｱ)　関心のある事柄や学校生活などの日常的な話題について，使用する語句や文，やり取りの具

体的な進め方が十分に示される状況で，情報や考え，気持ちなどを話して伝え合ったり，やり取りを通して必要な情報を得たりする活動。また，やり取りした内容を整理して発表したり，文章を書いたりする活動。

(イ) 日常的な話題や社会的な話題に関して聞いたり読んだりした内容について，使用する語句や文，やり取りの具体的な進め方が十分に示される状況で，優れている点や改善すべき点を話して伝え合ったり，意見や主張などを適切な理由や根拠とともに伝え合うディベートやディスカッションをする活動。また，やり取りした内容を踏まえて，自分自身の考えなどを整理して発表したり，文章を書いたりする活動。

イ 話すこと［発表］

(ア) 関心のある事柄や学校生活などの日常的な話題について，使用する語句や文，発話例が十分に示されたり，準備のための多くの時間が確保されたりする状況で，情報や考え，気持ちなどを適切な理由や根拠とともに話して伝える活動。また，発表した内容について，質疑応答をしたり，意見や感想を伝え合ったりする活動。

(イ) 日常的な話題や社会的な話題に関して聞いたり読んだりした内容について，使用する語句や文，発話例が十分に示されたり，準備のための多くの時間が確保されたりする状況で，段階的な手順を踏みながら，意見や主張などを適切な理由や根拠とともに伝える短いスピーチやプレゼンテーションをする活動。また，発表した内容について，質疑応答をしたり，意見や感想を伝え合ったりする活動。

ウ 書くこと

(ア) 関心のある事柄や学校生活などの日常的な話題について，使用する語句や文，文章例が十分に示されたり，準備のための多くの時間が確保されたりする状況で，情報や考え，気持ちなどを適切な理由や根拠とともに段落を書いて伝える活動。また，書いた内容を読み合い，質疑応答をしたり，意見や感想を伝え合ったりする活動。

(イ) 日常的な話題や社会的な話題に関して聞いたり読んだりした内容について，使用する語句や文，文章例が十分に示されたり，準備のための多くの時間が確保されたりする状況で，発想から推敲まで段階的な手順を踏みながら，意見や主張などを適切な理由や根拠とともに段落を書いて伝える活動。また，書いた内容を読み合い，質疑応答をしたり，意見や感想を伝え合ったりする活動。

② 言語の働きに関する事項

「英語コミュニケーションⅠ」の2の(3)の②と同様に取り扱うものとする。

3 内容の取扱い

コミュニケーションを図る資質・能力を育成するためのこれまでの総合的な指導を踏まえ，話したり書いたりする言語活動を中心に，情報や考えなどを表現したり伝え合ったりする能力の向上を図るように指導するものとする。

第5 論理・表現Ⅱ

1 目標

英語学習の特質を踏まえ，以下に示す，三つの領域別に設定する目標の実現を目指した指導を通して，第1款の(1)及び(2)に示す資質・能力を一体的に育成するとともに，その過程を通して，第1款の(3)に示す資質・能力を育成する。

(1) 話すこと［やり取り］

ア 日常的な話題について，使用する語句や文，対話の展開などにおいて，一定の支援を活用すれば，多様な語句や文を用いて，情報や考え，気持ちなどを詳しく話して伝え合ったり，立場や状況が異なる相手と交渉したりすることができるようにする。

イ 日常的な話題や社会的な話題について，使用する語句や文，対話の展開などにおいて，一定の支援を活用すれば，ディベートやディスカッションなどの活動を通して，聞いたり読んだりしたことを活用しながら，多様な語句や文を用いて，意見や主張，課題の解決策などを論理の構成や展開を工夫して詳しく話して伝え合うことができるようにする。

(2) 話すこと［発表］

ア 日常的な話題について，使用する語句や文，事前の準備などにおいて，一定の支援を活用すれば，多様な語句や文を用いて，情報や考え，気持ちなどを論理の構成や展開を工夫して詳しく話して伝えることができるようにする。

イ 日常的な話題や社会的な話題について，使用する語句や文，事前の準備などにおいて，一定の支援を活用すれば，スピーチやプレゼンテーションなどの活動を通して，聞いたり読んだりしたことを活用しながら，多様な語句や文を用いて，意見や主張などを論理の構成や展開を工夫して詳しく話して伝えることができるようにする。

(3) 書くこと

ア 日常的な話題について，使用する語句や文，事前の準備などにおいて，一定の支援を活用すれば，多様な語句や文を用いて，情報や考え，気持ちなどを論理の構成や展開を工夫して複数の段落から成る文章で詳しく書いて伝えることができるようにする。

イ 日常的な話題や社会的な話題について，使用する語句や文，事前の準備などにおいて，一定の支援を活用すれば，聞いたり読んだりしたことを活用しながら，多様な語句や文を用いて，意見や主張などを論理の構成や展開を工夫して複数の段落から成る文章で詳しく書いて伝えることができるようにする。

2 内 容

〔知識及び技能〕

(1) 英語の特徴やきまりに関する事項

「論理・表現Ⅰ」の2の(1)と同様に取り扱うものとする。

〔思考力，判断力，表現力等〕

(2) 情報を整理しながら考えなどを形成し，英語で表現したり，伝え合ったりすることに関する事項

「論理・表現Ⅰ」の2の(2)に示す事項について，三つの領域別の目標を達成するように取り扱うものとする。

(3) 言語活動及び言語の働きに関する事項

① 言語活動に関する事項

(2)に示す事項については，(1)に示す事項を活用して，例えば，次のような三つの領域別の言語活動及び複数の領域を結び付けた統合的な言語活動を通して指導する。

ア 「論理・表現Ⅰ」の2の(3)の①に示す言語活動のうち，「論理・表現Ⅰ」における学習内容の定着を図るために必要なもの。

イ 話すこと［やり取り］

(ｱ) 学校外での生活や地域社会などの日常的な話題について，必要に応じて，使用する語句や文，やり取りの具体的な進め方が示される状況で，情報や考え，気持ちなどを詳しく話して伝え合ったり，自分自身の状況や要望を伝え，相手の意向を把握しながら交渉したりする活動。また，やり取りした内容を整理して発表したり，文章を書いたりする活動。

(イ) 日常的な話題や社会的な話題に関して聞いたり読んだりした内容について，必要に応じて，使用する語句や文，やり取りの具体的な進め方が示される状況で，課題を明確に説明し，その解決策を提案し合ったり，意見や主張，課題の解決策などを適切な理由や根拠とともに詳しく伝え合ったりするディベートやディスカッションをする活動。また，やり取りした内容を踏まえて，自分自身の考えなどを整理して発表したり，文章を書いたりする活動。

ウ 話すこと［発表］

(ア) 学校外での生活や地域社会などの日常的な話題について，必要に応じて，使用する語句や文，発話例が示されたり，準備のための一定の時間が確保されたりする状況で，情報や考え，気持ちなどを適切な理由や根拠とともに詳しく話して伝える活動。また，発表した内容について，質疑応答をしたり，意見や感想を伝え合ったりする活動。

(イ) 日常的な話題や社会的な話題に関して聞いたり読んだりした内容について，必要に応じて，使用する語句や文，発話例が示されたり，準備のための一定の時間が確保されたりする状況で，段階的な手順を踏みながら，意見や主張などを適切な理由や根拠とともに詳しく伝えるスピーチやプレゼンテーションをする活動。また，発表した内容について，質疑応答をしたり，意見や感想を伝え合ったりする活動。

エ 書くこと

(ア) 学校外での生活や地域社会などの日常的な話題について，必要に応じて，使用する語句や文，文章例が示されたり，準備のための一定の時間が確保されたりする状況で，情報や考え，気持ちなどを適切な理由や根拠とともに複数の段落を用いて詳しく書いて伝える活動。また，書いた内容を読み合い，質疑応答をしたり，意見や感想を伝え合ったりする活動。

(イ) 日常的な話題や社会的な話題に関して聞いたり読んだりした内容について，必要に応じて，使用する語句や文，文章例が示されたり，準備のための一定の時間が確保されたりする状況で，発想から推敲まで段階的な手順を踏みながら，意見や主張などを適切な理由や根拠とともに複数の段落を用いて詳しく書いて伝える活動。また，書いた内容を読み合い，質疑応答をしたり，意見や感想を伝え合ったりする活動。

② 言語の働きに関する事項

「英語コミュニケーションⅠ」の2の(3)の②と同様に取り扱うものとする。

3 内容の取扱い

「論理・表現Ⅰ」の3と同様に取り扱うものとする。

第6 論理・表現Ⅲ

1 目標

英語学習の特質を踏まえ，以下に示す，三つの領域別に設定する目標の実現を目指した指導を通して，第1款の(1)及び(2)に示す資質・能力を一体的に育成するとともに，その過程を通して，第1款の(3)に示す資質・能力を育成する。

(1) 話すこと［やり取り］

ア 日常的な話題について，使用する語句や文，対話の展開などにおいて，支援をほとんど活用しなくても，複数の資料を活用しながら，多様な語句や文を目的や場面，状況などに応じて適切に用いて，課題を解決することができるよう，情報や考え，気持ちなどを整理して話して伝え合うことができるようにする。

イ 日常的な話題や社会的な話題について，使用する語句や文，対話の展開などにおいて，支援をほ

とんど活用しなくても，ディベートやディスカッションなどの活動を通して，複数の資料を活用しながら，多様な語句や文を目的や場面，状況などに応じて適切に用いて，意見や主張，課題の解決策などを，聞き手を説得できるよう，論理の構成や展開を工夫して詳しく話して伝え合うことができるようにする。

(2) 話すこと［発表］

ア　日常的な話題について，使用する語句や文，事前の準備などにおいて，支援をほとんど活用しなくても，多様な語句や文を目的や場面，状況などに応じて適切に用いて，情報や考え，気持ちなどを，聞き手を説得できるよう，論理の構成や展開を工夫して詳しく話して伝えることができるようにする。

イ　日常的な話題や社会的な話題について，使用する語句や文，事前の準備などにおいて，支援をほとんど活用しなくても，スピーチやプレゼンテーションなどの活動を通して，複数の資料を活用しながら，多様な語句や文を目的や場面，状況などに応じて適切に用いて，意見や主張などを，聞き手を説得できるよう，論理の構成や展開を工夫して詳しく話して伝えることができるようにする。

(3) 書くこと

ア　日常的な話題について，使用する語句や文，事前の準備などにおいて，支援をほとんど活用しなくても，多様な語句や文を目的や場面，状況などに応じて適切に用いて，情報や考え，気持ちなどを，読み手を説得できるよう，論理の構成や展開を工夫して複数の段落から成る文章で詳しく書いて伝えることができるようにする。

イ　日常的な話題や社会的な話題について，使用する語句や文，事前の準備などにおいて，支援をほとんど活用しなくても，複数の資料を活用しながら，多様な語句や文を目的や場面，状況などに応じて適切に用いて，意見や主張などを，読み手を説得できるよう，論理の構成や展開を工夫して複数の段落から成る文章で詳しく書いて伝えることができるようにする。

2　内　容

〔知識及び技能〕

(1) 英語の特徴やきまりに関する事項

「論理・表現Ⅰ」の2の(1)と同様に取り扱うものとする。

〔思考力，判断力，表現力等〕

(2) 情報を整理しながら考えなどを形成し，英語で表現したり，伝え合ったりすることに関する事項

「論理・表現Ⅰ」の2の(2)に示す事項について，三つの領域別の目標を達成するように取り扱うものとする。

(3) 言語活動及び言語の働きに関する事項

① 言語活動に関する事項

(2)に示す事項については，(1)に示す事項を活用して，例えば，次のような三つの領域別の言語活動及び複数の領域を結び付けた統合的な言語活動を通して指導する。

ア　「論理・表現Ⅰ」及び「論理・表現Ⅱ」のそれぞれの2の(3)の①に示す言語活動のうち，これらの科目における学習内容の定着を図るために必要なもの。

イ　話すこと［やり取り］

(ｱ) 日常的な話題について，ニュースや新聞記事などの複数の資料を活用して，情報や考え，気持ちなどを整理して話して伝え合ったり，課題を解決するために話し合ったりする活動。また，やり取りした内容を整理して発表したり，文章を書いたりする活動。

(ｲ) 日常的な話題や社会的な話題に関して聞いたり読んだりした内容について，質疑応答をしたり，聞き手を説得することができるよう，ニュースや新聞記事などの複数の資料を活用して，

意見や主張，課題の解決策などを効果的な理由や根拠とともに詳しく伝え合ったりするディベートやディスカッションをする活動。また，やり取りした内容を踏まえて，自分自身の考えなどを，整理して発表したり，文章を書いたりする活動。

　　ウ　話すこと［発表］
　　　(ア)　日常的な話題について，聞き手を説得することができるよう，情報や考え，気持ちなどを効果的な理由や根拠とともに詳しく話して伝える活動。また，発表した内容について，質疑応答をしたり，意見や感想を伝え合ったりする活動。
　　　(イ)　日常的な話題や社会的な話題について，ニュースや新聞記事などの複数の資料を活用して，段階的な手順を踏みながら，聞き手を説得することができるよう，意見や主張などを効果的な理由や根拠とともに詳しく伝えるまとまりのある長さのスピーチやプレゼンテーションをする活動。また，発表した内容について，質疑応答をしたり，意見や感想を伝え合ったりする活動。
　　エ　書くこと
　　　(ア)　日常的な話題について，読み手を説得することができるよう，情報や考え，気持ちなどを効果的な理由や根拠とともに複数の段落を用いて詳しく書いて伝える活動。また，書いた内容を読み合い，質疑応答をしたり，意見や感想を伝え合ったりする活動。
　　　(イ)　日常的な話題や社会的な話題について，ニュースや新聞記事などの複数の資料を活用して，発想から推敲まで段階的な手順を踏みながら，読み手を説得することができるよう，意見や主張などを効果的な理由や根拠とともに複数の段落を用いて詳しく書いて伝える活動。また，書いた内容を読み合い，質疑応答をしたり，意見や感想を伝え合ったりする活動。
　②　言語の働きに関する事項
　　「英語コミュニケーションⅠ」の２の(3)の②と同様に取り扱うものとする。

3　内容の取扱い
　「論理・表現Ⅰ」の３と同様に取り扱うものとする。

第7　その他の外国語に関する科目

1　その他の外国語に関する科目については，第１から第６まで及び第３款に示す英語に関する各科目の目標及び内容などに準じて指導を行うものとする。

2　高等学校において英語以外の外国語を初めて履修させる場合には，生徒の学習負担等を踏まえ，適切に指導するものとする。

●第3款　英語に関する各科目にわたる指導計画の作成と内容の取扱い

1　指導計画の作成に当たっては，小学校や中学校における指導との接続に留意しながら，次の事項に配慮するものとする。
(1)　単元など内容や時間のまとまりを見通して，その中で育む資質・能力の育成に向けて，生徒の主体的・対話的で深い学びの実現を図るようにすること。その際，具体的な課題等を設定し，生徒が外国語によるコミュニケーションにおける見方・考え方を働かせながら，コミュニケーションの目的や場面，状況などを意識して活動を行い，英語の音声や語彙，表現，文法などの知識を五つの領域（「論理・表現Ⅰ」，「論理・表現Ⅱ」及び「論理・表現Ⅲ」においては三つの領域。３において同じ。）における実際のコミュニケーションにおいて活用する学習の充実を図ること。
(2)　「英語コミュニケーションⅡ」は「英語コミュニケーションⅠ」を，「英語コミュニケーションⅢ」は

「英語コミュニケーションⅡ」を履修した後に履修させることを原則とすること。
(3) 「論理・表現Ⅱ」は「論理・表現Ⅰ」を,「論理・表現Ⅲ」は「論理・表現Ⅱ」を履修した後に履修させることを原則とすること。
(4) 多様な生徒の実態に応じ,生徒の学習負担に配慮しながら,年次ごと及び科目ごとの目標を適切に定め,学校が定める卒業までの指導計画を通して十分に段階を踏みながら,外国語科の目標の実現を図るようにすること。
(5) 実際に英語を使用して自分自身の考えを伝え合うなどの言語活動を行う際は,既習の語句や文構造,文法事項などの学習内容を繰り返し指導し定着を図ること。
(6) 生徒が英語に触れる機会を充実させるとともに,授業を実際のコミュニケーションの場面とするため,授業は英語で行うことを基本とする。その際,生徒の理解の程度に応じた英語を用いるようにすること。
(7) 言語能力の向上を図る観点から,言語活動などにおいて国語科と連携を図り,指導の効果を高めるとともに,日本語と英語の語彙や表現,論理の展開などの違いや共通点に気付かせ,その背景にある歴史や文化,習慣などに対する理解が深められるよう工夫をすること。
(8) 言語活動で扱う題材は,生徒の興味・関心に合ったものとし,国語科や地理歴史科,理科など,他の教科等で学習した内容と関連付けるなどして,英語を用いて課題解決を図る力を育成する工夫をすること。
(9) 障害のある生徒などについては,学習活動を行う場合に生じる困難さに応じた指導内容や指導方法の工夫を計画的,組織的に行うこと。
(10) 指導計画の作成や授業の実施に当たっては,ネイティブ・スピーカーや英語が堪能な地域人材などの協力を得る等,指導体制の充実を図るとともに,指導方法の工夫を行うこと。
2 内容の取扱いに当たっては,次の事項に配慮するものとする。
(1) 単に英語を日本語に,又は日本語を英語に置き換えるような指導とならないよう,各科目の内容の(1)に示す言語材料については,意味のある文脈でのコミュニケーションの中で繰り返し触れることを通して指導すること。また,生徒の発達の段階に応じて,聞いたり読んだりすることを通して意味を理解できるように指導すべき事項と,話したり書いたりして表現できるように指導すべき事項とがあることに留意すること。
(2) 音声指導の補助として,必要に応じて発音表記を用いて指導することもできることに留意すること。
(3) 文法事項の指導に当たっては,文法はコミュニケーションを支えるものであることを踏まえ,過度に文法的な正しさのみを強調したり,用語や用法の区別などの指導が中心となったりしないよう配慮し,使用する場面や伝えようとする内容と関連付けて整理するなど,実際のコミュニケーションにおいて活用できるように,効果的な指導を工夫すること。
(4) 現代の標準的な英語によること。ただし,様々な英語が国際的に広くコミュニケーションの手段として使われている実態にも配慮すること。
(5) 話すことや書くことの指導に当たっては,目的や場面,状況などに応じたやり取りや発表,文章などの具体例を示した上で,生徒がそれらを参考にしながら自分で表現できるよう留意すること。
(6) 中学校で身に付けた使い方を基礎として,辞書を効果的に活用できるようにすること。
(7) 生徒が発話する機会を増やすとともに,他者と協働する力を育成するため,ペア・ワーク,グループ・ワークなどの学習形態について適宜工夫すること。その際,他者とコミュニケーションを行うことに課題がある生徒については,個々の生徒の特性に応じて指導内容や指導方法を工夫すること。
(8) 生徒が身に付けるべき資質・能力や生徒の実態,教材の内容などに応じて,視聴覚教材やコンピュータ,情報通信ネットワーク,教育機器などを有効活用し,生徒の興味・関心をより高めるとともに,英語による情報の発信に慣れさせるために,キーボードを使って英文を入力するなどの活動を効果的に取

り入れることにより，指導の効率化や言語活動の更なる充実を図るようにすること。
 (9) 各単元や各時間の指導に当たっては，コミュニケーションを行う目的や場面，状況などを設定し，言語活動を通して育成すべき資質・能力を明確に示すことにより，生徒が学習の見通しを立てたり，振り返ったりして，主体的，自律的に学習することができるようにすること。
3 教材については，次の事項に留意するものとする。
 (1) 教材は，五つの領域別の言語活動及び複数の領域を結び付けた統合的な言語活動を通してコミュニケーションを図る資質・能力を総合的に育成するため，各科目の五つの領域別の目標と2に示す内容との関係について，単元など内容や時間のまとまりごとに各教材の中で明確に示すとともに，実際の言語の使用場面や言語の働きに十分に配慮した題材を取り上げること。その際，各科目の内容の(1)に示す文法事項などを中心とした構成とならないよう十分に留意し，コミュニケーションを行う目的や場面，状況などを設定した上で，言語活動を通して育成すべき資質・能力を明確に示すこと。
 (2) 英語を使用している人々を中心とする世界の人々や日本人の日常生活，風俗習慣，物語，地理，歴史，伝統文化，自然科学などに関するものの中から，生徒の発達の段階や興味・関心に即して適切な題材を効果的に取り上げるものとし，次の観点に配慮すること。
  (ア) 多様な考え方に対する理解を深めさせ，公正な判断力を養い豊かな心情を育てるのに役立つこと。
  (イ) 我が国の文化や，英語の背景にある文化に対する関心を高め，理解を深めようとする態度を養うのに役立つこと。
  (ウ) 社会がグローバル化する中で，広い視野から国際理解を深め，国際社会と向き合うことが求められている我が国の一員としての自覚を高めるとともに，国際協調の精神を養うのに役立つこと。
  (エ) 人間，社会，自然などについての考えを深めるのに役立つこと。

第9節 家庭

● 第1款 目標

　生活の営みに係る見方・考え方を働かせ，実践的・体験的な学習活動を通して，様々な人々と協働し，よりよい社会の構築に向けて，男女が協力して主体的に家庭や地域の生活を創造する資質・能力を次のとおり育成することを目指す。
（1） 人間の生涯にわたる発達と生活の営みを総合的に捉え，家族・家庭の意義，家族・家庭と社会との関わりについて理解を深め，家族・家庭，衣食住，消費や環境などについて，生活を主体的に営むために必要な理解を図るとともに，それらに係る技能を身に付けるようにする。
（2） 家庭や地域及び社会における生活の中から問題を見いだして課題を設定し，解決策を構想し，実践を評価・改善し，考察したことを根拠に基づいて論理的に表現するなど，生涯を見通して生活の課題を解決する力を養う。
（3） 様々な人々と協働し，よりよい社会の構築に向けて，地域社会に参画しようとするとともに，自分や家庭，地域の生活を主体的に創造しようとする実践的な態度を養う。

● 第2款 各科目

第1 家庭基礎

1 目標

　生活の営みに係る見方・考え方を働かせ，実践的・体験的な学習活動を通して，様々な人々と協働し，よりよい社会の構築に向けて，男女が協力して主体的に家庭や地域の生活を創造する資質・能力を次のとおり育成することを目指す。
（1） 人の一生と家族・家庭及び福祉，衣食住，消費生活・環境などについて，生活を主体的に営むために必要な基礎的な理解を図るとともに，それらに係る技能を身に付けるようにする。
（2） 家庭や地域及び社会における生活の中から問題を見いだして課題を設定し，解決策を構想し，実践を評価・改善し，考察したことを根拠に基づいて論理的に表現するなど，生涯を見通して課題を解決する力を養う。
（3） 様々な人々と協働し，よりよい社会の構築に向けて，地域社会に参画しようとするとともに，自分や家庭，地域の生活の充実向上を図ろうとする実践的な態度を養う。

2 内容

A　人の一生と家族・家庭及び福祉
　次の(1)から(5)までの項目について，生涯を見通し主体的に生活するために，家族や地域社会の人々と協力・協働し，実践的・体験的な学習活動を通して，次の事項を身に付けることができるよう指導する。
（1） 生涯の生活設計
　ア　人の一生について，自己と他者，社会との関わりから様々な生き方があることを理解するとともに，自立した生活を営むために必要な情報の収集・整理を行い，生涯を見通して，生活課題に対応し意思決定をしていくことの重要性について理解を深めること。
　イ　生涯を見通した自己の生活について主体的に考え，ライフスタイルと将来の家庭生活及び職業生

活について考察し，生活設計を工夫すること。
(2) 青年期の自立と家族・家庭
　ア　生涯発達の視点で青年期の課題を理解するとともに，家族・家庭の機能と家族関係，家族・家庭生活を取り巻く社会環境の変化や課題，家族・家庭と社会との関わりについて理解を深めること。
　イ　家庭や地域のよりよい生活を創造するために，自己の意思決定に基づき，責任をもって行動することや，男女が協力して，家族の一員としての役割を果たし家庭を築くことの重要性について考察すること。
(3) 子供の生活と保育
　ア　乳幼児期の心身の発達と生活，親の役割と保育，子供を取り巻く社会環境，子育て支援について理解するとともに，乳幼児と適切に関わるための基礎的な技能を身に付けること。
　イ　子供を生み育てることの意義について考えるとともに，子供の健やかな発達のために親や家族及び地域や社会の果たす役割の重要性について考察すること。
(4) 高齢期の生活と福祉
　ア　高齢期の心身の特徴，高齢者を取り巻く社会環境，高齢者の尊厳と自立生活の支援や介護について理解するとともに，生活支援に関する基礎的な技能を身に付けること。
　イ　高齢者の自立生活を支えるために，家族や地域及び社会の果たす役割の重要性について考察すること。
(5) 共生社会と福祉
　ア　生涯を通して家族・家庭の生活を支える福祉や社会的支援について理解すること。
　イ　家庭や地域及び社会の一員としての自覚をもって共に支え合って生活することの重要性について考察すること。

B　衣食住の生活の自立と設計
　次の(1)から(3)までの項目について，健康・快適・安全な衣食住の生活を主体的に営むために，実践的・体験的な学習活動を通して，次の事項を身に付けることができるよう指導する。
(1) 食生活と健康
　ア　次のような知識及び技能を身に付けること。
　　(ア) ライフステージに応じた栄養の特徴や食品の栄養的特質，健康や環境に配慮した食生活について理解し，自己や家族の食生活の計画・管理に必要な技能を身に付けること。
　　(イ) おいしさの構成要素や食品の調理上の性質，食品衛生について理解し，目的に応じた調理に必要な技能を身に付けること。
　イ　食の安全や食品の調理上の性質，食文化の継承を考慮した献立作成や調理計画，健康や環境に配慮した食生活について考察し，自己や家族の食事を工夫すること。
(2) 衣生活と健康
　ア　次のような知識及び技能を身に付けること。
　　(ア) ライフステージや目的に応じた被服の機能と着装について理解し，健康で快適な衣生活に必要な情報の収集・整理ができること。
　　(イ) 被服材料，被服構成及び被服衛生について理解し，被服の計画・管理に必要な技能を身に付けること。
　イ　被服の機能性や快適性について考察し，安全で健康や環境に配慮した被服の管理や目的に応じた着装を工夫すること。
(3) 住生活と住環境
　ア　ライフステージに応じた住生活の特徴，防災などの安全や環境に配慮した住居の機能について理

解し，適切な住居の計画・管理に必要な技能を身に付けること。
　イ　住居の機能性や快適性，住居と地域社会との関わりについて考察し，防災などの安全や環境に配慮した住生活や住環境を工夫すること。
C　持続可能な消費生活・環境
　次の(1)から(3)までの項目について，持続可能な社会を構築するために実践的・体験的な学習活動を通して，次の事項を身に付けることができるよう指導する。
　(1) 生活における経済の計画
　　ア　家計の構造や生活における経済と社会との関わり，家計管理について理解すること。
　　イ　生涯を見通した生活における経済の管理や計画の重要性について，ライフステージや社会保障制度などと関連付けて考察すること。
　(2) 消費行動と意思決定
　　ア　消費者の権利と責任を自覚して行動できるよう消費生活の現状と課題，消費行動における意思決定や契約の重要性，消費者保護の仕組みについて理解するとともに，生活情報を適切に収集・整理できること。
　　イ　自立した消費者として，生活情報を活用し，適切な意思決定に基づいて行動することや責任ある消費について考察し，工夫すること。
　(3) 持続可能なライフスタイルと環境
　　ア　生活と環境との関わりや持続可能な消費について理解するとともに，持続可能な社会へ参画することの意義について理解すること。
　　イ　持続可能な社会を目指して主体的に行動できるよう，安全で安心な生活と消費について考察し，ライフスタイルを工夫すること。
D　ホームプロジェクトと学校家庭クラブ活動
　生活上の課題を設定し，解決に向けて生活を科学的に探究したり，創造したりすることができるよう次の事項を指導する。
　　ア　ホームプロジェクト及び学校家庭クラブ活動の意義と実施方法について理解すること。
　　イ　自己の家庭生活や地域の生活と関連付けて生活上の課題を設定し，解決方法を考え，計画を立てて実践すること。

3　内容の取扱い

(1) 内容の取扱いに当たっては，次の事項に配慮するものとする。
　ア　内容のAからCまでについては，生活の科学的な理解を深めるための実践的・体験的な学習活動を充実するとともに，生活の中から問題を見いだしその課題を解決する過程を重視すること。また，現在を起点に将来を見通したり，自己や家族を起点に地域や社会へ視野を広げたりして，生活を時間的・空間的な視点から捉えることができるよう指導を工夫すること。
　イ　内容のAの(1)については，人の一生を生涯発達の視点で捉え，各ライフステージの特徴などと関連を図ることができるよう，この科目の学習の導入として扱うこと。また，AからCまでの内容と関連付けるとともにこの科目のまとめとしても扱うこと。
　ウ　内容のAの(3)及び(4)については，学校や地域の実態等に応じて，学校家庭クラブ活動などとの関連を図り，乳幼児や高齢者との触れ合いや交流などの実践的な活動を取り入れるよう努めること。
　　(5)については，自助，共助及び公助の重要性について理解できるよう指導を工夫すること。
　エ　内容のBについては，実験・実習を中心とした指導を行うこと。なお，(1)については，栄養，食品，調理及び食品衛生との関連を図って扱うようにすること。また，調理実習については食物アレルギーにも配慮すること。

オ　内容のCの指導に当たっては，A及びBの内容と相互に関連を図ることができるよう工夫すること。
　　カ　内容のDの指導に当たっては，AからCまでの学習の発展として実践的な活動を家庭や地域などで行うこと。
　(2)　内容の範囲や程度については，次の事項に配慮するものとする。
　　ア　内容のAの(2)のアについては，関係法規についても触れること。(3)から(5)までについては，生涯にわたって家族・家庭の生活を支える福祉の基本的な理念に重点を置くこと。(4)については，認知症などにも触れること。アについては，生活支援に関する基礎的な技能を身に付けることができるよう体験的に学習を行うこと。
　　イ　内容のBの(1)のア，(2)のア及び(3)のアについては，日本と世界の衣食住に関わる文化についても触れること。その際，日本の伝統的な和食，和服及び和室などを取り上げ，生活文化の継承・創造の重要性に気付くことができるよう留意すること。
　　ウ　内容のCの(1)のイについては，将来にわたるリスクを想定して，不測の事態に備えた対応などについても触れること。(2)のアについては，多様な契約やその義務と権利について取り上げるとともに，消費者信用及びそれらをめぐる問題などを扱うこと。(3)については，環境負荷の少ない衣食住の生活の工夫に重点を置くこと。

第2　家庭総合

1　目標

　生活の営みに係る見方・考え方を働かせ，実践的・体験的な学習活動を通して，様々な人々と協働し，よりよい社会の構築に向けて，男女が協力して主体的に家庭や地域の生活を創造する資質・能力を次のとおり育成することを目指す。
(1)　人の一生と家族・家庭及び福祉，衣食住，消費生活・環境などについて，生活を主体的に営むために必要な科学的な理解を図るとともに，それらに係る技能を体験的・総合的に身に付けるようにする。
(2)　家庭や地域及び社会における生活の中から問題を見いだして課題を設定し，解決策を構想し，実践を評価・改善し，考察したことを科学的な根拠に基づいて論理的に表現するなど，生涯を見通して課題を解決する力を養う。
(3)　様々な人々と協働し，よりよい社会の構築に向けて，地域社会に参画しようとするとともに，生活文化を継承し，自分や家庭，地域の生活の充実向上を図ろうとする実践的な態度を養う。

2　内容

A　人の一生と家族・家庭及び福祉
　次の(1)から(5)までの項目について，生涯を見通し主体的に生活するために，家族や地域社会の人々と協力・協働し，実践的・体験的な学習活動を通して，次の事項を身に付けることができるよう指導する。
(1)　生涯の生活設計
　　ア　次のような知識及び技能を身に付けること。
　　　(ｱ)　人の一生について，自己と他者，社会との関わりから様々な生き方があることを理解するとともに，自立した生活を営むために，生涯を見通して，生活課題に対応し意思決定をしていくことの重要性について理解を深めること。
　　　(ｲ)　生活の営みに必要な金銭，生活時間などの生活資源について理解し，情報の収集・整理が適切にできること。

イ　生涯を見通した自己の生活について主体的に考え，ライフスタイルと将来の家庭生活及び職業生活について考察するとともに，生活資源を活用して生活設計を工夫すること。
(2) 青年期の自立と家族・家庭及び社会
　ア　次のような知識を身に付けること。
　　(ア) 生涯発達の視点から各ライフステージの特徴と課題について理解するとともに，青年期の課題である自立や男女の平等と協力，意思決定の重要性について理解を深めること。
　　(イ) 家族・家庭の機能と家族関係，家族・家庭と法律，家庭生活と福祉などについて理解するとともに，家族・家庭の意義，家族・家庭と社会との関わり，家族・家庭を取り巻く社会環境の変化や課題について理解を深めること。
　イ　家庭や地域のよりよい生活を創造するために，自己の意思決定に基づき，責任をもって行動することや，男女が協力して，家族の一員としての役割を果たし家庭を築くことの重要性について考察すること。
(3) 子供との関わりと保育・福祉
　ア　次のような知識及び技能を身に付けること。
　　(ア) 乳幼児期の心身の発達と生活，子供の遊びと文化，親の役割と保育，子育て支援について理解を深め，子供の発達に応じて適切に関わるための技能を身に付けること。
　　(イ) 子供を取り巻く社会環境の変化や課題及び子供の福祉について理解を深めること。
　イ　子供を生み育てることの意義や，保育の重要性について考え，子供の健やかな発達を支えるために親や家族及び地域や社会の果たす役割の重要性を考察するとともに，子供との適切な関わり方を工夫すること。
(4) 高齢者との関わりと福祉
　ア　次のような知識及び技能を身に付けること。
　　(ア) 高齢期の心身の特徴，高齢者の尊厳と自立生活の支援や介護について理解を深め，高齢者の心身の状況に応じて適切に関わるための生活支援に関する技能を身に付けること。
　　(イ) 高齢者を取り巻く社会環境の変化や課題及び高齢者福祉について理解を深めること。
　イ　高齢者の自立生活を支えるために，家族や地域及び社会の果たす役割の重要性について考察し，高齢者の心身の状況に応じた適切な支援の方法や関わり方を工夫すること。
(5) 共生社会と福祉
　ア　次のような知識を身に付けること。
　　(ア) 生涯を通して家族・家庭の生活を支える福祉や社会的支援について理解すること。
　　(イ) 家庭と地域との関わりについて理解するとともに，高齢者や障害のある人々など様々な人々が共に支え合って生きることの意義について理解を深めること。
　イ　家庭や地域及び社会の一員としての自覚をもって共に支え合って生活することの重要性について考察し，様々な人々との関わり方を工夫すること。
B　衣食住の生活の科学と文化
　次の(1)から(3)までの項目について，健康・快適・安全な衣食住の生活を主体的に営むために，実践的・体験的な学習活動を通して，次の事項を身に付けることができるよう指導する。
(1) 食生活の科学と文化
　ア　次のような知識及び技能を身に付けること。
　　(ア) 食生活を取り巻く課題，食の安全と衛生，日本と世界の食文化など，食と人との関わりについて理解すること。
　　(イ) ライフステージの特徴や課題に着目し，栄養の特徴，食品の栄養的特質，健康や環境に配慮し

た食生活について理解するとともに，自己と家族の食生活の計画・管理に必要な技能を身に付けること。
- (ｳ) おいしさの構成要素や食品の調理上の性質，食品衛生について科学的に理解し，目的に応じた調理に必要な技能を身に付けること。

イ 主体的に食生活を営むことができるよう健康及び環境に配慮した自己と家族の食事，日本の食文化の継承・創造について考察し，工夫すること。

(2) 衣生活の科学と文化

ア 次のような知識及び技能を身に付けること。
- (ｱ) 衣生活を取り巻く課題，日本と世界の衣文化など，被服と人との関わりについて理解を深めること。
- (ｲ) ライフステージの特徴や課題に着目し，身体特性と被服の機能及び着装について理解するとともに，健康と安全，環境に配慮した自己と家族の衣生活の計画・管理に必要な情報の収集・整理ができること。
- (ｳ) 被服材料，被服構成，被服製作，被服衛生及び被服管理について科学的に理解し，衣生活の自立に必要な技能を身に付けること。

イ 主体的に衣生活を営むことができるよう目的や個性に応じた健康で快適，機能的な着装や日本の衣文化の継承・創造について考察し，工夫すること。

(3) 住生活の科学と文化

ア 次のような知識及び技能を身に付けること。
- (ｱ) 住生活を取り巻く課題，日本と世界の住文化など，住まいと人との関わりについて理解を深めること。
- (ｲ) ライフステージの特徴や課題に着目し，住生活の特徴，防災などの安全や環境に配慮した住居の機能について科学的に理解し，住生活の計画・管理に必要な技能を身に付けること。
- (ｳ) 家族の生活やライフスタイルに応じた持続可能な住居の計画について理解し，快適で安全な住空間を計画するために必要な情報を収集・整理できること。

イ 主体的に住生活を営むことができるようライフステージと住環境に応じた住居の計画，防災などの安全や環境に配慮した住生活とまちづくり，日本の住文化の継承・創造について考察し，工夫すること。

C 持続可能な消費生活・環境

次の(1)から(3)までの項目について，持続可能な社会を構築するために実践的・体験的な学習活動を通して，次の事項を身に付けることができるよう指導する。

(1) 生活における経済の計画

ア 次のような知識及び技能を身に付けること。
- (ｱ) 家計の構造について理解するとともに生活における経済と社会との関わりについて理解を深めること。
- (ｲ) 生涯を見通した生活における経済の管理や計画，リスク管理の考え方について理解を深め，情報の収集・整理が適切にできること。

イ 生涯を見通した生活における経済の管理や計画の重要性について，ライフステージごとの課題や社会保障制度などと関連付けて考察し，工夫すること。

(2) 消費行動と意思決定

ア 次のような知識及び技能を身に付けること。
- (ｱ) 消費生活の現状と課題，消費行動における意思決定や責任ある消費の重要性について理解を深

めるとともに，生活情報の収集・整理が適切にできること。
(イ) 消費者の権利と責任を自覚して行動できるよう，消費者問題や消費者の自立と支援などについて理解するとともに，契約の重要性や消費者保護の仕組みについて理解を深めること。
イ 自立した消費者として，生活情報を活用し，適切な意思決定に基づいて行動できるよう考察し，責任ある消費について工夫すること。

(3) 持続可能なライフスタイルと環境
ア 生活と環境との関わりや持続可能な消費について理解するとともに，持続可能な社会へ参画することの意義について理解を深めること。
イ 持続可能な社会を目指して主体的に行動できるよう，安全で安心な生活と消費及び生活文化について考察し，ライフスタイルを工夫すること。

D ホームプロジェクトと学校家庭クラブ活動
生活上の課題を設定し，解決に向けて生活を科学的に探究したり，創造したりすることができるよう次の事項を指導する。
ア ホームプロジェクト及び学校家庭クラブ活動の意義と実施方法について理解すること。
イ 自己の家庭生活や地域の生活と関連付けて生活上の課題を設定し，解決方法を考え，計画を立てて実践すること。

3 内容の取扱い

(1) 内容の取扱いに当たっては，次の事項に配慮するものとする。
ア 内容のAからCまでについては，生活の科学的な理解を深めるための実践的・体験的な学習活動を充実するとともに，生活の中から問題を見いだしその課題を解決する過程を重視すること。また，現在を起点に将来を見通したり，自己や家族を起点に地域や社会へ視野を広げたりして，生活を時間的・空間的な視点から捉えることができるように指導を工夫すること。
イ 内容のAの(1)については，人の一生を生涯発達の視点で捉え，各ライフステージの特徴や課題と関連を図ることができるよう，この科目の学習の導入として扱うこと。また，AからCまでの内容と関連付けるとともにこの科目のまとめとしても扱うこと。
ウ 内容のAの(3)については，学校や地域の実態等に応じて，学校家庭クラブ活動などとの関連を図り，幼稚園，保育所及び認定こども園などの乳幼児，近隣の小学校の低学年の児童との触れ合いや交流の機会をもつよう努めること。また，(4)については，学校家庭クラブ活動などとの関連を図り，福祉施設などの見学やボランティア活動への参加をはじめ，身近な高齢者との交流の機会をもつよう努めること。(5)については，自助，共助及び公助の重要性について理解を深めることができるよう指導を工夫すること。
エ 内容のBについては，実験・実習を中心とした指導を行うこと。なお，(1)については，栄養，食品，調理及び食品衛生との関連を図って指導すること。また，調理実習については食物アレルギーにも配慮すること。
オ 内容のCの指導に当たっては，A及びBの内容と相互に関連を図ることができるよう工夫すること。(2)については，消費生活に関する演習を取り入れるなど，理解を深めることができるよう努めること。
カ 内容のDの指導に当たっては，AからCまでの学習の発展として実践的な活動を家庭や地域などで行うこと。

(2) 内容の範囲や程度については，次の事項に配慮するものとする。
ア 内容のAの(3)については，乳幼児期から小学校の低学年までの子供を中心に扱い，子供の発達を支える親の役割や子育てを支援する環境に重点を置くこと。また，アの(イ)については，子供の福

祉の基本的な理念に重点を置くこと。(4)のアの(ア)については，食事，着脱衣，移動など高齢者の心身の状況に応じて工夫ができるよう実習を扱うこと。(イ)については，高齢者福祉の基本的な理念に重点を置くとともに，例えば，認知症などの事例を取り上げるなど具体的な支援方法についても扱うこと。

 イ 内容のBの(1)のアの(ア)，(2)のアの(ア)及び(3)のアの(ア)については，和食，和服及び和室などを取り上げ，日本の伝統的な衣食住に関わる生活文化やその継承・創造を扱うこと。(2)のアの(ウ)については，衣服を中心とした縫製技術が学習できる題材を扱うこと。

 ウ 内容のCの(1)のアの(ア)については，キャッシュレス社会が家計に与える利便性と問題点を扱うこと。(イ)については，将来にわたるリスクを想定して，不測の事態に備えた対応などについて具体的な事例にも触れること。(2)のアの(イ)については，多様な契約やその義務と権利を取り上げるとともに消費者信用及びそれらをめぐる問題などを扱うこと。(3)については，生活と環境との関わりを具体的に理解させることに重点を置くこと。

●第3款　各科目にわたる指導計画の作成と内容の取扱い

1 指導計画の作成に当たっては，次の事項に配慮するものとする。
(1) 単元など内容や時間のまとまりを見通して，その中で育む資質・能力の育成に向けて，生徒の主体的・対話的で深い学びの実現を図るようにすること。その際，生活の営みに係る見方・考え方を働かせ，知識を相互に関連付けてより深く理解するとともに，家庭や地域及び社会における生活の中から問題を見いだして解決策を構想し，実践を評価・改善して，新たな課題の解決に向かう過程を重視した学習の充実を図ること。
(2)「家庭基礎」及び「家庭総合」の各科目に配当する総授業時数のうち，原則として10分の5以上を実験・実習に配当すること。
(3)「家庭基礎」は，原則として，同一年次で履修させること。その際，原則として入学年次及びその次の年次の2か年のうちに履修させること。
(4)「家庭総合」を複数の年次にわたって分割して履修させる場合には，原則として連続する2か年において履修させること。また，内容のCについては，原則として入学年次及びその次の年次の2か年のうちに取り上げること。
(5) 地域や関係機関等との連携・交流を通じた実践的な学習活動を取り入れるとともに，外部人材を活用するなどの工夫に努めること。
(6) 障害のある生徒などについては，学習活動を行う場合に生じる困難さに応じた指導内容や指導方法の工夫を計画的，組織的に行うこと。
(7) 中学校技術・家庭科を踏まえた系統的な指導に留意すること。また，高等学校公民科，数学科，理科及び保健体育科などとの関連を図り，家庭科の目標に即した調和のとれた指導が行われるよう留意すること。

2 内容の取扱いに当たっては，次の事項に配慮するものとする。
(1) 生徒が自分の生活に結び付けて学習できるよう，問題を見いだし課題を設定し解決する学習を充実すること。
(2) 子供や高齢者など様々な人々と触れ合い，他者と関わる力を高める活動，衣食住などの生活における様々な事象を言葉や概念などを用いて考察する活動，判断が必要な場面を設けて理由や根拠を論述したり適切な解決方法を探究したりする活動などを充実すること。
(3) 食に関する指導については，家庭科の特質を生かして，食育の充実を図ること。

（4）各科目の指導に当たっては，コンピュータや情報通信ネットワークなどの活用を図り，学習の効果を高めるようにすること。
3 実験・実習を行うに当たっては，関連する法規等に従い，施設・設備の安全管理に配慮し，学習環境を整備するとともに，火気，用具，材料などの取扱いに注意して事故防止の指導を徹底し，安全と衛生に十分留意するものとする。

第10節　情報

●第1款　目標

　情報に関する科学的な見方・考え方を働かせ，情報技術を活用して問題の発見・解決を行う学習活動を通して，問題の発見・解決に向けて情報と情報技術を適切かつ効果的に活用し，情報社会に主体的に参画するための資質・能力を次のとおり育成することを目指す。
(1) 情報と情報技術及びこれらを活用して問題を発見・解決する方法について理解を深め技能を習得するとともに，情報社会と人との関わりについての理解を深めるようにする。
(2) 様々な事象を情報とその結び付きとして捉え，問題の発見・解決に向けて情報と情報技術を適切かつ効果的に活用する力を養う。
(3) 情報と情報技術を適切に活用するとともに，情報社会に主体的に参画する態度を養う。

●第2款　各科目

第1　情報Ⅰ

1　目標

　情報に関する科学的な見方・考え方を働かせ，情報技術を活用して問題の発見・解決を行う学習活動を通して，問題の発見・解決に向けて情報と情報技術を適切かつ効果的に活用し，情報社会に主体的に参画するための資質・能力を次のとおり育成することを目指す。
(1) 効果的なコミュニケーションの実現，コンピュータやデータの活用について理解を深め技能を習得するとともに，情報社会と人との関わりについて理解を深めるようにする。
(2) 様々な事象を情報とその結び付きとして捉え，問題の発見・解決に向けて情報と情報技術を適切かつ効果的に活用する力を養う。
(3) 情報と情報技術を適切に活用するとともに，情報社会に主体的に参画する態度を養う。

2　内容

(1) 情報社会の問題解決

　情報と情報技術を活用した問題の発見・解決の方法に着目し，情報社会の問題を発見・解決する活動を通して，次の事項を身に付けることができるよう指導する。

ア　次のような知識及び技能を身に付けること。
(ｱ) 情報やメディアの特性を踏まえ，情報と情報技術を活用して問題を発見・解決する方法を身に付けること。
(ｲ) 情報に関する法規や制度，情報セキュリティの重要性，情報社会における個人の責任及び情報モラルについて理解すること。
(ｳ) 情報技術が人や社会に果たす役割と及ぼす影響について理解すること。

イ　次のような思考力，判断力，表現力等を身に付けること。
(ｱ) 目的や状況に応じて，情報と情報技術を適切かつ効果的に活用して問題を発見・解決する方法について考えること。
(ｲ) 情報に関する法規や制度及びマナーの意義，情報社会において個人の果たす役割や責任，情報モラルなどについて，それらの背景を科学的に捉え，考察すること。

(ｳ) 情報と情報技術の適切かつ効果的な活用と望ましい情報社会の構築について考察すること。
(2) コミュニケーションと情報デザイン
　　メディアとコミュニケーション手段及び情報デザインに着目し，目的や状況に応じて受け手に分かりやすく情報を伝える活動を通して，次の事項を身に付けることができるよう指導する。
　ア　次のような知識及び技能を身に付けること。
　　(ｱ) メディアの特性とコミュニケーション手段の特徴について，その変遷も踏まえて科学的に理解すること。
　　(ｲ) 情報デザインが人や社会に果たしている役割を理解すること。
　　(ｳ) 効果的なコミュニケーションを行うための情報デザインの考え方や方法を理解し表現する技能を身に付けること。
　イ　次のような思考力，判断力，表現力等を身に付けること。
　　(ｱ) メディアとコミュニケーション手段の関係を科学的に捉え，それらを目的や状況に応じて適切に選択すること。
　　(ｲ) コミュニケーションの目的を明確にして，適切かつ効果的な情報デザインを考えること。
　　(ｳ) 効果的なコミュニケーションを行うための情報デザインの考え方や方法に基づいて表現し，評価し改善すること。
(3) コンピュータとプログラミング
　　コンピュータで情報が処理される仕組みに着目し，プログラミングやシミュレーションによって問題を発見・解決する活動を通して，次の事項を身に付けることができるよう指導する。
　ア　次のような知識及び技能を身に付けること。
　　(ｱ) コンピュータや外部装置の仕組みや特徴，コンピュータでの情報の内部表現と計算に関する限界について理解すること。
　　(ｲ) アルゴリズムを表現する手段，プログラミングによってコンピュータや情報通信ネットワークを活用する方法について理解し技能を身に付けること。
　　(ｳ) 社会や自然などにおける事象をモデル化する方法，シミュレーションを通してモデルを評価し改善する方法について理解すること。
　イ　次のような思考力，判断力，表現力等を身に付けること。
　　(ｱ) コンピュータで扱われる情報の特徴とコンピュータの能力との関係について考察すること。
　　(ｲ) 目的に応じたアルゴリズムを考え適切な方法で表現し，プログラミングによりコンピュータや情報通信ネットワークを活用するとともに，その過程を評価し改善すること。
　　(ｳ) 目的に応じたモデル化やシミュレーションを適切に行うとともに，その結果を踏まえて問題の適切な解決方法を考えること。
(4) 情報通信ネットワークとデータの活用
　　情報通信ネットワークを介して流通するデータに着目し，情報通信ネットワークや情報システムにより提供されるサービスを活用し，問題を発見・解決する活動を通して，次の事項を身に付けることができるよう指導する。
　ア　次のような知識及び技能を身に付けること。
　　(ｱ) 情報通信ネットワークの仕組みや構成要素，プロトコルの役割及び情報セキュリティを確保するための方法や技術について理解すること。
　　(ｲ) データを蓄積，管理，提供する方法，情報通信ネットワークを介して情報システムがサービスを提供する仕組みと特徴について理解すること。
　　(ｳ) データを表現，蓄積するための表し方と，データを収集，整理，分析する方法について理解し

技能を身に付けること。
　イ　次のような思考力，判断力，表現力等を身に付けること。
　　(ｱ)　目的や状況に応じて，情報通信ネットワークにおける必要な構成要素を選択するとともに，情報セキュリティを確保する方法について考えること。
　　(ｲ)　情報システムが提供するサービスの効果的な活用について考えること。
　　(ｳ)　データの収集，整理，分析及び結果の表現の方法を適切に選択し，実行し，評価し改善すること。

3　内容の取扱い

(1)　内容の(1)から(4)までについては，中学校までの情報と情報技術及び情報社会に関する学習，問題の発見・解決に関する学習並びにデータの活用に関する学習などとの関連に配慮するものとする。

(2)　内容の(1)については，この科目の導入として位置付け，(2)から(4)までとの関連に配慮するものとする。アの(ｲ)及び(ｳ)並びにイの(ｲ)及び(ｳ)については，生徒が情報社会の問題を主体的に発見し明確化し，解決策を考える活動を取り入れるものとする。

(3)　内容の(2)のアの(ｲ)については，身近で具体的な情報デザインの例を基に，コンピュータなどを簡単に操作できるようにする工夫，年齢や障害の有無，言語などに関係なく全ての人にとって利用しやすくする工夫などを取り上げるものとする。

(4)　内容の(3)のアの(ｲ)及びイの(ｲ)については，関数の定義・使用によりプログラムの構造を整理するとともに，性能を改善する工夫の必要性についても触れるものとする。アの(ｳ)及びイの(ｳ)については，コンピュータを使う場合と使わない場合の双方を体験させるとともに，モデルの違いによって結果に違いが出ることについても触れるものとする。

(5)　内容の(4)のアの(ｱ)及びイの(ｱ)については，小規模なネットワークを設計する活動を取り入れるものとする。アの(ｲ)及びイの(ｲ)については，自らの情報活用の評価・改善について発表し討議するなどの活動を取り入れるものとする。アの(ｳ)及びイの(ｳ)については，比較，関連，変化，分類などの目的に応じた分析方法があることも扱うものとする。

第2　情報Ⅱ

1　目標

　情報に関する科学的な見方・考え方を働かせ，情報技術を活用して問題の発見・解決を行う学習活動を通して，問題の発見・解決に向けて情報と情報技術を適切かつ効果的，創造的に活用し，情報社会に主体的に参画し，その発展に寄与するための資質・能力を次のとおり育成することを目指す。

(1)　多様なコミュニケーションの実現，情報システムや多様なデータの活用について理解を深め技能を習得するとともに，情報技術の発展と社会の変化について理解を深めるようにする。

(2)　様々な事象を情報とその結び付きとして捉え，問題の発見・解決に向けて情報と情報技術を適切かつ効果的，創造的に活用する力を養う。

(3)　情報と情報技術を適切に活用するとともに，新たな価値の創造を目指し，情報社会に主体的に参画し，その発展に寄与する態度を養う。

2　内容

(1)　情報社会の進展と情報技術

　　情報技術の発展による人や社会への影響に着目し，情報社会の進展と情報技術との関係を歴史的に捉え，将来の情報技術を展望する活動を通して，次の事項を身に付けることができるよう指導する。

　ア　次のような知識を身に付けること。

(ア) 情報技術の発展の歴史を踏まえ，情報社会の進展について理解すること。
　　　(イ) 情報技術の発展によるコミュニケーションの多様化について理解すること。
　　　(ウ) 情報技術の発展による人の知的活動への影響について理解すること。
　　イ　次のような思考力，判断力，表現力等を身に付けること。
　　　(ア) 情報技術の発展や情報社会の進展を踏まえ，将来の情報技術と情報社会の在り方について考察すること。
　　　(イ) コミュニケーションが多様化する社会におけるコンテンツの創造と活用の意義について考察すること。
　　　(ウ) 人の知的活動が変化する社会における情報システムの創造やデータ活用の意義について考察すること。
(2) コミュニケーションとコンテンツ
　　多様なコミュニケーションの形態とメディアの特性に着目し，目的や状況に応じて情報デザインに配慮し，文字，音声，静止画，動画などを組み合わせたコンテンツを協働して制作し，様々な手段で発信する活動を通して，次の事項を身に付けることができるよう指導する。
　　ア　次のような知識及び技能を身に付けること。
　　　(ア) 多様なコミュニケーションの形態とメディアの特性との関係について理解すること。
　　　(イ) 文字，音声，静止画，動画などを組み合わせたコンテンツを制作する技能を身に付けること。
　　　(ウ) コンテンツを様々な手段で適切かつ効果的に社会に発信する方法を理解すること。
　　イ　次のような思考力，判断力，表現力等を身に付けること。
　　　(ア) 目的や状況に応じて，コミュニケーションの形態を考え，文字，音声，静止画，動画などを選択し，組合せを考えること。
　　　(イ) 情報デザインに配慮してコンテンツを制作し，評価し改善すること。
　　　(ウ) コンテンツを社会に発信したときの効果や影響を考え，発信の手段やコンテンツを評価し改善すること。
(3) 情報とデータサイエンス
　　多様かつ大量のデータを活用することの有用性に着目し，データサイエンスの手法によりデータを分析し，その結果を読み取り解釈する活動を通して，次の事項を身に付けることができるよう指導する。
　　ア　次のような知識及び技能を身に付けること。
　　　(ア) 多様かつ大量のデータの存在やデータ活用の有用性，データサイエンスが社会に果たす役割について理解し，目的に応じた適切なデータの収集や整理，整形について理解し技能を身に付けること。
　　　(イ) データに基づく現象のモデル化やデータの処理を行い解釈・表現する方法について理解し技能を身に付けること。
　　　(ウ) データ処理の結果を基にモデルを評価することの意義とその方法について理解し技能を身に付けること。
　　イ　次のような思考力，判断力，表現力等を身に付けること。
　　　(ア) 目的に応じて，適切なデータを収集し，整理し，整形すること。
　　　(イ) 将来の現象を予測したり，複数の現象間の関連を明らかにしたりするために，適切なモデル化や処理，解釈・表現を行うこと。
　　　(ウ) モデルやデータ処理の結果を評価し，モデル化や処理，解釈・表現の方法を改善すること。
(4) 情報システムとプログラミング

情報システムの在り方や社会生活に及ぼす影響，情報の流れや処理の仕組みに着目し，情報システムを協働して開発する活動を通して，次の事項を身に付けることができるよう指導する。
　ア　次のような知識及び技能を身に付けること。
　　(ア)　情報システムにおける，情報の流れや処理の仕組み，情報セキュリティを確保する方法や技術について理解すること。
　　(イ)　情報システムの設計を表記する方法，設計，実装，テスト，運用等のソフトウェア開発のプロセスとプロジェクト・マネジメントについて理解すること。
　　(ウ)　情報システムを構成するプログラムを制作する方法について理解し技能を身に付けること。
　イ　次のような思考力，判断力，表現力等を身に付けること。
　　(ア)　情報システム及びそれによって提供されるサービスについて，その在り方や社会に果たす役割と及ぼす影響について考察すること。
　　(イ)　情報システムをいくつかの機能単位に分割して制作し統合するなど，開発の効率や運用の利便性などに配慮して設計すること。
　　(ウ)　情報システムを構成するプログラムを制作し，その過程を評価し改善すること。
(5)　情報と情報技術を活用した問題発見・解決の探究
　「情報Ⅰ」及び「情報Ⅱ」で身に付けた資質・能力を総合的に活用し，情報と情報技術を活用して問題を発見・解決する活動を通して，新たな価値の創造を目指し，情報と情報技術を適切かつ効果的に活用する資質・能力を高めることができるよう指導する。

3　内容の取扱い

(1)　内容の(1)については，この科目の導入として位置付けるものとする。アの(ア)については，情報セキュリティ及び情報に関する法規や制度についても触れるものとする。また，将来の情報技術と情報社会の在り方等について討議し発表し合うなどの活動を取り入れるものとする。
(2)　内容の(2)のアの(ア)及びイの(ア)では，コンテンツに対する要求を整理する活動も取り入れるものとする。アの(ウ)及びイの(ウ)では，発信者，受信者双方の視点からコンテンツを評価する活動を取り入れるものとする。
(3)　内容の(3)のアの(ア)については，データサイエンスによる人の生活の変化についても扱うものとする。イの(イ)については現実のデータの活用に配慮するものとする。アの(ウ)及びイの(ウ)については，アの(イ)及びイの(イ)で行ったモデル化や処理，解釈・表現の結果を受けて行うようにするものとする。
(4)　内容の(4)のアの(ア)及びイの(ア)については，社会の中で実際に稼働している情報システムを取り上げ，それらの仕組みと関連させながら扱うものとする。
(5)　内容の(5)については，この科目のまとめとして位置付け，生徒の興味・関心や学校の実態に応じて，コンピュータや情報システムの基本的な仕組みと活用，コミュニケーションのための情報技術の活用，データを活用するための情報技術の活用，情報社会と情報技術の中から一つ又は複数の項目に関わる課題を設定して問題の発見・解決に取り組ませるものとする。なお，学習上の必要があり，かつ効果的と認められる場合は，指導の時期を分割することもできるものとする。

●第3款　各科目にわたる指導計画の作成と内容の取扱い

1　指導計画の作成に当たっては，次の事項に配慮するものとする。
　(1)　単元など内容や時間のまとまりを見通して，その中で育む資質・能力の育成に向けて，生徒の主体的・対話的で深い学びの実現を図るようにすること。その際，情報に関する科学的な見方・考え方を働かせ，情報と情報技術を活用して問題を発見し主体的，協働的に制作や討論等を行うことを通して解決

策を考えるなどの探究的な学習活動の充実を図ること。
(2) 学習の基盤となる情報活用能力が，中学校までの各教科等において，教科等横断的な視点から育成されてきたことを踏まえ，情報科の学習を通して生徒の情報活用能力を更に高めるようにすること。また，他の各教科・科目等の学習において情報活用能力を生かし高めることができるよう，他の各教科・科目等との連携を図ること。
(3) 各科目は，原則として同一年次で履修させること。また，「情報Ⅱ」については，「情報Ⅰ」を履修した後に履修させることを原則とすること。
(4) 公民科及び数学科などの内容との関連を図るとともに，教科の目標に即した調和のとれた指導が行われるよう留意すること。
(5) 障害のある生徒などについては，学習指導を行う場合に生じる困難さに応じた指導内容や指導方法の工夫を計画的，組織的に行うこと。

2　内容の取扱いに当たっては，次の事項に配慮するものとする。
(1) 各科目の指導においては，情報の信頼性や信憑性を見極めたり確保したりする能力の育成を図るとともに，知的財産や個人情報の保護と活用をはじめ，科学的な理解に基づく情報モラルの育成を図ること。
(2) 各科目の指導においては，思考力，判断力，表現力等を育成するため，情報と情報技術を活用した問題の発見・解決を行う過程において，自らの考察や解釈，概念等を論理的に説明したり記述したりするなどの言語活動の充実を図ること。
(3) 各科目の指導においては，問題を発見し，設計，制作，実行し，その過程を振り返って評価し改善するなどの一連の過程に取り組むことなどを通して，実践的な能力と態度の育成を図ること。
(4) 各科目の目標及び内容等に即して，コンピュータや情報通信ネットワークなどを活用した実習を積極的に取り入れること。その際，必要な情報機器やネットワーク環境を整えるとともに，内容のまとまりや学習活動，学校や生徒の実態に応じて，適切なソフトウェア，開発環境，プログラミング言語，外部装置などを選択すること。
(5) 情報機器を活用した学習を行うに当たっては，照明やコンピュータの使用時間などに留意するとともに，生徒が自らの健康に留意し望ましい習慣を身に付けることができるよう配慮すること。
(6) 授業で扱う具体例，教材・教具などについては，情報技術の進展に対応して適宜見直しを図ること。

第11節 理数

第1款 目標

様々な事象に関わり，数学的な見方・考え方や理科の見方・考え方を組み合わせるなどして働かせ，探究の過程を通して，課題を解決するために必要な資質・能力を次のとおり育成することを目指す。

(1) 対象とする事象について探究するために必要な知識及び技能を身に付けるようにする。
(2) 多角的，複合的に事象を捉え，数学や理科などに関する課題を設定して探究し，課題を解決する力を養うとともに創造的な力を高める。
(3) 様々な事象や課題に向き合い，粘り強く考え行動し，課題の解決や新たな価値の創造に向けて積極的に挑戦しようとする態度，探究の過程を振り返って評価・改善しようとする態度及び倫理的な態度を養う。

第2款 各科目

第1 理数探究基礎

1 目標

様々な事象に関わり，数学的な見方・考え方や理科の見方・考え方を組み合わせるなどして働かせ，探究の過程を通して，課題を解決するために必要な基本的な資質・能力を次のとおり育成することを目指す。

(1) 探究するために必要な基本的な知識及び技能を身に付けるようにする。
(2) 多角的，複合的に事象を捉え，課題を解決するための基本的な力を養う。
(3) 様々な事象や課題に知的好奇心をもって向き合い，粘り強く考え行動し，課題の解決に向けて挑戦しようとする態度を養う。

2 内容

様々な事象についての探究の過程を通して，次の事項を身に付けることができるよう指導する。

ア 次のような知識及び技能を身に付けること。
　(ｱ) 探究の意義についての理解
　(ｲ) 探究の過程についての理解
　(ｳ) 研究倫理についての理解
　(ｴ) 観察，実験，調査等についての基本的な技能
　(ｵ) 事象を分析するための基本的な技能
　(ｶ) 探究した結果をまとめ，発表するための基本的な技能

イ 次のような思考力，判断力，表現力等を身に付けること。
　(ｱ) 課題を設定するための基礎的な力
　(ｲ) 数学的な手法や科学的な手法などを用いて，探究の過程を遂行する力
　(ｳ) 探究した結果をまとめ，適切に表現する力

3 内容の取扱い

(1) 実施に当たっては，次のような事象等の探究の過程を通して，内容に示す基本的な知識及び技能や思考力，判断力，表現力等を身に付けるようにするものとする。

ア　自然事象や社会事象に関すること
　　イ　先端科学や学際的領域に関すること
　　ウ　自然環境に関すること
　　エ　科学技術に関すること
　　オ　数学的事象に関すること
(2) 実施に当たっては，探究した結果について，報告書などを作成させるものとする。

第2　理数探究

1　目標
　様々な事象に関わり，数学的な見方・考え方や理科の見方・考え方を組み合わせるなどして働かせ，探究の過程を通して，課題を解決するために必要な資質・能力を次のとおり育成することを目指す。
(1) 対象とする事象について探究するために必要な知識及び技能を身に付けるようにする。
(2) 多角的，複合的に事象を捉え，数学や理科などに関する課題を設定して探究し，課題を解決する力を養うとともに創造的な力を高める。
(3) 様々な事象や課題に主体的に向き合い，粘り強く考え行動し，課題の解決や新たな価値の創造に向けて積極的に挑戦しようとする態度，探究の過程を振り返って評価・改善しようとする態度及び倫理的な態度を養う。

2　内容
　様々な事象について，主体的に課題を設定し探究の過程を通して，次の事項を身に付けることができるよう指導する。
　ア　次のような知識及び技能を身に付けること。
　　(ｱ) 探究の意義についての理解
　　(ｲ) 探究の過程についての理解
　　(ｳ) 研究倫理についての理解
　　(ｴ) 観察，実験，調査等についての技能
　　(ｵ) 事象を分析するための技能
　　(ｶ) 探究の成果などをまとめ，発表するための技能
　イ　次のような思考力，判断力，表現力等を身に付けること。
　　(ｱ) 多角的，複合的に事象を捉え，課題を設定する力
　　(ｲ) 数学的な手法や科学的な手法などを用いて，探究の過程を遂行する力
　　(ｳ) 探究の過程を整理し，成果などを適切に表現する力

3　内容の取扱い
(1) 実施に当たっては，次のような事象等の探究の過程を通して，内容に示す知識及び技能や思考力，判断力，表現力等を身に付けるようにするものとする。
　　ア　自然事象や社会的事象に関すること
　　イ　先端科学や学際的領域に関すること
　　ウ　自然環境に関すること
　　エ　科学技術に関すること
　　オ　数学的事象に関すること
(2) 実施に当たっては，生徒の興味・関心，進路希望等に応じて，(1)のアからオまでの中から，個人又はグループで適切な課題を設定させるものとする。

(3) 実施に当たっては，数学的な手法や科学的な手法などを用いるものとする。
(4) 実施に当たっては，探究の過程を振り返る機会を設け，意見交換や議論を通して，探究の質の向上を図るものとする。
(5) 実施に当たっては，探究の成果などについて，報告書を作成させるものとする。

第3款　各科目にわたる指導計画の作成と内容の取扱い

1　指導計画の作成に当たっては，次の事項に配慮するものとする。
 (1) 単元など内容や時間のまとまりを見通して，その中で育む資質・能力の育成に向けて，生徒の主体的・対話的で深い学びの実現を図るようにすること。その際，生徒や学校，地域の実態等に応じて，生徒が数学的な見方・考え方や理科の見方・考え方を組み合わせるなどして働かせ，様々な事象や課題に向き合い，主体的に探究することができるよう創意工夫を生かした教育活動の充実を図ること。
 (2) 探究した結果や探究の成果などを発表させる機会を設けること。
 (3) 各科目の指導に当たっては，数学又は理科の教師が指導を行うこと。その際，探究の質を高める観点から，数学及び理科の教師を中心に，複数の教師が協働して指導に当たるなど指導体制を整えることにも配慮すること。
 (4) 障害のある生徒などについては，学習活動を行う場合に生じる困難さに応じた指導内容や指導方法の工夫を計画的，組織的に行うこと。
 (5) 理数に関する学科においては，原則として「理数探究」を全ての生徒に履修させるものとすること。
2　内容の取扱いに当たっては，次の事項に配慮するものとする。
 (1) 探究の過程における観察，実験などの内容やその中で生じた疑問，それに対する自らの思考の過程などを記録させること。
 (2) 「理数探究基礎」の内容のイの(イ)及び「理数探究」の内容のイの(イ)の「数学的な手法」を用いる探究の過程に関して，生徒の学習状況に応じ，様々な事象を数式などを用いて分析する数学的モデルをつくり探究することも行われるよう配慮すること。
 (3) 生命を尊重し，自然環境の保全に寄与する態度の育成を図ること。また，環境問題や科学技術の進歩と人間生活に関わる内容等については，持続可能な社会をつくることの重要性も踏まえながら，科学的な見地から取り扱うこと。
 (4) 研究倫理などに十分配慮すること。
 (5) 観察，実験などの過程での情報の収集・検索，計測・制御，結果の集計・処理などにおいて，コンピュータや情報通信ネットワークなどを積極的かつ適切に活用すること。
 (6) 観察，実験，野外観察などの体験的な学習活動を充実させること。また，環境整備に十分配慮すること。
 (7) 大学や研究機関，博物館や科学学習センターなどと積極的に連携，協力を図るようにすること。
 (8) 観察，実験，野外観察などの指導に当たっては，関連する法規等に従い，事故防止に十分留意するとともに，使用薬品などの管理及び廃棄についても適切な措置を講ずること。
 (9) 理数に関する学科においては，「理数探究基礎」及び「理数探究」の指導に当たり，観察，実験などの結果を分析し解釈して自らの考えを導き出し，それらを表現するなどの学習活動を充実すること。特に，「理数探究」の指導に当たっては，課題の設定や振り返りの機会を工夫するなどして一層の探究の質の向上を図ること。

第3章　主として専門学科において開設される各教科

第1節　農業

● 第1款　目標

農業の見方・考え方を働かせ，実践的・体験的な学習活動を行うことなどを通して，農業や農業関連産業を通じ，地域や社会の健全で持続的な発展を担う職業人として必要な資質・能力を次のとおり育成することを目指す。

(1) 農業の各分野について体系的・系統的に理解するとともに，関連する技術を身に付けるようにする。
(2) 農業に関する課題を発見し，職業人に求められる倫理観を踏まえ合理的かつ創造的に解決する力を養う。
(3) 職業人として必要な豊かな人間性を育み，よりよい社会の構築を目指して自ら学び，農業の振興や社会貢献に主体的かつ協働的に取り組む態度を養う。

● 第2款　各科目

第1　農業と環境

1　目標

農業の見方・考え方を働かせ，実践的・体験的な学習活動を行うことなどを通して，農業の各分野で活用する基礎的な資質・能力を次のとおり育成することを目指す。

(1) 農業と環境について体系的・系統的に理解するとともに，関連する技術を身に付けるようにする。
(2) 農業と環境に関する課題を発見し，農業や農業関連産業に携わる者として合理的かつ創造的に解決する力を養う。
(3) 農業と環境について基礎的な知識と技術が農業の各分野で活用できるよう自ら学び，農業の振興や社会貢献に主体的かつ協働的に取り組む態度を養う。

2　内容

1に示す資質・能力を身に付けることができるよう，次の〔指導項目〕を指導する。

〔指導項目〕
(1) 「農業と環境」とプロジェクト学習
　ア　農業学習の特質
　イ　プロジェクト学習の方法と進め方
(2) 暮らしと農業
　ア　食料と農業
　イ　自然環境と農業
　ウ　環境保全と農業
　エ　生活文化と農業
　オ　農業の動向と展望
(3) 農業生産の基礎
　ア　農業生物の種類と特性

イ　農業生物の育成と環境要素
　　　ウ　農業生産の計画と工程管理・評価
　　　エ　農業生物の栽培・飼育
　(4) 農業と環境のプロジェクト
　(5) 学校農業クラブ活動
 3　内容の取扱い
　(1) 内容を取り扱う際には，次の事項に配慮するものとする。
　　ア　農業の社会的な役割と環境や暮らしとの関わりについて，地域農業の見学や地域環境の調査及び統計資料の分析など具体的な学習を通して理解できるよう留意して指導するとともに，地域の実態や学科の特色等に応じて，適切な題材を選定すること。
　　イ　〔指導項目〕の(1)については，農業学習の特質とプロジェクト学習の意義やその進め方について身近な事例を通して理解させ，生徒の興味・関心が高まるよう工夫して指導すること。
　　ウ　〔指導項目〕の(3)については，農業生物の特性や育成環境との相互関係，具体的な栽培計画，農業生産工程管理などを基礎的な実験・実習を通して学習できるようにすること。
　　エ　〔指導項目〕の(4)については，プロジェクト学習を通して，科学的な見方・考え方を働かせ，農業の各分野に関する学習への興味・関心が高まるよう工夫して指導すること。
　(2) 内容の範囲や程度については，次の事項に配慮するものとする。
　　ア　〔指導項目〕の(1)については，農業学習の特質とプロジェクト学習の進め方について，身近な事例を扱うこと。
　　イ　〔指導項目〕の(2)については，社会や産業全体の課題及びその解決のために農業が果たしている役割，働くことの社会的意義や役割，職業人に求められる倫理観についても取り上げること。また，農業が有する生命を育むという生命倫理についても扱うこと。
　　ウ　〔指導項目〕の(3)については，農業生物の生理・生態的な特性，気象・土壌・生物などの環境要素やそれらの相互関係及び農業生産工程管理などを扱うこと。
　　エ　〔指導項目〕の(4)については，学科の特色や地域性を考慮した題材を扱うこと。
　　オ　〔指導項目〕の(5)については，学校農業クラブ活動の目標，内容，組織などについて各種活動を通して実践的に扱うとともに，プロジェクト学習の成果を発表する機会を設けること。

第2　課題研究

 1　目　標
　農業の見方・考え方を働かせ，実践的・体験的な学習活動を行うことなどを通して，社会を支え産業の発展を担う職業人として必要な資質・能力を次のとおり育成することを目指す。
　(1) 農業の各分野について体系的・系統的に理解するとともに，相互に関連付けられた技術を身に付けるようにする。
　(2) 農業に関する課題を発見し，農業や農業関連産業に携わる者として解決策を探究し，科学的な根拠に基づいて創造的に解決する力を養う。
　(3) 課題を解決する力の向上を目指して自ら学び，農業の振興や社会貢献に主体的かつ協働的に取り組む態度を養う。
 2　内　容
　　1に示す資質・能力を身に付けることができるよう，次の〔指導項目〕を指導する。
　〔指導項目〕

(1) 調査，研究，実験
(2) 作品製作等
(3) 産業現場等における実習
(4) 職業資格の取得
(5) 学校農業クラブ活動

3 内容の取扱い
(1) 内容を取り扱う際には，次の事項に配慮するものとする。
　ア　生徒の興味・関心，進路希望等に応じて，〔指導項目〕の(1)から(5)までの中から，個人又はグループで農業に関する適切な課題を設定し，主体的かつ協働的に取り組む学習活動を通して，専門的な知識，技術などの深化・総合化を図り，農業に関する課題の解決に取り組むことができるようにすること。なお，課題については，(1)から(5)までの2項目以上にまたがるものを設定することができること。
　イ　課題研究の成果について発表する機会を設けるようにすること。

第3　総合実習

1　目標
農業の見方・考え方を働かせ，実践的・体験的な学習活動を行うことなどを通して，農業の各分野の改善を図る実践的な資質・能力を次のとおり育成することを目指す。
(1) 農業を総合的に捉え体系的・系統的に理解するとともに，関連する技術を身に付けるようにする。
(2) 農業に関する総合的な課題を発見し，農業や農業関連産業に携わる者として合理的かつ創造的に解決する力を養う。
(3) 農業の総合的な経営や管理につながる知識や技術が身に付くよう自ら学び，農業の振興や社会貢献に主体的かつ協働的に取り組む態度を養う。

2　内容
1に示す資質・能力を身に付けることができるよう，次の〔指導項目〕を指導する。
〔指導項目〕
(1) 栽培と飼育，環境等に関する基礎的な実習
(2) 農業の各分野に関する総合的な実習
　ア　農業の総合的な知識と技術
　イ　経営と管理の手法
(3) 農業の産業現場等における総合的な実習
　ア　農業の総合的な知識と技術
　イ　経営と管理の手法
(4) 学校農業クラブ活動

3　内容の取扱い
(1) 内容を取り扱う際には，次の事項に配慮するものとする。
　ア　農業科に属する各科目の学習と関連付け，総合的な知識と技術の習得につながるよう留意して指導すること。なお，実験・実習中の安全を確保するとともに，学習のねらいを明確にするなど課題解決へつながるようにすること。
　イ　〔指導項目〕の(3)については，経営や管理の改善を図る実践的な能力と態度を育むようにするとともに，先進的な地域や外部機関等との連携に配慮すること。

ウ 〔指導項目〕の(4)については,農業の各分野の学習を基に,学校農業クラブ活動における自主的な研究活動を通して,技術及び経営と管理を体験的に理解させ,実践的な能力と態度を育むよう工夫して指導すること。なお,地域の実態や学科の特色等に応じて,適切な題材を選定すること。
(2) 内容の範囲や程度については,次の事項に配慮するものとする。
ア 〔指導項目〕の(2)については,農業の各分野の技術,経営と管理手法及びその活用について,基礎的な内容を総合的に扱うこと。その際,農業生産工程管理についても実践的に扱うこと。
イ 〔指導項目〕の(3)については,産業現場等において,農業の各分野の技術,経営と管理手法及びその活用について,実践的な内容を総合的に扱うこと。

第4 農業と情報

1 目標

農業の見方・考え方を働かせ,実践的・体験的な学習活動を行うことなどを通して,農業に関する情報を主体的に活用するために必要な資質・能力を次のとおり育成することを目指す。
(1) 農業に関する情報について体系的・系統的に理解するとともに,関連する技術を身に付けるようにする。
(2) 農業情報の活用に関する課題を発見し,農業や農業関連産業に携わる者として合理的かつ創造的に解決する力を養う。
(3) 農業に関する情報について主体的に調査・分析・活用ができるよう自ら学び,農業の振興や社会貢献に主体的かつ協働的に取り組む態度を養う。

2 内容

1に示す資質・能力を身に付けることができるよう,次の〔指導項目〕を指導する。
〔指導項目〕
(1) 産業社会と情報
　ア 産業社会における情報の意義
　イ 農業における情報の役割と課題
　ウ 情報モラルとセキュリティ管理
(2) 農業に関する情報手段
　ア ハードウェアとソフトウェア
　イ 農業の各分野における情報の役割
　ウ 情報メディアとデータ
(3) 農業に関する情報の分析と活用
　ア 情報通信ネットワーク
　イ 生産,加工,流通,経営のシステム化
　ウ 農業情報の分析と活用
(4) 農業学習と情報活用

3 内容の取扱い

(1) 内容を取り扱う際には,次の事項に配慮するものとする。
ア 産業社会における情報の意義を理解させ,農業の各分野における先進技術や革新技術を題材とした探究的な学習活動を通して,創造的思考をもてるよう留意して指導すること。なお,生徒の実態や学科の特色等に応じて,適切な題材を選定すること。
イ 〔指導項目〕の(1)については,農業分野を中心に産業社会における情報の活用の具体的な事例を

取り上げ，情報の意義を理解させ，農業の各分野における情報の役割や情報を適切に扱うことへの責任などについて関心をもたせるよう工夫して指導すること。

ウ 〔指導項目〕の(2)及び(3)については，実習や産業現場の見学などを通して，農業の各分野において，情報と情報手段を適切かつ効果的に活用する能力を育むようにすること。また，農業技術の先進的な事例を基に農業経営の発展に向けた探究的な学習活動を取り入れるなど，農業科に属する他の科目との関連を図るようにすること。

エ 〔指導項目〕の(2)のア及び(3)のイについては，農業生産及び経営管理などへの効率的な利用を見通して，基礎的なプログラミングなどを含むソフトウェアの活用について理解できるよう工夫して指導すること。

(2) 内容の範囲や程度については，次の事項に配慮するものとする。

ア 〔指導項目〕の(2)については，農業の各分野で導入されている情報機器の種類や利用方法，農業情報の活用場面に適したソフトウェアや情報メディアについて扱うこと。

イ 〔指導項目〕の(3)については，情報通信ネットワークを介して流通するデータの種類，情報通信ネットワークや情報システムがサービスを提供する仕組みと特徴について実際の事例を取り上げること。情報システムによる問題解決の方法については，モデル化，シミュレーションなど基礎的な内容を扱うこと。

ウ 〔指導項目〕の(4)については，農業情報を活用したプロジェクト学習などを扱うこと。

第5 作物

1 目標

農業の見方・考え方を働かせ，実践的・体験的な学習活動を行うことなどを通して，作物の生産と経営に必要な資質・能力を次のとおり育成することを目指す。

(1) 作物の生産と経営について体系的・系統的に理解するとともに，関連する技術を身に付けるようにする。

(2) 作物の生産と経営に関する課題を発見し，農業や農業関連産業に携わる者として合理的かつ創造的に解決する力を養う。

(3) 作物の生産と経営について生産性や品質の向上が経営発展へつながるよう自ら学び，農業の振興や社会貢献に主体的かつ協働的に取り組む態度を養う。

2 内容

1に示す資質・能力を身に付けることができるよう，次の〔指導項目〕を指導する。

〔指導項目〕

(1) 「作物」とプロジェクト学習
　ア 作物生産と経営に関するプロジェクト学習の意義
　イ プロジェクト学習の進め方

(2) 作物生産の役割と動向
　ア 作物生産の役割
　イ 生活と作物の利用
　ウ 作物の流通と需給の動向

(3) 作物の特性と栽培技術
　ア 作物の種類と特徴
　イ 作物の生育と生理

ウ　栽培環境と生育の調節
　　　エ　品種改良と繁殖
　（4）作物の栽培と管理・評価
　　　ア　品種の特性と選び方
　　　イ　作型と栽培計画
　　　ウ　栽培管理
　　　エ　商品化と生産物の管理・評価
　　　オ　機械・施設の利用
　（5）作物の生産と経営
　　　ア　生産目標と経営計画
　　　イ　生産工程の管理
　　　ウ　流通と販売
　　　エ　地域環境に配慮した作物生産
　（6）作物生産と経営の実践

3　内容の取扱い

（1）内容を取り扱う際には，次の事項に配慮するものとする。
　ア　作物の生産から消費，経営までの仕組みと作物の利用形態を理解できるよう留意して指導すること。また，プロジェクト学習では観察や実験・実習を通して，科学的かつ創造的に学習を進め，作物生産に関する実践力が身に付くようにすること。なお，地域農業の実態や学科の特色等に応じて，適切な題材を選定すること。
　イ　〔指導項目〕の(1)については，科目学習の導入として扱うこと。また，(6)については，(1)を踏まえ，(2)から(5)までと並行して，又はそれらを学習した後に扱うこと。

（2）内容の範囲や程度については，次の事項に配慮するものとする。
　ア　〔指導項目〕の(1)については，農業科に属する他の科目と関連付けながら科目全体で科学的かつ創造的に学習を進めるように扱うこと。
　イ　〔指導項目〕の(2)については，作物の生産及び需給の動向について基礎的な内容を扱うこと。
　ウ　〔指導項目〕の(3)については，生育過程，生理作用，栽培環境と生育の調節や環境に配慮した作物栽培の技術について基礎的な仕組みを扱うこと。
　エ　〔指導項目〕の(4)については，品種の選定，栽培計画の立案，生育段階に応じた栽培管理，商品化と生産物の管理・評価などについて体系的に扱うこと。
　オ　〔指導項目〕の(5)については，生産目標の設定と経営計画の立案，農業生産工程管理，販売方法の工夫，生産費や流通手段などについて基礎的な内容を扱うこと。
　カ　〔指導項目〕の(6)については，作物経営に関する実践的な活動を行うこと。なお，起業や六次産業化に関わる内容についても扱うこと。

第6　野菜

1　目標

　農業の見方・考え方を働かせ，実践的・体験的な学習活動を行うことなどを通して，野菜の生産と経営に必要な資質・能力を次のとおり育成することを目指す。
（1）野菜の生産と経営について体系的・系統的に理解するとともに，関連する技術を身に付けるようにする。

(2) 野菜の生産と経営に関する課題を発見し，農業や農業関連産業に携わる者として合理的かつ創造的に解決する力を養う。

(3) 野菜の生産と経営について生産性や品質の向上が経営発展へつながるよう自ら学び，農業の振興や社会貢献に主体的かつ協働的に取り組む態度を養う。

2　内容

1に示す資質・能力を身に付けることができるよう，次の〔指導項目〕を指導する。

〔指導項目〕

(1)「野菜」とプロジェクト学習
  ア　野菜生産と経営に関するプロジェクト学習の意義
  イ　プロジェクト学習の進め方

(2) 野菜生産の役割と動向
  ア　野菜生産の役割
  イ　生活と野菜の利用
  ウ　野菜の流通と需給の動向

(3) 野菜の特性と栽培技術
  ア　野菜の種類と特徴
  イ　野菜の生育と生理
  ウ　栽培環境と生育の調節
  エ　品種改良と繁殖

(4) 野菜の栽培と管理・評価
  ア　品種の特性と選び方
  イ　作型と栽培計画
  ウ　栽培管理
  エ　商品化と生産物の管理・評価
  オ　機械・施設の利用

(5) 野菜の生産と経営
  ア　生産目標と経営計画
  イ　生産工程の管理
  ウ　流通と販売
  エ　地域環境に配慮した野菜生産

(6) 野菜生産と経営の実践

3　内容の取扱い

(1) 内容を取り扱う際には，次の事項に配慮するものとする。
  ア　野菜の生産から消費，経営までの仕組みと野菜の利用形態を理解できるよう留意して指導すること。また，プロジェクト学習では観察や実験・実習を通して，科学的かつ創造的に学習を進め，野菜生産に関する実践力が身に付くようにすること。なお，地域農業の実態や学科の特色等に応じて，適切な題材を選定すること。
  イ　〔指導項目〕の(1)については，科目学習の導入として扱うこと。また，(6)については，(1)を踏まえ，(2)から(5)までと並行して，又はそれらを学習した後に扱うこと。

(2) 内容の範囲や程度については，次の事項に配慮するものとする。
  ア　〔指導項目〕の(1)については，農業科に属する他の科目と関連付けながら科目全体で科学的かつ創造的に学習を進めるように扱うこと。

イ 〔指導項目〕の(2)については，野菜の生産及び需給の動向について基礎的な内容を扱うこと。
ウ 〔指導項目〕の(3)については，生育過程，生理作用，栽培環境と生育の調節や環境に配慮した野菜栽培の技術について基礎的な仕組みを扱うこと。
エ 〔指導項目〕の(4)については，品種の選定，栽培計画の立案，生育段階に応じた栽培管理，商品化と生産物の管理・評価などについて体系的に扱うこと。
オ 〔指導項目〕の(5)については，生産目標の設定と経営計画の立案，農業生産工程管理，販売方法の工夫，生産費や流通手段などについて基礎的な内容を扱うこと。
カ 〔指導項目〕の(6)については，野菜経営に関する実践的な活動を行うこと。なお，起業や六次産業化に関わる内容についても扱うこと。

第7　果樹

1　目標
農業の見方・考え方を働かせ，実践的・体験的な学習活動を行うことなどを通して，果実の生産と経営に必要な資質・能力を次のとおり育成することを目指す。
(1) 果実の生産と経営について体系的・系統的に理解するとともに，関連する技術を身に付けるようにする。
(2) 果実の生産と経営に関する課題を発見し，農業や農業関連産業に携わる者として合理的かつ創造的に解決する力を養う。
(3) 果実の生産と経営について生産性や品質の向上が経営発展へつながるよう自ら学び，農業の振興や社会貢献に主体的かつ協働的に取り組む態度を養う。

2　内容
1に示す資質・能力を身に付けることができるよう，次の〔指導項目〕を指導する。
〔指導項目〕
(1)「果樹」とプロジェクト学習
　ア　果実生産と経営に関するプロジェクト学習の意義
　イ　プロジェクト学習の進め方
(2) 果実生産の役割と動向
　ア　果実生産の役割
　イ　生活と果実の利用
　ウ　果実の流通と需給の動向
(3) 果樹の特性と栽培技術
　ア　果樹の種類と特徴
　イ　果樹の生育と生理
　ウ　栽培環境と生育の調節
　エ　品種改良と繁殖
(4) 果樹の栽培と管理・評価
　ア　品種の特性と選び方
　イ　作型と栽培計画
　ウ　栽培管理
　エ　商品化と生産物の管理・評価
　オ　機械・施設の利用

(5) 果実の生産と経営
　ア　生産目標と経営計画
　イ　生産工程の管理
　ウ　流通と販売
　エ　地域環境に配慮した果実生産
(6) 果実生産と経営の実践

3　内容の取扱い

(1) 内容を取り扱う際には，次の事項に配慮するものとする。
　ア　果実の生産から消費，経営までの仕組みと果実の利用形態を理解できるよう留意して指導すること。また，プロジェクト学習では観察や実験・実習を通して，科学的かつ創造的に学習を進め，果実生産に関する実践力が身に付くようにすること。なお，地域農業の実態や学科の特色等に応じて，適切な題材を選定すること。
　イ　〔指導項目〕の(1)については，科目学習の導入として扱うこと。また，(6)については，(1)を踏まえ，(2)から(5)までと並行して，又はそれらを学習した後に扱うこと。

(2) 内容の範囲や程度については，次の事項に配慮するものとする。
　ア　〔指導項目〕の(1)については，農業科に属する他の科目と関連付けながら科目全体で科学的かつ創造的に学習を進めるように扱うこと。
　イ　〔指導項目〕の(2)については，果実の生産及び需給の動向について基礎的な内容を扱うこと。
　ウ　〔指導項目〕の(3)については，生育過程，生理作用，栽培環境と生育の調節や環境に配慮した果樹栽培の技術について基礎的な仕組みを扱うこと。
　エ　〔指導項目〕の(4)については，品種の選定，栽培計画の立案，生育段階に応じた栽培管理，商品化と生産物の管理・評価などについて体系的に扱うこと。
　オ　〔指導項目〕の(5)については，生産目標の設定と経営計画の立案，農業生産工程管理，販売方法の工夫，生産費や流通手段などについて基礎的な内容を扱うこと。
　カ　〔指導項目〕の(6)については，果樹経営に関する実践的な活動を行うこと。なお，起業や六次産業化に関わる内容についても扱うこと。

第8　草花

1　目　標

　農業の見方・考え方を働かせ，実践的・体験的な学習活動を行うことなどを通して，草花の生産と経営に必要な資質・能力を次のとおり育成することを目指す。
(1) 草花の生産と経営について体系的・系統的に理解するとともに，関連する技術を身に付けるようにする。
(2) 草花の生産と経営に関する課題を発見し，農業や農業関連産業に携わる者として合理的かつ創造的に解決する力を養う。
(3) 草花の生産と経営について生産性や品質の向上が経営発展へつながるよう自ら学び，農業の振興や社会貢献に主体的かつ協働的に取り組む態度を養う。

2　内　容

　1に示す資質・能力を身に付けることができるよう，次の〔指導項目〕を指導する。
〔指導項目〕
(1) 「草花」とプロジェクト学習

ア　草花生産と経営に関するプロジェクト学習の意義
　　　イ　プロジェクト学習の進め方
　　(2) 草花生産の役割と動向
　　　ア　草花生産の役割
　　　イ　生活と草花の利用
　　　ウ　草花の流通と需給の動向
　　(3) 草花の特性と栽培技術
　　　ア　草花の種類と特徴
　　　イ　草花の生育と生理
　　　ウ　栽培環境と生育の調節
　　　エ　品種改良と繁殖
　　(4) 草花の栽培と管理・評価
　　　ア　品種の特性と選び方
　　　イ　作型と栽培計画
　　　ウ　栽培管理
　　　エ　商品化と生産物の管理・評価
　　　オ　機械・施設の利用
　　(5) 草花の生産と経営
　　　ア　生産目標と経営計画
　　　イ　生産工程の管理
　　　ウ　流通と販売
　　　エ　地域環境に配慮した草花生産
　　(6) 草花生産と経営の実践

3　内容の取扱い

(1) 内容を取り扱う際には，次の事項に配慮するものとする。
　ア　草花の生産から消費，経営までの仕組みと草花の利用形態を理解できるよう留意して指導すること。また，プロジェクト学習では観察や実験・実習を通して，科学的かつ創造的に学習を進め，草花生産に関する実践力が身に付くようにすること。なお，地域農業の実態や学科の特色等に応じて，適切な題材を選定すること。
　イ　〔指導項目〕の(1)については，科目学習の導入として扱うこと。また，(6)については，(1)を踏まえ，(2)から(5)までと並行して，又はそれらを学習した後に扱うこと。

(2) 内容の範囲や程度については，次の事項に配慮するものとする。
　ア　〔指導項目〕の(1)については，農業科に属する他の科目と関連付けながら科目全体で科学的かつ創造的に学習を進めるように扱うこと。
　イ　〔指導項目〕の(2)については，草花の生産及び需給の動向について基礎的な内容を扱うこと。
　ウ　〔指導項目〕の(3)については，生育過程，生理作用，栽培環境と生育の調節や環境に配慮した草花栽培の技術について基礎的な仕組みを扱うこと。
　エ　〔指導項目〕の(4)については，品種の選定，栽培計画の立案，生育段階に応じた栽培管理，商品化と生産物の管理・評価などについて体系的に扱うこと。
　オ　〔指導項目〕の(5)については，生産目標の設定と経営計画の立案，農業生産工程管理，販売方法の工夫，生産費や流通手段などについて基礎的な内容を扱うこと。
　カ　〔指導項目〕の(6)については，草花経営に関する実践的な活動を行うこと。なお，起業や六次産

業化に関わる内容についても扱うこと。

第9 畜産

1 目標
農業の見方・考え方を働かせ，実践的・体験的な学習活動を行うことなどを通して，家畜の飼育と畜産経営に必要な資質・能力を次のとおり育成することを目指す。
(1) 家畜の飼育と畜産経営について体系的・系統的に理解するとともに，関連する技術を身に付けるようにする。
(2) 家畜の飼育と畜産経営に関する課題を発見し，農業や農業関連産業に携わる者として合理的かつ創造的に解決する力を養う。
(3) 家畜の飼育と畜産経営について生産性や品質の向上が経営発展へつながるよう自ら学び，農業の振興や社会貢献に主体的かつ協働的に取り組む態度を養う。

2 内容
1に示す資質・能力を身に付けることができるよう，次の〔指導項目〕を指導する。
〔指導項目〕
(1) 「畜産」とプロジェクト学習
　ア　畜産に関するプロジェクト学習の意義
　イ　プロジェクト学習の進め方
(2) 畜産の役割と動向
　ア　畜産の役割
　イ　生活と家畜・畜産物の利用
　ウ　畜産物の流通と需給の動向
(3) 家畜の特性と飼育技術
　ア　家畜の種類と特徴
　イ　家畜の発育と生理・生態
　ウ　飼育環境の調節
(4) 家畜の飼育と管理・評価
　ア　品種の特性と選び方
　イ　家畜の改良
　ウ　繁殖計画と管理
　エ　飼育計画と管理
　オ　家畜と飼料
　カ　家畜の病気と予防
　キ　家畜・畜産物の商品化と管理・評価
　ク　畜舎と機械・施設の利用
(5) 畜産と経営
　ア　生産目標と経営計画
　イ　生産工程の管理
　ウ　流通と販売
　エ　地域環境に配慮した畜産
(6) 家畜の飼育と畜産経営の実践

3 内容の取扱い

(1) 内容を取り扱う際には,次の事項に配慮するものとする。

ア 畜産物の生産から消費,家畜経営までの仕組みを理解できるよう留意して指導すること。また,プロジェクト学習では観察や実験・実習を通して,科学的かつ創造的に学習を進め,畜産に関する実践力が身に付くようにすること。なお,地域農業の実態や学科の特色等に応じて,適切な題材を選定すること。

イ 〔指導項目〕の(1)については,科目学習の導入として扱うこと。また,(6)については,(1)を踏まえ,(2)から(5)までと並行して,又はそれらを学習した後に扱うこと。

(2) 内容の範囲や程度については,次の事項に配慮するものとする。

ア 〔指導項目〕の(1)については,農業科に属する他の科目と関連付けながら科目全体で科学的かつ創造的に学習を進めるように扱うこと。

イ 〔指導項目〕の(2)については,畜産物の生産及び需給の動向について基礎的な内容を扱うこと。

ウ 〔指導項目〕の(3)については,家畜の発育過程や生理・生態,飼育環境の調節や環境に配慮した家畜の飼育技術,危害分析・重要管理点方式の考え方を取り入れた飼養衛生管理技術などについて基礎的な仕組みを扱うこと。

エ 〔指導項目〕の(4)については,品種の選定,繁殖計画の立案と管理,飼育計画の立案,発育段階に応じた飼育管理,家畜の飼料と病気,商品化と生産物の管理,発育成績や繁殖成績に基づく評価などについて体系的に扱うこと。

オ 〔指導項目〕の(5)については,生産目標の設定と経営計画の立案,農業生産工程管理,販売方法の工夫,生産費や流通手段などについて基礎的な内容を扱うこと。また,安全な食品を供給するための食品トレーサビリティシステムについても扱うこと。

カ 〔指導項目〕の(6)については,畜産経営に関する実践的な活動を行うこと。なお,起業や六次産業化に関わる内容についても扱うこと。

第10 栽培と環境

1 目標

農業の見方・考え方を働かせ,実践的・体験的な学習活動を行うことなどを通して,栽培植物の育成環境の調整・管理に必要な資質・能力を次のとおり育成することを目指す。

(1) 栽培と環境について体系的・系統的に理解するとともに,関連する技術を身に付けるようにする。

(2) 栽培と環境に関する課題を発見し,農業や農業関連産業に携わる者として合理的かつ創造的に解決する力を養う。

(3) 栽培と環境について農業生物の栽培や管理に応用できるよう自ら学び,農業の振興や社会貢献に主体的かつ協働的に取り組む態度を養う。

2 内容

1に示す資質・能力を身に付けることができるよう,次の〔指導項目〕を指導する。

〔指導項目〕

(1) 「栽培と環境」とプロジェクト学習

  ア 栽培と環境に関するプロジェクト学習の意義

  イ プロジェクト学習の進め方

(2) 栽培と環境の診断・実験の方法

  ア 調査と観察

イ　生育と環境の診断
　　　ウ　実験と検証
　(3)　栽培植物と環境要素
　　　ア　環境の要素
　　　イ　物質の循環
　　　ウ　栽培技術と環境
　(4)　栽培植物の育成環境
　　　ア　気象と災害対策
　　　イ　土壌の管理と改良
　　　ウ　肥料の性質と施肥の方法
　　　エ　農薬の特性と防除の方法
　　　オ　施設型農業の栽培環境
　(5)　環境に配慮した栽培の実践

3　内容の取扱い

(1)　内容を取り扱う際には，次の事項に配慮するものとする。

　ア　「作物」，「野菜」，「果樹」，「草花」などの科目と関連付けて指導計画を作成するとともに，〔指導項目〕の(1)から(5)まで横断的に学習できるようにすること。

　イ　〔指導項目〕の(1)については，科目学習の導入として扱うこと。また，(5)については，(1)を踏まえ，(2)から(4)までと並行して，又はそれらを学習した後に扱うこと。

　ウ　〔指導項目〕の(2)については，調査と観察，診断の方法，各種の実験と検証の方法を理解させ，科学的な見方と実践力が身に付くよう工夫して指導すること。また，(3)については，栽培植物の種類と特性に応じた育成管理と環境要素との関係について理解できるよう工夫して指導すること。(4)については，栽培のプロジェクト学習を通して，実践的・体験的に取り組めるようにすること。施設型農業については，施設内の栽培環境と環境制御について理解できるよう工夫して指導すること。

(2)　内容の範囲や程度については，次の事項に配慮するものとする。

　ア　〔指導項目〕の(1)については，「作物」，「野菜」，「果樹」，「草花」などの科目と関連付けながら，科目全体で科学的かつ創造的に学習を進めるように扱うこと。

　イ　〔指導項目〕の(2)については，栽培植物の育成と環境要素に関する実験，調査，観察，診断などの方法と進め方について基礎的な内容を扱うこと。

　ウ　〔指導項目〕の(3)については，栽培植物の育成に関わる環境要素の役割や物質循環，栽培技術と環境との相互関係について基礎的な内容を扱うこと。

　エ　〔指導項目〕の(4)については，栽培管理における環境要素の活用や，環境に配慮した栽培管理の方法，農業生産工程管理やポジティブリスト制度，生態的な防除の方法など具体的な内容を扱うこと。

　オ　〔指導項目〕の(5)については，環境に配慮した栽培技術を踏まえ，環境の保全や創造に関する地域や学校での実践的な活動を行うこと。

第11　飼育と環境

1　目　標

　農業の見方・考え方を働かせ，実践的・体験的な学習活動を行うことなどを通して，飼育動物の育成環境の調整・管理に必要な資質・能力を次のとおり育成することを目指す。

(1) 飼育と環境について体系的・系統的に理解するとともに，関連する技術を身に付けるようにする。
(2) 飼育と環境に関する課題を発見し，農業や農業関連産業に携わる者として合理的かつ創造的に解決する力を養う。
(3) 飼育と環境について農業生物の飼育や管理に応用できるよう自ら学び，農業の振興や社会貢献に主体的かつ協働的に取り組む態度を養う。

2 内容

1に示す資質・能力を身に付けることができるよう，次の〔指導項目〕を指導する。

〔指導項目〕
(1) 「飼育と環境」とプロジェクト学習
　ア　飼育と環境に関するプロジェクト学習の意義
　イ　プロジェクト学習の進め方
(2) 飼育の目的と現状
　ア　飼育の目的
　イ　飼育の現状と動向
(3) 飼育と環境
　ア　動物の種類と特性
　イ　発育と環境
　ウ　衛生と環境
(4) 飼育技術と管理・評価
　ア　飼育と管理・評価
　イ　飼料と管理
　ウ　動物バイオテクノロジーと繁殖技術
(5) 飼育の実践

3 内容の取扱い

(1) 内容を取り扱う際には，次の事項に配慮するものとする。
　ア　「畜産」などの科目と関連付けて指導計画を作成するとともに，〔指導項目〕の(1)から(5)まで横断的に学習できるようにすること。
　イ　〔指導項目〕の(1)については，科目学習の導入として扱うこと。また，(5)については，(1)を踏まえ，(2)から(4)までと並行して，又はそれらを学習した後に扱うこと。
(2) 内容の範囲や程度については，次の事項に配慮するものとする。
　ア　〔指導項目〕の(1)については，「畜産」などの科目と関連付けながら科目全体で科学的かつ創造的に学習を進めるように扱うこと。
　イ　〔指導項目〕の(2)については，飼育目的ごとの動物の利活用の概要について基礎的な内容を扱うこと。
　ウ　〔指導項目〕の(3)については，動物の発育過程や生理・生態，飼育環境の調節，環境に配慮した動物の飼育技術や飼料生産，健康な動物を飼育するための飼養衛生管理技術などについて基礎的な内容を扱うこと。なお，必要に応じて，農業生産工程管理や危害分析・重要管理点方式などについても扱うこと。
　エ　〔指導項目〕の(4)については，それぞれの飼育目的に応じた動物の役割や飼育管理の方法，動物実験の基礎について体系的な内容を扱うこと。
　オ　〔指導項目〕の(5)については，動物の飼育や実験，畜産経営の深化などに関する実践的な活動を行うこと。

第12 農業経営

1 目標
 農業の見方・考え方を働かせ，実践的・体験的な学習活動を行うことなどを通して，農業経営とマーケティングに必要な資質・能力を次のとおり育成することを目指す。
 (1) 農業経営について体系的・系統的に理解するとともに，関連する技術を身に付けるようにする。
 (2) 農業経営に関する課題を発見し，農業や農業関連産業に携わる者として合理的かつ創造的に解決する力を養う。
 (3) 農業経営のマネジメントやマーケティングが経営発展へつながるよう自ら学び，農業の振興や社会貢献に主体的かつ協働的に取り組む態度を養う。

2 内容
 1に示す資質・能力を身に付けることができるよう，次の〔指導項目〕を指導する。
 〔指導項目〕
 (1) 「農業経営」とプロジェクト学習
  ア 農業経営に関するプロジェクト学習の意義
  イ プロジェクト学習の進め方
 (2) 農業の動向と農業経営
  ア 我が国と世界の農業
  イ 農業経営の動向
  ウ 食料・農業・農村政策と関係法規
  エ 農産物消費の動向と社会経済環境
 (3) 農業のマネジメント
  ア 農業マネジメントの概要
  イ 組織のマネジメント
  ウ 人材のマネジメント
  エ 会計のマネジメント
 (4) 農業のマーケティング
  ア 農業マーケティングの概要
  イ 農業のマーケティング戦略
  ウ 農産物のブランド化
 (5) 農業経営とマーケティングの活動
  ア 市場調査・環境分析
  イ 農業の起業計画・マーケティング戦略の策定
  ウ 農業経営の実践と評価
 (6) 農業経営とマーケティングの実践

3 内容の取扱い
 (1) 内容を取り扱う際には，次の事項に配慮するものとする。
  ア 農業経営とマーケティングの基本的な内容について，学校農場の経営に関する事例を通して理解させ，農業経営者の先進的な実践に触れるよう留意して指導すること。なお，地域の実態や学科の特色等に応じて，適切な題材を選定すること。
  イ 〔指導項目〕の(1)については，科目学習の導入として扱うこと。また，(6)については，(1)を踏

まえ，(2)から(5)までと並行して，又はそれらを学習した後に扱うこと。
(2) 内容の範囲や程度については，次の事項に配慮するものとする。
　ア　〔指導項目〕の(1)については，農業科に属する他の科目と関連付けながら科目全体で科学的かつ創造的に学習を進めるように扱うこと。
　イ　〔指導項目〕の(2)については，グローバル化，消費者ニーズの多様化などに関わる消費者と農業・食とをめぐる課題や社会構造の変化に着目し，六次産業化や農産物の輸出入などに関する農業経営の動向を扱うこと。
　ウ　〔指導項目〕の(3)については，農業協同組合や生産組合の事業，農業生産組織や農地所有適格法人の運営及び経営について，簿記などの内容を踏まえた基礎的な内容を扱うこと。
　エ　〔指導項目〕の(4)については，顧客の視点から見た農産物の価値の創造やマーケティングを実践する過程について，マーケティング戦略の視点から扱うこと。また，(4)及び(5)については，マーケティングや経営管理に取り組むプロジェクト学習を扱うこと。
　オ　〔指導項目〕の(6)については，農業経営とマーケティングに関する実践的な活動を行うこと。なお，起業や六次産業化に関わる内容についても扱うこと。

第13　農業機械

1　目標

農業の見方・考え方を働かせ，実践的・体験的な学習活動を行うことなどを通して，農業機械の取り扱いと維持管理に必要な資質・能力を次のとおり育成することを目指す。
(1) 農業機械について体系的・系統的に理解するとともに，関連する技術を身に付けるようにする。
(2) 農業機械に関する課題を発見し，農業や農業関連産業に携わる者として合理的かつ創造的に解決する力を養う。
(3) 農業機械について特性を理解し，効率的な利用へつながるよう自ら学び，農業の振興や社会貢献に主体的かつ協働的に取り組む態度を養う。

2　内容

1に示す資質・能力を身に付けることができるよう，次の〔指導項目〕を指導する。
〔指導項目〕
(1) 農業機械の役割
　ア　農業機械化の意義
　イ　農業機械の利用と現状
(2) 農業機械の構造と操作
　ア　原動機
　イ　トラクタ
　ウ　作業機
　エ　燃料と潤滑油
(3) 農業機械と安全
　ア　農作業と安全
　イ　農業機械の安全な取扱い
(4) 農業生産における農業機械の利用
　ア　農業機械の効率的利用
　イ　農作業体制の変化と機械の利用

        ウ　農業機械化体系の作成
　(5)　農業機械化の展望
        ア　農作業の自動化・機械化
        イ　農業機械の高度化・実用化
3　内容の取扱い
(1)　内容を取り扱う際には，次の事項に配慮するものとする。
    ア　農業機械の構造と作業特性の相互関係から機械の点検や整備及び操作方法について理解できるよう留意して指導すること。また，実験・実習を通して，科学的かつ創造的に学習を進め，農業機械の維持管理を図る実践力が身に付くようにすること。なお，地域農業の実態や学科の特色等に応じて，適切な題材を選定すること。
    イ　機械及び燃料の安全な取扱いについて指導し，事故の防止に努めること。
(2)　内容の範囲や程度については，次の事項に配慮するものとする。
    ア　〔指導項目〕の(1)については，農業機械の利用の現状及び農業の生産性の向上と機械化との相互関係，農業の機械化に伴う今後の課題について扱うこと。
    イ　〔指導項目〕の(2)については，原動機・トラクタ・作業機の構造と種類，正しい操作技術，点検や整備の方法，トラクタと作業機のマッチングや接続の原理についての基礎的な内容を扱うこと。
    ウ　〔指導項目〕の(3)については，農業機械の安全な取扱いや操作方法などの基礎的な内容を扱うこと。
    エ　〔指導項目〕の(4)については，学校農場や地域農業の身近な事例を取り上げて，機械の作業効率や利用経費など農業機械の効率的な利用と経営形態や目的に応じた機械の導入及び利用を考慮した農業機械化体系の作成を扱うこと。
    オ　〔指導項目〕の(5)については，自動制御機器や人工知能などの技術の進展に対応した題材を取り上げ，その活用について基礎的な内容を扱うこと。

第14　植物バイオテクノロジー

1　目　標
　　農業の見方・考え方を働かせ，実践的・体験的な学習活動を行うことなどを通して，植物に関するバイオテクノロジーを農業の各分野で活用するために必要な資質・能力を次のとおり育成することを目指す。
(1)　植物バイオテクノロジーについて体系的・系統的に理解するとともに，関連する技術を身に付けるようにする。
(2)　植物バイオテクノロジーに関する課題を発見し，農業や農業関連産業に携わる者として合理的かつ創造的に解決する力を養う。
(3)　植物バイオテクノロジーについて特質を理解し，農業の各分野で活用できるよう自ら学び，農業の振興や社会貢献に主体的かつ協働的に取り組む態度を養う。

2　内　容
　　1に示す資質・能力を身に付けることができるよう，次の〔指導項目〕を指導する。
〔指導項目〕
(1)「植物バイオテクノロジー」とプロジェクト学習
    ア　植物バイオテクノロジーに関するプロジェクト学習の意義
    イ　プロジェクト学習の進め方

(2) バイオテクノロジーの意義と役割
  ア　バイオテクノロジーの意義
  イ　産業社会とバイオテクノロジー
(3) 植物バイオテクノロジーの特質と基本操作
  ア　植物の構造と機能
  イ　無菌操作の基本
(4) 植物の増殖能力の利用
  ア　組織培養の目的と技術体系
  イ　培地の組成と調整
  ウ　培養植物体の生育と環境
  エ　野菜や草花への活用
  オ　果樹や作物への活用
  カ　バイオテクノロジーの活用実態
(5) 植物バイオテクノロジーの展望
  ア　植物の遺伝情報の利用
  イ　バイオマス・エネルギーの利用
  ウ　産業社会とバイオテクノロジーの動向
(6) 植物バイオテクノロジーの実践

3　内容の取扱い

(1) 内容を取り扱う際には，次の事項に配慮するものとする。
  ア　植物バイオテクノロジー技術を農業の各分野に活用する仕組みやその役割について理解できるよう留意して指導すること。また，プロジェクト学習では観察や実験・実習を通して，科学的かつ創造的に学習を進め，植物バイオテクノロジー技術の活用に関する実践力が身に付くようにすること。なお，地域農業の実態や学科の特色等に応じて，適切な題材を選定すること。
  イ　〔指導項目〕の(1)については，科目学習の導入として扱うこと。また，(6)については，(1)を踏まえ，(2)から(5)までと並行して，又はそれらを学習した後に扱うこと。
  ウ　〔指導項目〕の(5)及び(6)について，遺伝子組換えを扱う際には，適切な拡散防止の措置を講じるなど安全に十分留意して指導し，雑菌による機器や施設などの汚染防止を図ること。

(2) 内容の範囲や程度については，次の事項に配慮するものとする。
  ア　〔指導項目〕の(1)については，農業科に属する他の科目と関連付けながら科目全体で科学的かつ創造的に学習を進めるように扱うこと。
  イ　〔指導項目〕の(2)については，植物の繁殖などの機能を利用するバイオテクノロジーの技術体系及び農業などの産業各分野における利用の概要を扱うこと。
  ウ　〔指導項目〕の(3)については，茎頂など植物の組織・器官の構造と機能，植物ホルモンの作用及び無菌的条件の設定も扱うこと。
  エ　〔指導項目〕の(4)については，植物細胞の分化全能性，培地の調整，組織培養及び培養植物体の順化，育成を中心に扱うこと。カについては，地域の野菜や草花など身近な植物や貴重な遺伝資源植物の種苗生産や品種改良などの具体的な実践を扱うこと。
  オ　〔指導項目〕の(5)については，細胞融合や遺伝子組換えなどの遺伝情報及びバイオマス・エネルギーの利用など，植物バイオテクノロジーに関する今後の動向，課題及び可能性について基礎的な内容を扱うこと。
  カ　〔指導項目〕の(6)については，植物バイオテクノロジーの技術を活用した農業の各分野での種苗

生産や品種改良，絶滅危惧植物の保護や環境保全などに関する実践的な活動を行うこと。

第15 食品製造

1 目標
　農業の見方・考え方を働かせ，実践的・体験的な学習活動を行うことなどを通して，食品製造に必要な資質・能力を次のとおり育成することを目指す。
(1) 食品製造について体系的・系統的に理解するとともに，関連する技術を身に付けるようにする。
(2) 食品製造に関する課題を発見し，農業や農業関連産業に携わる者として合理的かつ創造的に解決する力を養う。
(3) 食品製造について生産性や品質の向上が経営発展へつながるよう自ら学び，農業の振興や社会貢献に主体的かつ協働的に取り組む態度を養う。

2 内容
　1に示す資質・能力を身に付けることができるよう，次の〔指導項目〕を指導する。
〔指導項目〕
(1) 「食品製造」とプロジェクト学習
　ア　食品製造に関するプロジェクト学習の意義
　イ　プロジェクト学習の進め方
(2) 食品産業の現状と動向
　ア　食品産業の現状
　イ　食品産業の動向
(3) 製造原理と原材料特性
　ア　食品加工の原理
　イ　原材料の特性と加工
(4) 食品の安全と品質表示
　ア　食品の安全性
　イ　食品の衛生
　ウ　食品の貯蔵
　エ　食品の包装と品質表示
(5) 機械と装置の利用
　ア　製造用の機械と装置の利用
　イ　ボイラと冷却装置の利用
(6) 生産工程の管理と改善
　ア　品質管理
　イ　作業体系の改善
(7) 食品の製造実習
　ア　穀物，小麦粉
　イ　豆類，イモ類
　ウ　野菜，果実
　エ　畜産物
　オ　発酵食品
(8) 食品製造の実践

3　内容の取扱い

(1) 内容を取り扱う際には，次の事項に配慮するものとする。

ア　農業生産，食品製造から流通・消費までの食料供給の仕組みを理解できるよう留意して指導すること。また，プロジェクト学習では観察や実験・実習を通して，科学的かつ創造的に学習を進め，食品製造技術の活用に関する実践力が身に付くようにすること。なお，地域農業の実態や学科の特色等に応じて，適切な題材を選定すること。

イ　〔指導項目〕の(1)については，科目学習の導入として扱うこと。また，(8)については，(1)を踏まえ，(2)から(7)までと並行して，又はそれらを学習した後に扱うこと。

ウ　〔指導項目〕の(4)から(8)までについては，食品衛生上の危害発生の防止と適正な品質表示，製造用機器や器具の安全な取扱いに努めること。

(2) 内容の範囲や程度については，次の事項に配慮するものとする。

ア　〔指導項目〕の(1)については，農業科に属する他の科目と関連付けながら科目全体で科学的かつ創造的に学習を進めるように扱うこと。

イ　〔指導項目〕の(2)については，我が国の食生活における食品産業の現状と動向について扱うこと。

ウ　〔指導項目〕の(3)については，原材料の特性を利用した加熱，塩漬や発酵などの食品加工の方法とその基本的な原理を扱うこと。

エ　〔指導項目〕の(4)については，食品による危害の要因や食品の安全に関する法規の概要について，危害分析・重要管理点方式や食品安全マネジメントシステムなどと関連付けて扱うこと。

オ　〔指導項目〕の(5)については，食品製造の機械と装置，ボイラと冷却装置の基本的な操作や安全にかかる整備について扱うこと。

カ　〔指導項目〕の(6)については，食品企業における従業員の教育や管理の手法，作業の体系について扱うこと。

キ　〔指導項目〕の(7)については，代表的な食品の製造方法について実習を行うこと。なお，製品の原価計算についても扱うこと。

ク　〔指導項目〕の(8)については，食品製造に関する実践的な活動を行うこと。なお，地域農業の発展の視点で，食品産業との関連性や食品ブランドの活用や創造についても扱うこと。

第16　食品化学

1　目　標

農業の見方・考え方を働かせ，実践的・体験的な学習活動を行うことなどを通して，食品の成分と栄養価値の利用に必要な資質・能力を次のとおり育成することを目指す。

(1) 食品化学について体系的・系統的に理解するとともに，関連する技術を身に付けるようにする。

(2) 食品化学に関する課題を発見し，農業や農業関連産業に携わる者として合理的かつ創造的に解決する力を養う。

(3) 食品化学について食品の成分や栄養を理解し，農業の各分野で応用できるよう自ら学び，農業の振興や社会貢献に主体的かつ協働的に取り組む態度を養う。

2　内　容

1に示す資質・能力を身に付けることができるよう，次の〔指導項目〕を指導する。

〔指導項目〕

(1) 「食品化学」とプロジェクト学習

ア　食品化学に関するプロジェクト学習の意義

イ　プロジェクト学習の進め方
　(2) 食品の成分
　　ア　食品成分の分類
　　イ　食品成分の機能
　　ウ　食品成分の変化
　(3) 食品の栄養
　　ア　食品成分の代謝と栄養
　　イ　栄養改善と機能性食品
　　ウ　食品成分表と栄養的価値
　(4) 食品の成分分析
　　ア　基本操作
　　イ　定量分析
　　ウ　水分
　　エ　タンパク質，脂質，炭水化物
　　オ　無機質，ビタミン
　(5) 食品化学の実践
　　ア　成分分析の実践
　　イ　食品の衛生検査

3　内容の取扱い

(1) 内容を取り扱う際には，次の事項に配慮するものとする。
　ア　食品の成分や栄養的な機能や性質が，食品製造や食生活の改善に果たしている役割を理解できるよう留意して指導すること。また，プロジェクト学習では観察や実験・実習を通して，科学的かつ創造的に学習を進め，食品化学に関する実践力が身に付くようにすること。なお，地域農業の実態や学科の特色等に応じて，適切な題材を選定すること。
　イ　〔指導項目〕の(1)については，科目学習の導入として扱うこと。また，(5)については，(1)を踏まえ，(2)から(4)までと並行して，又はそれらを学習した後に扱うこと。

(2) 内容の範囲や程度については，次の事項に配慮するものとする。
　ア　〔指導項目〕の(1)については，農業科に属する他の科目と関連付けながら科目全体で科学的かつ創造的に学習を進めるように扱うこと。
　イ　〔指導項目〕の(2)については，食品中のタンパク質，脂質，ビタミンなどの性質や機能を扱うこと。また，それらの化学式，構造式及び化学反応式を扱う場合は，基礎的な内容を扱うこと。
　ウ　〔指導項目〕の(3)については，食品成分の体内での消化・吸収や変化を中心に，機能性食品についても扱うこと。
　エ　〔指導項目〕の(4)については，食品成分の分析方法とその原理及び分析機器の操作を扱うこと。
　オ　〔指導項目〕の(5)については，身近な食品を試料とした成分分析を行うこと。また，危害分析・重要管理点方式や食品安全マネジメントシステムなどにおける衛生検査に関する内容を扱うこと。

第17　食品微生物

1　目　標

　農業の見方・考え方を働かせ，実践的・体験的な学習活動を行うことなどを通して，食品微生物の利用に必要な資質・能力を次のとおり育成することを目指す。

(1) 食品微生物について体系的・系統的に理解するとともに，関連する技術を身に付けるようにする。
(2) 食品微生物に関する課題を発見し，農業や農業関連産業に携わる者として合理的かつ創造的に解決する力を養う。
(3) 食品微生物について特質を理解し，農業の各分野で利用できるよう自ら学び，農業の振興や社会貢献に主体的かつ協働的に取り組む態度を養う。

2　内容

1に示す資質・能力を身に付けることができるよう，次の〔指導項目〕を指導する。

〔指導項目〕
(1) 「食品微生物」とプロジェクト学習
　ア　食品と微生物
　イ　食品微生物に関するプロジェクト学習の意義
　ウ　プロジェクト学習の進め方
(2) 食品微生物の種類
　ア　微生物の形態と種類
　イ　微生物の栄養と生理
　ウ　微生物の増殖と遺伝
　エ　微生物の酵素と種類
　オ　微生物の代謝
(3) 食品微生物の実験
　ア　基本操作
　イ　かびの分離と培養
　ウ　酵母の分離と培養
　エ　細菌の分離と培養
　オ　きのこの培養
(4) 微生物利用の動向
　ア　微生物の改良
　イ　固定化生体触媒
　ウ　エネルギー生産
　エ　環境保全と浄化
(5) 微生物利用の実践
　ア　食品微生物を利用した実習
　イ　食品の微生物検査

3　内容の取扱い

(1) 内容を取り扱う際には，次の事項に配慮するものとする。
　ア　微生物の形態的特徴と生理的特性を理解できるよう留意して指導すること。また，プロジェクト学習では観察や実験・実習を通して，科学的かつ創造的に学習を進め，微生物の応用を図る実践力が身に付くようにすること。なお，地域農業の実態や学科の特色等に応じて，適切な題材を選定すること。
　イ　〔指導項目〕の(1)については，科目学習の導入として扱うこと。また，(5)については，(1)を踏まえ，(2)から(4)までと並行して，又はそれらを学習した後に扱うこと。
　ウ　〔指導項目〕の(3)及び(5)については，実験・実習を通して，微生物の安全な取扱いについて指導すること。特に，有害微生物を扱う際には，適切な拡散防止の措置を講じるなど安全に十分留意

して指導すること。
(2) 内容の範囲や程度については，次の事項に配慮するものとする。
　ア　〔指導項目〕の(1)については，農業科に属する他の科目と関連付けながら科目全体で科学的かつ創造的に学習を進めるように扱うこと。
　イ　〔指導項目〕の(2)について，微生物の学名や英名及び化学式や構造式を扱う場合は，基礎的な内容を扱うこと。
　ウ　〔指導項目〕の(3)については，観察・実験を通して，微生物の形態的特徴と生理的特性を具体的に扱うこと。
　エ　〔指導項目〕の(4)については，微生物及び微生物酵素利用の動向について扱い，特に遺伝子組換え，バイオリアクター，バイオマスなどの原理を扱うこと。
　オ　〔指導項目〕の(5)については，微生物の有用性を確認するために，多様な発酵食品の製造を行うとともに，危害分析・重要管理点方式や食品安全マネジメントシステムなどにおける微生物検査に関する内容を扱うこと。

第18 食品流通

1 目標
農業の見方・考え方を働かせ，実践的・体験的な学習活動を行うことなどを通して，食品流通とマーケティングに必要な資質・能力を次のとおり育成することを目指す。
(1) 食品流通について体系的・系統的に理解するとともに，関連する技術を身に付けるようにする。
(2) 食品流通に関する課題を発見し，農業や農業関連産業に携わる者として合理的かつ創造的に解決する力を養う。
(3) 食品流通の合理的な管理とマーケティングが経営発展へつながるよう自ら学び，農業の振興や社会貢献に主体的かつ協働的に取り組む態度を養う。

2 内容
1に示す資質・能力を身に付けることができるよう，次の〔指導項目〕を指導する。
〔指導項目〕
(1) 「食品流通」とプロジェクト学習
　ア　食品流通に関するプロジェクト学習の意義
　イ　プロジェクト学習の進め方
(2) 食と消費の動向
　ア　食をめぐる世界の動向
　イ　食と生活の動向
　ウ　食生活と健康
(3) 食品の流通・保管と物流
　ア　食品流通の構造
　イ　食品の保管
　ウ　物流と情報システム
　エ　食品の品質管理
　オ　食品の輸出入
(4) 食品のマーケティング
　ア　食品マーケティングの概要

イ　食品マーケティング戦略
　　　ウ　食品のブランド化
　(5)　食品流通とマーケティングの実践
　　　ア　市場調査・環境分析
　　　イ　マーケティング戦略の策定
　　　ウ　食品マーケティングの実践と評価

3　内容の取扱い

(1)　内容を取り扱う際には，次の事項に配慮するものとする。

　ア　農業生産，食品製造から流通・消費までの食料供給の仕組みを理解できるよう留意して指導すること。また，プロジェクト学習では観察や実験・実習を通して，科学的かつ創造的に学習を進め，食品流通に関する実践力が身に付くようにすること。なお，地域農業の実態や学科の特色等に応じて，適切な題材を選定すること。

　イ　〔指導項目〕の(1)については，科目学習の導入として扱うこと。また，(5)については，(1)を踏まえ，(2)から(4)までと並行して，又はそれらを学習した後に扱うこと。

(2)　内容の範囲や程度については，次の事項に配慮するものとする。

　ア　〔指導項目〕の(1)については，農業科に属する他の科目と関連付けながら科目全体で科学的かつ創造的に学習を進めるように扱うこと。

　イ　〔指導項目〕の(2)については，世界と日本の食の動向について，世界的な視点と身近な食生活の視点から扱うこと。

　ウ　〔指導項目〕の(3)については，食品トレーサビリティシステムなどの品質管理と適正な食品表示について扱うこと。また，危害分析・重要管理点方式及び食品安全マネジメントシステムなどの考え方や方法についても扱うこと。

　エ　〔指導項目〕の(4)については，マーケティングの原理，方法，ブランド化について具体的に扱うこと。

　オ　〔指導項目〕の(5)については，顧客の視点からの分析，マーケティング戦略の策定，実践と評価を具体的に行うこと。

第19　森林科学

1　目　標

　農業の見方・考え方を働かせ，実践的・体験的な学習活動を行うことなどを通して，森林の構造や機能並びに保全技術などを科学的に捉えるために必要な資質・能力を次のとおり育成することを目指す。

(1)　森林科学について体系的・系統的に理解するとともに，関連する技術を身に付けるようにする。

(2)　森林科学に関する課題を発見し，農業や農業関連産業に携わる者として合理的かつ創造的に解決する力を養う。

(3)　森林を科学的に捉えるよう自ら学び，農業の振興や社会貢献に主体的かつ協働的に取り組む態度を養う。

2　内　容

　1に示す資質・能力を身に付けることができるよう，次の〔指導項目〕を指導する。

〔指導項目〕

(1)　「森林科学」とプロジェクト学習

　ア　森林科学に関するプロジェクト学習の意義

イ　プロジェクト学習の進め方
（2）森林と樹木
　　ア　森林の特性
　　イ　樹木の特性
　　ウ　林木の立地環境
（3）森林生態系の構造と多面的機能
　　ア　森林生態系の構造
　　イ　森林植生遷移と森林の発達段階
　　ウ　森林の構造と多面的機能との関係
（4）森林の機能と目標林型
　　ア　森林の機能と生態系サービス
　　イ　目標林型
　　ウ　ゾーニング
（5）森林の施業技術や管理技術
　　ア　全体技術と個別技術
　　イ　生産林の施業技術
　　ウ　環境林の管理技術
（6）木材の収穫
　　ア　作業システム
　　イ　林道，作業道
　　ウ　伐採，造材，集材
　　エ　労働安全
（7）森林の育成と活用の実践

3　内容の取扱い

(1) 内容を取り扱う際には，次の事項に配慮するものとする。
　ア　森林生態系の構造と多面的機能，目標林型，森林の施業技術や管理技術の仕組みを理解できるよう留意して指導すること。また，プロジェクト学習では観察や実験・実習を通して，科学的かつ創造的に学習を進め，森林科学に関する実践力が身に付くようにすること。なお，地域林業の実態や学科の特色等に応じて，適切な題材を選定すること。
　イ　〔指導項目〕の(1)については，科目学習の導入として扱うこと。また，(7)については，(1)を踏まえ，(2)から(6)までと並行して，又はそれらを学習した後に扱うこと。

(2) 内容の範囲や程度については，次の事項に配慮するものとする。
　ア　〔指導項目〕の(1)については，農業科に属する他の科目と関連付けながら科目全体で科学的かつ創造的に学習を進めるように扱うこと。
　イ　〔指導項目〕の(2)については，様々な森林のタイプ分けについてその意義を扱うこと。
　ウ　〔指導項目〕の(3)については，森林生態系について図などを活用してわかりやすく丁寧に扱うこと。
　エ　〔指導項目〕の(4)については，森林の機能と生態系サービスとの関係，目標林型，生態系サービスと目標林型との関係などを扱うこと。
　オ　〔指導項目〕の(5)については，個別技術の意義や意味，技術の関連性と全体像，生産林に対して人間が関与する意義，環境林の空間利用を含めた取扱いなどを扱うこと。
　カ　〔指導項目〕の(6)については，集材方法を考えた伐採，路網の設計，機材を使用する際の安全性

などを扱うこと。
キ 〔指導項目〕の(7)については，森林の育成と活用に関する実践的な活動を行うこと。

第20 森林経営

1 目標
農業の見方・考え方を働かせ，実践的・体験的な学習活動を行うことなどを通して，森林経営に必要な資質・能力を次のとおり育成することを目指す。
(1) 森林経営について体系的・系統的に理解するとともに，関連する技術を身に付けるようにする。
(2) 森林経営に関する課題を発見し，農業や農業関連産業に携わる者として合理的かつ創造的に解決する力を養う。
(3) 森林経営について持続的な経営発展へ向けて自ら学び，農業の振興や社会貢献について主体的かつ協働的に取り組む態度を養う。

2 内容
1に示す資質・能力を身に付けることができるよう，次の〔指導項目〕を指導する。
〔指導項目〕
(1) 「森林経営」とプロジェクト学習
　ア 森林経営に関するプロジェクト学習の意義
　イ プロジェクト学習の進め方
(2) 世界と日本の森林・林業
　ア 世界の森林・林業
　イ 日本の森林・林業
(3) 森林経営の目標と組織
　ア 持続可能な森林経営
　イ 森林経営の組織
　ウ 森林経営の計画
(4) 森林の測定と評価
　ア 森林の測定
　イ リモートセンシングの利用
　ウ 森林の評価
(5) 森林・林業の制度と政策
　ア 制度と政策の特徴
　イ 制度と政策の体系
　ウ 政策主体と近年の政策動向
(6) 山地と農山村の保全
　ア 山地の保全
　イ 治山事業
　ウ 日本の農山村
(7) 森林経営の実践

3 内容の取扱い
(1) 内容を取り扱う際には，次の事項に配慮するものとする。
　ア 持続可能な森林経営や森林経営の組織と計画などについて理解できるよう留意して指導すること。

また，プロジェクト学習では観察や実験・実習を通して，科学的かつ創造的に学習を進め，森林経営に関する実践力が身に付くようにすること。なお，地域林業の実態や学科の特色等に応じて，適切な題材を選定すること。
　　イ　〔指導項目〕の(1)については，科目学習の導入として扱うこと。また，(7)については，(1)を踏まえ，(2)から(6)までと並行して，又はそれらを学習した後に扱うこと。
　　ウ　〔指導項目〕の(4)については，学校林などを対象に森林認証制度についても学習すること。
　(2) 内容の範囲や程度については，次の事項に配慮するものとする。
　　ア　〔指導項目〕の(1)については，農業科に属する他の科目と関連付けながら科目全体で科学的かつ創造的に学習を進めるように扱うこと。
　　イ　〔指導項目〕の(2)については，地球規模で森林・林業の現状を取り上げるとともに，世界各国の森林・林業事情を踏まえ，我が国の森林・林業の特徴と問題点を扱うこと。また，木材の貿易，価格，流通についても扱うこと。
　　ウ　〔指導項目〕の(3)については，持続可能な森林経営の概念，森林経営を担う組織及び森林経営に関する計画などについて扱うこと。
　　エ　〔指導項目〕の(4)については，持続可能な森林経営の基礎となる森林の測定と評価について扱うこと。
　　オ　〔指導項目〕の(5)については，森林経営に関する制度や政策の概要を取り上げるとともに，国や自治体の制度や政策の重要性について扱うこと。また，森林経営に関する法規の概要について扱うこと。
　　カ　〔指導項目〕の(6)については，農山村の振興方策など幅広く扱うこと。
　　キ　〔指導項目〕の(7)については，森林経営に関する実践的な活動を行うこと。なお，起業や六次産業化に関わる内容についても扱うこと。

第21　林産物利用

1　目　標
　農業の見方・考え方を働かせ，実践的・体験的な学習活動を行うことなどを通して，林産物の利用に必要な資質・能力を次のとおり育成することを目指す。
(1) 林産物の利用について体系的・系統的に理解するとともに，関連する技術を身に付けるようにする。
(2) 林産物の利用に関する課題を発見し，農業や農業関連産業に携わる者として合理的かつ創造的に解決する力を養う。
(3) 林産物が多様な利用につながるよう自ら学び，農業の振興や社会貢献に主体的かつ協働的に取り組む態度を養う。

2　内　容
　1に示す資質・能力を身に付けることができるよう，次の〔指導項目〕を指導する。
〔指導項目〕
(1) 「林産物利用」とプロジェクト学習
　　ア　林産物利用に関するプロジェクト学習の意義
　　イ　プロジェクト学習の進め方
(2) 循環資源としての木材
　　ア　木材の性質
　　イ　木材の用途

ウ　循環資源と環境
(3) 林産業の概要
　　　ア　林産業の現状
　　　イ　木材需要の構造
　　　ウ　外国の林産業
(4) 製材・加工と木工
　　　ア　製材・加工
　　　イ　木工
　　　ウ　安全衛生
(5) 木材の改良と成分の利用
　　　ア　木質材料の製造
　　　イ　木材パルプと和紙
　　　ウ　木質バイオマスの利用
(6) 特用林産物の生産と加工
　　　ア　きのこの生産と加工
　　　イ　木炭及び薪の生産と利用
　　　ウ　その他の特用林産物
(7) 林産物利用の実践

3　内容の取扱い

(1) 内容を取り扱う際には，次の事項に配慮するものとする。
　ア　再生可能な森林資源を利用する林産物利用の意義と役割を理解できるよう留意して指導すること。また，プロジェクト学習では観察や実験・実習を通して，科学的かつ創造的に学習を進め，林産物利用に関する実践力が身に付くようにすること。なお，地域林業の実態や学科の特色等に応じて，適切な題材を選定すること。
　イ　〔指導項目〕の(1)については，科目学習の導入として扱うこと。また，(7)については，(1)を踏まえ，(2)から(6)までと並行して，又はそれらを学習した後に扱うこと。

(2) 内容の範囲や程度については，次の事項に配慮するものとする。
　ア　〔指導項目〕の(1)については，農業科に属する他の科目と関連付けながら科目全体で科学的かつ創造的に学習を進めるように扱うこと。
　イ　〔指導項目〕の(2)については，バイオマス利用と化石燃料との代替関係などについて扱うこと。
　ウ　〔指導項目〕の(3)については，林産業の現状，木材需要の構造，各国の林産業の比較とともに，各国の森林資源の成熟度や森林所有者団体などの比較も扱うこと。
　エ　〔指導項目〕の(4)については，製材と木材の乾燥，木工，安全衛生について扱うこと。
　オ　〔指導項目〕の(5)については，木材の材質の改良，木材の物理的処理と化学的処理及び木質バイオマスのエネルギー利用について基礎的な内容を扱うこと。
　カ　〔指導項目〕の(6)については，特用林産業が林業経営や地域社会の振興及び持続的発展に寄与していることを扱うこと。
　キ　〔指導項目〕の(7)については，林産物利用に関する実践的な活動を行うこと。なお，起業や六次産業化に関わる内容についても扱うこと。

第22 農業土木設計

1 目標

農業の見方・考え方を働かせ，実践的・体験的な学習活動を行うことなどを通して，農業土木事業の計画と設計に必要な資質・能力を次のとおり育成することを目指す。

(1) 農業土木設計について体系的・系統的に理解するとともに，関連する技術を身に付けるようにする。

(2) 農業土木設計に関する課題を発見し，農業や農業関連産業に携わる者として合理的かつ創造的に解決する力を養う。

(3) 農業土木設計について農業土木事業が自然環境との調和へつながるよう自ら学び，農業の振興や社会貢献に主体的かつ協働的に取り組む態度を養う。

2 内容

1に示す資質・能力を身に付けることができるよう，次の〔指導項目〕を指導する。

〔指導項目〕

(1) 「農業土木設計」とプロジェクト学習
 ア 農業土木設計に関するプロジェクト学習の意義
 イ プロジェクト学習の進め方

(2) 農業土木事業の計画と設計
 ア 農業土木事業の意義と役割
 イ 農業土木事業の計画
 ウ 農業土木構造物の設計

(3) 水と土の性質
 ア 水の基本的性質
 イ 土の基本的性質
 ウ 土中の水

(4) 構造物の設計
 ア 設計の基礎
 イ はり
 ウ 柱
 エ トラス
 オ ラーメン

(5) 農業土木構造物
 ア コンクリート構造
 イ 鉄筋コンクリート構造
 ウ 鋼構造

(6) 農業土木設計の実践

3 内容の取扱い

(1) 内容を取り扱う際には，次の事項に配慮するものとする。

 ア 農村の発展や国土保全・環境創造を担う農業土木事業の事例を通して，計画と設計について理解できるよう留意して指導すること。また，プロジェクト学習では見学や実験・実習を通して，科学的かつ創造的に学習を進め，農業土木事業の計画と設計に関する実践力が身に付くようにすること。なお，地域農業の実態や学科の特色等に応じて，適切な題材を選定すること。

イ　〔指導項目〕の(1)については，科目学習の導入として扱うこと。また，(6)については，(1)を踏まえ，(2)から(5)までと並行して，又はそれらを学習した後に扱うこと。
(2) 内容の範囲や程度については，次の事項に配慮するものとする。
　　ア　〔指導項目〕の(1)については，農業科に属する他の科目と関連付けながら科目全体で科学的かつ創造的に学習を進めるように扱うこと。
　　イ　〔指導項目〕の(2)については，農業土木事業の計画，農業土木構造物の目的や特徴，種類及び特質について，国土保全や環境創造と関連付けて扱うこと。
　　ウ　〔指導項目〕の(3)については，水路やせきなどの水利構造物，擁壁や農業土木構造物の基礎の設計・施工・維持管理に必要な水と土の物理的性質について基礎的な内容を扱うこと。
　　エ　〔指導項目〕の(4)については，農業土木構造物の構造材料である木材や鋼材，コンクリートなどの強さと特性，はり，柱とトラスに作用する外力と応力及びその計算方法について基礎的な内容を扱うこと。また，ラーメン構造については概要を扱うこと。
　　オ　〔指導項目〕の(5)については，コンクリート構造と鉄筋コンクリート構造，鋼構造の特性や構造物設計に必要な基礎的な内容を扱うこと。
　　カ　〔指導項目〕の(6)については，農業土木設計に関する実践的な活動を行うこと。

第23 農業土木施工

1 目標

農業の見方・考え方を働かせ，実践的・体験的な学習活動を行うことなどを通して，農業土木事業における施工と管理に必要な資質・能力を次のとおり育成することを目指す。
(1) 農業土木施工について体系的・系統的に理解するとともに，関連する技術を身に付けるようにする。
(2) 農業土木施工に関する課題を発見し，農業や農業関連産業に携わる者として合理的かつ創造的に解決する力を養う。
(3) 農業土木施工について自然環境や安全に配慮し，合理的な施工・管理ができるよう自ら学び，農業の振興や社会貢献に主体的かつ協働的に取り組む態度を養う。

2 内容

1に示す資質・能力を身に付けることができるよう，次の〔指導項目〕を指導する。
〔指導項目〕
(1) 「農業土木施工」とプロジェクト学習
　　ア　農業土木施工に関するプロジェクト学習の意義
　　イ　プロジェクト学習の進め方
(2) 施工計画の基本
　　ア　施工計画の立案
　　イ　仮設計画
　　ウ　仕様と積算
(3) 工事の管理
　　ア　工事の運営組織
　　イ　工程管理
　　ウ　品質管理
　　エ　安全管理
(4) 農業土木関係の法規

ア　農村計画関連の法規
　　イ　環境保全関連の法規
　(5) 農業土木工事の施工
　　ア　土木材料
　　イ　土工
　　ウ　コンクリート工
　　エ　鉄筋コンクリート工
　　オ　基礎工
　　カ　道路工
　　キ　植栽工
　　ク　いろいろな施工技術
　(6) 農業土木施工の実践

3　内容の取扱い

(1) 内容を取り扱う際には，次の事項に配慮するものとする。
　ア　農村の発展や国土保全・環境創造を担う農業土木工事の事例を通して，農業土木施工・管理について理解できるよう留意して指導すること。また，プロジェクト学習では見学や実験・実習を通して，科学的かつ創造的に学習を進め，農業土木施工・管理に関する実践力が身に付くようにすること。なお，地域農業の実態や学科の特色等に応じて，適切な題材を選定すること。
　イ　〔指導項目〕の(1)については，科目学習の導入として扱うこと。また，(6)については，(1)を踏まえ，(2)から(5)までと並行して，又はそれらを学習した後に扱うこと。

(2) 内容の範囲や程度については，次の事項に配慮するものとする。
　ア　〔指導項目〕の(1)については，農業科に属する他の科目と関連付けながら科目全体で科学的かつ創造的に学習を進めるように扱うこと。
　イ　〔指導項目〕の(2)については，合理的かつ自然環境に配慮した施工計画の立案や工事費と工期との関係，設計図書について基礎的な内容を扱うこと。
　ウ　〔指導項目〕の(3)については，工事の運営手順や工程図の種類とそれぞれの特徴及び作成方法，品質管理手法や安全衛生管理について基礎的な内容を扱うこと。
　エ　〔指導項目〕の(4)については，施工計画や施工管理に関連付けながら，農村計画関連法規及び環境保全関連法規の目的と概要について扱うこと。
　オ　〔指導項目〕の(5)については，農業土木構造物の新設工事，既設構造物の補修・補強工事，災害復旧工事の特質や各種施工法の特徴について基礎的な内容を扱うこと。なお，イについては，農地整備と農地造成についても扱うこと。
　カ　〔指導項目〕の(6)については，農業土木施工に関する実践的な活動を行うこと。

第24　水循環

1　目　標

農業の見方・考え方を働かせ，実践的・体験的な学習活動を行うことなどを通して，循環する水を有効に活用するために必要な資質・能力を次のとおり育成することを目指す。
(1) 水循環について体系的・系統的に理解するとともに，関連する技術を身に付けるようにする。
(2) 水循環に関する課題を発見し，農業や農業関連産業に携わる者として合理的かつ創造的に解決する力を養う。

(3) 水循環について環境保全や農業の持続的な発展へつながるよう自ら学び，農業の振興や社会貢献に主体的かつ協働的に取り組む態度を養う。

2 内容

1に示す資質・能力を身に付けることができるよう，次の〔指導項目〕を指導する。

〔指導項目〕

(1) 「水循環」とプロジェクト学習
　ア　水循環に関するプロジェクト学習の意義
　イ　プロジェクト学習の進め方

(2) 水と地球環境
　ア　水と大気
　イ　水文循環
　ウ　水と森林・河川・農地
　エ　水と生態系

(3) 水と生活環境
　ア　水と人間の歴史
　イ　資源としての水
　ウ　水の有効利用と水質保全

(4) 水と農林業
　ア　水と農地の土壌
　イ　水と農業生物の栽培
　ウ　水と森林の土壌

(5) 農業水利
　ア　利水と治水
　イ　かんがいと排水
　ウ　水利施設
　エ　農業用水の多面的機能

(6) 水資源の保全と活用の実践

3 内容の取扱い

(1) 内容を取り扱う際には，次の事項に配慮するものとする。

　ア　水循環と環境や生物との関わり，水資源の確保など水を総合的に理解できるよう留意して指導すること。また，プロジェクト学習では見学や実験・実習を通して，科学的かつ創造的に学習を進め，農業の持続的な発展と国土保全・環境創造に水を有効かつ継続的に利用する実践力が身に付くようにすること。なお，地域農業の実態や学科の特色等に応じて，適切な題材を選定すること。

　イ　〔指導項目〕の(1)については，科目学習の導入として扱うこと。また，(6)については，(1)を踏まえ，(2)から(5)までと並行して，又はそれらを学習した後に扱うこと。

(2) 内容の範囲や程度については，次の事項に配慮するものとする。

　ア　〔指導項目〕の(1)については，農業科に属する他の科目と関連付けながら科目全体で科学的かつ創造的に学習を進めるように扱うこと。

　イ　〔指導項目〕の(2)については，地球全体と流域における森林・河川・農地それぞれの水循環の視点で捉えた大気や水，生物のあり方とそれぞれの相互関係及び環境について基礎的な内容を扱うこと。

　ウ　〔指導項目〕の(3)については，水の制御と技術の発達，水と農業形態や農業技術の発達，地球規

模での水資源の種類や分布，農業用水や工業用水，生活用水や環境用水の機能や相互の関係，水の量的な不足や質的な変化について基礎的な内容を扱うこと。
- エ 〔指導項目〕の(4)については，水の動きに伴う肥料や農薬の動きと環境との関わり，農地と森林の水源涵養機能及び環境保全への寄与について扱うこと。
- オ 〔指導項目〕の(5)については，用排水機場や水門など主な水利施設の計画・施工・維持管理について基礎的な内容を扱うこと。なお，アについては，利水や治水に関連付けながら，水害や干ばつによる被害とそれらの対策についても扱うこと。
- カ 〔指導項目〕の(6)については，水資源の保全と活用に関する実践的な活動を行うこと。

第25 造園計画

1 目 標

農業の見方・考え方を働かせ，実践的・体験的な学習活動を行うことなどを通して，造園計画に必要な資質・能力を次のとおり育成することを目指す。

(1) 造園計画について体系的・系統的に理解するとともに，関連する技術を身に付けるようにする。
(2) 造園計画に関する課題を発見し，農業や農業関連産業に携わる者として合理的かつ創造的に解決する力を養う。
(3) 造園計画について目的や環境に応じた造園空間の創造につながるよう自ら学び，農業の振興や社会貢献に主体的かつ協働的に取り組む態度を養う。

2 内 容

1に示す資質・能力を身に付けることができるよう，次の〔指導項目〕を指導する。

〔指導項目〕

(1) 「造園計画」とプロジェクト学習
　ア 造園計画に関するプロジェクト学習の意義
　イ プロジェクト学習の進め方
(2) 造園計画の意義と役割
　ア 地球環境と造園
　イ 生活環境と緑地環境
　ウ 造園計画と造園空間
(3) 環境と造園の様式
　ア 我が国の緑地環境と造園様式
　イ 外国の緑地環境と造園様式
(4) 造園デザインと造園製図
　ア 造園デザイン
　イ 造園製図
(5) 造園の計画・設計
　ア 住宅庭園
　イ 屋上・室内・壁面緑化
　ウ その他の造園
(6) 公園や緑地の計画・設計
　ア 都市緑地
　イ 農村緑地

ウ　自然公園，緑地
(7) 造園計画の実践
3　内容の取扱い
(1) 内容を取り扱う際には，次の事項に配慮するものとする。
　ア　緑地環境や造園空間の機能と生活空間での造園の役割について理解できるよう留意して指導すること。また，プロジェクト学習では見学や実験・実習を通して，科学的かつ創造的に学習を進め，造園計画に関する実践力が身に付くようにすること。なお，地域の緑地環境の実態や学科の特色等に応じて，適切な題材を選定すること。
　イ　〔指導項目〕の(1)については，科目学習の導入として扱うこと。また，(7)については，(1)を踏まえ，(2)から(6)までと並行して，又はそれらを学習した後に扱うこと。
(2) 内容の範囲や程度については，次の事項に配慮するものとする。
　ア　〔指導項目〕の(1)については，農業科に属する他の科目と関連付けながら科目全体で科学的かつ創造的に学習を進めるように扱うこと。
　イ　〔指導項目〕の(2)については，造園の目的と計画及びそれに基づく造園空間の創造と利用，緑地環境の種類，快適な生活環境を創造する造園計画の役割の概要について扱うこと。
　ウ　〔指導項目〕の(3)については，我が国と外国の主な造園様式と実際の造園との関わり，時代の変遷並びにそれを取り巻く自然環境，文化的環境及び社会的環境で捉え，総合的に扱うこと。
　エ　〔指導項目〕の(4)については，造園デザインと身近な造園空間との関わり，図面の種類や製図技術の基礎的な内容について総合的に扱うこと。
　オ　〔指導項目〕の(5)については，様々な造園の調査，構想，地割・動線及び計画・設計や機能，構成の基礎的な内容を扱うこと。
　カ　〔指導項目〕の(6)については，緑地や公園の機能，特徴や種類，都市公園法による公園の計画・設計の基礎的な内容を扱うこと。なお，イ及びウについては，設計を扱わないことができること。
　キ　〔指導項目〕の(7)については，造園計画に関する実践的な活動を行うこと。

第26　造園施工管理

1　目　標
　農業の見方・考え方を働かせ，実践的・体験的な学習活動を行うことなどを通して，造園施工管理に必要な資質・能力を次のとおり育成することを目指す。
(1) 造園施工管理について体系的・系統的に理解するとともに，関連する技術を身に付けるようにする。
(2) 造園施工管理に関する課題を発見し，農業や農業関連産業に携わる者として合理的かつ創造的に解決する力を養う。
(3) 造園施工管理について目的や環境に応じた合理的な施工と維持管理につながるよう自ら学び，農業の振興や社会貢献に主体的かつ協働的に取り組む態度を養う。

2　内　容
　1に示す資質・能力を身に付けることができるよう，次の〔指導項目〕を指導する。
〔指導項目〕
(1) 「造園施工管理」とプロジェクト学習
　ア　造園施工管理に関するプロジェクト学習の意義
　イ　プロジェクト学習の進め方
(2) 造園施工管理の意義と役割

ア　社会環境と造園施工管理
　　イ　造園施工管理の意義
　　ウ　造園施工管理の特色と役割
　(3) 造園材料の種類と特性
　　ア　石材
　　イ　木材，竹材
　　ウ　金属材料
　　エ　コンクリート材料
　　オ　コンクリート二次製品
　　カ　窯製品
　　キ　その他の造園材料
　(4) 造園土木施工
　　ア　敷地造成と土壌改良
　　イ　コンクリート工
　　ウ　給排水工
　(5) 施設施工管理
　　ア　園路・広場工
　　イ　水景施設工
　　ウ　庭園施設工
　　エ　公園施設工
　　オ　工作物の管理
　　カ　景観の管理
　(6) 施工計画と工事の管理
　　ア　工程管理
　　イ　品質管理
　　ウ　安全管理
　(7) 造園施工管理の実践

3　内容の取扱い

(1) 内容を取り扱う際には，次の事項に配慮するものとする。
　ア　造園や造園施工材料の特質及び合理的な施工管理方法について理解できるよう留意して指導すること。また，プロジェクト学習では見学や実験・実習を通して，科学的かつ創造的に学習を進め，造園施工管理に関する実践力が身に付くようにすること。なお，地域の緑地環境の実態や学科の特色等に応じて，適切な題材を選定すること。
　イ　〔指導項目〕の(1)については，科目学習の導入として扱うこと。また，(7)については，(1)を踏まえ，(2)から(6)までと並行して，又はそれらを学習した後に扱うこと。

(2) 内容の範囲や程度については，次の事項に配慮するものとする。
　ア　〔指導項目〕の(1)については，農業科に属する他の科目と関連付けながら科目全体で科学的かつ創造的に学習を進めるように扱うこと。
　イ　〔指導項目〕の(2)については，緑地環境，造園，造園施工と管理の現状，適切な施工材料の必要性，施工管理の技術，施工管理の課題の概要について扱うこと。
　ウ　〔指導項目〕の(3)については，造園施工材料の種類と特性から造園空間に見合った造園施工材料の選定及び施工管理に至るまで系統的に扱うこと。

エ　〔指導項目〕の(4)については，造園土木施工で使用する機械，器具について基礎的な内容を扱うとともに，合理的かつ安全な機械，器具の使用方法について扱うこと。
　　オ　〔指導項目〕の(5)については，施工に必要な機械，器具について基礎的な内容を扱うとともに，工作物の補修などの維持管理及び造園の目的に沿った景観の維持管理について扱うこと。
　　カ　〔指導項目〕の(6)については，実際の工事を想定した施工計画と工事の管理を関連付けながら，工程管理，安全管理，品質管理に関する基礎的な内容を扱うこと。
　　キ　〔指導項目〕の(7)については，造園施工管理に関する実践的な活動を行うこと。

第27　造園植栽

1　目標

　農業の見方・考え方を働かせ，実践的・体験的な学習活動を行うことなどを通して，造園植栽に必要な資質・能力を次のとおり育成することを目指す。
(1) 造園植栽について体系的・系統的に理解するとともに，関連する技術を身に付けるようにする。
(2) 造園植栽に関する課題を発見し，農業や農業関連産業に携わる者として合理的かつ創造的に解決する力を養う。
(3) 造園植栽について目的や環境に応じた合理的な植栽につながるよう自ら学び，農業の振興や社会貢献に主体的かつ協働的に取り組む態度を養う。

2　内容

　1に示す資質・能力を身に付けることができるよう，次の〔指導項目〕を指導する。
〔指導項目〕
(1)「造園植栽」とプロジェクト学習
　　ア　造園植栽に関するプロジェクト学習の意義
　　イ　プロジェクト学習の進め方
(2) 造園植栽の意義と役割
　　ア　造園植栽の意義
　　イ　造園植栽の特色と役割
　　ウ　植栽と風景
(3) 植物材料の種類と特性
　　ア　造園樹木
　　イ　地被植物
　　ウ　造園で活用する草花
(4) 植栽計画
　　ア　配植のデザイン
　　イ　植物の特性と植栽計画
(5) 造園植栽施工
　　ア　植栽施工
　　イ　芝生，地被の造成
　　ウ　花壇の造成
(6) 造園植栽管理
　　ア　樹木の管理
　　イ　芝生，地被，花壇の管理

ウ　景観と植栽管理
(7) 造園植栽の実践

3　内容の取扱い

(1) 内容を取り扱う際には，次の事項に配慮するものとする。

　ア　造園や植物材料の特質及び合理的な造園植栽の施工と管理方法について理解できるよう留意して指導すること。また，プロジェクト学習では観察や実験・実習を通して，科学的かつ創造的に学習を進め，造園植栽に関する実践力が身に付くようにすること。なお，地域の緑地環境の実態や学科の特色等に応じて，適切な題材を選定すること。

　イ　〔指導項目〕の(1)については，科目学習の導入として扱うこと。また，(7)については，(1)を踏まえ，(2)から(6)までと並行して，又はそれらを学習した後に扱うこと。

(2) 内容の範囲や程度については，次の事項に配慮するものとする。

　ア　〔指導項目〕の(1)については，農業科に属する他の科目と関連付けながら科目全体で科学的かつ創造的に学習を進めるように扱うこと。

　イ　〔指導項目〕の(2)については，住宅庭園，都市公園などの緑地や造園植栽の特色と役割，植栽施工管理の現状と課題，風景の構成要素と植栽，配植のデザインの概要について扱うこと。

　ウ　〔指導項目〕の(3)については，植物材料の種類や特性及び育成と，植栽施工や管理の特性を関連付けながら総合的に扱うこと。

　エ　〔指導項目〕の(4)については，身近な造園空間を題材として，地域的に特色のある植物材料を活かした植栽デザインについて基礎的な内容を扱うこと。

　オ　〔指導項目〕の(5)については，樹木の根回し，樹木の移植などの植栽工事技術や芝生，地被，花壇の造成工事に関する基礎的な内容を扱うこと。

　カ　〔指導項目〕の(6)については，樹木の整枝剪定や病害虫の防除，景観に配慮した管理など植栽管理に関する基礎的な内容を扱うこと。

　キ　〔指導項目〕の(7)については，造園植栽に関する実践的な活動を行うこと。

第28　測量

1　目　標

　農業の見方・考え方を働かせ，実践的・体験的な学習活動を行うことなどを通して，測量に必要な資質・能力を次のとおり育成することを目指す。

(1) 測量について体系的・系統的に理解するとともに，関連する技術を身に付けるようにする。

(2) 測量に関する課題を発見し，農業や農業関連産業に携わる者として合理的かつ創造的に解決する力を養う。

(3) 測量について国土保全や環境創造に応用できるよう自ら学び，農業の振興や社会貢献に主体的かつ協働的に取り組む態度を養う。

2　内　容

　1に示す資質・能力を身に付けることができるよう，次の〔指導項目〕を指導する。

〔指導項目〕

(1) 「測量」とプロジェクト学習

　ア　測量に関するプロジェクト学習の意義

　イ　プロジェクト学習の進め方

(2) 測量の意義と役割

(3) 位置や高さの測量
   ア　平板測量
   イ　角測量
   ウ　トラバース測量
   エ　水準測量
   オ　基準点測量と衛星測位

(4) 地理空間情報
   ア　写真測量の原理
   イ　写真測量の利用
   ウ　リモートセンシングの原理と種類
   エ　リモートセンシングの利用
   オ　地理情報システムの原理と役割
   カ　地理情報システムの利用

(5) 測量の実践
   ア　地形測量
   イ　路線測量
   ウ　工事測量
   エ　河川測量
   オ　森林測量

3　内容の取扱い

(1) 内容を取り扱う際には，次の事項に配慮するものとする。

  ア　農林業の発展や国土保全・環境創造を担う公共測量の身近な事例を通して，測量について理解できるよう留意して指導すること。また，プロジェクト学習では現地調査や実験・実習を通して，科学的かつ創造的に学習を進め，測量に関する実践力が身に付くようにすること。なお，地域の実態や学科の特色等に応じて，適切な題材を選定すること。

  イ　〔指導項目〕の(1)については，科目学習の導入として扱うこと。また，(5)については，(1)を踏まえ，(2)から(4)までと並行して，又はそれらを学習した後に扱うこと。

(2) 内容の範囲や程度については，次の事項に配慮するものとする。

  ア　〔指導項目〕の(1)については，農業科に属する他の科目と関連付けながら科目全体で科学的かつ創造的に学習を進めるように扱うこと。

  イ　〔指導項目〕の(2)については，測量の意義や役割，座標系と基準点，測定値の処理と誤差について基礎的な内容を扱うこと。

  ウ　〔指導項目〕の(3)については，点の平面的位置や高低位置を決定する測量の原理や測量機器の操作及び測定値の具体的な処理について基礎的な内容を扱うこと。

  エ　〔指導項目〕の(4)については，写真測量やリモートセンシングの測定原理及びデータ処理の方法，地理情報システムの原理や表現方法とデータの種類及び処理の方法について扱うこと。また，基盤地図情報の利用についても扱うこと。

  オ　〔指導項目〕の(5)については，既存の地図情報の利用，各種事業の目的に応じた測量の選択，データの精度と表現方法に関する基礎的な内容を扱うとともに，実践的な活動を行うこと。なお，技術の進展に対応した測量技術についても扱うこと。

第29 生物活用

1 目標

農業の見方・考え方を働かせ，実践的・体験的な学習活動を行うことなどを通して，園芸作物や社会動物の活用に必要な資質・能力を次のとおり育成することを目指す。

(1) 生物活用について体系的・系統的に理解するとともに，関連する技術を身に付けるようにする。

(2) 生物活用に関する課題を発見し，農業や農業関連産業に携わる者として合理的かつ創造的に解決する力を養う。

(3) 生物活用について生物の特性を活用し生活の質の向上につながるよう自ら学び，農業の振興や社会貢献に主体的かつ協働的に取り組む態度を養う。

2 内容

1に示す資質・能力を身に付けることができるよう，次の〔指導項目〕を指導する。

〔指導項目〕

(1) 「生物活用」とプロジェクト学習
  ア 生物活用に関するプロジェクト学習の意義
  イ プロジェクト学習の進め方

(2) 生物活用の意義と役割
  ア 園芸作物，社会動物と健康的な暮らし
  イ 生物を活用した活動と療法
  ウ 緑のある環境・園芸の特性と効用
  エ 社会動物の特性と効用

(3) 園芸作物の栽培と活用
  ア 草花・野菜・ハーブの栽培と活用
  イ 園芸デザインとその活用
  ウ 園芸作物の安全性

(4) 社会動物の飼育と活用
  ア 社会動物の飼育としつけ
  イ 社会動物の活用
  ウ 社会動物の安全性と衛生管理

(5) 生物を活用した療法
  ア 園芸療法
  イ 動物介在療法

(6) 生物活用の実践
  ア 対象者の理解と交流の技法
  イ 交流活動と評価
  ウ 療法的な活動

3 内容の取扱い

(1) 内容を取り扱う際には，次の事項に配慮するものとする。

ア 生物の特性を活用することで，生活の質の向上につながることを事例を通して理解できるよう留意して指導すること。また，プロジェクト学習では見学や実験・実習を通して，科学的かつ創造的に学習を進め，生物活用に関する実践力が身に付くようにすること。なお，地域の実態や学科の特

色等に応じて，適切な題材を選定すること。
　　イ　〔指導項目〕の(1)については，科目学習の導入として扱うこと。また，(6)については，(1)を踏まえ，(2)から(5)までと並行して，又はそれらを学習した後に扱うこと。
(2) 内容の範囲や程度については，次の事項に配慮するものとする。
　　ア　〔指導項目〕の(1)については，農業科に属する他の科目と関連付けながら科目全体で科学的かつ創造的に学習を進めるように扱うこと。
　　イ　〔指導項目〕の(2)については，園芸作物や社会動物が人の健康にもたらす心理的・身体的・社会的特性及び専門家が療法として行う行為と一般の人々が健康増進などを目的として行う活動の違いを扱うこと。
　　ウ　〔指導項目〕の(3)については，教育や健康などに関する効用に着目した園芸作物の栽培や園芸デザインの活動を中心に扱い，それを活用した交流活動の準備や活動の支援，植物の安全性についても扱うこと。
　　エ　〔指導項目〕の(4)については，教育や健康などに関する効用に着目した社会動物との交流とそのための飼育やしつけを中心に扱うこと。その際，社会動物を活用した交流活動の準備や活動の支援も扱うこと。また，ストレスや疾病の軽減など社会動物の快適性に配慮した飼養管理についても扱うこと。
　　オ　〔指導項目〕の(5)については，園芸療法，動物介在療法の基礎的な内容を扱うこと。
　　カ　〔指導項目〕の(6)については，生物活用に関する実践的な活動を行うこと。また，交流対象者の発達段階や特性，ライフステージ，健康状態の理解及び交流対象者を想定した試行，交流中の対象者の観察，交流に必要な技術と交流活動の評価についても扱うこと。

第30　地域資源活用

1　目　標

　農業の見方・考え方を働かせ，実践的・体験的な学習活動を行うことなどを通して，地域資源の活用に必要な資質・能力を次のとおり育成することを目指す。
(1) 地域資源の活用について体系的・系統的に理解するとともに，関連する技術を身に付けるようにする。
(2) 地域資源の活用に関する課題を発見し，農業や農業関連産業に携わる者として合理的かつ創造的に解決する力を養う。
(3) 地域資源の活用について新たな価値の創造に寄与できるよう自ら学び，農業の振興や社会貢献に主体的かつ協働的に取り組む態度を養う。

2　内　容

　1に示す資質・能力を身に付けることができるよう，次の〔指導項目〕を指導する。
〔指導項目〕
(1)　「地域資源活用」とプロジェクト学習
　　ア　地域資源活用に関するプロジェクト学習の意義
　　イ　プロジェクト学習の進め方
(2)　農山村社会の変化と地域振興
　　ア　農山村社会の現状と変化
　　イ　地域活性化に向けた施策・取組
(3)　地域資源活用の意義と役割

ア　地域資源の魅力と価値
　　イ　地域振興に向けた施策・取組
　　ウ　異業種連携と商品価値の創造
　　エ　地域資源活用の実践と課題
　　オ　情報の活用と発信
　(4) 地域資源の価値と活用
　　ア　観光への活用
　　イ　商品開発への活用
　　ウ　サービス業への活用
　　エ　教育・福祉への活用
　(5) 地域と連携した活動
　　ア　地域資源のマーケティングとブランドづくり
　　イ　地域資源を活用したサービス
　　ウ　農業のユニバーサルデザイン化
　　エ　地域振興活動と評価
　(6) 地域資源活用の実践

3　内容の取扱い

(1) 内容を取り扱う際には，次の事項に配慮するものとする。
　ア　地域資源の活用や地域振興について身近な事例を通して理解できるよう留意して指導すること。また，プロジェクト学習では見学や実験・実習を通して，科学的かつ創造的に学習を進め，地域資源の活用に関する実践力が身に付くようにすること。なお，地域の実態や学科の特色等に応じて，適切な題材を選定すること。
　イ　〔指導項目〕の(1)については，科目学習の導入として扱うこと。また，(6)については，(1)を踏まえ，(2)から(5)までと並行して，又はそれらを学習した後に扱うこと。

(2) 内容の範囲や程度については，次の事項に配慮するものとする。
　ア　〔指導項目〕の(1)については，農業科に属する他の科目と関連付けながら科目全体で科学的かつ創造的に学習を進めるように扱うこと。
　イ　〔指導項目〕の(2)については，農山村と都市の現状を考察し，それらに合わせた異業種との連携及びそこから生み出される地域資源の活用について扱うこと。
　ウ　〔指導項目〕の(3)については，国内外の地域資源活用に関する取組について取り上げ，生徒自らが身近な地域資源を理解し，その活用を実践できるように扱うこと。
　エ　〔指導項目〕の(4)及び(5)については，地域調査から地域の価値を見いだし，魅力を伝える取組についてプロジェクト学習を通して扱うこと。
　オ　〔指導項目〕の(5)については，地域資源の活用におけるユニバーサルデザイン化及び地域振興活動の指標を定める評価方法について基礎的な内容を扱うこと。
　カ　〔指導項目〕の(6)については，地域資源の活用に関する実践的な活動を行うこと。なお，起業や六次産業化に関わる内容についても扱うこと。

●第3款　各科目にわたる指導計画の作成と内容の取扱い

1　指導計画の作成に当たっては，次の事項に配慮するものとする。
　(1) 単元など内容や時間のまとまりを見通して，その中で育む資質・能力の育成に向けて，生徒の主体

的・対話的で深い学びの実現を図るようにすること。その際，農業の見方・考え方を働かせ，安定的な食料生産と環境保全及び資源活用の視点で捉え，持続可能で創造的な農業や地域振興と関連付けるなどの実践的・体験的な学習活動の充実を図ること。

(2) 農業に関する各学科においては，「農業と環境」及び「課題研究」を原則として全ての生徒に履修させること。

(3) 農業に関する各学科においては，原則として農業科に属する科目に配当する総授業時数の10分の5以上を実験・実習に配当すること。また，実験・実習に当たっては，ホームプロジェクトを取り入れることもできること。

(4) 地域や産業界，農業関連機関等との連携・交流を通じた実践的な学習活動や就業体験活動を積極的に取り入れるとともに，社会人講師を積極的に活用するなどの工夫に努めること。

(5) 障害のある生徒などについては，学習活動を行う場合に生じる困難さに応じた指導内容や指導方法の工夫を計画的，組織的に行うこと。

2 内容の取扱いに当たっては，次の事項に配慮するものとする。

(1) 農業に関する課題について，科学的な根拠に基づくプロジェクト学習などによる課題解決に向けた主体的・協働的な調査や実験などを通して，情報分析，考察，協議などの言語活動の充実を図ること。

(2) コンピュータや情報通信ネットワークなどの活用を図り，学習の効果を高めるよう工夫すること。

3 実験・実習を行うに当たっては，関連する法規等に従い，施設・設備や薬品等の安全管理に配慮し，学習環境を整えるとともに，事故防止の指導を徹底し，安全と衛生に十分留意するものとする。

第2節 工業

第1款 目標

　工業の見方・考え方を働かせ，実践的・体験的な学習活動を行うことなどを通して，ものづくりを通じ，地域や社会の健全で持続的な発展を担う職業人として必要な資質・能力を次のとおり育成することを目指す。
(1) 工業の各分野について体系的・系統的に理解するとともに，関連する技術を身に付けるようにする。
(2) 工業に関する課題を発見し，職業人に求められる倫理観を踏まえ合理的かつ創造的に解決する力を養う。
(3) 職業人として必要な豊かな人間性を育み，よりよい社会の構築を目指して自ら学び，工業の発展に主体的かつ協働的に取り組む態度を養う。

第2款　各科目

第1　工業技術基礎

1　目標
　工業の見方・考え方を働かせ，実践的・体験的な学習活動を行うことなどを通して，工業の諸課題を適切に解決することに必要な基礎的な資質・能力を次のとおり育成することを目指す。
(1) 工業技術について工業のもつ社会的な意義や役割と人と技術との関わりを踏まえて理解するとともに，関連する技術を身に付けるようにする。
(2) 工業技術に関する課題を発見し，工業に携わる者として科学的な根拠に基づき工業技術の進展に対応し解決する力を養う。
(3) 工業技術に関する広い視野をもつことを目指して自ら学び，工業の発展に主体的かつ協働的に取り組む態度を養う。

2　内容
　1に示す資質・能力を身に付けることができるよう，次の〔指導項目〕を指導する。
〔指導項目〕
(1) 人と技術と環境
　ア　人と技術
　イ　技術者の使命と責任
　ウ　環境と技術
(2) 加工技術
　ア　形態を変化させる加工
　イ　質を変化させる加工
(3) 生産の仕組み
　ア　生産工程
　イ　分析と測定技術

3　内容の取扱い
(1) 内容を取り扱う際には，次の事項に配慮するものとする。
　ア　〔指導項目〕の(1)のアについては，産業社会，職業生活，産業技術に関する調査や見学を通して，

働くことの社会的意義や役割，工業技術と人間との関わり及び工業技術が日本の発展に果たした役割について理解できるよう工夫して指導すること。イについては，安全な製品の製作や構造物の設計・施工，法令遵守など，工業における技術者に求められる職業人としての倫理観や使命と責任について理解できるよう工夫して指導すること。

　　イ　〔指導項目〕の(2)及び(3)については，相互に関連する実験や実習内容を取り上げるよう留意し，工業の各分野に関する要素を総合的に理解できるよう工夫して指導すること。

(2) 内容の範囲や程度については，次の事項に配慮するものとする。

　　ア　〔指導項目〕の(1)のアについては，工業の各分野に関連する職業資格及び知的財産権についても扱うこと。ウについては，環境に配慮した工業技術について，身近な事例を通して，その意義や必要性を扱うこと。

　　イ　〔指導項目〕の(2)については，日常生活に関わる身近な製品の製作例を取り上げ，工業技術への興味・関心を高めさせるとともに，工具や器具を用いた加工及び機械や装置類を活用した加工を扱うこと。アについては，塑性加工など，形態を変化させる加工を扱うこと。イについては，化学変化など，材料の質を変化させる加工を扱うこと。

　　ウ　〔指導項目〕の(3)のアについては，工業製品の製作を通して，生産に関する技術を扱うこと。イについては，工業製品の製作を通して，生産に関わる材料の分析及び測定技術を扱うこと。

工業　第2　課題研究

1　目　標

工業の見方・考え方を働かせ，実践的・体験的な学習活動を行うことなどを通して，社会を支え産業の発展を担う職業人として必要な資質・能力を次のとおり育成することを目指す。

(1) 工業の各分野について体系的・系統的に理解するとともに，相互に関連付けられた技術を身に付けるようにする。

(2) 工業に関する課題を発見し，工業に携わる者として独創的に解決策を探究し，科学的な根拠に基づき創造的に解決する力を養う。

(3) 課題を解決する力の向上を目指して自ら学び，工業の発展や社会貢献に主体的かつ協働的に取り組む態度を養う。

2　内　容

1に示す資質・能力を身に付けることができるよう，次の〔指導項目〕を指導する。

〔指導項目〕

(1) 作品製作，製品開発
(2) 調査，研究，実験
(3) 産業現場等における実習
(4) 職業資格の取得

3　内容の取扱い

(1) 内容を取り扱う際には，次の事項に配慮するものとする。

　　ア　生徒の興味・関心，進路希望等に応じて，〔指導項目〕の(1)から(4)までの中から，個人又はグループで工業に関する適切な課題を設定し，主体的かつ協働的に取り組む学習活動を通して，専門的な知識，技術などの深化・総合化を図り，工業に関する課題の解決に取り組むことができるようにすること。なお，課題については，(1)から(4)までの2項目以上にまたがるものを設定することができること。

イ　課題研究の成果について発表する機会を設けるようにすること。
　　ウ　〔指導項目〕の(4)については，社会において必要な専門資格に関して調査，研究する学習活動となるよう留意すること。

第3　実　習

1　目　標
　工業の見方・考え方を働かせ，実践的・体験的な学習活動を行うことなどを通して，工業の発展を担う職業人として必要な資質・能力を次のとおり育成することを目指す。
(1) 工業の各分野に関する技術を実際の作業に即して総合的に理解するとともに，関連する技術を身に付けるようにする。
(2) 工業の各分野の技術に関する課題を発見し，工業に携わる者として科学的な根拠に基づき工業技術の進展に対応し解決する力を養う。
(3) 工業の各分野に関する技術の向上を目指して自ら学び，工業の発展に主体的かつ協働的に取り組む態度を養う。

2　内　容
　1に示す資質・能力を身に付けることができるよう，次の〔指導項目〕を指導する。
〔指導項目〕
(1) 要素実習
(2) 総合実習
(3) 先端的技術に対応した実習

3　内容の取扱い
(1) 内容を取り扱う際には，次の事項に配慮するものとする。
　　ア　安全に配慮するとともに，生徒の興味・関心，進路希望等に応じて実習内容を重点化することや生徒が実習内容を選択できるようにするなど，弾力的に扱うこと。
　　イ　工業の各分野に関する日本の伝統的な技術・技能，安全衛生や技術者として求められる倫理，環境及びエネルギーへの配慮などについて，総合的に理解できるよう工夫して指導すること。
(2) 内容の範囲や程度については，次の事項に配慮するものとする。
　　ア　〔指導項目〕の(1)については，工業の各分野に関連する要素的な内容を扱うこと。
　　イ　〔指導項目〕の(2)については，(1)の個々の要素技術を総合化した内容を扱うこと。
　　ウ　〔指導項目〕の(3)については，工業の各分野に関連する先端的技術に関わる内容を選択して扱うことができること。

第4　製　図

1　目　標
　工業の見方・考え方を働かせ，実践的・体験的な学習活動を行うことなどを通して，工業の各分野の製図に必要な資質・能力を次のとおり育成することを目指す。
(1) 工業の各分野に関する製図について日本産業規格及び国際標準化機構規格を踏まえて理解するとともに，関連する技術を身に付けるようにする。
(2) 製作図や設計図に関する課題を発見し，工業に携わる者として科学的な根拠に基づき工業技術の進展に対応し解決する力を養う。

(3) 工業の各分野における部品や製品の図面の作成及び図面から製作情報を読み取る力の向上を目指して自ら学び，工業の発展に主体的かつ協働的に取り組む態度を養う。

2　内容

1に示す資質・能力を身に付けることができるよう，次の〔指導項目〕を指導する。

〔指導項目〕

(1) 製図の役割
　ア　製図と規格
　イ　図面の表し方
(2) 工業の各分野に関する製図・設計製図
(3) 情報機器を活用した設計製図
　ア　CADの機能
　イ　三次元CAD

3　内容の取扱い

(1) 内容を取り扱う際には，次の事項に配慮するものとする。
　ア　必要に応じて内容と関連する国際規格を取り上げ，具体的な事例を通して，製図に関する技術の活用方法を理解できるようにするとともに，技術者に求められる倫理観を踏まえ適切な図面を作成できるよう工夫して指導すること。
　イ　〔指導項目〕の(2)については，生徒や地域の実態，学科の特色等に応じて，関連する適切な内容を選択して扱うことができること。
　ウ　〔指導項目〕の(3)のイについては，生徒や地域の実態，学科の特色等に応じて，扱わないことができること。
(2) 内容の範囲や程度については，次の事項に配慮するものとする。
　ア　〔指導項目〕の(1)のアについては，日本産業規格の製図に関する内容を扱うこと。イについては，図法及び製図用具の使い方を扱うこと。

第5　工業情報数理

1　目標

工業の見方・考え方を働かせ，実践的・体験的な学習活動を行うことなどを通して，工業の各分野における情報技術の進展への対応や事象の数理処理に必要な資質・能力を次のとおり育成することを目指す。

(1) 工業の各分野における情報技術の進展と情報の意義や役割及び数理処理の理論を理解するとともに，関連する技術を身に付けるようにする。
(2) 情報化の進展が産業社会に与える影響に関する課題を発見し，工業に携わる者として科学的な根拠に基づき工業技術の進展に対応し解決する力を養う。
(3) 工業の各分野において情報技術及び情報手段や数理処理を活用する力の向上を目指して自ら学び，工業の発展に主体的かつ協働的に取り組む態度を養う。

2　内容

1に示す資質・能力を身に付けることができるよう，次の〔指導項目〕を指導する。

〔指導項目〕

(1) 産業社会と情報技術
　ア　情報化の進展と産業社会

イ　情報モラル
　　ウ　情報のセキュリティ管理
　(2) コンピュータシステム
　　ア　ハードウェア
　　イ　ソフトウェア
　　ウ　情報通信ネットワーク
　(3) プログラミングと工業に関する事象の数理処理
　　ア　アルゴリズムとプログラミング
　　イ　データの入出力
　　ウ　数理処理
　　エ　制御プログラミング

3　内容の取扱い

(1) 内容を取り扱う際には，次の事項に配慮するものとする。
　ア　情報技術の進展，産業界の動向を踏まえ適切に扱うこと。
　イ　〔指導項目〕の(1)については，情報化の進展が産業社会に及ぼす影響や望ましい情報社会の在り方，情報技術を適切に活用することの必要性を理解できるよう工夫して指導すること。
　ウ　〔指導項目〕の(2)については，コンピュータにおいて情報が処理される仕組みや表現方法，情報通信ネットワークの構成要素，プロトコルの役割及び情報通信の活用を理解できるよう工夫して指導すること。
　エ　〔指導項目〕の(3)については，課題の解法をアルゴリズムを用いて表現する方法やコンピュータによる処理手順を理解できるよう工夫して指導すること。ウについては，生徒の実態や学科の特色等に応じて，適切な工業の事象を題材とした演習を重視し，数学，物理及び化学の理論を工業に関する事象を処理する道具として活用する数理処理について理解できるよう工夫して指導すること。また，実際にコンピュータを活用して数理処理と関連付けて扱うこと。エについては，生徒の実態や学科の特色等に応じて，扱わないことができること。

(2) 内容の範囲や程度については，次の事項に配慮するものとする。
　ア　〔指導項目〕の(1)のイについては，個人のプライバシーや著作権など知的財産の保護，収集した情報の管理，受け手のことを想定した情報コンテンツの制作及び発信する情報に対する責任についても扱うこと。ウについては，情報セキュリティを高めるための方法を扱うこと。また，情報を保護することの必要性とそのための法規及び個人の責任を扱うこと。
　イ　〔指導項目〕の(2)のアについては，コンピュータの構造と内部処理や周辺機器とインタフェースなどを扱うこと。イについては，オペレーティングシステムの役割及びソフトウェアの役割と開発方法を扱うこと。ウについては，情報通信ネットワークの活用を扱うこと。
　ウ　〔指導項目〕の(3)のアについては，アルゴリズムを表現するための順次，選択及び繰り返しの構造を扱うこと。また，流れ図や構造化チャートなどを取り上げ，アルゴリズムの図式化を扱うこと。ウについては，工業に関わる事象の数理処理を扱うこと。単位換算については，演習の中で扱うこと。また，測定した値の精度，位取り，有効数字の取扱い方及び実験の測定値をグラフに表す方法についても扱うこと。エについては，コンピュータ制御と組込み技術についても扱うこと。

第6 工業材料技術

1 目標

工業の見方・考え方を働かせ，実践的・体験的な学習活動を行うことなどを通して，工業の各分野における材料に関わる技術の進展への対応に必要な資質・能力を次のとおり育成することを目指す。

(1) 工業材料について製造，組織，性質及び用途を踏まえて理解するとともに，関連する技術を身に付けるようにする。

(2) 工業材料に関する課題を発見し，工業に携わる者として科学的な根拠に基づき工業技術の進展に対応し解決する力を養う。

(3) 工業材料を品質改善する力の向上を目指して自ら学び，工業の発展に主体的かつ協働的に取り組む態度を養う。

2 内容

1に示す資質・能力を身に付けることができるよう，次の〔指導項目〕を指導する。

〔指導項目〕

(1) 社会生活と工業材料

(2) 工業材料の性質と構造
　ア　物質の状態と材料の構造
　イ　変形と流動
　ウ　性質と構造

(3) 工業材料の検査
　ア　機械的性質の検査
　イ　顕微鏡による組織検査
　ウ　計器による検査

(4) 工業材料の製造
　ア　金属材料の製造
　イ　セラミック材料の製造
　ウ　高分子材料の製造
　エ　複合材料の製造

(5) 工業材料の加工
　ア　工業材料の加工性
　イ　主な加工法

(6) 工業材料と環境
　ア　工業材料と環境保全
　イ　工業材料のリサイクル

3 内容の取扱い

(1) 内容を取り扱う際には，次の事項に配慮するものとする。

　ア　工業材料の性質，検査方法，製造方法及び加工技術について理解できるよう工夫して指導すること。

(2) 内容の範囲や程度については，次の事項に配慮するものとする。

　ア　〔指導項目〕の(1)については，工業材料が社会生活及び産業に果たしている役割を扱うこと。

　イ　〔指導項目〕の(2)のアについては，工業材料の化学結合の原理及び結晶構造を扱うこと。イにつ

いては，工業材料の変形及び流動を化学結合や組織と関連付けて扱うこと。ウについては，工業材料の結晶構造と機械的，物理的，化学的性質との関連性を扱うこと。
- ウ 〔指導項目〕の(3)については，検査の原理，検査方法及び検査結果と工業材料の性質との関係を扱うこと。
- エ 〔指導項目〕の(4)については，主な工業材料を取り上げ，製造法の原理と工業材料の機械的，物理的，化学的性質との関連性を扱うこと。
- オ 〔指導項目〕の(5)のアについては，金属材料，セラミック材料，高分子材料及び複合材料の加工性の違いを扱うこと。イについては，鋳造，成形，機械加工，焼結，表面処理などの主な加工の原理と方法を扱うこと。
- カ 〔指導項目〕の(6)のアについては，環境保全のための化学技術を扱うとともに，環境に配慮した工業材料の製造及び利用についても扱うこと。イについては，工業材料のリサイクルに関わる技術及び関連する法規の目的と概要を扱うこと。

第7 工業技術英語

1 目標
　工業の見方・考え方を働かせ，実践的・体験的な学習活動を行うことなどを通して，技術英語を活用した生産に関わる業務に必要な資質・能力を次のとおり育成することを目指す。
- (1) 技術英語について業務の状況を踏まえて理解するとともに，目的に応じた表現技術を身に付けるようにする。
- (2) 技術英語による情報の整理や発信に関する課題を発見し，工業に携わる者として工業技術の進展に対応し解決する力を養う。
- (3) 技術英語を活用して伝え合う力の向上を目指して自ら学び，工業の発展に主体的かつ協働的に取り組む態度を養う。

2 内容
　1に示す資質・能力を身に付けることができるよう，次の〔指導項目〕を指導する。
〔指導項目〕
- (1) 工業に関連した会話
- (2) 工業技術に関連したリーディングとライティング
- (3) プレゼンテーション
- (4) 情報通信ネットワークを利用したコミュニケーション

3 内容の取扱い
- (1) 内容を取り扱う際には，次の事項に配慮するものとする。
  - ア 英語を担当する教師やネイティブ・スピーカーとの連携に留意し，工業の各分野における実践的なコミュニケーションを想定した学習を取り入れ，技術英語を活用して伝え合うことができるよう工夫して指導すること。
- (2) 内容の範囲や程度については，次の事項に配慮するものとする。
  - ア 〔指導項目〕の(1)については，工場や実験室などにおける技術者としての会話を扱うこと。
  - イ 〔指導項目〕の(2)については，工業の各分野における工業製品の仕様書及び技術書の読解，報告書や図面の作成など具体的な題材を扱うこと。
  - ウ 〔指導項目〕の(3)については，各種の資料を用いて発表する際の語彙や表現を扱うこと。また，司会者として会議を進める際に必要な表現，会議での質問の方法及び自分の意見を述べる方法など

についても扱うこと。
　　エ　〔指導項目〕の(4)については，情報通信ネットワークを活用した英文による部品の注文や説明などを扱うこと。

第8　工業管理技術

1　目標
　工業の見方・考え方を働かせ，実践的・体験的な学習活動を行うことなどを通して，工業生産の管理に必要な資質・能力を次のとおり育成することを目指す。
(1) 工業生産の管理技術について企業における経営事例を踏まえて理解するとともに，関連する技術を身に付けるようにする。
(2) 工業生産の管理技術に関する課題を発見し，工業に携わる者として科学的な根拠に基づき工業技術の進展に対応し解決する力を養う。
(3) 工業生産を管理する力の向上を目指して自ら学び，工業の発展に主体的かつ協働的に取り組む態度を養う。

2　内容
　1に示す資質・能力を身に付けることができるよう，次の〔指導項目〕を指導する。
〔指導項目〕
(1) 工業管理技術の概要
(2) 生産の計画と管理
　　ア　生産計画
　　イ　生産管理
　　ウ　生産と流通
(3) 工程管理と品質管理
　　ア　工程管理
　　イ　品質管理
(4) 安全管理と環境管理
　　ア　保守と保全
　　イ　生産現場の災害とその防止
　　ウ　環境の保全
(5) 工場の経営
　　ア　人事管理
　　イ　工業会計
　　ウ　工場経営に関する法規
　　エ　工業と起業

3　内容の取扱い
(1) 内容を取り扱う際には，次の事項に配慮するものとする。
　　ア　工業生産の現場見学や企業での事例及び工業に携わる者に求められる倫理観を踏まえて，具体的に理解できるよう工夫して指導すること。
　　イ　〔指導項目〕の(5)については，工業の各分野における具体的な経営事例を取り上げるなど工夫して指導すること。
(2) 内容の範囲や程度については，次の事項に配慮するものとする。

ア 〔指導項目〕の(1)については，工業生産の管理技術の意義と工業生産に関する組織の概要を扱うこと。
イ 〔指導項目〕の(2)のアについては，需要予測と生産数量及び生産方式の選定の概要を扱うこと。イについては，生産に関わる全般的な管理の概要を扱うこと。ウについては，生産と流通手段や経費などを扱うこと。
ウ 〔指導項目〕の(3)のアについては，生産工程の計画や作業日程などを扱うこと。イについては，品質管理方式の原理及び活用方法を扱うこと。
エ 〔指導項目〕の(4)のアについては，機械の保守と保全を扱うこと。イについては，安全管理の意義，目的及びその手法に重点を置いて，災害防止の概要を扱うこと。ウについては，生産活動における環境汚染の防止，省エネルギー及びリサイクルの概要を扱うこと。
オ 〔指導項目〕の(5)のアについては，人事管理の進め方，賃金，福利厚生及び労使関係などの概要を扱うこと。イについては，原価計算についても扱うこと。ウについては，工場経営に関する法規の目的と概要を扱うこと。エについては，起業家精神についても扱うこと。

第9 工業環境技術

1 目 標
工業の見方・考え方を働かせ，実践的・体験的な学習活動を行うことなどを通して，環境に関する調査，評価，管理に必要な資質・能力を次のとおり育成することを目指す。
(1) 環境技術について工業の各分野における産業と環境との関係や環境の保全技術を踏まえて理解するとともに，関連する技術を身に付けるようにする。
(2) 環境技術に関する課題を発見し，工業に携わる者として科学的な根拠に基づき工業技術の進展に対応し解決する力を養う。
(3) 環境技術を用いて持続可能な社会を構築する力の向上を目指して自ら学び，工業の発展に主体的かつ協働的に取り組む態度を養う。

2 内 容
1に示す資質・能力を身に付けることができるよう，次の〔指導項目〕を指導する。
〔指導項目〕
(1) 環境と人間
(2) 環境と産業
　ア 環境問題の推移
　イ 環境リスクと安全
　ウ 産業界の対応
(3) 生活環境の保全
　ア 都市環境
　イ 住環境と健康
　ウ 防災と減災
(4) 環境に関する法規
　ア 環境保全に関する法規
　イ 環境評価
(5) 環境対策技術
　ア 大気汚染

    イ 水質汚濁
    ウ 土壌汚染
    エ 音,振動,臭気
    オ 廃棄物

3 内容の取扱い

(1) 内容を取り扱う際には,次の事項に配慮するものとする。

  ア 工業生産において環境への配慮が重要であることを理解できるようにするとともに,工業に携わる者に求められる倫理観を踏まえ環境の改善について考察するよう工夫して指導すること。

  イ 地域の身近な環境問題を取り上げ,調査,報告書の作成,発表などできるよう工夫して指導すること。

(2) 内容の範囲や程度については,次の事項に配慮するものとする。

  ア 〔指導項目〕の(1)については,地球の成り立ち,資源やエネルギーの有限性,地球環境の現状などを扱うこと。また,持続可能な社会の構築に向け技術者が果たす役割についても扱うこと。

  イ 〔指導項目〕の(2)のイについては,環境へのリスクの概要を扱うこと。ウについては,産業界における環境保全やリサイクルなどの対策を扱うこと。

  ウ 〔指導項目〕の(3)のアについては,都市環境の保全技術の概要を扱うこと。イについては,住環境による健康への影響の概要を扱うこと。ウについては,自然災害に対する備えや対応などを扱うこと。

  エ 〔指導項目〕の(4)のアについては,環境保全に関する法規の目的と概要を扱うこと。イについては,環境評価の手法を扱うこと。

  オ 〔指導項目〕の(5)については,環境汚染を防止する技術を扱うこと。

第10 機械工作

1 目標

工業の見方・考え方を働かせ,実践的・体験的な学習活動を行うことなどを通して,機械材料の加工や工作に必要な資質・能力を次のとおり育成することを目指す。

(1) 機械工作について機械材料の加工性や工作法を踏まえて理解するとともに,関連する技術を身に付けるようにする。

(2) 機械工作に関する課題を発見し,技術者として科学的な根拠に基づき工業技術の進展に対応し解決する力を養う。

(3) 工業生産における適切な機械材料の加工や工作する力の向上を目指して自ら学び,情報技術や環境技術を活用した製造に主体的かつ協働的に取り組む態度を養う。

2 内容

1に示す資質・能力を身に付けることができるよう,次の〔指導項目〕を指導する。

〔指導項目〕

(1) 機械工作法の発達

(2) 機械材料

  ア 機械材料の加工性と活用

  イ 新素材の加工性と活用

(3) 各種の工作法

(4) 工業量の測定と計測機器

ア　工業量の測定
　　　イ　計測機器の活用
　(5) 生産の管理
　　　ア　生産計画と管理
　　　イ　情報技術による生産のシステム化

3　内容の取扱い

(1) 内容を取り扱う際には，次の事項に配慮するものとする。
　　ア　技術の進展，産業界の動向に着目するとともに，実習などを通して，具体的に理解できるよう工夫して指導すること。
(2) 内容の範囲や程度については，次の事項に配慮するものとする。
　　ア　〔指導項目〕の(1)については，機械材料，工作機械及び工作法が相互に関連して発展してきたことを扱うこと。また，産業社会と機械の発達との関係についても扱うこと。
　　イ　〔指導項目〕の(2)については，材料の機械的性質と活用方法を工業生産に関連付けて扱うこと。
　　ウ　〔指導項目〕の(3)については，実際の工作機械や装置の構造，機能及び操作を扱うこと。
　　エ　〔指導項目〕の(4)については，工業量の測定と計測機器の原理とを関連付けて扱うこと。
　　オ　〔指導項目〕の(5)については，生産の管理手法について総合的に扱うこと。また，災害の予防や安全対策及び情報技術を活用した生産の管理システムを扱うこと。

第11　機械設計

1　目標

　工業の見方・考え方を働かせ，実践的・体験的な学習活動を行うことなどを通して，器具や機械などの設計に必要な資質・能力を次のとおり育成することを目指す。
(1) 機械設計について機械に働く力，材料及び機械装置の要素を踏まえて理解するとともに，関連する技術を身に付けるようにする。
(2) 機械設計に関する課題を発見し，技術者として科学的な根拠に基づき工業技術の進展に対応し解決する力を養う。
(3) 安全で安心な機械を設計する力の向上を目指して自ら学び，情報技術や環境技術を活用した製造に主体的かつ協働的に取り組む態度を養う。

2　内容

　1に示す資質・能力を身に付けることができるよう，次の〔指導項目〕を指導する。
〔指導項目〕
(1) 生産における設計の役割
(2) 機械に働く力
　　ア　機械に働く力と運動
　　イ　エネルギーと仕事及び動力との関係
(3) 材料の強さ
　　ア　機械部分に生じる応力とひずみとの関係
　　イ　機械部分の形状
(4) 機械要素と装置
　　ア　締結要素
　　イ　軸要素

      ウ　伝達装置
      エ　緩衝装置
      オ　管路，構造物，圧力容器
  (5) 器具と機械の設計
      ア　器具の設計
      イ　機械の設計

3　内容の取扱い

  (1) 内容を取り扱う際には，次の事項に配慮するものとする。
      ア　機械に働く力や機構について工学的に理解できるよう工夫して指導すること。
      イ　〔指導項目〕の(4)のイ，エ及びオについては，生徒の実態や学科の特色等に応じて，選択して扱うことができること。
      ウ　〔指導項目〕の(5)については，生徒の実態や学科の特色等に応じて，ア又はイのいずれかを選択して設計の手順について理解できるようにするとともに，設計できるよう工夫して指導すること。
  (2) 内容の範囲や程度については，次の事項に配慮するものとする。
      ア　〔指導項目〕の(1)については，機械が機構と機械要素から成り立っていることを扱うこと。
      イ　〔指導項目〕の(2)のアについては，機械に働く力と運動に関する法則及び具体的な事例を通した計算方法を扱うこと。イについては，エネルギーと仕事及び動力をそれぞれ関連付けて扱うこと。
      ウ　〔指導項目〕の(3)のアについては，機械部分に生じる応力とひずみを扱うとともに，機械部分の形状と大きさを決める方法と計算方法についても扱うこと。また，座屈については，計算式の活用を中心に扱うこと。イについては，はりの断面の形状と寸法の計算方法を扱うこと。
      エ　〔指導項目〕の(4)のアからオまでについては，要素と装置の種類，特性及び用途を扱うこと。
      オ　〔指導項目〕の(5)については，コンピュータを活用した設計の方法についても扱うこと。

第12　原動機

1　目　標

　工業の見方・考え方を働かせ，実践的・体験的な学習活動を行うことなどを通して，原動機によりエネルギーを有効活用することに必要な資質・能力を次のとおり育成することを目指す。
  (1) 原動機について構造と機能を踏まえて理解するとともに，関連する技術を身に付けるようにする。
  (2) 原動機に関する課題を発見し，技術者として科学的な根拠に基づき工業技術の進展に対応し解決する力を養う。
  (3) 原動機に関わるエネルギーを有効に利用する力の向上を目指して自ら学び，省エネルギーや環境保全に主体的かつ協働的に取り組む態度を養う。

2　内　容

　1に示す資質・能力を身に付けることができるよう，次の〔指導項目〕を指導する。
〔指導項目〕
  (1) エネルギー変換と環境
      ア　動力とエネルギー
      イ　エネルギーと原動機
      ウ　エネルギーと環境
  (2) 流体機械
      ア　流体の性質と力学

イ　水車とポンプ
　　　ウ　送風機と圧縮機
　　　エ　油空圧機器
　(3) 内燃機関
　　　ア　熱力学
　　　イ　内燃機関の原理
　　　ウ　ガソリン機関
　　　エ　ディーゼル機関
　　　オ　内燃機関と自動車
　(4) タービンエンジン
　　　ア　蒸気タービン
　　　イ　ガスタービン
　(5) 冷凍装置

3　内容の取扱い

(1) 内容を取り扱う際には，次の事項に配慮するものとする。
　ア　原動機の理論と実際の機器とを関連付けて，具体的に理解できるよう工夫して指導すること。

(2) 内容の範囲や程度については，次の事項に配慮するものとする。
　ア　〔指導項目〕の(1)のウについては，エネルギー消費と環境問題との関連を扱うこと。また，技術の進展に対応した新エネルギーの内容を扱うとともに，自然エネルギーの活用についても扱うこと。
　イ　〔指導項目〕の(2)のアについては，液体及び気体の性質と流体の力学計算を扱うこと。イからエまでについては，流体機械の構造，機能及び利用例を扱うこと。
　ウ　〔指導項目〕の(3)のアについては，熱と仕事との関係を扱うこと。ウ及びエについては，エネルギー変換の原理と機関の構造を扱うこと。また，機関の性能については，各種サイクルの熱効率及び日本産業規格に基づく性能試験を扱うこと。オについては，内燃機関，自動車及び環境対策技術を関連付けて扱うこと。
　エ　〔指導項目〕の(4)のアについては，火力発電及び原子力発電における動力発生について，原理，構成，利用及び環境への配慮を扱うこと。イについては，ジェットエンジンについても扱うこと。
　オ　〔指導項目〕の(5)については，冷凍装置の原理と仕組みを扱うこと。

第13　電子機械

1　目　標

　工業の見方・考え方を働かせ，実践的・体験的な学習活動を行うことなどを通して，電子機械の発展への対応に必要な資質・能力を次のとおり育成することを目指す。

(1) 電子機械について機械，電気，電子及び情報に関する各分野の構成を踏まえて理解するとともに，関連する技術を身に付けるようにする。
(2) 電子機械に関する課題を発見し，技術者として科学的な根拠に基づき工業技術の進展に対応し解決する力を養う。
(3) 電子機械を活用する力の向上を目指して自ら学び，工業の発展に主体的かつ協働的に取り組む態度を養う。

2　内　容

　1に示す資質・能力を身に付けることができるよう，次の〔指導項目〕を指導する。

〔指導項目〕
(1) 産業社会と電子機械
　ア　身近な電子機械
　イ　電子機械と生産ライン
(2) 機械の機構と運動の伝達
　ア　機械要素
　イ　機械の機構
(3) 電子機械の入力や出力を構成する要素
　ア　センサ
　イ　アクチュエータ
(4) 電子機械の制御方法
　ア　シーケンス制御
　イ　フィードバック制御
(5) コンピュータによる電子機械の制御
　ア　制御用コンピュータの構成
　イ　制御用コンピュータのハードウェア
　ウ　制御用コンピュータのソフトウェア
　エ　制御のネットワーク化
(6) 社会とロボット技術
　ア　産業用ロボット
　イ　社会生活とロボット技術

3　内容の取扱い

(1) 内容を取り扱う際には，次の事項に配慮するものとする。
　ア　持続可能な社会の創造や情報化の進展などにメカトロニクスの活用が果たす役割について，身近な事例を通して考察するよう工夫して指導すること。
　イ　〔指導項目〕の(5)については，制御用コンピュータなどの実験・実習を通して，実際の活用と関連付けて考察するよう工夫して指導すること。
(2) 内容の範囲や程度については，次の事項に配慮するものとする。
　ア　〔指導項目〕の(1)については，身近な事例を通して，電子機械が社会生活や産業において果たしている役割，省エネルギー及び環境保全を扱うこと。
　イ　〔指導項目〕の(2)については，機械要素の概要や電子機械のメカニズムを扱うこと。
　ウ　〔指導項目〕の(3)については，電子機械において入力や出力を構成するメカトロニクスの要素を扱うこと。
　エ　〔指導項目〕の(4)のアについては，具体的な事例を通して，シーケンス制御の仕組みを扱うこと。
　　　イについては，原理や実用例を扱うこと。
　オ　〔指導項目〕の(5)については，マイクロコンピュータの組込み技術についても扱うこと。
　カ　〔指導項目〕の(6)のアについては，産業現場における人とロボットの協働についても扱うこと。
　　　イについては，社会生活の中で活用されるパートナーロボットなどとの共生についても扱うこと。

第14 生産技術

1 目標

工業の見方・考え方を働かせ，実践的・体験的な学習活動を行うことなどを通して，工業生産のシステムを構築することに必要な資質・能力を次のとおり育成することを目指す。

(1) 生産技術について自動化やネットワーク化を踏まえて理解するとともに，関連する技術を身に付けるようにする。

(2) 生産技術に関する課題を発見し，技術者として科学的な根拠に基づき工業技術の進展に対応し解決する力を養う。

(3) 人と機械が協調して生産性を改善する力の向上を目指して自ら学び，工業の発展に主体的かつ協働的に取り組む態度を養う。

2 内容

1に示す資質・能力を身に付けることができるよう，次の〔指導項目〕を指導する。

〔指導項目〕

(1) 社会構造の変化と生産技術
 ア 生産技術の発達
 イ 社会と工業との関わり

(2) 生産における電気技術
 ア 直流回路
 イ 交流回路
 ウ 電気設備

(3) 生産における電子技術
 ア 電子回路
 イ 電子部品と情報機器

(4) 生産における制御技術
 ア 制御の原理と制御機器の構成
 イ コンピュータ制御

(5) 生産におけるロボット技術
 ア ロボットの概要
 イ ロボットの制御システム
 ウ ロボットの操作と安全管理

(6) 生産の自動化技術
 ア CAD/CAM
 イ 数値制御工作機械
 ウ 工業生産の自動化システムの構成
 エ 生産のネットワーク化

3 内容の取扱い

(1) 内容を取り扱う際には，次の事項に配慮するものとする。

 ア 生産技術の進歩と社会の変化との関連について，コンピュータを活用した実験・実習を通して考察するよう工夫して指導すること。

(2) 内容の範囲や程度については，次の事項に配慮するものとする。

ア 〔指導項目〕の(1)については,情報化に対応した生産技術の発達及び生産活動への人間の関わり方の変化を扱うこと。
イ 〔指導項目〕の(2)については,電流と磁気に関する計算方法を扱うこと。
ウ 〔指導項目〕の(3)については,工業の生産技術に関わる電子回路素子や回路を扱うこと。
エ 〔指導項目〕の(4)については,シーケンス制御とフィードバック制御の原理を実際の制御装置と関連付けて扱うこと。
オ 〔指導項目〕の(5)については,技術の進歩によるロボット技術の活用の広がりについても扱うこと。
カ 〔指導項目〕の(6)については,工業生産の自動化に関する技術及び工業生産を統合するネットワーク技術を扱うこと。

第15 自動車工学

1 目 標

工業の見方・考え方を働かせ,実践的・体験的な学習活動を行うことなどを通して,安全で安心な自動車の提供に必要な資質・能力を次のとおり育成することを目指す。
(1) 自動車について構造と機能を踏まえて理解するとともに,関連する技術を身に付けるようにする。
(2) 自動車に関する課題を発見し,技術者として科学的な根拠に基づき工業技術の進展に対応し解決する力を養う。
(3) 自動車の付加価値を高める力の向上を目指して自ら学び,自動車産業の発展に主体的かつ協働的に取り組む態度を養う。

2 内 容

1に示す資質・能力を身に付けることができるよう,次の〔指導項目〕を指導する。
〔指導項目〕
(1) 人と自動車
(2) 自動車の原理
　ア 自動車の概要と力学
　イ 自動車用機関の働きと動力伝達に関する装置
　ウ 自動車の操作と制動
(3) 自動車の構造
　ア 自動車用機関と性能
　イ 自動車用機関の付属装置
　ウ 車体と付属装置
　エ 走行と性能
(4) 自動車と電気・電子技術
　ア 自動車の電気装置
　イ 自動車の制御技術
(5) 自動車と安全
　ア 予防安全装置
　イ 衝突安全装置
(6) 自動車と環境

3 内容の取扱い

(1) 内容を取り扱う際には，次の事項に配慮するものとする。

　ア　自動車技術の進展，経済性，安全性及び環境対策の動向に着目するとともに，実習などを通して，具体的に理解できるよう工夫して指導すること。

(2) 内容の範囲や程度については，次の事項に配慮するものとする。

　ア　〔指導項目〕の(1)については，自動車の発明と進歩，自動車産業と社会との関わり及び自動車と人間生活との関わりを扱うこと。

　イ　〔指導項目〕の(2)のアについては，動力の発生，自動車の操作装置，材料の性質などを扱うこと。イについては，自動車用機関の働きと動力伝達に関連する装置の機能を扱うこと。

　ウ　〔指導項目〕の(3)のウについては，自動車の構造に関する技術の進展に対応した題材を取り上げ，実際に活用する技術を扱うこと。エについては，走行性能と走行試験とを関連付けて扱うこと。

　エ　〔指導項目〕の(4)のアについては，自動車の電気装置の原理と構造及び機能を扱うこと。イについては，自動車における制御技術の活用を扱うこと。

　オ　〔指導項目〕の(5)については，自動車の安全確保に関する技術を扱うこと。

　カ　〔指導項目〕の(6)については，排出ガスの対策など自動車の環境保全に関する技術，再利用可能な部品を素材としてリサイクルする技術及び効率よく動力を取り出すなどの省エネルギーに関する技術を扱うこと。

第16　自動車整備

1　目標

工業の見方・考え方を働かせ，実践的・体験的な学習活動を行うことなどを通して，自動車の性能の維持，快適で安全な走行及び環境汚染の防止に必要な資質・能力を次のとおり育成することを目指す。

(1) 自動車について法規と整備の目的を踏まえて理解するとともに，関連する技術を身に付けるようにする。

(2) 自動車の整備に関する課題を発見し，技術者として科学的な根拠に基づき工業技術の進展に対応し解決する力を養う。

(3) 自動車の整備を行う力の向上を目指して自ら学び，自動車産業の発展に主体的かつ協働的に取り組む態度を養う。

2　内容

1に示す資質・能力を身に付けることができるよう，次の〔指導項目〕を指導する。

〔指導項目〕

(1) 自動車整備と関係法規
　ア　自動車整備の目的と内容
　イ　自動車整備に関する法規
　ウ　自動車整備事業と自動車整備士

(2) 自動車用材料
　ア　自動車用材料の加工
　イ　自動車用材料のリサイクル
　ウ　自動車整備に伴う工作法と機器

(3) 自動車の整備と試験
　ア　自動車用機関と関連装置の整備

イ　自動車シャシと関連装置の整備
　　　ウ　環境保全と安全確保に関する装置の整備
　3　内容の取扱い
　(1) 内容を取り扱う際には，次の事項に配慮するものとする。
　　　ア　自動車整備と関係法規に着目するとともに，実習などを通して，具体的に理解できるよう工夫して指導すること。
　(2) 内容の範囲や程度については，次の事項に配慮するものとする。
　　　ア　〔指導項目〕の(1)のイについては，自動車整備に関する法規の目的と概要について，整備の体系と関連付けて扱うこと。
　　　イ　〔指導項目〕の(2)のアについては，自動車用材料の加工法を扱うこと。イについては，再利用可能な部品を素材としてリサイクルする仕組みを通して，省資源と環境保全の重要性を扱うこと。ウについては，自動車の整備に関わる工作機器の原理と工作法を扱うこと。
　　　ウ　〔指導項目〕の(3)のア及びイについては，関連する装置も含めて総合的に，点検，測定，調整，検査及び試験を扱うこと。

第17　船舶工学

1　目　標

　工業の見方・考え方を働かせ，実践的・体験的な学習活動を行うことなどを通して，船舶の建造に必要な資質・能力を次のとおり育成することを目指す。
(1) 船舶について国際的な安全や環境に関わる規制と技術を踏まえて理解するとともに，関連する技術を身に付けるようにする。
(2) 船舶に関わる規制や技術に関する課題を発見し，技術者として科学的な根拠に基づき工業技術の進展に対応し解決する力を養う。
(3) 安全で高性能・高品質な船舶を建造する力の向上を目指して自ら学び，船舶産業の発展に主体的かつ協働的に取り組む態度を養う。

2　内　容

　1に示す資質・能力を身に付けることができるよう，次の〔指導項目〕を指導する。
〔指導項目〕
(1) 船舶の概要
　　ア　海に関わる諸事象
　　イ　船舶の種類
　　ウ　船舶に関わる規制
　　エ　船舶に関わる産業
(2) 船舶の構造と設備
　　ア　船舶の構造
　　イ　船舶の設備
(3) 船舶設計
　　ア　船舶設計の概要
　　イ　船舶計算
　　ウ　船舶の抵抗や推進
　　エ　船舶の構造力学

(4) 船舶建造
　　ア　造船の概要
　　イ　現図，加工，組立
　　ウ　搭載，進水
　　エ　艤装，塗装
　(5) 船舶の管理
　　ア　検査制度
　　イ　修繕工事
 3　内容の取扱い
　(1) 内容を取り扱う際には，次の事項に配慮するものとする。
　　ア　国際的な安全や環境に関わる規制，技術の進展及び地域の実態と関連付けて理解できるよう工夫して指導すること。
　　イ　〔指導項目〕の(2)，(3)及び(5)については，生徒や地域の実態，学科の特色等に応じて，選択して扱うことができること。
　(2) 内容の範囲や程度については，次の事項に配慮するものとする。
　　ア　〔指導項目〕の(1)のアについては，海に関わる諸事象と船舶とを関連付けて扱うこと。ウについては，国際的な安全や環境に関わる規制の目的や概要を扱うこと。
　　イ　〔指導項目〕の(2)については，船舶の省エネルギー技術を扱うこと。
　　ウ　〔指導項目〕の(3)については，船舶の性能及び安全性を扱うこと。
　　エ　〔指導項目〕の(4)については，船舶の品質に着目し，造船の現場における船殻工程と艤装工程とを関連付けて扱うこと。イについては，機械工作法についても扱うこと。
　　オ　〔指導項目〕の(5)については，船舶の性能維持や堪航性に関わる検査制度を扱うこと。

第18　電気回路

 1　目　標
　　工業の見方・考え方を働かせ，実践的・体験的な学習活動を行うことなどを通して，電気現象を量的に取り扱うことに必要な資質・能力を次のとおり育成することを目指す。
　(1) 電気回路について電気的諸量の相互関係を踏まえて理解するとともに，関連する技術を身に付けるようにする。
　(2) 電気回路に関する課題を発見し，技術者として科学的な根拠に基づき工業技術の進展に対応し解決する力を養う。
　(3) 電気回路を工業技術に活用する力の向上を目指して自ら学び，工業の発展に主体的かつ協働的に取り組む態度を養う。
 2　内　容
　　1に示す資質・能力を身に付けることができるよう，次の〔指導項目〕を指導する。
　〔指導項目〕
　(1) 電気回路の要素
　　ア　電気回路の電流・電圧・抵抗
　　イ　電気抵抗
　　ウ　静電容量と静電現象
　　エ　インダクタンスと磁気現象

(2) 直流回路
　　ア　直流回路の電流・電圧
　　イ　消費電力と発生熱量
　　ウ　電気の各種作用
(3) 交流回路
　　ア　交流の発生と表し方
　　イ　交流回路の電流・電圧・電力
　　ウ　記号法
　　エ　三相交流
(4) 電気計測
　　ア　電気計器の原理と構造
　　イ　基礎量の測定
　　ウ　測定量の取扱い
(5) 各種の波形
　　ア　非正弦波交流
　　イ　過渡現象

3　内容の取扱い

(1) 内容を取り扱う際には，次の事項に配慮するものとする。
　ア　工業生産に関連付けて考察するよう工夫して指導すること。また，計算方法の取扱いに当たっては，演習を重視し，実際に活用できるよう工夫して指導すること。
(2) 内容の範囲や程度については，次の事項に配慮するものとする。
　ア　〔指導項目〕の(1)のアについては，電流，電圧及び抵抗の意味と関係する量を扱うこと。ウについては，関係する量と計算方法を扱うこと。エについては，インダクタンス及び電流と磁気に関わる量と計算方法を扱うこと。
　イ　〔指導項目〕の(2)のアについては，直流回路における電流，電圧及び抵抗の計算方法を扱うこと。イについては，電流による発熱，電力及び電力量を扱うこと。ウについては，電気による各種作用の原理と利用を扱うこと。
　ウ　〔指導項目〕の(3)のアについては，交流の状態を表す諸量を扱うこと。イについては，交流回路における抵抗，静電容量及びインダクタンスについての計算方法を扱うこと。ウについては，交流回路における電流及び電圧の計算方法を扱うこと。
　エ　〔指導項目〕の(4)のアについては，電気計器の原理，構造，特性及び取扱い方法を扱うこと。イについては，基礎量の測定法を扱うこと。ウについては，測定に伴う誤差や測定値の取扱いなどを扱うこと。
　オ　〔指導項目〕の(5)のアについては，非正弦波形の発生を扱うこと。イについては，電気回路における過渡現象の発生とその回路の時定数を扱うこと。

第19　電気機器

1　目　標

　工業の見方・考え方を働かせ，実践的・体験的な学習活動を行うことなどを通して，電気機器を活用した工業生産に必要な資質・能力を次のとおり育成することを目指す。
(1) 電気機器についてエネルギーの変換を踏まえて理解するとともに，関連する技術を身に付けるよう

にする。
(2) 電気機器に関する課題を発見し，技術者として科学的な根拠に基づき工業技術の進展に対応し解決する力を養う。
(3) 電気機器に関わる電気エネルギーを活用する力の向上を目指して自ら学び，工業の発展に主体的かつ協働的に取り組む態度を養う。

2 内容

1に示す資質・能力を身に付けることができるよう，次の〔指導項目〕を指導する。

〔指導項目〕
(1) 直流機器
　ア　直流発電機
　イ　直流電動機
　ウ　特殊電動機
(2) 交流機器
　ア　変圧器
　イ　誘導機
　ウ　同期機
(3) 電気材料
　ア　導電材料
　イ　磁性材料
　ウ　絶縁材料
(4) パワーエレクトロニクス
　ア　パワーエレクトロニクス素子
　イ　電力変換
　ウ　電力変換回路

3 内容の取扱い

(1) 内容を取り扱う際には，次の事項に配慮するものとする。
　ア　計算方法の取扱いに当たっては，演習を重視し，実際に活用できるよう工夫して指導すること。
　イ　工業生産に関連付けて考察できるようにするとともに，電気機器に関する法規及び日本産業規格などの各種規格についても理解できるよう工夫して指導すること。
(2) 内容の範囲や程度については，次の事項に配慮するものとする。
　ア　〔指導項目〕の(1)，(2)及び(4)のアについては，原理，構造及び特性を扱うこと。
　イ　〔指導項目〕の(3)については，特性及び取扱い方法を扱うこと。
　ウ　〔指導項目〕の(4)のイについては，方式及び原理を扱うこと。ウについては，パワーエレクトロニクス素子を使用した電子回路を扱うこと。

第20 電力技術

1 目標

工業の見方・考え方を働かせ，実践的・体験的な学習活動を行うことなどを通して，電力を供給する技術を活用した工業生産に必要な資質・能力を次のとおり育成することを目指す。
(1) 電力技術について電力の供給と利用技術を踏まえて理解するとともに，関連する技術を身に付けるようにする。

(2) 電力の供給と利用技術に関する課題を発見し，技術者として科学的な根拠に基づき工業技術の進展に対応し解決する力を養う。

(3) 電力を効率的に利用する力の向上を目指して自ら学び，工業の発展に主体的かつ協働的に取り組む態度を養う。

2 内容

1に示す資質・能力を身に付けることができるよう，次の〔指導項目〕を指導する。

〔指導項目〕

(1) 発電
　ア　発電方式
　イ　火力発電
　ウ　再生可能エネルギーによる発電
　エ　原子力発電

(2) 送電と配電
　ア　送電
　イ　配電
　ウ　自家用変電所と屋内配線

(3) 電力の制御
　ア　シーケンス制御
　イ　フィードバック制御
　ウ　コンピュータ制御

(4) 電力の利用
　ア　照明
　イ　電熱
　ウ　電気化学
　エ　電気鉄道
　オ　家庭用電気機器

(5) 省エネルギー技術
　ア　発電や送電の省エネルギー技術
　イ　電力利用の省エネルギー技術

(6) 電気に関する法規
　ア　電気事業に関する法規
　イ　電気工事に関する法規
　ウ　電気用品に関する法規

3 内容の取扱い

(1) 内容を取り扱う際には，次の事項に配慮するものとする。
　ア　〔指導項目〕の(4)のアからオまでについては，生徒の実態や学科の特色等に応じて，いずれか三つ以上を選択して扱うことができること。

(2) 内容の範囲や程度については，次の事項に配慮するものとする。
　ア　〔指導項目〕の(1)のアについては，発電方式の概要と特徴を扱うこと。イからエまでについては，発電の原理，方法，構成及び特性を扱うこと。ウについては，水力発電，太陽光発電，風力発電などを扱うこと。
　イ　〔指導項目〕の(2)のアについては，送電の方式と特性，変電所の構成及び運用を扱うこと。イに

ついては，配電の方式，構成，特性及び保守を扱うこと。ウについては，自家用変電所の構成，関連する法規の目的と概要及び屋内配線の設計・施工を扱うこと。
　ウ　〔指導項目〕の(3)については，電気エネルギーに関する制御の原理，制御系の構成及び動作を扱うこと。
　エ　〔指導項目〕の(4)については，電力利用の原理，機器と装置の構成及び利用例を扱うこと。
　オ　〔指導項目〕の(5)については，発電，送電及び電力利用時の省エネルギー技術の原理と方法を扱うこと。
　カ　〔指導項目〕の(6)については，電気に関する法規の目的と概要を扱うこと。

第21　電子技術

1　目標
　工業の見方・考え方を働かせ，実践的・体験的な学習活動を行うことなどを通して，電子技術を活用した工業生産に必要な資質・能力を次のとおり育成することを目指す。
(1) 電子技術について半導体や電子回路と電子機器との関係を踏まえて理解するとともに，関連する技術を身に付けるようにする。
(2) 電子技術に関する課題を発見し，技術者として科学的な根拠に基づき工業技術の進展に対応し解決する力を養う。
(3) 電子技術を活用する力の向上を目指して自ら学び，工業の発展に主体的かつ協働的に取り組む態度を養う。

2　内容
　1に示す資質・能力を身に付けることができるよう，次の〔指導項目〕を指導する。
〔指導項目〕
(1) 電子技術の概要
(2) 半導体と電子回路
　ア　半導体
　イ　電子回路
(3) 通信システム
　ア　有線通信
　イ　無線通信
　ウ　画像通信
　エ　データ通信
　オ　通信に関する法規
(4) 音響・映像機器
　ア　音響機器
　イ　映像機器
(5) 電子計測
　ア　高周波計測
　イ　センサによる計測

3　内容の取扱い
(1) 内容を取り扱う際には，次の事項に配慮するものとする。
　ア　工業生産に関連付けて考察するよう工夫して指導すること。また，計算方法の取扱いに当たって

は，演習を重視し，実際に活用できるよう工夫して指導すること。
(2) 内容の範囲や程度については，次の事項に配慮するものとする。
  ア 〔指導項目〕の(1)については，電子技術の発達や現代社会における役割などを扱うこと。
  イ 〔指導項目〕の(2)のアについては，半導体の原理並びに半導体素子の種類，特性及び具体的な働きを扱うこと。イについては，増幅回路などのアナログ回路並びに論理回路などのデジタル回路の動作と特性を扱うこと。また，AD変換回路，DA変換回路の原理と活用例を扱うこと。
  ウ 〔指導項目〕の(3)のアからエまでについては，通信に必要な電子機器の特性と利用例及び通信機器と通信システムの内容を扱うこと。オについては，通信に関する法規の目的と概要を扱うこと。
  エ 〔指導項目〕の(4)については，アナログ及びデジタル技術を利用した音響機器及び映像機器の原理と構造を扱うこと。
  オ 〔指導項目〕の(5)のアについては，高周波計測に用いる測定器の原理と測定方法を扱うこと。イについては，電子計測に用いられるセンサの原理と活用例を扱うこと。

第22 電子回路

1 目標

工業の見方・考え方を働かせ，実践的・体験的な学習活動を行うことなどを通して，電子回路の設計・製作に必要な資質・能力を次のとおり育成することを目指す。
(1) 電子回路について機能や特性を踏まえて理解するとともに，関連する技術を身に付けるようにする。
(2) 電子回路に関する課題を発見し，技術者として科学的な根拠に基づき工業技術の進展に対応し解決する力を養う。
(3) 電子回路を設計・製作する力の向上を目指して自ら学び，工業の発展に主体的かつ協働的に取り組む態度を養う。

2 内容

1に示す資質・能力を身に付けることができるよう，次の〔指導項目〕を指導する。
〔指導項目〕
(1) 電子回路素子
  ア ダイオード
  イ トランジスタ
  ウ 集積回路
(2) 増幅回路
  ア 低周波増幅回路
  イ 高周波増幅回路
(3) 各種の電子回路
  ア 電源回路
  イ 発振回路
  ウ パルス回路
  エ 変調・復調回路

3 内容の取扱い

(1) 内容を取り扱う際には，次の事項に配慮するものとする。
  ア 電子回路素子の機能や特性，増幅回路，各種の電子回路について定量的に扱うとともに，実習などを通して，具体的に理解できるよう工夫して指導すること。

(2) 内容の範囲や程度については，次の事項に配慮するものとする。
　ア　〔指導項目〕の(1)のア及びイについては，電子回路で用いる代表的な素子の構造，性質及び用途を扱うこと。ウについては，アナログ及びデジタル回路に用いられる集積回路の種類，特徴，機能及び利用例を実際の活用に関連付けて扱うこと。
　イ　〔指導項目〕の(2)については，増幅回路の原理，利得，帯域幅などの特性及び電力増幅を扱うこと。また，増幅回路の設計・製作を行い，実際の活用に関連付けて扱うこと。
　ウ　〔指導項目〕の(3)については，回路の構成，動作原理及び取扱い方法を実際の活用に関連付けて扱うこと。ウについては，パルス波の有用性，発生及び整形の方法を扱うこと。

第23　電子計測制御

1　目標
　工業の見方・考え方を働かせ，実践的・体験的な学習活動を行うことなどを通して，電子計測制御に必要な資質・能力を次のとおり育成することを目指す。
(1) 電子計測制御について計測と制御との関係を踏まえて理解するとともに，関連する技術を身に付けるようにする。
(2) 電子計測制御に関する課題を発見し，技術者として科学的な根拠に基づき工業技術の進展に対応し解決する力を養う。
(3) 計測制御システムを構築する力の向上を目指して自ら学び，工業の発展に主体的かつ協働的に取り組む態度を養う。

2　内容
　1に示す資質・能力を身に付けることができるよう，次の〔指導項目〕を指導する。
〔指導項目〕
(1) 電子計測制御の概要
　ア　電子計測制御の仕組み
　イ　計測制御機器とデータ処理
(2) シーケンス制御
　ア　シーケンス制御の概要
　イ　シーケンス制御の機器
　ウ　シーケンス制御の回路
　エ　プログラマブルコントローラの活用
(3) フィードバック制御
　ア　フィードバック制御の概要
　イ　制御特性
　ウ　フィードバック制御の活用
(4) ネットワークを活用した計測制御
　ア　制御装置とインタフェース
　イ　制御プログラム
　ウ　ネットワークを活用した計測制御システム

3　内容の取扱い
(1) 内容を取り扱う際には，次の事項に配慮するものとする。
　ア　計測技術，自動制御技術及びネットワーク技術を総合的に理解できるよう工夫して指導すること。

(2) 内容の範囲や程度については，次の事項に配慮するものとする。

ア 〔指導項目〕の(1)のアについては，電子計測制御の考え方，人間生活を支える技術及び計測・制御の対象となる物質の性質について，相互に関連付けて扱うこと。イについては，計測制御機器によるデータの測定方法及び処理方法を実際の活用に関連付けて扱うこと。

イ 〔指導項目〕の(2)については，シーケンス制御の原理と特徴及びシーケンス制御に使用される電子機器の構成と取扱い方法を扱うこと。

ウ 〔指導項目〕の(3)については，フィードバック制御の原理と特徴及び実用例を扱うこと。

エ 〔指導項目〕の(4)のアについては，コンピュータと外部機器との接続方法を扱うこと。イについては，外部機器を制御するプログラミングの方法を扱うこと。ウについては，ネットワークを活用した計測制御システムの概要を扱うこと。

第24 通信技術

1 目標

工業の見方・考え方を働かせ，実践的・体験的な学習活動を行うことなどを通して，情報通信を行うことに必要な資質・能力を次のとおり育成することを目指す。

(1) 通信技術について通信機器の機能や特性を踏まえて理解するとともに，関連する技術を身に付けるようにする。

(2) 通信技術に関する課題を発見し，技術者として科学的な根拠に基づき工業技術の進展に対応し解決する力を養う。

(3) 通信技術を通して情報通信の付加価値を高める力の向上を目指して自ら学び，工業の発展に主体的かつ協働的に取り組む態度を養う。

2 内容

1に示す資質・能力を身に付けることができるよう，次の〔指導項目〕を指導する。

〔指導項目〕

(1) 有線通信
　ア 有線通信システム
　イ データ通信とネットワーク
　ウ 光通信

(2) 無線通信
　ア 電波とアンテナ
　イ 無線通信システム
　ウ 無線機器
　エ 衛星を利用した通信システム

(3) 画像通信
　ア 静止画像の通信
　イ テレビジョン技術
　ウ 圧縮
　エ 暗号化

(4) 通信装置の入出力機器
　ア 情報のデジタル化
　イ 入出力機器

(5) 通信に関する法規

3 内容の取扱い

(1) 内容を取り扱う際には，次の事項に配慮するものとする。

　ア 〔指導項目〕の(5)については，法的な根拠を踏まえ，(1)から(4)までと関連付けて理解できるよう工夫して指導すること。

(2) 内容の範囲や程度については，次の事項に配慮するものとする。

　ア 〔指導項目〕の(1)のアについては，有線通信回線を用いたアナログ及びデジタル通信による通信システムの構成及び概要を扱うこと。イについては，データ通信システム及びネットワークの概要を扱うこと。また，通信プロトコルと交換機についても扱うこと。ウについては，光通信の原理と利用方法を扱うこと。

　イ 〔指導項目〕の(2)のアについては，電波の性質，アンテナの電気的特性及び電波の放射と受信を扱うこと。イについては，無線通信の方法と通信システムについて，アナログ及びデジタル通信を扱うこと。

　ウ 〔指導項目〕の(3)のアについては，ファクシミリの送受信の原理を扱うこと。イについては，テレビジョンの電波と送受信機の概要及びデジタル放送の特徴を扱うこと。ウについては，通信データの圧縮及び復元の仕組みを扱うこと。エについては，暗号化の理論を扱うこと。

　エ 〔指導項目〕の(4)については，情報のデジタル化技術や技術の進展に対応した入出力機器を扱うこと。

　オ 〔指導項目〕の(5)については，通信に関する法規の目的と概要を扱うこと。

第25 プログラミング技術

1 目 標

工業の見方・考え方を働かせ，実践的・体験的な学習活動を行うことなどを通して，コンピュータのプログラミングに必要な資質・能力を次のとおり育成することを目指す。

(1) コンピュータのプログラミングについてシステムソフトウェアとプログラミングツールを踏まえて理解するとともに，関連する技術を身に付けるようにする。

(2) コンピュータのプログラミングに関する課題を発見し，技術者として科学的な根拠に基づき工業技術の進展に対応し解決する力を養う。

(3) コンピュータのプログラムを開発する力の向上を目指して自ら学び，情報技術の発展に主体的かつ協働的に取り組む態度を養う。

2 内 容

1に示す資質・能力を身に付けることができるよう，次の〔指導項目〕を指導する。

〔指導項目〕

(1) アルゴリズム

　ア アルゴリズムと流れ図

　イ 順次型のアルゴリズム

　ウ 選択型のアルゴリズム

　エ 繰り返し型のアルゴリズム

(2) プログラム技法

　ア データ構造

　イ プログラムの標準化

ウ　ファイル処理
　　エ　入出力設計
　　オ　プログラムの構造化設計
3　内容の取扱い
(1) 内容を取り扱う際には，次の事項に配慮するものとする。
　ア　生徒の実態や学科の特色等に応じて，適切なプログラミング言語を選択し，演習や実習などを通して，具体的に理解できるよう工夫して指導すること。
　イ　〔指導項目〕の(1)については，プログラム言語の規則の習得に偏ることのないよう，適切な事例を活用した演習を取り入れ，論理的な思考を重視するよう工夫して指導すること。
(2) 内容の範囲や程度については，次の事項に配慮するものとする。
　ア　〔指導項目〕の(1)については，アルゴリズムの表現方法及びプログラムの処理手順を扱うこと。
　イ　〔指導項目〕の(2)については，適切な事例を活用した演習を取り入れ，プログラムの計画，作成，実施，評価及び効果的に情報を処理する方法を扱うこと。

第26　ハードウェア技術

1　目　標
　工業の見方・考え方を働かせ，実践的・体験的な学習活動を行うことなどを通して，工業生産や社会生活に役立つコンピュータのハードウェアの開発に必要な資質・能力を次のとおり育成することを目指す。
(1) コンピュータのハードウェアについて機能，構成及び制御技術を踏まえて理解するとともに，関連する技術を身に付けるようにする。
(2) コンピュータのハードウェアに関する課題を発見し，技術者として科学的な根拠に基づき工業技術の進展に対応し解決する力を養う。
(3) コンピュータのハードウェアを開発する力の向上を目指して自ら学び，情報技術の発展に主体的かつ協働的に取り組む態度を養う。

2　内　容
　1に示す資質・能力を身に付けることができるよう，次の〔指導項目〕を指導する。
〔指導項目〕
(1) コンピュータの電子回路
　　ア　電子回路と素子
　　イ　論理回路
　　ウ　フリップフロップ
　　エ　各種レジスタ
　　オ　コンピュータによる論理回路設計
(2) コンピュータの構成
　　ア　マイクロプロセッサと処理装置
　　イ　記憶装置と周辺機器
　　ウ　データの流れと命令語の構成
(3) コンピュータによる制御
　　ア　ハードウェアに適した言語
　　イ　コンピュータによる制御の構成

ウ　センサとアクチュエータ
　　エ　制御プログラム
　(4) マイクロコンピュータの組込み技術
　　ア　組込みシステムの構成
　　イ　組込みハードウェア
　　ウ　組込みソフトウェア

3　内容の取扱い

(1) 内容を取り扱う際には，次の事項に配慮するものとする。
　ア　生徒の実態や学科の特色等に応じて，適切なマイクロコンピュータ及びプログラミング言語を選択し，演習や実習などを通して，具体的に理解できるよう工夫して指導すること。
　イ　〔指導項目〕の(1)のア及びオについては，生徒の実態や学科の特色等に応じて，選択して扱うことができること。
(2) 内容の範囲や程度については，次の事項に配慮するものとする。
　ア　〔指導項目〕の(1)については，コンピュータのハードウェアを構成する回路の動作原理を扱うこと。
　イ　〔指導項目〕の(2)のア及びイについては，装置や機器の動作原理，機能及び役割を扱うこと。ウについては，データの処理手順を扱うこと。
　ウ　〔指導項目〕の(3)のアについては，機械語及びアセンブリ言語の特徴と用途を扱うこと。イについては，インタフェースの用途と機能を扱うこと。ウについては，コンピュータ制御に用いられるセンサとアクチュエータの原理，構造及び特性を扱うこと。
　エ　〔指導項目〕の(4)のアについては，マイクロプロセッサを搭載した組込みシステムの構成と動作や仕組みを扱うこと。イについては，マイクロプロセッサを組み込むための実装技術を扱うこと。ウについては，マイクロプロセッサを組み込むためのプログラムの開発を扱うこと。

第27　ソフトウェア技術

1　目標

　工業の見方・考え方を働かせ，実践的・体験的な学習活動を行うことなどを通して，制御対象を動作させるコンピュータのソフトウェアの活用に必要な資質・能力を次のとおり育成することを目指す。
(1) コンピュータのソフトウェアについてシステムソフトウェアとプログラミングツールを踏まえて理解するとともに，関連する技術を身に付けるようにする。
(2) コンピュータのソフトウェアに関する課題を発見し，技術者として科学的な根拠に基づき工業技術の進展に対応し解決する力を養う。
(3) コンピュータのソフトウェアを開発する力の向上を目指して自ら学び，情報技術の発展に主体的かつ協働的に取り組む態度を養う。

2　内　容

　1に示す資質・能力を身に付けることができるよう，次の〔指導項目〕を指導する。
〔指導項目〕
(1) オペレーティングシステム
　ア　オペレーティングシステムの概要
　イ　オペレーティングシステムの機能
　ウ　オペレーティングシステムの管理

(2) セキュリティ技術
  ア　情報セキュリティ技術
  イ　情報セキュリティ管理
  ウ　情報セキュリティに関する法規
(3) ソフトウェアの制作
  ア　ソフトウェアの制作手順
  イ　ソフトウェアの制作環境
  ウ　アプリケーションソフトウェアの制作

3　内容の取扱い

(1) 内容を取り扱う際には，次の事項に配慮するものとする。
  ア　生徒の実態や学科の特色等に応じて，適切なオペレーティングシステム及びアプリケーションプログラムを選択し，演習や実習などを通して，具体的に理解できるよう工夫して指導すること。
  イ　情報化の進展が及ぼす影響について技術者倫理の視点から考察できるようにするとともに，情報モラルについて理解できるよう工夫して指導すること。
  ウ　〔指導項目〕の(3)のウについては，生徒の実態や学科の特色等に応じて，選択して扱うことができること。
(2) 内容の範囲や程度については，次の事項に配慮するものとする。
  ア　〔指導項目〕の(1)のイについては，オペレーティングシステムの機能と役割を扱うこと。ウについては，オペレーティングシステムのインストール，運用及び管理を扱うこと。
  イ　〔指導項目〕の(2)のアについては，暗号化やアクセス管理の必要性を扱うこと。イについては，リスク分析と評価，情報セキュリティポリシー及びネットワークのセキュリティ管理など具体的な事例を扱うこと。ウについては，情報セキュリティに関する法規の目的と概要を扱うこと。
  ウ　〔指導項目〕の(3)のア及びイについては，ソフトウェアの制作における要求分析や設計，ドキュメンテーション及びテストを関連付けた効果的な制作の技法を扱うこと。

第28　コンピュータシステム技術

1　目　標

工業の見方・考え方を働かせ，実践的・体験的な学習活動を行うことなどを通して，コンピュータシステムを活用した情報処理の効率化に必要な資質・能力を次のとおり育成することを目指す。
(1) コンピュータシステム技術について情報処理システムの運用を踏まえて理解するとともに，関連する技術を身に付けるようにする。
(2) コンピュータシステムに関する課題を発見し，技術者として科学的な根拠に基づき工業技術の進展に対応し解決する力を養う。
(3) コンピュータシステムを開発する力の向上を目指して自ら学び，情報技術の発展に主体的かつ協働的に取り組む態度を養う。

2　内　容

1に示す資質・能力を身に付けることができるよう，次の〔指導項目〕を指導する。
〔指導項目〕
(1) コンピュータシステムの構築
  ア　コンピュータシステムの概要
  イ　コンピュータシステムの分析と設計

ウ　コンピュータシステムの評価
(2) ネットワーク技術
　　ア　データ通信の概要
　　イ　データ通信の技術
　　ウ　ネットワークアーキテクチャ
　　エ　ネットワークシステムの設計
　　オ　ネットワークシステムの運用と保守
　　カ　ネットワークセキュリティ
(3) データベース技術
　　ア　データベースの概要
　　イ　データベースの設計
　　ウ　データベースの利用
(4) 情報媒体の活用技術
　　ア　情報媒体の概要
　　イ　デジタル化技術
　　ウ　情報媒体の表現技法

3　内容の取扱い

(1) 内容を取り扱う際には，次の事項に配慮するものとする。
　ア　生徒の実態や学科の特色等に応じて，適切なオペレーティングシステム及びアプリケーションプログラムを選択し，演習や実習などを通して，具体的に理解できるよう工夫して指導すること。
(2) 内容の範囲や程度については，次の事項に配慮するものとする。
　ア　〔指導項目〕の(1)のアについては，ディレクトリ構成，環境設定及びユーザ管理を扱うこと。イについては，コンピュータシステムの具体的な事例を取り上げ，システムの分析及び設計の手法を扱うこと。ウについては，コンピュータシステムの運用方法，保守及び評価方法を扱うこと。
　イ　〔指導項目〕の(2)のイについては，データ通信の方式，伝送方式，伝送制御手順及び無線通信技術を扱うこと。ウについては，ネットワーク階層，通信プロトコル及び伝送制御を扱うこと。エについては，IPネットワークの動作の仕組み及びIP通信を支える物理インフラを扱うこと。オについては，利用者登録，リソース管理及びセキュリティ管理を扱うこと。
　ウ　〔指導項目〕の(3)のアについては，データとファイル構造を扱うこと。
　エ　〔指導項目〕の(4)のイについては，文字，音声，画像をデジタル化する技術と情報の圧縮，伸張の原理と方法を扱うこと。ウについては，情報機器を活用した具体的な事例を通して，情報表現の特性を扱うこと。

第29　建築構造

1　目　標

　工業の見方・考え方を働かせ，実践的・体験的な学習活動を行うことなどを通して，建築物の構造の提案に必要な資質・能力を次のとおり育成することを目指す。
(1) 建築物の構造について荷重に対する安全性や材料の特性を踏まえて理解するとともに，関連する技術を身に付けるようにする。
(2) 建築物の構造や建築材料に関する課題を発見し，技術者として科学的な根拠に基づき工業技術の進展に対応し解決する力を養う。

(3) 安全で安心な建築物の構造を実現する力の向上を目指して自ら学び，建築の発展に主体的かつ協働的に取り組む態度を養う。

2　内容

　1に示す資質・能力を身に付けることができるよう，次の〔指導項目〕を指導する。

〔指導項目〕
(1) 建築構造の概要
(2) 建築材料
(3) 木構造
(4) 鉄筋コンクリート構造
(5) 鋼構造
(6) 合成構造
　ア　鉄骨鉄筋コンクリート構造
　イ　コンクリート充填(てん)鋼管構造
(7) 建築物の耐震技術
　ア　耐震技術
　イ　耐震補強と住宅の耐震化

3　内容の取扱い

(1) 内容を取り扱う際には，次の事項に配慮するものとする。
　ア　地域の実態を踏まえ，建築物の見学，メディア教材の活用及び実習などを通して，具体的に理解できるよう工夫して指導すること。
　イ　建築物の構造に関わる課題について，建築に携わる技術者に求められる倫理観を踏まえ法的な側面から考察するよう工夫して指導すること。
(2) 内容の範囲や程度については，次の事項に配慮するものとする。
　ア　〔指導項目〕の(1)については，技術の進展に対応した建築物の構法，建築物の構造の種類，歴史的な発達過程及び特徴を扱うこと。
　イ　〔指導項目〕の(2)については，建築材料の種類，特徴，規格及び性能を扱うこと。
　ウ　〔指導項目〕の(3)から(5)までについては，それぞれの構造に関する各部の名称，構成及び機能を扱うこと。
　エ　〔指導項目〕の(6)については，合成構造の種類，構成及び機能の概要を扱うこと。
　オ　〔指導項目〕の(7)については，耐震技術及び耐震補強を扱うこと。

第30　建築計画

1　目標

　工業の見方・考え方を働かせ，実践的・体験的な学習活動を行うことなどを通して，建築物の計画に必要な資質・能力を次のとおり育成することを目指す。
(1) 建築物の計画について住空間の快適性やエネルギーを踏まえて理解するとともに，関連する技術を身に付けるようにする。
(2) 建築物の計画に関する課題を発見し，技術者として科学的な根拠に基づき工業技術の進展に対応し解決する力を養う。
(3) 安全で快適な建築物を計画する力の向上を目指して自ら学び，建築の発展に主体的かつ協働的に取り組む態度を養う。

2　内　容

1に示す資質・能力を身に付けることができるよう，次の〔指導項目〕を指導する。

〔指導項目〕
(1) 建築計画の概要
(2) 建築の歴史
　ア　日本の建築
　イ　西洋の建築
　ウ　近代の建築
　エ　現代の建築
(3) 建築と住環境
　ア　気候
　イ　熱
　ウ　通風と換気
　エ　光
　オ　音
　カ　色彩
(4) 建築の設備
　ア　給排水や衛生に関わる設備
　イ　空気調和や換気に関わる設備
　ウ　電気や通信に関わる設備
　エ　防災や搬送に関わる設備
　オ　省エネルギー技術
(5) 建築物の企画や計画
　ア　独立住宅
　イ　集合住宅
　ウ　各種建築物
　エ　バリアフリーとユニバーサルデザイン
(6) 都市の計画
　ア　都市計画の概要
　イ　都市計画と地域計画

3　内容の取扱い

(1) 内容を取り扱う際には，次の事項に配慮するものとする。
　ア　地域の実態を踏まえ，建築物の見学，メディア教材の活用，身の回りの環境に関する調査及び実測などを通して，具体的に理解できるよう工夫して指導すること。
　イ　建築物の計画に関わる課題について，建築に携わる技術者に求められる倫理観を踏まえ考察するよう工夫して指導すること。
(2) 内容の範囲や程度については，次の事項に配慮するものとする。
　ア　〔指導項目〕の(1)については，建築計画の意義と過程，建築計画の要素を扱うこと。
　イ　〔指導項目〕の(2)については，建築の歴史的な変遷や建築様式の特徴を扱うこと。
　ウ　〔指導項目〕の(3)については，それぞれの項目と建築物との関係及び自然条件が建築物に与える影響を扱うこと。
　エ　〔指導項目〕の(4)のアからエまでについては，技術の進展に対応した設備についても扱うこと。

アからウまでについては，設備の種類，構成及び特徴を扱うこと。エについては，災害の予防や人命の保護に関する設備を扱うこと。オについては，環境への配慮や省エネルギーの必要性と関連する技術を扱うこと。

オ 〔指導項目〕の(5)のア及びイについては，建築物の企画や計画の手法について，身近な住宅を中心として扱うこと。ウについては，不特定多数の利用者を対象とした公共建築物などの空間構成と災害に対する配慮の必要性を扱うこと。エについては，バリアフリーへの配慮の必要性，ユニバーサルデザインとの関係性を扱うこと。

カ 〔指導項目〕の(6)については，都市景観及び都市防災の概要についても扱うこと。

第31 建築構造設計

1 目 標

工業の見方・考え方を働かせ，実践的・体験的な学習活動を行うことなどを通して，構造物の設計に必要な資質・能力を次のとおり育成することを目指す。

(1) 構造物の設計について構造物の安全性を踏まえて理解するとともに，関連する技術を身に付けるようにする。

(2) 構造物に関する力学的な課題を発見し，技術者として科学的な根拠に基づき工業技術の進展に対応し解決する力を養う。

(3) 安全で安心な構造物を設計する力の向上を目指して自ら学び，建築の発展に主体的かつ協働的に取り組む態度を養う。

2 内 容

1に示す資質・能力を身に付けることができるよう，次の〔指導項目〕を指導する。

〔指導項目〕

(1) 建築構造設計の概要
(2) 構造物に働く力
　ア 構造物と荷重
　イ 力のつり合い
　ウ 支点と反力
　エ 構造物の安定・不安定と静定・不静定
(3) 静定構造物に働く力
　ア 応力
　イ 静定ばり
　ウ 静定ラーメン
　エ 静定トラス
(4) 部材に関する力学
　ア 構造材料の力学的特性
　イ 断面の性質
　ウ はりや部材の変形
(5) 不静定構造物に働く力
　ア 不静定構造物の概要
　イ 不静定ばりと不静定ラーメン
(6) 各種構造物の設計

         ア 木構造
         イ 鉄筋コンクリート構造
         ウ 鋼構造
   (7) 建築物の耐震設計
         ア 建築物の地震被害
         イ 耐震設計の概要
         ウ 耐震改修
3 内容の取扱い
  (1) 内容を取り扱う際には,次の事項に配慮するものとする。
      ア 地域の実態を踏まえ,構造物に働く力の現象について,構造模型を用いた実験,建築物の見学,メディア教材の活用及び実習などを通して,具体的に理解できるよう工夫して指導すること。
      イ 建築物の設計に関わる課題について,建築に携わる技術者に求められる倫理観を踏まえ考察するよう工夫して指導すること。
  (2) 内容の範囲や程度については,次の事項に配慮するものとする。
      ア 〔指導項目〕の(1)については,地震が建築物に与える影響と関連付けて建築構造設計の意義を扱うこと。
      イ 〔指導項目〕の(2)については,構造物に作用する荷重の原理及び力学的な特性を扱うこと。
      ウ 〔指導項目〕の(3)については,静定構造物に働く力の解法を扱うこと。
      エ 〔指導項目〕の(4)のアについては,応力度とひずみ度との関係及び許容応力度と部材設計との関係を扱うこと。イについては,部材の断面形状について力学的な特性を扱うこと。ウについては,はりや部材の変形と安全性及び部材の設計に関する内容を扱うこと。
      オ 〔指導項目〕の(5)については,不静定構造物に働く力の解法を扱うこと。
      カ 〔指導項目〕の(6)については,各種構造物の断面設計の概要と構造設計の計算方法を扱うこと。

第32 建築施工

1 目標

工業の見方・考え方を働かせ,実践的・体験的な学習活動を行うことなどを通して,建築物の施工に必要な資質・能力を次のとおり育成することを目指す。

(1) 建築物の施工について安全性や環境への配慮を踏まえて理解するとともに,関連する技術を身に付けるようにする。
(2) 建築物の施工に関する課題を発見し,技術者として科学的な根拠に基づき工業技術の進展に対応し解決する力を養う。
(3) 安全で安心な建築物を施工する力の向上を目指して自ら学び,建築の発展に主体的かつ協働的に取り組む態度を養う。

2 内容

1に示す資質・能力を身に付けることができるよう,次の〔指導項目〕を指導する。
〔指導項目〕
(1) 建築施工の概要
    ア 建築施工の意義と工事の過程
    イ 安全管理
    ウ 建築物の維持保全

(2) 建築の施工業務
　　ア　施工方式
　　イ　工事契約
　　ウ　施工計画と施工監理
　(3) 各種工事
　　ア　仮設工事
　　イ　基礎工事と地業工事
　　ウ　く体工事
　　エ　仕上工事
　　オ　設備工事
　　カ　耐震補強工事
　　キ　生産システムの自動化や省力化
　　ク　解体工事と環境保全
　(4) 工事用機械や関連する器具
　(5) 建築積算
　　ア　建築積算の概要
　　イ　概算見積と明細見積
　　ウ　入札制度

3　内容の取扱い

(1) 内容を取り扱う際には，次の事項に配慮するものとする。
　ア　地域の実態を踏まえ，建築現場の見学，メディア教材の活用及び実習などを通して，具体的に理解できるよう工夫して指導すること。
　イ　建築物の施工に関わる課題について，建築に携わる技術者に求められる倫理観を踏まえ考察するよう工夫して指導すること。
(2) 内容の範囲や程度については，次の事項に配慮するものとする。
　ア　〔指導項目〕の(1)については，建築工事に関する技術者の資格についても扱うこと。
　イ　〔指導項目〕の(2)については，建築物の施工に関する法規や性能保証との関係についても扱うこと。
　ウ　〔指導項目〕の(3)のアからキまでについては，建築測量と関連付けて工事の施工法や工場における生産システムを扱うこと。また，技術の進展に対応した工法や施工技術についても扱うこと。クについては，解体工事における廃材の処理，リサイクル及び環境への配慮を扱うこと。
　エ　〔指導項目〕の(4)については，工事用機械や関連する器具の種類，特徴及び用途を扱うこと。
　オ　〔指導項目〕の(5)については，建築積算の意義を扱うこと。ウについては，電子入札についても扱うこと。

第33　建築法規

1　目　標

　工業の見方・考え方を働かせ，実践的・体験的な学習活動を行うことなどを通して，建築物の計画，設計，施工及び管理に必要な資質・能力を次のとおり育成することを目指す。
(1) 建築関係法規について法的な側面から建築物の安全性や快適性を踏まえて理解するようにする。
(2) 法的な側面から建築物に関する課題を発見し，技術者として法的な根拠に基づき解決する力を養う。

(3) 安全で安心な建築物を計画，設計，施工及び管理する力の向上を目指して自ら学び，建築の発展に主体的かつ協働的に取り組む態度を養う。

2　内容

1に示す資質・能力を身に付けることができるよう，次の〔指導項目〕を指導する。

〔指導項目〕
(1) 建築業務等に関する法規の概要
　ア　建築に関する法規の意義
　イ　建築に関する法規の構成
(2) 建築基準法
　ア　単体規定
　イ　集団規定
(3) 建築業務等に関する法規
　ア　建築の業務に関する法規
　イ　都市計画に関する法規
　ウ　良好な建築物の促進に関する法規
　エ　労働安全衛生に関する法規

3　内容の取扱い

(1) 内容を取り扱う際には，次の事項に配慮するものとする。
　ア　建築物の見学，メディア教材の活用及び具体的な事例を通して，建築物が法規によって規制されていることや法令を遵守することの意義を理解できるよう工夫して指導すること。
　イ　建築物に関わる課題について，法的な側面から捉え，建築に携わる技術者に求められる倫理観を踏まえ考察するよう工夫して指導すること。
(2) 内容の範囲や程度については，次の事項に配慮するものとする。
　ア　〔指導項目〕の(1)のアについては，建築に関する法規の沿革を扱うこと。イについては，建築関係法規の体系と構成の概要を扱うこと。
　イ　〔指導項目〕の(2)については，単体規定と集団規定を相互に関連付けて扱うこと。
　ウ　〔指導項目〕の(3)については，建築業務等に関する法規の目的と概要を扱うこと。

第34　設備計画

1　目標

工業の見方・考え方を働かせ，実践的・体験的な学習活動を行うことなどを通して，設備の計画に必要な資質・能力を次のとおり育成することを目指す。
(1) 設備計画について設備の要素と建築物や社会基盤との関係を踏まえて理解するとともに，関連する技術を身に付けるようにする。
(2) 設備の計画に関する課題を発見し，技術者として科学的な根拠に基づき工業技術の進展に対応し解決する力を養う。
(3) 安全で快適な生活環境における設備を提案する力の向上を目指して自ら学び，工業の発展に主体的かつ協働的に取り組む態度を養う。

2　内容

1に示す資質・能力を身に付けることができるよう，次の〔指導項目〕を指導する。
〔指導項目〕

(1) 住環境と設備
　ア　自然環境
　イ　室内環境
　ウ　流体や熱に関する力学
(2) 設備に関係した建築構造
　ア　建築物の計画
　イ　建築物の構造
　ウ　構造物の力学
(3) 建築物の設備計画
　ア　設備計画の概要
　イ　各種設備の計画
　ウ　機器や配管の所要スペース
(4) 設備の施工
　ア　施工管理
　イ　設備工事の積算
(5) 建築設備に関する法規
　ア　労働安全衛生に関する法規
　イ　建築に関する法規
　ウ　設備に関する法規
　エ　環境に関する法規

3　内容の取扱い

(1) 内容を取り扱う際には，次の事項に配慮するものとする。
　ア　設備に関する技術の進展に対応するとともに，省資源，省エネルギーなど環境への配慮及びバリアフリーへの配慮の必要性についても理解できるよう工夫して指導すること。
　イ　メディア教材を活用し，実習や製図などを通して，具体的に理解できるよう工夫して指導すること。
　ウ　〔指導項目〕の(4)のイについては，生徒の実態や学科の特色等に応じて，扱わないことができること。
(2) 内容の範囲や程度については，次の事項に配慮するものとする。
　ア　〔指導項目〕の(1)のウについては，水，空気及び熱の流れを扱うこと。
　イ　〔指導項目〕の(2)については，建築物の構造及び構造物の力学を設備計画と関連付けて扱うこと。
　ウ　〔指導項目〕の(4)のアについては，施工計画，工程管理及び安全管理を扱うこと。
　エ　〔指導項目〕の(5)については，建築設備に関する法規の目的と概要を扱うこと。

第35　空気調和設備

1　目　標

工業の見方・考え方を働かせ，実践的・体験的な学習活動を行うことなどを通して，空気調和に関わる設備の設計・施工に必要な資質・能力を次のとおり育成することを目指す。
(1) 空気調和に関わる設備について設計法や施工法と建築物との関係を踏まえて理解するとともに，関連する技術を身に付けるようにする。
(2) 空気調和に関わる設備に関する課題を発見し，技術者として科学的な根拠に基づき工業技術の進展

に対応し解決する力を養う。
(3) 空気調和に関わる設備による生活環境の向上を目指して自ら学び，工業の発展に主体的かつ協働的に取り組む態度を養う。

2 内容
1に示す資質・能力を身に付けることができるよう，次の〔指導項目〕を指導する。

〔指導項目〕
(1) 空気調和の概要
　ア　空気調和の方式
　イ　冷房及び暖房の負荷
　ウ　湿り空気の状態
(2) 空気調和装置
　ア　空気調和装置の構成
　イ　中央式及び個別式の空気調和機
　ウ　空気調和装置の制御
　エ　空気調和装置の省エネルギー技術
　オ　空気調和装置の設計
(3) 換気や排煙に関わる設備
　ア　換気設備の構成と設計
　イ　省エネルギーに配慮した換気設備
　ウ　排煙設備の構成と計画
(4) 直接暖房装置
　ア　直接暖房装置の構成
　イ　直接暖房装置と配管の設計
(5) 空気調和設備の施工
　ア　機器の据付けと配管工事
　イ　空気調和設備の試験，検査，保守

3 内容の取扱い
(1) 内容を取り扱う際には，次の事項に配慮するものとする。
　ア　設備に関する技術の進展に対応するとともに，省資源，省エネルギーなど環境への配慮の必要性についても理解できるよう工夫して指導すること。
　イ　メディア教材を活用し，実習や製図などを通して，具体的に理解できるよう工夫して指導すること。
　ウ　〔指導項目〕の(4)については，生徒や地域の実態，学科の特色等に応じて，扱わないことができること。
(2) 内容の範囲や程度については，次の事項に配慮するものとする。
　ア　〔指導項目〕の(1)のアについては，地域の実態を考慮した方式を扱うこと。イについては，冷房及び暖房の負荷計算を扱うこと。ウについては，湿り空気の組成及び空気線図の仕組みを扱うこと。
　イ　〔指導項目〕の(2)のア及びイについては，空気調和装置を構成している機器の構造，性能及び用途を扱うこと。ウ及びエについては，省エネルギーに配慮した制御技術，空気調和技術を扱うこと。
　ウ　〔指導項目〕の(3)のア及びイについては，換気設備の重要性，法的根拠及び省エネルギー機能を扱うこと。ウについては，排煙設備の重要性及び法的根拠を扱うこと。
　エ　〔指導項目〕の(4)のアについては，直接暖房装置を構成する機器の構造，用途及び配管を扱うこ

オ 〔指導項目〕の(5)のアについては，保温や保冷に関わる工事を扱うこと。イについては，空気調和設備に関する法規との関わりを扱うこと。

第36 衛生・防災設備

1 目標
工業の見方・考え方を働かせ，実践的・体験的な学習活動を行うことなどを通して，衛生・防災に関わる設備の設計・施工に必要な資質・能力を次のとおり育成することを目指す。

(1) 衛生・防災に関わる設備について設計法や施工法と建築物や社会基盤との関係を踏まえて理解するとともに，関連する技術を身に付けるようにする。

(2) 衛生・防災に関わる設備に関する課題を発見し，技術者として科学的な根拠に基づき工業技術の進展に対応し解決する力を養う。

(3) 衛生・防災に関わる設備による生活環境の向上を目指して自ら学び，工業の発展に主体的かつ協働的に取り組む態度を養う。

2 内容
1に示す資質・能力を身に付けることができるよう，次の〔指導項目〕を指導する。

〔指導項目〕
(1) 給水や給湯に関わる設備
　ア　水資源と上水道
　イ　給水や給湯に関わる機器と構成
　ウ　給水や給湯に関わる設備の設計
(2) 排水や通気に関わる設備
　ア　排水と下水道
　イ　排水や通気に関わる設備の設計
　ウ　住宅の給排水設備
(3) 排水処理設備
　ア　排水浄化の原理と方法
　イ　し尿浄化設備と排水再利用
(4) 防災設備
　ア　防火対象物と消防用設備
　イ　消火設備の設計
(5) ガス設備と通信設備
　ア　ガス設備
　イ　通信設備
(6) 衛生・防災設備の施工
　ア　機器の据付けと配管工事
　イ　衛生・防災設備の試験，検査，保守

3 内容の取扱い
(1) 内容を取り扱う際には，次の事項に配慮するものとする。
　ア　設備に関する技術の進展に対応するとともに，省資源，省エネルギーなど環境への配慮及びバリアフリーへの配慮の必要性についても理解できるよう工夫して指導すること。

イ　メディア教材を活用し，実習や製図などを通して，具体的に理解できるよう工夫して指導すること。
　　ウ　〔指導項目〕の(3)及び(5)については，生徒や地域の実態，学科の特色等に応じて，選択して扱うことができること。
　(2) 内容の範囲や程度については，次の事項に配慮するものとする。
　　ア　〔指導項目〕の(1)のアについては，水質基準と水道施設の概要を扱うこと。また，雨水の活用についても扱うこと。イについては，給水の方式を扱うこと。ウについては，給水量や給湯量の計算方法，配管機器の設計及び給水管径や給湯管径の計算方法を扱うこと。
　　イ　〔指導項目〕の(2)のアについては，排水の種類と下水道施設の概要を扱うこと。イについては，排水系統や通気系統の機器と構成，衛生器具の排水量及び排水管径や通気管径の計算方法を扱うこと。ウについては，住宅の具体的な事例を通して，給排水設備の設計を扱うこと。
　　ウ　〔指導項目〕の(3)については，し尿浄化設備の構成と排水の再利用を扱うこと。
　　エ　〔指導項目〕の(4)については，防災設備の重要性を法的根拠と関連付けて扱うこと。
　　オ　〔指導項目〕の(5)については，コージェネレーションシステムについても扱うこと。
　　カ　〔指導項目〕の(6)のイについては，衛生・防災設備に関する法規との関わりを扱うこと。

第37　測　量

1　目　標

　工業の見方・考え方を働かせ，実践的・体験的な学習活動を行うことなどを通して，測量技術を用いた土木工事に必要な資質・能力を次のとおり育成することを目指す。
(1) 測量について実際の土木工事を踏まえて理解するとともに，関連する技術を身に付けるようにする。
(2) 測量に関する課題を発見し，技術者として科学的な根拠に基づき工業技術の進展に対応し解決する力を養う。
(3) 安全で安心な社会基盤を整備する力の向上を目指して自ら学び，工業の発展に主体的かつ協働的に取り組む態度を養う。

2　内　容

　1に示す資質・能力を身に付けることができるよう，次の〔指導項目〕を指導する。
〔指導項目〕
(1) 土木における測量
　　ア　測量の概要
　　イ　距離の測量
　　ウ　角の測量
(2) 平面の測量
　　ア　骨組測量
　　イ　細部測量
　　ウ　面積の計算
(3) 高低の測量
　　ア　レベルによる高低の測量
　　イ　縦横断測量
　　ウ　体積や土量の計算
(4) 地形図

ア　地形測量の目的と順序
　　　イ　等高線と測定法
　　　ウ　地形図の作成と利用
　　(5)　写真測量
　　　ア　写真測量の活用
　　　イ　空中写真の性質と利用
　　(6)　測量技術の利活用
3　内容の取扱い
(1) 内容を取り扱う際には，次の事項に配慮するものとする。
　ア　地形測量，路線測量などの測量実習を通して，具体的に理解できるよう工夫して指導すること。
　イ　測量に関わる課題について，土木に携わる技術者に求められる倫理観を踏まえ考察するよう工夫して指導すること。
　ウ　〔指導項目〕の(5)及び(6)については，生徒や地域の実態，学科の特色等に応じて，選択して扱うことができること。
(2) 内容の範囲や程度については，次の事項に配慮するものとする。
　ア　〔指導項目〕の(2)のア及びイについては，セオドライトによる骨組測量や平板による細部測量を扱うこと。
　イ　〔指導項目〕の(4)については，土木工事を計画し施工するための地形図の作成手順と利用方法を扱うこと。
　ウ　〔指導項目〕の(5)については，写真測量から地形図を作成する方法などを扱うこと。
　エ　〔指導項目〕の(6)については，地殻変動や気候変動などの自然災害に対する測量技術の利活用を扱うこと。また，人工衛星の利活用など技術の進展に対応した測量技術についても扱うこと。

第38　土木基盤力学

1　目　標
　工業の見方・考え方を働かせ，実践的・体験的な学習活動を行うことなどを通して，土木工事に必要な資質・能力を次のとおり育成することを目指す。
(1) 土と水に関わる事象について土木工事の計画，設計及び施工を踏まえて理解するとともに，関連する技術を身に付けるようにする。
(2) 土木基盤力学に関する課題を発見し，技術者として科学的な根拠に基づき工業技術の進展に対応し解決する力を養う。
(3) 土と水に関わる事象を力学的に解析する力の向上を目指して自ら学び，工業の発展に主体的かつ協働的に取り組む態度を養う。

2　内　容
　1に示す資質・能力を身に付けることができるよう，次の〔指導項目〕を指導する。
〔指導項目〕
(1) 土質力学
　ア　土の性質と調査及び試験
　イ　土中の水の流れ
　ウ　地中応力と土の圧密
　エ　土の強さ

オ　土圧
(2) 水理学
　　ア　静水の性質
　　イ　水の流れの性質と測定
　　ウ　水路の計算
　　エ　流れと波の力

3　内容の取扱い

(1) 内容を取り扱う際には，次の事項に配慮するものとする。
　　ア　地域の実態を踏まえ，地震などによる災害対策，模型を用いた実験，メディア教材の活用及び実習などを通して，具体的に理解できるよう工夫して指導すること。
　　イ　土木構造物に作用する力に関わる課題について，土木に携わる技術者に求められる倫理観を踏まえ考察するよう工夫して指導すること。
(2) 内容の範囲や程度については，次の事項に配慮するものとする。
　　ア　〔指導項目〕の(1)については，土木構造物の安定や土木構造物を支える地盤に関連付けて扱うこと。また，液状化などの事象を扱うこと。
　　イ　〔指導項目〕の(2)のアについては，静水圧を扱うこと。イについては，ベルヌーイの定理を扱うこと。ウについては，管水路と開水路を扱うこと。エについては，水の流れにより物体の受ける力及び波の作用を扱うこと。

第39　土木構造設計

1　目　標

　工業の見方・考え方を働かせ，実践的・体験的な学習活動を行うことなどを通して，土木構造物の設計に必要な資質・能力を次のとおり育成することを目指す。
(1) 土木構造設計について部材や構造物に作用する力を踏まえて理解するとともに，関連する技術を身に付けるようにする。
(2) 土木構造物の構造や設計に関する課題を発見し，技術者として科学的な根拠に基づき工業技術の進展に対応し解決する力を養う。
(3) 安全で安心な土木構造物を設計する力の向上を目指して自ら学び，工業の発展に主体的かつ協働的に取り組む態度を養う。

2　内　容

　1に示す資質・能力を身に付けることができるよう，次の〔指導項目〕を指導する。
〔指導項目〕
(1) 土木構造力学
　　ア　土木構造物と力
　　イ　静定構造物の計算
　　ウ　材料の強さと部材の設計
(2) 鋼構造の設計
　　ア　鋼構造の設計方法
　　イ　Hビームの設計
　　ウ　プレートガーダーの設計
(3) 鉄筋コンクリート構造物の設計

  　　ア　鉄筋コンクリート構造物の設計方法
  　　イ　はり構造の設計
  　　ウ　柱構造の設計
  　　エ　プレストレストコンクリート構造物の設計
  （4）基礎や土留め構造物の設計
  　　ア　杭(くい)基礎の設計
  　　イ　直接基礎の設計
  　　ウ　土留め構造物の設計

3　内容の取扱い

（1）内容を取り扱う際には，次の事項に配慮するものとする。

　ア　地域の実態を踏まえ，土木構造物の模型を用いた実験，メディア教材の活用及び実習などを通して，具体的に理解できるよう工夫して指導すること。

　イ　示方書などを用いて，土木に携わる技術者に求められる倫理観を踏まえ土木構造物の部材を具体的に耐震構造設計できるよう工夫して指導すること。

　ウ　〔指導項目〕の(4)のアからウまでについては，生徒や地域の実態，学科の特色等に応じて，いずれかを選択して扱うことができること。

（2）内容の範囲や程度については，次の事項に配慮するものとする。

　ア　〔指導項目〕の(1)のアについては，土木構造物の種類，土木構造物に作用する力及び鋼とコンクリートの材料の性質を扱うこと。イについては，単純ばり，片持ちばり，短柱及び長柱について，軸方向力，せん断力及び曲げモーメントの計算方法を扱うこと。また，静定トラス，ゲルバーばり，間接荷重ばりなどの計算方法を扱うこと。ウについては，材料の強さ，部材断面の性質，はりの応力とたわみ及び断面形状の計算方法を扱うこと。

　イ　〔指導項目〕の(2)のアについては，設計の目的，順序，設計方法などを扱うこと。イ及びウについては，けたの応力計算や断面の計算方法，曲げモーメントによるたわみや断面の計算方法を扱うこと。

　ウ　〔指導項目〕の(3)については，単鉄筋長方形ばりの設計計算を中心に扱い，複鉄筋長方形ばり，スラブなどの設計計算に関する計算式についても扱うこと。

第40　土木施工

1　目　標

工業の見方・考え方を働かせ，実践的・体験的な学習活動を行うことなどを通して，土木施工に必要な資質・能力を次のとおり育成することを目指す。

（1）土木施工について実際の土木事業を踏まえて理解するとともに，関連する技術を身に付けるようにする。

（2）土木施工に関する課題を発見し，技術者として科学的な根拠に基づき工業技術の進展に対応し解決する力を養う。

（3）安全で安心な土木構造物を施工する力の向上を目指して自ら学び，工業の発展に主体的かつ協働的に取り組む態度を養う。

2　内　容

1に示す資質・能力を身に付けることができるよう，次の〔指導項目〕を指導する。

〔指導項目〕

(1) 土木材料
　ア　土木材料の概要
　イ　土木材料の性質と利用
　ウ　土木材料としての土の利用
　エ　高分子材料の利用
(2) 施工技術
　ア　土工
　イ　コンクリート工
　ウ　基礎工
　エ　舗装工
　オ　トンネル工
　カ　情報化施工技術
(3) 土木工事管理
　ア　工事管理の計画
　イ　工程管理と品質管理
　ウ　入札制度
　エ　建設マネジメント
(4) 工事用機械と電気設備
　ア　工事用機械
　イ　工事用電気設備
(5) 土木施工に関する法規

3　内容の取扱い

(1) 内容を取り扱う際には，次の事項に配慮するものとする。
　ア　地域の実態を踏まえ，土木事業の現場見学，メディア教材の活用及び実習などを通して，具体的に理解できるよう工夫して指導すること。
　イ　土木施工に関わる課題について，土木に携わる技術者に求められる倫理観を踏まえ考察するよう工夫して指導すること。

(2) 内容の範囲や程度については，次の事項に配慮するものとする。
　ア　〔指導項目〕の(1)のア及びイについては，土木工事に用いられる材料を扱うこと。ウについては，土木材料としての土の改良を扱うこと。エについては，土木材料としての高分子材料の改良を扱うこと。
　イ　〔指導項目〕の(2)のウについては，土木構造物の基礎，杭（くい）基礎などの基礎工及び基礎掘削における土留め工法を扱うこと。オについては，下水道管などの地下埋設物工事における圧入工法についても扱うこと。カについては，電子情報を活用した施工を扱うこと。
　ウ　〔指導項目〕の(3)のアについては，施工計画，工事の管理と組織，原価管理，安全管理などを扱うこと。ウについては，電子入札についても扱うこと。エについては，具体的な事例を通して，建設マネジメントを扱うこと。
　エ　〔指導項目〕の(4)のアについては，土木工事に必要な土工用機械を扱うこと。
　オ　〔指導項目〕の(5)については，土木施工に関する法規の目的と概要を扱うこと。

第41 社会基盤工学

1 目 標

工業の見方・考え方を働かせ，実践的・体験的な学習活動を行うことなどを通して，社会基盤の整備に必要な資質・能力を次のとおり育成することを目指す。

(1) 社会基盤の整備について自然環境との調和及び防災を踏まえて理解するとともに，関連する技術を身に付けるようにする。

(2) 社会基盤の整備に関する課題を発見し，技術者として科学的な根拠に基づき工業技術の進展に対応し解決する力を養う。

(3) 安全で安心な社会基盤を整備する力の向上を目指して自ら学び，工業の発展に主体的かつ協働的に取り組む態度を養う。

2 内 容

1に示す資質・能力を身に付けることができるよう，次の〔指導項目〕を指導する。

〔指導項目〕

(1) 社会基盤整備
　ア　土木の歴史
　イ　社会資本と社会基盤の整備
　ウ　災害と国土の基盤整備
　エ　エネルギーの基盤整備
　オ　環境の保全

(2) 交通と運輸
　ア　道路
　イ　鉄道
　ウ　港湾
　エ　空港

(3) 水資源
　ア　利水
　イ　治水

(4) 社会基盤システム
　ア　都市計画
　イ　環境と景観
　ウ　防災

3 内容の取扱い

(1) 内容を取り扱う際には，次の事項に配慮するものとする。

　ア　〔指導項目〕の(2)のアからエまで，(3)のア及びイ，(4)のアからウまでについては，生徒や地域の実態，学科の特色等に応じて，それぞれいずれか一つ以上を選択して扱うことができること。

　イ　社会基盤の整備に関わる課題について，土木に携わる技術者に求められる倫理観を踏まえ考察するよう工夫して指導すること。

(2) 内容の範囲や程度については，次の事項に配慮するものとする。

　ア　〔指導項目〕の(1)のアについては，土木事業に関する技術史について，土木構造物と人間生活との関わり及び土木事業が産業や経済の発展に果たした役割を扱うこと。イについては，土木工事を

経済や産業の基盤整備と関連付けて扱うこと。ウについては，自然災害の多様化と防災のための国土の基盤整備を扱うこと。エについては，電力やガスなどのエネルギーに関する基盤整備を扱うこと。オについては，環境を保全するための土木技術の役割を扱うこと。

イ 〔指導項目〕の(2)のアについては，道路の構造，施工及び維持管理を扱うこと。イについては，鉄道建設及び線路の規格と構造を扱うこと。ウについては，港湾の計画と管理及び港湾施設を扱うこと。エについては，空港の計画や施設を扱うこと。

ウ 〔指導項目〕の(3)のアについては，水資源の開発及び上下水道を扱うこと。イについては，河川の改修，海岸の防護，治山・砂防及び土木構造物の機能と計画を扱うこと。

エ 〔指導項目〕の(4)のアについては，都市計画の内容並びに国土計画及び地域計画を扱うこと。イについては，(2)及び(3)に関連する環境保全及び社会基盤施設と景観との関わりを扱うこと。ウについては，地震災害，風水害，火山災害などと防災対策を扱うこと。

第42 工業化学

1 目 標

工業の見方・考え方を働かせ，実践的・体験的な学習活動を行うことなどを通して，化学工業の発展を担う職業人として必要な資質・能力を次のとおり育成することを目指す。

(1) 工業化学について化学の概念や原理と化学工業との関係を踏まえて理解するとともに，関連する技術を身に付けるようにする。

(2) 工業化学に関する課題を発見し，技術者として科学的な根拠に基づき工業技術の進展に対応し解決する力を養う。

(3) 材料や化学製品を製造する力の向上を目指して自ら学び，化学工業の発展に主体的かつ協働的に取り組む態度を養う。

2 内 容

1に示す資質・能力を身に付けることができるよう，次の〔指導項目〕を指導する。

〔指導項目〕

(1) 物質と化学
　ア 物質と元素
　イ 物質の変化と量

(2) 気体と水の化学
　ア 気体の性質
　イ 溶液の性質
　ウ 空気を利用した化学工業
　エ 海水を利用した化学工業

(3) 元素の性質と化学結合
　ア 元素と周期性
　イ 化学結合
　ウ 元素の性質

(4) 物質の変化とエネルギー
　ア 酸と塩基
　イ 酸化と還元
　ウ 化学反応と熱

  エ　反応速度と化学平衡

  オ　原子核エネルギー

 (5) 石油と化学

  ア　有機化合物

  イ　石油の精製と化学工業

 (6) 材料と化学

  ア　工業材料

  イ　機能性材料

 (7) 生活と化学工業製品

  ア　食品と生活の化学

  イ　バイオテクノロジーの化学

  ウ　物質の安全な取扱い

3　内容の取扱い

(1) 内容を取り扱う際には，次の事項に配慮するものとする。

 ア　資源やエネルギーを有効に利用して様々な材料や化学製品を製造していることについて考察するよう工夫して指導すること。また，化学技術の発展や歴史についても理解できるよう工夫して指導すること。

 イ　化学技術が環境保全に関して重要な役割を果たしていることについて，化学工業に携わる技術者に求められる倫理観を踏まえ考察するよう工夫して指導すること。

(2) 内容の範囲や程度については，次の事項に配慮するものとする。

 ア　〔指導項目〕の(1)のアについては，化学工業で利用される資源及び物質を構成している元素や化合物を扱うこと。イについては，化学変化と化学反応式及び化学変化と物質の量との関係を扱うこと。

 イ　〔指導項目〕の(2)のアについては，気体の法則を中心に扱うこと。イについては，溶解度や濃度を中心に扱うこと。

 ウ　〔指導項目〕の(3)のアについては，原子の構造と周期性を扱うこと。イについては，化学結合と物質の構造を扱うこと。ウについては，族ごとの元素の性質や化合物を扱うこと。

 エ　〔指導項目〕の(4)のイについては，酸化と還元及び電気分解と電池を扱うこと。ウについては，熱化学方程式を中心に扱うこと。オについては，放射性物質の性質と利用を扱うこと。

 オ　〔指導項目〕の(5)のイについては，石油製品の製造に関する内容及び化学工業の原料としての石油の役割を扱うこと。また，天然ガスや石炭を原料とする化学工業についても扱うこと。

 カ　〔指導項目〕の(6)のアについては，金属材料，セラミック材料及び高分子材料の性質及び用途を扱うこと。イについては，機能性材料の性質と用途を扱うこと。

 キ　〔指導項目〕の(7)のアについては，身近な食品や生活用品を取り上げ，生活と化学工業製品との関係を扱うこと。イについては，酵素や微生物を利用した化学工業を扱うこと。ウについては，有害物質と危険物の取扱い方法及び取扱者の管理責任を扱うこと。

第43　化学工学

1　目　標

 工業の見方・考え方を働かせ，実践的・体験的な学習活動を行うことなどを通して，化学工業の発展を担う職業人として必要な資質・能力を次のとおり育成することを目指す。

(1) 化学製品の製造について単位操作や計測・制御の原理，安全管理を踏まえて理解するとともに，関連する技術を身に付けるようにする。
(2) 化学製品の製造に関する課題を発見し，技術者として科学的な根拠に基づき工業技術の進展に対応し解決する力を養う。
(3) 化学製品を製造する力の向上を目指して自ら学び，化学工業の発展に主体的かつ協働的に取り組む態度を養う。

2 内容
1に示す資質・能力を身に付けることができるよう，次の〔指導項目〕を指導する。

〔指導項目〕
(1) 化学工場と化学プラント
(2) 物質とエネルギー収支
　ア　物質収支
　イ　エネルギー収支
　ウ　単位換算
(3) 単位操作
　ア　流体の輸送
　イ　熱の利用と管理
　ウ　物質変換の単位操作
(4) 計測と制御
　ア　プロセス変量の計測
　イ　制御技術
(5) 化学工場の管理と安全
　ア　生産の計画と工程管理
　イ　品質管理
　ウ　災害の予防と安全管理
　エ　化学工場に関する法規

3 内容の取扱い
(1) 内容を取り扱う際には，次の事項に配慮するものとする。
　ア　化学工業におけるエネルギーや資源の有効利用について考察するよう工夫して指導すること。
　イ　災害の防止，安全管理の重要性及び法令遵守について，化学工業に携わる技術者に求められる倫理観を踏まえ理解できるよう工夫して指導すること。
　ウ　〔指導項目〕の(3)のウについては，生徒や地域の実態，学科の特色等に応じて，単位操作の適切な題材を選定して扱うことができること。
(2) 内容の範囲や程度については，次の事項に配慮するものとする。
　ア　〔指導項目〕の(1)については，化学工場や化学プラントの設備などの概要を扱うこと。
　イ　〔指導項目〕の(2)については，資源及びエネルギーの有効活用の具体的な事例を扱うこと。イについては，熱収支の内容を扱うこと。
　ウ　〔指導項目〕の(3)のアについては，流体の力学計算，物質収支，エネルギー収支を扱うこと。イについては，伝熱及び熱交換を扱うこと。
　エ　〔指導項目〕の(4)のアについては，主な検出器の種類と原理及び用途を扱うこと。また，センサ，電子技術及びコンピュータの活用方法を扱うこと。
　オ　〔指導項目〕の(5)のウについては，化学災害の防止やプラントの安全管理を扱うこと。エについ

ては，化学物質及び化学工場に関する法規の目的と概要を扱うこと。

第44 地球環境化学

1 目標
　工業の見方・考え方を働かせ，実践的・体験的な学習活動を行うことなどを通して，化学技術を活用して環境の保全に貢献する職業人として必要な資質・能力を次のとおり育成することを目指す。
(1) 環境化学について資源及びエネルギーの有効利用や化学技術を活用した環境の保全を踏まえて理解するとともに，関連する技術を身に付けるようにする。
(2) 環境化学に関する課題を発見し，技術者として科学的な根拠に基づき工業技術の進展に対応し解決する力を養う。
(3) 化学技術を活用して環境の保全に貢献する力の向上を目指して自ら学び，化学工業の発展に主体的かつ協働的に取り組む態度を養う。

2 内容
　1に示す資質・能力を身に付けることができるよう，次の〔指導項目〕を指導する。
〔指導項目〕
(1) 地球環境と人間
　　ア　生活と環境
　　イ　自然環境の保全
(2) 資源とエネルギー
　　ア　地球と資源
　　イ　資源の有効利用
　　ウ　資源の使用と地球環境
(3) 自然環境の調査
　　ア　環境汚染の種類と原因
　　イ　環境の分析と調査
　　ウ　環境評価
(4) 環境の保全と化学技術
　　ア　環境保全と製造プロセスの改善
　　イ　環境汚染の処理技術
　　ウ　廃棄物のリサイクル
(5) 持続可能な社会の構築
　　ア　環境保全のための取組
　　イ　環境保全に関する法規

3 内容の取扱い
(1) 内容を取り扱う際には，次の事項に配慮するものとする。
　　ア　化学技術が地球の環境保全のために重要な役割を果たしていることについて，化学工業に携わる技術者に求められる倫理観を踏まえ考察できるようにするとともに，自然科学的見地から理解できるよう工夫して指導すること。
　　イ　〔指導項目〕の(3)及び(4)については，生徒や地域の実態，学科の特色等に応じて，適切な題材を選定して扱うことができること。
(2) 内容の範囲や程度については，次の事項に配慮するものとする。

ア　〔指導項目〕の(1)のイについては，自然環境の保全と人間生活や生態系との関わりを扱うこと。
イ　〔指導項目〕の(2)については，資源の有限性，資源やエネルギーの有効利用の必要性，化石燃料の使用による地球環境への影響などを扱うこと。
ウ　〔指導項目〕の(3)のアについては，大気汚染や水質汚濁などの具体的な事例を通して，汚染の種類と原因を扱うこと。イについては，関係法規に基づいた測定法による環境分析技術及び調査方法を扱うこと。ウについては，環境に関する評価方法を扱うこと。
エ　〔指導項目〕の(4)のアについては，環境保全のための製造プロセスの改善を扱うこと。イについては，環境汚染物質の処理技術を扱うこと。ウについては，廃棄物の再資源化の処理技術を扱うこと。
オ　〔指導項目〕の(5)のイについては，環境保全に関する法規の目的と概要を扱うこと。

第45　材料製造技術

1　目標

工業の見方・考え方を働かせ，実践的・体験的な学習活動を行うことなどを通して，工業材料の製造に必要な資質・能力を次のとおり育成することを目指す。

(1) 工業材料の製造方法について工業製品への材料の活用を踏まえて理解するとともに，関連する技術を身に付けるようにする。
(2) 工業材料の製造技術に関する課題を発見し，技術者として科学的な根拠に基づき工業技術の進展に対応し解決する力を養う。
(3) 工業材料の製造技術を工業製品の開発に役立てる力の向上を目指して自ら学び，工業の発展に主体的かつ協働的に取り組む態度を養う。

2　内容

1に示す資質・能力を身に付けることができるよう，次の〔指導項目〕を指導する。

〔指導項目〕
(1) 材料の製造法
　　ア　材料製造法の発達
　　イ　物質の性質と化学反応
　　ウ　高分子化合物の合成
(2) 鉱石と原料の予備処理
　　ア　高温炉の種類
　　イ　原料の予備処理
(3) 鉄鋼製錬
　　ア　鉄鋼の製造と製錬反応
　　イ　鋼の造塊と連続鋳造
(4) 非鉄金属製錬
　　ア　溶融製錬法
　　イ　湿式製錬法
　　ウ　電解製錬法
　　エ　特殊材料の製錬法
(5) セラミック材料の製造
　　ア　セラミック材料の概要

イ　セラミック材料の製造法
　　　ウ　複合材料の製造
　(6) 高分子材料の製造
　　　ア　高分子材料の概要
　　　イ　高分子材料の製造法

3　内容の取扱い

(1) 内容を取り扱う際には，次の事項に配慮するものとする。
　　ア　工場の見学及び実験・実習などを通して，具体的に理解できるよう工夫して指導すること。
　　イ　〔指導項目〕の(5)については，生徒や地域の実態，学科の特色等に応じて，ファインセラミックス，ガラス，セメントから適切な題材を選定して扱うこと。
(2) 内容の範囲や程度については，次の事項に配慮するものとする。
　　ア　〔指導項目〕の(1)のアについては，工業材料の製造方法と工業が相互に関連して発達してきたことを扱うこと。イについては，物質の種類と性質及び材料製造の原理と化学反応を扱うこと。
　　イ　〔指導項目〕の(3)のアについては，主な炉による製錬の原理と方法を扱うこと。イについては，連続鋳造法の原理と鉄鋼製造工程の概要を扱うこと。
　　ウ　〔指導項目〕の(4)のアからウまでについては，製錬法の原理と方法を扱うこと。エについては，半導体などの特殊な材料の製錬法を扱うこと。

第46　材料工学

1　目標

　工業の見方・考え方を働かせ，実践的・体験的な学習活動を行うことなどを通して，製品への材料の活用に必要な資質・能力を次のとおり育成することを目指す。
(1) 工業材料について製品への効果的な利用方法や環境への影響を踏まえて理解するとともに，関連する技術を身に付けるようにする。
(2) 工業材料の活用方法に関する課題を発見し，技術者として科学的な根拠に基づき工業技術の進展に対応し解決する力を養う。
(3) 材料技術を社会生活や産業へ適用する力の向上を目指して自ら学び，工業の発展に主体的かつ協働的に取り組む態度を養う。

2　内容

　1に示す資質・能力を身に付けることができるよう，次の〔指導項目〕を指導する。
〔指導項目〕
(1) 工業材料の開発の歴史
(2) 工業材料の性質
　　ア　化学結合と結晶構造
　　イ　機械的性質
　　ウ　物理的・化学的性質
　　エ　状態図と結晶組織
(3) 材料の試験と検査
　　ア　機械的性質の試験
　　イ　組織観察
(4) 構造用材料

         ア　鋼と鋳鉄
         イ　軽金属材料
         ウ　構造用セラミックス
         エ　エンジニアリングプラスチック
         オ　構造用複合材料
   (5) 機能性材料
         ア　電磁気材料
         イ　音響・光学材料
         ウ　エネルギー変換材料
         エ　センサ材料
   (6) 環境と材料
         ア　工業材料と安全
         イ　リサイクル技術

3　内容の取扱い
 (1) 内容を取り扱う際には，次の事項に配慮するものとする。
    ア　技術の進展，産業界の動向に着目するとともに，実習などを通して，具体的に理解できるよう工夫して指導すること。
 (2) 内容の範囲や程度については，次の事項に配慮するものとする。
    ア　〔指導項目〕の(1)については，工業材料の発達が生活文化及び工業の発展に大きな影響を与えてきたことを扱うこと。
    イ　〔指導項目〕の(2)については，物質の結合方法及び材料の組織が，材料の性質と相互に関連していることを扱うこと。
    ウ　〔指導項目〕の(3)については，材料の試験及び検査の原理と方法を扱うこと。
    エ　〔指導項目〕の(4)のアについては，鋼，鋳鉄及び鉄合金の性質を扱うこと。イからオまでについては，材料の種類，性質及び利用例を扱うこと。
    オ　〔指導項目〕の(5)のアからエまでについては，各材料の性質及び利用例を扱うこと。
    カ　〔指導項目〕の(6)のアについては，環境に対して安全な工業材料の製造及び活用方法を扱うこと。

第47　材料加工

1　目　標

　工業の見方・考え方を働かせ，実践的・体験的な学習活動を行うことなどを通して，工業材料の加工技術を活用したものづくりに必要な資質・能力を次のとおり育成することを目指す。
 (1) 工業材料の加工について原理と方法を踏まえて理解するとともに，関連する技術を身に付けるようにする。
 (2) 工業材料の加工に関する課題を発見し，技術者として科学的な根拠に基づき工業技術の進展に対応し解決する力を養う。
 (3) 工業材料を加工する力の向上を目指して自ら学び，工業の発展に主体的かつ協働的に取り組む態度を養う。

2　内　容

　1に示す資質・能力を身に付けることができるよう，次の〔指導項目〕を指導する。
〔指導項目〕

(1) 材料加工技術の発達
　(2) 材料の加工方法
　　ア　鋳造
　　イ　成形
　　ウ　焼結
　　エ　機械加工
　　オ　接合
　　カ　特殊な加工方法
　(3) 生産の自動化とプロセス制御
　　ア　計測方法
　　イ　制御方法
　　ウ　生産工程の自動化システム
　(4) 工業材料の製造管理
　　ア　生産方式と工程管理
　　イ　設備と資材の管理
　　ウ　作業の標準化
　　エ　環境管理
　(5) 工業材料の品質管理と検査
　　ア　品質管理の目的
　　イ　品質のばらつきと統計
　　ウ　品質保証と検査

3　内容の取扱い

(1) 内容を取り扱う際には，次の事項に配慮するものとする。
　ア　技術の進展に着目するとともに，実習などを通して，具体的に理解できるよう工夫して指導すること。
(2) 内容の範囲や程度については，次の事項に配慮するものとする。
　ア　〔指導項目〕の(1)については，工業材料の加工技術と生産方法が相互に関連して発展してきたことを扱うこと。
　イ　〔指導項目〕の(2)については，金属，セラミックス及び高分子材料に関する加工方法を扱うこと。
　ウ　〔指導項目〕の(3)のア及びイについては，材料の計測及び生産における制御の原理と方法を扱うこと。ウについては，生産工程の自動化システムの構成を扱うこと。
　エ　〔指導項目〕の(4)のアについては，工業材料の製造における生産方式と工程管理を扱うこと。ウについては，作業の標準化及び原価管理を扱うこと。エについては，生産工場における大気汚染及び水質汚濁の対策を扱うこと。
　オ　〔指導項目〕の(5)については，具体的な事例を通して，工業材料の品質管理の考え方及び検査方法を扱うこと。

第48　セラミック化学

1　目標

　工業の見方・考え方を働かせ，実践的・体験的な学習活動を行うことなどを通して，セラミック材料の製造や品質改善に必要な資質・能力を次のとおり育成することを目指す。

(1) セラミック材料について化学的性質を踏まえて理解するとともに，関連する技術を身に付けるようにする。
(2) セラミック材料の化学的性質に関する課題を発見し，技術者として科学的な根拠に基づき工業技術の進展に対応し解決する力を養う。
(3) セラミックスの化学的性質をセラミック材料の製造と品質改善に活用する力の向上を目指して自ら学び，工業の発展に主体的かつ協働的に取り組む態度を養う。

2 内容

1に示す資質・能力を身に付けることができるよう，次の〔指導項目〕を指導する。

〔指導項目〕

(1) セラミックスの構成
　ア　セラミックスの化学成分
　イ　原子の電子配置と周期律
　ウ　典型元素と遷移元素
　エ　化学結合

(2) セラミックスの構造と物性
　ア　イオン半径と配位数
　イ　結晶構造と物性
　ウ　ガラス構造と物性

(3) 相変化と相平衡
　ア　物質の相変化
　イ　相平衡と平衡状態図

(4) 高温反応
　ア　高温における物質移動と反応
　イ　溶融と結晶化
　ウ　高温における酸化と還元

(5) 結晶質材料
　ア　シリカとアルミナ
　イ　ケイ酸アルミニウムと粘土鉱物
　ウ　酸化物材料
　エ　非酸化物材料

(6) 非晶質材料
　ア　酸化物ガラス
　イ　結晶化ガラス

3　内容の取扱い

(1) 内容を取り扱う際には，次の事項に配慮するものとする。
　ア　セラミックスの化学的性質に着目するとともに，実習などを通して，具体的に理解できるよう工夫して指導すること。
　イ　〔指導項目〕の(5)及び(6)については，生徒や地域の実態，学科の特色等に応じて，適切なセラミック材料を選定して扱うことができること。

(2) 内容の範囲や程度については，次の事項に配慮するものとする。
　ア　〔指導項目〕の(1)については，セラミックスを構成している化学成分，組成及び化学結合を扱うこと。ア及びイについては，周期表の第3周期までの元素を扱うこと。ウについては，鉄や銅など

身近で利用されている遷移元素を扱うこと。
  イ 〔指導項目〕の(3)については，二成分までの相変化と相平衡を扱うこと。
  ウ 〔指導項目〕の(4)のアについては，焼結の機構を扱うこと。
  エ 〔指導項目〕の(5)については，結晶質材料の製法，性質及び用途を扱うこと。
  オ 〔指導項目〕の(6)については，非晶質材料の製法，性質及び用途を扱うこと。

第49 セラミック技術

1 目標

工業の見方・考え方を働かせ，実践的・体験的な学習活動を行うことなどを通して，セラミックスの製造に必要な資質・能力を次のとおり育成することを目指す。
(1) セラミックスについて製造工程における単位操作，品質管理及び品質評価を踏まえて理解するとともに，関連する技術を身に付けるようにする。
(2) セラミック技術に関する課題を発見し，技術者として科学的な根拠に基づき工業技術の進展に対応し解決する力を養う。
(3) セラミック技術を製造工程の改善に活用する力の向上を目指して自ら学び，工業の発展に主体的かつ協働的に取り組む態度を養う。

2 内容

1に示す資質・能力を身に付けることができるよう，次の〔指導項目〕を指導する。
〔指導項目〕
(1) 原料処理
  ア 原料
  イ 処理工程
  ウ 調合計算と原料処理
(2) セラミックスの成形と乾燥
  ア 各種の成形法
  イ 乾燥
(3) 加熱処理と溶融
  ア 燃料と燃焼
  イ 加熱炉
  ウ 溶融
(4) セラミックスの加工
  ア 研磨剤と工具
  イ セラミック加工
(5) 品質の管理と評価
  ア 品質管理
  イ 品質の評価
(6) 環境保全とリサイクル技術
  ア 環境保全と安全
  イ 廃棄物の処理とリサイクル技術

3 内容の取扱い

(1) 内容を取り扱う際には，次の事項に配慮するものとする。

ア　工場の見学及び実験・実習などを通して，具体的に理解できるよう工夫して指導すること。
　イ　〔指導項目〕の(1)のウについては，生徒や地域の実態，学科の特色等に応じて，適切な題材を選定して扱うことができること。
(2) 内容の範囲や程度については，次の事項に配慮するものとする。
　ア　〔指導項目〕の(2)については，セラミックスの成形，乾燥の方法及びそれらの装置の構造を扱うこと。
　イ　〔指導項目〕の(3)のアについては，燃料の特性と燃焼計算を扱うこと。イについては，加熱炉の構造及び炉材の特性を扱うこと。ウについては，ガラスの溶融に関して溶融窯の構造や清澄の原理を扱うこと。
　ウ　〔指導項目〕の(4)のイについては，機械的加工，化学的加工及び電気的加工を扱うこと。
　エ　〔指導項目〕の(5)については，品質管理の考え方及び評価の方法を扱うこと。
　オ　〔指導項目〕の(6)については，セラミックスの製造における環境保全対策及び再資源化を扱うこと。

第50　セラミック工業

1　目標
　工業の見方・考え方を働かせ，実践的・体験的な学習活動を行うことなどを通して，セラミックスの生産に必要な資質・能力を次のとおり育成することを目指す。
(1) セラミック工業について原料から製品に至るまでのセラミック製造を踏まえて理解するとともに，関連する技術を身に付けるようにする。
(2) セラミック工業に関する課題を発見し，技術者として科学的な根拠に基づき工業技術の進展に対応し解決する力を養う。
(3) セラミック製品を開発し製造する力の向上を目指して自ら学び，工業の発展に主体的かつ協働的に取り組む態度を養う。

2　内容
　1に示す資質・能力を身に付けることができるよう，次の〔指導項目〕を指導する。
〔指導項目〕
(1) セラミック工業の概要
(2) 機能性セラミックス
　ア　材料と科学技術
　イ　機械的機能
　ウ　電気的機能
　エ　光学的機能
(3) 陶磁器
　ア　陶磁器の歴史
　イ　原料と製造工程
　ウ　陶器と磁器
(4) ガラスとほうろう
　ア　ガラス工業の歴史
　イ　原料と製造工程
　ウ　ガラス

        エ　ほうろう
　(5) 耐火物
        ア　産業と耐火物
        イ　原料と製造工程
        ウ　各種の耐火物
　(6) セメント
        ア　原料と製造工程
        イ　セメントの性質と用途

3　内容の取扱い

(1) 内容を取り扱う際には，次の事項に配慮するものとする。

　ア　産業界の動向や地域の実態に着目するとともに，工場の見学及び実験・実習などを通して，具体的に理解できるよう工夫して指導すること。

　イ　〔指導項目〕の(2)から(6)までについては，生徒や地域の実態，学科の特色等に応じて，いずれか一つ以上を選択して扱うことができること。

(2) 内容の範囲や程度については，次の事項に配慮するものとする。

　ア　〔指導項目〕の(1)については，セラミック工業と地域の発展との関わり，セラミック工業と日本の産業の発展との相互の関連を扱うこと。また，製造工程についても扱うこと。

　イ　〔指導項目〕の(2)のアについては，機能性セラミックスの開発を支えた技術の概要を扱うこと。イからエまでについては，セラミックスの多様な機能及び用途を扱うこと。また，機能性の原理に関する内容を扱うこと。

　ウ　〔指導項目〕の(3)のアについては，地域産業の発達の歴史と関連付けて扱うこと。イについては，代表的な原料の特徴と製造工程を扱うこと。

　エ　〔指導項目〕の(4)のアについては，ガラス工業の現状についても扱うこと。イについては，代表的なガラス製造工程を扱うこと。ウについては，ガラスの特徴と用途を扱うこと。エについては，ほうろうの製造工程と用途を扱うこと。

　オ　〔指導項目〕の(5)については，耐火物を利用する製造業についても扱うこと。イについては，天然原料と人工原料の製造工程を扱うこと。ウについては，具体的な窯炉と関連付けて扱うこと。

第51　繊維製品

1　目　標

　工業の見方・考え方を働かせ，実践的・体験的な学習活動を行うことなどを通して，繊維及び繊維製品を取り扱う職業人として必要な資質・能力を次のとおり育成することを目指す。

(1) 繊維及び繊維製品について製造方法や製品の特性と社会生活との関係を踏まえて理解するとともに，関連する技術を身に付けるようにする。

(2) 繊維及び繊維製品に関する課題を発見し，技術者として科学的な根拠に基づき工業技術の進展に対応し解決する力を養う。

(3) 多様な繊維及び繊維製品の製造や品質改善する力の向上を目指して自ら学び，繊維産業の発展に主体的かつ協働的に取り組む態度を養う。

2　内　容

　1に示す資質・能力を身に付けることができるよう，次の〔指導項目〕を指導する。

〔指導項目〕

(1) 繊維と繊維製品
　ア　繊維製品の役割
　イ　繊維の種類と性質
　ウ　新繊維
(2) 糸と布類
　ア　糸の種類と性質
　イ　布の種類と性質
(3) 繊維の二次製品
　ア　繊維の二次製品の種類
　イ　アパレル製造
　ウ　品質試験，品質管理
　エ　日本の伝統織物
(4) 繊維製品の企画
　ア　繊維製品の消費動向と市場調査
　イ　繊維製品の企画と開発
　ウ　繊維製品の流通

3　内容の取扱い

(1) 内容を取り扱う際には，次の事項に配慮するものとする。
　ア　〔指導項目〕の(4)については，生徒や地域の実態，学科の特色等に応じて，扱わないことができること。
(2) 内容の範囲や程度については，次の事項に配慮するものとする。
　ア　〔指導項目〕の(1)については，天然繊維及び化学繊維を扱うこと。また，生活用及び産業用繊維の新素材について，特徴と用途を扱うこと。
　イ　〔指導項目〕の(2)については，糸と布類の組織，構造，製造及び用途を扱うこと。また，性質を調べるための試験方法の原理を扱うこと。イについては，織物，ニット，組物，レース及び不織布を扱うこと。
　ウ　〔指導項目〕の(3)については，衣料及び産業用資材などの用途を扱うこと。また，日本の伝統織物についても扱うこと。
　エ　〔指導項目〕の(4)については，市場調査による繊維製品の消費動向の把握及び繊維製品の消費動向を踏まえた製品の企画の重要性を扱うこと。また，繊維製品の特徴を踏まえた流通経路を扱うこと。

第52　繊維・染色技術

1　目標

工業の見方・考え方を働かせ，実践的・体験的な学習活動を行うことなどを通して，繊維及び繊維製品の製造や染色に必要な資質・能力を次のとおり育成することを目指す。

(1) 繊維の製造方法や染色方法について素材の性質や染色の原理を踏まえて理解するとともに，関連する技術を身に付けるようにする。
(2) 繊維の製造技術や染色技術に関する課題を発見し，技術者として科学的な根拠に基づき工業技術の進展に対応し解決する力を養う。
(3) 繊維の製造や染色加工に関わる技術を活用した繊維製品を開発する力の向上を目指して自ら学び，

繊維産業の発展に主体的かつ協働的に取り組む態度を養う。

2 内容

1に示す資質・能力を身に付けることができるよう，次の〔指導項目〕を指導する。

〔指導項目〕

(1) 繊維製造と染色技術
 ア　繊維及び染色の歴史と繊維産業
 イ　色彩

(2) 繊維と染色の化学
 ア　繊維の化学
 イ　染色の化学
 ウ　繊維と染色の薬剤

(3) 素材
 ア　繊維の製造と性質
 イ　色素材料
 ウ　繊維製造の自動化

(4) 繊維製品の加工
 ア　染色加工
 イ　仕上げ加工
 ウ　表面の加工と処理

3 内容の取扱い

(1) 内容を取り扱う際には，次の事項に配慮するものとする。
 ア　繊維及び繊維製品の製造技術及び染色技術の歴史と進展，社会生活における役割について理解できるよう工夫して指導すること。

(2) 内容の範囲や程度については，次の事項に配慮するものとする。
 ア　〔指導項目〕の(1)のアについては，繊維の製造技術及び染色技術の歴史を扱うこと。
 イ　〔指導項目〕の(3)のアについては，繊維製造の方法，繊維の性質及び製造機械を扱うこと。イについては，色素材料の性質と用途及び製造管理を扱うこと。ウについては，繊維製造における自動化の原理及び機械設備の構成を扱うこと。
 ウ　〔指導項目〕の(4)のアについては，繊維材料の精練工程，漂白工程，繊維の染色方法，なせん及び日本の伝統的染法を扱うこと。イについては，機能性をもたせるための処理加工を扱うこと。また，染色，色彩管理，仕上げ加工の自動化の原理及び方法を扱うこと。ウについては，印刷の工程と製版，金属とプラスチックの表面処理及び非繊維素材への着色を扱うこと。

第53 染織デザイン

1 目標

工業の見方・考え方を働かせ，実践的・体験的な学習活動を行うことなどを通して，繊維製品の染と織のデザインに必要な資質・能力を次のとおり育成することを目指す。

(1) 繊維の染と織についてデザインの技法を踏まえて理解するとともに，関連する技術を身に付けるようにする。

(2) 繊維の染と織に関する製造技術や染織加工に関する課題を発見し，技術者として科学的な根拠に基づき工業技術の進展に対応し解決する力を養う。

(3) 繊維の染と織のデザイン性を備えた繊維製品を創作する力の向上を目指して自ら学び，繊維産業の発展に主体的かつ協働的に取り組む態度を養う。

2 内容
1に示す資質・能力を身に付けることができるよう，次の〔指導項目〕を指導する。

〔指導項目〕
(1) テキスタイルと造形
　ア　テキスタイルと人との関わり
　イ　テキスタイルとデザイン
　ウ　造形
　エ　色彩と色彩計画
(2) テキスタイルデザインの技法
　ア　テキスタイルデザイン
　イ　描法
　ウ　パターンデザイン
(3) デザインの具体化
　ア　織物デザイン
　イ　ニットデザイン
　ウ　染色デザイン
　エ　コンピュータデザイン
(4) 装飾様式と室内装飾
　ア　装飾様式と文様
　イ　服飾様式
　ウ　室内装飾

3　内容の取扱い
(1) 内容を取り扱う際には，次の事項に配慮するものとする。
　ア　メディア教材の活用などを通して，具体的に理解できるよう工夫して指導すること。また，生徒や地域の実態，学科の特色等に応じて，適切な題材を選定して扱うことができること。
(2) 内容の範囲や程度については，次の事項に配慮するものとする。
　ア　〔指導項目〕の(1)については，作品制作を通して，具体的にテキスタイルとデザインとの関係を扱うこと。
　イ　〔指導項目〕の(3)については，デザインを具体化する技法を扱うこと。また，コンピュータを活用したテキスタイルデザインの作品を制作すること。
　ウ　〔指導項目〕の(4)のアについては，日本の伝統的な装飾様式と文様を扱うこと。イについては，服飾デザイン画を制作させること。ウについては，室内装飾としてのテキスタイルを扱うこと。

第54　インテリア計画

1　目標
工業の見方・考え方を働かせ，実践的・体験的な学習活動を行うことなどを通して，インテリアの計画に必要な資質・能力を次のとおり育成することを目指す。
(1) インテリア計画について住生活や工業生産を踏まえて理解するとともに，関連する技術を身に付けるようにする。

(2) インテリア計画に関する課題を発見し，技術者として科学的な根拠に基づき工業技術の進展に対応し解決する力を養う。

(3) インテリアを計画する力の向上を目指して自ら学び，インテリア産業の発展に主体的かつ協働的に取り組む態度を養う。

2 内 容

1に示す資質・能力を身に付けることができるよう，次の〔指導項目〕を指導する。

〔指導項目〕

(1) インテリア計画の概要

(2) インテリアの造形と心理
　ア　人間の感覚と造形の知覚
　イ　形態，色彩，テクスチャー
　ウ　空間認知と空間行動

(3) インテリアの環境
　ア　屋外環境
　イ　屋内環境

(4) インテリアと人間工学
　ア　人体と人体寸法
　イ　姿勢と動作
　ウ　家具と設備の機能寸法
　エ　インテリアと住空間

(5) 規模計画と寸法計画
　ア　規模計画
　イ　寸法計画
　ウ　モデュラーコーディネーションとグリッドプランニング
　エ　配置と動線

(6) インテリアエレメント
　ア　インテリアエレメントの分類
　イ　インテリアエレメントの計画

(7) 各種空間の計画
　ア　住宅
　イ　事務所
　ウ　公共施設

3 内容の取扱い

(1) 内容を取り扱う際には，次の事項に配慮するものとする。

　ア　〔指導項目〕の(3)については，屋外環境と屋内環境とを関連付けた適切な題材を選定し，インテリア空間の計画について理解できるよう工夫して指導すること。

(2) 内容の範囲や程度については，次の事項に配慮するものとする。

　ア　〔指導項目〕の(1)については，インテリア計画の意義，生活と住まいの歴史及び住まいの性能を扱うこと。

　イ　〔指導項目〕の(2)のアについては，人間の視覚，聴覚及び触覚の特性と造形要素の知覚を扱うこと。イについては，インテリアの形態，色彩及びテクスチャーが人間の感覚に与える影響を扱うこと。ウについては，空間の認知特性，空間における行動特性を扱うこと。

ウ 〔指導項目〕の(3)のアについては，気温や日照などの屋外の気象変化とインテリアとの関係を扱うこと。イについては，照明や音響などの屋内の環境とインテリアとの関係を扱うこと。

エ 〔指導項目〕の(4)のエについては，災害に対する安全性やユニバーサルデザインにも配慮した計画を扱うこと。

オ 〔指導項目〕の(5)のアについては，空間規模，施設規模及び規模決定の方法を扱うこと。イについては，空間の寸法計画において考慮すべき人体寸法，知覚特性，気候や風土，地域性及び敷地条件を扱うこと。エについては，インテリアの機能と平面計画，防災と平面計画を扱うこと。

カ 〔指導項目〕の(6)のアについては，インテリアエレメントの種類を扱うこと。イについては，家具，カーテン，カーペット及び照明器具などを利用した計画を扱うこと。

キ 〔指導項目〕の(7)のア及びイについては，具体的な設計例を扱うこと。ウについては，商業施設，教育・文化施設の計画を扱うこと。

第55 インテリア装備

1 目標

工業の見方・考え方を働かせ，実践的・体験的な学習活動を行うことなどを通して，インテリア装備の活用に必要な資質・能力を次のとおり育成することを目指す。

(1) インテリア装備について室内空間を構成する各部位を踏まえて理解するとともに，関連する技術を身に付けるようにする。

(2) インテリア装備に関する課題を発見し，技術者として科学的な根拠に基づき工業技術の進展に対応し解決する力を養う。

(3) インテリア装備を建築物へ施工する力の向上を目指して自ら学び，インテリア産業の発展に主体的かつ協働的に取り組む態度を養う。

2 内容

1に示す資質・能力を身に付けることができるよう，次の〔指導項目〕を指導する。

〔指導項目〕

(1) 建築構造と力学
　ア　建築構造の概要
　イ　構造物に働く力
　ウ　部材の断面

(2) 建築設備
　ア　給排水や衛生に関わる設備
　イ　空気調和設備
　ウ　電気・ガス・通信に関わる設備

(3) インテリアの施工
　ア　床・壁・天井の下地と仕上げ
　イ　開口部
　ウ　階段
　エ　造作
　オ　施工管理

(4) インテリア材料の種類と性質
　ア　構造材料

イ　機能材料
　　　ウ　仕上材料
　　　エ　ユニット材
　(5) インテリアの維持保全とリフォーム
　(6) インテリア装備に関する法規
3　内容の取扱い
　(1) 内容を取り扱う際には，次の事項に配慮するものとする。
　　ア　インテリア装備の見学及びメディア教材の活用などを通して，具体的に理解できるよう工夫して指導すること。
　　イ　〔指導項目〕の(3)については，実習や製図などを通して，具体的に理解できるよう工夫して指導すること。
　(2) 内容の範囲や程度については，次の事項に配慮するものとする。
　　ア　〔指導項目〕の(1)のアについては，インテリア装備を計画し，施工するために必要な建築構造を扱うこと。イについては，構造物に生じる反力の力学計算を扱うこと。ウについては，部材に生じる応力の力学計算を扱うこと。
　　イ　〔指導項目〕の(2)については，建築設備の種類，建築物との関連性，自然エネルギーの利用を扱うこと。また，環境問題や省エネルギーと関連付けて扱うこと。
　　ウ　〔指導項目〕の(3)については，下地及び仕上げの種類と施工方法を扱うこと。
　　エ　〔指導項目〕の(4)については，インテリアのユニット化及びシステム化を扱うこと。
　　オ　〔指導項目〕の(5)については，建築物の長寿命化や省資源の観点から，インテリアの維持保全を扱うこと。
　　カ　〔指導項目〕の(6)については，インテリア装備の施工と管理及び安全性などに関する法規の目的と概要を扱うこと。

第56　インテリアエレメント生産

1　目　標
　　工業の見方・考え方を働かせ，実践的・体験的な学習活動を行うことなどを通して，インテリアエレメントの生産に必要な資質・能力を次のとおり育成することを目指す。
　(1) インテリアエレメントの生産について住生活を踏まえて理解するとともに，関連する技術を身に付けるようにする。
　(2) インテリアエレメントの生産に関する課題を発見し，技術者として科学的な根拠に基づき工業技術の進展に対応し解決する力を養う。
　(3) 住生活の変化に対応したインテリアエレメントを生産する力の向上を目指して自ら学び，インテリア産業の発展に主体的かつ協働的に取り組む態度を養う。

2　内　容
　　1に示す資質・能力を身に付けることができるよう，次の〔指導項目〕を指導する。
　〔指導項目〕
　(1) 材料と加工
　　ア　木材と木質材料
　　イ　無機材料
　　ウ　有機材料

(2) 各種のエレメント
　ア　家具
　イ　建具
　ウ　照明器具
　エ　窓回り部品
　オ　テキスタイル製品
　カ　壁装材料
　キ　工芸品
(3) 加工方法
　ア　木材加工
　イ　金属加工
(4) 生産管理
　ア　生産管理の計画
　イ　生産の工程

3　内容の取扱い

(1) 内容を取り扱う際には，次の事項に配慮するものとする。
　ア　〔指導項目〕の(1)のアからウまで及び(2)のアからキまでについては，生徒や地域の実態，学科の特色等に応じて，それぞれいずれかを選択して扱うことができること。
　イ　〔指導項目〕の(4)のイについては，生徒や地域の実態，学科の特色等に応じて，家具，建具及び住宅部品から適切な事例を選定し，具体的に理解できるよう工夫して指導すること。
(2) 内容の範囲や程度については，次の事項に配慮するものとする。
　ア　〔指導項目〕の(1)については，材料の特性及び加工の原理と方法を扱うこと。イについては，金属材料，セラミック材料及び石材を扱うこと。ウについては，プラスチック材料を扱うこと。
　イ　〔指導項目〕の(2)については，インテリアの構成材，製品の構造及び機能を扱うこと。
　ウ　〔指導項目〕の(3)については，実際の生産工程に沿って機械設備と工作法を扱うこと。また，関連する法規の目的と概要を扱うこと。
　エ　〔指導項目〕の(4)のアについては，生産計画，工程管理，品質管理，安全管理及び衛生管理を扱うこと。イについては，実際の生産工程を扱うこと。

第57　デザイン実践

1　目標

　工業の見方・考え方を働かせ，実践的・体験的な学習活動を行うことなどを通して，社会や生活における諸課題をデザインによって解決することに必要な資質・能力を次のとおり育成することを目指す。
(1) デザインについて社会や生活との関係を踏まえて理解するとともに，関連する技術を身に付けるようにする。
(2) デザインにより解決できる課題を発見し，技術者として科学的な根拠に基づき構想を立て解決する力を養う。
(3) デザインによる豊かで快適な生活空間を構築する力の向上を目指して自ら学び，工業の発展に主体的かつ協働的に取り組む態度を養う。

2　内容

　1に示す資質・能力を身に付けることができるよう，次の〔指導項目〕を指導する。

〔指導項目〕
(1) 工業におけるデザイン
 ア　工業製品の企画と計画
 イ　ニーズとデザイン
 ウ　組織と進行管理
(2) デザインと創造活動
 ア　デザインの概要
 イ　形態観察と表示
 ウ　色彩
 エ　人間要素
(3) ビジュアルデザイン
 ア　ビジュアルデザインの概要
 イ　グラフィックデザイン
 ウ　パッケージデザイン
 エ　情報とデザイン
(4) プロダクトデザイン
 ア　プロダクトデザインの概要
 イ　生活器具のデザイン
 ウ　産業機器のデザイン
 エ　繊維や服飾のデザイン
 オ　工芸品のデザイン
(5) 環境デザイン
 ア　環境デザインの概要
 イ　住空間のデザイン
 ウ　公共空間のデザイン
 エ　都市空間のデザイン

3　内容の取扱い

(1) 内容を取り扱う際には，次の事項に配慮するものとする。
 ア　実際のデザイン事例，産業現場の見学及びメディア教材の活用などを通して，工業技術の進展に対応し工業生産及び社会や生活における諸課題の解決に向けたデザインの役割について，具体的に理解できるよう工夫して指導すること。
 イ　〔指導項目〕の(3)のアからエまで及び(4)のアからオまでについては，生徒や地域の実態，学科の特色等に応じて，それぞれいずれかを選択して扱うことができること。
(2) 内容の範囲や程度については，次の事項に配慮するものとする。
 ア　〔指導項目〕の(1)については，製品デザインの企画，宣伝の企画及び市場調査などの具体的な事例を通して扱うこと。
 イ　〔指導項目〕の(2)のアについては，デザインの考え方と技術を扱うこと。イについては，物の見え方，とらえ方，表示及び表現の技術を扱うこと。エについては，造形の心理及び人間工学をデザインと関連付けて扱うこと。
 ウ　〔指導項目〕の(3)のアについては，デザインにおける視覚情報を伝達する技術を扱うこと。エについては，デザインにおける情報機器の活用を扱うこと。
 エ　〔指導項目〕の(4)については，プロダクトデザインの工業生産における意義，要素及び用途を扱

うこと。
　　オ　〔指導項目〕の(5)のエについては，都市景観についても扱うこと。

第58　デザイン材料

1　目標

　工業の見方・考え方を働かせ，実践的・体験的な学習活動を行うことなどを通して，デザインにおける適切な材料を選択し加工した上で利活用することに必要な資質・能力を次のとおり育成することを目指す。

(1) デザインに関わる材料の利活用について工業生産を踏まえて理解するとともに，関連する技術を身に付けるようにする。

(2) デザインに関わる材料の利活用や加工法に関する課題を発見し，技術者として科学的な根拠に基づき工業技術の進展に対応し解決する力を養う。

(3) デザインに関わる材料の利活用とよりよい生活空間を構築する力の向上を目指して自ら学び，工業の発展に主体的かつ協働的に取り組む態度を養う。

2　内容

　1に示す資質・能力を身に付けることができるよう，次の〔指導項目〕を指導する。

〔指導項目〕

(1) デザインと材料
　ア　生活と材料
　イ　材料の種類と特性
　ウ　デザインにおける材料の利活用

(2) 無機材料の特性と加工技術
　ア　金属材料
　イ　セラミック材料
　ウ　ガラス

(3) 有機材料の特性と加工技術
　ア　プラスチック
　イ　木材

(4) デザインの可能性を広げる材料と加工技術

3　内容の取扱い

(1) 内容を取り扱う際には，次の事項に配慮するものとする。
　ア　実際のデザイン事例，産業現場の見学及びメディア教材の活用などを通して，材料を利活用する方法について，具体的に理解できるよう工夫して指導すること。

(2) 内容の範囲や程度については，次の事項に配慮するものとする。
　ア　〔指導項目〕の(1)については，生徒や地域の実態，学科の特色等に応じて，適切な題材を選定し，材料の特性を生かしたデザインを扱うことができること。
　イ　〔指導項目〕の(2)については，無機材料の活用方法を扱うこと。
　ウ　〔指導項目〕の(3)については，竹材料，繊維と皮革類，紙類，塗料と色材及び接着剤などの有機材料についても活用する方法を扱うこと。

第59 デザイン史

1 目標
工業の見方・考え方を働かせ，実践的・体験的な学習活動を行うことなどを通して，造形とデザインの鑑賞により創造的かつ効果的なデザインに必要な資質・能力を次のとおり育成することを目指す。
(1) デザインについて歴史的な背景を踏まえて理解するとともに，関連する技術を身に付けるようにする。
(2) 歴史的なデザイン事例からデザインに関する課題を発見し，技術者として科学的な根拠に基づき構想を立て解決する力を養う。
(3) 歴史的なデザイン事例と造形方法を踏まえて独創的にデザインする力の向上を目指して自ら学び，工業の発展に主体的かつ協働的に取り組む態度を養う。

2 内容
1に示す資質・能力を身に付けることができるよう，次の〔指導項目〕を指導する。
〔指導項目〕
(1) 日本のデザイン
　ア　古代の生活と造形
　イ　中世の生活と造形
　ウ　近世の生活と造形
　エ　近代の生活とデザイン
(2) 西洋のデザイン
　ア　古代の生活と造形
　イ　中世の生活と造形
　ウ　近世の生活と造形
　エ　近代のデザインの成立と展開
(3) 現代のデザイン

3 内容の取扱い
(1) 内容を取り扱う際には，次の事項に配慮するものとする。
　ア　幅広い時代のデザイン事例，産業現場の見学及びメディア教材の活用などを通して，デザインが地域，生活及び産業などに対して果たしてきた役割について，具体的に理解できるよう工夫して指導すること。
(2) 内容の範囲や程度については，次の事項に配慮するものとする。
　ア　〔指導項目〕の(1)については，日本における歴史的なデザイン活動の内容と関連する技術を扱うこと。また，東洋のデザインについても扱うこと。
　イ　〔指導項目〕の(2)については，西洋における歴史的なデザイン活動の内容と関連する技術を扱うこと。
　ウ　〔指導項目〕の(3)については，戦後及び高度経済成長後から現在までのデザイン活動の内容と関連する技術を扱うこと。

● 第3款　各科目にわたる指導計画の作成と内容の取扱い

1　指導計画の作成に当たっては，次の事項に配慮するものとする。

(1) 単元など内容や時間のまとまりを見通して，その中で育む資質・能力の育成に向けて，生徒の主体的・対話的で深い学びの実現を図るようにすること。その際，工業の見方・考え方を働かせ，見通しをもって実験・実習などを行い，科学的な根拠に基づき創造的に探究するなどの実践的・体験的な学習活動の充実を図ること。

(2) 工業に関する各学科においては，「工業技術基礎」及び「課題研究」を原則として全ての生徒に履修させること。

(3) 工業に関する各学科においては，原則として工業科に属する科目に配当する総授業時数の10分の5以上を実験・実習に配当すること。

(4) 「実習」及び「製図」については，それぞれ科目名に各学科の名称を冠し，例えば「機械実習」，「機械製図」などとして取り扱うことができること。

(5) 地域や産業界等との連携・交流を通じた実践的な学習活動や就業体験活動を積極的に取り入れるとともに，社会人講師を積極的に活用するなどの工夫に努めること。

(6) 障害のある生徒などについては，学習活動を行う場合に生じる困難さに応じた指導内容や指導方法の工夫を計画的，組織的に行うこと。

2　内容の取扱いに当たっては，次の事項に配慮するものとする。

(1) 工業に関する課題の解決方策について，科学的な根拠に基づき論理的に説明することや討論することなど，言語活動の充実を図ること。

(2) コンピュータや情報通信ネットワークなどの活用を図り，学習の効果を高めるよう工夫すること。

(3) 工業に関する課題の解決に当たっては，職業人に求められる倫理観を踏まえるよう留意して指導すること。

3　実験・実習を行うに当たっては，関連する法規等に従い，施設・設備や薬品等の安全管理に配慮し，学習環境を整えるとともに，事故防止や環境保全の指導を徹底し，安全と衛生に十分留意するものとする。また，排気，廃棄物や廃液などの処理についても，十分留意するものとする。

第3節　商業

第1款　目標

商業の見方・考え方を働かせ，実践的・体験的な学習活動を行うことなどを通して，ビジネスを通じ，地域産業をはじめ経済社会の健全で持続的な発展を担う職業人として必要な資質・能力を次のとおり育成することを目指す。

(1) 商業の各分野について体系的・系統的に理解するとともに，関連する技術を身に付けるようにする。

(2) ビジネスに関する課題を発見し，職業人に求められる倫理観を踏まえ合理的かつ創造的に解決する力を養う。

(3) 職業人として必要な豊かな人間性を育み，よりよい社会の構築を目指して自ら学び，ビジネスの創造と発展に主体的かつ協働的に取り組む態度を養う。

第2款　各科目

第1　ビジネス基礎

1　目標

商業の見方・考え方を働かせ，実践的・体験的な学習活動を行うことなどを通して，ビジネスを通じ，地域産業をはじめ経済社会の健全で持続的な発展を担う職業人として必要な基礎的な資質・能力を次のとおり育成することを目指す。

(1) ビジネスについて実務に即して体系的・系統的に理解するとともに，関連する技術を身に付けるようにする。

(2) ビジネスに関する課題を発見し，ビジネスに携わる者として科学的な根拠に基づいて創造的に解決する力を養う。

(3) ビジネスを適切に展開する力の向上を目指して自ら学び，ビジネスの創造と発展に主体的かつ協働的に取り組む態度を養う。

2　内容

1に示す資質・能力を身に付けることができるよう，次の〔指導項目〕を指導する。

〔指導項目〕

(1) 商業の学習とビジネス

　ア　商業を学ぶ重要性と学び方

　イ　ビジネスの役割

　ウ　ビジネスの動向・課題

(2) ビジネスに対する心構え

　ア　信頼関係の構築

　イ　コミュニケーションの基礎

　ウ　情報の入手と活用

(3) 経済と流通

　ア　経済の基本概念

　イ　流通の役割

ウ　流通を支える活動
（4）取引とビジネス計算
　　ア　売買取引と代金決済
　　イ　ビジネス計算の方法
（5）企業活動
　　ア　企業の形態と組織
　　イ　マーケティングの重要性と流れ
　　ウ　資金調達
　　エ　財務諸表の役割
　　オ　企業活動に対する税
　　カ　雇用
（6）身近な地域のビジネス
　　ア　身近な地域の課題
　　イ　身近な地域のビジネスの動向

3　内容の取扱い

（1）内容を取り扱う際には，次の事項に配慮するものとする。
　　ア　商業教育全般の導入として基礎的な内容を扱うとともに，基本的な用語については，英語表記に慣れ親しむことができるよう留意して指導すること。
　　イ　各種メディアの情報を活用するなどして経済社会の動向を捉える学習活動を通して，ビジネスについて理解を深めることができるようにすること。
　　ウ　〔指導項目〕の(1)及び(2)については，(3)から(6)までの項目を指導する前に扱うこと。
　　エ　〔指導項目〕の(4)のイについては，生徒の実態に応じて適切な計算用具を活用することができること。なお，計算用具を活用する際には，操作に習熟する学習活動に偏らないよう留意して指導すること。

（2）内容の範囲や程度については，次の事項に配慮するものとする。
　　ア　〔指導項目〕の(1)のアについては，社会や産業全体の課題とその解決のために商業が果たしている役割，働くことの社会的意義や役割，職業人に求められる倫理観，グローバル化する経済社会で求められる人材，商業の学びの過程などについて扱うこと。イについては，企業の社会的責任を果たすことの重要性及び社会的な課題への対応の現状についても扱うこと。ウについては，生産から消費までの過程に関わるビジネスの動向・課題について扱うこと。
　　イ　〔指導項目〕の(2)のイについては，ビジネスを円滑に行う上でのコミュニケーションの意義及びビジネスの場面に応じた言葉遣い，話の聞き方，伝え方などに関する基礎的なコミュニケーションの方法について扱うこと。ウについては，情報の信頼性を見極めることの重要性，企業活動に必要な情報の所在などについて扱うこと。
　　ウ　〔指導項目〕の(3)のアについては，生産要素の概要と希少性，経済主体の役割，経済活動の循環などについて扱うこと。ウについては，物流活動，金融と保険の働きや仕組み及び合理的な流通管理や円滑なサービスの提供を可能にしている情報システムの概要について扱うこと。
　　エ　〔指導項目〕の(4)のアについては，新たな代金決済の手段とその仕組みについても扱うこと。イについては，ビジネス計算の用具としてのそろばんの歴史についても触れること。
　　オ　〔指導項目〕の(5)のアについては，起業家精神，ビジネスの創造，経営理念，企業倫理の重要性についても扱うこと。カについては，雇用形態及び雇用の安定，労働時間の管理，福利厚生など雇用に伴う企業の責任について扱うこと。

カ 〔指導項目〕の(6)のアについては，ビジネスに関する国内の身近な地域の課題について扱うこと。

第2 課題研究

1 目 標
商業の見方・考え方を働かせ，実践的・体験的な学習活動を行うことなどを通して，ビジネスを通じ，地域産業をはじめ経済社会の健全で持続的な発展を担う職業人として必要な資質・能力を次のとおり育成することを目指す。

(1) 商業の各分野について実務に即して体系的・系統的に理解するとともに，相互に関連付けられた技術を身に付けるようにする。

(2) ビジネスに関する課題を発見し，ビジネスに携わる者として解決策を探究し，科学的な根拠に基づいて創造的に解決する力を養う。

(3) 課題を解決する力の向上を目指して自ら学び，ビジネスの創造と発展に主体的かつ協働的に取り組む態度を養う。

2 内 容
1に示す資質・能力を身に付けることができるよう，次の〔指導項目〕を指導する。

〔指導項目〕

(1) 調査，研究，実験

(2) 作品制作

(3) 産業現場等における実習

(4) 職業資格の取得

3 内容の取扱い

(1) 内容を取り扱う際には，次の事項に配慮するものとする。

ア 生徒の興味・関心，進路希望等に応じて，〔指導項目〕の(1)から(4)までの中から，個人又はグループで商業の各分野に関する適切な課題を設定し，主体的かつ協働的に取り組む学習活動を通して，専門的な知識，技術などの深化・総合化を図り，ビジネスに関する課題の解決に取り組むことができるようにすること。なお，課題については，(1)から(4)までの2項目以上にまたがるものを設定することができること。

イ 課題研究の成果について発表する機会を設けるようにすること。

ウ 〔指導項目〕の(4)については，職業資格に関して探究する学習活動を取り入れるよう留意して指導すること。

第3 総合実践

1 目 標
商業の見方・考え方を働かせ，実践的・体験的な学習活動を行うことなどを通して，ビジネスを通じ，地域産業をはじめ経済社会の健全で持続的な発展を担う職業人として必要な資質・能力を次のとおり育成することを目指す。

(1) 商業の各分野について実務に即して総合的に理解するとともに，関連する技術を身に付けるようにする。

(2) ビジネスの実務における課題を発見し，ビジネスに携わる者として科学的な根拠に基づいて創造的に解決する力を養う。

(3) ビジネスの実務に対応する力の向上を目指して自ら学び，ビジネスの創造と発展に主体的かつ協働的に取り組む態度を養う。

2 内容

1に示す資質・能力を身に付けることができるよう，次の〔指導項目〕を指導する。

〔指導項目〕
(1) マーケティングに関する実践
(2) マネジメントに関する実践
(3) 会計に関する実践
(4) ビジネス情報に関する実践
(5) 分野横断的・総合的な実践

3 内容の取扱い

(1) 内容を取り扱う際には，次の事項に配慮するものとする。
　ア　商業の各分野の学習に関連する職業や業務に関して，地域や産業界等と連携して具体的な実務について理解を深める学習活動及び実務に即して知識，技術などを総合的に活用する学習活動を通して，ビジネスを担う当事者としての意識を高めるとともに，ビジネスの実務に対応することができるようにすること。
　イ　〔指導項目〕の(1)から(5)までについては，学科の特色に応じて，その中からいずれか一つ以上を選択して扱うことができること。
　ウ　〔指導項目〕の(5)については，(1)から(4)までの2項目以上にまたがる内容を扱うこと。

第4　ビジネス・コミュニケーション

1 目標

商業の見方・考え方を働かせ，実践的・体験的な学習活動を行うことなどを通して，ビジネスにおけるコミュニケーションに必要な資質・能力を次のとおり育成することを目指す。
(1) ビジネスにおけるコミュニケーションについて実務に即して体系的・系統的に理解するとともに，関連する技術を身に付けるようにする。
(2) ビジネスにおけるコミュニケーションに関する課題を発見し，ビジネスに携わる者として科学的な根拠に基づいて創造的に解決する力を養う。
(3) ビジネスを円滑に展開する力の向上を目指して自ら学び，ビジネスにおいてコミュニケーションを図ることに主体的かつ協働的に取り組む態度を養う。

2 内容

1に示す資質・能力を身に付けることができるよう，次の〔指導項目〕を指導する。

〔指導項目〕
(1) ビジネスとコミュニケーション
　ア　意思決定と組織の構成者としての行動
　イ　人的ネットワークの構築
(2) ビジネスマナー
　ア　応対に関するビジネスマナー
　イ　交際に関するビジネスマナー
　ウ　接客に関するビジネスマナー
(3) ビジネスにおける思考の方法とコミュニケーション

ア　言語コミュニケーションと非言語コミュニケーション
　　　イ　ビジネスにおける思考の方法
　　　ウ　ビジネスにおけるコミュニケーション
　(4)　ビジネスと外国語
　　　ア　企業活動のグローバル化
　　　イ　文化と商慣習
　　　ウ　ビジネスの会話
　　　エ　ビジネスの文書と電子メール
　　　オ　ビジネスにおけるプレゼンテーション

3　内容の取扱い

(1)　内容を取り扱う際には，次の事項に配慮するものとする。
　ア　ビジネスの場面を想定したコミュニケーションに関する実践的・体験的な学習活動を充実させるとともに，身に付けた知識，技術などを様々な学習活動の中で活用する機会を設けるなどして，ビジネスにおいて円滑にコミュニケーションを図ることができるようにすること。
　イ　〔指導項目〕の(4)のウからオまでについては，英語を原則とするが，生徒や地域の実態に応じて適切な外国語を扱うことができること。また，ビジネスにおいて平易な外国語を用いてコミュニケーションを図ることができるようにすること。

(2)　内容の範囲や程度については，次の事項に配慮するものとする。
　ア　〔指導項目〕の(1)のアについては，組織の階層化，意思決定の流れと方法，良好な信頼関係を構築し協働することの意義などについて扱うこと。
　イ　〔指導項目〕の(2)のアについては，挨拶，言葉遣い，表情などについて扱うこと。イについては，慶事，弔事などについて扱うこと。ウについては，販売活動における接客の心構えと方法及びホスピタリティの概念と重要性について扱うこと。
　ウ　〔指導項目〕の(3)のイについては，ビジネスの場面において活用できる論理的，批判的に捉えたり，分析したりするなどの方法について扱うこと。ウについては，ビジネスの場面において相手の考えを迅速に理解して思考し伝える工夫，伝え方と聞き方の工夫及びアイデアを創出する方法についても扱うこと。
　エ　〔指導項目〕の(4)のイについては，ビジネスを展開する上で踏まえる必要がある外国の文化と商慣習について扱うこと。また，ビジネスにおいて，意見や主張を伝えること，議論することなどに関する考え方や方法の違いについても扱うこと。

第5　マーケティング

1　目　標

　商業の見方・考え方を働かせ，実践的・体験的な学習活動を行うことなどを通して，マーケティングに必要な資質・能力を次のとおり育成することを目指す。
(1)　マーケティングについて実務に即して体系的・系統的に理解するとともに，関連する技術を身に付けるようにする。
(2)　マーケティングに関する課題を発見し，ビジネスに携わる者として科学的な根拠に基づいて創造的に解決する力を養う。
(3)　ビジネスを適切に展開する力の向上を目指して自ら学び，マーケティングに主体的かつ協働的に取り組む態度を養う。

2 内容
1に示す資質・能力を身に付けることができるよう，次の〔指導項目〕を指導する。

〔指導項目〕
(1) 現代市場とマーケティング
　ア　市場環境の変化
　イ　マーケティングの発展
　ウ　マーケティングの流れ
　エ　消費者行動
(2) 市場調査
　ア　市場調査の目的と方法
　イ　情報の分析
(3) 製品政策
　ア　製品政策の概要
　イ　製品企画と生産計画
　ウ　販売計画と販売予測
　エ　製品政策の動向
(4) 価格政策
　ア　価格政策の概要
　イ　価格の種類と決定の方法
　ウ　価格政策の動向
(5) チャネル政策
　ア　チャネル政策の概要
　イ　チャネルの種類と特徴
　ウ　チャネル政策の動向
(6) プロモーション政策
　ア　プロモーション政策の概要
　イ　プロモーションの方法
　ウ　プロモーション政策の動向

3 内容の取扱い
(1) 内容を取り扱う際には，次の事項に配慮するものとする。
　ア　顧客満足の実現，顧客の創造，顧客価値の創造などマーケティングの考え方の広がりに留意して指導すること。
　イ　マーケティングの動向・課題を捉える学習活動及びマーケティングに関する具体的な事例について多面的・多角的に分析し，考察や討論を行う学習活動を通して，企業で行われているマーケティングについて理解を深めることができるようにすること。
　ウ　マーケティングに関する理論を実験などにより確認する学習活動及びマーケティングに関する具体的な課題を設定し，科学的な根拠に基づいてマーケティング計画を立案して提案などを行う学習活動を通して，マーケティングに適切に取り組むことができるようにすること。
(2) 内容の範囲や程度については，次の事項に配慮するものとする。
　ア　〔指導項目〕の(1)のウについては，環境分析，セグメンテーション，標的市場の選定，ポジショニング，マーケティング・ミックスの考え方，マーケティング管理の重要性などについて扱うこと。エについては，消費者心理，消費者の意思決定の過程，消費者の行動に影響を及ぼす要因などにつ

いて扱うこと。
　イ　〔指導項目〕の(2)のイについては，統計的手法を用いた情報の分析方法について扱うこと。
　ウ　〔指導項目〕の(3)のアについては，製品政策の目的，重要性などについて扱うこと。エについては，製品の多様化とサービス化，企業と顧客との関係の変化及び他の企業との協働による製品政策の実施について扱うこと。
　エ　〔指導項目〕の(4)のアについては，価格政策の目的，重要性などについて扱うこと。イについては，価格の種類と選定方法，価格決定に影響を及ぼす要因及び価格決定の考え方について扱うこと。
　オ　〔指導項目〕の(5)のアについては，チャネル政策の目的，重要性などについて扱うこと。ウについては，流通が社会環境や情報技術の進歩などによって大きく変化していること及び流通の変化を捉えたチャネル政策の動向について扱うこと。
　カ　〔指導項目〕の(6)のアについては，プロモーション政策の目的，重要性などについて扱うこと。イについては，広告，セールス・プロモーション，パブリック・リレーションズ，販売員活動などについて扱うこと。

第6　商品開発と流通

1　目　標

　商業の見方・考え方を働かせ，実践的・体験的な学習活動を行うことなどを通して，商品開発と流通に必要な資質・能力を次のとおり育成することを目指す。

(1) 商品開発と流通について実務に即して体系的・系統的に理解するとともに，関連する技術を身に付けるようにする。

(2) 商品開発と流通に関する課題を発見し，ビジネスに携わる者として科学的な根拠に基づいて創造的に解決する力を養う。

(3) ビジネスを適切に展開する力の向上を目指して自ら学び，商品開発と流通に主体的かつ協働的に取り組む態度を養う。

2　内　容

　1に示す資質・能力を身に付けることができるよう，次の〔指導項目〕を指導する。

〔指導項目〕

(1) 現代市場と商品開発・流通
　ア　商品の概念と商品開発の流れ
　イ　流通の仕組みと商品との関わり
　ウ　市場環境の変化

(2) 商品の企画
　ア　環境分析
　イ　開発方針とテーマの決定
　ウ　市場調査
　エ　商品企画書の作成

(3) 事業計画
　ア　商品仕様の詳細設計と評価
　イ　商品デザインの制作
　ウ　知的財産の登録
　エ　価格の設定

オ　事業計画書の作成
　　カ　商品開発の動向・課題
　(4) 流通とプロモーション
　　ア　流通経路の開拓
　　イ　プロモーションの実施
　　ウ　流通とプロモーションの動向・課題

3　内容の取扱い

(1) 内容を取り扱う際には，次の事項に配慮するものとする。

　ア　商品の企画から流通とプロモーションまでを一連のものとして扱い，流通の立場から捉えた取引対象としての商品について理解を深めることができるようにすること。

　イ　商品開発と流通の動向・課題を捉える学習活動及び商品開発と流通に関する具体的な事例について多面的・多角的に分析し，考察や討論を行う学習活動を通して，企業で行われている商品開発と流通について理解を深めることができるようにすること。

　ウ　商品開発と流通に関する理論を実験などにより確認する学習活動及び商品開発と流通に関する具体的な課題を設定し，科学的な根拠に基づいて商品開発と流通に関する計画を立案して提案などを行う学習活動を通して，商品開発と流通に適切に取り組むことができるようにすること。

(2) 内容の範囲や程度については，次の事項に配慮するものとする。

　ア　〔指導項目〕の(1)のアについては，商品開発や商品の流通に関する企業の責任及び販売後の商品の評価とそれに基づいて商品を改良することの重要性についても扱うこと。

　イ　〔指導項目〕の(2)のアについては，環境分析の結果を基にして商品開発に関する意思決定を行う過程についても扱うこと。エについては，アイデアを創出する方法についても扱うこと。

　ウ　〔指導項目〕の(3)のイについては，商品デザインの役割，グラフィックデザイン，コンピュータを活用したデザインの技法，パッケージデザインなどについて扱うこと。ウについては，商標権，意匠権，著作権の概要，ビジネスにおける知的財産の活用と保護の重要性及び登録の出願手続の概要について扱うこと。オについては，販売後の市場調査に基づく事業計画の検証の重要性と方法についても扱うこと。

　エ　〔指導項目〕の(4)のイについては，商品の特性とプロモーションを取り巻く環境の変化を踏まえたプロモーションの実施について扱うこと。

第7　観光ビジネス

1　目　標

　商業の見方・考え方を働かせ，実践的・体験的な学習活動を行うことなどを通して，観光ビジネスの展開に必要な資質・能力を次のとおり育成することを目指す。

(1) 観光ビジネスについて実務に即して体系的・系統的に理解するとともに，関連する技術を身に付けるようにする。

(2) 観光ビジネスに関する課題を発見し，ビジネスに携わる者として科学的な根拠に基づいて創造的に解決する力を養う。

(3) ビジネスを適切に展開する力の向上を目指して自ら学び，観光ビジネスに主体的かつ協働的に取り組む態度を養う。

2　内　容

　1に示す資質・能力を身に付けることができるよう，次の〔指導項目〕を指導する。

〔指導項目〕
(1) 観光とビジネス
 ア　観光ビジネスの特徴
 イ　観光ビジネスの動向
(2) 観光資源と観光政策
 ア　国内の観光資源
 イ　観光資源の保護と保全
 ウ　観光政策の動向
(3) 観光ビジネスとマーケティング
 ア　観光ビジネスの主体
 イ　観光ビジネスにおけるマーケティングの特徴
 ウ　顧客の理解
 エ　顧客サービス
(4) 観光ビジネスの展開と効果
 ア　観光振興とまちづくりとの関係
 イ　観光に関する地域の課題
 ウ　地域の活性化

3　内容の取扱い

(1) 内容を取り扱う際には、次の事項に配慮するものとする。
 ア　観光ビジネスの動向・課題を捉える学習活動及び観光ビジネスに関する具体的な事例について多面的・多角的に分析し、考察や討論を行う学習活動を通して、企業で行われている観光ビジネスについて理解を深めることができるようにすること。
 イ　観光ビジネスに関する理論を実験などにより確認する学習活動及び観光ビジネスに関する具体的な課題を設定し、科学的な根拠に基づいて観光の振興策を考案して提案などを行う学習活動を通して、観光ビジネスに適切に取り組むことができるようにすること。

(2) 内容の範囲や程度については、次の事項に配慮するものとする。
 ア　〔指導項目〕の(1)のイについては、観光に関する消費行動の変化による観光の多様化などについて扱うこと。
 イ　〔指導項目〕の(2)のウについては、観光振興の組織についても扱うこと。
 ウ　〔指導項目〕の(3)のアについては、観光ビジネスの各主体に関して、役割や業務などの概要及び関連する法規の概要について扱うこと。エについては、観光ビジネスにおけるホスピタリティの概念と重要性、観光ビジネスにおける接客方法と接客マナーなどについて扱うこと。また、緊急時の対応体制の構築など安全管理についても扱うこと。
 エ　〔指導項目〕の(4)のアについては、観光の振興と地域社会におけるまちづくりとが連携することの意義及び観光需要や観光目的に対応したまちづくりについて扱うこと。

第8　ビジネス・マネジメント

1　目標

商業の見方・考え方を働かせ、実践的・体験的な学習活動を行うことなどを通して、ビジネスにおけるマネジメントに必要な資質・能力を次のとおり育成することを目指す。

(1) ビジネスにおけるマネジメントについて実務に即して体系的・系統的に理解するようにする。

(2) ビジネスにおけるマネジメントに関する課題を発見し，ビジネスに携わる者として科学的な根拠に基づいて創造的に解決する力を養う。
(3) ビジネスを適切に展開する力の向上を目指して自ら学び，ビジネスにおけるマネジメントに主体的かつ協働的に取り組む態度を養う。

2　内容

1に示す資質・能力を身に付けることができるよう，次の〔指導項目〕を指導する。

〔指導項目〕

(1) ビジネスとマネジメント
　ア　マネジメントの役割
　イ　イノベーションの重要性
　ウ　創業者や経営者の理念
　エ　外部環境の影響

(2) 組織のマネジメント
　ア　組織の形態
　イ　経営理念と経営戦略
　ウ　企業間連携と事業構造の再構築

(3) 経営資源のマネジメント
　ア　経営資源の種類と最適化
　イ　人的資源のマネジメント
　ウ　物的資源のマネジメント
　エ　財務的資源のマネジメント
　オ　情報的資源のマネジメント

(4) 企業の秩序と責任
　ア　企業統治
　イ　リスク・マネジメント
　ウ　企業の社会的責任

(5) ビジネスの創造と展開
　ア　ビジネスの創造の意義と課題
　イ　プロジェクト管理
　ウ　起業の意義と手続

3　内容の取扱い

(1) 内容を取り扱う際には，次の事項に配慮するものとする。
　ア　適切なマネジメントの重要性について企業の社会的責任や企業倫理との関連から捉える学習活動及びマネジメントに関する具体的な事例について多面的・多角的に分析し，考察や討論を行う学習活動を通して，ビジネスにおけるマネジメントについて理解を深めることができるようにすること。
　イ　ビジネスの展開を題材としたマネジメントに関する具体的な課題を設定し，科学的な根拠に基づいてビジネスアイデアなどを考案するとともに，経営資源を効果的に活用した事業計画を立案して提案などを行う学習活動を通して，マネジメントに適切に取り組むことができるようにすること。

(2) 内容の範囲や程度については，次の事項に配慮するものとする。
　ア　〔指導項目〕の(1)のイについては，技術革新，新しい商品や市場の開拓，新しいビジネスの仕組みなどが企業に新たな利益をもたらすことについて扱うこと。ウについては，創業者や経営者の理念と企業の発展との関連について扱うこと。

イ 〔指導項目〕の(2)のイについては，経営理念とそれに基づく経営目標，経営方針などの意義及び経営戦略の意義とそれを実行するためのマネジメントの考え方について扱うこと。

ウ 〔指導項目〕の(3)のイについては，雇用に伴う所得税の源泉徴収と納付，住民税の特別徴収と納付，社会保険に関する企業の責任と負担についても扱うこと。エについては，資金調達の方法，金融商品の利点とリスク，資金の調達と運用の現状・課題などについて扱うこと。

エ 〔指導項目〕の(4)のイについては，火災，賠償責任などの保険についても扱うこと。ウについては，環境の保護と保全，持続可能な社会の実現などが企業に求められている現状及び法令遵守，企業倫理，説明責任の重要性について扱うこと。

オ 〔指導項目〕の(5)のウについては，起業家精神の重要性，起業の意義と支援体制及び株式会社を設立するための手続の概要について扱うこと。

第9 グローバル経済

1 目標

商業の見方・考え方を働かせ，実践的・体験的な学習活動を行うことなどを通して，グローバル化する経済社会におけるビジネスの展開に必要な資質・能力を次のとおり育成することを目指す。

(1) 経済のグローバル化について実務に即して体系的・系統的に理解するようにする。

(2) 経済のグローバル化への対応に関する課題を発見し，ビジネスに携わる者として科学的な根拠に基づいて創造的に解決する力を養う。

(3) ビジネスを適切に展開する力の向上を目指して自ら学び，グローバル化する経済社会におけるビジネスに主体的かつ協働的に取り組む態度を養う。

2 内容

1に示す資質・能力を身に付けることができるよう，次の〔指導項目〕を指導する。

〔指導項目〕

(1) 経済のグローバル化と日本
　ア　グローバル化と国際化
　イ　日本経済の現状

(2) 市場と経済
　ア　市場の役割と課題
　イ　経済成長
　ウ　景気循環
　エ　経済政策

(3) グローバル化の動向・課題
　ア　人材のグローバル化
　イ　財とサービスのグローバル化
　ウ　金融と資本のグローバル化
　エ　情報のグローバル化

(4) 企業活動のグローバル化
　ア　企業の海外進出
　イ　グローバル化に伴う企業の社会的責任
　ウ　世界との関わり

3　内容の取扱い

(1) 内容を取り扱う際には，次の事項に配慮するものとする。

ア　地球規模で経済を俯瞰して経済社会の動向・課題を捉える学習活動及び経済のグローバル化に関する具体的な事例について多面的・多角的に分析し，考察や討論を行う学習活動を通して，経済のグローバル化について理解を深めることができるようにすること。

イ　企業における経済のグローバル化への対応に関する具体的な課題を設定し，科学的な根拠に基づいて対応策を考案して提案などを行う学習活動を通して，ビジネスに適切に取り組むことができるようにすること。

(2) 内容の範囲や程度については，次の事項に配慮するものとする。

ア　〔指導項目〕の(1)のイについては，グローバル化が進展する中での日本の果たす役割についても扱うこと。

イ　〔指導項目〕の(2)のイについては，国内総生産の概念及び日本の国内総生産の現状についても扱うこと。ウについては，景気循環の局面と仕組み，景気循環を表す指標，日本における物価と景気の現状などについて扱うこと。

ウ　〔指導項目〕の(3)のアについては，経済のグローバル化が労働市場に影響を及ぼしている現状についても扱うこと。ウについては，外国為替についても扱うこと。

エ　〔指導項目〕の(4)のイについては，経済のグローバル化に伴って企業活動が経済社会に広く影響を及ぼしている現状及び企業活動に責任をもつことの重要性について扱うこと。ウについては，企業が地球規模で経済を俯瞰し直接的，間接的に世界の市場と関わりをもってビジネスを展開していることなどについて扱うこと。

第10　ビジネス法規

1　目　標

商業の見方・考え方を働かせ，実践的・体験的な学習活動を行うことなどを通して，法規に基づくビジネスの展開に必要な資質・能力を次のとおり育成することを目指す。

(1) ビジネスに関する法規について実務に即して体系的・系統的に理解するようにする。

(2) 法的側面からビジネスに関する課題を発見し，ビジネスに携わる者として法的な根拠に基づいて創造的に解決する力を養う。

(3) ビジネスを適切に展開する力の向上を目指して自ら学び，法規に基づくビジネスに主体的かつ協働的に取り組む態度を養う。

2　内　容

1に示す資質・能力を身に付けることができるよう，次の〔指導項目〕を指導する。

〔指導項目〕

(1) 法の概要

　　ア　ビジネスにおける法の役割

　　イ　法の体系と解釈・適用

　　ウ　権利・義務と財産権

(2) 企業活動と法規

　　ア　株式会社の特徴と機関

　　イ　契約

　　ウ　資金調達と金融取引

エ　組織再編と清算・再建
　　オ　競争秩序の確保
　(3) 知的財産と法規
　　ア　知的財産の種類
　　イ　知的財産の重要性
　(4) 税と法規
　　ア　税の種類と法人の納税義務
　　イ　法人税の申告と納付
　　ウ　消費税の申告と納付
　(5) 企業責任と法規
　　ア　法令遵守と説明責任
　　イ　労働者の保護
　　ウ　消費者の保護
　　エ　情報の保護
　　オ　紛争の予防と解決

3　内容の取扱い

(1) 内容を取り扱う際には，次の事項に配慮するものとする。
　ア　ビジネスに関する法規の改正などの動向・課題を捉える学習活動及びビジネスに関する具体的な事例について法的側面から分析し，考察や討論を行う学習活動を通して，ビジネスに関する法規について理解を深めることができるようにすること。
　イ　ビジネスで想定される具体的な課題を設定し，法的な根拠に基づいて解決策を考案して提案などを行う学習活動を通して，法規に基づいてビジネスに適切に取り組むことができるようにすること。

(2) 内容の範囲や程度については，次の事項に配慮するものとする。
　ア　〔指導項目〕の(1)のアについては，経済環境の変化に伴って法規の改正などが行われている現状についても扱うこと。
　イ　〔指導項目〕の(2)のウについては，資金調達の方法，金融商品に関する法規の概要，資金の調達や運用と金融取引の現状・課題などについて扱うこと。また，電子記録債権の概要及び電子資金移動の現状・課題についても扱うこと。エについては，組織再編の形態について扱うこと。また，日本における企業の組織再編と清算・再建の現状・課題について扱うこと。
　ウ　〔指導項目〕の(3)のイについては，知的財産の保護と活用の重要性，知的財産を活用したビジネスの現状及び知的財産権が侵害されたときの対抗手段について扱うこと。
　エ　〔指導項目〕の(4)のアについては，国税，地方税など税の種類と分類，法人税など法人に対する税，不動産に対する税及び内国法人と外国法人の納税義務について扱うこと。
　オ　〔指導項目〕の(5)のアについては，企業統治の意義と重要性についても扱うこと。イについては，雇用主の立場から，労働者の保護の重要性と課題及び法規の概要について扱うこと。ウについては，企業の立場から，消費者の保護の重要性と課題及び法規の概要について扱うこと。エについては，ビジネスを展開する際の情報の保護の重要性と課題及び企業が扱う情報の保護に関係する法規の概要について扱うこと。

第11 簿記

1 目標
商業の見方・考え方を働かせ，実践的・体験的な学習活動を行うことなどを通して，取引の記録と財務諸表の作成に必要な資質・能力を次のとおり育成することを目指す。
(1) 簿記について実務に即して体系的・系統的に理解するとともに，関連する技術を身に付けるようにする。
(2) 取引の記録と財務諸表の作成の方法の妥当性と課題を見いだし，ビジネスに携わる者として科学的な根拠に基づいて創造的に課題に対応する力を養う。
(3) 企業会計に関する法規と基準を適切に適用する力の向上を目指して自ら学び，適正な取引の記録と財務諸表の作成に主体的かつ協働的に取り組む態度を養う。

2 内容
1に示す資質・能力を身に付けることができるよう，次の〔指導項目〕を指導する。

〔指導項目〕
(1) 簿記の原理
  ア 簿記の概要
  イ 簿記一巡の手続
  ウ 会計帳簿
(2) 取引の記帳
  ア 現金と預金
  イ 債権・債務と有価証券
  ウ 商品売買
  エ 販売費と一般管理費
  オ 固定資産
  カ 個人企業の純資産と税
(3) 決算
  ア 決算整理
  イ 財務諸表作成の基礎
(4) 本支店会計
  ア 本店・支店間取引と支店間取引
  イ 財務諸表の合併
(5) 記帳の効率化
  ア 伝票の利用
  イ 会計ソフトウェアの活用

3 内容の取扱い
(1) 内容を取り扱う際には，次の事項に配慮するものとする。
  ア 企業会計に関する法規と基準の改正などに随時対応して指導すること。また，実務に即した例題を取り入れた学習活動及び取引の記録と財務諸表の作成の方法について考察や討論を行う学習活動を通して，適正な取引の記録と財務諸表の作成ができるようにすること。
  イ 基本的な会計用語については，英語表記に慣れ親しむことができるよう留意して指導すること。
(2) 内容の範囲や程度については，次の事項に配慮するものとする。

ア 〔指導項目〕の(1)のアについては，簿記の目的，資産や負債などの概念，財務諸表の役割と構造などについて扱うこと。

イ 〔指導項目〕の(2)については，企業における日常の取引に関する主要簿及び関連する補助簿の記帳法について扱うこと。

ウ 〔指導項目〕の(3)のアについては，試算表を作成する方法，売上原価の算定，貸倒れの見積り，収益と費用の繰延べ・見越しなどについて扱うこと。イについては，勘定式の財務諸表を作成する方法について扱うこと。また，精算表を作成する方法についても扱うこと。

エ 〔指導項目〕の(4)のアについては，支店会計が独立している場合の取引の記帳法について扱うこと。

オ 〔指導項目〕の(5)のアについては，3伝票制について扱うこと。イについては，取引の記録と財務諸表の作成の基本的な流れに係る会計ソフトウェアの活用方法について扱うこと。

第12 財務会計Ⅰ

1 目 標

商業の見方・考え方を働かせ，実践的・体験的な学習活動を行うことなどを通して，会計情報の提供と活用に必要な資質・能力を次のとおり育成することを目指す。

(1) 財務会計について実務に即して体系的・系統的に理解するとともに，関連する技術を身に付けるようにする。

(2) 企業会計に関する法規と基準及び会計処理の方法の妥当性と課題を見いだし，ビジネスに携わる者として科学的な根拠に基づいて創造的に課題に対応するとともに，会計的側面から企業を分析する力を養う。

(3) 会計責任を果たす力の向上を目指して自ら学び，適切な会計情報の提供と効果的な活用に主体的かつ協働的に取り組む態度を養う。

2 内 容

1に示す資質・能力を身に付けることができるよう，次の〔指導項目〕を指導する。

〔指導項目〕

(1) 財務会計の概要
　ア 企業会計と財務会計の意義・役割
　イ 財務諸表の構成要素
　ウ 会計法規と会計基準

(2) 会計処理
　ア 資産と負債
　イ 純資産
　ウ 収益と費用
　エ 税

(3) 財務諸表の作成
　ア 資産・負債・純資産に関する財務諸表
　イ 収益・費用に関する財務諸表

(4) 財務諸表分析の基礎
　ア 財務諸表分析の意義
　イ 財務諸表分析の方法

3 内容の取扱い

(1) 内容を取り扱う際には，次の事項に配慮するものとする。

ア 企業会計に関する法規と基準の改正などに随時対応して指導すること。また，実務に即した例題を取り入れた学習活動及び会計処理の方法などについて考察や討論を行う学習活動を通して，企業の財政状態や経営成績などの把握と会計情報の活用ができるようにすること。

イ 基本的な会計用語については，英語表記に慣れ親しむことができるよう留意して指導すること。

(2) 内容の範囲や程度については，次の事項に配慮するものとする。

ア 〔指導項目〕の(1)のアについては，企業会計の意義や役割，財務会計と管理会計の役割の違い，会計公準の概要，会計情報を開示することの重要性などについて扱うこと。

イ 〔指導項目〕の(2)のアについては，資産と負債の分類，評価基準，各種の資産と負債の会計処理などについて扱うこと。イについては，株式会社の純資産の会計処理について扱うこと。ウについては，工事契約，外貨建取引，役務収益，役務費用など収益と費用の会計処理について扱うこと。エについては，株式会社における税の会計処理及び税効果会計に関する基礎的な会計処理について扱うこと。

ウ 〔指導項目〕の(3)のアについては，報告式の財務諸表の表示区分と作成方法及び株主資本等に関する財務諸表の作成方法について扱うこと。イについては，報告式の財務諸表の表示区分と作成方法について扱うこと。

エ 〔指導項目〕の(4)のイについては，収益性，成長性及び安全性に関する財務指標を利用した企業の実態を分析する方法について扱うこと。また，連結財務諸表の目的，種類及び有用性についても触れること。

第13 財務会計Ⅱ

1 目 標

商業の見方・考え方を働かせ，実践的・体験的な学習活動を行うことなどを通して，会計情報の提供と活用に必要な資質・能力を次のとおり育成することを目指す。

(1) 財務会計について実務に即して体系的・系統的に理解するとともに，関連する技術を身に付けるようにする。

(2) 企業会計に関する法規と基準及び会計処理の方法の妥当性と課題を見いだし，ビジネスに携わる者として科学的な根拠に基づいて創造的に課題に対応するとともに，会計的側面から企業及び企業の経営判断を分析する力を養う。

(3) 会計責任を果たす力の向上を目指して自ら学び，国際的な会計基準を踏まえた適切な会計情報の提供と効果的な活用に主体的かつ協働的に取り組む態度を養う。

2 内 容

1に示す資質・能力を身に付けることができるよう，次の〔指導項目〕を指導する。

〔指導項目〕

(1) 財務会計の基本概念と会計基準

ア 財務諸表の作成と表示の考え方

イ 資産負債アプローチと収益費用アプローチ

ウ 会計基準の国際的統合

(2) 会計処理

ア 金融商品

イ　収益と費用
　　　ウ　有形固定資産と無形固定資産
　　　エ　固定負債
　　　オ　純資産
　　　カ　税効果会計
　(3) キャッシュ・フローに関する財務諸表
　　　ア　資金繰りの重要性
　　　イ　キャッシュ・フローに関する財務諸表の作成
　(4) 企業集団の会計
　　　ア　企業結合の形態
　　　イ　合併後の財務諸表の作成
　　　ウ　連結財務諸表の作成
　　　エ　連結税効果会計
　(5) 財務諸表分析
　　　ア　企業価値の評価
　　　イ　連結財務諸表分析
　　　ウ　株主関連指標
　(6) 監査と職業会計人
　　　ア　会計責任と監査の概要
　　　イ　職業会計人の職務

3　内容の取扱い

(1) 内容を取り扱う際には，次の事項に配慮するものとする。
　　ア　企業会計に関する法規と基準の改正などに随時対応して指導すること。また，実務に即した例題を取り入れた学習活動及び会計処理の方法などについて考察や討論を行う学習活動を通して，企業の財政状態や経営成績などの把握と会計情報の活用ができるようにすること。
　　イ　会計処理と監査に関する具体的な事例について多面的・多角的に分析し，考察や討論を行う学習活動を通して，会計情報の信頼性を確保する意識を高めることができるようにすること。
　　ウ　企業の経営判断に関する具体的な事例について企業に及ぼす影響を会計的側面から分析し，考察や討論を行う学習活動を通して，企業活動と財務会計との関連について理解を深めることができるようにすること。
　　エ　基本的な会計用語については，英語表記に慣れ親しむことができるよう留意して指導すること。

(2) 内容の範囲や程度については，次の事項に配慮するものとする。
　　ア　〔指導項目〕の(1)のアについては，財務報告の目的，財務諸表の構成要素の認識と測定などについて扱うこと。イについては，純利益と包括利益の概念についても扱うこと。
　　イ　〔指導項目〕の(2)のアについては，デリバティブ取引，外貨建取引などの期中及び決算時の会計処理について扱うこと。イについては，特殊商品売買などの会計処理について扱うこと。ウについては，減損，投資不動産などの会計処理について扱うこと。エについては，社債，退職給付及び資産除去債務の会計処理について扱うこと。オについては，純資産の区分，新株予約権とストック・オプションの会計処理，分配可能額の計算方法及び株主資本の各項目における振替について扱うこと。カについては，積立金方式による圧縮記帳など税効果会計について扱うこと。
　　ウ　〔指導項目〕の(3)のアについては，適切な資金繰りを行うための財務諸表の意義についても扱うこと。

エ 〔指導項目〕の(4)のイについては，吸収合併について扱うこと。ウについては，連結財務諸表の目的及び連結の範囲についても扱うこと。エについては，子会社の資産と負債の時価評価，未実現利益の消去及び債権と債務の相殺消去に伴う連結税効果会計について扱うこと。

オ 〔指導項目〕の(5)のウについては，株価収益率，株価純資産倍率，株価売上高倍率及び株価キャッシュ・フロー倍率について扱うこと。

カ 〔指導項目〕の(6)のアについては，会計責任を果たすことと監査の重要性，監査の仕組みと過程などについて扱うこと。

第14 原価計算

1 目標

商業の見方・考え方を働かせ，実践的・体験的な学習活動を行うことなどを通して，原価情報の提供と活用に必要な資質・能力を次のとおり育成することを目指す。

(1) 原価計算，原価計算に関する会計処理及び原価情報の活用について実務に即して体系的・系統的に理解するとともに，関連する技術を身に付けるようにする。

(2) 原価計算，原価計算に関する会計処理及び原価情報を活用する方法の妥当性と課題を見いだし，ビジネスに携わる者として科学的な根拠に基づいて創造的に課題に対応する力を養う。

(3) 企業会計に関する法規と基準を適切に適用する力及び適切な原価管理を行う力の向上を目指して自ら学び，適切な原価情報の提供と効果的な活用に主体的かつ協働的に取り組む態度を養う。

2 内容

1に示す資質・能力を身に付けることができるよう，次の〔指導項目〕を指導する。

〔指導項目〕

(1) 原価と原価計算
　ア 原価の概念
　イ 原価計算の特色と仕組み

(2) 原価の費目別計算
　ア 材料費の計算
　イ 労務費の計算
　ウ 経費の計算

(3) 原価の部門別計算と製品別計算
　ア 個別原価計算と製造間接費の計算
　イ 部門別個別原価計算
　ウ 総合原価計算

(4) 内部会計
　ア 製品の完成と販売
　イ 工場会計の独立
　ウ 製造業の決算

(5) 標準原価計算
　ア 標準原価計算の目的と手続
　イ 原価差異の原因別分析

(6) 直接原価計算
　ア 直接原価計算の目的と財務諸表の作成

イ　短期利益計画への活用
3　内容の取扱い
(1) 内容を取り扱う際には，次の事項に配慮するものとする。
　ア　企業会計に関する法規と基準の改正などに随時対応して指導すること。また，実務に即した例題を取り入れた学習活動及び会計処理の方法などについて考察や討論を行う学習活動を通して，科学的な根拠に基づいて適切な原価管理に取り組むことができるようにすること。
(2) 内容の範囲や程度については，次の事項に配慮するものとする。
　ア　〔指導項目〕の(1)のアについては，製造原価と総原価の違い及び原価要素の分類について扱うこと。イについては，サービス業における原価情報の活用の特徴についても扱うこと。
　イ　〔指導項目〕の(2)については，各原価要素の分類及び各原価要素の計算方法と仕訳について扱うこと。
　ウ　〔指導項目〕の(3)のアについては，原価計算表の作成，製造間接費の配賦などについて扱うこと。また，製造間接費差異の原因別分析についても扱うこと。
　エ　〔指導項目〕の(4)のイについては，工場会計が本社会計から独立している場合の本社と工場間の取引の記帳法について扱うこと。ウについては，製造業における決算の特徴と手続，製造原価報告書の作成方法及び製造業と商品売買業の財務諸表の違いについて扱うこと。
　オ　〔指導項目〕の(5)のアについては，シングルプランとパーシャルプランによる記帳法などについて扱うこと。
　カ　〔指導項目〕の(6)のアについては，直接原価計算の目的と方法，直接原価計算による財務諸表の作成方法及び全部原価計算による財務諸表との違いについて扱うこと。イについては，原価，営業量，利益の関係を分析する方法などについて扱うこと。

第15　管理会計

1　目　標
　商業の見方・考え方を働かせ，実践的・体験的な学習活動を行うことなどを通して，経営管理に有用な会計情報の提供と活用に必要な資質・能力を次のとおり育成することを目指す。
(1) 管理会計について実務に即して体系的・系統的に理解するとともに，関連する技術を身に付けるようにする。
(2) 会計情報を活用した経営管理の方法の妥当性と課題を見いだし，ビジネスに携わる者として科学的な根拠に基づいて創造的に課題に対応する力を養う。
(3) 適切な経営管理を行う力の向上を目指して自ら学び，経営管理に有用な会計情報の提供と効果的な活用に主体的かつ協働的に取り組む態度を養う。

2　内　容
　1に示す資質・能力を身に付けることができるよう，次の〔指導項目〕を指導する。
〔指導項目〕
(1) 管理会計と経営管理
　ア　管理会計の目的
　イ　管理会計と原価計算との関係
(2) 短期利益計画
　ア　原価予測の方法
　イ　損益分岐分析と感度分析

        ウ　利益の最大化
　(3) 業績測定
        ア　企業の組織構造
        イ　業績測定の方法
　(4) 予算編成と予算統制
        ア　企業予算の編成
        イ　予算統制の方法
　(5) コスト・マネジメント
        ア　標準原価計算
        イ　直接標準原価計算
        ウ　目標原価計算
        エ　活動基準原価計算
        オ　品質原価計算
　(6) 経営意思決定
        ア　経営意思決定の概要
        イ　業務的意思決定
        ウ　構造的意思決定

3　内容の取扱い

(1) 内容を取り扱う際には，次の事項に配慮するものとする。
　　ア　実務に即した例題を取り入れた学習活動及び会計情報を活用した経営管理の方法について考察や討論を行う学習活動を通して，科学的な根拠に基づいて適切な経営管理に取り組むことができるようにすること。
(2) 内容の範囲や程度については，次の事項に配慮するものとする。
　　ア　〔指導項目〕の(1)のアについては，経営管理の重要性についても扱うこと。
　　イ　〔指導項目〕の(2)のウについては，制約条件の下で営業利益を最大にする販売数量の組合せを求める方法について扱うこと。
　　ウ　〔指導項目〕の(3)のイについては，事業部制組織における業績測定の方法について扱うこと。
　　エ　〔指導項目〕の(4)のイについては，予算統制の意義，予算実績差異分析の方法などについて扱うこと。
　　オ　〔指導項目〕の(5)のアについては，標準原価計算における仕損，減損，原料配合差異などについて扱うこと。イについては，標準原価計算による直接原価計算を採用した場合の差異分析を伴った財務諸表の作成方法などについて扱うこと。
　　カ　〔指導項目〕の(6)のアについては，経営意思決定の意義と過程及び業務的意思決定と構造的意思決定の特徴について扱うこと。

第16　情報処理

1　目　標

　商業の見方・考え方を働かせ，実践的・体験的な学習活動を行うことなどを通して，企業において情報を適切に扱うために必要な資質・能力を次のとおり育成することを目指す。
(1) 企業において情報を扱うことについて実務に即して体系的・系統的に理解するとともに，関連する技術を身に付けるようにする。

(2) 企業において情報を扱うことに関する課題を発見し，ビジネスに携わる者として科学的な根拠に基づいて創造的に解決する力を養う。

(3) 企業活動を改善する力の向上を目指して自ら学び，企業において情報を適切に扱うことに主体的かつ協働的に取り組む態度を養う。

2　内　容

1に示す資質・能力を身に付けることができるよう，次の〔指導項目〕を指導する。

〔指導項目〕

(1) 企業活動と情報処理
　ア　情報処理の重要性
　イ　コミュニケーションと情報デザイン
　ウ　情報モラル

(2) コンピュータシステムと情報通信ネットワーク
　ア　コンピュータシステムの概要
　イ　情報通信ネットワークの仕組みと構成
　ウ　情報通信ネットワークの活用
　エ　情報セキュリティの確保と法規

(3) 情報の集計と分析
　ア　ビジネスと統計
　イ　表・グラフの作成と情報の分析
　ウ　問題の発見と解決の方法

(4) ビジネス文書の作成
　ア　文章の表現
　イ　ビジネス文書の種類と作成

(5) プレゼンテーション
　ア　プレゼンテーションの技法
　イ　ビジネスにおけるプレゼンテーション

3　内容の取扱い

(1) 内容を取り扱う際には，次の事項に配慮するものとする。

　ア　企業における情報の管理と活用に関する具体的な事例について多面的・多角的に分析し，考察や討論を行う学習活動を通して，情報を扱う者としての役割と責任について理解を深めることができるようにすること。

　イ　情報技術の進歩に留意して指導すること。また，表現の方法や伝え方などの工夫について考察や討論を行う学習活動及び企業において情報を扱う具体的な場面を想定した実習を通して，情報を適切に扱うことができるようにすること。

(2) 内容の範囲や程度については，次の事項に配慮するものとする。

　ア　〔指導項目〕の(1)のウについては，情報技術の進歩や情報が社会に及ぼす影響，情報に対する個人と企業の責任，個人情報と知的財産の適切な取扱いと保護の重要性などについて扱うこと。

　イ　〔指導項目〕の(2)のアについては，コンピュータの基本的な機能と構成などについて扱うこと。また，ファイル管理の機能を活用する方法についても扱うこと。ウについては，ウェブページと電子メールを活用する方法，受信者の立場に立って情報を発信することの重要性及び情報の信頼性などを見極める方法について扱うこと。エについては，情報セキュリティを確保することの重要性と基礎的な方法及び情報セキュリティに関する法規の概要について扱うこと。

ウ　〔指導項目〕の(3)のイについては，適切な表の形態とグラフの種類・形態を検討し，表やグラフを用いて伝えたいことを表現する方法及び表計算ソフトウェアを活用して情報を分析し，表とグラフを作成する方法について扱うこと。ウについては，モデル化，シミュレーション及びプログラミングの基礎的な技法を用いた問題の発見と解決などについて扱うこと。

　　エ　〔指導項目〕の(4)のアについては，ビジネス文書を作成するための適切な文章の表現方法について扱うこと。イについては，ビジネス文書の種類とその構成及び文書作成ソフトウェアを活用して効果的なビジネス文書を作成する方法について扱うこと。

　　オ　〔指導項目〕の(5)のアについては，プレゼンテーションを行う際の話の構成，話し方，画像と音声の活用などについて扱うこと。イについては，目的，形態，対象，規模によるプレゼンテーションの方法の違い及びプレゼンテーションソフトウェアを活用して効果的にプレゼンテーションを行う方法について扱うこと。

第17　ソフトウェア活用

1　目　標

　商業の見方・考え方を働かせ，実践的・体験的な学習活動を行うことなどを通して，企業活動におけるソフトウェアの活用に必要な資質・能力を次のとおり育成することを目指す。

(1) 企業活動におけるソフトウェアの活用について実務に即して体系的・系統的に理解するとともに，関連する技術を身に付けるようにする。

(2) 企業活動におけるソフトウェアの活用に関する課題を発見し，ビジネスに携わる者として科学的な根拠に基づいて創造的に解決する力を養う。

(3) 企業活動を改善する力の向上を目指して自ら学び，企業活動におけるソフトウェアの活用に主体的かつ協働的に取り組む態度を養う。

2　内　容

　1に示す資質・能力を身に付けることができるよう，次の〔指導項目〕を指導する。

〔指導項目〕

(1) 企業活動とソフトウェアの活用
　　ア　ソフトウェアの重要性
　　イ　情報通信ネットワークの導入と運用
　　ウ　情報資産の保護

(2) 表計算ソフトウェアの活用
　　ア　オペレーションズ・リサーチ
　　イ　情報の集計と分析
　　ウ　手続の自動化

(3) データベースソフトウェアの活用
　　ア　データベースの重要性
　　イ　データベースの設計
　　ウ　データベースの作成と操作
　　エ　手続の自動化

(4) 業務処理用ソフトウェアの活用
　　ア　仕入・販売管理ソフトウェアの活用
　　イ　給与計算ソフトウェアの活用

ウ　グループウェアの活用
　(5) 情報システムの開発
　　　ア　表計算ソフトウェアによる情報システムの開発
　　　イ　データベースソフトウェアによる情報システムの開発

3　内容の取扱い

(1) 内容を取り扱う際には，次の事項に配慮するものとする。
　ア　情報技術の進歩に留意して指導すること。また，情報を多面的・多角的に分析し工夫して表現する学習活動，情報の管理と提供の方法について考察や討論を行う学習活動及びソフトウェアを活用する具体的な場面を想定した実習を通して，企業活動においてソフトウェアを適切に活用することができるようにすること。
　イ　〔指導項目〕の(5)のア及びイについては，生徒の実態や学科の特色に応じて，その中からいずれか一つを選択して扱うことができること。

(2) 内容の範囲や程度については，次の事項に配慮するものとする。
　ア　〔指導項目〕の(1)のイについては，情報技術の進歩に伴う通信手段の変化についても扱うこと。ウについては，情報を扱う施設における入退室の管理，ファイルとフォルダのアクセス権の設定などリスクを適切に管理し，情報資産を保護する方法について扱うこと。
　イ　〔指導項目〕の(2)のイについては，標本を用いて母集団の傾向を推測する方法及び表計算ソフトウェアを活用した集計，分析，シミュレーションについて扱うこと。
　ウ　〔指導項目〕の(3)のアについては，データベースの機能と役割，ロック機能及び障害対策についても扱うこと。
　エ　〔指導項目〕の(4)については，業務の基本的な流れに係る各種業務処理用ソフトウェアの活用方法について扱うこと。
　オ　〔指導項目〕の(5)については，ビジネスに関する情報を処理する簡易な情報システムの開発について扱うこと。

第18　プログラミング

1　目　標

　商業の見方・考え方を働かせ，実践的・体験的な学習活動を行うことなどを通して，企業活動に有用なプログラムと情報システムの開発に必要な資質・能力を次のとおり育成することを目指す。
(1) プログラムと情報システムの開発について実務に即して体系的・系統的に理解するとともに，関連する技術を身に付けるようにする。
(2) 企業活動に有用なプログラムと情報システムの開発に関する課題を発見し，ビジネスに携わる者として科学的な根拠に基づいて創造的に解決する力を養う。
(3) 企業活動を改善する力の向上を目指して自ら学び，企業活動に有用なプログラムと情報システムの開発に主体的かつ協働的に取り組む態度を養う。

2　内　容

　1に示す資質・能力を身に付けることができるよう，次の〔指導項目〕を指導する。
〔指導項目〕
(1) 情報システムとプログラミング
　　ア　情報システムの重要性
　　イ　プログラム言語の種類と特徴

ウ　プログラミングの手順
　(2) ハードウェアとソフトウェア
　　ア　データの表現
　　イ　ハードウェアの機能と動作
　　ウ　ソフトウェアの体系と役割
　(3) アルゴリズム
　　ア　アルゴリズムの表現技法
　　イ　データ構造と制御構造
　　ウ　変数・定数と演算
　　エ　データの入出力
　　オ　条件判定と繰り返し処理
　　カ　配列の利用
　(4) プログラムと情報システムの開発
　　ア　情報システム開発の手法と手順
　　イ　プロジェクト管理
　　ウ　手続き型言語の利用
　　エ　オブジェクト指向型言語の利用
　　オ　携帯型情報通信機器用ソフトウェアの開発環境の利用
　　カ　情報システムの評価と改善

3　内容の取扱い

(1) 内容を取り扱う際には，次の事項に配慮するものとする。
　ア　情報技術の進歩に留意して指導すること。また，プログラムと情報システムを開発する手順と方法について考察や討論を行う学習活動及び企業活動に有用なプログラムと情報システムを開発する具体的な場面を想定した実習を通して，情報を処理する環境の構築ができるようにすること。
　イ　〔指導項目〕の(4)のウからオまでについては，生徒の実態や学科の特色に応じて，その中からいずれか一つ以上を選択して扱うことができること。

(2) 内容の範囲や程度については，次の事項に配慮するものとする。
　ア　〔指導項目〕の(1)のイについては，プログラムや情報システムの開発を支援するソフトウェアについても扱うこと。
　イ　〔指導項目〕の(2)のイについては，中央処理装置におけるアドレス指定の種類，入出力インタフェースの種類と機能，補助記憶装置の信頼性と可用性を向上させる技術などについて扱うこと。
　ウ　〔指導項目〕の(3)のイについては，基本データ構造と問題向きデータ構造の種類と特徴，適切なデータ構造を選択することの重要性，制御構造の種類及びアルゴリズムが制御構造の組合せで表現できることについて扱うこと。
　エ　〔指導項目〕の(4)のイについては，プロジェクト管理の意義と手法について扱うこと。カについては，情報システムの評価の意義と手法及び情報システムの改善の流れについて扱うこと。

第19　ネットワーク活用

1　目　標

　商業の見方・考え方を働かせ，実践的・体験的な学習活動を行うことなどを通して，ビジネスにおけるインターネットの活用に必要な資質・能力を次のとおり育成することを目指す。

(1) ビジネスにおけるインターネットの活用について実務に即して体系的・系統的に理解するとともに，関連する技術を身に付けるようにする。
(2) ビジネスにおいてインターネットを活用することに関する課題を発見し，ビジネスに携わる者として科学的な根拠に基づいて創造的に解決する力を養う。
(3) 企業活動を改善する力の向上を目指して自ら学び，ビジネスにおけるインターネットの活用に主体的かつ協働的に取り組む態度を養う。

2　内　容

1に示す資質・能力を身に付けることができるよう，次の〔指導項目〕を指導する。

〔指導項目〕
(1) 情報技術の進歩とビジネス
　ア　ビジネスの変化
　イ　個人情報と知的財産の保護
　ウ　関係法規とガイドライン
(2) インターネットと情報セキュリティ
　ア　インターネットの仕組み
　イ　ハードウェアとソフトウェアの導入
　ウ　情報セキュリティの確保
(3) 情報コンテンツの制作
　ア　図形と静止画
　イ　動画と音声
(4) インターネットの活用
　ア　ウェブページの制作とデザイン
　イ　企業情報の発信
　ウ　電子商取引と電子決済
　エ　ビジネスの創造

3　内容の取扱い

(1) 内容を取り扱う際には，次の事項に配慮するものとする。
　ア　ビジネスにおけるインターネットの活用の動向・課題を捉える学習活動及びビジネスにおけるインターネットの活用に関する具体的な事例について多面的・多角的に分析し，考察や討論を行う学習活動を通して，ビジネスにおけるインターネットの活用について理解を深めることができるようにすること。
　イ　情報技術の進歩に留意して指導すること。また，ビジネスにおいてインターネットを活用する具体的な場面を想定した実習及びビジネスにおけるインターネットの活用に関する具体的な課題を設定し，科学的な根拠に基づいてインターネットを活用した新たなビジネスを考案して提案などを行う学習活動を通して，ビジネスにおいてインターネットを効果的に活用することができるようにすること。
(2) 内容の範囲や程度については，次の事項に配慮するものとする。
　ア　〔指導項目〕の(1)のアについては，情報技術の進歩によるビジネスの形態と進め方の変化について扱うこと。イについては，インターネットを活用したビジネスを展開する際の個人情報と知的財産の保護の重要性について扱うこと。
　イ　〔指導項目〕の(2)のイについては，ビジネスにおいてインターネットを活用するために必要なハードウェアとソフトウェア及びインターネットへの接続について扱うこと。

ウ　〔指導項目〕の(3)については，情報コンテンツを取得，作成，編集する方法及び適切なファイル形式を選択し，インターネットで活用する方法について扱うこと。
　エ　〔指導項目〕の(4)のアについては，ウェブページへのアクセス数を増加させるための工夫及びアクセス解析のための技法についても扱うこと。ウについては，電子商取引と電子決済の仕組み，電子商取引を行うためのウェブページの制作などについて扱うこと。エについては，インターネットを活用した様々なビジネスの概要と動向及びインターネットを活用したビジネスを創造することの重要性について扱うこと。

第20　ネットワーク管理

1　目標

商業の見方・考え方を働かせ，実践的・体験的な学習活動を行うことなどを通して，情報資産を共有し保護する環境の提供に必要な資質・能力を次のとおり育成することを目指す。

(1) 情報資産を共有し保護する環境の提供について実務に即して体系的・系統的に理解するとともに，関連する技術を身に付けるようにする。

(2) 情報資産を共有し保護する環境の提供に関する課題を発見し，ビジネスに携わる者として科学的な根拠に基づいて創造的に解決する力を養う。

(3) 企業活動を改善する力の向上を目指して自ら学び，情報資産を共有し保護する環境の提供に主体的かつ協働的に取り組む態度を養う。

2　内容

1に示す資質・能力を身に付けることができるよう，次の〔指導項目〕を指導する。

〔指導項目〕

(1) 企業活動と情報通信ネットワーク
　ア　情報資産の共有の重要性
　イ　情報通信ネットワークの形態と通信
　ウ　ネットワーク機器と周辺機器の種類・機能

(2) 情報セキュリティ管理
　ア　情報セキュリティ管理の目的と重要性
　イ　人的対策
　ウ　技術的対策
　エ　物理的対策

(3) 情報通信ネットワークの設計・構築と運用管理
　ア　情報通信ネットワークの設計方法
　イ　情報通信ネットワークの構築方法
　ウ　情報通信ネットワークの運用と障害対応
　エ　システム監査

3　内容の取扱い

(1) 内容を取り扱う際には，次の事項に配慮するものとする。

　ア　情報セキュリティ管理及び情報通信ネットワークの設計・構築と運用管理に関する具体的な事例について多面的・多角的に分析し，考察や討論を行う学習活動を通して，情報資産を共有し保護する環境の提供を担う者としての役割と責任について理解を深めることができるようにすること。

　イ　情報技術の進歩に留意して指導すること。また，企業において情報セキュリティ管理及び情報通

信ネットワークの設計・構築と運用管理を行う具体的な場面を想定した実習を通して，情報資産を共有し保護する環境の提供ができるようにすること。
(2) 内容の範囲や程度については，次の事項に配慮するものとする。
　ア　〔指導項目〕の(1)のアについては，情報通信ネットワークを活用してビジネスに関する情報などを共有することの重要性について扱うこと。
　イ　〔指導項目〕の(2)のアについては，機密性などの確保，情報資産に対する脅威の種類，組織的な対策の重要性などについて扱うこと。エについては，災害，事故，外部からの侵入などへの物理的対策について扱うこと。
　ウ　〔指導項目〕の(3)のウについては，通信環境を維持する方法，障害対応の方法と原因を特定する方法などについて扱うこと。

第3款　各科目にわたる指導計画の作成と内容の取扱い

1　指導計画の作成に当たっては，次の事項に配慮するものとする。
(1) 単元など内容や時間のまとまりを見通して，その中で育む資質・能力の育成に向けて，生徒の主体的・対話的で深い学びの実現を図るようにすること。その際，商業の見方・考え方を働かせ，企業活動に関する事象を捉え，専門的な知識，技術などを基にビジネスに対する理解を深めるとともに，ビジネスの振興策などを考案して地域や産業界等に提案し，意見や助言を踏まえて改善を図るなどの実践的・体験的な学習活動の充実を図ること。
(2) 商業に関する各学科においては，「ビジネス基礎」及び「課題研究」を原則として全ての生徒に履修させること。
(3) 「財務会計Ⅱ」については，「財務会計Ⅰ」を履修した後に履修させることを原則とすること。
(4) 地域や産業界等との連携・交流を通じた実践的な学習活動や就業体験活動を積極的に取り入れるとともに，社会人講師を積極的に活用するなどの工夫に努めること。
(5) 障害のある生徒などについては，学習活動を行う場合に生じる困難さに応じた指導内容や指導方法の工夫を計画的，組織的に行うこと。
2　内容の取扱いに当たっては，次の事項に配慮するものとする。
(1) ビジネスに関する課題について，協働して分析，考察，討論を行い，解決策を考案し地域や産業界等に提案するなど言語活動の充実を図ること。
(2) コンピュータや情報通信ネットワークなどの活用を図り，学習の効果を高めるよう工夫すること。
3　実験・実習を行うに当たっては，施設・設備の安全管理に配慮し，学習環境を整えるとともに，事故防止の指導を徹底し，安全と衛生に十分留意するものとする。

第4節 水産

第1款 目標

水産の見方・考え方を働かせ，実践的・体験的な学習活動を行うことなどを通して，水産業や海洋関連産業を通じ，地域や社会の健全で持続的な発展を担う職業人として必要な資質・能力を次のとおり育成することを目指す。

(1) 水産や海洋の各分野について体系的・系統的に理解するとともに，関連する技術を身に付けるようにする。

(2) 水産や海洋に関する課題を発見し，職業人に求められる倫理観を踏まえ合理的かつ創造的に解決する力を養う。

(3) 職業人として必要な豊かな人間性を育み，よりよい社会の構築を目指して自ら学び，水産業や海洋関連産業の振興や社会貢献に主体的かつ協働的に取り組む態度を養う。

第2款 各科目

第1 水産海洋基礎

1 目標

水産の見方・考え方を働かせ，実践的・体験的な学習活動を行うことなどを通して，水産業や海洋関連産業において必要となる基礎的な資質・能力を次のとおり育成することを目指す。

(1) 水産業や海洋関連産業の国民生活における社会的意義や役割などについて体系的・系統的に理解するとともに，関連する技術を身に付けるようにする。

(2) 水産業や海洋関連産業全体を広い視野で捉え課題を発見し，水産業や海洋関連産業に関わる者として合理的かつ創造的に解決する力を養う。

(3) 持続可能な水産業や海洋関連産業の構築を目指して自ら学び，地域の振興や社会貢献に主体的かつ協働的に取り組む態度を養う。

2 内容

1に示す資質・能力を身に付けることができるよう，次の〔指導項目〕を指導する。

〔指導項目〕

(1) 海のあらまし
   ア 日本の海，世界の海
   イ 海と食生活・文化・社会
   ウ 海と環境
   エ 海と生物

(2) 水産業と海洋関連産業のあらまし
   ア 船と暮らし
   イ とる漁業・つくり育てる漁業と資源管理
   ウ 水産物の流通と加工
   エ 我が国の水産業と海洋関連産業

(3) 基礎実習

ア　水産・海洋生物の採集
　　　イ　水産・海洋生物の飼育
　　　ウ　水産物の加工
　　　エ　海洋実習

3　内容の取扱い

(1) 内容を取り扱う際には，次の事項に配慮するものとする。

　ア　水産や海洋について広く生徒の興味・関心や目的意識を高め，学習する意義を理解できるようにするとともに，学ぶ意欲を喚起するよう工夫して指導すること。

　イ　人間生活における海の役割や重要性に着目するとともに，水産業や海洋関連産業における課題について，具体的な事例を基に，水産物及び船の活用と関連付けて考察するよう工夫して指導すること。

　ウ　地域の水産業や海洋関連産業の見学及び実験・実習などの体験的な学習活動を通して課題を発見し，その解決に向けて主体的に計画したり，提案したりすることができるよう工夫して指導すること。

(2) 内容の範囲や程度については，次の事項に配慮するものとする。

　ア　〔指導項目〕の(1)のアについては，海と人間の古くからの関わりや偉人，文化，国際的な協調について扱うこと。イについては，我が国の魚食文化などを取り上げるとともに，海，水産物，船及び漁村と生活との関わりについて扱うこと。ウについては，海洋環境の概要を扱うこと。

　イ　〔指導項目〕の(2)については，水産物の安定供給並びに付加価値向上の必要性について基礎的な内容に触れること。また，社会や産業全体の課題を解決するために，水産業や海洋関連産業が果たしている役割，働くことの社会的意義や役割，職業人に求められる倫理観についても扱うこと。

　ウ　〔指導項目〕の(3)のエについては，操船や漕艇を中心に扱い，地域の実態や学科の特色に応じて，結索，体験乗船，海洋観測，水泳，マリンスポーツなどを扱うこと。

第2　課題研究

1　目　標

　水産の見方・考え方を働かせ，実践的・体験的な学習活動を行うことなどを通して，社会を支え産業の発展を担う職業人として必要な資質・能力を次のとおり育成することを目指す。

(1) 水産や海洋の各分野について体系的・系統的に理解するとともに，相互に関連付けられた技術を身に付けるようにする。

(2) 水産や海洋に関する課題を発見し，水産業や海洋関連産業に関わる者として解決策を探究し，科学的な根拠に基づいて創造的に解決する力を養う。

(3) 課題を解決する力の向上を目指して自ら学び，水産業や海洋関連産業の振興や社会貢献に主体的かつ協働的に取り組む態度を養う。

2　内　容

　1に示す資質・能力を身に付けることができるよう，次の〔指導項目〕を指導する。

〔指導項目〕

(1) 調査，研究，実験
(2) 作品製作
(3) 産業現場等における実習
(4) 職業資格の取得

3 内容の取扱い
(1) 内容を取り扱う際には，次の事項に配慮するものとする。
　ア　生徒の興味・関心，進路希望等に応じて，〔指導項目〕の(1)から(4)までの中から，個人又はグループで水産や海洋に関する適切な課題を設定し，主体的かつ協働的に取り組む学習活動を通して，専門的な知識，技術などの深化・総合化を図り，水産や海洋に関する課題の解決に取り組むことができるようにすること。なお，課題については，(1)から(4)までの2項目以上にまたがるものを設定することができること。
　イ　課題研究の成果について発表する機会を設けるようにすること。

第3　総合実習

1　目標
水産の見方・考え方を働かせ，実践的・体験的な学習活動を行うことなどを通して，水産業や海洋関連産業において必要となる資質・能力を次のとおり育成することを目指す。
(1) 水産や海洋の各分野について総合的に捉え体系的・系統的に理解するとともに，関連する技術を身に付けるようにする。
(2) 水産や海洋の各分野に関する課題を発見し，水産業や海洋関連産業に関わる者として合理的かつ創造的に解決する力を養う。
(3) 水産や海洋の各分野に関する総合的な知識と技術の実務への活用を目指して自ら学び，水産業や海洋関連産業の振興や社会貢献に主体的かつ協働的に取り組む態度を養う。

2　内容
1に示す資質・能力を身に付けることができるよう，次の〔指導項目〕を指導する。
〔指導項目〕
(1) 海洋漁業実習
(2) 海洋工学実習
(3) 情報通信実習
(4) 資源増殖実習
(5) 水産食品実習
(6) その他の水産・海洋実習

3　内容の取扱い
(1) 内容を取り扱う際には，次の事項に配慮するものとする。
　ア　〔指導項目〕の(1)から(6)までについては，生徒の進路希望，地域の実態や学科の特色等に応じて，その中からいずれかを選択して扱うこと。
　イ　安全管理や事故防止，衛生管理などの指導の徹底を図ること。
　ウ　水産業や海洋関連産業に従事する者として，実務に活用する能力と態度を養うとともに，使命や責任について，総合的に理解できるよう指導すること。
　エ　〔指導項目〕の(1)，(2)，(4)及び(6)において，ダイビングやマリンスポーツなどの実習を行う場合には，事前の健康診断や器具の点検など安全に十分留意して行うこと。
(2) 内容の範囲や程度については，次の事項に配慮するものとする。
　ア　〔指導項目〕の(1)については，漁業乗船実習及び漁業生産実習を行うこととするが，いずれかを選択して扱うことができること。また，漁業乗船実習の一環として，外地寄港地活動や海事実務英語などを扱うこと。

イ 〔指導項目〕の(2)については，機関乗船実習，機械工作実習及び海洋機器実習を行うこととするが，いずれかを選択して扱うことができること。また，機関乗船実習の一環として，外地寄港地活動や海事実務英語などを扱うこと。なお，機関乗船実習については，必要に応じ，陸上の実習施設などを利用して行うことができること。また，海洋機器実習については，機関工学的内容又は海洋開発的内容を選択して扱うことができること。

ウ 〔指導項目〕の(5)については，地域の実態や学科の特色に応じて，適切な食品を選択すること。その際，必要に応じ，農畜産物を取り上げることもできること。

第4 海洋情報技術

1 目標

水産の見方・考え方を働かせ，実践的・体験的な学習活動を行うことなどを通して，水産業や海洋関連産業において情報技術を活用するために必要な資質・能力を次のとおり育成することを目指す。

(1) 水産や海洋における情報技術について体系的・系統的に理解するとともに，関連する技術を身に付けるようにする。

(2) 水産や海洋における情報技術に関する課題を発見し，水産業や海洋関連産業に関わる者として合理的かつ創造的に解決する力を養う。

(3) 水産や海洋における情報技術の主体的な活用を目指して自ら学び，水産業や海洋関連産業の振興や社会貢献に主体的かつ協働的に取り組む態度を養う。

2 内容

1に示す資質・能力を身に付けることができるよう，次の〔指導項目〕を指導する。

〔指導項目〕

(1) 水産や海洋における情報技術
　ア　様々な情報技術
　イ　情報セキュリティと情報モラル

(2) 水産や海洋における情報コミュニケーションと情報デザイン
　ア　情報メディア
　イ　情報のデジタル化と情報処理

(3) コンピュータとプログラミング
　ア　情報の表現方法
　イ　アプリケーションソフトウェアの使用方法
　ウ　オペレーティングシステム
　エ　プログラミング

(4) 情報通信ネットワークとデータの利用
　ア　情報通信ネットワークの概要
　イ　情報通信ネットワークの活用

(5) 水産や海洋における情報技術の応用
　ア　海洋の情報システム
　イ　船舶運航の情報システム
　ウ　水産の情報システム

3 内容の取扱い

(1) 内容を取り扱う際には，次の事項に配慮するものとする。

ア　実際に様々な情報技術を適切かつ効果的に活用できるように実習を中心に扱うこと。
　　イ　〔指導項目〕の(5)のアからウまでについては，生徒の実態や学科の特色に応じて，その中からいずれかを選択して扱うことができること。
　(2) 内容の範囲や程度については，次の事項に配慮するものとする。
　　ア　〔指導項目〕の(1)については，情報や情報技術の果たしている役割や影響と情報に関する法や制度について扱うこと。
　　イ　〔指導項目〕の(2)については，情報社会における多様なコミュニケーションと情報メディアの特性を扱うこと。
　　ウ　〔指導項目〕の(3)については，適切な開発環境やプログラミング言語を選択するとともに，コンピュータ内部での情報の表し方，コンピュータで情報が処理される仕組みや特徴，アルゴリズムやプログラムの最適化について扱うこと。
　　エ　〔指導項目〕の(5)のアについては，海洋に関する環境情報システム，気象や海象に関するデータ収集や分析などのシステム，船舶運航や管理，通信に関するシステムについて扱うこと。イについては，沿岸と海中の安全救助や監視に関する情報システムについて扱うこと。ウについては，資源管理，水産物の取引，食品流通に関する情報システムについて扱うこと。

第5　水産海洋科学

1　目　標
　水産の見方・考え方を働かせ，実践的・体験的な学習活動を行うことなどを通して，水産業や海洋関連産業において必要となる資質・能力を次のとおり育成することを目指す。
(1) 水産や海洋について体系的・系統的に理解するとともに，関連する技術を身に付けるようにする。
(2) 科学的な視点で水産や海洋に関する課題を発見し，水産業や海洋関連産業に関わる者として合理的かつ創造的に解決する力を養う。
(3) 水産業や海洋関連産業の充実を目指して自ら学び，グローバルな視点をもって地域の振興や社会貢献に主体的かつ協働的に取り組む態度を養う。

2　内　容
　1に示す資質・能力を身に付けることができるよう，次の〔指導項目〕を指導する。
〔指導項目〕
(1) 海洋と生活
　　ア　海洋の知識
　　イ　水産資源の育成と漁業
　　ウ　水産物の需給と流通
　　エ　食品としての水産物
　　オ　船舶の役割
　　カ　海洋政策と海洋関連産業
(2) 海洋の科学
　　ア　海洋の地形と海水の組成
　　イ　海洋と生命
　　ウ　海洋と気象
　　エ　海洋の資源・エネルギー
　　オ　深海の世界

カ　海洋と環境問題
　(3) 水産の新しい展開
　　　ア　水産業の新しい展開
　　　イ　水産物の高度利用
　(4) 海洋に関する探究活動
　　　ア　探究活動の概要
　　　イ　探究活動の進め方
3　内容の取扱い
　(1) 内容を取り扱う際には，次の事項に配慮するものとする。
　　　ア　「水産海洋基礎」との関連を考慮しながら，生徒や地域の実態に応じて，地域産業の活性化につながる活動を取り入れるなど，学習内容の深化を図ることができるよう工夫して指導すること。
　　　イ　〔指導項目〕の(4)については，(1)から(3)までを学習した後に扱うとともに，適切な研究課題を設定し，探究する活動を通して，科学的な見方や考え方，自発的な学習態度の育成を図ること。
　(2) 内容の範囲や程度については，次の事項に配慮するものとする。
　　　ア　〔指導項目〕の(1)については，水産業や海洋関連産業及び地域生活における海洋の役割を扱うこと。また，我が国の水産業や海洋関連産業の展望と課題についても扱うこと。
　　　イ　〔指導項目〕の(2)のエについては，化石燃料，海底鉱物資源などを扱うこと。カについては，異常気象，海洋環境保全を扱うこと。
　　　ウ　〔指導項目〕の(3)のアについては，海がもつ多面的機能及びその活用方法を扱うこと。イについては，未利用資源及び機能性成分の利用について基礎的な内容を扱うこと。

第6　漁業

1　目　標

　水産の見方・考え方を働かせ，実践的・体験的な学習活動を行うことなどを通して，漁業に必要な資質・能力を次のとおり育成することを目指す。
　(1) 漁業について体系的・系統的に理解するとともに，関連する技術を身に付けるようにする。
　(2) 漁業に関する課題を発見し，漁業生産に関わる者として合理的かつ創造的に解決する力を養う。
　(3) 漁業における生産性の向上を目指して自ら学び，水産業や海洋関連産業の振興や社会貢献に主体的かつ協働的に取り組む態度を養う。

2　内　容

　1に示す資質・能力を身に付けることができるよう，次の〔指導項目〕を指導する。
〔指導項目〕
(1) 漁業と海洋環境
　　ア　漁業の役割と変遷
　　イ　我が国の漁業と漁船の概要
　　ウ　海洋環境と海の生態系
　　エ　漁場と漁場調査
　　オ　海洋環境の保全
(2) 水産資源と漁業管理
　　ア　水産生物の生態
　　イ　水産資源

ウ　漁業管理
(3) 漁業の技術
　　　ア　漁具と漁法
　　　イ　主な漁業と資源増殖
　　　ウ　漁具の構成と材料
　　　エ　漁業機械，計測機器，冷凍機械
(4) 漁業生産の基盤
　　　ア　漁業制度と法規
　　　イ　漁業をめぐる国際環境
　　　ウ　漁業と情報
　　　エ　貿易と流通
　　　オ　品質管理と安全管理
(5) 漁業経営
　　　ア　漁業経営の仕組み
　　　イ　経営組織と管理・運営
　　　ウ　漁業経営の効率化

3　内容の取扱い

(1) 内容を取り扱う際には，次の事項に配慮するものとする。
　　ア　漁業における国際的な動向と課題に着目するとともに，漁業生産に関する具体的な事例について，漁業の意義や役割と関連付けて考察するよう工夫して指導すること。
　　イ　産業現場の見学や実験・実習などの体験的な学習活動を通して，漁業に関する具体的な課題を発見し，その解決に取り組むことができるよう工夫して指導すること。
(2) 内容の範囲や程度については，次の事項に配慮するものとする。
　　ア　〔指導項目〕の(1)のアについては，水産物と食生活や漁業を中核とした地域活性化の事例などを扱うこと。ウについては，食物連鎖及び海の生産力の概要を扱うこと。
　　イ　〔指導項目〕の(2)のウについては，漁獲方法や漁場，漁期の規制について扱うこと。
　　ウ　〔指導項目〕の(3)のウについては，漁具製作に必要な結索や編網，修繕の技術について扱うこと。
　　エ　〔指導項目〕の(4)のアについては，漁業法や漁業協同組合などの概要を扱うこと。イについては，排他的経済水域の定着，国際漁業に関する条約や協定，漁業の国際協力などの基礎的な内容を扱うこと。オについては，危害分析・重要管理点方式と食品トレーサビリティシステムなどの基礎的な内容を扱うこと。
　　オ　〔指導項目〕の(5)については，漁業経営の特性，経営分析，簿記及び新たな漁業経営の取組や改善について基礎的な内容を扱うこと。

第7　航海・計器

1　目　標

　水産の見方・考え方を働かせ，実践的・体験的な学習活動を行うことなどを通して，漁船等の船舶を航行させるために必要な資質・能力を次のとおり育成することを目指す。
(1) 船舶の安全かつ適切な航海について体系的・系統的に理解するとともに，関連する技術を身に付けるようにする。
(2) 船舶の安全かつ適切な航海に関する課題を発見し，船舶の運航や漁業生産に従事する者として合理

的かつ創造的に解決する力を養う。
(3) 船舶の安全かつ適切な航海や漁業生産への活用を目指して自ら学び，水産業や海洋関連産業の振興や社会貢献に主体的かつ協働的に取り組む態度を養う。

2 内容

1に示す資質・能力を身に付けることができるよう，次の〔指導項目〕を指導する。

〔指導項目〕
(1) 航海の概要
　ア　航海の意義と沿革
　イ　航海と航法
　ウ　航海と計算
(2) 航海に関する情報
　ア　航海と情報
　イ　海図と航路標識
　ウ　海流や潮汐の概要
(3) 計器と航法
　ア　基本航海計器
　イ　地文航法
　ウ　電波航法
　エ　天文航法
(4) 航海計画
(5) 海上交通関係法規
　ア　海上衝突予防法
　イ　海上交通安全法
　ウ　港則法
(6) 海事実務英語

3 内容の取扱い

(1) 内容を取り扱う際には，次の事項に配慮するものとする。
　ア　安全な航海について，具体的な事例を基に理解できるよう指導すること。
　イ　レーダー・自動衝突予防援助装置シミュレータ，電子海図や実習船等を活用した実験・実習などの体験的な学習活動を通して，船舶の安全かつ適切な航海の重要性について具体的に理解できるよう指導すること。
(2) 内容の範囲や程度については，次の事項に配慮するものとする。
　ア　〔指導項目〕の(2)のアについては，航海に必要な情報の収集と活用の方法を扱うこと。イについては，電子海図，各種の航路標識，信号などを扱うこと。
　イ　〔指導項目〕の(3)のアについては，航海計器の基本的な操作方法などを扱うこと。イについては，船位の算出と測定及び衝突防止を中心に扱うこと。ウについては，電波の概要や衛星航法を扱うこと。
　ウ　〔指導項目〕の(4)については，航海計画立案に必要な情報の入手方法と活用方法を扱うこと。また，安全かつ適切な船舶の運航について理解できるよう，(1)から(3)までと関連付けて扱うこと。
　エ　〔指導項目〕の(5)については，海上交通三法及び関係法規を扱うこと。
　オ　〔指導項目〕の(6)については，航海に必要な海事実務英語や外地寄港地などにおける英会話について基礎的な内容を扱うこと。

第8 船舶運用

1 目標
　水産の見方・考え方を働かせ，実践的・体験的な学習活動を行うことなどを通して，漁船等の船舶の運航に必要な資質・能力を次のとおり育成することを目指す。

(1) 船舶の安全かつ適切な運用について体系的・系統的に理解するとともに，関連する技術を身に付けるようにする。

(2) 船舶の安全かつ適切な運用に関する課題を発見し，船舶の運航や漁業生産に従事する者として合理的かつ創造的に解決する力を養う。

(3) 船舶の安全かつ適切な運用や漁業生産への活用を目指して自ら学び，水産業や海洋関連産業の振興や社会貢献に主体的かつ協働的に取り組む態度を養う。

2 内容
　1に示す資質・能力を身に付けることができるよう，次の〔指導項目〕を指導する。

〔指導項目〕

(1) 船舶の概要
　ア　船舶の意義
　イ　漁船の意義
　ウ　船の種類と船体構造

(2) 船舶の設備
　ア　操船・機関・通信設備
　イ　係船・荷役設備
　ウ　船用品
　エ　安全・衛生設備
　オ　漁業設備
　カ　冷凍・冷蔵設備

(3) 船務
　ア　乗組員の編成と職務
　イ　船体の整備
　ウ　ドックと検査
　エ　通信
　オ　保安の確保

(4) 海上気象
　ア　海上気象の基礎
　イ　日本近海の海上気象

(5) 操船
　ア　操船の基本
　イ　応用操船
　ウ　荒天運用
　エ　海難と応急

(6) 船内の安全と衛生
　ア　災害防止

イ　救急処置
　　　ウ　船内消毒
　(7) 船員・船舶・海洋関係法規
　　　ア　船員等に関する法律
　　　イ　船舶の安全等に関する法律
　　　ウ　海洋汚染や海上災害の防止に関する法律
　　　エ　船舶の衛生に関する法律
　　　オ　国際公法
3　内容の取扱い
　(1) 内容を取り扱う際には，次の事項に配慮するものとする。
　　ア　船舶の運航・管理について，国際的な動向と課題に関連付けて理解できるよう指導すること。
　　イ　実験・実習などの体験的な学習活動を通して，船舶の安全な運航・管理について具体的に理解できるよう指導すること。
　(2) 内容の範囲や程度については，次の事項に配慮するものとする。
　　ア　〔指導項目〕の(1)のアについては，船舶の変遷を中心に扱うこと。イについては，漁船の定義，従業制限などを扱うこと。ウについては，基礎的な内容を扱うこと。
　　イ　〔指導項目〕の(3)のエについては，海上特殊無線や旗りゅう信号，船位通報制度を扱うこと。オについては，船舶保安統括者及び船舶保安管理者について扱うこと。
　　ウ　〔指導項目〕の(4)のアについては，気象要素や気団，前線などを扱うこと。イについては，我が国の各季節における気圧配置の特徴などを扱うこと。
　　エ　〔指導項目〕の(6)のイについては，捜索救助，応急医療，消火作業指揮などを扱うこと。
　　オ　〔指導項目〕の(7)については，法改正などに対応した船員・船舶・海洋関係法規について扱うこと。

第9　船用機関

1　目　標
　　水産の見方・考え方を働かせ，実践的・体験的な学習活動を行うことなどを通して，船舶の機関及び機械装置の運転に必要な資質・能力を次のとおり育成することを目指す。
　(1) 船舶の機関及び機械装置の運転や管理について体系的・系統的に理解するとともに，関連する技術を身に付けるようにする。
　(2) 船舶の安全運航に必要な機関の運転や管理に関する課題を発見し，船舶の機関及び機械装置の運転や管理に従事する者として合理的かつ創造的に解決する力を養う。
　(3) 船舶の機関及び機械装置の安全かつ効率的な運転，管理を目指して自ら学び，水産業や海洋関連産業の振興や社会貢献に主体的かつ協働的に取り組む態度を養う。
2　内　容
　　1に示す資質・能力を身に付けることができるよう，次の〔指導項目〕を指導する。
　〔指導項目〕
　(1) 熱機関の概要
　　　ア　熱機関の種類と沿革
　　　イ　熱機関に関する基礎
　(2) 内燃機関

ア　内燃機関の概要
　　イ　ディーゼル機関
　　ウ　ガソリン機関
　　エ　ガスタービン
　　オ　環境技術
　(3) 推進装置
　　ア　軸系
　　イ　プロペラ
　　ウ　操船装置
　　エ　各種推進装置
　　オ　速度と経済性
　(4) 燃料と潤滑剤
　　ア　燃料油
　　イ　潤滑剤
　(5) 補機
　　ア　ポンプ
　　イ　油圧装置
　　ウ　造水装置
　　エ　環境汚染防止装置
　(6) ボイラ，冷凍装置
　　ア　ボイラ
　　イ　冷凍・冷蔵装置
　　ウ　空気調和装置
　(7) 船舶の運航と保安
　　ア　船舶の種類と構造
　　イ　船舶の設備
　　ウ　船内組織と職務
　　エ　損傷制御と安全衛生
　　オ　海事関係法規
　　カ　海事実務英語

3　内容の取扱い

(1) 内容を取り扱う際には，次の事項に配慮するものとする。
　ア　船舶の機関及び機械装置に関する国際的な動向と環境問題について具体的に理解できるよう指導すること。
　イ　産業現場の見学や実験・実習などの体験的な学習活動を通して，船舶の機関及び機械装置に関する具体的な課題を発見し，その解決に取り組むことができるよう工夫して指導すること。
　ウ　〔指導項目〕の(7)については，生徒の実態や学科の特色に応じて，扱わないことができること。

(2) 内容の範囲や程度については，次の事項に配慮するものとする。
　ア　〔指導項目〕の(1)については，熱機関の種類や変遷及び蒸気タービンについて基礎的な内容を扱うこと。
　イ　〔指導項目〕の(2)のオについては，船舶の機関における環境技術及び省エネルギー技術の概要を扱うこと。

ウ 〔指導項目〕の(5)のイについては，漁業機械や甲板機械及び海洋調査などに用いられる機器を扱うこと。

エ 〔指導項目〕の(7)のエについては，船舶の安全や執務一般に関する基礎的な内容を扱うこと。カについては，機関業務に必要な海事実務英語や外地寄港地などにおける英会話について基礎的な内容を扱うこと。

第10 機械設計工作

1 目標

水産の見方・考え方を働かせ，実践的・体験的な学習活動を行うことなどを通して，機械の設計と工作に必要な資質・能力を次のとおり育成することを目指す。

(1) 機械の設計と工作について体系的・系統的に理解するとともに，関連する技術を身に付けるようにする。

(2) 機械の設計と工作に関する課題を発見し，水産や海洋の工学分野に従事する者として合理的かつ創造的に解決する力を養う。

(3) 機械の設計と工作について，水産や海洋の工学的分野への活用を目指して自ら学び，水産業や海洋関連産業の振興や社会貢献に主体的かつ協働的に取り組む態度を養う。

2 内容

1に示す資質・能力を身に付けることができるよう，次の〔指導項目〕を指導する。

〔指導項目〕

(1) 機械設計工作の概要
 ア 機械と設計工作の基礎
 イ 機械に働く力と運動
 ウ 材料の一般的性質

(2) 機械設計
 ア 締結用機械要素
 イ 軸に関する機械要素
 ウ 歯車伝動装置とその他の機械要素

(3) 機械製図
 ア 製図の基礎
 イ 製作図
 ウ CAD
 エ 測定と計測技術

(4) 機械材料
 ア 鉄鋼材料
 イ 非鉄金属材料
 ウ 複合材料
 エ 金属の腐食と防食法

(5) 機械工作
 ア 鋳造と鍛造
 イ 板金加工
 ウ 溶接と切断

エ　機械加工
　　オ　手仕上げと組立て
3　内容の取扱い
(1) 内容を取り扱う際には，次の事項に配慮するものとする。
　ア　実験・実習などの体験的な学習活動を通して，水産業や海洋関連産業の各分野における機械設計と機械工作について具体的に理解できるよう指導すること。
　イ　〔指導項目〕の(5)のアからオまでについては，生徒の実態や学科の特色に応じて，その中からいずれかを選択して扱うことができること。
(2) 内容の範囲や程度については，次の事項に配慮するものとする。
　ア　〔指導項目〕の(1)のイについては，流体力学の基礎的な内容を扱うこと。
　イ　〔指導項目〕の(3)のアについては，日本産業規格に基づく製図に関する基礎的な内容を扱うこと。
　ウ　〔指導項目〕の(4)については，鋳鉄や合金，繊維強化プラスチック等の特性や用途，耐食性などの基礎的な内容を扱うこと。

第11　電気理論
1　目　標
　水産の見方・考え方を働かせ，実践的・体験的な学習活動を行うことなどを通して，水産や海洋における電気機器や電子機器の取扱いに必要な資質・能力を次のとおり育成することを目指す。
(1) 電気機器や電子機器の取扱いについて体系的・系統的に理解するとともに，関連する技術を身に付けるようにする。
(2) 電気機器や電子機器の取扱いに関する課題を発見し，電気機器や電子機器の取扱いに従事する者として合理的かつ創造的に解決する力を養う。
(3) 電気機器や電子機器の適切な取扱いを目指して自ら学び，水産業や海洋関連産業の振興や社会貢献に主体的かつ協働的に取り組む態度を養う。

2　内　容
　1に示す資質・能力を身に付けることができるよう，次の〔指導項目〕を指導する。
〔指導項目〕
(1) 電気回路の基礎
　　ア　直流回路
　　イ　電気抵抗の性質
　　ウ　電気エネルギー
　　エ　交流の性質と交流回路
(2) 電気と磁気
　　ア　静電気
　　イ　磁気
　　ウ　電流と磁気
　　エ　電磁誘導
(3) 半導体素子と電子回路
　　ア　ダイオードとトランジスタ
　　イ　各種の半導体素子
　　ウ　電子回路

(4) 電気機器
　ア　同期機
　イ　誘導機
　ウ　変圧器
　エ　直流機
　オ　非常用電源装置
(5) 電気計測と自動制御
　ア　電気計器
　イ　計測
　ウ　自動制御の基礎
　エ　自動制御の応用
(6) 配電・電気工事
　ア　船内配電
　イ　工場配電
　ウ　電気工事

3　内容の取扱い

(1) 内容を取り扱う際には，次の事項に配慮するものとする。
　ア　実験・実習などの体験的な学習活動を通して，水産業や海洋関連産業の各分野における電気・電子に関する基礎的な理論と関連付けて考察するよう工夫して指導すること。
　イ　〔指導項目〕の(5)のアからエまで及び(6)のアからウまでについては，生徒の実態や学科の特色に応じて，選択して扱うことができること。
(2) 内容の範囲や程度については，次の事項に配慮するものとする。
　ア　〔指導項目〕の(1)については，直流回路と交流回路における諸定理や計算方法の基礎的な内容を扱うこと。エについては，正弦波交流を中心に扱うこと。
　イ　〔指導項目〕の(4)については，電池，電源設備の原理，構造，運転，保守などの基礎的な内容を扱うこと。

第12　移動体通信工学

1　目　標

　水産の見方・考え方を働かせ，実践的・体験的な学習活動を行うことなどを通して，船舶など移動体における通信に必要な資質・能力を次のとおり育成することを目指す。
(1) 移動体通信について体系的・系統的に理解するとともに，関連する技術を身に付けるようにする。
(2) 移動体通信に関する課題を発見し，通信の運用に従事する者として合理的かつ創造的に解決する力を養う。
(3) 移動体における電子機器の取扱いや通信業務への活用を目指して自ら学び，水産業や海洋関連産業の振興や社会貢献に主体的かつ協働的に取り組む態度を養う。

2　内　容

　1に示す資質・能力を身に付けることができるよう，次の〔指導項目〕を指導する。
〔指導項目〕
(1) 移動体通信の概要
　ア　通信の種類

イ　移動体通信
　　ウ　電波や光による情報の伝送
　　エ　無線局の設備と特徴
(2) 無線通信機器
　　ア　無線通信機器の基礎回路
　　イ　送信機，受信機
　　ウ　マイクロ波通信装置
　　エ　遭難及び安全通信設備
(3) マイクロ波回路とアンテナ
　　ア　マイクロ波回路
　　イ　マイクロ波回路の種類と特徴
　　ウ　アンテナの種類と特性
　　エ　給電線の種類と特徴
(4) 電波の伝わり方
　　ア　電波の伝搬特性
　　イ　伝搬上の諸現象
(5) 航海用電子機器
　　ア　レーダー
　　イ　衛星航法機器
　　ウ　ソナー
　　エ　その他の電子機器
(6) 応用電子計測
　　ア　電子計測機器
　　イ　送信機の測定
　　ウ　受信機の測定
　　エ　マイクロ波と光の測定
　　オ　アンテナ及び電波の測定

3　内容の取扱い

(1) 内容を取り扱う際には，次の事項に配慮するものとする。
　　ア　実験・実習などの体験的な学習活動を通して，船舶など移動体における通信について具体的に理解できるよう指導すること。
(2) 内容の範囲や程度については，次の事項に配慮するものとする。
　　ア　〔指導項目〕の(1)のイについては，通信の変遷や構成，各種通信サービスを扱うこと。
　　イ　〔指導項目〕の(2)のアについては，発振回路や変調・復調回路の基礎的な内容を扱うこと。エについては，海上における遭難及び安全に関する世界的な制度を中心に扱うこと。
　　ウ　〔指導項目〕の(3)のア及びイについては，分布定数回路，導波管を用いた立体回路や四端子回路網を扱うこと。
　　エ　〔指導項目〕の(5)については，各種電子機器の原理や性能，用途を扱うこと。

第13 海洋通信技術

1 目標
　水産の見方・考え方を働かせ，実践的・体験的な学習活動を行うことなどを通して，有線通信と情報通信技術の運用に必要な資質・能力を次のとおり育成することを目指す。
(1) 有線通信と情報通信技術について体系的・系統的に理解するとともに，関連する技術を身に付けるようにする。
(2) 有線通信と情報通信技術に関する課題を発見し，通信の運用に従事する者として合理的かつ創造的に解決する力を養う。
(3) 有線通信と情報通信技術の通信業務への活用を目指して自ら学び，水産業や海洋関連産業の振興や社会貢献に主体的かつ協働的に取り組む態度を養う。

2 内容
　1に示す資質・能力を身に付けることができるよう，次の〔指導項目〕を指導する。
〔指導項目〕
(1) 有線通信機器
　　ア　有線によるデータ通信の基礎
　　イ　端末設備の技術
　　ウ　ネットワークの技術
　　エ　情報セキュリティの技術
　　オ　接続工事の技術
(2) 通信関係法規
　　ア　電波法及び関係法規
　　イ　国際通信関係法規
　　ウ　有線通信関係法規
　　エ　海事関係法規
(3) 通信英語
　　ア　無線通信に使用される英語
　　イ　重要通信の通信文例
(4) 通信交通地理
　　ア　日本の通信交通地理
　　イ　世界の通信交通地理
(5) 通信の実技
　　ア　送受信の実技
　　イ　通信運用

3 内容の取扱い
(1) 内容を取り扱う際には，次の事項に配慮するものとする。
　　ア　実験・実習などの体験的な学習活動を通して，船内における有線通信技術と通信業務について具体的に理解できるよう指導すること。
　　イ　〔指導項目〕の(2)のアからエまで，(3)のア及びイについては，生徒の実態や学科の特色に応じて，それぞれいずれかを選択して扱うことができること。(4)のア及びイ，(5)のア及びイについては，生徒の実態や学科の特色に応じて，選択して扱うことができること。

(2) 内容の範囲や程度については，次の事項に配慮するものとする。

　ア　〔指導項目〕の(1)については，端末設備やネットワークの伝送技術，種類，構造などの基礎的な内容を中心に扱うこと。エについては，海上における円滑な通信業務と関連付けた情報セキュリティを扱うこと。オについては，各種ケーブルの製作や保守方法を扱うこと。

　イ　〔指導項目〕の(3)のイについては，遭難通信，緊急通信，安全通信などの通信文例を扱うこと。

　ウ　〔指導項目〕の(4)のアについては，海上用の無線航行陸上局や主な漁港の配置を扱うこと。イについては，海岸地球局の配置や日本の漁船の主要寄港地を扱うこと。

　エ　〔指導項目〕の(5)のアについては，モールス符号による和文・欧文の受信と送信を扱うこと。

第14　資源増殖

1　目標

水産の見方・考え方を働かせ，実践的・体験的な学習活動を行うことなどを通して，水産増養殖に必要な資質・能力を次のとおり育成することを目指す。

(1) 資源増殖について体系的・系統的に理解するとともに，関連する技術を身に付けるようにする。

(2) 資源増殖に関する課題を発見し，生物生産に関わる者として合理的かつ創造的に解決する力を養う。

(3) 安全な水産物の増養殖と生産性の向上を目指して自ら学び，水産業や海洋関連産業の振興や社会貢献に主体的かつ協働的に取り組む態度を養う。

2　内容

1に示す資質・能力を身に付けることができるよう，次の〔指導項目〕を指導する。

〔指導項目〕

(1) 資源増殖の概要
　ア　増養殖技術の変遷
　イ　増養殖技術
　ウ　種苗生産

(2) 飼料・餌料
　ア　養魚飼料の現状と特徴
　イ　魚介類の摂餌，消化，吸収，栄養要求
　ウ　初期餌料
　エ　飼料原料と配合飼料

(3) 病気と病害対策
　ア　病気の種類と流行
　イ　病気の診断と対策

(4) 生産物の安全管理と環境対策
　ア　生産物の流通と安全管理
　イ　増養殖における環境対策

(5) 水産育種とバイオテクノロジー
　ア　水産育種
　イ　バイオテクノロジー

(6) 主な増養殖技術
　ア　海洋動物
　イ　海洋植物

         ウ　海外の養殖技術
         エ　観賞魚飼育
　　(7) 養殖業経営と増養殖関係法規
         ア　養殖業経営
         イ　増養殖関係法規

3　内容の取扱い

(1) 内容を取り扱う際には，次の事項に配慮するものとする。

　ア　産業現場の見学や実験・実習などの体験的な学習活動を通して，水産増養殖による生産性の向上と環境保全の重要性について具体的に理解できるようにするとともに，資源増殖の意義や役割と関連付けて考察するよう工夫して指導すること。

　イ　〔指導項目〕の(6)については，地域の実態や学科の特色に応じて，適切な増養殖対象種を扱うこと。

(2) 内容の範囲や程度については，次の事項に配慮するものとする。

　ア　〔指導項目〕の(1)のイについては，主な増養殖技術について基礎的な内容を扱うこと。

　イ　〔指導項目〕の(2)のエについては，技術の進展に応じた最新の飼料の原材料を扱うこと。

　ウ　〔指導項目〕の(4)のアについては，危害分析・重要管理点方式や食品トレーサビリティシステムなど安全管理に関する内容を扱うこと。イについては，自家汚染や遺伝子汚染などの増養殖による環境汚染とその対策を扱うこと。

　エ　〔指導項目〕の(5)のイについては，技術革新に対応した最新の内容を扱うこと。

　オ　〔指導項目〕の(7)のアについては，漁業協同組合と金融，共済制度などと関連付けて扱うこと。また，簿記の基礎的な内容と養殖業経営についても扱うこと。

第15　海洋生物

1　目　標

水産の見方・考え方を働かせ，実践的・体験的な学習活動を行うことなどを通して，海洋生物を水産業や海洋関連産業において活用するために必要な資質・能力を次のとおり育成することを目指す。

(1) 海洋生物について体系的・系統的に理解するとともに，関連する技術を身に付けるようにする。

(2) 海洋生物を取り巻く課題を発見し，海洋生物に関わる者として合理的かつ創造的に解決する力を養う。

(3) 水産資源の管理や有効利用を目指して自ら学び，水産業や海洋関連産業の振興や社会貢献に主体的かつ協働的に取り組む態度を養う。

2　内　容

1に示す資質・能力を身に付けることができるよう，次の〔指導項目〕を指導する。

〔指導項目〕

(1) 海洋生物のあらまし
　　ア　海洋生物の概要
　　イ　海洋生物と人との関わり

(2) 海洋動物
　　ア　海洋動物の生活
　　イ　主な海洋動物

(3) 海洋植物

    ア 海洋植物の生活
    イ 主な海洋植物
  (4) プランクトン
    ア プランクトンの生活
    イ 主なプランクトン
  (5) 水産資源管理
    ア 水産資源の特徴
    イ 資源量の推定
    ウ 資源管理の方法
    エ 未利用資源
    オ 種の保全
  (6) 海洋生物実験
    ア 海洋動物実験
    イ 海洋植物実験
    ウ プランクトン実験

3 内容の取扱い
(1) 内容を取り扱う際には，次の事項に配慮するものとする。
  ア 飼育，観察，調査等による実験・実習などの体験的な学習活動を通して，水産資源の管理や有効な活用について具体的に理解できるよう指導すること。
  イ 〔指導項目〕の(2)のイ，(3)のイ及び(4)のイについては，地域の実態や学科の特色に応じて，適切な対象種を扱うこと。
  ウ 〔指導項目〕の(6)については，地域の実態や学科の特色に応じて，適切な実験を選択して扱うことができること。
(2) 内容の範囲や程度については，次の事項に配慮するものとする。
  ア 〔指導項目〕の(1)のイについては，海洋生物の利用や海洋生物による被害などを扱うこと。
  イ 〔指導項目〕の(2)のアについては，海洋動物の生活と環境との関わり及び生態系，水産資源などの中で海洋動物の果たす役割を扱うこと。
  ウ 〔指導項目〕の(3)のアについては，海洋植物の生活と環境との関わり及び生態系，水産資源などの中で海洋植物の果たす役割を扱うこと。
  エ 〔指導項目〕の(4)のアについては，プランクトンの生活と環境との関わり及び生態系，水産資源などの中でプランクトンの果たす役割を扱うこと。イについては，海洋や湖沼などの生物生産に関わりの深いプランクトンの種類と生態を扱うこと。
  オ 〔指導項目〕の(5)のウについては，水産資源の持続的有効利用，漁獲可能量制度などを扱うこと。エについては，深海生物やバイオマスなどを扱うこと。オについては，絶滅危惧種の保全や外来種の問題などを扱うこと。
  カ 〔指導項目〕の(6)のアについては，基礎的な解剖，発生の観察，外部形態と計測，フィールド調査，標本作製などを扱うこと。イについては，フィールド調査と採集，標本作製，色素の検出などを扱うこと。ウについては，採集方法，計測方法などを扱うこと。

第16 海洋環境

1 目標
　水産の見方・考え方を働かせ，実践的・体験的な学習活動を行うことなどを通して，海洋環境の管理や保全に必要な資質・能力を次のとおり育成することを目指す。
(1) 海洋環境について体系的・系統的に理解するとともに，関連する技術を身に付けるようにする。
(2) 海洋環境に関する課題を発見し，水産業や海洋関連産業に関わる者として合理的かつ創造的に解決する力を養う。
(3) 海洋環境の管理や保全を目指して自ら学び，持続可能で発展的な水産業や海洋関連産業の振興や社会貢献に主体的かつ協働的に取り組む態度を養う。

2 内容
　1に示す資質・能力を身に付けることができるよう，次の〔指導項目〕を指導する。
〔指導項目〕
(1) 海洋環境と人間
　ア　海洋環境管理の概要
　イ　海洋環境の保全
　ウ　陸水環境の保全
　エ　海洋環境関係法規
(2) 水産・海洋関連産業と環境保全
　ア　漁業・船舶と環境保全
　イ　資源増殖と環境保全
　ウ　海洋性レクリエーションと環境保全
(3) 漁場環境と調査
　ア　漁場環境の特性
　イ　漁場の調査
(4) 海洋開発と環境改善
　ア　漁場造成技術
　イ　ウォーターフロント開発
　ウ　環境改善技術
(5) 海洋における自然災害への対応
　ア　自然災害と人間生活
　イ　自然災害と安全確保
　ウ　自然災害と持続的な生産活動

3 内容の取扱い
(1) 内容を取り扱う際には，次の事項に配慮するものとする。
　ア　海洋環境と水産業や海洋関連産業をはじめとする人間生活との関連について具体的に理解できるよう指導すること。
　イ　産業現場の見学や実験・実習などの体験的な学習活動を通して，海洋環境の現状や保全，災害対策に関する具体的な課題を発見し，その解決に取り組むことができるよう工夫して指導すること。
　ウ　〔指導項目〕の(2)から(4)までについては，地域の実態や学科の特色に応じて，適切な事例を扱うこと。

(2) 内容の範囲や程度については，次の事項に配慮するものとする。

ア 〔指導項目〕の(1)のアについては，海洋や陸水の環境管理の意義と沿革及び現状と今後の展望を扱うこと。イについては，気候変動に伴う影響などを扱うこと。ウについては，陸水の環境要因の基礎的な内容について扱うこと。エについては，国際条約の概要，環境アセスメントの基礎的な内容を扱うこと。

イ 〔指導項目〕の(2)のアについては，漁業に伴う廃棄漁具，船舶運航による排出ガスやバラスト水，省力化船などの現状や課題を扱うこと。イについては，増養殖場における環境要因，海洋生物の生育に適する水質や養殖場の自家汚染対策を扱うこと。

ウ 〔指導項目〕の(3)のイについては，気象観測や水質，底質及び生物調査などの基礎的な内容を扱うこと。

エ 〔指導項目〕の(4)については，海洋生物の繁殖や成長に必要な条件を備えた人工漁場や増養殖場を造成するための基本的な技術並びに海岸環境の保全と整備，造成技術など基礎的な内容を扱うこと。

第17 小型船舶

1 目標

水産の見方・考え方を働かせ，実践的・体験的な学習活動を行うことなどを通して，漁船等の小型船舶の運航に必要な資質・能力を次のとおり育成することを目指す。

(1) 小型船舶の安全かつ適切な操船について体系的・系統的に理解するとともに，関連する技術を身に付けるようにする。

(2) 小型船舶の安全かつ適切な操船に関する課題を発見し，漁業生産など海上業務に従事する者として合理的かつ創造的に解決する力を養う。

(3) 小型船舶の安全かつ適切な操船や漁業生産への活用を目指して自ら学び，水産業や海洋関連産業の振興や社会貢献に主体的かつ協働的に取り組む態度を養う。

2 内容

1に示す資質・能力を身に付けることができるよう，次の〔指導項目〕を指導する。

〔指導項目〕

(1) 小型船舶操縦者としての心得

　ア 水上交通の特性

　イ 船長の心得

　ウ 小型船舶操縦者の遵守事項

(2) 交通の方法

　ア 一般海域での交通の方法

　イ 港内での交通の方法

　ウ 特定海域での交通の方法

　エ 湖川及び特定水域での交通の方法

(3) 運航

　ア 船体，設備及び装備品

　イ 操縦

　ウ 航海の基礎

　エ 気象及び海象

オ　航海計画
　　　カ　荒天航法及び海難防止
　(4) 機関
　　　ア　機関の取扱い
　　　イ　機関の保守整備
　　　ウ　機関故障時の対処
　(5) 小型船舶の取扱い
　　　ア　発航前の準備及び点検
　　　イ　解らん・係留
　　　ウ　結索
　　　エ　方位測定
　(6) 小型船舶の操縦
　　　ア　基本操縦
　　　イ　応用操縦
3　内容の取扱い
(1) 内容を取り扱う際には，次の事項に配慮するものとする。
　ア　実験・実習などの体験的な学習活動を通して，小型船舶の安全かつ適切な操船について具体的に理解できるよう指導すること。
　イ　小型船舶の運航における安全管理や事故防止について指導の徹底を図るとともに，重要性について理解できるよう指導すること。
(2) 内容の範囲や程度については，次の事項に配慮するものとする。
　ア　〔指導項目〕の(1)については，船員及び船舶と安全に関する法規のうち，小型船舶操縦者に必要な基本的な内容を扱うこと。
　イ　〔指導項目〕の(2)のアについては，海上衝突予防法及び関係法規を扱うこと。イについては，港則法及び関係法規を扱うこと。ウについては，海上交通安全法及び関係法規を扱うこと。
　ウ　〔指導項目〕の(6)のアについては，安全確認や発進・直進・停止，後進及び変針・旋回・蛇行を扱うこと。イについては，人命救助や避航操船及び離岸・着岸を扱うこと。

第18　食品製造

1　目　標
　水産の見方・考え方を働かせ，実践的・体験的な学習活動を行うことなどを通して，水産食品を主とした安全な食品の製造と品質の向上に必要な資質・能力を次のとおり育成することを目指す。
(1) 食品製造について体系的・系統的に理解するとともに，関連する技術を身に付けるようにする。
(2) 食品製造に関する課題を発見し，食品製造に関わる者として合理的かつ創造的に解決する力を養う。
(3) 安全な食品の製造と品質の向上を目指して自ら学び，水産業や海洋関連産業の振興や社会貢献に主体的かつ協働的に取り組む態度を養う。

2　内　容
　1に示す資質・能力を身に付けることができるよう，次の〔指導項目〕を指導する。
〔指導項目〕
(1) 食品製造の概要
　　ア　食品製造の意義と食育

イ　水産食品の現状と将来
　(2) 食品の貯蔵及び加工
　　ア　水産物の性状
　　イ　食品の貯蔵及び加工の原理
　　ウ　食品の貯蔵法
　(3) 水産食品の製造
　　ア　乾製品
　　イ　塩蔵品
　　ウ　魚肉ねり製品
　　エ　缶詰，レトルト食品
　　オ　冷凍食品
　　カ　その他の水産食品
　(4) 食品製造機器
　　ア　食品製造機器
　　イ　ボイラ
　　ウ　冷凍・冷蔵装置
　(5) 環境汚染の防止
　　ア　生活環境の保全
　　イ　環境問題への取組
　(6) 経営と生産管理
　　ア　経営
　　イ　生産管理

3　内容の取扱い

(1) 内容を取り扱う際には，次の事項に配慮するものとする。

　ア　産業現場の見学や就業体験活動，実験・実習などの体験的な学習活動を通して，安全な食品を安定的に供給することの重要性について具体的に理解できるよう指導すること。

　イ　〔指導項目〕の(3)及び(4)については，安全指導の徹底を図るとともに，食品衛生上の危害要因を明確にし，その危害発生を予防すること。

　ウ　〔指導項目〕の(4)については，生徒の実態や学科の特色に応じて，適切な機器を選択して扱うことができること。

(2) 内容の範囲や程度については，次の事項に配慮するものとする。

　ア　〔指導項目〕の(1)については，国民生活に果たしている食品製造の意義や役割，食品製造に関わる者の使命と責任，食育の意義を扱うこと。

　イ　〔指導項目〕の(3)のオについては，最新の冷凍技術の実態を具体的に扱うこと。

　ウ　〔指導項目〕の(5)のイについては，環境汚染の発生要因とその対策及び処理方法について基礎的な内容を扱うこと。

　エ　〔指導項目〕の(6)のアについては，原価計算や簿記の基礎的な内容を扱うとともに，経営や起業に対する支援についても触れること。イについては，品質管理と製品検査の概要を扱うこと。

第19 食品管理

1 目標
　水産の見方・考え方を働かせ，実践的・体験的な学習活動を行うことなどを通して，水産物を主とした食品を安全かつ適切に管理するために必要な資質・能力を次のとおり育成することを目指す。
(1) 食品管理について体系的・系統的に理解するとともに，関連する技術を身に付けるようにする。
(2) 食品管理に関する課題を発見し，食品管理に関わる者として合理的かつ創造的に解決する力を養う。
(3) 安全かつ適切な食品の管理を目指して自ら学び，水産業や海洋関連産業の振興や社会貢献に主体的かつ協働的に取り組む態度を養う。

2 内容
　1に示す資質・能力を身に付けることができるよう，次の〔指導項目〕を指導する。
〔指導項目〕
(1) 食品管理の概要
　　ア　食品管理の意義
　　イ　食品管理の沿革
(2) 食品の成分及びその変化
　　ア　食品の成分と栄養
　　イ　食品の機能性
　　ウ　食品の品質変化
(3) 食品と微生物
　　ア　食品と微生物
　　イ　食品による危害
(4) 食品管理実験
　　ア　実験の基礎
　　イ　化学実験
　　ウ　微生物実験
(5) 食品の安全管理
　　ア　食品工場における衛生管理
　　イ　安全管理システム
　　ウ　食品添加物
(6) 食品管理関係法規
　　ア　食品の安全に関する法規
　　イ　食品の規格に関する法規
　　ウ　食品の表示に関する法規

3 内容の取扱い
(1) 内容を取り扱う際には，次の事項に配慮するものとする。
　　ア　食品管理における国内及び国際的な動向を踏まえ，具体的な事例を基にした学習活動を取り入れること。
　　イ　産業現場の見学や実験・実習などの体験的な学習活動を通して，食品の品質管理や衛生管理の重要性について具体的に理解できるよう指導すること。
　　ウ　〔指導項目〕の(4)については，安全指導の徹底を図ること。また，生徒の実態や学科の特色に応

じて，適切な実験を選択して扱うことができること。
(2) 内容の範囲や程度については，次の事項に配慮するものとする。
　ア　〔指導項目〕の(1)については，国民生活に果たしている食品管理の意義や役割，食品管理に関わる者の使命と責任を扱うこと。
　イ　〔指導項目〕の(2)のウについては，水産物の貯蔵，加工及び流通の過程における変化について農産物と比較して扱うこと。
　ウ　〔指導項目〕の(3)のアについては，食品の生産から消費に至る過程において関係する微生物の性質や働きを扱うこと。イについては，食品に起因する危害要因やその予防・防除を扱うこと。
　エ　〔指導項目〕の(4)のイについては，定性分析法，定量分析法及び栄養成分の分析法を扱うこと。ウについては，微生物の培養試験法の基本的な内容及び食品の規格基準に定められた試験法を扱うこと。
　オ　〔指導項目〕の(5)については，危害分析・重要管理点方式などの国際的な安全管理の方法や食品トレーサビリティシステムの我が国における状況を扱うこと。

第20　水産流通

1　目標

水産の見方・考え方を働かせ，実践的・体験的な学習活動を行うことなどを通して，安全かつ合理的な水産物の流通に必要な資質・能力を次のとおり育成することを目指す。
(1) 水産流通について体系的・系統的に理解するとともに，関連する技術を身に付けるようにする。
(2) 水産流通に関する課題を発見し，水産流通に関わる者として合理的かつ創造的に解決する力を養う。
(3) 安全かつ合理的な水産物の流通を目指して自ら学び，水産業や海洋関連産業の振興や社会貢献に主体的かつ協働的に取り組む態度を養う。

2　内容

1に示す資質・能力を身に付けることができるよう，次の〔指導項目〕を指導する。
〔指導項目〕
(1) 水産物流通の概要
　ア　流通の仕組み
　イ　水産物流通の展望
(2) 水産物の流通
　ア　鮮魚の流通
　イ　活魚の流通
　ウ　水産加工品の流通
　エ　輸出入水産物の流通
(3) 水産物流通の技術と管理
　ア　輸送管理技術と品質管理
　イ　包装技術
　ウ　情報技術の利用
(4) 水産物の流通機構
　ア　卸売業
　イ　小売業
　ウ　輸出入業

(5) 水産物のマーケティング
　ア　市場調査と商品開発
　イ　水産物の販売促進
(6) 流通関係法規と知的財産
　ア　主な流通関係法規
　イ　知的財産

3　内容の取扱い

(1) 内容を取り扱う際には，次の事項に配慮するものとする。
　ア　産業現場の見学や調査，実験・実習などの体験的な学習活動を通して，水産流通の仕組みと役割について具体的に理解できるよう指導すること。
　イ　〔指導項目〕の(5)については，安全指導や衛生指導の徹底を図るとともに，(6)と関連付け，法令遵守の重要性について理解できるよう指導すること。
(2) 内容の範囲や程度については，次の事項に配慮するものとする。
　ア　〔指導項目〕の(2)については，各種水産物の特性を踏まえた流通経路や価格形成の仕組みを扱うこと。
　イ　〔指導項目〕の(3)のウについては，基本的な物流情報システムを扱うこと。
　ウ　〔指導項目〕の(4)については，各流通段階の役割と機能を扱うこと。ウについては，貿易実務の基礎的な内容を扱うこと。
　エ　〔指導項目〕の(5)については，地域と連携した水産物のマーケティングを具体的に扱うこと。

第21　ダイビング

1　目標

水産の見方・考え方を働かせ，実践的・体験的な学習活動を行うことなどを通して，ダイビングに必要な資質・能力を次のとおり育成することを目指す。
(1) ダイビングについて体系的・系統的に理解するとともに，関連する技術を身に付けるようにする。
(2) ダイビングに関する課題を発見し，水産や海洋での諸活動を安全かつ適切に行う者として合理的かつ創造的に解決する力を養う。
(3) 水産や海洋におけるダイビングの活用を目指して自ら学び，水産業や海洋関連産業の振興や社会貢献に主体的かつ協働的に取り組む態度を養う。

2　内容

1に示す資質・能力を身に付けることができるよう，次の〔指導項目〕を指導する。
〔指導項目〕
(1) ダイビングの概要
　ア　ダイビングの歴史
　イ　ダイバーの適性
　ウ　ダイビングの種類
(2) ダイビングの環境
　ア　圧力・温度
　イ　浮力
　ウ　気体の性質
　エ　水中での視覚・聴覚

        オ 海の流れ
        カ 海洋生物
    (3) ダイビングの生理
        ア ダイビングの人体に及ぼす影響
        イ ダイビングによる障害と対策
        ウ 救急処置
    (4) ダイビング機器
        ア スクーバ式
        イ ヘルメット式
        ウ 全面マスク式
        エ その他の機器
    (5) ダイビング技術
        ア 送気法
        イ 潜降法
        ウ 浮上法
        エ 水中調査及び水中作業
    (6) ダイビング関係法規
        ア 労働安全衛生法
        イ 高気圧作業安全衛生規則
        ウ 漁業に関する法令
3 内容の取扱い
  (1) 内容を取り扱う際には，次の事項に配慮するものとする。
      ア 安全指導や安全管理，水中や沿岸等の環境保全などに十分配慮するとともに，実験・実習などの体験的な学習活動を通して，ダイビングの安全な実施について具体的に理解できるよう指導すること。
  (2) 内容の範囲や程度については，次の事項に配慮するものとする。
      ア 〔指導項目〕の(1)については，ダイビングの意義及び業としてのダイビングの現状と今後の展望を扱うこと。
      イ 〔指導項目〕の(3)については，(2)と関連付けて扱うこと。イについては，減圧症の対策など基礎的な内容を扱うこと。
      ウ 〔指導項目〕の(4)については，主要なダイビング機器の構造及び使用法を扱うこと。
      エ 〔指導項目〕の(6)については，ダイビングに関する労働安全衛生や高気圧作業安全衛生などに関する基本的な法規を扱うこと。

第22 マリンスポーツ

1 目標

　水産の見方・考え方を働かせ，実践的・体験的な学習活動を行うことなどを通して，水産業や海洋関連産業におけるマリンスポーツに必要な資質・能力を次のとおり育成することを目指す。
 (1) マリンスポーツについて体系的・系統的に理解するとともに，関連する技術を身に付けるようにする。
 (2) マリンスポーツに関する課題を発見し，海洋や河川などの自然環境を活用する者として合理的かつ

創造的に解決する力を養う。
　(3) 海洋などにおける諸活動の円滑かつ安全な実施を目指して自ら学び，水産業や海洋関連産業の振興や社会貢献に主体的かつ協働的に取り組む態度を養う。

2　内容

　1に示す資質・能力を身に付けることができるよう，次の〔指導項目〕を指導する。

〔指導項目〕
　(1) 海の活用と環境保全
　　ア　海の有効活用
　　イ　自然環境保全
　(2) フィッシング
　　ア　海釣り
　　イ　川釣り
　(3) レジャーダイビング
　　ア　スノーケリング
　　イ　スキンダイビング
　　ウ　スクーバダイビング
　(4) 海洋レジャー
　　ア　海上でのルールと自然現象
　　イ　セーリング
　　ウ　カヌー・カヤック
　　エ　その他のマリンスポーツ
　(5) 安全指導と安全管理
　　ア　安全指導
　　イ　安全管理

3　内容の取扱い

　(1) 内容を取り扱う際には，次の事項に配慮するものとする。
　　ア　水産業及び海洋関連産業におけるマリンスポーツの全体を概観できるようにするとともに，安全指導や安全管理，自然環境の保全について理解できるよう指導すること。
　　イ　実験・実習などの体験的な学習活動を通して，生徒の興味・関心や目的意識が高まるよう工夫して指導すること。
　　ウ　〔指導項目〕の(2)のア及びイ，(3)のアからウまで，(4)のイからエまでについては，生徒の実態や学科の特色に応じて，それぞれいずれかを選択して扱うことができること。
　(2) 内容の範囲や程度については，次の事項に配慮するものとする。
　　ア　〔指導項目〕の(1)のアについては，マリンスポーツを実施する際の海の有効利用について扱うこと。
　　イ　〔指導項目〕の(2)については，海洋や河川で活動する場合のルールやマナーを扱うこと。
　　ウ　〔指導項目〕の(3)については，各種レジャーダイビングに関する基礎的な内容を扱うこと。
　　エ　〔指導項目〕の(4)については，海洋気象及び海上におけるルールやマナーを扱うこと。
　　オ　〔指導項目〕の(5)については，指導者として安全を確保する立場を意識させながら，事故を未然に防ぐ方法や事故が発生した場合の対処法を扱うこと。

第3款　各科目にわたる指導計画の作成と内容の取扱い

1　指導計画の作成に当たっては，次の事項に配慮するものとする。
  (1) 単元など内容や時間のまとまりを見通して，その中で育む資質・能力の育成に向けて，生徒の主体的・対話的で深い学びの実現を図るようにすること。その際，水産の見方・考え方を働かせ，水産業や海洋関連産業に関する事象を科学的に捉え，理解を深めるとともに，地域産業の振興や社会貢献に寄与するため，実践的・体験的な学習活動の充実を図ること。
  (2) 水産に関する各学科においては，「水産海洋基礎」及び「課題研究」を原則として全ての生徒に履修させること。
  (3) 水産に関する各学科においては，原則として水産科に属する科目に配当する総授業時数の10分の5以上を実験・実習に配当すること。また，実験・実習に当たっては，ホームプロジェクトを取り入れることもできること。
  (4) 地域や産業界等との連携・交流を通じた実践的な学習活動や就業体験活動を積極的に取り入れるとともに，社会人講師を積極的に活用するなどの工夫に努めること。
  (5) 障害のある生徒などについては，学習活動を行う場合に生じる困難さに応じた指導内容や指導方法の工夫を計画的，組織的に行うこと。
2　内容の取扱いに当たっては，次の事項に配慮するものとする。
  (1) 水産や海洋に関する課題を科学的・論理的に捉え，解決に向けた方策を自らの意見にまとめ，討議，発表する学習活動や，地域及び産業界等への学習成果の発信，研究発表などの機会を活用して，言語活動の充実を図ること。
  (2) コンピュータや情報通信ネットワークなどの活用を図り，学習の効果を高めるよう工夫すること。
3　実験・実習を行うに当たっては，関連する法規等に従い，施設・設備や薬品等の安全管理に配慮し，学習環境を整えるとともに，事故防止や環境保全の指導を徹底し，安全と衛生に十分留意するものとする。
4　漁業乗船実習，機関乗船実習，体験乗船実習などを行う際には，綿密な計画を立て，所属の実習船により安全で効果的な実習が行われるよう留意するものとする。

第5節 家庭

● 第1款 目標

家庭の生活に関わる産業の見方・考え方を働かせ，実践的・体験的な学習活動を行うことなどを通して，生活の質の向上と社会の発展を担う職業人として必要な資質・能力を次のとおり育成することを目指す。

(1) 生活産業の各分野について体系的・系統的に理解するとともに，関連する技術を身に付けるようにする。

(2) 生活産業に関する課題を発見し，職業人に求められる倫理観を踏まえ合理的かつ創造的に解決する力を養う。

(3) 職業人として必要な豊かな人間性を育み，よりよい社会の構築を目指して自ら学び，生活の質の向上と社会の発展に主体的かつ協働的に取り組む態度を養う。

● 第2款 各科目

第1 生活産業基礎

1 目標

家庭の生活に関わる産業の見方・考え方を働かせ，実践的・体験的な学習活動を行うことなどを通して，衣食住，ヒューマンサービスなどに関する生活産業や関連する職業を担う職業人として必要な基礎的な資質・能力を次のとおり育成することを目指す。

(1) 生活産業や関連する職業について体系的・系統的に理解するとともに，関連する技術を身に付けるようにする。

(2) 生活産業や関連する職業に関する課題を発見し，生活産業を担う職業人として合理的かつ創造的に解決する力を養う。

(3) 生活産業や関連する職業への関心を高め，適切な進路選択と専門性の向上を目指して自ら学び，生活産業の振興や社会貢献に主体的かつ協働的に取り組む態度を養う。

2 内容

1に示す資質・能力を身に付けることができるよう，次の〔指導項目〕を指導する。

〔指導項目〕

(1) 生活産業を学ぶに当たって
　ア　働くことの社会的な意義や役割
　イ　職業人に求められる倫理観
　ウ　産業構造の変化と課題
　エ　生活産業の意義と役割

(2) ライフスタイルの変化と生活産業
　ア　社会の変化とライフスタイルの多様化
　イ　生活産業の発展と伝統産業

(3) ライフスタイルの変化に対応した商品・サービスの提供
　ア　消費者ニーズの把握
　イ　商品・サービスの開発及び販売・提供

        ウ　関係法規
　(4) 生活産業と職業
　　ア　食生活関連分野
　　イ　衣生活関連分野
　　ウ　住生活関連分野
　　エ　ヒューマンサービス関連分野
　(5) 職業生活と自己実現
　　ア　職業選択と自己実現
　　イ　社会の変化と職業生活
　　ウ　将来設計と進路計画
3　内容の取扱い
　(1) 内容を取り扱う際には，次の事項に配慮するものとする。
　　ア　〔指導項目〕の(1)については，この科目の導入として扱い，社会や産業全体の課題及びその解決のために生活産業が果たしている役割について，具体的な事例を通して指導すること。
　　イ　〔指導項目〕の(3)については，職業人に求められるマネジメントの重要性に着目し，消費者の多様なニーズを的確に把握するとともに，商品・サービスの開発から販売・提供に結び付けていく一連の流れを踏まえ，それらに関する実習を取り入れるなど指導を工夫すること。
　　ウ　〔指導項目〕の(4)のアからエまでについては，生徒の実態や学科の特色に応じて，いずれか一つ以上を選択して扱うことができること。
　(2) 内容の範囲や程度については，次の事項に配慮するものとする。
　　ア　〔指導項目〕の(1)のウについては，サービス産業の発展などを扱うこと。
　　イ　〔指導項目〕の(2)のアについては，経済の発展に伴い，就労形態や価値観，ライフスタイルが多様化している状況を扱うこと。また，社会の変化の一つとして人口減少社会についても取り上げること。イについては，社会の変化に伴う生活に関する価値観の多様化や消費者の多様なニーズに応えるために生活産業が発展している状況及び伝統産業の現状と課題や今後の展望を扱うこと。
　　ウ　〔指導項目〕の(3)のアについては，消費者の多様なニーズを捉える調査方法や結果を商品開発等に活用する方法などを扱うこと。イについては，身近で具体的な事例を取り上げ，商品・サービスの企画，開発から生産，販売・提供に結び付けていく仕組みを扱うこと。ウについては，商品やサービスの販売・提供に関する法規を扱うこと。
　　エ　〔指導項目〕の(4)については，具体的な事例を通して生活産業の種類や特徴及び関連する職業や必要な資格を扱うこと。
　　オ　〔指導項目〕の(5)については，生活産業に関わる職業人に求められる資質・能力と役割や責任，職業資格，進路設計などを専門科目の学習と関連付けて扱うこと。

第2　課題研究

1　目　標
　　家庭の生活に関わる産業の見方・考え方を働かせ，実践的・体験的な学習活動を行うことなどを通して，生活の質の向上や，社会を支え生活産業の発展を担う職業人として必要な資質・能力を次のとおり育成することを目指す。
　(1) 生活産業の各分野について体系的・系統的に理解するとともに，相互に関連付けられた技術を身に付けるようにする。

(2) 生活産業に関する課題を発見し，生活産業を担う職業人として解決策を探究し，科学的な根拠に基づいて創造的に解決する力を養う。

(3) 課題を解決する力の向上を目指して自ら学び，生活産業の発展や社会貢献に主体的かつ協働的に取り組む態度を養う。

2 内 容

1に示す資質・能力を身に付けることができるよう，次の〔指導項目〕を指導する。

〔指導項目〕

(1) 調査，研究，実験
(2) 作品製作
(3) 産業現場等における実習
(4) 職業資格の取得
(5) 学校家庭クラブ活動

3 内容の取扱い

(1) 内容を取り扱う際には，次の事項に配慮するものとする。

ア 生徒の興味・関心，進路希望等に応じて，〔指導項目〕の(1)から(5)までの中から，個人又はグループで生活産業に関する適切な課題を設定し，主体的かつ協働的に取り組む学習活動を通して，専門的な知識，技術などの深化・総合化を図り，生活産業に関する課題の解決に取り組むことができるようにすること。なお，課題については，(1)から(5)までの2項目以上にまたがるものを設定することができること。

イ 課題研究の成果について発表する機会を設けるようにすること。

第3 生活産業情報

1 目 標

家庭の生活に関わる産業の見方・考え方を働かせ，実践的・体験的な学習活動を行うことなどを通して，情報及び情報技術を適切かつ効果的に活用し，生活産業の発展を担う職業人として必要な資質・能力を次のとおり育成することを目指す。

(1) 生活産業の各分野における情報の意義や役割，情報及び情報技術を活用する方法について体系的・系統的に理解するとともに，関連する技術を身に付けるようにする。

(2) 生活産業に関する課題を情報及び情報技術を活用して発見し，生活産業を担う職業人として合理的かつ創造的に解決する力を養う。

(3) 生活産業における情報及び情報技術の活用や専門性の向上を目指して自ら学び，生活の質の向上と社会の発展に主体的かつ協働的に取り組む態度を養う。

2 内 容

1に示す資質・能力を身に付けることができるよう，次の〔指導項目〕を指導する。

〔指導項目〕

(1) 情報化の進展と生活産業
　ア 情報化の進展と社会
　イ 生活産業における情報化の進展
(2) 情報モラルとセキュリティ
　ア 情報モラル
　イ 情報通信ネットワークの仕組みとセキュリティ管理

(3) コンピュータとプログラミング
　　ア　モデル化とシミュレーション
　　イ　アルゴリズムとプログラミング
　(4) 生活産業におけるコミュニケーションと情報デザイン
　　ア　目的に応じたコミュニケーション
　　イ　情報コンテンツと情報デザイン

3　内容の取扱い
(1) 内容を取り扱う際には，次の事項に配慮するものとする。
　ア　〔指導項目〕の(2)から(4)までについては，情報機器や情報通信ネットワークを活用できるよう実習を中心とした指導を行うこと。
(2) 内容の範囲や程度については，次の事項に配慮するものとする。
　ア　〔指導項目〕の(1)のアについては，情報化の進展に伴う産業や生活の変化を扱うこと。イについては，生活産業における情報機器及び情報通信ネットワークの役割や利用状況を扱うこと。
　イ　〔指導項目〕の(2)については，個人のプライバシーや著作権など知的財産の保護，収集した情報の管理，発信する情報に対する責任などの情報モラル及び情報通信ネットワークにおけるセキュリティ管理の重要性を扱い，関連する法規等についても触れること。
　ウ　〔指導項目〕の(3)のイについては，生徒の実態や学科の特色に応じて，適切なプログラミング言語を扱うこと。
　エ　〔指導項目〕の(4)については，生活産業に関連した具体的な事例を通して効果的なコミュニケーションを行うための情報デザインの考え方や方法を扱うこと。アについては，メディアの特性に触れるとともに，目的や対象に適した情報技術によるコミュニケーションを扱うこと。

第4　消費生活

1　目　標
　家庭の生活に関わる産業の見方・考え方を働かせ，実践的・体験的な学習活動を行うことなどを通して，消費者の視点に基づく豊かな消費生活の実現を担う職業人として必要な資質・能力を次のとおり育成することを目指す。
(1) 経済社会の動向，消費者の権利と責任，消費者と行政や企業との関わり及び連携の在り方などについて体系的・系統的に理解するとともに，関連する技術を身に付けるようにする。
(2) 消費生活に関する課題を発見し，消費者の視点をもった職業人として合理的かつ創造的に解決する力を養う。
(3) よりよい消費生活の実現を目指して自ら学び，消費者の支援や持続可能な社会の形成に主体的かつ協働的に取り組む態度を養う。

2　内　容
　1に示す資質・能力を身に付けることができるよう，次の〔指導項目〕を指導する。
〔指導項目〕
(1) 経済社会の動向と消費生活
　　ア　国民経済と消費者
　　イ　社会の変化と消費生活
　　ウ　多様化する流通・販売方法と消費者
　　エ　決済手段の多様化と消費者信用

オ　生活における経済の計画と管理
　(2) 消費者の権利と責任
　　　ア　消費者問題
　　　イ　消費者の権利と関係法規
　　　ウ　消費生活と契約
　　　エ　消費者教育
　(3) 消費者と行政，企業
　　　ア　消費者の自立支援と行政
　　　イ　消費者と企業
　(4) 持続可能な社会を目指したライフスタイル
　　　ア　消費生活と環境
　　　イ　持続可能な社会の形成と消費行動
　(5) 消費生活演習
　　　ア　商品・サービス研究
　　　イ　消費者支援研究

3　内容の取扱い

(1) 内容を取り扱う際には，次の事項に配慮するものとする。
　　ア　地域の消費生活関連機関等と連携を図るなど，指導を工夫すること。
　　イ　〔指導項目〕の(5)については，ア又はイのいずれかを取り上げ，(1)から(4)までと関連付けながら，個人又はグループで適切な課題を設定し，考察できるよう指導を工夫すること。イについては，消費生活相談機関や企業の消費者相談などの具体的な事例を取り上げるなど指導を工夫すること。
(2) 内容の範囲や程度については，次の事項に配慮するものとする。
　　ア　〔指導項目〕の(1)のイについては，経済社会の動向を踏まえ，消費生活が複雑化・多様化し，発生する消費者問題が深刻化している現状を扱うこと。ウ及びエについては，最新の状況を理解できるように留意して扱うこと。オについては，家族の生涯の経済設計や家計の収支，金融，社会保障などと関連付けて扱うこと。
　　イ　〔指導項目〕の(2)のアについては，これまでの代表的な消費者問題と関連する制度の時系列的な経緯を経済社会の変化などの背景を踏まえて扱うとともに，消費者被害の救済，制度の新設や変更などについても扱うこと。イについては，消費者行政及び消費者に関する基本的な法規の目的と概要を扱うこと。その際，実生活の観点から興味・関心が高まるよう身近で具体的な事例を取り上げること。エについては，関係する法規の趣旨を踏まえて扱うこと。
　　ウ　〔指導項目〕の(3)のアについては，地方自治体の消費者政策も取り上げ，具体的な事例を通して各地域における独自の制度や実情を扱うこと。また，イについては，企業の消費者志向経営や社会的責任などについても扱うこと。
　　エ　〔指導項目〕の(4)については，地球環境問題や国際的な動向も視野に入れ，持続可能な消費生活について考察できるよう具体的な事例を通して扱うこと。

第5　保育基礎

1　目　標

　家庭の生活に関わる産業の見方・考え方を働かせ，実践的・体験的な学習活動を行うことなどを通して，保育を担う職業人として必要な基礎的な資質・能力を次のとおり育成することを目指す。

(1) 保育の意義や方法，子供の発達や生活の特徴及び子供の福祉と文化などについて体系的・系統的に理解するとともに，関連する技術を身に付けるようにする。
(2) 子供を取り巻く課題を発見し，保育を担う職業人として合理的かつ創造的に解決する力を養う。
(3) 子供の健やかな発達を目指して自ら学び，保育に主体的かつ協働的に取り組む態度を養う。

2 内容

1に示す資質・能力を身に付けることができるよう，次の〔指導項目〕を指導する。

〔指導項目〕
(1) 子供の保育
　ア　保育の意義
　イ　保育の方法
　ウ　保育の環境
(2) 子供の発達
　ア　子供の発達の特性
　イ　乳児期の発達
　ウ　幼児期の発達
(3) 子供の生活と養護
　ア　乳幼児期の生活の特徴と養護
　イ　生活習慣の形成
　ウ　健康管理と事故防止
(4) 子供の福祉
　ア　児童観の変遷
　イ　児童福祉の理念と関係法規・制度
　ウ　子供の福祉を支える場
(5) 子供の文化
　ア　子供の文化の意義
　イ　子供の遊びと表現活動
　ウ　子供の文化を支える場

3 内容の取扱い

(1) 内容を取り扱う際には，次の事項に配慮するものとする。
　ア　実際に子供と触れ合う学習ができるよう，幼稚園，保育所，認定こども園及び地域の子育て支援関連施設などと連携を図り，指導の充実に努めること。
　イ　子供の発達や生活の特徴について，保育と関連付けて理解できるよう指導を工夫すること。
(2) 内容の範囲や程度については，次の事項に配慮するものとする。
　ア　〔指導項目〕の(1)のアについては，適切な養護と教育的な関わりを営む保育の重要性を扱うこと。イについては，具体的な事例を通して心身の状態や発達に応じた保育を扱うこと。ウについては，保育環境としての家庭及び幼稚園，保育所や認定こども園などの役割を扱うこと。
　イ　〔指導項目〕の(2)のアについては，子供が主体的に環境に関わることによって心身の発達が促されることや，発達における個人差などを扱うこと。また，乳幼児期は，特に，基本的人間関係の樹立のために「愛着」が重要であることを具体的な事例を通して扱うこと。イ及びウについては，月齢や年齢に応じた発達の姿を，身体発育，運動機能，認知機能，情緒，人間関係などの様々な発達の側面から全体的に捉えられるよう扱うこと。
　ウ　〔指導項目〕の(3)のイについては，子供の健康な生活に必要な食を営む力など基本的生活習慣の

形成の基礎についても扱うこと。
エ 〔指導項目〕の(4)のイについては，児童福祉に関する基本的な法規の目的と概要を扱うこと。
オ 〔指導項目〕の(5)のアについては，子供のための文化活動，児童文化財，児童文化施設などの重要性を扱うこと。イについては，具体的な活動を通して子供の遊びや表現活動の意義を扱うこと。その際，遊びの重要性及び遊びの種類と発達との関わりについても扱うこと。ウについては，子供の遊びや表現活動を支える代表的な施設を取り上げ，その意義と活用を扱うこと。

第6 保育実践

1 目標

家庭の生活に関わる産業の見方・考え方を働かせ，実践的・体験的な学習活動を行うことなどを通して，保育を担う職業人として必要な資質・能力を次のとおり育成することを目指す。

(1) 子供の表現活動や子育て支援について体系的・系統的に理解するとともに，関連する技術を身に付けるようにする。

(2) 保育や子育て支援に関する課題を発見し，子供を取り巻く環境の変化に対応した保育を担う職業人として合理的かつ創造的に解決する力を養う。

(3) 保育の充実を目指して自ら学び，保育や子育て支援の実践に主体的かつ協働的に取り組む態度を養う。

2 内容

1に示す資質・能力を身に付けることができるよう，次の〔指導項目〕を指導する。

〔指導項目〕

(1) 子供の表現活動と保育
　ア　造形表現活動
　イ　言語表現活動
　ウ　音楽・身体表現活動
　エ　情報手段などを活用した活動

(2) 子育て支援と保育
　ア　子供・子育ての問題
　イ　子育て支援のための各種施設
　ウ　子育て支援

(3) 保育の活動計画と実習
　ア　保育の活動計画
　イ　保育実習

3 内容の取扱い

(1) 内容を取り扱う際には，次の事項に配慮するものとする。
　ア　子供の表現活動や子育て支援について，具体的に理解できるよう，幼稚園，保育所，認定こども園及び地域の子育て支援関連施設などと連携を図り，単に子供と触れ合うだけでなく，綿密な計画に基づき保育者の視点をもった実習を行うことができるよう指導を工夫すること。

(2) 内容の範囲や程度については，次の事項に配慮するものとする。
　ア　〔指導項目〕の(1)については，子供の表現活動を保育の場で展開するための基本的な技術を身に付けることができるよう実習を中心として扱うこと。
　イ　〔指導項目〕の(2)のアについては，子育て支援に関する社会的背景を取り上げ，子育て支援施策

の概要を扱うこと。また，子供の虐待とその防止などに触れること。ウについては，具体的な事例を通して保育者が行う保護者支援を扱うこと。

第7 生活と福祉

1 目標

家庭の生活に関わる産業の見方・考え方を働かせ，実践的・体験的な学習活動を行うことなどを通して，高齢者の自立生活支援と福祉の充実を担う職業人として必要な資質・能力を次のとおり育成することを目指す。

(1) 高齢者の健康と生活，介護などについて体系的・系統的に理解するとともに，関連する技術を身に付けるようにする。
(2) 高齢者の健康と生活，介護などに関する課題を発見し，高齢者の自立生活支援と福祉の充実を担う職業人として合理的かつ創造的に解決する力を養う。
(3) 家族や地域の人々の豊かな生活の実現を目指して自ら学び，高齢者の生活の質の向上と自立生活支援に主体的かつ協働的に取り組む態度を養う。

2 内容

1に示す資質・能力を身に付けることができるよう，次の〔指導項目〕を指導する。
〔指導項目〕
(1) 健康と生活
　ア　健康の概念
　イ　ライフステージと健康管理
　ウ　家庭看護の基礎
(2) 高齢者の自立生活支援と介護
　ア　高齢者の心身の特徴
　イ　人間の尊厳と自立生活支援の考え方
　ウ　高齢者介護の基礎
(3) 高齢者福祉の制度とサービス
　ア　人口減少社会と社会福祉
　イ　高齢者福祉の法規と制度
　ウ　保健・医療・福祉サービス
(4) 生活支援サービスと介護の実習
　ア　生活支援サービスの実習
　イ　介護の実習
　ウ　レクリエーションの実習

3 内容の取扱い

(1) 内容を取り扱う際には，次の事項に配慮するものとする。
　ア　〔指導項目〕の(4)については，校内での実習を踏まえて，高齢者と接する機会を設けたり，福祉施設などの見学や実習を取り入れたりするなど指導を工夫すること。
(2) 内容の範囲や程度については，次の事項に配慮するものとする。
　ア　〔指導項目〕の(1)のアについては，健康の概念と健康状態に影響を及ぼす要因などを扱うこと。イについては，ライフステージごとの健康問題の特徴を踏まえ，生活習慣病の予防など高齢期に至るまでの健康管理の必要性を扱うこと。ウについては，体温測定や応急手当などの基礎的な内容を

扱うこと。
　イ　〔指導項目〕の(2)のイについては，アとの関連を図り，加齢に伴う心身の変化を踏まえ，認知症への理解を深めるなど人間の尊厳や自立生活支援を扱うこと。また，高齢者の自己決定に基づく自立生活支援の重要性についても扱うこと。ウについては，高齢期における人間の尊厳の重要性と関連付けながら，介護の意義と役割や高齢者介護の基礎的な内容を扱うこと。
　ウ　〔指導項目〕の(3)のアについては，日本の高齢化の進展状況と人口減少社会を踏まえた社会福祉の今後の展開を扱うこと。イについては，高齢者福祉に関する法規や制度の目的と概要を扱うこと。ウについては，高齢者に関する保健・医療・福祉サービスの具体的な事例を扱うこと。
　エ　〔指導項目〕の(4)のアについては，主に調理，被服管理，住環境の整備などの家事援助や見守り，買物などを扱うこと。イについては，食事，着脱衣，移動などの介助や体位変換などの基本的な介護技術を扱うこと。ウについては，レクリエーションが高齢者の身体的，精神的な機能や社会性などの維持・向上に有効であることと関連付けて扱うこと。

第8　住生活デザイン

1　目　標

　家庭の生活に関わる産業の見方・考え方を働かせ，実践的・体験的な学習活動を行うことなどを通して，豊かな住生活の実現を担う職業人として必要な資質・能力を次のとおり育成することを目指す。
(1) 住生活と文化，住空間の構成と計画，インテリアデザインなどについて体系的・系統的に理解するとともに，関連する技術を身に付けるようにする。
(2) 快適な住空間の計画やインテリアデザインに関する課題を発見し，豊かな住生活の実現を担う職業人として合理的かつ創造的に解決する力を養う。
(3) 豊かな住生活の実現を目指して自ら学び，住空間のデザインに主体的かつ協働的に取り組む態度を養う。

2　内　容

　1に示す資質・能力を身に付けることができるよう，次の〔指導項目〕を指導する。
〔指導項目〕
(1) 住生活と文化
　ア　日本の住生活と文化
　イ　世界の住生活と文化
(2) 住空間の構成と計画
　ア　住生活と住空間
　イ　住空間の構造と材料
　ウ　住空間の環境と設備
　エ　住空間の平面計画実習
(3) インテリアデザイン
　ア　インテリアデザインの構成要素
　イ　インテリアデザインの表現技法
　ウ　インテリアデザイン実習
(4) 福祉住環境と室内計画
　ア　住生活と福祉
　イ　住空間のバリアフリー化

ウ　住空間のリフォーム計画実習
(5) 住生活関連法規
3　内容の取扱い
(1) 内容を取り扱う際には，次の事項に配慮するものとする。
　　ア　〔指導項目〕の(2)のエ，(3)のウ及び(4)のウについては，実習を中心として扱い，個人又はグループで適切な課題を設定するなど，生徒の主体的な学習活動の充実を図ること。
(2) 内容の範囲や程度については，次の事項に配慮するものとする。
　　ア　〔指導項目〕の(1)のアについては，日本の各時代の特徴的な住居様式を取り上げ，気候や風土と住居との関わり，生活様式や起居様式と住居との関わり，住意識や住要求と住居との関わり，伝統的な和室でのマナーなどを扱うこと。イについては，世界の特徴的な住居様式を取り上げ，気候や風土と住居との関わり，生活様式と住居との関わり，世界の特徴的な住居におけるマナーなどを扱うこと。
　　イ　〔指導項目〕の(2)のアについては，人体寸法，動作寸法，作業寸法などを扱うとともに，住居の平面計画の基本であるゾーニング，動線，各室の配置と位置関係などを扱うこと。イについては，住居の構造と材料に関する基礎的な事項を扱うとともに，地震に強い住空間の計画を扱うこと。ウについては，健康で安全な室内環境の条件，室内環境整備のための設備を扱うとともに，住居の省エネルギー化についても扱うこと。また，住空間の延長としての住居周りの外部のデザインと整備についても扱うこと。エについては，住居の平面計画を検討し，平面表示記号などを用いて平面図を作成させること。
　　ウ　〔指導項目〕の(3)のアについては，色彩，形態，材質感などを扱うとともに，各室の床，壁，天井，家具，カーテンなどを扱うこと。イについては，インテリア計画の手順と表現技法を扱うこと。ウについては，適切な住空間を取り上げ，全体的に調和のとれたインテリアコーディネートとその表現についても扱うこと。
　　エ　〔指導項目〕の(4)のイについては，アを踏まえて具体的な事例を通して住空間のバリアフリー化の考え方を扱うこと。ウについては，住宅をバリアフリーにリフォームする計画を取り上げ，画像や図面などで表現する方法を扱うこと。
　　オ　〔指導項目〕の(5)については，(2)から(4)までの各項目に関連する基本的な法規の目的と概要を扱うこと。

第9　服飾文化

1　目　標
　家庭の生活に関わる産業の見方・考え方を働かせ，実践的・体験的な学習活動を行うことなどを通して，服飾文化の伝承と創造を担う職業人として必要な資質・能力を次のとおり育成することを目指す。
(1) 服飾の変遷と文化，着装などについて体系的・系統的に理解するとともに，関連する技術を身に付けるようにする。
(2) 服飾文化に関する課題を発見し，服飾文化の伝承と創造を担う職業人として合理的かつ創造的に解決する力を養う。
(3) 豊かな衣生活の実現を目指して自ら学び，服飾文化の伝承と創造に主体的かつ協働的に取り組む態度を養う。

2　内　容
　1に示す資質・能力を身に付けることができるよう，次の〔指導項目〕を指導する。

〔指導項目〕
(1) 服飾の変遷と文化
　ア　服飾の多様性
　イ　日本の服飾
　ウ　世界の服飾
(2) 着装
　ア　着装の基本
　イ　洋服の着装
　ウ　和服の着装
(3) 服飾文化の伝承と創造

3　内容の取扱い

(1) 内容を取り扱う際には，次の事項に配慮するものとする。
　ア　〔指導項目〕の(1)のアについては，多様な民族の服飾の形態を取り上げ，服飾の起源や基本型と関連付けて指導すること。
　イ　〔指導項目〕の(3)については，(1)及び(2)と関連付けながら，個人又はグループで適切な課題を設定し，考察できるよう指導を工夫すること。
(2) 内容の範囲や程度については，次の事項に配慮するものとする。
　ア　〔指導項目〕の(1)のイ及びウについては，歴史的背景，気候や風土，文化などとの関わりを扱うこと。ウについては，西洋の服飾を中心に取り上げ，アジアやその他の地域の服飾についても触れること。
　イ　〔指導項目〕の(2)については，トータルコーディネートと社会生活上の着装のマナーについても扱うこと。

第10　ファッション造形基礎

1　目　標

家庭の生活に関わる産業の見方・考え方を働かせ，実践的・体験的な学習活動を行うことなどを通して，ファッションの造形を担う職業人として必要な基礎的な資質・能力を次のとおり育成することを目指す。
(1) 被服の構成，被服材料の種類や特徴，被服製作などについて体系的・系統的に理解するとともに，関連する技術を身に付けるようにする。
(2) 被服製作やデザインに関する課題を発見し，ファッションの造形を担う職業人として合理的かつ創造的に解決する力を養う。
(3) 衣生活の充実向上を目指して自ら学び，ファッションの造形に主体的かつ協働的に取り組む態度を養う。

2　内　容

1に示す資質・能力を身に付けることができるよう，次の〔指導項目〕を指導する。
〔指導項目〕
(1) 被服の構成
　ア　人体と被服
　イ　立体構成と平面構成
(2) 被服材料

ア　被服材料の特徴と性能
　　イ　用途に応じた被服材料の選択
　(3) 洋服製作の基礎
　　ア　採寸
　　イ　型紙の基本
　　ウ　デザインと材料の選択
　　エ　裁断
　　オ　仮縫いと補正
　　カ　縫製
　　キ　仕上げ
　　ク　着装
　(4) 和服製作の基礎
　　ア　和服の構成と名称
　　イ　材料の選択
　　ウ　寸法の見積りと裁断
　　エ　縫製
　　オ　仕上げ
　　カ　着装

3　内容の取扱い

(1) 内容を取り扱う際には，次の事項に配慮するものとする。
　ア　〔指導項目〕の(3)及び(4)については，生徒の実態や学科の特色に応じて，いずれかを選択して扱うことができること。
(2) 内容の範囲や程度については，次の事項に配慮するものとする。
　ア　〔指導項目〕の(1)のアについては，人体構造と被服との関係性，人体を覆う被服の形，動作に適応した被服のゆるみなどを扱うこと。イについては，立体構成と平面構成の特徴を扱うこと。
　イ　〔指導項目〕の(2)のアについては，繊維，糸及び布を中心に扱い，新素材や特殊素材についても触れること。
　ウ　〔指導項目〕の(3)及び(4)については，資源や環境に配慮した材料の扱い方についても触れること。

第11　ファッション造形

1　目標

家庭の生活に関わる産業の見方・考え方を働かせ，実践的・体験的な学習活動を行うことなどを通して，ファッション製品の創造的な製作を担う職業人として必要な資質・能力を次のとおり育成することを目指す。

(1) デザインや着用目的に応じたより高度なファッション造形について体系的・系統的に理解するとともに，関連する技術を身に付けるようにする。
(2) ファッション造形に関する課題を発見し，ファッション製品の製作を担う職業人として合理的かつ創造的に解決する力を養う。
(3) 衣生活の充実向上と創造性豊かな作品の製作を目指して自ら学び，ファッションの造形に主体的かつ協働的に取り組む態度を養う。

2 内容

1に示す資質・能力を身に付けることができるよう,次の〔指導項目〕を指導する。

〔指導項目〕

(1) ファッション造形の要素
- ア　デザイン
- イ　構成技法
- ウ　材料
- エ　縫製

(2) 洋服製作
- ア　デザインの選定
- イ　材料の選択と取扱い
- ウ　パターンメーキングとアパレルCADの活用
- エ　裁断
- オ　仮縫いと補正
- カ　縫製
- キ　仕上げ
- ク　着装

(3) 和服製作
- ア　材料の選択
- イ　裁断
- ウ　縫製
- エ　仕上げ
- オ　着装

(4) 総合実習

3 内容の取扱い

(1) 内容を取り扱う際には,次の事項に配慮するものとする。
- ア　〔指導項目〕の(2)及び(3)については,生徒の実態や学科の特色に応じて,いずれかを選択して扱うことができること。
- イ　〔指導項目〕の(4)については,個人又はグループで適切な課題を設定するなど,生徒の主体的な学習活動の充実を図ること。

(2) 内容の範囲や程度については,次の事項に配慮するものとする。
- ア　〔指導項目〕の(1)のイについては,具体的な事例を通して立体裁断と平面製図の特徴や方法を扱うこと。
- イ　〔指導項目〕の(2)のイについては,デザインに応じた被服材料の特徴や性能,性質などを扱うこと。ウについては,デザインに応じたパターンメーキングやアパレルCADシステムなどを扱うこと。
- ウ　〔指導項目〕の(2)及び(3)については,資源や環境に配慮した材料の扱い方についても触れること。

第12 ファッションデザイン

1 目標

家庭の生活に関わる産業の見方・考え方を働かせ,実践的・体験的な学習活動を行うことなどを通し

て，ファッション産業を担う職業人として必要な資質・能力を次のとおり育成することを目指す。
(1) ファッションデザインの基礎，発想や表現の方法などについて体系的・系統的に理解するとともに，関連する技術を身に付けるようにする。
(2) ファッションデザインに関する課題を発見し，ファッション産業を担う職業人として合理的かつ創造的に解決する力を養う。
(3) ファッション産業の発展を目指して自ら学び，ファッションの創造的なデザインに主体的かつ協働的に取り組む態度を養う。

2 内容

1に示す資質・能力を身に付けることができるよう，次の〔指導項目〕を指導する。

〔指導項目〕
(1) ファッションデザインを学ぶ意義
　ア　ファッションデザインの考え方
　イ　ファッションデザインの変遷と流行
(2) ファッションデザインの基礎
　ア　形態
　イ　色彩
　ウ　文様
　エ　材質感
　オ　要素の統一
(3) ファッションデザインの発想と表現法
　ア　デザインの発想
　イ　ファッションデザイン画
　ウ　各種材料による表現
　エ　ファッションデザイン実習
(4) ファッションデザインの条件と表現
(5) ファッション産業
　ア　ファッション産業の仕組み
　イ　消費者ニーズと商品企画

3　内容の取扱い

(1) 内容を取り扱う際には，次の事項に配慮するものとする。
　ア　〔指導項目〕の(3)については，デザイン発想に関する実習を取り入れるなど指導を工夫すること。
　イ　〔指導項目〕の(5)については，生徒の実態や学科の特色に応じて，扱わないことができること。
(2) 内容の範囲や程度については，次の事項に配慮するものとする。
　ア　〔指導項目〕の(1)のアについては，ファッションデザインの社会的・文化的意味についても扱うこと。イについては，ファッションデザインの果たしてきた役割を扱うこと。
　イ　〔指導項目〕の(2)については，ファッションデザインの造形要素の基礎的な事項をファッションイメージと関連付けて扱うこと。
　ウ　〔指導項目〕の(3)のイについては，基本プロポーションなどの基礎的な表現手法から素材表現などの発展的な表現手法へと段階的に扱うこと。ウについては，布などの材料を使ったピンワークやディスプレイなどを扱うこと。
　エ　〔指導項目〕の(4)については，世代や条件に応じたデザインの応用法を扱うこと。その際，ユニバーサルデザインやスポーツウェアなどに関するデザインの考え方についても触れること。

オ　〔指導項目〕の(5)のイについては，ファッションに関する情報収集から商品企画及び販売の活動へと段階的に扱うこと。

第13　服飾手芸

1　目標

　家庭の生活に関わる産業の見方・考え方を働かせ，実践的・体験的な学習活動を行うことなどを通して，創造的な手芸品の製作と服飾への活用を担う職業人として必要な資質・能力を次のとおり育成することを目指す。

(1) 手芸の種類と特徴及び変遷，各種手芸の技法などについて体系的・系統的に理解するとともに，関連する技術を身に付けるようにする。

(2) 手芸の美的価値及び製作工程に関する課題を発見し，手芸品の製作と服飾への活用を担う職業人として合理的かつ創造的に解決する力を養う。

(3) 手芸品の製作を目指して自ら学び，創造的な製作と服飾への活用に主体的かつ協働的に取り組む態度を養う。

2　内容

　1に示す資質・能力を身に付けることができるよう，次の〔指導項目〕を指導する。

〔指導項目〕

(1) 手芸の種類と特徴

(2) 手芸の変遷

(3) 服飾材料としての各種手芸の技法

(4) 手芸品の製作

3　内容の取扱い

(1) 内容を取り扱う際には，次の事項に配慮するものとする。

　　ア　〔指導項目〕の(4)については，用具や器具，薬品，染料などを取り扱う際には，安全に十分留意すること。

(2) 内容の範囲や程度については，次の事項に配慮するものとする。

　　ア　〔指導項目〕の(1)については，地域の伝統文化と関連付けて扱うこともできること。

　　イ　〔指導項目〕の(2)については，刺しゅう，編物，染色，織物及びその他の手芸の起源から現在に至るまでの変遷を扱うこと。

　　ウ　〔指導項目〕の(3)については，刺しゅう，編物，染色，織物及びその他の手芸の中から選択して，基礎的な技法を扱うこと。

　　エ　〔指導項目〕の(4)については，服飾への活用を扱うこと。

第14　フードデザイン

1　目標

　家庭の生活に関わる産業の見方・考え方を働かせ，実践的・体験的な学習活動を行うことなどを通して，食生活を総合的にデザインするとともに食育を推進し，食生活の充実向上を担う職業人として必要な資質・能力を次のとおり育成することを目指す。

(1) 栄養，食品，献立，調理，テーブルコーディネートなどについて体系的・系統的に理解するとともに，関連する技術を身に付けるようにする。

(2) 食生活の現状から食生活全般に関する課題を発見し，食生活の充実向上を担う職業人として合理的かつ創造的に解決する力を養う。

(3) 食生活の充実向上を目指して自ら学び，食生活の総合的なデザインと食育の推進に主体的かつ協働的に取り組む態度を養う。

2　内容

1に示す資質・能力を身に付けることができるよう，次の〔指導項目〕を指導する。

〔指導項目〕

(1) 健康と食生活
　ア　食事の意義と役割
　イ　食生活の現状と課題

(2) フードデザインの構成要素
　ア　栄養
　イ　食品
　ウ　料理様式と献立
　エ　調理
　オ　テーブルコーディネート

(3) フードデザイン実習
　ア　食事テーマの設定と献立作成
　イ　食品の選択と調理
　ウ　テーブルコーディネートとサービスの実習

(4) 食育と食育推進活動
　ア　食育の意義
　イ　家庭や地域における食育推進活動

3　内容の取扱い

(1) 内容を取り扱う際には，次の事項に配慮するものとする。
　ア　〔指導項目〕の(1)のアについては，食事のおいしさ，望ましい食習慣の形成及び地域の食文化などと関連付けて指導すること。イについては，食生活の現状を考察させ，課題意識がもてるよう指導を工夫すること。
　イ　〔指導項目〕の(4)のイについては，地域の関係機関等との連携を図ること。

(2) 内容の範囲や程度については，次の事項に配慮するものとする。
　ア　〔指導項目〕の(1)のイについては，食習慣，栄養状態，食料事情，食の安全及び環境との関わりなどを扱うこと。
　イ　〔指導項目〕の(2)のオ及び(3)のウについては，日本料理，西洋料理及び中国料理のテーブルセッティングやサービスの基本的な考え方・方法を扱うこと。また，食事のテーマにふさわしいテーブルコーディネートやサービスの基本的な考え方・方法を扱うこと。
　ウ　〔指導項目〕の(3)のイについては，環境に配慮した食材の選択や調理法の工夫などについても扱うこと。また，災害時の食事計画についても扱うこと。
　エ　〔指導項目〕の(4)のアについては，食育基本法などの趣旨を踏まえ，食育を推進することの重要性を扱うこと。イについては，ホームプロジェクトや学校家庭クラブ活動などを通して，食育を推進する活動を行うこと。

第15 食文化

1 目標

家庭の生活に関わる産業の見方・考え方を働かせ,実践的・体験的な学習活動を行うことなどを通して,食文化の伝承と創造を担う職業人として必要な資質・能力を次のとおり育成することを目指す。

(1) 食文化の成り立ちや日本と世界の食文化などについて体系的・系統的に理解するとともに,関連する技術を身に付けるようにする。

(2) 食生活の現状から食文化に関する課題を発見し,食文化の伝承と創造を担う職業人として合理的かつ創造的に解決する力を養う。

(3) 食文化の面から食生活の充実向上を目指して自ら学び,食文化の伝承と創造に主体的かつ協働的に取り組む態度を養う。

2 内容

1に示す資質・能力を身に付けることができるよう,次の〔指導項目〕を指導する。

〔指導項目〕

(1) 食文化の成り立ち

(2) 日本の食文化

　ア　食生活の変遷

　イ　日常食,行事食,郷土料理

　ウ　料理様式の発展

(3) 世界の食文化

　ア　世界の料理の特徴と文化

　イ　食生活のグローバル化

(4) 食文化の伝承と創造

(5) 食文化と食育

3 内容の取扱い

(1) 内容を取り扱う際には,次の事項に配慮するものとする。

　ア　〔指導項目〕の(4)については,(2)のイ及び(3)のアと関連付けて,実習を中心とした指導を行うこと。

(2) 内容の範囲や程度については,次の事項に配慮するものとする。

　ア　〔指導項目〕の(1)については,食文化の形成要因を扱うこと。

　イ　〔指導項目〕の(2)のアについては,日本の食生活の変遷について各時代の特徴を概観させ,食生活の文化的な側面に着目させるとともに,近年の日本における食生活の変化を扱うこと。イについては,日常の食事と地域に伝わる行事食や郷土料理を取り上げ,食のもつ文化的,歴史的な側面を扱うこと。ウについては,伝統的な料理様式を取り上げ,その特徴や食卓作法を扱うこと。

　ウ　〔指導項目〕の(3)のアについては,世界の主な食文化圏とその料理の特徴の概要を扱うこと。

　エ　〔指導項目〕の(4)については,食文化の伝承の重要性や新しい食文化を創造することの意義を扱うこと。

　オ　〔指導項目〕の(5)については,具体的な事例を通して食文化の発展に食育が果たす役割を扱うこと。

第16 調　理

1　目　標
家庭の生活に関わる産業の見方・考え方を働かせ，実践的・体験的な学習活動を行うことなどを通して，創造的に調理し，健康の保持増進に寄与する食生活の充実向上を担う職業人として必要な資質・能力を次のとおり育成することを目指す。

(1) 調理の基礎，献立作成及び様式別調理などについて体系的・系統的に理解するとともに，関連する技術を身に付けるようにする。
(2) 食生活の現状から調理に関する課題を発見し，調理を通して食生活の充実向上を担う職業人として合理的かつ創造的に解決する力を養う。
(3) 調理の面から食生活の充実向上を目指して自ら学び，創造的な調理に主体的かつ協働的に取り組む態度を養う。

2　内　容
1に示す資質・能力を身に付けることができるよう，次の〔指導項目〕を指導する。

〔指導項目〕
(1) 調理の基礎
　ア　調理の目的
　イ　熱源及び調理機器
　ウ　調理の種類と基本操作
　エ　食品の性質
(2) 献立作成
　ア　献立作成の意義
　イ　栄養計算
(3) 様式別の献立と調理
　ア　日本料理
　イ　西洋料理
　ウ　中国料理
　エ　その他の料理
(4) 目的別・対象別の献立と調理
　ア　日常食
　イ　行事食・供応食
　ウ　病気時の食事
　エ　幼児と高齢者の食事

3　内容の取扱い
(1) 内容を取り扱う際には，次の事項に配慮するものとする。
　ア　〔指導項目〕の(1)のイについては，安全で衛生的な取扱いに重点を置いた指導を行うこと。
　イ　〔指導項目〕の(2)から(4)までについては，調理理論と関連付けて，実験・実習を中心とした指導を行うこと。
(2) 内容の範囲や程度については，次の事項に配慮するものとする。
　ア　〔指導項目〕の(1)のウについては，加熱操作，非加熱操作及び調味の方法と特徴を扱うこと。エについては，代表的な食品の調理上の性質を扱うこと。

イ　〔指導項目〕の(2)については，性別，年齢，生活活動などに応じた適切な献立の作成についても扱うこと。
　ウ　〔指導項目〕の(3)については，代表的な献立を取り上げ，様式別の食器，食卓構成，食卓作法などについても扱うこと。
　エ　〔指導項目〕の(4)のアについては，健康の保持増進を考慮した日常食の献立と調理を扱うこと。イについては，代表的な行事を取り上げ，供応の目的に合った献立と調理を扱うこと。ウについては，流動食，軟食及び常食を扱うこと。また，食物アレルギーに対応する食事に関する留意事項を扱うこと。エについては，幼児と高齢者の食事に関する留意事項を扱うこと。

第17 栄　養

1　目　標
　家庭の生活に関わる産業の見方・考え方を働かせ，実践的・体験的な学習活動を行うことなどを通して，栄養面で健康の保持増進を担う職業人として必要な資質・能力を次のとおり育成することを目指す。
(1) 栄養素の機能と代謝，各ライフステージにおける栄養，労働・スポーツと栄養などについて体系的・系統的に理解するとともに，関連する技術を身に付けるようにする。
(2) 食生活の現状から栄養に関する課題を発見し，栄養面で健康の保持増進を担う職業人として合理的かつ創造的に解決する力を養う。
(3) 栄養状態の改善の面から食生活の充実向上を目指して自ら学び，健康の保持増進に主体的かつ協働的に取り組む態度を養う。

2　内　容
　1に示す資質・能力を身に付けることができるよう，次の〔指導項目〕を指導する。
〔指導項目〕
(1) 人体と栄養
　ア　栄養と栄養素
　イ　人体の構成成分と栄養素
　ウ　食物の摂取
　エ　食物の消化と吸収
(2) 栄養素の機能と代謝
　ア　炭水化物
　イ　脂質
　ウ　たんぱく質
　エ　無機質
　オ　ビタミン
　カ　その他の成分
(3) 食事摂取基準と栄養状態の評価
　ア　エネルギー代謝
　イ　食事摂取基準
　ウ　栄養状態の評価
(4) ライフステージと栄養
(5) 生理と栄養
　ア　労働・スポーツと栄養

イ　妊娠・授乳期の栄養
(6) 病態と栄養
　　ア　栄養障害と食事
　　イ　病態時の栄養

3　内容の取扱い

(1) 内容の範囲や程度については，次の事項に配慮するものとする。

　ア　〔指導項目〕の(1)のウについては，食欲及び生体リズムを扱うこと。エについては，物理的消化，化学的消化，生物的消化，吸収及び排泄などの仕組みの概要を扱うこと。

　イ　〔指導項目〕の(2)のアについては，食物繊維の栄養的意義についても触れること。オについては，炭水化物，脂質及びたんぱく質の代謝と関連付けて扱うこと。カについては，アからオまで以外の生体調節機能成分を扱うこと。

　ウ　〔指導項目〕の(3)のアについては，エネルギー代謝の基礎的な内容を扱うこと。イについては，食事摂取基準におけるエネルギーと代表的な栄養素を扱うこと。ウについては，個人及び集団の栄養状態の評価の意義と方法を扱うこと。

　エ　〔指導項目〕の(4)については，乳幼児期，青少年期，成年期及び高齢期を取り上げ，各期の栄養の特徴とそれを満たす食事構成の概要を扱うこと。

　オ　〔指導項目〕の(5)のアについては，生活活動強度や活動時間の差による生理的特徴，栄養上の配慮事項及び食事構成の概要を扱うこと。イについては，妊娠・授乳期の生理的特徴，栄養上の配慮事項及び食事構成の概要を扱うこと。

　カ　〔指導項目〕の(6)については，栄養の過不足による病気と食事療法及び病態に応じた栄養と食事構成の概要を扱うこと。また，食物アレルギーの原因物質及び栄養上の配慮事項を扱うこと。

第18　食　品

1　目　標

　家庭の生活に関わる産業の見方・考え方を働かせ，実践的・体験的な学習活動を行うことなどを通して，多様化する食品を適切に選択，活用して食生活の充実向上を担う職業人として必要な資質・能力を次のとおり育成することを目指す。

(1) 食品の分類とその特徴，食品の機能，食品の表示，食品の加工と貯蔵などについて体系的・系統的に理解するとともに，関連する技術を身に付けるようにする。

(2) 食生活の現状から食品に関する課題を発見し，食品を適切に選択，活用して食生活の充実向上を担う職業人として合理的かつ創造的に解決する力を養う。

(3) 適切な食品の選択や活用の面から食生活の充実向上を目指して自ら学び，食品のもつ機能の展開に主体的かつ協働的に取り組む態度を養う。

2　内　容

　1に示す資質・能力を身に付けることができるよう，次の〔指導項目〕を指導する。

〔指導項目〕

(1) 食品の分類とその特徴
　　ア　食品の成分と分類
　　イ　植物性食品とその加工品
　　ウ　動物性食品とその加工品
　　エ　成分抽出素材

オ　調味料，甘味料，香辛料及び嗜好品
　(2) 食品の機能
　(3) 食品の表示
　　ア　食品の表示制度
　　イ　各種食品の表示
　(4) 食品の加工と貯蔵
　　ア　食品の加工
　　イ　食品の貯蔵
　(5) 食品の生産と流通
　　ア　食品の流通と食料需給
　　イ　食品の流通機構

3　内容の取扱い

(1) 内容の範囲や程度については，次の事項に配慮するものとする。

　ア　〔指導項目〕の(1)のアについては，食品の成分の特徴による分類方法である食品群と，「日本食品標準成分表」を扱うこと。イ及びウについては，代表的な食品を扱うこと。エについては，油脂とゲル化剤の代表的な食品を扱うこと。オについては，代表的な食品の使用目的とその役割，性質，利用法などを扱うこと。

　イ　〔指導項目〕の(2)については，食品のもつ栄養面の機能，嗜好面の機能及び生体調節面の機能を扱うこと。

　ウ　〔指導項目〕の(3)のアについては，食品の表示に関わる基本的な法規や制度の目的と概要を扱うこと。イについては，加工食品などの表示を具体的に扱うこと。

　エ　〔指導項目〕の(4)のアについては，物理的加工，化学的加工及び微生物や酵素による加工の目的，方法及び成分の変化を扱うこと。イについては，代表的な貯蔵の方法の原理と特徴の概要を扱うこと。

　オ　〔指導項目〕の(5)のアについては，多様化する食品の生産と食料需給の概要を扱うこと。イについては，代表的な食品の流通機構の概要や食品の安全な流通を図るための仕組みを扱うこと。

第19　食品衛生

1　目　標

家庭の生活に関わる産業の見方・考え方を働かせ，実践的・体験的な学習活動を行うことなどを通して，安全で衛生的な食生活の実現を担う職業人として必要な資質・能力を次のとおり育成することを目指す。

(1) 食生活の安全と食品衛生対策について体系的・系統的に理解するとともに，関連する技術を身に付けるようにする。

(2) 食生活の現状から食品衛生に関する課題を発見し，安全で衛生的な食生活の実現を担う職業人として合理的かつ創造的に解決する力を養う。

(3) 安全で衛生的な食生活の実現を目指して自ら学び，食品衛生に主体的かつ協働的に取り組む態度を養う。

2　内　容

1に示す資質・能力を身に付けることができるよう，次の〔指導項目〕を指導する。

〔指導項目〕

(1) 食生活の安全と食品安全行政
  (2) 食中毒とその予防
    ア 細菌性食中毒とその予防
    イ ウィルス性食中毒とその予防
    ウ 化学物質による食中毒とその予防
    エ 自然毒による食中毒とその予防
  (3) 食品の汚染，寄生虫
    ア 有害物質による食品の汚染とその予防
    イ 寄生虫病とその予防
  (4) 食品の変質とその防止
    ア 微生物による変質とその防止
    イ 化学的作用による変質とその防止
  (5) 食品添加物
    ア 食品添加物の使用目的と用途
    イ 食品添加物の使用基準と表示
  (6) 食物アレルギーとその予防
  (7) 食品衛生対策
    ア 衛生管理の方法
    イ 食品衛生関係法規

3 内容の取扱い

  (1) 内容を取り扱う際には，次の事項に配慮するものとする。
    ア 〔指導項目〕の(7)のアについては，具体的に理解できるよう実験・実習を中心とした指導を行うこと。
  (2) 内容の範囲や程度については，次の事項に配慮するものとする。
    ア 〔指導項目〕の(1)については，食生活の安全を確保することの重要性やそのための食品安全行政の取組などを扱うこと。
    イ 〔指導項目〕の(2)については，具体的な事例を取り上げ，食中毒の特徴，症状，発生状況と汚染源及び予防などを扱うこと。
    ウ 〔指導項目〕の(3)のアについては，重金属や放射性物質などについても扱うこと。
    エ 〔指導項目〕の(4)については，食品の変質とその防止に関する基礎的な内容を扱うこと。
    オ 〔指導項目〕の(5)については，食品添加物に関する法規と関連付けて扱うこと。
    カ 〔指導項目〕の(6)については，具体的な事例を取り上げ，食物アレルギーの特徴，症状，発生状況と原因物質及び発症予防などを扱うこと。
    キ 〔指導項目〕の(7)のアについては，食品の生産，加工，流通及び消費における衛生対策を扱うこと。イについては，食品衛生に関する法規の目的と概要を扱うこと。

第20 公衆衛生

1 目標

　家庭の生活に関わる産業の見方・考え方を働かせ，実践的・体験的な学習活動を行うことなどを通して，疾病の予防と健康づくりを担う職業人として必要な資質・能力を次のとおり育成することを目指す。
  (1) 集団の健康と公衆衛生などについて体系的・系統的に理解するとともに，関連する技術を身に付け

るようにする。
- (2) 公衆衛生に関する課題を発見し，疾病の予防と健康づくりを担う職業人として合理的かつ創造的に解決する力を養う。
- (3) 疾病の予防や健康づくりを目指して自ら学び，公衆衛生の発展に主体的かつ協働的に取り組む態度を養う。

2 内 容

1に示す資質・能力を身に付けることができるよう，次の〔指導項目〕を指導する。

〔指導項目〕

- (1) 集団の健康と公衆衛生
  - ア 公衆衛生の意義
  - イ 保健衛生統計
- (2) 環境衛生
  - ア 現代の環境問題
  - イ 生活環境の保全
- (3) 疾病の予防と健康づくり
  - ア 生活習慣病と健康づくり
  - イ 感染症の予防
  - ウ 精神保健
- (4) 母子保健
  - ア 母性の保護と保健指導
  - イ 乳幼児の保健指導
- (5) 学校保健
  - ア 学校保健管理
  - イ 健康教育
- (6) 産業保健
  - ア 労働環境の整備
  - イ 労働者の健康管理
- (7) 高齢者保健
  - ア 高齢者保健の現状
  - イ 高齢者の健康管理
- (8) 調理師の業務と社会的役割
  - ア 調理師と健康づくり
  - イ 健康づくりに関する法規

3 内容の取扱い

- (1) 内容を取り扱う際には，次の事項に配慮するものとする。
  - ア 〔指導項目〕の(8)については，生徒の実態や学科の特色に応じて，扱わないことができること。
- (2) 内容の範囲や程度については，次の事項に配慮するものとする。
  - ア 〔指導項目〕の(1)のイについては，人口動態統計，疾病統計及び国民健康・栄養調査などにおける集団の健康状態を扱うこと。
  - イ 〔指導項目〕の(2)については，具体的な事例を通して現代の生活と自然環境との関わりを取り上げ，持続可能な社会の形成のための方策を扱うこと。
  - ウ 〔指導項目〕の(3)のアについては，具体的な事例を通して生活習慣病の実態とその予防を扱うこ

と。イについては，感染症の発生要因，予防対策，消毒法などの基礎的な事項を扱うこと。ウについては，精神の健康を左右する要因と精神保健活動に関する基礎的な事項を扱うこと。
　エ　〔指導項目〕の(4)については，母性保健指導及び乳幼児保健指導における具体的な事例を扱うこと。
　オ　〔指導項目〕の(5)については，学校における保健管理及び健康教育の意義と目的を扱うこと。
　カ　〔指導項目〕の(6)については，職場の環境や作業条件と健康との関わりを扱うこと。
　キ　〔指導項目〕の(7)については，高齢者の医療，福祉などと関連付けて扱うこと。
　ク　〔指導項目〕の(8)のアについては，食育の推進に調理師が果たす役割についても扱うこと。イについては，関連する法規の目的と概要を扱うこと。

第21　総合調理実習

1　目標

家庭の生活に関わる産業の見方・考え方を働かせ，実践的・体験的な学習活動を行うことなどを通して，調理に関して総合的に捉え，食生活関連産業を担う職業人として必要な資質・能力を次のとおり育成することを目指す。

(1) 大量調理の施設・設備，献立・調理，食事環境とサービスなどについて体系的・系統的に理解するとともに，相互に関連付けられた技術を身に付けるようにする。

(2) 食生活関連産業における調理と食事提供に関する課題を発見し，食生活関連産業を担う職業人として合理的かつ創造的に解決する力を養う。

(3) 調理の深化・総合化を目指して自ら学び，食生活関連産業の発展に主体的かつ協働的に取り組む態度を養う。

2　内容

1に示す資質・能力を身に付けることができるよう，次の〔指導項目〕を指導する。

〔指導項目〕

(1) 調理用施設・設備及び調理機器

(2) 大量調理
　ア　種類と特徴
　イ　組織と管理
　ウ　献立作成と調理

(3) 食事環境とサービス

(4) 調理師と食生活関連産業

3　内容の取扱い

(1) 内容を取り扱う際には，次の事項に配慮するものとする。
　ア　〔指導項目〕の(1)については，特定給食施設などの厨房設備と調理機器の安全で衛生的，能率的な取扱いに重点を置いた指導を行うこと。
　イ　〔指導項目〕の(2)及び(3)については，調理における専門的な知識・技術を深化させ，食生活関連産業において食事提供に関わるなど総合的な学習活動になるよう指導を工夫すること。
　ウ　〔指導項目〕の(4)については，生徒の実態や学科の特色に応じて，扱わないことができること。

(2) 内容の範囲や程度については，次の事項に配慮するものとする。
　ア　〔指導項目〕の(2)のアについては，各種給食を扱うこと。イについては，大量調理の組織と運営，食品の保管，調理作業管理及び衛生管理を扱うこと。また，大量調理を担当する者の自覚と責任に

ついても扱うこと。ウについては，学校や事務所などにおける給食に関する留意事項に重点を置いて扱うこと。
　　イ　〔指導項目〕の(3)については，サービスの基本的な考え方やその実務を扱うこと。

第3款　各科目にわたる指導計画の作成と内容の取扱い

1　指導計画の作成に当たっては，次の事項に配慮するものとする。
(1) 単元など内容や時間のまとまりを見通して，その中で育む資質・能力の育成に向けて，生徒の主体的・対話的で深い学びの実現を図るようにすること。その際，家庭の生活に関わる産業の見方・考え方を働かせ，専門的な知識と技術などを相互に関連付けてより深く理解させるとともに，地域や社会の生活の中から問題を見いだして解決策を構想し，計画を立案し，実践，評価，改善して新たな課題解決に向かう過程を重視した実践的・体験的な学習活動の充実を図ること。
(2) 家庭に関する各学科においては，「生活産業基礎」及び「課題研究」を原則として全ての生徒に履修させること。
(3) 家庭に関する各学科においては，原則としてこの章に示す家庭科に属する科目に配当する総授業時数の10分の5以上を実験・実習に配当すること。また，実験・実習に当たっては，ホームプロジェクトを取り入れることもできること。
(4) 地域や産業界等との連携・交流を通じた実践的な学習活動や就業体験活動を積極的に取り入れるとともに，社会人講師を積極的に活用するなどの工夫に努めること。
(5) 障害のある生徒などについては，学習活動を行う場合に生じる困難さに応じた指導内容や指導方法の工夫を計画的，組織的に行うこと。
2　内容の取扱いに当たっては，次の事項に配慮するものとする。
(1) 生活産業に関わる実習や就業体験活動などを通して，自分の考え方や情報を的確に伝えたり，まとめたりする活動，創造的に製作する場面において，与えられたテーマに対して互いの考えを伝え合い，イメージをまとめ適切に表現する活動など言語活動の充実を図ること。
(2) コンピュータや情報通信ネットワークなどの活用を図り，学習の効果を高めるよう工夫すること。
3　実験・実習を行うに当たっては，関連する法規等に従い，施設・設備や薬品等の安全管理に配慮し，学習環境を整えるとともに，事故防止の指導を徹底し，安全と衛生に十分留意するものとする。

第6節 看護

第1款 目標

看護の見方・考え方を働かせ，実践的・体験的な学習活動を行うことなどを通して，看護を通じ，地域や社会の保健・医療・福祉を支え，人々の健康の保持増進に寄与する職業人として必要な資質・能力を次のとおり育成することを目指す。

(1) 看護について体系的・系統的に理解するとともに，関連する技術を身に付けるようにする。
(2) 看護に関する課題を発見し，職業人に求められる倫理観を踏まえ合理的かつ創造的に解決する力を養う。
(3) 職業人として必要な豊かな人間性を育み，よりよい社会の構築を目指して自ら学び，人々の健康の保持増進に主体的かつ協働的に取り組む態度を養う。

第2款 各科目

第1 基礎看護

1 目標

看護の見方・考え方を働かせ，実践的・体験的な学習活動を行うことなどを通して，看護の基礎となる資質・能力を次のとおり育成することを目指す。

(1) 看護について体系的・系統的に理解するとともに，関連する基礎的な技術を身に付けるようにする。
(2) 看護に関する基礎的な課題を発見し，看護の職業倫理を踏まえて合理的かつ創造的に解決する力を養う。
(3) 基礎看護について，よりよい看護の実践を目指して自ら学び，日常生活の援助及び診療に伴う援助における看護の課題解決に主体的かつ協働的に取り組む態度を養う。

2 内容

1に示す資質・能力を身に付けることができるよう，次の〔指導項目〕を指導する。

〔指導項目〕

(1) 看護の本質
　ア　看護の意義
　イ　看護の役割と機能
　ウ　看護の対象
　エ　協働する専門職
　オ　看護における倫理
(2) 看護の共通技術
　ア　コミュニケーション
　イ　感染予防
　ウ　安全管理
　エ　フィジカルアセスメント
　オ　看護過程
(3) 日常生活の援助

ア　日常生活の理解
　　　イ　環境調整
　　　ウ　食事と栄養
　　　エ　排泄
　　　オ　活動と運動
　　　カ　休息と睡眠
　　　キ　清潔と衣生活
　　(4) 診療に伴う援助
　　　ア　呼吸・循環・体温調整
　　　イ　与薬
　　　ウ　創傷管理
　　　エ　診察・検査・処置
　　　オ　救命救急処置
　　　カ　終末時のケア

3　内容の取扱い

(1) 内容を取り扱う際には，次の事項に配慮するものとする。

　ア　〔指導項目〕の(1)については，望ましい看護観や職業観及び看護職に求められる倫理観を育成すること。

　イ　〔指導項目〕の(2)から(4)までについては，身近な事例を取り上げて演習などを行い，知識と技術の統合化を図るとともに，科学的根拠を踏まえた安全で安楽な援助について考察できるよう工夫すること。

(2) 内容の範囲や程度については，次の事項に配慮するものとする。

　ア　〔指導項目〕の(1)については，人間理解を基盤とする看護の基本的な概念，保健・医療・福祉における看護の役割及び看護職としての使命と責任について扱うこと。

　イ　〔指導項目〕の(2)については，看護の対象となる人々との信頼関係の重要性，感染対策としての標準予防策，医療安全対策として転倒・転落及び誤薬の防止などを扱うこと。また，看護を計画的に実施し評価する一連の過程を扱うこと。

　ウ　〔指導項目〕の(3)については，対象者の状態に応じた日常生活の援助の基礎的な知識と技術を扱うこと。

　エ　〔指導項目〕の(4)については，診療に伴う援助の基礎的な知識と技術を扱うこと。オについては，トリアージを含む災害直後の支援に関する基礎的な知識と技術についても扱うこと。

第2　人体の構造と機能

1　目　標

看護の見方・考え方を働かせ，人体の構造と機能に関する実践的・体験的な学習活動を行うことなどを通して，看護の実践に必要な資質・能力を次のとおり育成することを目指す。

(1) 人体の構造と機能について体系的・系統的に理解するようにする。

(2) 人体の構造と機能に関連する生活行動や健康の基本的な課題を発見し，看護の職業倫理を踏まえて合理的かつ創造的に解決する力を養う。

(3) 人体の構造と機能について，よりよい看護の実践を目指して自ら学び，人々の健康の保持増進に主体的かつ協働的に取り組む態度を養う。

2 内容

1に示す資質・能力を身に付けることができるよう，次の〔指導項目〕を指導する。

〔指導項目〕

(1) 解剖生理
  ア 人体の構成
  イ 器官系の構造と機能
  ウ 生体の恒常性
  エ 生体の防御機構

(2) 栄養
  ア 栄養素の働き
  イ 栄養素と代謝
  ウ 食生活と健康
  エ ライフステージと栄養
  オ 病態と栄養

3 内容の取扱い

(1) 内容を取り扱う際には，次の事項に配慮するものとする。
  ア 日常生活の食事，排泄，活動と運動，休息と睡眠などと関連付けて理解できるよう工夫すること。
  イ 〔指導項目〕の(1)については，学科の特色に応じて，その概要を扱う程度とすることができること。

(2) 内容の範囲や程度については，次の事項に配慮するものとする。
  ア 〔指導項目〕の(1)については，人体の構造と機能を生活行動や健康の保持と関連付けて扱うこと。
  イ 〔指導項目〕の(2)については，健康の保持増進のための栄養の生理，食習慣と健康及び食事療法の基礎的な内容を扱うこと。

第3 疾病の成り立ちと回復の促進

1 目標

看護の見方・考え方を働かせ，疾病の成り立ちと回復の促進に関する実践的・体験的な学習活動を行うことなどを通して，看護の実践に必要な資質・能力を次のとおり育成することを目指す。

(1) 疾病の成り立ちと回復の促進について体系的・系統的に理解するようにする。
(2) 疾病の成り立ちと回復の促進に関する基本的な課題を発見し，看護の職業倫理を踏まえて合理的かつ創造的に解決する力を養う。
(3) 疾病の成り立ちと回復の促進について，よりよい看護の実践を目指して自ら学び，多様な人々の健康の保持増進に主体的かつ協働的に取り組む態度を養う。

2 内容

1に示す資質・能力を身に付けることができるよう，次の〔指導項目〕を指導する。

〔指導項目〕

(1) 疾病の原因と生体の回復
  ア 疾病の予防・早期発見
  イ 疾病の原因
  ウ 生体の回復

(2) 基本的な病因

ア　循環障害
　　　イ　炎症
　　　ウ　代謝障害
　　　エ　遺伝と先天異常
　　　オ　免疫異常
　　　カ　腫瘍
　　　キ　感染
　(3) 疾病の診断過程と治療
　　　ア　疾病の診断過程
　　　イ　疾病と臨床検査
　　　ウ　主な治療法
　(4) 各機能の障害
　　　ア　呼吸機能の障害
　　　イ　循環機能の障害
　　　ウ　栄養の摂取・消化・吸収・代謝機能の障害
　　　エ　内部環境調節機能の障害
　　　オ　造血機能の障害
　　　カ　免疫機能の障害
　　　キ　神経機能の障害
　　　ク　運動機能の障害
　　　ケ　排泄(せつ)機能の障害
　　　コ　生殖機能の障害
　　　サ　精神機能の障害
　(5) 疾病と薬物
　　　ア　薬物の作用
　　　イ　薬物と生体の反応
　　　ウ　薬物療法
　　　エ　薬物による健康被害

3　内容の取扱い

(1) 内容を取り扱う際には，次の事項に配慮するものとする。
　ア　看護科に属する各科目と関連付けて，疾病の予防や早期発見，病態と治療，回復の促進に関する基礎的な内容の理解を基に，人間の健康を身体的のみならず，精神的・社会的な側面から統合して考察できるよう工夫すること。
　イ　〔指導項目〕の(4)及び(5)のウについては，学科の特色に応じて，その概要を扱う程度とすることができること。

(2) 内容の範囲や程度については，次の事項に配慮するものとする。
　ア　〔指導項目〕の(1)から(3)までについては，病理病態の基礎的な事項を扱うこと。
　イ　〔指導項目〕の(4)については，各機能障害の病態生理について，回復過程を含めて扱うこと。
　ウ　〔指導項目〕の(5)については，薬理の基礎的な内容を扱うとともに，基本的な薬物について臨床での活用と関連付けて扱うこと。

第4 健康支援と社会保障制度

1 目標

看護の見方・考え方を働かせ，健康支援としての公衆衛生と社会保障制度に関する実践的・体験的な学習活動を行うことなどを通して，看護の実践に必要な資質・能力を次のとおり育成することを目指す。

(1) 健康支援と社会保障制度について体系的・系統的に理解するとともに，関連する技術を身に付けるようにする。

(2) 健康支援と社会保障制度に関する基本的な課題を発見し，看護の職業倫理を踏まえて合理的かつ創造的に解決する力を養う。

(3) 健康支援と社会保障制度について，よりよい看護の実践を目指して自ら学び，社会の変化に対応した生活の向上に主体的かつ協働的に取り組む態度を養う。

2 内容

1に示す資質・能力を身に付けることができるよう，次の〔指導項目〕を指導する。

〔指導項目〕

(1) 公衆衛生
　ア　公衆衛生の基本
　イ　生活環境と健康
　ウ　生活者の健康増進
　エ　感染症と対策
　オ　保健活動

(2) 社会保障制度
　ア　社会保障制度の基本
　イ　保健に関する制度
　ウ　医療に関する制度
　エ　福祉に関する制度

3 内容の取扱い

(1) 内容を取り扱う際には，次の事項に配慮するものとする。
　ア　〔指導項目〕の(1)については，学科の特色に応じて，その概要を扱う程度とすることができること。

(2) 内容の範囲や程度については，次の事項に配慮するものとする。
　ア　〔指導項目〕の(1)については，公衆衛生の基本的な内容を扱うこと。
　イ　〔指導項目〕の(2)については，保健・医療・福祉の基本的な制度と関係する法規を看護活動と関連付けて扱うこと。

第5 成人看護

1 目標

看護の見方・考え方を働かせ，実践的・体験的な学習活動を行うことなどを通して，成人看護の実践に必要な資質・能力を次のとおり育成することを目指す。

(1) 成人看護について体系的・系統的に理解するとともに，関連する技術を身に付けるようにする。

(2) 成人看護に関する多様な課題を発見し，看護の職業倫理を踏まえて合理的かつ創造的に解決する力

を養う。
(3) 成人看護について，よりよい看護の実践を目指して自ら学び，成人の健康の保持増進に主体的かつ協働的に取り組む態度を養う。

2 内 容
1に示す資質・能力を身に付けることができるよう，次の〔指導項目〕を指導する。
〔指導項目〕
(1) 成人の健康と看護
　ア　成人各期の特徴
　イ　成人の保健と福祉
　ウ　成人看護の特徴
　エ　成人看護の倫理的課題
(2) 健康レベルや障害の状況に応じた看護
　ア　急性期
　イ　慢性期
　ウ　終末期
　エ　リハビリテーション看護
　オ　がん看護
(3) 機能障害のある患者の看護
　ア　呼吸機能障害
　イ　循環機能障害
　ウ　消化・吸収機能障害
　エ　栄養代謝機能障害
　オ　内部環境調節機能障害
　カ　内分泌機能障害
　キ　身体防御機能障害
　ク　脳・神経機能障害
　ケ　感覚機能障害
　コ　運動機能障害
　サ　排尿機能障害
　シ　性・生殖・乳腺機能障害

3 内容の取扱い
(1) 内容を取り扱う際には，次の事項に配慮するものとする。
　ア　〔指導項目〕の(2)及び(3)については，具体的な事例を取り上げ，「疾病の成り立ちと回復の促進」と関連付けて演習などを行い，成人の個別性に応じた看護を考察できるよう工夫すること。
　イ　〔指導項目〕の(3)については，学科の特色に応じて，その概要を扱う程度とすることができること。
(2) 内容の範囲や程度については，次の事項に配慮するものとする。
　ア　〔指導項目〕の(1)については，健康課題及び倫理的課題の現状を成人各期の特徴と関連付けて扱うこと。
　イ　〔指導項目〕の(2)については，健康レベルや障害の状況に応じた看護の知識と技術について基礎的な内容を扱うこと。
　ウ　〔指導項目〕の(3)については，様々な機能障害のある人の診療と日常生活の援助に関する看護の

知識と技術について基礎的な内容を扱うこと。

第6 老年看護

1 目標

看護の見方・考え方を働かせ，実践的・体験的な学習活動を行うことなどを通して，老年看護の実践に必要な資質・能力を次のとおり育成することを目指す。

(1) 老年看護について体系的・系統的に理解するとともに，関連する技術を身に付けるようにする。

(2) 老年看護に関する多様な課題を発見し，看護の職業倫理を踏まえて合理的かつ創造的に解決する力を養う。

(3) 老年看護について，よりよい看護の実践を目指して自ら学び，高齢者の健康の保持増進に主体的かつ協働的に取り組む態度を養う。

2 内容

1に示す資質・能力を身に付けることができるよう，次の〔指導項目〕を指導する。

〔指導項目〕

(1) 高齢者の特徴と看護
 ア 高齢者の生活と健康
 イ 高齢者の保健と福祉
 ウ 老年看護の特徴
 エ 老年看護の倫理的課題

(2) 高齢者の生活を支える看護
 ア 高齢者のアセスメント
 イ コミュニケーション
 ウ 食事と栄養
 エ 排泄
 オ 清潔
 カ 歩行・移動
 キ 睡眠
 ク 活動と生きがい

(3) 診療を受ける高齢者の看護
 ア 急性期
 イ 慢性期
 ウ 終末期

(4) 高齢者に多い健康障害と看護
 ア 感染症
 イ 骨折
 ウ パーキンソン症候群
 エ 認知症
 オ うつ
 カ せん妄

3 内容の取扱い

(1) 内容を取り扱う際には，次の事項に配慮するものとする。

ア　具体的な事例を取り上げて演習などを行い，高齢者の個別性に応じた看護を考察できるよう工夫すること。

イ　〔指導項目〕の(4)については，学科の特色に応じて，その概要を扱う程度とすることができること。

(2) 内容の範囲や程度については，次の事項に配慮するものとする。

ア　〔指導項目〕の(1)については，高齢者が人間としての尊厳を保ち，自立した生活が送れるよう支援することの重要性について扱うこと。

イ　〔指導項目〕の(2)については，高齢者の健康状態と生活行動の相互作用を理解し，生活を支えるための看護の知識と技術について基礎的な内容を扱うこと。

ウ　〔指導項目〕の(3)については，診療を受ける高齢者の病期別の看護の知識と技術について基礎的な内容を扱うこと。

エ　〔指導項目〕の(4)については，高齢者に多い健康障害とその治療に関する看護の知識と技術について基礎的な内容を扱うこと。

第7　小児看護

1　目標

看護の見方・考え方を働かせ，実践的・体験的な学習活動を行うことなどを通して，小児看護の実践に必要な資質・能力を次のとおり育成することを目指す。

(1) 小児看護について体系的・系統的に理解するとともに，関連する技術を身に付けるようにする。

(2) 小児看護に関する多様な課題を発見し，看護の職業倫理を踏まえて合理的かつ創造的に解決する力を養う。

(3) 小児看護について，よりよい看護の実践を目指して自ら学び，小児の健康の保持増進に主体的かつ協働的に取り組む態度を養う。

2　内容

1に示す資質・能力を身に付けることができるよう，次の〔指導項目〕を指導する。

〔指導項目〕

(1) 小児の健康と看護

　ア　小児の健康の特徴

　イ　小児の保健と福祉

　ウ　小児看護の特徴

　エ　小児看護の倫理的課題

(2) 小児各期の健康課題と看護

　ア　新生児期・乳児期

　イ　幼児期

　ウ　学童期

　エ　思春期

(3) 診療を受ける小児の看護

　ア　診療に伴う看護

　イ　急性期

　ウ　慢性期

　エ　終末期

3　内容の取扱い

(1) 内容を取り扱う際には，次の事項に配慮するものとする。

　ア　〔指導項目〕の(2)及び(3)については，具体的な事例を取り上げて演習などを行い，小児の個別性に応じた看護を考察できるよう工夫すること。

　イ　〔指導項目〕の(3)については，学科の特色に応じて，扱わないことができること。

(2) 内容の範囲や程度については，次の事項に配慮するものとする。

　ア　〔指導項目〕の(1)については，小児保健及び倫理的課題の現状を扱うこと。

　イ　〔指導項目〕の(2)については，健康課題を小児各期の成長・発達の特徴と関連付けて扱うこと。

　ウ　〔指導項目〕の(3)については，診療を受ける小児とその家族に対する病期別の看護の知識と技術について基礎的な内容を扱うこと。

第8　母性看護

1　目　標

看護の見方・考え方を働かせ，実践的・体験的な学習活動を行うことなどを通して，母性看護の実践に必要な資質・能力を次のとおり育成することを目指す。

(1) 母性看護について体系的・系統的に理解するとともに，関連する技術を身に付けるようにする。

(2) 母性看護に関する多様な課題を発見し，看護の職業倫理を踏まえて合理的かつ創造的に解決する力を養う。

(3) 母性看護について，よりよい看護の実践を目指して自ら学び，母性の健康の保持増進に主体的かつ協働的に取り組む態度を養う。

2　内　容

1に示す資質・能力を身に付けることができるよう，次の〔指導項目〕を指導する。

〔指導項目〕

(1) 母性の健康と看護

　ア　母性の概念

　イ　母子保健の動向

　ウ　リプロダクティブ・ヘルス／ライツ

　エ　母性看護の特徴

　オ　母性看護の倫理的課題

(2) 女性のライフサイクル各期の健康課題と看護

　ア　思春期

　イ　成熟期

　ウ　更年期

　エ　老年期

(3) 周産期の看護

　ア　周産期の正常経過と看護

　　(ア) 妊娠期の生理と妊婦の看護

　　(イ) 分娩期の生理と産婦の看護

　　(ウ) 産褥期の生理と褥婦の看護

　　(エ) 新生児期の生理と看護

　イ　周産期の異常と看護

(ｱ) 妊娠期の異常と看護
　　　(ｲ) 分娩期の異常と看護
　　　(ｳ) 産褥期の異常と看護
　　　(ｴ) 新生児期の異常と看護

3　内容の取扱い

(1) 内容を取り扱う際には，次の事項に配慮するものとする。

　ア　具体的な事例を取り上げて演習などを行い，母性看護の対象となる人々の個別性に応じた看護を考察できるよう工夫すること。

　イ　〔指導項目〕の(3)のイについては，学科の特色に応じて，扱わないことができること。

(2) 内容の範囲や程度については，次の事項に配慮するものとする。

　ア　〔指導項目〕の(1)については，母性と母性看護の基本的な概念，母子保健の現状及び関連する制度，生命倫理を含む倫理的課題の現状を扱うこと。

　イ　〔指導項目〕の(2)については，ライフサイクル各期の特徴と健康課題を関連付けて扱うこと。

　ウ　〔指導項目〕の(3)については，妊婦，産婦，褥婦，新生児に対する看護の知識と技術について基礎的な内容を扱うこと。

第9　精神看護

1　目　標

　看護の見方・考え方を働かせ，実践的・体験的な学習活動を行うことなどを通して，精神看護の実践に必要な資質・能力を次のとおり育成することを目指す。

(1) 精神看護について体系的・系統的に理解するとともに，関連する技術を身に付けるようにする。

(2) 精神看護に関する多様な課題を発見し，看護の職業倫理を踏まえて合理的かつ創造的に解決する力を養う。

(3) 精神看護について，よりよい看護の実践を目指して自ら学び，人々の心身の健康の保持増進に主体的かつ協働的に取り組む態度を養う。

2　内　容

　1に示す資質・能力を身に付けることができるよう，次の〔指導項目〕を指導する。

〔指導項目〕

(1) 精神の健康と看護

　ア　精神の健康
　イ　精神機能の構造と発達
　ウ　ストレスと危機
　エ　精神保健の動向
　オ　精神看護の特徴

(2) 精神保健医療福祉の変遷

　ア　精神医療の歴史
　イ　精神に障害のある人の権利擁護
　ウ　精神保健福祉制度の変遷

(3) 精神障害の状況に応じた看護

　ア　検査
　イ　治療

ウ　急性期
　　エ　慢性期
（4）主な精神障害と看護
　　ア　症状性を含む器質性精神障害
　　イ　精神作用物質による精神及び行動の障害
　　ウ　統合失調症
　　エ　気分障害
　　オ　神経症性障害，ストレス関連障害
　　カ　生理的障害，身体的要因に関連した行動症候群
　　キ　成人の人格及び行動の障害
　　ク　小児・青年期の精神及び心身医学的疾患

3　内容の取扱い

（1）内容を取り扱う際には，次の事項に配慮するものとする。
　　ア　精神の健康の保持増進及び精神障害のある人の看護を統合的に学習できるよう工夫すること。
　　イ　〔指導項目〕の(3)及び(4)については，具体的な事例を取り上げて演習などを行い，精神に障害のある人の個別性に応じた看護を考察できるよう工夫すること。
　　ウ　〔指導項目〕の(3)及び(4)については，学科の特色に応じて，扱わないことができること。
（2）内容の範囲や程度については，次の事項に配慮するものとする。
　　ア　〔指導項目〕の(1)については，精神の健康に関する基礎的な内容を扱うこと。また，精神看護の基本的な概念や人間関係，リエゾン精神看護，倫理的課題の現状も扱うこと。
　　イ　〔指導項目〕の(2)については，精神医療や精神看護の歴史を通して，精神に障害のある人の人権や権利擁護，精神保健医療福祉における看護の役割を扱うこと。また，地域で生活していくための支援システムや必要な援助も扱うこと。
　　ウ　〔指導項目〕の(3)については，精神障害の状況に応じた看護の知識と技術について基礎的な内容を扱うこと。
　　エ　〔指導項目〕の(4)については，主な精神障害に関する看護の知識と技術について基礎的な内容を扱うこと。

第10　在宅看護

1　目　標

　看護の見方・考え方を働かせ，実践的・体験的な学習活動を行うことなどを通して，在宅看護の実践に必要な資質・能力を次のとおり育成することを目指す。
（1）在宅看護について体系的・系統的に理解するとともに，関連する技術を身に付けるようにする。
（2）在宅看護に関する多様な課題を発見し，看護の職業倫理を踏まえて合理的かつ創造的に解決する力を養う。
（3）在宅看護について，よりよい看護の実践を目指して自ら学び，在宅療養者の健康の保持増進に主体的かつ協働的に取り組む態度を養う。

2　内　容

　1に示す資質・能力を身に付けることができるよう，次の〔指導項目〕を指導する。
〔指導項目〕
（1）在宅看護の特徴

ア　在宅看護の意義
　　　イ　在宅看護の役割と機能
　　　ウ　在宅看護の対象
　　　エ　在宅看護の倫理的課題
　(2) 在宅療養を支える制度
　　　ア　地域包括ケアシステム
　　　イ　訪問看護制度
　　　ウ　医療保険制度
　　　エ　介護保険制度
　(3) 在宅療養者と家族等への支援
　　　ア　療養生活の援助
　　　イ　治療に伴う援助
　　　ウ　療養者の状況に応じた援助
3　内容の取扱い
(1) 内容を取り扱う際には，次の事項に配慮するものとする。
　　ア　在宅での療養に近い状況を設定し，看護科に属する各科目と関連付けた演習などを行い，在宅療養者の個別性に応じた看護を考察できるよう工夫すること。
　　イ　〔指導項目〕の(3)については，学科の特色に応じて，扱わないことができること。
(2) 内容の範囲や程度については，次の事項に配慮するものとする。
　　ア　〔指導項目〕の(1)については，生活の場における療養の安全対策，社会資源の活用，地域における多職種との連携，倫理的課題の現状を扱うこと。
　　イ　〔指導項目〕の(2)については，制度を利用している在宅療養者の具体的な事例も扱うこと。
　　ウ　〔指導項目〕の(3)については，在宅療養者の日常生活の援助と治療及びその家族等への援助の基礎的な内容を扱うこと。ウについては，終末期の支援も扱うこと。

第11　看護の統合と実践

1　目　標
　看護の見方・考え方を働かせ，実践的・体験的な学習活動を行うことなどを通して，看護の統合と実践に必要な資質・能力を次のとおり育成することを目指す。
(1) 看護の統合と実践について体系的・系統的に理解するとともに，関連する技術を身に付けるようにする。
(2) 看護の統合と実践に関する多様な課題を発見し，看護の職業倫理を踏まえて合理的かつ創造的に解決する力を養う。
(3) 看護の統合と実践について，よりよい看護の実践を目指して自ら学び，人々の健康の保持増進に主体的かつ協働的に取り組む態度を養う。

2　内　容
　1に示す資質・能力を身に付けることができるよう，次の〔指導項目〕を指導する。
〔指導項目〕
(1) 看護におけるマネジメント
　　ア　看護活動の質の保証と向上
　　イ　医療安全のマネジメント

ウ　多重課題のマネジメント
　　エ　多職種連携
　　オ　看護に関わる政策と行政
　(2) 災害看護
　　ア　災害の種類と医療
　　イ　災害看護の特徴
　　ウ　災害各期の看護
　(3) 国際看護
　　ア　国際保健
　　イ　対象のグローバル化
　　ウ　国際看護活動

3　内容の取扱い

(1) 内容を取り扱う際には，次の事項に配慮するものとする。
　　ア　臨床実践に近い状況を設定し，看護科に属する各科目と関連付けた演習などを行うこと。
(2) 内容の範囲や程度については，次の事項に配慮するものとする。
　　ア　〔指導項目〕の(1)については，看護活動の質を高めるため，看護業務の現状の分析，看護職の継続教育，医療安全管理体制，チーム医療のマネジメント及び看護政策などを扱うこと。
　　イ　〔指導項目〕の(2)については，国内外の災害における看護活動を扱うこと。また，心的外傷後ストレス障害などの心のケアや災害弱者への基本的な支援についても扱うこと。
　　ウ　〔指導項目〕の(3)については，国際的な健康課題の現状や取組，看護活動を取り上げ，多様な文化や価値観の理解と尊重の重要性について扱うこと。

第12　看護臨地実習

1　目　標

　看護の見方・考え方を働かせ，臨地において実践的・体験的な学習活動を行うことなどを通して，看護の実践に必要な資質・能力を次のとおり育成することを目指す。
(1) 臨地における看護について体系的・系統的に理解するとともに，関連する技術を身に付けるようにする。
(2) 臨地における看護に関する多様な課題を発見し，看護の職業倫理を踏まえて解決策を探究し，合理的かつ創造的に解決する力を養う。
(3) 臨地における看護について，よりよい看護の実践を目指して自ら学び，人々の安全と安楽を守り，健康の保持増進と生活の質の向上に主体的かつ協働的に取り組む態度を養う。

2　内　容

　1に示す資質・能力を身に付けることができるよう，次の〔指導項目〕を指導する。
〔指導項目〕
(1) 基礎看護臨地実習
　　ア　保健医療福祉施設の機能と看護の役割
　　イ　対象の理解
　　ウ　看護におけるコミュニケーション
　　エ　日常生活の援助
　　オ　看護の展開

(2) 領域別看護臨地実習
　ア　成人看護臨地実習
　イ　老年看護臨地実習
　ウ　小児看護臨地実習
　エ　母性看護臨地実習
　オ　精神看護臨地実習
(3) 統合実践看護臨地実習
　ア　在宅看護臨地実習
　イ　看護の統合と実践

3　内容の取扱い

(1) 内容を取り扱う際には，次の事項に配慮するものとする。
　ア　生徒が主体的に看護に関する課題を設定し，問題解決を図る学習を行うこと。
　イ　看護科に属する各科目と関連付けるとともに，事前及び事後の指導を適切に行うこと。また，感染や医療事故などの防止及び守秘義務や個人情報保護に関する指導を徹底し，安全と衛生に十分留意すること。
　ウ　〔指導項目〕の(1)のオ，(2)のアからオまで，(3)のア及びイについては，学科の特色に応じて，扱わないことができること。
(2) 内容の範囲や程度については，次の事項に配慮するものとする。
　ア　〔指導項目〕の(1)については，看護を行う多様な施設の機能と看護の役割，患者・入所者などの総合的な把握及び看護におけるコミュニケーションの重要性，対象者の状態に応じた日常生活の援助を扱うこと。
　イ　〔指導項目〕の(2)については，各領域の看護の体験を通して看護の理論と実践とを結び付け，各領域の看護の特質と対象の個別性について扱うこと。
　ウ　〔指導項目〕の(3)については，看護科に属する各科目の知識と技術の統合化を図れるよう，臨床での実務に即した実習を行うこと。アについては，多職種と連携・協働し，地域や生活の場で行う看護活動を扱うこと。イについては，スタッフ業務や管理業務，夜間業務の一部を含むなどの総合的な実習を行うこと。

第13　看護情報

1　目　標

　看護の見方・考え方を働かせ，看護情報に関する実践的・体験的な学習活動を行うことなどを通して，看護の実践に必要な資質・能力を次のとおり育成することを目指す。
(1) 看護情報について体系的・系統的に理解するとともに，関連する技術を身に付けるようにする。
(2) 看護情報に関する基本的な課題を発見し，看護の職業倫理を踏まえて合理的かつ創造的に解決する力を養う。
(3) 看護情報について，よりよい看護の実践を目指して自ら学び，人々の健康に関する課題解決に主体的かつ協働的に取り組む態度を養う。

2　内　容

　1に示す資質・能力を身に付けることができるよう，次の〔指導項目〕を指導する。
〔指導項目〕
(1) 情報社会の倫理と責任

ア　情報社会の特徴
　　イ　情報社会の倫理
　　ウ　情報を扱う個人の責任
　(2) 看護における情報の活用と管理
　　ア　保健医療福祉分野の情報
　　イ　情報システムの特徴
　　ウ　情報の活用
　　エ　情報の管理
　(3) 看護における課題解決
　　ア　課題に応じた情報収集
　　イ　情報分析と解決方法
　　ウ　情報の発信方法

3　内容の取扱い

(1) 内容を取り扱う際には，次の事項に配慮するものとする。
　ア　多様な題材やデータを取り上げ，情報技術の進展に応じた演習などを通して，生徒が情報及び情報ネットワークを適切に活用できるよう，情報の信頼性を判断する能力及び情報モラルを育成すること。
(2) 内容の範囲や程度については，次の事項に配慮するものとする。
　ア　〔指導項目〕の(1)については，個人のプライバシーや著作権を含む知的財産の保護，個人における情報の管理や発信に関する責任について，法令と関連付けて扱うこと。
　イ　〔指導項目〕の(2)については，保健医療福祉関係者で共有する情報通信ネットワークの特徴と活用について，地域の実例などを取り上げて扱うこと。また，業務における情報セキュリティの重要性について法令と関連付けて扱うこと。
　ウ　〔指導項目〕の(3)については，生徒が主体的に課題を設定して，情報を集め分析し，課題の解決に向けてモデル化，シミュレーション，プログラミングなどを行い，情報デザインなどを踏まえた発信方法を考え，協議する演習などを行うこと。

●第3款　各科目にわたる指導計画の作成と内容の取扱い

1　指導計画の作成に当たっては，次の事項に配慮するものとする。
(1) 単元など内容や時間のまとまりを見通して，その中で育む資質・能力の育成に向けて，生徒の主体的・対話的で深い学びの実現を図るようにすること。その際，看護の見方・考え方を働かせ，健康に関する事象を，当事者の考えや状況，疾患や障害とその治療などが生活に与える影響に着目して捉え，当事者による自己管理を目指して，適切かつ効果的な看護と関連付ける実践的・体験的な学習活動の充実を図ること。
(2) 看護に関する各学科においては，「基礎看護」及び「看護臨地実習」を原則として全ての生徒に履修させること。
(3) 看護に関する各学科においては，原則として看護科に属する科目に配当する総授業時数の10分の5以上を実験・実習に配当すること。
(4) 地域や保健医療福祉機関，産業界等との連携・交流を通じた実践的な学習活動や就業体験活動を積極的に取り入れるとともに，社会人講師を積極的に活用するなどの工夫に努めること。
(5) 障害のある生徒などについては，学習活動を行う場合に生じる困難さに応じた指導内容や指導方法の

工夫を計画的，組織的に行うこと。
2　内容の取扱いに当たっては，次の事項に配慮するものとする。
　(1) 看護に関する課題について，疾患，治療，生活状況などを把握するとともに当事者の思いを傾聴するなど，多面的な情報を集めて分析し，解決策の考察や協議を経て当事者への支援を行い，その結果を踏まえた振り返りを重視する学習活動を充実すること。また，これらの活動を通して，言語活動の充実を図ること。
　(2) コンピュータや情報通信ネットワークなどの活用を図り，学習の効果を高めるよう工夫すること。
3　実験・実習を行うに当たっては，関連する法規等に従い，施設・設備や薬品等の安全管理に配慮し，学習環境を整えるとともに，事故防止などの指導を徹底し，安全と衛生に十分留意するものとする。

第7節 情報

第1款 目標

情報に関する科学的な見方・考え方を働かせ，実践的・体験的な学習活動を行うことなどを通して，情報産業を通じ，地域産業をはじめ情報社会の健全で持続的な発展を担う職業人として必要な資質・能力を次のとおり育成することを目指す。

(1) 情報の各分野について体系的・系統的に理解するとともに，関連する技術を身に付けるようにする。
(2) 情報産業に関する課題を発見し，職業人に求められる倫理観を踏まえ合理的かつ創造的に解決する力を養う。
(3) 職業人として必要な豊かな人間性を育み，よりよい社会の構築を目指して自ら学び，情報産業の創造と発展に主体的かつ協働的に取り組む態度を養う。

第2款 各科目

第1 情報産業と社会

1 目標

情報に関する科学的な見方・考え方を働かせ，実践的・体験的な学習活動を行うことなどを通して，情報産業を通じ，地域産業をはじめ情報社会の健全で持続的な発展を担う職業人として必要な基礎的な資質・能力を次のとおり育成することを目指す。

(1) 情報産業と社会について体系的・系統的に理解するとともに，関連する技術を身に付けるようにする。
(2) 情報産業と社会との関わりに関する課題を発見し，情報産業に携わる者として合理的かつ創造的に解決する力を養う。
(3) 情報技術者に必要とされる情報活用能力の習得を目指して自ら学び，情報社会に主体的かつ協働的に参画し寄与する態度を養う。

2 内容

1に示す資質・能力を身に付けることができるよう，次の〔指導項目〕を指導する。

〔指導項目〕
(1) 情報社会の進展と情報産業
　ア　情報社会の進展
　イ　情報社会における問題解決
　ウ　情報社会の将来と情報産業
(2) 情報とコミュニケーション
　ア　情報の表現
　イ　情報の管理
　ウ　情報技術を活用したコミュニケーション
(3) コンピュータとプログラミング
　ア　コンピュータの仕組み
　イ　アルゴリズムとプログラム

ウ　情報通信ネットワークの活用
　(4) 情報産業が果たす役割
　　　ア　情報セキュリティ
　　　イ　情報産業の役割
　　　ウ　情報技術者の責務

3　内容の取扱い

(1) 内容を取り扱う際には，次の事項に配慮するものとする。

　ア　情報産業が社会で果たしている役割を扱うとともに，社会の情報化について，情報技術者の業務内容と関連付けて考察するよう留意して指導すること。

　イ　社会の情報化が人々の生活に与えている影響について，身近にある具体的な事例を課題として取り上げ，情報社会の将来について主体的かつ協働的に考察させ，情報産業に携わる者に求められる倫理観を踏まえ合理的かつ創造的に課題を解決できるよう留意して指導すること。

(2) 内容の範囲や程度については，次の事項に配慮するものとする。

　ア　〔指導項目〕の(1)のアについては，人々の生活が情報を基盤として成り立っていることを踏まえて，これまでの社会の変遷についても扱うこと。イについては，情報社会の進展によって将来的に生じることが予想される問題についても扱うこと。ウについては，情報に関する最新の技術などについても扱うこと。

　イ　〔指導項目〕の(2)のアについては，コンテンツ及びメディアとサービスについても扱うこと。ウについては，コミュニケーションに関わるハードウェア及びソフトウェアを扱うこと。

　ウ　〔指導項目〕の(3)のアについては，周辺機器や規格の標準化についても扱うこと。イについては，データの型，データ構造，アルゴリズム，モデル化及びシミュレーションについて扱うこと。ウについては，社会を支えているネットワークシステムと関連付けながら，データベースの活用について扱うこと。

　エ　〔指導項目〕の(4)のアについては，情報セキュリティの重要性や情報セキュリティ対策に関する法規について扱うこと。ウについては，法令遵守をはじめとする情報技術者の使命と責任及びこれからの情報技術者に求められる資質・能力について扱うこと。また，社会や産業全体の課題及びその解決のために情報が果たしている役割，働くことの社会的意義や役割，情報産業に携わる者に求められる倫理観についても扱うこと。

第2　課題研究

1　目標

　情報に関する科学的な見方・考え方を働かせ，実践的・体験的な学習活動を行うことなどを通して，社会を支え情報産業の発展を担う職業人として必要な資質・能力を次のとおり育成することを目指す。

(1) 情報の各分野について体系的・系統的に理解するとともに，相互に関連付けられた技術を身に付けるようにする。

(2) 情報産業に関する課題を発見し，情報産業に携わる者として解決策を探究し，科学的な根拠に基づいて創造的に解決する力を養う。

(3) 情報産業に関する課題を解決する力の向上を目指して自ら学び，情報産業の創造と発展に主体的かつ協働的に取り組む態度を養う。

2　内容

　1に示す資質・能力を身に付けることができるよう，次の〔指導項目〕を指導する。

〔指導項目〕
(1) 調査，研究，実験
(2) 作品制作
(3) 産業現場等における実習
(4) 職業資格の取得

3　内容の取扱い

(1) 内容を取り扱う際には，次の事項に配慮するものとする。

　ア　生徒の興味・関心，進路希望等に応じて，〔指導項目〕の(1)から(4)までの中から，個人又はグループで情報産業に関する適切な課題を設定し，主体的かつ協働的に取り組む学習活動を通して，専門的な知識，技術などの深化・総合化を図り，情報産業に関する課題の解決に取り組むことができるようにすること。なお，課題については，(1)から(4)までの2項目以上にまたがるものを設定することができること。

　イ　課題研究の成果について発表する機会を設けるようにすること。

第3　情報の表現と管理

1　目　標

情報に関する科学的な見方・考え方を働かせ，実践的・体験的な学習活動を行うことなどを通して，情報産業の維持と発展を支える情報の表現と管理に必要な資質・能力を次のとおり育成することを目指す。

(1) 情報の表現と管理について体系的・系統的に理解するとともに，関連する技術を身に付けるようにする。

(2) 情報の表現と管理に関する課題を発見し，情報産業に携わる者として合理的かつ創造的に解決する力を養う。

(3) 適切な情報の表現と管理を目指して自ら学び，情報産業の維持と発展に必要な情報の表現と管理に主体的かつ協働的に取り組む態度を養う。

2　内　容

1に示す資質・能力を身に付けることができるよう，次の〔指導項目〕を指導する。

〔指導項目〕
(1) 情報の表現
　ア　情報社会と情報の表現
　イ　メディアの特性とその表現
　ウ　データサイエンスとデータの表現
　エ　情報の発信とコミュニケーション
(2) 情報の管理
　ア　情報の管理とドキュメンテーション
　イ　コンピュータによる情報の管理と活用
　ウ　情報の保護とセキュリティ

3　内容の取扱い

(1) 内容を取り扱う際には，次の事項に配慮するものとする。

　ア　実習を通して，情報通信機器や情報技術を積極的に活用して創造的に表現しようとする主体的かつ協働的な態度を養うことができるよう留意して指導すること。

イ　生徒や地域の実態，学科の特色等に応じて，具体的な課題を設定し，グループ活動を行うことなどを通して，情報共有の有効性や情報管理の重要性，個人及び組織の責任などについて考察するよう留意して指導すること。
(2) 内容の範囲や程度については，次の事項に配慮するものとする。
　　ア　〔指導項目〕の(1)のアについては，具体的な事例を取り上げ，情報の表現における多様な技術や技法について扱うこと。イについては，文字，音・音楽，静止画，動画などのメディアの特性と役割，効果的な表現について扱うこと。ウについては，データから有益な情報を見いだし，評価，検証及び可視化して表現するなどのデータサイエンスの手法について扱うこと。エについては，コンピュータや情報通信ネットワークを活用した情報の発信及び効果的なプレゼンテーションの方法について扱うこと。
　　イ　〔指導項目〕の(2)のアについては，情報を有効に共有し活用するために必要な情報の整理や分類の重要性及び様々なドキュメントの作成方法について扱うこと。イについては，コンピュータを用いて，情報の階層化や構造化による整理や分類及び情報を活用するために必要な抽出や共有などを扱うこと。ウについては，情報の適切な保護と管理，安全かつ有効な共有と活用について扱うこと。

第4　情報テクノロジー

1　目標
　情報に関する科学的な見方・考え方を働かせ，実践的・体験的な学習活動を行うことなどを通して，情報社会を支える情報テクノロジーの活用に必要な資質・能力を次のとおり育成することを目指す。
(1) 情報テクノロジーについて体系的・系統的に理解するとともに，関連する技術を身に付けるようにする。
(2) 情報テクノロジーの利用，開発及び管理などに関する課題を発見し，情報産業に携わる者として合理的かつ創造的に解決する力を養う。
(3) 情報テクノロジーの安全かつ効率的な利用，開発及び管理を目指して自ら学び，情報システムの構築，運用及び保守などに主体的かつ協働的に取り組む態度を養う。

2　内容
　1に示す資質・能力を身に付けることができるよう，次の〔指導項目〕を指導する。
〔指導項目〕
(1) 情報社会の進展と情報テクノロジーとの関わり
　　ア　情報社会を支える情報テクノロジーと情報システム
　　イ　これからの情報社会と情報テクノロジー
(2) ハードウェアの仕組みと活用
　　ア　コンピュータの構造と内部処理
　　イ　周辺機器とインタフェース
　　ウ　ハードウェアによる情報セキュリティ技術
　　エ　情報システムを構成するハードウェア
(3) ソフトウェアの仕組みと活用
　　ア　オペレーティングシステムの仕組み
　　イ　応用ソフトウェアの仕組み
　　ウ　ソフトウェアによる情報セキュリティ技術
　　エ　情報システムを構成するソフトウェア

3 内容の取扱い

(1) 内容を取り扱う際には，次の事項に配慮するものとする。

ア 社会で利用されている具体的な情報システムや情報テクノロジーに着目させ，それぞれの適性や限界について理解できるよう留意して指導すること。

イ 生徒や地域の実態，学科の特色等に応じて，適切な情報技術を選択し，実習を通して理解できるよう留意して指導すること。

(2) 内容の範囲や程度については，次の事項に配慮するものとする。

ア 〔指導項目〕の(1)のアについては，情報テクノロジーが情報産業以外の他の産業とも深く結び付いていることを扱うこと。イについては，情報化による効率の向上が情報社会の様々な面に見られることを扱うこと。

イ 〔指導項目〕の(2)のアについては，情報の流れに着目させ，組込型コンピュータが情報システムの一部として価値を生み出していることを扱うこと。

ウ 〔指導項目〕の(3)のアについては，オペレーティングシステムの役割，ファイルシステムの種類や機能，ソフトウェアの不具合の修正や機能拡張，開発環境及びユーザインタフェースを取り上げ，それぞれの特徴について扱うこと。ウについては，携帯情報端末のセキュリティについても扱うこと。

第5 情報セキュリティ

1 目標

情報に関する科学的な見方・考え方を働かせ，実践的・体験的な学習活動を行うことなどを通して，健全な情報社会の構築と発展を支える情報セキュリティの確保に必要な資質・能力を次のとおり育成することを目指す。

(1) 情報セキュリティについて体系的・系統的に理解するとともに，関連する技術を身に付けるようにする。

(2) 情報セキュリティに関する課題を発見し，情報産業に携わる者として合理的かつ創造的に解決する力を養う。

(3) 情報セキュリティが保たれた情報社会の構築を目指して自ら学び，情報システムの運用と管理に主体的かつ協働的に取り組む態度を養う。

2 内容

1に示す資質・能力を身に付けることができるよう，次の〔指導項目〕を指導する。

〔指導項目〕

(1) 情報社会と情報セキュリティ
　ア 情報セキュリティの現状
　イ 情報セキュリティの必要性

(2) 情報セキュリティと法規
　ア 情報セキュリティ関連法規
　イ 情報セキュリティ関連ガイドライン

(3) 情報セキュリティ対策
　ア 人的セキュリティ対策
　イ 技術的セキュリティ対策
　ウ 物理的セキュリティ対策

(4) 情報セキュリティマネジメント
　ア　情報セキュリティポリシー
　イ　リスク管理
　ウ　事業継続

3　内容の取扱い
(1) 内容を取り扱う際には，次の事項に配慮するものとする。
　ア　生徒や地域の実態，学科の特色等に応じて，適切な情報セキュリティ技術を選択し，実習を効果的に取り入れるとともに，情報セキュリティ技術の必要性について考察するよう留意して指導すること。
　イ　情報セキュリティに関する諸問題について，主体的に考察する学習活動を取り入れ，情報技術者が情報セキュリティにおいて果たすべき役割及び責務について理解できるよう留意して指導すること。
(2) 内容の範囲や程度については，次の事項に配慮するものとする。
　ア　〔指導項目〕の(1)のアについては，情報セキュリティの三要素である機密性，完全性，可用性に加えて，責任追跡性，真正性，信頼性についても扱うこと。イについては，情報技術者の役割についても扱うこと。
　イ　〔指導項目〕の(2)のアについては，具体的な事例を取り上げ，情報セキュリティに関連する法規や個人情報保護に関連する法規，知的財産権に関連する法規などについて扱うこと。イについては，具体的な事例を取り上げ，情報セキュリティに関連するガイドラインについて扱うこと。
　ウ　〔指導項目〕の(3)のアについては，情報セキュリティの啓発などを扱うこと。イについては，不正アクセス，不正プログラムなどを扱うこと。ウについては，情報を扱う場所の入退室管理などを扱うこと。
　エ　〔指導項目〕の(4)のアについては，情報セキュリティを確保するための体制，運用規定，基本方針，対策基準などについて扱うこと。イについては，情報資産に対する脅威について実効性のある対策とその運用について扱うこと。ウについては，事業継続計画，監査及び第三者認証について扱うこと。

第6　情報システムのプログラミング

1　目標
情報に関する科学的な見方・考え方を働かせ，実践的・体験的な学習活動を行うことなどを通して，情報システムのプログラミングに必要な資質・能力を次のとおり育成することを目指す。
(1) 情報システムのプログラミングについて体系的・系統的に理解するとともに，関連する技術を身に付けるようにする。
(2) 情報システムのプログラミングに関する課題を発見し，情報産業に携わる者として合理的かつ創造的に解決する力を養う。
(3) 情報システムの開発，運用及び保守を目指して自ら学び，情報社会の発展に向けた情報システムのプログラミングに主体的かつ協働的に取り組む態度を養う。

2　内容
1に示す資質・能力を身に付けることができるよう，次の〔指導項目〕を指導する。
〔指導項目〕
(1) 情報システムの設計

ア　情報システムの要求分析と定義
　　　イ　情報システムのモデル化
　　　ウ　情報システムの分割
　（2）データ構造とアルゴリズム
　　　ア　データの型
　　　イ　データ構造
　　　ウ　アルゴリズム
　（3）プログラミング
　　　ア　プログラム言語の種類と特性
　　　イ　プログラムの作成
　　　ウ　プログラムの統合
　（4）情報システムの開発管理と運用・保守
　　　ア　情報システムの開発工程の管理
　　　イ　情報システムの運用と保守
　　　ウ　情報システムのセキュリティ

3　内容の取扱い

（1）内容を取り扱う際には，次の事項に配慮するものとする。
　ア　社会で活用されている情報システムを取り上げ，情報システムの機能や構造を考察するよう留意して指導すること。
　イ　情報システムのプログラミングに関する具体的な課題を設定し，解決する方法について考察するよう留意して指導すること。
（2）内容の範囲や程度については，次の事項に配慮するものとする。
　ア　〔指導項目〕の(1)のイについては，モデルを表記する適切な方法について扱うこと。ウの分割は，機能要素の単位で行うこと。
　イ　〔指導項目〕の(2)のアについては，数値型，文字型，論理型などを扱うこと。イについては，配列，リスト，レコードなどを扱うこと。ウについては，具体的な事例を取り上げ，データ構造の選択と効率的なアルゴリズム及びその表記方法について扱うこと。
　ウ　〔指導項目〕の(3)のアについては，目的に応じた適切なプログラミング言語の選択について扱うこと。イについては，関数の定義と使用によるプログラムの構造化についても扱うこと。ウについては，統合の前後でプログラムの動作を確認する実習を取り入れること。
　エ　〔指導項目〕の(4)のアについては，プロジェクトマネジメントなどを扱うこと。イについては，情報システムの運用と保守に必要なドキュメントについても触れること。ウについては，情報システムのセキュリティを高める具体的な方法について扱うとともに，情報産業に携わる者に求められる倫理観にも触れること。

第7　ネットワークシステム

1　目標

　情報に関する科学的な見方・考え方を働かせ，実践的・体験的な学習活動を行うことなどを通して，ネットワークシステムの活用に必要な資質・能力を次のとおり育成することを目指す。
（1）ネットワークシステムについて体系的・系統的に理解するとともに，関連する技術を身に付けるようにする。

(2) ネットワークシステムに関する課題を発見し，情報産業に携わる者として合理的かつ創造的に解決する力を養う。

(3) ネットワークシステムの安全かつ効率的な活用を目指して自ら学び，ネットワークシステムの開発，運用及び保守などに主体的かつ協働的に取り組む態度を養う。

2　内　容

1に示す資質・能力を身に付けることができるよう，次の〔指導項目〕を指導する。

〔指導項目〕

(1) ネットワークの基礎
　ア　ネットワークシステムの役割
　イ　データ通信の仕組みと働き
　ウ　ネットワークの仮想化

(2) ネットワークの設計と構築
　ア　ネットワークの設計
　イ　ネットワークの構築
　ウ　ネットワークの分析と評価

(3) ネットワークシステムの開発
　ア　ネットワークシステムを活用したサービス
　イ　ネットワークサーバの構築
　ウ　ネットワークアプリケーションの開発

(4) ネットワークシステムの運用と保守
　ア　ネットワークシステムの運用管理
　イ　ネットワークシステムの保守
　ウ　ネットワークシステムのセキュリティ対策

3　内容の取扱い

(1) 内容を取り扱う際には，次の事項に配慮するものとする。

　ア　社会で利用されているネットワークシステムに着目させ，ネットワークシステムの開発，運用及び保守などと関連付けて考察するよう留意して指導すること。

　イ　ネットワークシステムに関する具体的な課題を設定し，解決する学習活動を取り入れること。

(2) 内容の範囲や程度については，次の事項に配慮するものとする。

　ア　〔指導項目〕の(1)のイについては，データ通信の基本構成について扱うこと。

　イ　〔指導項目〕の(2)のイについては，有線通信と無線通信の双方について扱うこと。

　ウ　〔指導項目〕の(3)のイについては，生徒や地域の実態，学科の特色等に応じて，実機若しくはインターネット上のサーバ又はその両方を扱うこと。また，公開を前提としたサーバのアクセス制御，暗号化などのセキュリティ対策について扱うこと。ウについては，ネットワークアプリケーションを取り上げ，ネットワークシステムの開発の概念について扱うこと。

　エ　〔指導項目〕の(4)のア及びイについては，ネットワークシステムを安全かつ適切に活用するために必要な運用と保守の具体的な内容について扱うこと。ウについては，具体的な事例を取り上げ，ネットワーク上の脅威に関する管理や防止対策などについて扱うこと。

第8 データベース

1 目標
　情報に関する科学的な見方・考え方を働かせ，実践的・体験的な学習活動を行うことなどを通して，情報社会を支えるデータベースの活用に必要な資質・能力を次のとおり育成することを目指す。
(1) データベースについて体系的・系統的に理解するとともに，関連する技術を身に付けるようにする。
(2) データベースに関する課題を発見し，情報産業に携わる者として合理的かつ創造的に解決する力を養う。
(3) データの安全かつ効率的な活用を目指して自ら学び，データベースの利用，構築，運用及び保守などに主体的かつ協働的に取り組む態度を養う。

2 内容
　1に示す資質・能力を身に付けることができるよう，次の〔指導項目〕を指導する。
〔指導項目〕
(1) データベースと私たちの社会
　ア　データベースと社会との関わり
　イ　データベースを支える情報技術
　ウ　データベースの目的と機能
　エ　データベースのデータモデル
(2) データベース管理システムとデータベースの設計
　ア　データベース管理システムの働き
　イ　データの分析とモデル化
　ウ　データベースの正規化
(3) データとデータベースの操作
　ア　データの操作
　イ　データベースの定義
　ウ　データベースの操作
(4) データベースの運用と保守
　ア　データベースの運用管理
　イ　データベースの保守

3 内容の取扱い
(1) 内容を取り扱う際には，次の事項に配慮するものとする。
　ア　社会で利用されている具体的なデータベースを取り上げ，実習を通して，データベースの設計や操作，運用と保守などの視点から社会の中でデータベースが果たす役割を理解できるよう留意して指導すること。
　イ　生徒や地域の実態，学科の特色等に応じて，適切なデータベース操作言語やデータベース管理システムを選択すること。
(2) 内容の範囲や程度については，次の事項に配慮するものとする。
　ア　〔指導項目〕の(1)のアについては，データベースが私たちの生活や企業などで利用されていることを扱うこと。その際，データベースの機能や目的についても触れること。イについては，多くのデータベースがネットワークを介して様々なアプリケーションの下で動作していること及びデータベースの最新の技術動向について触れること。エについては，関係モデルを扱うこと。

イ 〔指導項目〕の(2)のアについては，データベースの機能と役割について扱うこと。イについては，E-Rモデルを扱うこと。ウについては，第一正規形から第三正規形までを取り上げ，正規化の内容や必要性について扱うこと。

ウ 〔指導項目〕の(3)のアについては，関係演算を扱うこと。イについては，データ定義言語を取り上げ，データベースの作成，表の作成や削除などを扱うこと。ウについては，データベース操作言語を取り上げ，表の問合わせや結合，ビューの作成などを扱うこと。

エ 〔指導項目〕の(4)のアについては，データベースの運用管理のための組織体制，データベースの動作管理，セキュリティ管理及びバックアップなどについて扱うこと。イについては，運用に伴う障害管理やリカバリなどの保守について扱うこと。

第9 情報デザイン

1 目標

情報に関する科学的な見方・考え方を働かせ，実践的・体験的な学習活動を行うことなどを通して，情報デザインの構築に必要な資質・能力を次のとおり育成することを目指す。

(1) 情報伝達やコミュニケーションと情報デザインとの関係について体系的・系統的に理解するとともに，関連する技術を身に付けるようにする。

(2) 情報デザインの手法，構成，活用に関する課題を発見し，情報産業に携わる者として合理的かつ創造的に解決する力を養う。

(3) 情報デザインによる効果的な情報伝達やコミュニケーションの実現を目指して自ら学び，コンテンツやユーザインタフェースのデザインなどの構築に主体的かつ協働的に取り組む態度を養う。

2 内容

1に示す資質・能力を身に付けることができるよう，次の〔指導項目〕を指導する。

〔指導項目〕

(1) 情報デザインの役割と対象
　ア 社会における情報デザインの役割
　イ 情報デザインの対象

(2) 情報デザインの要素と構成
　ア 情報デザインにおける表現の要素
　イ 表現手法と心理に与える影響
　ウ 対象の観察と表現
　エ 情報伝達やコミュニケーションの演出

(3) 情報デザインの構築
　ア 情報の収集と検討
　イ コンセプトの立案
　ウ 情報の構造化と表現

(4) 情報デザインの活用
　ア 情報産業における情報デザインの役割
　イ ビジュアルデザイン
　ウ インタラクティブメディアのデザイン

3 内容の取扱い

(1) 内容を取り扱う際には，次の事項に配慮するものとする。

ア　情報デザインに関する具体的な事例を取り上げ，情報伝達やコミュニケーションと関連付けて考察するよう留意して指導すること。
　　イ　実習を通して，情報の収集，整理，構造化，可視化などの学習活動を行わせるとともに，地域や社会における情報伝達やコミュニケーションに関する具体的な課題を設定し，解決の手段を作品として制作，評価及び改善する学習活動を取り入れること。
　(2) 内容の範囲や程度については，次の事項に配慮するものとする。
　　ア　〔指導項目〕の(1)のアについては，具体的な事例を取り上げ，社会において情報デザインが果たす役割について扱うこと。イについては，情報伝達やコミュニケーションの仕組みとそこで使われるコンテンツを扱うこと。
　　イ　〔指導項目〕の(2)のアについては，形態や色彩とその働きについて扱うこと。イについては，造形や色彩が人間の心理に与える影響と，情報デザインへの応用について扱うこと。ウについては，対象を観察する方法と，その結果を表現する技術について扱うこと。エについては，レイアウトや配色などを扱うとともに，意味や考えの演出についても触れること。
　　ウ　〔指導項目〕の(3)のイについては，目的を明確にしてコンセプトを決める方法を扱うこと。ウについては，コンセプトに沿った情報の構造化と表現を扱うこと。
　　エ　〔指導項目〕の(4)のアについては，製品やサービスの普及，操作性やセキュリティの確保において情報デザインが果たす役割について扱うこと。イについては，視覚情報の提供について考慮したデザインを扱うこと。ウについては，双方向性について考慮したデザインを扱うこと。

第10　コンテンツの制作と発信

1　目　標
　情報に関する科学的な見方・考え方を働かせ，実践的・体験的な学習活動を行うことなどを通して，コンテンツの制作と発信に必要な資質・能力を次のとおり育成することを目指す。
　(1) コンテンツの制作と発信について体系的・系統的に理解するとともに，関連する技術を身に付けるようにする。
　(2) 情報社会におけるコンテンツの制作と発信に関する課題を発見し，情報産業に携わる者として合理的かつ創造的に解決する力を養う。
　(3) 情報社会で必要とされるコンテンツの創造を目指して自ら学び，コンテンツの制作と発信に主体的かつ協働的に取り組む態度を養う。

2　内　容
　1に示す資質・能力を身に付けることができるよう，次の〔指導項目〕を指導する。
〔指導項目〕
(1) 情報社会とコンテンツ
　　ア　コンテンツの役割と影響
　　イ　メディアの種類と特性
　　ウ　コンテンツの保護
(2) 静止画のコンテンツ
　　ア　静止画による表現
　　イ　静止画の編集
　　ウ　静止画のコンテンツ制作
(3) 動画のコンテンツ

        ア　動画による表現
        イ　動画の編集
        ウ　動画のコンテンツ制作
  (4) 音・音声のコンテンツ
        ア　音・音声による表現
        イ　音・音声の編集
        ウ　音・音声のコンテンツ制作
  (5) コンテンツの発信
        ア　コンテンツ発信の手法
        イ　コンテンツの統合と編集
        ウ　コンテンツの発信と評価

3　内容の取扱い

(1) 内容を取り扱う際には，次の事項に配慮するものとする。
  ア　生徒や地域の実態，学科の特色等に応じて，適切なアプリケーションソフトウェアを選択すること。その際，実習を効果的に取り入れるとともに，コンテンツの制作と発信について知的財産権に配慮すること。
  イ　〔指導項目〕の(2)から(4)までについては，生徒や地域の実態，学科の特色等に応じて，いずれか一つ以上を選択して扱うことができること。

(2) 内容の範囲や程度については，次の事項に配慮するものとする。
  ア　〔指導項目〕の(1)については，具体的な事例を取り上げて扱うこと。また，コンテンツの制作や保護に必要な理論や方法についても触れること。
  イ　〔指導項目〕の(2)のイ，(3)のイ，(4)のイについては，素材をコンピュータに取り込んで加工したり，素材そのものをコンピュータで作成したりするために必要な方法について扱うこと。
  ウ　〔指導項目〕の(5)のアについては，コンテンツを発信するための様々な手法について扱うこと。イについては，複数の種類のコンテンツの統合と編集について扱うこと。ウについては，様々な機器や環境における表示の互換性などについても扱うこと。

第11　メディアとサービス

1　目　標

情報に関する科学的な見方・考え方を働かせ，実践的・体験的な学習活動を行うことなどを通して，メディア及びメディアを利用したサービスの活用に必要な資質・能力を次のとおり育成することを目指す。

(1) メディア及びメディアを利用したサービスについて体系的・系統的に理解するとともに，関連する技術を身に付けるようにする。
(2) メディアを利用したサービスに関する課題を発見し，情報産業に携わる者として合理的かつ創造的に解決する力を養う。
(3) メディアを利用したサービスの安全かつ効果的な運用と管理を目指して自ら学び，メディアを利用したサービスの設計などに主体的かつ協働的に取り組む態度を養う。

2　内　容

1に示す資質・能力を身に付けることができるよう，次の〔指導項目〕を指導する。
〔指導項目〕

(1) メディアと情報社会
　ア　メディアの機能
　イ　メディアの活用
(2) メディアを利用したサービス
　ア　メディアを利用したサービスの機能
　イ　メディアを利用したサービスの活用
(3) メディアを利用したサービスの役割と影響
　ア　メディアを利用したサービスと情報社会との関わり
　イ　メディアを利用したサービスと情報産業との関わり

3　内容の取扱い

(1) 内容を取り扱う際には，次の事項に配慮するものとする。
　ア　実習を効果的に取り入れ，メディアを利用してコンテンツを提供するサービスの全体像について考察するよう留意して指導すること。
　イ　生徒や地域の実態，学科の特色等に応じて，適切なコンテンツ開発環境及びコンテンツ管理のための適切なシステムや運用サービスを選択すること。
(2) 内容の範囲や程度については，次の事項に配慮するものとする。
　ア　〔指導項目〕の(1)のアについては，多様なメディアの定義と特徴について扱うこと。イについては，メディアを活用している身近な事例を取り上げ，利用者の目的や状況に合わせたメディアの適切な選択について扱うこと。
　イ　〔指導項目〕の(2)のアについては，社会で用いられているメディアを利用したサービスの種類と特徴について扱うこと。イについては，メディアを利用したサービスを分析する実習や新たなサービスを企画し提案する実習を行うこと。また，センサなどと組み合わせたサービスについても触れること。
　ウ　〔指導項目〕の(3)のアについては，メディア及びメディアを利用したサービスの変遷と今後の展望について扱うこと。イについては，メディアを利用したサービスが情報産業として成り立つための条件について扱うこと。

第12　情報実習

1　目　標

　情報に関する科学的な見方・考え方を働かせ，実践的・体験的な学習活動を行うことなどを通して，情報産業を担う情報技術者として必要な資質・能力を次のとおり育成することを目指す。
(1) 情報の各分野について総合的に捉え体系的・系統的に理解するとともに，関連する技術を身に付けるようにする。
(2) 情報の各分野に関する課題を発見し，情報産業に携わる者として合理的かつ創造的に解決する力を養う。
(3) 情報の各分野に関する課題を解決する力の向上を目指して自ら学び，情報システムの開発やコンテンツの制作及びこれらの運用などに主体的かつ協働的に取り組む態度を養う。

2　内　容

　1に示す資質・能力を身に付けることができるよう，次の〔指導項目〕を指導する。
〔指導項目〕
(1) 情報システムの開発のプロセス

ア　情報システムの開発の概要
　　　イ　情報システムの設計
　　　ウ　情報システムの開発と評価
　　　エ　情報システムの運用と保守
　(2) コンテンツの制作のプロセス
　　　ア　コンテンツの制作の概要
　　　イ　要求分析と企画
　　　ウ　コンテンツの設計と制作
　　　エ　コンテンツの運用と評価
　(3) 実習
　　　ア　情報システムの開発実習
　　　イ　コンテンツの制作実習
　　　ウ　情報システム分野とコンテンツ分野を関連させた総合的な実習

3　内容の取扱い

(1) 内容を取り扱う際には，次の事項に配慮するものとする。
　ア　課題解決に向けた計画の立案や実習を通して，情報システムの開発，コンテンツの制作などの一連の工程を理解できるよう留意して指導すること。その際，知的財産権の扱いにも配慮すること。
　イ　生徒や地域の実態，学科の特色等に応じて，〔指導項目〕の(1)及び(2)から1項目以上を選択するとともに，(3)のアからウまでの中から1項目以上を選択し，実習を行わせること。その際，具体的な課題を設定し，開発又は制作した作品を実験的・実証的に確認する学習活動を取り入れること。
(2) 内容の範囲や程度については，次の事項に配慮するものとする。
　ア　〔指導項目〕の(1)のアについては，ウォーターフォールやプロトタイピングなどの開発モデルを取り上げるとともに，一連の工程や関連するシステム情報及びデータなどを記録する文書化について触れ，それぞれの工程の意義や目的について扱うこと。イ及びウについては，インターネットに接続された機器や情報セキュリティに関する技術を扱い，情報の取扱いの重要性に触れること。
　イ　〔指導項目〕の(2)のアについては，コンテンツの制作工程について扱い，コンテンツ産業の現状や労働環境などについても触れること。また，イ及びウについては，面接法やブレーンストーミングなどを取り上げ，利用者の要求などについて調査し分析する手法について扱うとともに，その結果を反映させた企画の提案方法についても扱うこと。エについては，コンテンツの発信方法の種類や特性についても扱うこと。
　ウ　〔指導項目〕の(3)については，情報システム分野とコンテンツ分野の学習成果に基づいて，適切な課題を設定し，プログラミングなどの情報技術を活用した実習を行うこと。

●第3款　各科目にわたる指導計画の作成と内容の取扱い

1　指導計画の作成に当たっては，次の事項に配慮するものとする。
(1) 単元など内容や時間のまとまりを見通して，その中で育む資質・能力の育成に向けて，生徒の主体的・対話的で深い学びの実現を図るようにすること。その際，情報の科学的な見方・考え方を働かせ，社会の様々な事象を捉え，専門的な知識や技術などを基に情報産業に対する理解を深めるとともに，新たなシステムやコンテンツなどを地域や産業界等と協働して創造するなどの実践的・体験的な学習活動の充実を図ること。
(2) 情報に関する各学科においては，「情報産業と社会」及び「課題研究」を原則として全ての生徒に履修

させること。
 (3) 情報に関する各学科においては，原則としてこの章に示す情報科に属する科目に配当する総授業時数の10分の5以上を実験・実習に配当すること。
 (4) 地域や産業界，大学等との連携・交流を通じた実践的な学習活動や就業体験活動を積極的に取り入れるとともに，社会人講師を積極的に活用するなどの工夫に努めること。
 (5) 障害のある生徒などについては，学習活動を行う場合に生じる困難さに応じた指導内容や指導方法の工夫を計画的，組織的に行うこと。
2　内容の取扱いに当たっては，次の事項に配慮するものとする。
 (1) 情報産業に関する課題の発見や解決の過程において，協働して分析，考察，討議するなど言語活動の充実を図ること。
 (2) 個人情報や知的財産の保護と活用について扱うとともに，情報モラルや職業人として求められる倫理観の育成を図ること。
 (3) コンピュータや情報通信ネットワークなどの活用を図り，学習の効果を高めるよう工夫すること。
3　実験・実習を行うに当たっては，施設・設備の安全管理に配慮し，学習環境を整えるとともに，事故防止の指導を徹底し，安全と衛生に十分留意するものとする。

第8節　福祉

● 第1款　目　標

　福祉の見方・考え方を働かせ，実践的・体験的な学習活動を行うことなどを通して，福祉を通じ，人間の尊厳に基づく地域福祉の推進と持続可能な福祉社会の発展を担う職業人として必要な資質・能力を次のとおり育成することを目指す。

(1) 福祉の各分野について体系的・系統的に理解するとともに，関連する技術を身に付けるようにする。

(2) 福祉に関する課題を発見し，職業人に求められる倫理観を踏まえ合理的かつ創造的に解決する力を養う。

(3) 職業人として必要な豊かな人間性を育み，よりよい社会の構築を目指して自ら学び，福祉社会の創造と発展に主体的かつ協働的に取り組む態度を養う。

● 第2款　各　科　目

第1　社会福祉基礎

1　目　標

　福祉の見方・考え方を働かせ，実践的・体験的な学習活動を行うことなどを通して，社会福祉の向上に必要な基礎的な資質・能力を次のとおり育成することを目指す。

(1) 社会福祉について体系的・系統的に理解するとともに，関連する技術を身に付けるようにする。

(2) 社会福祉の展開に関する課題を発見し，職業人に求められる倫理観を踏まえ科学的な根拠に基づいて創造的に解決する力を養う。

(3) 健全で持続的な社会の構築を目指して自ら学び，福祉社会の創造と発展に主体的かつ協働的に取り組む態度を養う。

2　内　容

　1に示す資質・能力を身に付けることができるよう，次の〔指導項目〕を指導する。

〔指導項目〕

(1) 社会福祉の理念と意義
　ア　生活と福祉
　イ　社会福祉の理念
　ウ　人間の尊厳と自立

(2) 人間関係とコミュニケーション
　ア　人間関係の形成
　イ　コミュニケーションの基礎
　ウ　社会福祉援助活動の概要

(3) 社会福祉思想の流れと福祉社会への展望
　ア　外国における社会福祉
　イ　日本における社会福祉
　ウ　地域福祉の進展

(4) 生活を支える社会保障制度

ア　社会保障制度の意義と役割
　　イ　生活支援のための公的扶助
　　ウ　児童家庭福祉と社会福祉サービス
　　エ　高齢者福祉と介護保険制度
　　オ　障害者福祉と障害者総合支援制度
　　カ　介護実践に関連する諸制度

3　内容の取扱い

(1) 内容を取り扱う際には，次の事項に配慮するものとする。

　ア　〔指導項目〕の(3)については，欧米や日本において社会福祉思想が発展してきた過程について理解できるよう留意して指導すること。また，地域福祉の考え方や進展，近年の外国の状況などについての学習を通して，国際的な視点で社会福祉を捉えられるようにすること。

　イ　〔指導項目〕の(4)については，日常生活と社会保障制度との関連について考察させるとともに，対人援助の視点から福祉に関する支援が行われる必要性について理解できるよう留意して指導すること。

(2) 内容の範囲や程度については，次の事項に配慮するものとする。

　ア　〔指導項目〕の(1)については，社会や産業全体の課題及びその解決のために福祉が果たしている役割，働くことの社会的意義や役割，職業人に求められる倫理観について扱うこと。

　イ　〔指導項目〕の(1)のアについては，家庭生活の機能や概要，人間の生活と社会との関わり及び少子高齢化の進行と介護の社会化との関連について扱うこと。イについては，具体的な事例を通して，社会福祉の理念や自立支援と国民生活との関連について扱うこと。ウについては，人間の尊厳と自立支援の必要性について，権利擁護の視点を踏まえて扱うこと。

　ウ　〔指導項目〕の(2)のアについては，対人援助に必要な人間の理解や人間関係を構築するための技法などについて扱うこと。イについては，対人関係形成のためのコミュニケーションの意義や役割，コミュニケーションの基礎的な技法などについて扱うこと。ウについては，社会福祉援助活動の意義や役割などについて扱うこと。また，リーダーシップや組織の在り方などチームマネジメントについても扱うこと。

　エ　〔指導項目〕の(3)のアについては，英国やアメリカ合衆国における社会福祉思想の発展の概要，スウェーデンやデンマークなどにおける社会福祉思想及びアジア地域の福祉の状況などについて扱うこと。イについては，日本における社会福祉思想の発展について具体的に扱うこと。ウについては，地域共生社会の実現に向けた地域福祉の意義や役割について具体的に扱うこと。

　オ　〔指導項目〕の(4)のアについては，日本の社会保障制度の意義や概要について，日本国憲法と関連付けて扱うこと。イについては，生活保護制度を中心に公的扶助について扱うこと。ウについては，子育て支援，少子化対策についても扱うこと。エについては，高齢者を支える社会福祉サービスについて，介護保険制度と関連付けて扱うこと。オについては，障害者を支える社会福祉サービスについて，障害者総合支援制度と関連付けて扱うこと。カについては，保険や医療の諸制度，医療関係者，医療関連施設などを取り上げ，社会福祉施策と関連付けて目的や役割について扱うこと。

第2　介護福祉基礎

1　目標

　福祉の見方・考え方を働かせ，実践的・体験的な学習活動を行うことなどを通して，人間の尊厳を支え自立支援を行うために必要な基礎的な資質・能力を次のとおり育成することを目指す。

(1) 介護について体系的・系統的に理解するとともに，関連する技術を身に付けるようにする。
　(2) 介護に関する課題を発見し，職業人に求められる倫理観を踏まえ科学的な根拠に基づいて創造的に解決する力を養う。
　(3) 健全で持続的な社会の構築を目指して自ら学び，適切な介護の実践に主体的かつ協働的に取り組む態度を養う。

2　内　容

1に示す資質・能力を身に付けることができるよう，次の〔指導項目〕を指導する。

〔指導項目〕
(1) 介護の意義と役割
　ア　尊厳を支える介護
　イ　自立に向けた支援
(2) 介護福祉の担い手
　ア　介護を取り巻く状況
　イ　介護従事者の役割と介護福祉士
　ウ　介護従事者の倫理
　エ　介護実践における連携
(3) 介護を必要とする人の理解と介護
　ア　介護を必要とする人と生活環境
　イ　高齢者の生活と介護
　ウ　障害者の生活と介護
　エ　介護福祉サービスの概要
(4) 介護における安全確保と危機管理
　ア　介護における安全と事故対策
　イ　介護従事者の健康管理
　ウ　感染対策
　エ　福祉用具と介護ロボット

3　内容の取扱い

(1) 内容を取り扱う際には，次の事項に配慮するものとする。
　ア　人間の尊厳や自立支援，介護従事者としての職業倫理，事故の予防や感染対策，国際生活機能分類，リハビリテーション及び虐待などと関連付けて指導すること。
　イ　豊かな人間性や倫理観を育み，自立支援の観点に基づいた適切な介護福祉サービスを提供する態度を養うことができるよう留意して指導すること。
　ウ　プライバシーの保護や自己決定の保障，継続的な地域生活の支援などの人権尊重の意義や重要性について理解できるよう留意して指導すること。
(2) 内容の範囲や程度については，次の事項に配慮するものとする。
　ア　〔指導項目〕の(1)のアについては，人間の尊厳を保持するための介護の必要性について扱うこと。また，高齢者や障害者などの虐待防止の重要性について扱うこと。イについては，自立のために介護が果たす役割や意義，介護予防について扱うこと。また，国際生活機能分類やリハビリテーションの考え方についても扱うこと。
　イ　〔指導項目〕の(2)のアについては，介護の歴史的経緯や関連法規など介護を取り巻く社会的状況の変化や介護従事者の養成などについて扱うこと。イについては，介護従事者の在り方やその役割について扱うこと。また，チームリーダーに必要な資質・能力について介護福祉士と関連付けて扱

うこと。ウについては，生活に密接に関わる介護従事者の特性を踏まえ，職業倫理の重要性について扱うこと。エについては，保健・医療・福祉などと連携した介護の在り方や必要性及び意義について扱うこと。また，介護に関する社会資源や介護と地域社会との関わりについて扱うこと。

ウ 〔指導項目〕の(3)のアについては，サービス利用者の生活歴やその環境，家族の状況，地域の状況などについて扱うこと。イについては，具体的な事例を通して，高齢者の生活課題やニーズについて扱うこと。ウについては，具体的な事例を通して，障害者の生活課題やニーズについて扱うこと。エについては，介護保険制度や障害者総合支援制度などにおける介護福祉サービスの具体的な内容及び利用方法について扱うこと。

エ 〔指導項目〕の(4)のアについては，安全のための事故防止，防災対策などについて扱うこと。イについては，介護福祉サービスの提供における介護従事者の健康維持の重要性と具体的な方策，介護従事者の労働安全について扱うこと。ウについては，介護現場における感染症の実態や感染症対策の必要性と具体的な方策について扱うこと。エについては，福祉用具と介護ロボットの意義や活用について扱うこと。また，福祉用具と介護ロボットの活用がサービス利用者の生活を豊かにすることについても扱うこと。

第3 コミュニケーション技術

1 目 標

福祉の見方・考え方を働かせ，実践的・体験的な学習活動を行うことなどを通して，対人援助や福祉実践の場での人間関係の構築に必要な資質・能力を次のとおり育成することを目指す。

(1) 対人援助について体系的・系統的に理解するとともに，関連する技術を身に付けるようにする。

(2) 対人援助の展開に関する課題を発見し，職業人に求められる倫理観を踏まえ科学的な根拠に基づいて創造的に解決する力を養う。

(3) 健全で持続的な社会の構築を目指して自ら学び，適切な対人援助に主体的かつ協働的に取り組む態度を養う。

2 内 容

1に示す資質・能力を身に付けることができるよう，次の〔指導項目〕を指導する。

〔指導項目〕

(1) 福祉実践におけるコミュニケーション
　ア コミュニケーションの意義と役割
　イ コミュニケーションの基本技術

(2) サービス利用者や家族とのコミュニケーション
　ア サービス利用者に応じたコミュニケーション
　イ サービス利用者や家族との関係づくり

(3) 福祉実践におけるチームのコミュニケーション
　ア 記録による情報の共有化
　イ チームによる連携

3 内容の取扱い

(1) 内容を取り扱う際には，次の事項に配慮するものとする。

ア 〔指導項目〕の(1)から(3)までについては，生徒や地域の実態，学科の特色に応じて，いずれかを選択して扱うことができること。

イ 生徒や地域の実態，学科の特色に応じて，介護実習やボランティア，地域交流の場を活用した実

践的・体験的な学習活動を取り入れるなどして指導すること。
　　ウ　生活に関する事象を，サービス利用者の状況や環境の継続性に着目して捉え，人間の尊厳と自立を目指した人間関係の構築に向けて，適切かつ効果的なコミュニケーション技法と関連付けて指導すること。
(2) 内容の範囲や程度については，次の事項に配慮するものとする。
　　ア　〔指導項目〕の(1)のアについては，サービス利用者とのコミュニケーションや具体的な福祉実践の場を想定した事例について扱うこと。イについては，援助を行う際に必要なコミュニケーション技法の概要，活用及びその過程について扱うこと。
　　イ　〔指導項目〕の(2)のアについては，サービス利用者の状態や状況に応じたコミュニケーション技法について扱うこと。イについては，サービス利用者や家族との関係づくりや支援の技法について扱うこと。
　　ウ　〔指導項目〕の(3)のアについては，福祉実践の場における他の職種との情報共有及び多様化している記録媒体や情報機器の有効な活用方法について扱うこと。イについては，多職種がチームとして取り組む福祉実践の場におけるコミュニケーションについて扱うこと。

第4　生活支援技術

1　目　標

　福祉の見方・考え方を働かせ，実践的・体験的な学習活動を行うことなどを通して，適切で安全・安楽な生活支援技術を提供するために必要な資質・能力を次のとおり育成することを目指す。
(1) 自立生活の支援について体系的・系統的に理解するとともに，関連する技術を身に付けるようにする。
(2) 自立生活の支援の展開に関する課題を発見し，職業人に求められる倫理観を踏まえ科学的な根拠に基づいて創造的に解決する力を養う。
(3) 健全で持続的な社会の構築を目指して自ら学び，自立生活の適切な支援に主体的かつ協働的に取り組む態度を養う。

2　内　容

　1に示す資質・能力を身に付けることができるよう，次の〔指導項目〕を指導する。
〔指導項目〕
(1) 生活支援の理解
　　ア　生活の理解
　　イ　生活支援の考え方
　　ウ　他の職種の役割と協働
(2) 自立に向けた生活支援
　　ア　介護技術の基本
　　イ　居住環境の整備
　　ウ　身じたくの支援
　　エ　移動の支援
　　オ　食事の支援
　　カ　入浴・清潔保持の支援
　　キ　排泄の支援
　　ク　家事行動の支援

ケ　睡眠・休養の支援
　　コ　レクリエーションの支援
　(3) 緊急時・災害時の支援
　(4) 終末期の支援
　(5) 医療的ケア
　　ア　医療的ケアの理解
　　イ　高齢者及び障害者の喀痰(かくたん)吸引
　　ウ　高齢者及び障害者の経管栄養

3　内容の取扱い

(1) 内容を取り扱う際には，次の事項に配慮するものとする。

　ア　〔指導項目〕の(1)から(5)までについては，生徒や地域の実態，学科の特色に応じて，いずれかを選択して扱うことができること。

　イ　自立生活を人間の尊厳，安全・安楽，協働などの視点から捉え，「こころとからだの理解」と関連付けて，生活の質の向上やサービス利用者の状態に合った自立生活の支援の必要性について理解できるよう留意して指導すること。

　ウ　実践的・体験的な学習活動を通して，サービス利用者の自立生活の支援に関する専門的な学習への動機付けを図るなど，専門職としての生徒の意識が高まるよう工夫して指導すること。

　エ　〔指導項目〕の(2)から(5)までについては，自立生活の支援に活用される福祉用具や介護ロボットについても理解できるよう留意して指導すること。

(2) 内容の範囲や程度については，次の事項に配慮するものとする。

　ア　〔指導項目〕の(1)のアについては，生活の個別性と多様性について扱うこと。イについては，安全な介護の必要性，介護従事者に求められる倫理観について扱うこと。ウについては，他の職種と協働しサービスを提供することの意義や目的について扱うこと。

　イ　〔指導項目〕の(2)のアについては，サービス利用者の尊厳を保持した自立生活の支援方法，潜在的能力を引き出す支援について扱うこと。また，安全で安楽に介護するための技法について扱うこと。イからケまでについては，サービス利用者の自立生活に向けた安全で安楽な支援方法，心身の状況や生活の場の違いに合わせた支援方法，プライバシーの保護や尊厳の保持に配慮した支援などについて扱うこと。コについては，生きがいや自己実現，豊かな生活を送るために必要なレクリエーションの意義や目的，介護場面におけるレクリエーション活動の役割について扱うこと。

　ウ　〔指導項目〕の(3)については，緊急時・災害時における介護の意義や目的，具体的な支援方法について扱うこと。

　エ　〔指導項目〕の(4)については，終末期における介護の意義や目的，具体的な支援方法について扱うこと。

　オ　〔指導項目〕の(5)のアについては，医療の倫理，医療的ケアに関連する法規，医療的ケアにおける介護職員の役割，健康状態の把握方法などについて扱うこと。また，安全に喀痰吸引や経管栄養の支援を提供する重要性，適切な観察と判断，感染予防などについて扱うこと。イについては，呼吸器系の構造と機能を含めて喀痰吸引の基礎的知識や実施手順などについて扱うこと。ウについては，消化器系の構造と機能を含めて経管栄養の基礎的知識や実施手順などについて扱うこと。

第5 介護過程

1 目標
福祉の見方・考え方を働かせ，実践的・体験的な学習活動を行うことなどを通して，介護過程の展開に必要な資質・能力を次のとおり育成することを目指す。

(1) 介護過程について体系的・系統的に理解するとともに，関連する技術を身に付けるようにする。
(2) 介護過程の展開に関する課題を発見し，職業人に求められる倫理観を踏まえ科学的な根拠に基づいて創造的に解決する力を養う。
(3) 健全で持続的な社会の構築を目指して自ら学び，介護過程の適切な展開に主体的かつ協働的に取り組む態度を養う。

2 内容
1に示す資質・能力を身に付けることができるよう，次の〔指導項目〕を指導する。

〔指導項目〕
(1) 介護過程の意義と役割
(2) 介護過程の展開
　ア　情報収集とアセスメント
　イ　生活課題と目標設定
　ウ　介護計画の立案
　エ　介護計画の実施と評価
(3) 介護過程の実践的展開
(4) 介護過程のチームアプローチ
　ア　介護過程とチームアプローチの意義
　イ　介護過程とチームアプローチの実際

3 内容の取扱い
(1) 内容を取り扱う際には，次の事項に配慮するものとする。
　ア　介護過程に関する事象を，人間の尊厳，自立生活の支援，多職種協働，国際生活機能分類の視点から捉え，生活の継続性に配慮した支援の在り方と関連付けて指導すること。
　イ　実践的・体験的な学習活動を通して，介護過程の展開を実践する専門職としての生徒の意識が高まるよう工夫して指導すること。
(2) 内容の範囲や程度については，次の事項に配慮するものとする。
　ア　〔指導項目〕の(1)については，サービス利用者に応じた適切な介護の提供には介護過程が必要なこと及び介護過程の一連の流れについて扱うこと。
　イ　〔指導項目〕の(2)については，将来の自立に向けた生活課題の解決及び目標の設定，サービス利用者の希望を尊重した介護計画の立案など介護過程の要素や介護従事者として必要な視点及び能力について扱うこと。
　ウ　〔指導項目〕の(3)については，(2)と関連付けて具体的に扱うこと。また，各種メディア教材を活用し，具体的な事例に基づき演習を行うとともに，介護活動における記録についても扱うこと。
　エ　〔指導項目〕の(4)のアについては，チームの組み方や進め方についても扱うこと。イについては，具体的な事例を通して，チームアプローチの展開の演習などを行うこと。

第6　介護総合演習

1　目標
　福祉の見方・考え方を働かせ，実践的・体験的な学習活動を行うことなどを通して，地域福祉の推進と持続可能な福祉社会の創造と発展に必要な資質・能力を次のとおり育成することを目指す。
(1) 地域福祉や福祉社会について体系的・系統的に理解するとともに，関連する技術を身に付けるようにする。
(2) 地域福祉や福祉社会に関する課題を発見し，職業人に求められる倫理観を踏まえ解決策を探究し，科学的な根拠に基づいて創造的に解決する力を養う。
(3) 健全で持続的な社会の構築を目指して自ら学び，地域福祉や福祉社会の創造と発展に主体的かつ協働的に取り組む態度を養う。

2　内容
　1に示す資質・能力を身に付けることができるよう，次の〔指導項目〕を指導する。
〔指導項目〕
(1) 介護演習
(2) 事例研究
(3) 調査，研究，実験

3　内容の取扱い
(1) 内容を取り扱う際には，次の事項に配慮するものとする。
　ア　〔指導項目〕の(1)から(3)までについては，生徒や地域の実態，学科の特色に応じて，いずれかを選択して扱うことができること。また，生徒の興味・関心，進路希望，学校や地域の実態，学科の特色等に応じて，(1)から(3)までの中から，個人又はグループで適切な課題を設定し，地域福祉や福祉社会に関する課題の解決に取り組むことができるようにすること。
　イ　実践的・体験的な学習活動を通して，演習や研究などを適切かつ総合的に展開し，サービス利用者の生活と人権を守る福祉の在り方について，専門的な知識や技術の発展と関連付けて指導すること。
　ウ　専門的な知識，技術などの深化・総合化を図るとともに，介護実習の事前・事後指導，施設等のオリエンテーション，実習報告会を実施するなど効果的に指導すること。
　エ　自己の課題を明確化するとともに，他者の課題も共有し，専門職としての生徒の意識が高まるよう工夫して指導すること。
(2) 内容の範囲や程度については，次の事項に配慮するものとする。
　ア　〔指導項目〕の(1)については，「介護実習」と関連付けて，介護実習の意義と目的，個人情報保護やリスクマネジメントなどについて扱うこと。
　イ　〔指導項目〕の(2)については，「介護実習」や福祉活動の体験などから得た事例等の考察や介護計画の作成などを行うこと。
　ウ　〔指導項目〕の(3)については，「社会福祉基礎」や福祉活動の体験などに基づいて課題を設定して，情報収集や調査，研究，実験などを行うこと。

第7 介護実習

1 目標
　福祉の見方・考え方を働かせ，実践的・体験的な学習活動を行うことなどを通して，根拠に基づいた介護及び支援を実践するために必要な資質・能力を次のとおり育成することを目指す。
(1) 介護及び支援の実践について体系的・系統的に理解するとともに，関連する技術を身に付けるようにする。
(2) 介護及び支援の実践に関する課題を発見し，職業人に求められる倫理観を踏まえ科学的な根拠に基づいて創造的に解決する力を養う。
(3) 健全で持続的な社会の構築を目指して自ら学び，介護及び支援の適切な実践に主体的かつ協働的に取り組む態度を養う。

2 内容
　1に示す資質・能力を身に付けることができるよう，次の〔指導項目〕を指導する。
〔指導項目〕
(1) 多様な介護の場における実習
　ア　コミュニケーションの実践
　イ　介護技術の実践
　ウ　多職種協働及びチームケアの理解
(2) 個別ケアを理解するための継続した実習
　ア　個別的な介護技術の実践
　イ　介護過程の実践

3 内容の取扱い
(1) 内容を取り扱う際には，次の事項に配慮するものとする。
　ア　〔指導項目〕の(1)については，多様な介護の場における実習を通して，サービス利用者について理解できるよう留意して指導すること。また，「介護総合演習」と関連付けて指導すること。
　イ　〔指導項目〕の(2)については，継続した実習を行う中で，サービス利用者の介護計画の作成，実施後の評価，介護計画の修正など一連の介護過程を実践することができるよう留意するとともに，「介護過程」及び「介護総合演習」と関連付けて指導すること。また，サービス利用者の状態や状況に応じた適切で安全な介護や支援を行う態度を養うことができるよう留意して指導すること。
(2) 内容の範囲や程度については，次の事項に配慮するものとする。
　ア　〔指導項目〕の(1)のアについては，サービス利用者や家族とのコミュニケーション能力を高める技法について扱うこと。イについては，基本的な介護技術の実践について扱うこと。
　イ　〔指導項目〕の(2)については，一定期間継続した介護実習を行い，サービス利用者一人一人の個性や生活のリズムを尊重した個別ケアの実践を中心に扱うこと。

第8 こころとからだの理解

1 目標
　福祉の見方・考え方を働かせ，実践的・体験的な学習活動を行うことなどを通して，介護を実践するための人間の理解に必要な資質・能力を次のとおり育成することを目指す。
(1) 自立生活の支援に必要なこころとからだについて体系的・系統的に理解するとともに，関連する技

術を身に付けるようにする。
(2) 自立生活の支援に必要なこころとからだに関する課題を発見し，職業人に求められる倫理観を踏まえ科学的な根拠に基づいて創造的に解決する力を養う。
(3) 健全で持続的な社会の構築を目指して自ら学び，こころとからだに基づいた自立生活の支援に主体的かつ協働的に取り組む態度を養う。

2　内容

1に示す資質・能力を身に付けることができるよう，次の〔指導項目〕を指導する。

〔指導項目〕

(1) こころとからだの基礎的理解
　ア　こころの理解
　イ　からだのしくみの理解

(2) 生活支援に必要なこころとからだのしくみの理解
　ア　身じたくに関するこころとからだのしくみ
　イ　移動に関するこころとからだのしくみ
　ウ　食事に関するこころとからだのしくみ
　エ　入浴・清潔に関するこころとからだのしくみ
　オ　排泄に関するこころとからだのしくみ
　カ　睡眠・休養に関するこころとからだのしくみ
　キ　緊急時・災害時に関するこころとからだのしくみ
　ク　終末期に関するこころとからだのしくみ

(3) 発達と老化の理解
　ア　人間の成長と発達
　イ　老年期の理解と日常生活
　ウ　高齢者と健康

(4) 認知症の理解
　ア　認知症の基礎的理解
　イ　認知症に伴う心身の変化と日常生活
　ウ　認知症を取り巻く状況

(5) 障害の理解
　ア　障害の基礎的理解
　イ　生活機能障害の理解
　ウ　障害者の生活理解

3　内容の取扱い

(1) 内容を取り扱う際には，次の事項に配慮するものとする。
　ア　〔指導項目〕の(1)から(5)までについては，生徒や地域の実態，学科の特色に応じて，いずれかを選択して扱うことができること。
　イ　〔指導項目〕の(1)については，介護技術の根拠となるこころとからだとの関連や人体構造と機能について理解できるよう留意して指導すること。また，介護福祉サービスにおける安全や心理面への配慮に関連付けて指導すること。
　ウ　〔指導項目〕の(2)については，福祉用具や介護ロボットの活用を含めた介護福祉サービスにおける安全や心理面への配慮に関連付けて指導すること。また，基本的な生活行動と各器官の機能を関連付けて指導すること。

エ　〔指導項目〕の(3)から(5)までについては，サービス利用者の生活や心身の状況に加え，家族を含めた周囲の環境にも関連付けて指導すること。
(2) 内容の範囲や程度については，次の事項に配慮するものとする。
　　ア　〔指導項目〕の(1)のアについては，人間の基本的欲求や社会的欲求，発達課題などについても扱うこと。イについては，人体の構造や機能，生命維持のしくみや人体各部の名称などについて扱うこと。また，健康状態の把握方法については，医療的ケアと関連付けて扱うこと。
　　イ　〔指導項目〕の(2)については，「生活支援技術」と関連付けて扱うこと。キについては，具体的な事例を通して，サービス利用者の状態や状況に応じた緊急時・災害時における介護について扱うこと。クについては，サービス利用者の心身の状態に応じた保健医療職など他の職種との連携についても扱うこと。
　　ウ　〔指導項目〕の(3)及び(5)については，高齢者や障害者などに多く見られる疾病，感染症，機能低下及び日常生活への影響などについて扱うこと。また，医薬品とその使用法についても扱うこと。さらに，高齢者や障害者の交通安全などについても扱うこと。
　　エ　〔指導項目〕の(3)のアについては，人間の成長・発達における心理や身体機能の変化と日常生活への影響について扱うこと。イについては，老年期の定義，高齢者の医療制度などについて，「社会福祉基礎」や「介護福祉基礎」と関連付けて扱うこと。ウについては，ヘルスプロモーションの考え方及び生涯を通じた健康についても扱うこと。また，健康と環境や食品などとの関係についても扱うこと。
　　オ　〔指導項目〕の(4)及び(5)については，地域包括支援センターの役割や機能など地域の支援体制や関連職種との連携と協働，チームアプローチ及び家族への支援や指導についても扱うこと。
　　カ　〔指導項目〕の(4)については，認知症の特徴と生活への影響，予防と治療，支える家族や生活面への影響について扱うこと。ウについては，認知症ケアの歴史や理念，罹患者数の推移，認知症高齢者への支援対策の概要についても扱うこと。
　　キ　〔指導項目〕の(5)については，障害に関する基本的な考え方と関連法規について，「社会福祉基礎」と関連付けて扱うこと。アについては，国際障害分類から国際生活機能分類への障害の捉え方の変遷について扱うこと。イについては，各種障害の種類や特性などについて扱うこと。ウについては，具体的な事例を通して，障害が日常生活に及ぼす影響，心身機能の活用，在宅医療を含めた地域における支援体制などについても扱うこと。

第9　福祉情報

1　目標
　福祉の見方・考え方を働かせ，実践的・体験的な学習活動を行うことなどを通して，情報及び福祉分野における情報の活用に必要な資質・能力を次のとおり育成することを目指す。
(1) 情報及び福祉分野における情報の活用について体系的・系統的に理解するとともに，関連する技術を身に付けるようにする。
(2) 情報及び福祉分野における情報の活用に関する課題を発見し，職業人に求められる倫理観を踏まえ科学的な根拠に基づいて創造的に解決する力を養う。
(3) 健全で持続的な社会の構築を目指して自ら学び，情報及び福祉分野における情報の活用に主体的かつ協働的に取り組む態度を養う。

2　内容
　1に示す資質・能力を身に付けることができるよう，次の〔指導項目〕を指導する。

〔指導項目〕
(1) 情報社会と福祉サービス
　ア　情報社会
　イ　情報機器の利用と福祉サービス
(2) 情報モラルとセキュリティ
　ア　情報モラル
　イ　情報のセキュリティ管理
(3) 情報機器と情報通信ネットワーク
　ア　情報機器の仕組みとプログラミング
　イ　情報通信ネットワークの仕組み
(4) 福祉サービスと情報機器の活用
　ア　情報の収集，整理，分析，発信
　イ　福祉サービスの各分野における情報機器の活用
　ウ　情報機器を活用した高齢者・障害者の自立生活支援
　エ　個人情報の管理

3　内容の取扱い

(1) 内容を取り扱う際には，次の事項に配慮するものとする。
　ア　〔指導項目〕の(3)及び(4)については，実際に情報機器や情報通信ネットワークを活用できるよう実習を中心として扱うこと。
(2) 内容の範囲や程度については，次の事項に配慮するものとする。
　ア　〔指導項目〕の(1)については，具体的な事例を通して，情報社会における生活の変化と福祉サービスにおける情報機器の役割や利用状況について扱うこと。
　イ　〔指導項目〕の(2)については，情報に関連する法規やマナーの意義，情報社会において個人の果たす役割や責任などの情報モラル及び情報通信ネットワーク，情報セキュリティを確保する方法について扱うこと。
　ウ　〔指導項目〕の(3)のアについては，情報機器の基本的な構成要素とプログラミング及びソフトウェアの役割と特徴について扱うこと。イについては，情報通信ネットワークの基本的な仕組みについて扱うこと。
　エ　〔指導項目〕の(4)のアについては，情報機器や情報通信ネットワークを利用した情報の収集，整理，分析，発信について扱うこと。イについては，福祉サービス各分野での情報機器を活用したサービスや情報の効果的な活用法について扱うこと。ウについては，情報機器を活用した自立生活の支援方法について具体的に扱うこと。

第3款　各科目にわたる指導計画の作成と内容の取扱い

1　指導計画の作成に当たっては，次の事項に配慮するものとする。
(1) 単元など内容や時間のまとまりを見通して，その中で育む資質・能力の育成に向けて，生徒の主体的・対話的で深い学びの実現を図るようにすること。その際，福祉の見方・考え方を働かせ，生活に関する事象を捉え，専門的な知識や技術などを基に実際の福祉に対する理解を深めるとともに，新たな社会福祉の創造や発展に向けて実践的・体験的な学習活動の充実を図ること。
(2) 福祉に関する各学科においては，「社会福祉基礎」及び「介護総合演習」を原則として全ての生徒に履修させること。

(3) 福祉に関する各学科においては，原則として福祉科に属する科目に配当する総授業時数の10分の5以上を実験・実習に配当すること。

(4) 「介護実習」や「介護総合演習」における現場実習及び具体的な事例の研究や介護計画作成に際しては，プライバシーの保護に十分留意すること。

(5) 地域や福祉施設，産業界等との連携・交流を通じた実践的な学習活動や就業体験活動を積極的に取り入れるとともに，社会人講師を積極的に活用するなどの工夫に努めること。

(6) 障害のある生徒などについては，学習活動を行う場合に生じる困難さに応じた指導内容や指導方法の工夫を計画的，組織的に行うこと。

2 内容の取扱いに当たっては，次の事項に配慮するものとする。

(1) 福祉に関する課題について，協働して分析，考察，討論を行い，よりよい社会の構築を目指して解決するなどの学習活動を通して，言語活動の充実を図ること。

(2) コンピュータや情報通信ネットワークなどの活用を図り，学習の効果を高めるよう工夫すること。

3 実験・実習を行うに当たっては，関連する法規等に従い，施設・設備や薬品等の安全管理に配慮し，学習環境を整えるとともに，福祉用具や介護ロボットなどの取扱いには十分な注意を払わせ，事故防止などの指導を徹底し，安全と衛生に十分留意するものとする。

第9節　理数

● 第1款　目標

様々な事象に関わり，数学的な見方・考え方や理科の見方・考え方などを働かせ，数学的活動や観察，実験などを通して，探究するために必要な資質・能力を次のとおり育成することを目指す。

(1) 数学及び理科における基本的な概念，原理・法則などについての系統的な理解を深め，探究するために必要な知識や技能を身に付けるようにする。
(2) 多角的，複合的に事象を捉え，数学的，科学的に考察し表現する力などを養うとともに創造的な力を高める。
(3) 数学や理科などに関する事象や課題に向き合い，課題の解決や新たな価値の創造に向けて積極的に挑戦しようとする態度を養う。

● 第2款　各科目

第1　理数数学Ⅰ

1　目標

数学的な見方・考え方を働かせ，数学的活動を通して，探究するために必要な資質・能力を次のとおり育成することを目指す。

(1) 数学における基本的な概念や原理・法則を系統的に理解するとともに，事象を数学化したり，数学的に解釈したり，数学的に表現・処理したりする技能を身に付けるようにする。
(2) 事象を数学的に捉え，論理的・統合的・発展的に考察する力，数学的な表現を用いて事象を簡潔・明瞭・的確に表現する力を養う。
(3) 数学のよさを認識し，数学を活用しようとする態度，粘り強く考え数学的論拠に基づいて判断しようとする態度，事象を数学的に探究しようとする態度を養う。

2　内容

1に示す資質・能力を身に付けることができるよう，次の〔指導項目〕を指導する。

〔指導項目〕
(1) 数と式
(2) 図形と計量
(3) 二次関数
(4) 指数関数・対数関数
(5) データの分析
(6) 場合の数と確率

3　内容の取扱い

(1) 指導に当たっては，第2章第4節第2款の第1の「数学Ⅰ」，第2の「数学Ⅱ」，第3の「数学Ⅲ」及び第4の「数学A」の内容等を参照し，必要に応じて，これらの科目の内容を発展，拡充させて取り扱うものとする。
(2) 内容の取扱いに当たっては，次の事項に配慮するものとする。
　ア　内容の(1)については，「数学Ⅰ」の内容の(1)に加えて，ユークリッドの互除法や二進法も扱うこ

イ　内容の(2)については,「数学Ⅰ」の内容の(2)及び「数学A」の内容の(1)を扱うこと。
　　ウ　内容の(3)については,「数学Ⅰ」の内容の(3)及び「数学Ⅲ」の内容の(1)のアの(ｳ)及び(ｴ),イの(ｲ)を扱うこと。
　　エ　内容の(4)については,「数学Ⅱ」の内容の(3)を扱うこと。
　　オ　内容の(5)については,「数学Ⅰ」の内容の(4)を扱うこと。
　　カ　内容の(6)については,「数学A」の内容の(2)を扱うこと。

第2　理数数学Ⅱ

1　目　標

数学的な見方・考え方を働かせ,数学的活動を通して,探究するために必要な資質・能力を次のとおり育成することを目指す。

(1) 数学における基本的な概念や原理・法則の系統的な理解を深めるとともに,事象を数学化したり,数学的に解釈したり,数学的に表現・処理したりする技能に習熟するようにする。

(2) 事象を数学的に捉え,論理的・統合的・発展的に考察する力,数学的な表現を用いて事象を簡潔・明瞭・的確に表現する力を伸ばす。

(3) 数学のよさを認識し,数学を積極的に活用しようとする態度,粘り強く考え数学的論拠に基づいて判断しようとする態度,事象を数学的に探究しようとする態度を養う。

2　内　容

1に示す資質・能力を身に付けることができるよう,次の〔指導項目〕を指導する。

〔指導項目〕

(1) いろいろな式
(2) 数列
(3) 三角関数と複素数平面
(4) 図形と方程式
(5) 極限
(6) 微分法
(7) 積分法
(8) 統計的な推測

3　内容の取扱い

(1) 指導に当たっては,第2章第4節第2款の第2の「数学Ⅱ」,第3の「数学Ⅲ」,第5の「数学B」及び第6の「数学C」の内容等を参照し,必要に応じて,これらの科目の内容を発展,拡充させて取り扱うものとする。

(2) 内容の取扱いに当たっては,次の事項に配慮するものとする。

　　ア　内容の(1)については,「数学Ⅱ」の内容の(1)に加えて,最大公約数及び最小公倍数も扱うこと。
　　イ　内容の(2)については,「数学B」の内容の(1)を扱うこと。
　　ウ　内容の(3)については,「数学Ⅱ」の内容の(4)及び「数学C」の内容の(2)のアの(ｴ)(ｵ)及びイの(ｲ)とそれらの活用を扱うこと。
　　エ　内容の(4)については,「数学Ⅱ」の内容の(2)及び「数学C」の内容の(2)のアの(ｱ)(ｲ)(ｳ)及びイの(ｱ)とそれらの活用に加えて,円と円の共有点を求めることも扱うこと。
　　オ　内容の(5)については,「数学Ⅲ」の内容の(1)のアの(ｱ)(ｲ)(ｵ)及びイの(ｱ)(ｳ)を扱うこと。

カ 内容の(6)については,「数学Ⅱ」の内容の(5)のアの(ア)(イ)及びイの(ア)(イ),「数学Ⅲ」の内容の(2)を扱うこと。

キ 内容の(7)については,「数学Ⅱ」の内容の(5)のアの(ウ)及びイの(ウ),「数学Ⅲ」の内容の(3)に加えて,$\frac{dy}{dx}=ky$（kは定数）程度の簡単な微分方程式の意味と解法も扱うこと。

ク 内容の(8)については,「数学B」の内容の(2)を扱うこと。

第3 理数数学特論

1 目標

数学的な見方・考え方を働かせ,数学的活動を通して,探究するために必要な資質・能力を次のとおり育成することを目指す。

(1) 数学における基本的な概念や原理・法則の系統的な理解を広げるとともに,事象を数学化したり,数学的に解釈したり,数学的に表現・処理したりする技能に習熟するようにする。

(2) 事象を数学的に捉え,論理的・統合的・発展的に考察する力,数学的な表現を用いて事象を簡潔・明瞭・的確に表現する力を伸ばす。

(3) 数学のよさを認識し,数学を積極的に活用しようとする態度,粘り強く考え数学的論拠に基づいて判断しようとする態度,事象を数学的に探究しようとする態度を養う。

2 内容

1に示す資質・能力を身に付けることができるよう,次の〔指導項目〕を指導する。

〔指導項目〕

(1) ベクトル

(2) 行列とその応用

(3) 離散グラフ

(4) 数学と生活や社会との関わり

3 内容の取扱い

(1) 内容の(1)から(4)までについては,適宜選択させるものとする。指導に当たっては,第2章第4節第2款の第4の「数学A」,第5の「数学B」及び第6の「数学C」の内容等を参照し,必要に応じて,これらの科目の内容を発展,拡充させて取り扱うものとする。

(2) 内容の(1)から(4)までの取扱いに当たっては,次の事項に配慮するものとする。

ア 内容の(1)については,「数学C」の内容の(1)に加えて,空間における直線や平面の方程式も扱うこと。

イ 内容の(2)については,行列の表し方や演算,行列の積と逆行列,行列を用いた連立一次方程式の解法及び点の移動を扱うこと。

ウ 内容の(3)については,離散グラフの基本的な考え方,いろいろな離散グラフ及び離散グラフの活用を扱うこと。

エ 内容の(4)については,「数学A」の内容の(3)及び「数学B」の内容の(3)を扱うこと。

第4 理数物理

1 目標

物理的な事物・現象に関わり,理科の見方・考え方を働かせ,見通しをもって観察,実験を行うことなどを通して,科学的に探究するために必要な資質・能力を次のとおり育成することを目指す。

(1) 物理学における基本的な概念，原理・法則などについての系統的な理解を深め，科学的に探究するために必要な知識や技能を身に付けるようにする。
(2) 物理的な事物・現象に関して，観察，実験などを行い科学的に探究する力を養う。
(3) 自然に対する関心を高め，事物・現象を科学的に探究しようとする態度を養う。

2 内容

1に示す資質・能力を身に付けることができるよう，次の〔指導項目〕を指導する。

〔指導項目〕
(1) 力と運動
(2) 波
(3) 電気と磁気
(4) 原子

3 内容の取扱い

(1) 内容の指導に当たっては，物理学の基本的な概念の形成と科学の方法の習得が無理なく行われるようにする。また，第2章第5節第2款の第2の「物理基礎」及び第3の「物理」の内容等を参照し，必要に応じて，これらの科目の内容を発展，拡充させて取り扱うものとする。
(2) 内容の取扱いに当たっては，次の事項に配慮するものとする。
　ア　内容の(1)については，「物理基礎」の内容の(1)及び(2)のアの(イ)並びに「物理」の内容の(1)を扱うこと。
　イ　内容の(2)については，「物理基礎」の内容の(2)のアの(ア)及び「物理」の内容の(2)を扱うこと。
　ウ　内容の(3)については，「物理基礎」の内容の(2)のアの(ウ)及び「物理」の内容の(3)を扱うこと。
　エ　内容の(4)については，「物理基礎」の内容の(2)のアの(エ)(オ)及び「物理」の内容の(4)を扱うこと。
　オ　内容の(1)から(4)までの中で，身近な物理現象についてセンサを用いた計測とコンピュータを用いた分析の手法も扱うこと。

第5　理数化学

1 目標

化学的な事物・現象に関わり，理科の見方・考え方を働かせ，見通しをもって観察，実験を行うことなどを通して，科学的に探究するために必要な資質・能力を次のとおり育成することを目指す。
(1) 化学における基本的な概念，原理・法則などについての系統的な理解を深め，科学的に探究するために必要な知識や技能を身に付けるようにする。
(2) 化学的な事物・現象に関して，観察，実験などを行い科学的に探究する力を養う。
(3) 自然に対する関心を高め，事物・現象を科学的に探究しようとする態度を養う。

2 内容

1に示す資質・能力を身に付けることができるよう，次の〔指導項目〕を指導する。

〔指導項目〕
(1) 化学と人間生活
(2) 物質の構成
(3) 物質の変化とその利用
(4) 物質の状態と化学平衡
(5) 無機物質の性質

(6) 有機化合物の性質
  (7) 化学が果たす役割

3 内容の取扱い

(1) 内容の指導に当たっては，化学の基本的な概念の形成と科学の方法の習得が無理なく行われるようにする。また，第2章第5節第2款の第4の「化学基礎」及び第5の「化学」の内容等を参照し，必要に応じて，これらの科目の内容を発展，拡充させて取り扱うものとする。

(2) 内容の取扱いに当たっては，次の事項に配慮するものとする。

　ア　内容の(1)については，「化学基礎」の内容の(1)を扱うこと。
　イ　内容の(2)については，「化学基礎」の内容の(2)を扱うこと。
　ウ　内容の(3)については，「化学基礎」の内容の(3)及び「化学」の内容の(2)のアの(ア)を扱うこと。
　エ　内容の(4)については，「化学」の内容の(1)及び(2)のアの(イ)を扱うこと。
　オ　内容の(5)については，「化学」の内容の(3)を扱うこと。
　カ　内容の(6)については，「化学」の内容の(4)を扱うこと。
　キ　内容の(7)については，「化学」の内容の(5)を扱うこと。
　ク　内容の(1)から(7)までの中で，機器による分析又はその原理，理論を学ぶことができる観察，実験などを扱うこと。

第6　理数生物

1　目標

生物や生物現象に関わり，理科の見方・考え方を働かせ，見通しをもって観察，実験を行うことなどを通して，科学的に探究するために必要な資質・能力を次のとおり育成することを目指す。

(1) 生物学における基本的な概念，原理・法則などについての系統的な理解を深め，科学的に探究するために必要な知識や技能を身に付けるようにする。
(2) 生物や生物現象に関して，観察，実験などを行い，科学的に探究する力を養う。
(3) 自然に対する関心を高め，事物・現象を科学的に探究しようとする態度を養う。

2　内容

1に示す資質・能力を身に付けることができるよう，次の〔指導項目〕を指導する。

〔指導項目〕
(1) 生物の特徴と進化
(2) 生命現象と物質
(3) 遺伝情報の発現と発生
(4) 生物の環境応答
(5) 生態と環境

3　内容の取扱い

(1) 内容の指導に当たっては，生物学の基本的な概念の形成と科学の方法の習得が無理なく行われるようにする。また，第2章第5節第2款の第6の「生物基礎」及び第7の「生物」の内容等を参照し，必要に応じて，これらの科目の内容を発展，拡充させて取り扱うものとする。

(2) 内容の取扱いに当たっては，次の事項に配慮するものとする。

　ア　内容の(1)については，「生物基礎」の内容の(1)及び「生物」の内容の(1)を扱うこと。
　イ　内容の(2)については，「生物」の内容の(2)に加えて，タンパク質に関する実験も扱うこと。
　ウ　内容の(3)については，「生物」の内容の(3)に加えて，遺伝子に関する実験も扱うこと。

エ　内容の(4)については,「生物基礎」の内容の(2)及び「生物」の内容の(4)を扱うこと。
オ　内容の(5)については,「生物基礎」の内容の(3)及び「生物」の内容の(5)に加えて,野外観察又は調査も扱うこと。
(3) 内容の(1)については,この科目の導入として位置付け,以後の学習においても,進化の視点を意識させるよう展開すること。

第7　理数地学

1　目　標

地球や地球を取り巻く環境に関わり,理科の見方・考え方を働かせ,見通しをもって観察,実験を行うことなどを通して,科学的に探究するために必要な資質・能力を次のとおり育成することを目指す。

(1) 地学における基本的な概念,原理・法則などについての系統的な理解を深め,科学的に探究するために必要な知識や技能を身に付けるようにする。
(2) 地学的な事物・現象に関して,観察,実験などを行い科学的に探究する力を養う。
(3) 自然に対する関心を高め,事物・現象を科学的に探究しようとする態度を養う。

2　内　容

1に示す資質・能力を身に付けることができるよう,次の〔指導項目〕を指導する。

〔指導項目〕
(1) 地球の概観と構造
(2) 地球の活動
(3) 地球の歴史
(4) 大気と海洋の構造と運動
(5) 宇宙の構造と進化
(6) 自然環境と人間生活との関わり

3　内容の取扱い

(1) 内容の指導に当たっては,地学の基本的な概念の形成と科学の方法の習得が無理なく行われるようにする。また,第2章第5節第2款の第8の「地学基礎」及び第9の「地学」の内容等を参照し,必要に応じて,これらの科目の内容を発展,拡充させて取り扱うものとする。
(2) 内容の取扱いに当たっては,次の事項に配慮するものとする。
　ア　内容の(1)については,「地学基礎」の内容の(1)のアの(ア)及び「地学」の内容の(1)を扱うこと。
　イ　内容の(2)については,「地学基礎」の内容の(1)のアの(イ)及び「地学」の内容の(2)のアの(ア)に加えて,岩石などの偏光顕微鏡観察も扱うこと。
　ウ　内容の(3)については,「地学基礎」の内容の(2)のアの(ア)の④及び「地学」の内容の(2)のアの(イ)に加えて,断面図を含めた地質図の実習も扱うこと。
　エ　内容の(4)については,「地学基礎」の内容の(1)のアの(ウ)及び「地学」の内容の(3)を扱うこと。
　オ　内容の(5)については,「地学基礎」の内容の(2)のアの(ア)の⑦及び「地学」の内容の(4)に加えて,複数の光源のスペクトルを観測する実習も扱うこと。
　カ　内容の(6)については,「地学基礎」の内容の(2)のアの(イ)に加えて,地域のハザードマップを用いた実習も扱うこと。

第3款　各科目にわたる指導計画の作成と内容の取扱い

1 指導計画の作成に当たっては，次の事項に配慮するものとする。
 (1) 単元など内容や時間のまとまりを見通して，その中で育む資質・能力の育成に向けて，生徒の主体的・対話的で深い学びの実現を図るようにすること。その際，数学的な見方・考え方や理科の見方・考え方を働かせ，数学や理科などに関する事象や課題に向き合い，探究する学習活動の充実を図ること。
 (2) 理数に関する学科においては，「理数数学Ⅰ」及び「理数数学Ⅱ」を原則として全ての生徒に履修させること。
 (3) 理数に関する学科においては，「理数物理」，「理数化学」，「理数生物」及び「理数地学」のうちから，原則として3科目以上を全ての生徒に履修させること。
 (4) 「理数数学Ⅱ」及び「理数数学特論」については，原則として「理数数学Ⅰ」を履修した後に履修させること。
 (5) 各科目を履修させるに当たっては，当該科目やこの章に示す理数科に属する他の科目の履修内容を踏まえ，相互の連携を一層充実させるとともに，他教科等の目標や学習の内容の関連に留意し，連携を図ること。
 (6) 障害のある生徒などについては，学習活動を行う場合に生じる困難さに応じた指導内容や指導方法の工夫を計画的，組織的に行うこと。

2 内容の取扱いに当たっては，次の事項に配慮するものとする。
 (1) 「理数数学Ⅰ」，「理数数学Ⅱ」及び「理数数学特論」の指導に当たっては，第2章第4節第3款の3を参照し，数学的活動を一層重視すること。
 (2) 「理数物理」，「理数化学」，「理数生物」及び「理数地学」の指導に当たっては，観察，実験などの結果を分析し解釈して自らの考えを導き出し，それらを表現するなどの学習活動を充実すること。
 (3) 生命を尊重し，自然環境の保全に寄与する態度の育成を図ること。また，環境問題や科学技術の進歩と人間生活に関わる内容等については，持続可能な社会をつくることの重要性も踏まえながら，科学的な見地から取り扱うこと。
 (4) 各科目の指導に当たっては，数理現象の理解や多数の計算例による法則性の認識及び観察，実験の過程での情報の収集・検索，計測・制御，シミュレーション，結果の集計・処理などのために，コンピュータや情報通信ネットワークなどを積極的かつ適切に活用すること。
 (5) 観察，実験，野外観察などの体験的な学習活動を充実させること。また，環境整備に十分配慮すること。
 (6) 各科目の指導に当たっては，大学や研究機関，博物館や科学学習センターなどと積極的に連携，協力を図るようにすること。
 (7) 科学技術が日常生活や社会を豊かにしていることや安全性の向上に役立っていることに触れること。また，数学・理科で学習することが様々な職業などと関連していることにも触れること。
 (8) 観察，実験，野外観察などの指導に当たっては，関連する法規等に従い，事故防止に十分留意するとともに，使用薬品などの管理及び廃棄についても適切な措置を講ずること。

第10節　体育

第1款　目標

体育の見方・考え方を働かせ，課題を発見し，主体的，合理的，計画的な解決に向けた学習過程を通して，心と体を一体として捉え，健やかな心身の育成に資するとともに，生涯を通してスポーツの推進及び発展に寄与する資質・能力を次のとおり育成することを目指す。

(1) スポーツの多様な意義やスポーツの推進及び発展の仕方について理解するとともに，生涯を通してスポーツの推進及び発展に必要な技能を身に付けるようにする。

(2) スポーツの推進及び発展についての自他や社会の課題を発見し，主体的，合理的，計画的な解決に向けて思考し判断するとともに，他者に伝える力を養う。

(3) 生涯を通してスポーツを継続するとともにスポーツの推進及び発展に寄与することを目指し，明るく豊かで活力ある生活を営む態度を養う。

第2款　各科目

第1　スポーツ概論

1　目標

体育の見方・考え方を働かせ，課題を発見し，主体的，合理的，計画的な解決に向けた学習過程を通して，心と体を一体として捉え，健やかな心身の育成に資するとともに，生涯を通してスポーツの推進及び発展に寄与する資質・能力を次のとおり育成することを目指す。

(1) スポーツの多様な意義やスポーツの推進及び発展の仕方について理解するとともに，スポーツの推進及び発展に必要な技能を身に付ける。

(2) スポーツの推進及び発展に必要な自他や社会の課題を発見し，思考し判断するとともに，他者に伝える力を養う。

(3) 生涯を通してスポーツの推進及び発展に寄与するための学習に主体的に取り組む態度を養う。

2　内容

1に示す資質・能力を育成するため，次の〔指導項目〕を指導する。

〔指導項目〕

(1) スポーツの文化的特性や現代におけるスポーツの発展

(2) スポーツの効果的な学習の仕方

(3) 豊かなスポーツライフの設計の仕方

(4) スポーツの多様な指導法と健康・安全

(5) スポーツの企画と運営

3　内容の取扱い

(1) 〔指導項目〕の(1)から(5)までの各項目とも扱うものとする。

(2) 指導に当たっては，「スポーツ概論」の学習成果が「スポーツⅠ」，「スポーツⅡ」，「スポーツⅢ」，「スポーツⅣ」，「スポーツⅤ」，「スポーツⅥ」及び「スポーツ総合演習」の各科目における学習と密接に関連していることに配慮するものとする。

第2 スポーツⅠ

1 目 標
　体育の見方・考え方を働かせ，課題を発見し，主体的，合理的，計画的な解決に向けた学習過程を通して，心と体を一体として捉え，健やかな心身の育成に資するとともに，生涯を通してスポーツの推進及び発展に寄与する資質・能力を次のとおり育成することを目指す。
(1) 採点競技及び測定競技の推進及び発展に向けた多様な関わり方を理解するとともに，技能を身に付ける。
(2) 採点競技及び測定競技における自他や社会の課題を発見し，思考し判断するとともに，他者に伝える力を養う。
(3) 採点競技及び測定競技の学習に主体的に取り組むとともに，公正，協力，責任，参画，共生などに対する意欲を高め，健康・安全を確保して，生涯を通してスポーツを継続するとともにスポーツの推進及び発展に寄与する態度を養う。

2 内 容
　1に示す資質・能力を育成するため，次の〔指導項目〕を指導する。
〔指導項目〕
(1) 採点競技への多様な関わり方
(2) 測定競技への多様な関わり方

3 内容の取扱い
(1) 〔指導項目〕の(1)又は(2)のいずれかを選択して扱うことができる。
(2) 〔指導項目〕の(1)については，体操競技を，(2)については，陸上競技，水泳競技の中から適宜取り上げるものとし，スキー，スケート等についても，学校や地域の実態に応じて扱うことができる。

第3 スポーツⅡ

1 目 標
　体育の見方・考え方を働かせ，課題を発見し，主体的，合理的，計画的な解決に向けた学習過程を通して，心と体を一体として捉え，健やかな心身の育成に資するとともに，生涯を通してスポーツの推進及び発展に寄与する資質・能力を次のとおり育成することを目指す。
(1) 球技の推進及び発展に向けた多様な関わり方を理解するとともに，技能を身に付ける。
(2) 球技における自他や社会の課題を発見し，思考し判断するとともに，他者に伝える力を養う。
(3) 球技の学習に主体的に取り組むとともに，公正，協力，責任，参画，共生などに対する意欲を高め，健康・安全を確保して，生涯を通してスポーツを継続するとともにスポーツの推進及び発展に寄与する態度を養う。

2 内 容
　1に示す資質・能力を育成するため，次の〔指導項目〕を指導する。
〔指導項目〕
(1) ゴール型球技への多様な関わり方
(2) ネット型球技への多様な関わり方
(3) ベースボール型球技への多様な関わり方
(4) ターゲット型球技への多様な関わり方

3 内容の取扱い
(1) 〔指導項目〕の(1)から(4)までの中から一つ以上を選択して扱うことができる。
(2) 〔指導項目〕の(1)については，バスケットボール，ハンドボール，サッカー，ラグビーの中から，(2)については，バレーボール，卓球，テニス，バドミントンの中から，(3)については，ソフトボール，野球の中から，(4)については，ゴルフを適宜取り上げるものとし，その他の球技についても，学校や地域の実態に応じて扱うことができる。

第4 スポーツⅢ
1 目標
体育の見方・考え方を働かせ，課題を発見し，主体的，合理的，計画的な解決に向けた学習過程を通して，心と体を一体として捉え，健やかな心身の育成に資するとともに，生涯を通してスポーツの推進及び発展に寄与する資質・能力を次のとおり育成することを目指す。
(1) 武道及び諸外国の対人的競技等の推進及び発展に向けた多様な関わり方を理解するとともに，技能を身に付ける。
(2) 武道及び諸外国の対人的競技等における自他や社会の課題を発見し，思考し判断するとともに，他者に伝える力を養う。
(3) 武道及び諸外国の対人的競技等の学習に主体的に取り組むとともに，伝統的な行動の仕方，公正，協力，責任，参画，共生などに対する意欲を高め，健康・安全を確保して，生涯を通してスポーツを継続するとともにスポーツの推進及び発展に寄与する態度を養う。

2 内容
1に示す資質・能力を育成するため，次の〔指導項目〕を指導する。
〔指導項目〕
(1) 武道への多様な関わり方
(2) 諸外国の対人的競技への多様な関わり方

3 内容の取扱い
(1) 〔指導項目〕の(1)又は(2)のいずれかを選択して扱うことができる。
(2) 〔指導項目〕の(1)については，柔道，剣道，相撲，空手道，なぎなた，弓道，合気道，少林寺拳法，銃剣道の中から，(2)については，レスリングを適宜取り上げるものとし，その他の武道等についても，学校や地域の実態に応じて扱うことができる。

第5 スポーツⅣ
1 目標
体育の見方・考え方を働かせ，課題を発見し，主体的，合理的，計画的な解決に向けた学習過程を通して，心と体を一体として捉え，健やかな心身の育成に資するとともに，生涯を通してスポーツの推進及び発展に寄与する資質・能力を次のとおり育成することを目指す。
(1) ダンスの推進及び発展に向けた多様な関わり方を理解するとともに，技能を身に付ける。
(2) ダンスにおける自他や社会の課題を発見し，思考し判断するとともに，他者に伝える力を養う。
(3) ダンスの学習に主体的に取り組むとともに，公正，協力，責任，参画，共生などに対する意欲を高め，健康・安全を確保して，生涯を通してスポーツを継続するとともにスポーツの推進及び発展に寄与する態度を養う。

2 内容

1に示す資質・能力を育成するため，次の〔指導項目〕を指導する。

〔指導項目〕
(1) 創造型ダンスへの多様な関わり方
(2) 伝承型ダンスへの多様な関わり方

3 内容の取扱い

(1) 〔指導項目〕の(1)又は(2)のいずれかを選択して扱うことができる。
(2) 〔指導項目〕の(1)については，創作ダンス，現代的なリズムのダンスの中から，(2)については，フォークダンス，社交ダンスの中から適宜取り上げるものとし，その他のダンスについても，学校や地域の実態に応じて扱うことができる。

第6 スポーツⅤ

1 目標

体育の見方・考え方を働かせ，課題を発見し，主体的，合理的，計画的な解決に向けた学習過程を通して，心と体を一体として捉え，健やかな心身の育成に資するとともに，生涯を通してスポーツの推進及び発展に寄与する資質・能力を次のとおり育成することを目指す。

(1) 自然との関わりの深い野外の運動の推進及び発展に向けた多様な関わり方を理解するとともに，技能を身に付ける。
(2) 自然との関わりの深い野外の運動における自他や社会の課題を発見し，思考し判断するとともに，他者に伝える力を養う。
(3) 自然との関わりの深い野外の運動の学習に主体的に取り組むとともに，公正，協力，責任，参画，共生などに対する意欲を高め，健康・安全を確保して，生涯を通してスポーツを継続するとともにスポーツの推進及び発展に寄与する態度を養う。

2 内容

1に示す資質・能力を育成するため，次の〔指導項目〕を指導する。

〔指導項目〕
(1) 自然体験型の野外の運動への多様な関わり方
(2) 競技型の野外の運動への多様な関わり方

3 内容の取扱い

(1) 〔指導項目〕の(1)又は(2)のいずれかを選択して扱うことができる。
(2) 〔指導項目〕の(1)については，キャンプ，登山，遠泳などの水辺活動の中から，(2)については，スキー，スケートの中から適宜取り上げるものとし，その他の運動についても，機械等の動力を用いない活動を中心に，学校や地域の実態に応じて扱うことができる。
(3) 特定の期間に集中的に校外で授業を行う場合は，安全対策に十分配慮するものとする。

第7 スポーツⅥ

1 目標

体育の見方・考え方を働かせ，課題を発見し，主体的，合理的，計画的な解決に向けた学習過程を通して，心と体を一体として捉え，健やかな心身の育成に資するとともに，生涯を通してスポーツの推進及び発展に寄与する資質・能力を次のとおり育成することを目指す。

(1) 体つくり運動の推進及び発展に向けた多様な関わり方を理解するとともに，技能を身に付ける。
(2) 体つくり運動における自他や社会の課題を発見し，思考し判断するとともに，他者に伝える力を養う。
(3) 体つくり運動の学習に主体的に取り組むとともに，協力，責任，参画，共生などに対する意欲を高め，健康・安全を確保して，生涯を通してスポーツを継続するとともにスポーツの推進及び発展に寄与する態度を養う。

2 内 容

1に示す資質・能力を育成するため，次の〔指導項目〕を指導する。

〔指導項目〕
(1) 体つくり運動への多様な関わり方
(2) 目的に応じた心身の気付きや交流を深めるための運動の仕方
(3) ライフステージ及びライフスタイルに応じた体操や運動の計画の立て方

3 内容の取扱い

〔指導項目〕の(1)を入学年次で扱うものとし，〔指導項目〕の(2)及び(3)はその次の年次以降で扱うこととする。

第8 スポーツ総合演習

1 目 標

体育の見方・考え方を働かせ，課題を発見し，主体的，合理的，計画的な解決に向けた学習過程を通して，心と体を一体として捉え，健やかな心身の育成に資するとともに，生涯を通してスポーツの推進及び発展に寄与する資質・能力を次のとおり育成することを目指す。
(1) スポーツの多様な意義やスポーツの推進及び発展の仕方について理解するとともに，スポーツの推進及び発展に必要な技能を身に付ける。
(2) スポーツの推進及び発展に必要な自他や社会の課題を発見し，思考し判断するとともに，他者に伝える力を養う。
(3) 生涯を通してスポーツの推進及び発展に寄与するための課題研究に主体的に取り組む態度を養う。

2 内 容

1に示す資質・能力を育成するため，次の〔指導項目〕を指導する。

〔指導項目〕
(1) スポーツの多様な理論や実践に関する課題研究
(2) スポーツの多様な指導や企画と運営に関する課題研究
(3) スポーツを通した多様な社会参画に関する課題研究

3 内容の取扱い

(1) 〔指導項目〕の(1)から(3)までの中から一つ以上を選択して扱うことができる。
(2) 指導に当たっては，「スポーツ概論」との関連を図るとともに，体育科に属する他の科目の学習成果を生かし，関係団体等との協力，連携の機会を通して，知識及び技能，思考力，判断力，表現力等，学びに向かう力，人間性等のバランスのよい育成に配慮するものとする。

● 第3款 各科目にわたる指導計画の作成と内容の取扱い

1 指導計画の作成に当たっては，次の事項に配慮するものとする。

(1) 単元など内容や時間のまとまりを見通して、その中で育む資質・能力の育成に向けて、生徒の主体的・対話的で深い学びの実現を図るようにすること。その際、体育の見方・考え方を働かせ、課題を発見し、主体的、合理的、計画的な解決に向けた学習過程を通して、心と体を一体として捉え、健やかな心身の育成に資するとともに、生涯を通してスポーツの推進及び発展に寄与することができるよう留意すること。

(2) 体育に関する学科においては、「スポーツ概論」、「スポーツⅤ」、「スポーツⅥ」及び「スポーツ総合演習」については、原則として、全ての生徒に履修させること。

(3) 体育に関する学科においては、「スポーツⅠ」、「スポーツⅡ」、「スポーツⅢ」及び「スポーツⅣ」については、これらの中から生徒の興味や適性等に応じて1科目以上を選択して履修できるようにすること。

(4) 障害のある生徒などについては、学習活動を行う場合に生じる困難さに応じた指導内容や指導方法の工夫を計画的、組織的に行うこと。

2 内容の取扱いに当たっては、次の事項に配慮するものとする。

(1) 各科目の指導に当たっては、公正、協力、責任、参画、共生に対する意欲及び思考力、判断力、表現力等を育成するとともに、生徒の健康・安全を確保し、事故防止を図ること。

(2) 「スポーツⅠ」、「スポーツⅡ」、「スポーツⅢ」及び「スポーツⅣ」の指導に当たっては、「スポーツⅥ」の学習成果の活用を図ること。

(3) 体力の測定については、計画的に実施し、各科目の指導及び体力の向上に活用するようにすること。

(4) 集合、整頓、列の増減、方向変換などの行動の仕方については、各科目の特性との関連において適切に行うこと。

(5) 各科目の指導に当たっては、その特質を踏まえ、必要に応じて、コンピュータや情報通信ネットワークなどを適切に活用し、学習の効果を高めるようにすること。

(6) 学外の認定資格等の取得と関連付けるなど、より専門的かつ実践的な知識及び技術の習得が図られるようにすること。

第11節 音楽

第1款 目標

音楽に関する専門的な学習を通して,音楽的な見方・考え方を働かせ,音楽や音楽文化と創造的に関わる資質・能力を次のとおり育成することを目指す。

(1) 音楽に関する専門的で幅広く多様な内容について理解を深めるとともに,表現意図を音楽で表すために必要な技能を身に付けるようにする。

(2) 音楽に関する専門的な知識や技能を総合的に働かせ,音楽の表現内容を解釈したり音楽の文化的価値などについて考えたりし,表現意図を明確にもったり,音楽や演奏の価値を見いだして鑑賞したりすることができるようにする。

(3) 主体的に音楽に関する専門的な学習に取り組み,感性を磨き,音楽文化の継承,発展,創造に寄与する態度を養う。

第2款 各科目

第1 音楽理論

1 目標

音楽理論の学習を通して,音楽的な見方・考え方を働かせ,専門的な音楽に関する資質・能力を次のとおり育成することを目指す。

(1) 音楽に関する基礎的な理論について理解するとともに,理解したことを楽譜によって表す技能を身に付けるようにする。

(2) 音楽理論を表現や鑑賞の学習に活用する思考力,判断力,表現力等を育成する。

(3) 音楽理論を表現や鑑賞に生かそうとする態度を養う。

2 内容

1に示す資質・能力を身に付けることができるよう,次の〔指導項目〕を指導する。

〔指導項目〕

(1) 楽典,楽曲の形式など
(2) 和声法
(3) 対位法

3 内容の取扱い

(1) 我が国の伝統音楽の理論については,必要に応じて扱うことができる。

第2 音楽史

1 目標

音楽史の学習を通して,音楽的な見方・考え方を働かせ,専門的な音楽に関する資質・能力を次のとおり育成することを目指す。

(1) 我が国及び諸外国の音楽の歴史について理解することができるようにする。

(2) 多様な音楽の文化的価値について考えることができるようにする。

(3) 音楽に関する伝統と文化を尊重する態度を養う。

2 内容

1に示す資質・能力を身に付けることができるよう、次の〔指導項目〕を指導する。

〔指導項目〕

(1) 我が国の音楽史
(2) 諸外国の音楽史

3 内容の取扱い

(1) 〔指導項目〕の(1)及び(2)については、相互の関連を図るとともに、著しく一方に偏らないよう配慮するものとする。
(2) 〔指導項目〕の(1)及び(2)については、鑑賞活動などを通して、具体的・実践的に学習させるようにする。
(3) 〔指導項目〕の(2)については、西洋音楽史を中心としつつ、その他の地域の音楽史にも触れるようにする。

第3 演奏研究

1 目標

音楽作品の演奏や鑑賞の学習を通して、音楽的な見方・考え方を働かせ、専門的な音楽に関する資質・能力を次のとおり育成することを目指す。

(1) 演奏における客観性と多様性について理解を深めるとともに、理解したことを生かした演奏をするために必要な技能を身に付けるようにする。
(2) 音楽の様式を踏まえた演奏に関する思考力、判断力、表現力等を育成する。
(3) 音楽作品を尊重して演奏したり鑑賞したりする態度を養う。

2 内容

1に示す資質・能力を身に付けることができるよう、次の〔指導項目〕を指導する。

〔指導項目〕

(1) 時代や地域による表現上の特徴を踏まえた解釈及び演奏に関する研究
(2) 作曲家の表現上の特徴を踏まえた解釈及び演奏に関する研究
(3) 声や楽器の特徴を踏まえた解釈及び演奏に関する研究
(4) 音楽の解釈の多様性

3 内容の取扱い

(1) 専門的に履修させる「声楽」の〔指導項目〕の(1)、「器楽」の〔指導項目〕の(1)から(5)まで及び「作曲」の〔指導項目〕の(1)との関連にも配慮して指導するものとする。

第4 ソルフェージュ

1 目標

ソルフェージュに関する学習を通して、音楽的な見方・考え方を働かせ、専門的な音楽に関する資質・能力を次のとおり育成することを目指す。

(1) 視唱、視奏及び聴音に関する知識や技能を身に付けるようにする。
(2) 音楽を形づくっている要素の働きやその効果などに関する思考力、判断力、表現力等を育成する。
(3) 音楽性豊かな表現をするための基礎となる学習を大切にする態度を養う。

2　内容

1に示す資質・能力を身に付けることができるよう，次の〔指導項目〕を指導する。

〔指導項目〕

(1) 視唱
(2) 視奏
(3) 聴音

3　内容の取扱い

(1) 〔指導項目〕の(1)，(2)及び(3)の相互の関連を図り，幅広く多角的な方法によって指導するものとする。
(2) 専門的に履修させる「声楽」の〔指導項目〕の(1)，「器楽」の〔指導項目〕の(1)から(5)まで及び「作曲」の〔指導項目〕の(1)との関連にも配慮して指導するものとする。

第5　声　楽

1　目　標

声楽に関する学習を通して，音楽的な見方・考え方を働かせ，専門的な音楽に関する資質・能力を次のとおり育成することを目指す。

(1) 楽曲の表現内容について理解を深めるとともに，創造的に歌唱表現するために必要な技能を身に付けるようにする。
(2) 音楽性豊かな表現について考え，表現意図を明確にもつことができるようにする。
(3) 音楽性豊かな表現を追求する態度を養う。

2　内容

1に示す資質・能力を身に付けることができるよう，次の〔指導項目〕を指導する。

〔指導項目〕

(1) 独唱
(2) 様々な形態のアンサンブル

3　内容の取扱い

(1) 我が国の伝統的な歌唱については，必要に応じて扱うことができる。
(2) 演奏発表の場を設けるなどして，演奏を共有したり，評価し合ったりする活動を取り入れるようにする。

第6　器　楽

1　目　標

器楽に関する学習を通して，音楽的な見方・考え方を働かせ，専門的な音楽に関する資質・能力を次のとおり育成することを目指す。

(1) 楽曲の表現内容について理解を深めるとともに，創造的に器楽表現するために必要な技能を身に付けるようにする。
(2) 音楽性豊かな表現について考え，表現意図を明確にもつことができるようにする。
(3) 音楽性豊かな表現を追求する態度を養う。

2　内容

1に示す資質・能力を身に付けることができるよう，次の〔指導項目〕を指導する。

〔指導項目〕
(1) 鍵盤楽器の独奏
(2) 弦楽器の独奏
(3) 管楽器の独奏
(4) 打楽器の独奏
(5) 和楽器の独奏
(6) 様々な形態のアンサンブル

3 内容の取扱い

(1) 〔指導項目〕の(1)から(5)までについては，生徒の特性，学校や地域の実態を考慮し，特定の楽器を選んで行うものとする。
(2) 演奏発表の場を設けるなどして，演奏を共有したり，評価し合ったりする活動を取り入れるようにする。

第7 作 曲

1 目 標

作曲に関する学習を通して，音楽的な見方・考え方を働かせ，専門的な音楽に関する資質・能力を次のとおり育成することを目指す。
(1) 作曲に関する多様な技法などについて理解を深めるとともに，創造的に作曲するために必要な技能を身に付けるようにする。
(2) 音楽性豊かな楽曲の構成について考え，表現意図を明確にもつことができるようにする。
(3) 音楽表現の可能性を追求する態度を養う。

2 内 容

1に示す資質・能力を身に付けることができるよう，次の〔指導項目〕を指導する。

〔指導項目〕
(1) 様々な表現形態の楽曲

3 内容の取扱い

(1) 我が国の伝統的な音楽の特徴を生かした作曲についても扱うようにする。
(2) 完成した作品について演奏発表の場を設けるなどして，作品を共有したり，評価し合ったりする活動を取り入れるようにする。

第8 鑑賞研究

1 目 標

音楽作品の鑑賞の学習を通して，音楽的な見方・考え方を働かせ，専門的な音楽に関する資質・能力を次のとおり育成することを目指す。
(1) 音楽作品や演奏，作曲家などについて理解を深めることができるようにする。
(2) 音楽作品や演奏について，根拠を明確にして批評することができるようにする。
(3) 音楽や音楽文化を尊重する態度を養う。

2 内 容

1に示す資質・能力を身に付けることができるよう，次の〔指導項目〕を指導する。

〔指導項目〕

(1) 作品・作曲家に関する研究
　(2) 地域や文化的背景に関する研究
　(3) 音楽とメディアとの関わり
　(4) 音楽批評
3　内容の取扱い
　(1) 〔指導項目〕の(2)及び(3)については，いずれかを選択して扱うことができる。

●第3款　各科目にわたる指導計画の作成と内容の取扱い

1　指導計画の作成に当たっては，次の事項に配慮するものとする。
　(1) 題材など内容や時間のまとまりを見通して，その中で育む資質・能力の育成に向けて，生徒の主体的・対話的で深い学びの実現を図るようにすること。その際，音楽的な見方・考え方を働かせ，各科目の特質に応じた学習の充実を図ること。
　(2) 音楽に関する学科においては，「音楽理論」の〔指導項目〕の(1)及び(2)，「音楽史」，「演奏研究」，「ソルフェージュ」及び「器楽」の〔指導項目〕の(1)を，原則として全ての生徒に履修させること。
　(3) 音楽に関する学科においては，「声楽」の〔指導項目〕の(1)，「器楽」の〔指導項目〕の(1)から(5)まで及び「作曲」の〔指導項目〕の(1)の中から，生徒の特性等に応じ，いずれかを専門的に履修させること。また，これに加えて，「声楽」の〔指導項目〕の(1)，「器楽」の〔指導項目〕の(1)から(5)までのいずれかを履修させることができること。
　(4) 音楽に関する学科においては，(3)において履修させる〔指導項目〕，「音楽理論」の〔指導項目〕の(1)及び(2)，「ソルフェージュ」及び「器楽」の〔指導項目〕の(1)を，原則として各年次にわたり履修させること。
　(5) 障害のある生徒などについては，学習活動を行う場合に生じる困難さに応じた指導内容や指導方法の工夫を計画的，組織的に行うこと。
2　内容の取扱いに当たっては，次の事項に配慮するものとする。
　(1) 「声楽」の〔指導項目〕の(2)及び「器楽」の〔指導項目〕の(6)については，他者と協調しながら活動することを重視することによって，より一層幅広い音楽表現に関わる資質・能力を育成できるようにすること。
　(2) 各科目の特質を踏まえ，音や音楽と生活や社会との関わりについて考えられるようにするとともに，音環境への関心を高められるようにすること。
　(3) 自己や他者の著作物及びそれらの著作者の創造性を尊重する態度の形成を図るとともに，音楽に関する知的財産権について適宜取り扱うようにすること。また，こうした態度の形成が，音楽文化の継承，発展，創造を支えていることへの理解につながるよう配慮すること。
　(4) 各科目の特質を踏まえ，学校の実態に応じて学校図書館を活用すること。また，コンピュータや情報通信ネットワークを積極的に活用し，生徒が様々な感覚や情報を関連付けて，音楽への理解を深めたり主体的に学習に取り組んだりできるよう工夫すること。
　(5) 各科目の特質を踏まえ，学校や地域の実態に応じて，文化施設，社会教育施設，地域の文化財等の活用を図ったり，地域の人材の協力を求めたりすること。

第12節 美術

第1款 目標

美術に関する専門的な学習を通して,造形的な見方・考え方を働かせ,美的体験を豊かにし,美術や美術文化と創造的に関わる資質・能力を次のとおり育成することを目指す。
(1) 美術に関する専門的で幅広く多様な内容について理解を深めるとともに,独創的・創造的に表すことができるようにする。
(2) 美術に関する専門的な知識や技能を総合的に働かせ,創造的な思考力,判断力,表現力等を育成する。
(3) 主体的に美術に関する専門的な学習に取り組み,感性を磨き,美術文化の継承,発展,創造に寄与する態度を養う。

第2款 各科目

第1 美術概論

1 目標
美術概論の学習を通して,造形的な見方・考え方を働かせ,専門的な美術に関する資質・能力を次のとおり育成することを目指す。
(1) 芸術としての美術の意義や基礎的な理論について理解を深めることができるようにする。
(2) 美術に関する創造的な思考力,判断力,表現力等を育成する。
(3) 美術を専門的に学ぼうとする態度を養う。

2 内容
1に示す資質・能力を身に付けることができるよう,次の〔指導項目〕を指導する。
〔指導項目〕
(1) 美術に関する基礎的な理論
(2) 自然と美術,生活や社会の中の美術
(3) 知的財産権と肖像権

3 内容の取扱い
(1) 〔指導項目〕の(1)から(3)までの各項目とも扱うものとする。

第2 美術史

1 目標
美術史の学習を通して,造形的な見方・考え方を働かせ,専門的な美術に関する資質・能力を次のとおり育成することを目指す。
(1) 文化遺産や美術文化について理解を深めることができるようにする。
(2) 新たな美術文化を創造していく基礎となる思考力,判断力,表現力等を育成する。
(3) 伝統と文化を尊重する態度を養う。

2 内容
1に示す資質・能力を身に付けることができるよう,次の〔指導項目〕を指導する。

〔指導項目〕
(1) 日本の美術と文化
(2) 東洋の美術と文化
(3) 西洋の美術と文化
(4) 現代の美術と文化

3 内容の取扱い
(1) 〔指導項目〕の(1)から(4)までの各項目とも扱うものとする。

第3 鑑賞研究

1 目標
鑑賞研究の学習を通して，造形的な見方・考え方を働かせ，専門的な美術に関する資質・能力を次のとおり育成することを目指す。
(1) 美術作品や文化財などの特質や背景などについて理解を深めることができるようにする。
(2) 鑑賞の視点を深化させる創造的な思考力，判断力，表現力等を育成する。
(3) 美術や美術文化を尊重する態度を養う。

2 内容
1に示す資質・能力を身に付けることができるよう，次の〔指導項目〕を指導する。
〔指導項目〕
(1) 作品及び作家に関する研究
(2) 文化財の保存・修復に関する研究
(3) 展示企画及び展示構成に関する研究
(4) 美術批評

3 内容の取扱い
(1) 〔指導項目〕の(1)から(3)までについては，そのうち一つ以上を選択して扱うことができる。

第4 素描

1 目標
素描の学習を通して，造形的な見方・考え方を働かせ，専門的な美術に関する資質・能力を次のとおり育成することを目指す。
(1) 表現材料の特性について理解を深めるとともに，対象を深く観察して表現を工夫しながら的確に描写する基礎となる技能を身に付けるようにする。
(2) 対象のイメージや空間を把握するための基礎となる思考力，判断力，表現力等を育成する。
(3) 造形表現を追求する態度を養う。

2 内容
1に示す資質・能力を身に付けることができるよう，次の〔指導項目〕を指導する。
〔指導項目〕
(1) デッサン
(2) スケッチ
(3) 表現材料
(4) 鑑賞

3　内容の取扱い

(1) 〔指導項目〕の(1), (2)及び(3)については, 相互に関連付けて扱うようにする。

第5　構成

1　目標
構成の学習を通して, 造形的な見方・考え方を働かせ, 専門的な美術に関する資質・能力を次のとおり育成することを目指す。

(1) 造形的な創造活動に関わる諸要素について理解を深めるとともに, 基礎となる技能を身に付けるようにする。

(2) 造形的な表現効果を高めるための基礎となる思考力, 判断力, 表現力等を育成する。

(3) 造形感覚を高めようとする態度を養う。

2　内容
1に示す資質・能力を身に付けることができるよう, 次の〔指導項目〕を指導する。

〔指導項目〕

(1) 形体, 色彩
(2) 材料
(3) 平面構成, 立体構成
(4) 鑑賞

3　内容の取扱い
(1) 〔指導項目〕の(1), (2)及び(3)については, 相互に関連付けて扱うようにする。

第6　絵画

1　目標
絵画に関する学習を通して, 造形的な見方・考え方を働かせ, 専門的な美術に関する資質・能力を次のとおり育成することを目指す。

(1) 表現形式の特性について理解を深めるとともに, 専門的な技能を身に付けるようにする。

(2) 表現及び鑑賞に関する創造的な思考力, 判断力, 表現力等を育成する。

(3) 絵画表現の可能性を追求する態度を養う。

2　内容
1に示す資質・能力を身に付けることができるよう, 次の〔指導項目〕を指導する。

〔指導項目〕

(1) 日本画
(2) 水彩画
(3) 油彩画
(4) 漫画, イラストレーション
(5) その他の絵画
(6) 鑑賞

3　内容の取扱い
(1) 〔指導項目〕の(1)から(5)までについては, そのうち一つ以上を選択して扱うことができる。

第7 版画

1 目標
版画に関する学習を通して，造形的な見方・考え方を働かせ，専門的な美術に関する資質・能力を次のとおり育成することを目指す。
(1) 表現形式の特性について理解を深めるとともに，専門的な技能を身に付けるようにする。
(2) 表現及び鑑賞に関する創造的な思考力，判断力，表現力等を育成する。
(3) 版画表現の可能性を追求する態度を養う。

2 内容
1に示す資質・能力を身に付けることができるよう，次の〔指導項目〕を指導する。
〔指導項目〕
(1) 木版画
(2) 銅版画
(3) リトグラフ
(4) シルクスクリーン
(5) その他の版画
(6) 鑑賞

3 内容の取扱い
(1) 〔指導項目〕の(2)から(5)までについては，そのうち一つ以上を選択して扱うことができる。

第8 彫刻

1 目標
彫刻に関する学習を通して，造形的な見方・考え方を働かせ，専門的な美術に関する資質・能力を次のとおり育成することを目指す。
(1) 表現形式の特性について理解を深めるとともに，専門的な技能を身に付けるようにする。
(2) 表現及び鑑賞に関する創造的な思考力，判断力，表現力等を育成する。
(3) 彫刻表現の可能性を追求する態度を養う。

2 内容
1に示す資質・能力を身に付けることができるよう，次の〔指導項目〕を指導する。
〔指導項目〕
(1) 彫造
(2) 塑造
(3) その他の彫刻及び立体造形
(4) 鑑賞

3 内容の取扱い
(1) 〔指導項目〕の(1)から(3)までについては，そのうち一つ以上を選択して扱うことができる。

第9 ビジュアルデザイン

1 目標
ビジュアルデザインに関する学習を通して，造形的な見方・考え方を働かせ，専門的な美術に関する資質・能力を次のとおり育成することを目指す。
(1) 視覚的な伝達効果について理解を深めるとともに，専門的な技能を身に付けるようにする。
(2) 表現及び鑑賞に関する創造的な思考力，判断力，表現力等を育成する。
(3) ビジュアルデザインの可能性を追求する態度を養う。

2 内容
1に示す資質・能力を身に付けることができるよう，次の〔指導項目〕を指導する。
〔指導項目〕
(1) ビジュアルデザインの基礎
(2) 伝達目的に応じたデザイン
(3) 空間デザイン
(4) 図法，表示法
(5) 鑑賞

3 内容の取扱い
(1) 〔指導項目〕の(2)及び(3)については，いずれかを選択して扱うことができる。

第10 クラフトデザイン

1 目標
クラフトデザインに関する学習を通して，造形的な見方・考え方を働かせ，専門的な美術に関する資質・能力を次のとおり育成することを目指す。
(1) 美的な造形性や機能性について理解を深めるとともに，専門的な技能を身に付けるようにする。
(2) 表現及び鑑賞に関する創造的な思考力，判断力，表現力等を育成する。
(3) クラフトデザインの可能性を追求する態度を養う。

2 内容
1に示す資質・能力を身に付けることができるよう，次の〔指導項目〕を指導する。
〔指導項目〕
(1) クラフトデザインの基礎
(2) 図法，製図
(3) 工芸
(4) プロダクトデザイン
(5) 伝統工芸
(6) 鑑賞

3 内容の取扱い
(1) 〔指導項目〕の(3)から(5)までについては，そのうち一つ以上を選択して扱うことができる。

第11 情報メディアデザイン

1 目標
　情報メディアデザインに関する学習を通して，造形的な見方・考え方を働かせ，専門的な美術に関する資質・能力を次のとおり育成することを目指す。
(1) 情報の視覚化及び伝達，交流，共有について理解を深めるとともに，専門的な技能を身に付けるようにする。
(2) 表現及び鑑賞に関する創造的な思考力，判断力，表現力等を育成する。
(3) 情報メディアデザインの可能性を追求する態度を養う。

2 内容
　1に示す資質・能力を身に付けることができるよう，次の〔指導項目〕を指導する。
〔指導項目〕
(1) 情報メディアの基礎
(2) 情報の視覚化
(3) 伝達，交流，共有
(4) 鑑賞

3 内容の取扱い
(1) 〔指導項目〕の(1)，(2)及び(3)については，相互に関連付けて扱うようにする。

第12 映像表現

1 目標
　映像表現に関する学習を通して，造形的な見方・考え方を働かせ，専門的な美術に関する資質・能力を次のとおり育成することを目指す。
(1) 映像表現の特性について理解を深めるとともに，専門的な技能を身に付けるようにする。
(2) 表現及び鑑賞に関する創造的な思考力，判断力，表現力等を育成する。
(3) 映像表現の可能性を追求する態度を養う。

2 内容
　1に示す資質・能力を身に付けることができるよう，次の〔指導項目〕を指導する。
〔指導項目〕
(1) 機器，用具，材料の知識及び使用技術
(2) 企画，構成，演出
(3) 編集，合成，加工
(4) 鑑賞

3 内容の取扱い
(1) 〔指導項目〕の(1)，(2)及び(3)については，相互に関連付けて扱うようにする。

第13 環境造形

1 目標
　環境造形に関する学習を通して，造形的な見方・考え方を働かせ，専門的な美術に関する資質・能力

を次のとおり育成することを目指す。
(1) 環境と造形との調和について理解を深めるとともに，専門的な技能を身に付けるようにする。
(2) 表現及び鑑賞に関する創造的な思考力，判断力，表現力等を育成する。
(3) 環境造形の可能性を追求する態度を養う。

2 内容
1に示す資質・能力を身に付けることができるよう，次の〔指導項目〕を指導する。
〔指導項目〕
(1) 生活環境と造形
(2) 展示計画と造形
(3) 舞台演出と造形
(4) その他の環境造形
(5) 鑑賞

3 内容の取扱い
(1) 〔指導項目〕の(1)から(4)までについては，そのうち一つ以上を選択して扱うことができる。

●第3款　各科目にわたる指導計画の作成と内容の取扱い

1 指導計画の作成に当たっては，次の事項に配慮するものとする。
(1) 題材など内容や時間のまとまりを見通して，その中で育む資質・能力の育成に向けて，生徒の主体的・対話的で深い学びの実現を図るようにすること。その際，造形的な見方・考え方を働かせ，各科目の特質に応じた学習の充実を図ること。
(2) 美術に関する学科においては，「美術概論」，「美術史」，「鑑賞研究」，「素描」及び「構成」を，原則として全ての生徒に履修させること。
(3) 美術に関する学科においては，特定の科目を専門的に履修させることや同一の科目を2以上の年次にわたって履修させること，複数の科目を関連付けて取り扱うことなど，履修の仕方を工夫することによって，生徒の特性の伸長が図れるようにすること。
(4) 障害のある生徒などについては，学習活動を行う場合に生じる困難さに応じた指導内容や指導方法の工夫を計画的，組織的に行うこと。

2 内容の取扱いに当たっては，次の事項に配慮するものとする。
(1) 創造することの価値を捉え，自己や他者の作品などに表れている創造性を尊重する態度の形成を図るとともに，美術に関する知的財産権や肖像権などについて配慮し，自己や他者の著作物等を尊重する態度の形成を図るようにすること。また，こうした態度の形成が，美術文化の継承，発展，創造を支えていることへの理解につながるよう配慮すること。
(2) 各科目の特質を踏まえ，学校の実態に応じて学校図書館を活用すること。また，コンピュータや情報通信ネットワークを積極的に活用し，資料や情報の提示などにより生徒の発想や構想を高めたり，見方や感じ方を深めたりするなど主体的に学習に取り組むことができるように工夫すること。
(3) 各科目の特質を踏まえ，学校や地域の実態に応じて，美術館や博物館等と連携を図ったり，地域の文化財の活用や人材の協力を求めたりすること。
(4) 事故防止のため，特に，刃物類，塗料，器具などの使い方の指導と保管，活動場所における安全指導などを徹底すること。

第13節 英語

● 第1款 目標

　外国語によるコミュニケーションにおける見方・考え方を働かせ，英語による聞くこと，読むこと，話すこと，書くことの言語活動及びこれらを結び付けた統合的な言語活動を通して，情報や考えなどを的確に理解したり適切に表現したり伝え合ったりするコミュニケーションを図る資質・能力を次のとおり育成することを目指す。
(1) 英語の音声や語彙，表現，文法，言語の働きなどの理解を深めるとともに，これらの知識を，聞くこと，読むこと，話すこと，書くことによる実際のコミュニケーションにおいて，目的や場面，状況などに応じて適切に活用できる技能を身に付けるようにする。
(2) コミュニケーションを行う目的や場面，状況などに応じて，日常的な話題や社会的な話題について，英語で情報や考えなどの概要や要点，詳細，話し手や書き手の意図などを的確に理解したり，これらを活用して適切に表現したり伝え合ったりすることができる力を養う。
(3) 英語の背景にある文化に対する理解を深め，聞き手，読み手，話し手，書き手に配慮しながら，主体的，自律的に英語を用いてコミュニケーションを図ろうとする態度を養う。

● 第2款 各科目

第1 総合英語 I

1 目標

　英語学習の特質を踏まえ，以下に示す，聞くこと，読むこと，話すこと［やり取り］，話すこと［発表］，書くことの五つの領域（以下この節において「五つの領域」という。）別に設定する目標の実現を目指した指導を通して，第1款の(1)及び(2)に示す資質・能力を一体的に育成するとともに，その過程を通して，第1款の(3)に示す資質・能力を育成する。
(1) 聞くこと
　ア　日常的な話題について，話される速さや，使用される語句や文，情報量などにおいて，一定の支援を活用すれば，必要な情報を聞き取り，話し手の意図を把握することができるようにする。
　イ　社会的な話題について，話される速さや，使用される語句や文，情報量などにおいて，一定の支援を活用すれば，必要な情報を聞き取り，概要や要点を目的に応じて捉えることができるようにする。
(2) 読むこと
　ア　日常的な話題について，使用される語句や文，情報量などにおいて，一定の支援を活用すれば，必要な情報を読み取り，書き手の意図を把握することができるようにする。
　イ　社会的な話題について，使用される語句や文，情報量などにおいて，一定の支援を活用すれば，必要な情報を読み取り，概要や要点を目的に応じて捉えることができるようにする。
(3) 話すこと［やり取り］
　ア　日常的な話題について，使用する語句や文，対話の展開などにおいて，一定の支援を活用すれば，多様な語句や文を用いて，情報や考え，気持ちなどを話して伝え合うやり取りを続けることができるようにする。

イ　社会的な話題について，使用する語句や文，対話の展開などにおいて，一定の支援を活用すれば，聞いたり読んだりしたことを基に，多様な語句や文を用いて，情報や考え，気持ちなどを論理性に注意して話して伝え合うことができるようにする。

(4) 話すこと［発表］

ア　日常的な話題について，使用する語句や文，事前の準備などにおいて，一定の支援を活用すれば，多様な語句や文を用いて，情報や考え，気持ちなどを論理性に注意して話して伝えることができるようにする。

イ　社会的な話題について，使用する語句や文，事前の準備などにおいて，一定の支援を活用すれば，聞いたり読んだりしたことを基に，多様な語句や文を用いて，情報や考え，気持ちなどを論理性に注意して話して伝えることができるようにする。

(5) 書くこと

ア　日常的な話題について，使用する語句や文，事前の準備などにおいて，一定の支援を活用すれば，多様な語句や文を用いて，情報や考え，気持ちなどを論理性に注意して文章を書いて伝えることができるようにする。

イ　社会的な話題について，使用する語句や文，事前の準備などにおいて，一定の支援を活用すれば，聞いたり読んだりしたことを基に，多様な語句や文を用いて，情報や考え，気持ちなどを論理性に注意して文章を書いて伝えることができるようにする。

2　内　容

〔知識及び技能〕

(1) 英語の特徴やきまりに関する事項

第2章第8節第2款の第1の「英語コミュニケーションⅠ」(以下この節において「英語コミュニケーションⅠ」という。)の2の(1)に示す事項について，五つの領域別の目標を達成するように発展，拡充させて取り扱うものとする。

〔思考力，判断力，表現力等〕

(2) 情報を整理しながら考えなどを形成し，英語で表現したり，伝え合ったりすることに関する事項

「英語コミュニケーションⅠ」の2の(2)に示す事項について，五つの領域別の目標を達成するように取り扱うものとする。

(3) 言語活動及び言語の働きに関する事項

① 言語活動に関する事項

(2)に示す事項については，(1)に示す事項を活用して，例えば，次のような五つの領域別の言語活動及び複数の領域を結び付けた統合的な言語活動を通して指導する。

ア　聞くこと

(ア) 日常的な話題について，必要に応じて，話される速さが調整されたり，別の語句や文での言い換えを聞いたりしながら，対話や放送などから必要な情報を聞き取り，話し手の意図を把握する活動。また，聞き取った内容を話したり書いたりして伝え合う活動。

(イ) 社会的な話題について，必要に応じて，話される速さが調整されたり，別の語句や文での言い換えを聞いたりしながら，対話や説明などから必要な情報を聞き取り，概要や要点を把握する活動。また，聞き取った内容を話したり書いたりして伝え合う活動。

イ　読むこと

(ア) 日常的な話題について，必要に応じて，別の語句や文での言い換えや，書かれている文章の背景に関する説明などを聞いたり読んだりしながら，電子メールやパンフレットなどから必要な情報を読み取り，書き手の意図を把握する活動。また，読み取った内容を話したり書いたり

して伝え合う活動。
- (イ) 社会的な話題について，必要に応じて，別の語句や文での言い換えや，書かれている文章の背景に関する説明などを聞いたり読んだりしながら，説明文や論証文などから必要な情報を読み取り，概要や要点を把握する活動。また，読み取った内容を話したり書いたりして伝え合う活動。

ウ 話すこと［やり取り］
- (ア) 身近な出来事や家庭生活などの日常的な話題について，必要に応じて，使用する語句や文，やり取りの具体的な進め方が示される状況で，情報や考え，気持ちなどを即興で話して伝え合う活動。また，やり取りした内容を整理して発表したり，文章を書いたりする活動。
- (イ) 社会的な話題について，必要に応じて，使用する語句や文，やり取りの具体的な進め方が示される状況で，対話や説明などを聞いたり読んだりして，賛成や反対の立場から，情報や考え，気持ちなどを理由や根拠とともに話して伝え合う活動。また，やり取りした内容を踏まえて，自分自身の考えなどを整理して発表したり，文章を書いたりする活動。

エ 話すこと［発表］
- (ア) 身近な出来事や家庭生活などの日常的な話題について，必要に応じて，使用する語句や文，発話例が示されたり，準備のための一定の時間が確保されたりする状況で，情報や考え，気持ちなどを理由や根拠とともに話して伝える活動。また，発表した内容について，質疑応答をしたり，意見や感想を伝え合ったりする活動。
- (イ) 社会的な話題について，必要に応じて，使用する語句や文，発話例が示されたり，準備のための一定の時間が確保されたりする状況で，対話や説明などを聞いたり読んだりして，情報や考え，気持ちなどを理由や根拠とともに話して伝える活動。また，発表した内容について，質疑応答をしたり，意見や感想を伝え合ったりする活動。

オ 書くこと
- (ア) 身近な出来事や家庭生活などの日常的な話題について，必要に応じて，使用する語句や文，文章例が示されたり，準備のための一定の時間が確保されたりする状況で，情報や考え，気持ちなどを理由や根拠とともに段落を書いて伝える活動。また，書いた内容を読み合い，質疑応答をしたり，意見や感想を伝え合ったりする活動。
- (イ) 社会的な話題について，必要に応じて，使用する語句や文，文章例が示されたり，準備のための一定の時間が確保されたりする状況で，対話や説明などを聞いたり読んだりして，情報や考え，気持ちなどを理由や根拠とともに段落を書いて伝える活動。また，書いた内容を読み合い，質疑応答をしたり，意見や感想を伝え合ったりする活動。

② 言語の働きに関する事項

「英語コミュニケーションⅠ」の2の(3)の②と同様に取り扱うものとする。

3 内容の取扱い

第2章第8節第2款の第2の「英語コミュニケーションⅡ」（以下この節において「英語コミュニケーションⅡ」という。）の3と同様に取り扱うものとする。

第2 総合英語Ⅱ

1 目標

英語学習の特質を踏まえ，以下に示す，五つの領域別に設定する目標の実現を目指した指導を通して，第1款の(1)及び(2)に示す資質・能力を一体的に育成するとともに，その過程を通して，第1款の(3)

に示す資質・能力を育成する。
(1) 聞くこと
　ア　日常的な話題について，話される速さや，使用される語句や文，情報量などにおいて，支援をほとんど活用しなくても，必要な情報を聞き取り，話の展開や話し手の意図を把握することができるようにする。
　イ　社会的な話題について，話される速さや，使用される語句や文，情報量などにおいて，支援をほとんど活用しなくても，必要な情報を聞き取り，概要や要点，詳細を目的に応じて捉えることができるようにする。
(2) 読むこと
　ア　日常的な話題について，使用される語句や文，情報量などにおいて，支援をほとんど活用しなくても，必要な情報を読み取り，文章の展開や書き手の意図を把握することができるようにする。
　イ　社会的な話題について，使用される語句や文，情報量などにおいて，支援をほとんど活用しなくても，必要な情報を読み取り，概要や要点，詳細を目的に応じて捉えることができるようにする。
(3) 話すこと［やり取り］
　ア　日常的な話題について，使用する語句や文，対話の展開などにおいて，支援をほとんど活用しなくても，多様な語句や文を目的や場面，状況などに応じて適切に用いて，情報や考え，気持ちなどを詳しく話して伝え合うやり取りを続けることができるようにする。
　イ　社会的な話題について，使用する語句や文，対話の展開などにおいて，支援をほとんど活用しなくても，聞いたり読んだりしたことを基に，多様な語句や文を目的や場面，状況などに応じて適切に用いて，情報や考え，気持ちなどを論理性に注意して詳しく話して伝え合うことができるようにする。
(4) 話すこと［発表］
　ア　日常的な話題について，使用する語句や文，事前の準備などにおいて，支援をほとんど活用しなくても，多様な語句や文を目的や場面，状況などに応じて適切に用いて，情報や考え，気持ちなどを論理性に注意して詳しく話して伝えることができるようにする。
　イ　社会的な話題について，使用する語句や文，事前の準備などにおいて，支援をほとんど活用しなくても，聞いたり読んだりしたことを基に，多様な語句や文を目的や場面，状況などに応じて適切に用いて，情報や考え，気持ちなどを論理性に注意して詳しく話して伝えることができるようにする。
(5) 書くこと
　ア　日常的な話題について，使用する語句や文，事前の準備などにおいて，支援をほとんど活用しなくても，多様な語句や文を目的や場面，状況などに応じて適切に用いて，情報や考え，気持ちなどを論理性に注意して複数の段落から成る文章で詳しく書いて伝えることができるようにする。
　イ　社会的な話題について，使用する語句や文，事前の準備などにおいて，支援をほとんど活用しなくても，聞いたり読んだりしたことを基に，多様な語句や文を目的や場面，状況などに応じて適切に用いて，情報や考え，気持ちなどを論理性に注意して複数の段落から成る文章で詳しく書いて伝えることができるようにする。

2　内　容
〔知識及び技能〕
(1) 英語の特徴やきまりに関する事項
　　「英語コミュニケーションⅡ」の2の(1)に示す事項について，五つの領域別の目標を達成するように発展，拡充させて取り扱うものとする。

〔思考力，判断力，表現力等〕
(2) 情報を整理しながら考えなどを形成し，英語で表現したり，伝え合ったりすることに関する事項
「英語コミュニケーションⅠ」の2の(2)に示す事項について，五つの領域別の目標を達成するように取り扱うものとする。
(3) 言語活動及び言語の働きに関する事項
　① 言語活動に関する事項
　　(2)に示す事項については，(1)に示す事項を活用して，例えば，次のような五つの領域別の言語活動及び複数の領域を結び付けた統合的な言語活動を通して指導する。
　ア 「総合英語Ⅰ」及び「英語コミュニケーションⅠ」のそれぞれの2の(3)の①に示す言語活動のうち，これらの科目における学習内容の定着を図るために必要なもの。
　イ 聞くこと
　　(ｱ) 日常的な話題について，対話やスピーチなどから必要な情報を聞き取り，話の展開や話し手の意図を把握する活動。また，聞き取った内容を基に考えをまとめ，話したり書いたりして伝え合う活動。
　　(ｲ) 社会的な話題について，説明や討論などから必要な情報を聞き取り，概要や要点，詳細を把握する活動。また，聞き取った内容を基に考えをまとめ，話したり書いたりして伝え合う活動。
　ウ 読むこと
　　(ｱ) 日常的な話題について，新聞記事や広告などから必要な情報を読み取り，文章の展開や書き手の意図を把握する活動。また，読み取った内容を基に考えをまとめ，話したり書いたりして伝え合う活動。
　　(ｲ) 社会的な話題について，論説文や報告文などから必要な情報を読み取り，概要や要点，詳細を把握する活動。また，読み取った内容を基に考えをまとめ，話したり書いたりして伝え合う活動。
　エ 話すこと［やり取り］
　　(ｱ) 関心のある事柄や学校生活などの日常的な話題について，情報や考え，気持ちなどを詳しく話して伝え合う活動。また，やり取りした内容を整理して発表したり，文章を書いたりする活動。
　　(ｲ) 社会的な話題について，説明や討論などを聞いたり読んだりして，賛成や反対の立場から，情報や考え，気持ちなどを理由や根拠とともに詳しく話して伝え合う活動。また，やり取りした内容を踏まえて，自分自身の考えなどを整理して発表したり，文章を書いたりする活動。
　オ 話すこと［発表］
　　(ｱ) 関心のある事柄や学校生活などの日常的な話題について，情報や考え，気持ちなどを理由や根拠とともに詳しく話して伝える活動。また，発表した内容について，質疑応答をしたり，意見や感想を伝え合ったりする活動。
　　(ｲ) 社会的な話題について，説明や討論などを聞いたり読んだりして，情報や考え，気持ちなどを理由や根拠とともに詳しく話して伝える活動。また，発表した内容について，質疑応答をしたり，意見や感想を伝え合ったりする活動。
　カ 書くこと
　　(ｱ) 関心のある事柄や学校生活などの日常的な話題について，情報や考え，気持ちなどを理由や根拠とともに複数の段落を用いて詳しく書いて伝える活動。また，書いた内容を読み合い，質疑応答をしたり，意見や感想を伝え合ったりする活動。
　　(ｲ) 社会的な話題について，説明や討論などを聞いたり読んだりして，情報や考え，気持ちなど

を理由や根拠とともに複数の段落を用いて詳しく書いて伝える活動。また、書いた内容を読み合い、質疑応答をしたり、意見や感想を伝え合ったりする活動。
② 言語の働きに関する事項
「英語コミュニケーションⅠ」の２の(3)の②と同様に取り扱うものとする。

3　内容の取扱い

「英語コミュニケーションⅡ」の３と同様に取り扱うものとする。

第３　総合英語Ⅲ

1　目　標

英語学習の特質を踏まえ、以下に示す、五つの領域別に設定する目標の実現を目指した指導を通して、第１款の(1)及び(2)に示す資質・能力を一体的に育成するとともに、その過程を通して、第１款の(3)に示す資質・能力を育成する。

(1) 聞くこと
　ア　日常的な話題について、話される速さや、使用される語句や文、情報量などにおいて、支援をほとんど活用しなくても、必要な情報を正確に聞き取り、話の展開や話し手の意図を把握することができるようにする。
　イ　社会的な話題について、話される速さや、使用される語句や文、情報量などにおいて、支援をほとんど活用しなくても、話の展開に注意しながら必要な情報を聞き取り、幅広い視点から、概要や要点、詳細を目的に応じて捉えることができるようにする。

(2) 読むこと
　ア　日常的な話題について、使用される語句や文、情報量などにおいて、支援をほとんど活用しなくても、必要な情報を正確に読み取り、文章の展開や書き手の意図を把握することができるようにする。
　イ　社会的な話題について、使用される語句や文、情報量などにおいて、支援をほとんど活用しなくても、文章の展開に注意しながら必要な情報を読み取り、幅広い視点から、概要や要点、詳細を目的に応じて捉えることができるようにする。

(3) 話すこと［やり取り］
　ア　日常的な話題について、使用する語句や文、対話の展開などにおいて、支援をほとんど活用しなくても、多様な語句や文を目的や場面、状況などに応じて効果的に用いて、情報や考え、気持ちなどを詳しく話して伝え合うやり取りを続け、会話を発展させることができるようにする。
　イ　社会的な話題について、使用する語句や文、対話の展開などにおいて、支援をほとんど活用しなくても、聞いたり読んだりしたことを基に、多様な語句や文を目的や場面、状況などに応じて効果的に用いて、情報や考え、課題の解決策などを幅広い視点から論理的に詳しく話して伝え合うことができるようにする。

(4) 話すこと［発表］
　ア　日常的な話題について、使用する語句や文、事前の準備などにおいて、支援をほとんど活用しなくても、多様な語句や文を目的や場面、状況などに応じて効果的に用いて、情報や考え、気持ちなどを幅広い視点から論理的に詳しく話して伝えることができるようにする。
　イ　社会的な話題について、使用する語句や文、事前の準備などにおいて、支援をほとんど活用しなくても、聞いたり読んだりしたことを基に、多様な語句や文を目的や場面、状況などに応じて効果的に用いて、情報や考え、気持ちなどを幅広い視点から論理的に詳しく話して伝えることができる

ようにする。
  (5) 書くこと
    ア　日常的な話題について，使用する語句や文，事前の準備などにおいて，支援をほとんど活用しなくても，多様な語句や文を目的や場面，状況などに応じて効果的に用いて，情報や考え，気持ちなどを幅広い視点から複数の段落から成る文章で論理的に詳しく書いて伝えることができるようにする。
    イ　社会的な話題について，使用する語句や文，事前の準備などにおいて，支援をほとんど活用しなくても，聞いたり読んだりしたことを基に，多様な語句や文を目的や場面，状況などに応じて効果的に用いて，情報や考え，気持ちなどを幅広い視点から複数の段落から成る文章で論理的に詳しく書いて伝えることができるようにする。

2　内容

〔知識及び技能〕
(1) 英語の特徴やきまりに関する事項
　　第2章第8節第2款の第3の「英語コミュニケーションⅢ」（以下この節において「英語コミュニケーションⅢ」という。）の2の(1)に示す事項について，五つの領域別の目標を達成するように発展，拡充させて取り扱うものとする。

〔思考力，判断力，表現力等〕
(2) 情報を整理しながら考えなどを形成し，英語で表現したり，伝え合ったりすることに関する事項
　　「英語コミュニケーションⅠ」の2の(2)に示す事項について，五つの領域別の目標を達成するように取り扱うものとする。

(3) 言語活動及び言語の働きに関する事項
  ① 言語活動に関する事項
　　　(2)に示す事項については，(1)に示す事項を活用して，例えば，次のような五つの領域別の言語活動及び複数の領域を結び付けた統合的な言語活動を通して指導する。
    ア　「総合英語Ⅰ」及び「総合英語Ⅱ」のそれぞれの2の(3)の①に示す言語活動のうち，これらの科目における学習内容の定着を図るために必要なもの。
    イ　聞くこと
      (ｱ) 日常的な話題について，インタビューやニュースなどから必要な情報を正確に聞き取り，話の展開や話し手の意図を把握する活動。また，聞き取った内容について，質疑応答をしたり，意見や感想を伝え合ったりする活動。
      (ｲ) 社会的な話題について，複数のニュースや講演などから話の展開に注意しながら必要な情報を聞き取り，複数の視点を整理，比較して，概要や要点，詳細を把握する活動。また，聞き取った内容について，質疑応答をしたり，意見や感想を伝え合ったりする活動。
    ウ　読むこと
      (ｱ) 日常的な話題について，新聞記事や物語などから必要な情報を正確に読み取り，文章の展開や書き手の意図を把握する活動。また，読み取った内容について，質疑応答をしたり，意見や感想を伝え合ったりする活動。
      (ｲ) 社会的な話題について，複数の論証文や記録文などから文章の展開に注意し，課題を解決するために必要な情報を読み取り，複数の視点を整理，比較して，概要や要点，詳細をまとめる活動。また，まとめた内容を基に解決策を考え，話したり書いたりして伝え合う活動。
    エ　話すこと［やり取り］
      (ｱ) 学校外での生活や地域社会などの日常的な話題について，情報や考え，気持ちなどを詳しく

話して伝え合い，会話を発展させる活動。また，やり取りした内容を整理して発表したり，文章を書いたりする活動。

(イ) 社会的な話題について，ニュースや講演などを聞いたり読んだりして，情報や考え，課題の解決策などを複数の情報を整理，比較しながら，明確な理由や根拠とともに詳しく話して伝え合う活動。また，やり取りした内容を踏まえて，自分自身の考えなどを整理して発表したり，文章を書いたりする活動。

オ　話すこと［発表］

(ア) 学校外での生活や地域社会などの日常的な話題について，情報や考え，気持ちなどを複数の情報を整理，比較しながら，明確な理由や根拠とともに詳しく話して伝える活動。また，発表した内容について，質疑応答をしたり，意見や感想を伝え合ったりする活動。

(イ) 社会的な話題について，ニュースや講演などを聞いたり読んだりして，情報や考え，気持ちなどを複数の情報を整理，比較した上で自分自身の立場を明らかにしながら，明確な理由や根拠とともに詳しく話して伝える活動。また，発表した内容について，質疑応答をしたり，意見や感想を伝え合ったりする活動。

カ　書くこと

(ア) 学校外での生活や地域社会などの日常的な話題について，情報や考え，気持ちなどを複数の情報を整理，比較しながら，明確な理由や根拠とともに複数の段落を用いて詳しく書いて伝える活動。また，書いた内容を読み合い，質疑応答をしたり，意見や感想を伝え合ったりする活動。

(イ) 社会的な話題について，ニュースや講演などを聞いたり読んだりして，情報や考え，気持ちなどを複数の情報を整理，比較した上で自分自身の立場を明らかにしながら，明確な理由や根拠とともに複数の段落を用いて詳しく書いて伝える活動。また，書いた内容を読み合い，質疑応答をしたり，意見や感想を伝え合ったりする活動。

② 言語の働きに関する事項

「英語コミュニケーションⅠ」の2の(3)の②と同様に取り扱うものとする。

3　内容の取扱い

「英語コミュニケーションⅡ」の3と同様に取り扱うものとする。

第4　ディベート・ディスカッションⅠ

1　目標

英語学習の特質を踏まえ，以下に示す，話すこと［やり取り］の領域において設定する目標の実現を目指した指導を通して，第1款の(1)及び(2)に示す資質・能力を一体的に育成するとともに，その過程を通して，第1款の(3)に示す資質・能力を育成する。

(1) 話すこと［やり取り］

ア　日常的な話題や社会的な話題に関する論題について，使用する語句や文，議論の展開などにおいて，一定の支援を活用すれば，資料を的確に活用し，多様な語句や文を用いて，賛成又は反対の立場をとった上で，論理的に一貫性のある議論を展開することができるようにする。

イ　日常的な話題や社会的な話題について，使用する語句や文，議論の展開などにおいて，一定の支援を活用すれば，資料を的確に活用し，多様な語句や文を用いて，情報や考え，気持ちなどを論理の構成や展開を工夫して詳しく話して伝え合うことができるようにする。

2　内 容

〔知識及び技能〕

(1) 英語の特徴やきまりに関する事項

　　第2章第8節第2款の第4の「論理・表現Ⅰ」（以下この節において「論理・表現Ⅰ」という。）の2の(1)に示す事項について，この科目の1に示す，話すこと［やり取り］の領域における目標を達成するように取り扱うものとする。

〔思考力，判断力，表現力等〕

(2) 情報を整理しながら考えなどを形成し，英語で表現したり，伝え合ったりすることに関する事項

　　具体的な課題等を設定し，コミュニケーションを行う目的や場面，状況などに応じて，情報を整理しながら考えなどを形成し，これらを論理的に適切な英語で表現することを通して，次の事項を身に付けることができるよう指導する。

　ア　日常的な話題や社会的な話題について，伝える内容を整理し，英語で話したり書いたりして，要点や意図，論理の展開などを明確にしながら，情報や自分自身の考えなどを話して伝え合うこと。

(3) 言語活動及び言語の働きに関する事項

　① 言語活動に関する事項

　　(2)に示す事項については，(1)に示す事項を活用して，例えば，次のような話すこと［やり取り］の言語活動及び複数の領域を結び付けた統合的な言語活動を通して指導する。

　　ア　話すこと［やり取り］

　　　(ｱ)　日常的な話題や社会的な話題に関する論題について，必要に応じて，使用する語句や文，やり取りの具体的な進め方が示される状況で，論証文や英文資料などを読んで，論点を整理するとともに，それらを活用して自説の優位性を示す情報や考えを詳しく話して伝え合ったり，相手の意見に質問や反論したりするディベートをする活動。また，やり取りした内容を踏まえて，自分自身の考えなどを整理して発表したり，文章を書いたりする活動。

　　　(ｲ)　日常的な話題や社会的な話題について，必要に応じて，使用する語句や文，やり取りの具体的な進め方が示される状況で，スピーチや講義，英文資料などを聞いたり読んだりして，論点を整理するとともに，それらを活用して情報や自分自身の考えを適切な理由や根拠とともに詳しく話して伝えたり，他者の意見に適切に応じたりするディスカッションをする活動。また，議論した内容を踏まえて，自分自身の考えなどを整理して発表したり，文章を書いたりする活動。

　② 言語の働きに関する事項

　　「英語コミュニケーションⅠ」の2の(3)の②と同様に取り扱うものとする。

3　内容の取扱い

(1) コミュニケーションを図る資質・能力を育成するためのこれまでの総合的な指導を踏まえ，ディベートやディスカッションなどの言語活動を中心に，情報や考えなどを伝え合う能力の向上を図るように指導するものとする。

(2) 指導に当たっては，「論理・表現Ⅰ」及び第2章第8節第2款の第5の「論理・表現Ⅱ」（以下この節において「論理・表現Ⅱ」という。）の内容などを参照し，スピーチやプレゼンテーションについても，適宜指導するものとする。

第5 ディベート・ディスカッションⅡ

1 目標

英語学習の特質を踏まえ，以下に示す，話すこと［やり取り］の領域において設定する目標の実現を目指した指導を通して，第1款の(1)及び(2)に示す資質・能力を一体的に育成するとともに，その過程を通して，第1款の(3)に示す資質・能力を育成する。

(1) 話すこと［やり取り］

　ア　社会的な話題に関する論題について，使用する語句や文，議論の展開などにおいて，支援をほとんど活用しなくても，複数の資料を的確に活用し，多様な語句や文を目的や場面，状況などに応じて効果的に用いて，賛成又は反対の立場をとった上で，聞き手を説得することができるよう，論理的に一貫性のある議論をすることができるようにする。

　イ　社会的な話題について，使用する語句や文，議論の展開などにおいて，支援をほとんど活用しなくても，複数の資料を的確に活用し，多様な語句や文を目的や場面，状況などに応じて効果的に用いて，課題の解決策などについて合意形成することができるよう，他者の意見などに配慮しながら自分自身の意見や主張などを詳しく話して伝え合うことができるようにする。

2 内容

〔知識及び技能〕

(1) 英語の特徴やきまりに関する事項

　「ディベート・ディスカッションⅠ」の2の(1)と同様に取り扱うものとする。

〔思考力，判断力，表現力等〕

(2) 情報を整理しながら考えなどを形成し，英語で表現したり，伝え合ったりすることに関する事項

　「ディベート・ディスカッションⅠ」の2の(2)に示す事項について，この科目の1に示す，話すこと［やり取り］の領域における目標を達成するように取り扱うものとする。

(3) 言語活動及び言語の働きに関する事項

　① 言語活動に関する事項

　　(2)に示す事項については，(1)に示す事項を活用して，例えば，次のような話すこと［やり取り］の言語活動及び複数の領域を結び付けた統合的な言語活動を通して指導する。

　　ア　「ディベート・ディスカッションⅠ」の2の(3)の①に示す言語活動のうち，「ディベート・ディスカッションⅠ」における学習内容の定着を図るために必要なもの。

　　イ　話すこと［やり取り］

　　　(ｱ) 社会的な話題に関する論題についての複数の論証文や英文資料などを読んで，論点を整理するとともに，それらを活用して自説の優位性を効果的に示したり，相手の議論に応じて，適切な質問や反論をしたりして聞き手を説得するディベートをする活動。また，やり取りした内容を踏まえて，自分自身の考えなどを整理して発表したり，文章を書いたりする活動。

　　　(ｲ) 社会的な話題について，複数のスピーチや講義，英文資料などを聞いたり読んだりして，論点の共通点や相違点を整理，比較するとともに，課題の解決策などを効果的な理由や根拠とともに詳しく話して伝え合い，他者の意見に適切に応じて最善の解決策をまとめるためのディスカッションをする活動。また，議論した内容を踏まえて，自分自身の考えなどを整理して発表したり，文章を書いたりする活動。

　② 言語の働きに関する事項

　　「英語コミュニケーションⅠ」の2の(3)の②と同様に取り扱うものとする。

3 内容の取扱い

(1) 「ディベート・ディスカッションⅠ」の3の(1)と同様に取り扱うものとする。
(2) 指導に当たっては、「論理・表現Ⅱ」及び第2章第8節第2款の第6の「論理・表現Ⅲ」(以下この節において「論理・表現Ⅲ」という。)の内容などを参照し、スピーチやプレゼンテーションについても、適宜指導するものとする。

第6 エッセイライティングⅠ

1 目標

英語学習の特質を踏まえ、以下に示す、書くことの領域において設定する目標の実現を目指した指導を通して、第1款の(1)及び(2)に示す資質・能力を一体的に育成するとともに、その過程を通して、第1款の(3)に示す資質・能力を育成する。

(1) 書くこと

ア 日常的な話題について、使用する語句や文、事前の準備などにおいて、一定の支援を活用すれば、資料を的確に活用し、多様な語句や文を用いて、情報や考え、気持ちなどを論理の構成や展開を工夫して複数の段落から成る文章で詳しく書いて伝えることができるようにする。

イ 社会的な話題について、使用する語句や文、事前の準備などにおいて、一定の支援を活用すれば、資料を的確に活用し、多様な語句や文を用いて、意見や主張などを論理の構成や展開を工夫して複数の段落から成る文章で詳しく書いて伝えることができるようにする。

2 内容

〔知識及び技能〕

(1) 英語の特徴やきまりに関する事項

「論理・表現Ⅰ」の2の(1)に示す事項について、この科目の1に示す、書くことの領域における目標を達成するように取り扱うものとする。

〔思考力、判断力、表現力等〕

(2) 情報を整理しながら考えなどを形成し、英語で表現したり、伝え合ったりすることに関する事項

具体的な課題等を設定し、コミュニケーションを行う目的や場面、状況などに応じて、情報を整理しながら考えなどを形成し、これらを論理的に適切な英語で表現することを通して、次の事項を身に付けることができるよう指導する。

ア 日常的な話題や社会的な話題について、英語を聞いたり読んだりして得られた情報や考えなどを活用しながら、情報や自分自身の考えなどを書いて適切に表現すること。

(3) 言語活動及び言語の働きに関する事項

① 言語活動に関する事項

(2)に示す事項については、(1)に示す事項を活用して、例えば、次のような書くことの言語活動及び複数の領域を結び付けた統合的な言語活動を通して指導する。

ア 書くこと

(ア) 日常的な話題について、必要に応じて、使用する語句や文、文章例が示されたり、準備のための一定の時間が確保されたりする状況で、ニュースや新聞記事などを聞いたり読んだりして、論点を整理した上で、それらを活用して情報や考え、気持ちなどを適切な理由や根拠とともに複数の段落を用いて詳しく書いて伝える活動。また、書いた内容を読み合い、質疑応答をしたり、意見や感想を伝え合ったりする活動。

(イ) 社会的な話題について、必要に応じて、使用する語句や文、文章例が示されたり、準備のた

めの一定の時間が確保されたりする状況で，スピーチや講義，英文資料などを聞いたり読んだりして，論点を整理した上で，それらを活用して意見や主張などを適切な理由や根拠とともに複数の段落を用いて詳しく書いて伝える活動。また，書いた内容を読み合い，質疑応答をしたり，意見や感想を伝え合ったりする活動。

② 言語の働きに関する事項

「英語コミュニケーションⅠ」の2の(3)の②と同様に取り扱うものとする。

3 内容の取扱い

(1) コミュニケーションを図る資質・能力を育成するためのこれまでの総合的な指導を踏まえ，文章を書くことなどの言語活動を中心に，情報や考えなどを表現する能力の向上を図るように指導するものとする。

(2) 指導に当たっては，「論理・表現Ⅰ」及び「論理・表現Ⅱ」の内容などを参照するものとする。

第7 エッセイライティングⅡ

1 目 標

英語学習の特質を踏まえ，以下に示す，書くことの領域において設定する目標の実現を目指した指導を通して，第1款の(1)及び(2)に示す資質・能力を一体的に育成するとともに，その過程を通して，第1款の(3)に示す資質・能力を育成する。

(1) 書くこと

ア 日常的な話題について，使用する語句や文，事前の準備などにおいて，支援をほとんど活用しなくても，複数の資料を的確に活用し，多様な語句や文を目的や場面，状況などに応じて効果的に用いて，情報や考え，気持ちなどを読み手を引きつけたり説得したりできるよう，論理の構成や展開を工夫して複数の段落から成る文章で詳しく書いて伝えることができるようにする。

イ 社会的な話題について，使用する語句や文，事前の準備などにおいて，支援をほとんど活用しなくても，複数の資料を的確に活用し，多様な語句や文を目的や場面，状況などに応じて効果的に用いて，意見や主張などを読み手を引きつけたり説得したりできるよう，幅広い視点から論理の構成や展開を工夫して複数の段落から成る文章で詳しく書いて伝えることができるようにする。

2 内 容

〔知識及び技能〕

(1) 英語の特徴やきまりに関する事項

「エッセイライティングⅠ」の2の(1)と同様に取り扱うものとする。

〔思考力，判断力，表現力等〕

(2) 情報を整理しながら考えなどを形成し，英語で表現したり，伝え合ったりすることに関する事項

「エッセイライティングⅠ」の2の(2)に示す事項について，この科目の1に示す，書くことの領域における目標を達成するように取り扱うものとする。

(3) 言語活動及び言語の働きに関する事項

① 言語活動に関する事項

(2)に示す事項については，(1)に示す事項を活用して，例えば，次のような書くことの言語活動及び複数の領域を結び付けた統合的な言語活動を通して指導する。

ア 「エッセイライティングⅠ」の2の(3)の①に示す言語活動のうち，「エッセイライティングⅠ」における学習内容の定着を図るために必要なもの。

イ 書くこと

(ｱ) 日常的な話題について，複数のニュースや新聞記事などを聞いたり読んだりして，読み手を引きつけたり説得したりできるよう，論点を整理した上で，それらを活用して情報や考え，気持ちなどを効果的な理由や根拠とともに複数の段落を用いて詳しく書いて伝える活動。また，書いた内容を読み合い，質疑応答をしたり，意見や感想を伝え合ったりする活動。

(ｲ) 社会的な話題について，複数のスピーチや講義，英文資料などを聞いたり読んだりして，読み手を引きつけたり説得したりできるよう，論点を整理した上で，それらを活用して意見や主張などを複数の情報を整理，比較しながら，効果的な理由や根拠とともに複数の段落を用いて詳しく書いて伝える活動。また，書いた内容を読み合い，質疑応答をしたり，意見や感想を伝え合ったりする活動。

② 言語の働きに関する事項

「英語コミュニケーションⅠ」の2の(3)の②と同様に取り扱うものとする。

3 内容の取扱い

(1) 「エッセイライティングⅠ」の3の(1)と同様に取り扱うものとする。

(2) 指導に当たっては，「論理・表現Ⅱ」及び「論理・表現Ⅲ」の内容などを参照するものとする。

● 第3款 各科目にわたる指導計画の作成と内容の取扱い

1 指導計画の作成に当たっては，小学校や中学校における指導との接続に留意しながら，次の事項に配慮するものとする。

(1) 単元など内容や時間のまとまりを見通して，その中で育む資質・能力の育成に向けて，生徒の主体的・対話的で深い学びの実現を図るようにすること。その際，具体的な課題等を設定し，生徒が外国語によるコミュニケーションにおける見方・考え方を働かせながら，コミュニケーションの目的や場面，状況などを意識して活動を行い，英語の音声や語彙，表現，文法などの知識を五つの領域（「ディベート・ディスカッションⅠ」，「ディベート・ディスカッションⅡ」，「エッセイライティングⅠ」及び「エッセイライティングⅡ」においてはそれぞれの領域。3において同じ。）における実際のコミュニケーションにおいて活用する学習の充実を図ること。

(2) 英語に関する学科においては，「総合英語Ⅰ」及び「ディベート・ディスカッションⅠ」を原則として，全ての生徒に履修させること。

(3) 「総合英語Ⅱ」は「総合英語Ⅰ」又は「英語コミュニケーションⅠ」を履修した後に，「総合英語Ⅲ」は「総合英語Ⅱ」を履修した後に，「ディベート・ディスカッションⅡ」は「ディベート・ディスカッションⅠ」を履修した後に，「エッセイライティングⅡ」は「エッセイライティングⅠ」を履修した後に履修させることを原則とすること。

(4) 多様な生徒の実態に応じ，生徒の学習負担に配慮しながら，年次ごと及び科目ごとの目標を適切に定め，学校が定める卒業までの指導計画を通して十分に段階を踏みながら，英語科の目標の実現を図るようにすること。

(5) 実際に英語を使用して自分自身の考えを伝え合うなどの言語活動を行う際は，既習の語句や文構造，文法事項などの学習内容を繰り返し指導し定着を図ること。

(6) 生徒が英語に触れる機会を充実させるとともに，授業を実際のコミュニケーションの場面とするため，授業は英語で行うことを基本とする。その際，生徒の理解の程度に応じた英語を用いるようにすること。

(7) 言語能力の向上を図る観点から，言語活動などにおいて第2章に示す国語科と連携を図り，指導の効果を高めるとともに，日本語と英語の語彙や表現，論理の展開などの違いや共通点に気付かせ，その背景にある歴史や文化，習慣などに対する理解が深められるよう工夫をすること。

(8) 言語活動で扱う題材は，生徒の興味・関心に合ったものとし，第2章に示す国語科や地理歴史科，理科など，他の教科等で学習した内容と関連付けるなどして，英語を用いて課題解決を図る力を育成する工夫をすること。

(9) 障害のある生徒などについては，学習活動を行う場合に生じる困難さに応じた指導内容や指導方法の工夫を計画的，組織的に行うこと。

(10) 指導計画の作成や授業の実施に当たっては，ネイティブ・スピーカーや英語が堪能な地域人材などの協力を得る等，指導体制の充実を図るとともに，指導方法の工夫を行うこと。

2 内容の取扱いに当たっては，次の事項に配慮するものとする。

(1) 単に英語を日本語に，又は日本語を英語に置き換えるような指導とならないよう，各科目の内容の(1)に示す言語材料については，意味のある文脈でのコミュニケーションの中で繰り返し触れることを通して指導すること。また，生徒の発達の段階に応じて，聞いたり読んだりすることを通して意味を理解できるように指導すべき事項と，話したり書いたりして表現できるように指導すべき事項とがあることに留意すること。

(2) 音声指導の補助として，必要に応じて発音表記を用いて指導することもできることに留意すること。

(3) 文法事項の指導に当たっては，文法はコミュニケーションを支えるものであることを踏まえ，過度に文法的な正しさのみを強調したり，用語や用法の区別などの指導が中心となったりしないよう配慮し，使用する場面や伝えようとする内容と関連付けて整理するなど，実際のコミュニケーションにおいて活用できるよう，効果的な指導を工夫すること。

(4) 現代の標準的な英語によること。ただし，様々な英語が国際的に広くコミュニケーションの手段として使われている実態にも配慮すること。

(5) 話すことや書くことの指導に当たっては，目的や場面，状況などに応じたやり取りや発表，文章などの具体例を示した上で，生徒がそれらを参考にしながら自分で表現できるよう留意すること。

(6) 中学校で身に付けた使い方を基礎として，辞書を効果的に活用できるようにすること。

(7) 生徒が発話する機会を増やすとともに，他者と協働する力を育成するため，ペア・ワーク，グループ・ワークなどの学習形態について適宜工夫すること。その際，他者とコミュニケーションを行うことに課題がある生徒については，個々の生徒の特性に応じて指導内容や指導方法を工夫すること。

(8) 生徒が身に付けるべき資質・能力や生徒の実態，教材の内容などに応じて，視聴覚教材やコンピュータ，情報通信ネットワーク，教育機器などを有効活用し，生徒の興味・関心をより高めるとともに，英語による情報の発信に慣れさせるために，キーボードを使って英文を入力するなどの活動を効果的に取り入れることにより，指導の効率化や言語活動の更なる充実を図るようにすること。

(9) 各単元や各時間の指導に当たっては，コミュニケーションを行う目的や場面，状況などを設定し，言語活動を通して育成すべき資質・能力を明確に示すことにより，生徒が学習の見通しを立てたり，振り返ったりして，主体的，自律的に学習することができるようにすること。

3 教材については，次の事項に留意するものとする。

(1) 教材は，五つの領域別の言語活動及び複数の領域を結び付けた統合的な言語活動を通してコミュニケーションを図る資質・能力を総合的に育成するため，各科目の五つの領域別の目標と2に示す内容との関係について，単元など内容や時間のまとまりごとに各教材の中で明確に示すとともに，実際の言語の使用場面や言語の働きに十分に配慮した題材を取り上げること。その際，各科目の内容の(1)に示す文法事項などを中心とした構成とならないよう十分に留意し，コミュニケーションを行う目的や場面，状況などを設定した上で，言語活動を通して育成すべき資質・能力を明確に示すこと。

(2) 英語を使用している人々を中心とする世界の人々や日本人の日常生活，風俗習慣，物語，地理，歴史，伝統文化，自然科学などに関するものの中から，生徒の発達の段階や興味・関心に即して適切な題材を

効果的に取り上げるものとし,次の観点に配慮すること。
(ア) 多様な考え方に対する理解を深めさせ,公正な判断力を養い豊かな心情を育てるのに役立つこと。
(イ) 我が国の文化や,英語の背景にある文化に対する関心を高め,理解を深めようとする態度を養うのに役立つこと。
(ウ) 社会がグローバル化する中で,広い視野から国際理解を深め,国際社会と向き合うことが求められている我が国の一員としての自覚を高めるとともに,国際協調の精神を養うのに役立つこと。
(エ) 人間,社会,自然などについての考えを深めるのに役立つこと。

第4章　総合的な探究の時間

● 第1　目　標

探究の見方・考え方を働かせ，横断的・総合的な学習を行うことを通して，自己の在り方生き方を考えながら，よりよく課題を発見し解決していくための資質・能力を次のとおり育成することを目指す。
(1) 探究の過程において，課題の発見と解決に必要な知識及び技能を身に付け，課題に関わる概念を形成し，探究の意義や価値を理解するようにする。
(2) 実社会や実生活と自己との関わりから問いを見いだし，自分で課題を立て，情報を集め，整理・分析して，まとめ・表現することができるようにする。
(3) 探究に主体的・協働的に取り組むとともに，互いのよさを生かしながら，新たな価値を創造し，よりよい社会を実現しようとする態度を養う。

● 第2　各学校において定める目標及び内容

1　目　標
各学校においては，第1の目標を踏まえ，各学校の総合的な探究の時間の目標を定める。

2　内　容
各学校においては，第1の目標を踏まえ，各学校の総合的な探究の時間の内容を定める。

3　各学校において定める目標及び内容の取扱い
各学校において定める目標及び内容の設定に当たっては，次の事項に配慮するものとする。
(1) 各学校において定める目標については，各学校における教育目標を踏まえ，総合的な探究の時間を通して育成を目指す資質・能力を示すこと。
(2) 各学校において定める目標及び内容については，他教科等の目標及び内容との違いに留意しつつ，他教科等で育成を目指す資質・能力との関連を重視すること。
(3) 各学校において定める目標及び内容については，地域や社会との関わりを重視すること。
(4) 各学校において定める内容については，目標を実現するにふさわしい探究課題，探究課題の解決を通して育成を目指す具体的な資質・能力を示すこと。
(5) 目標を実現するにふさわしい探究課題については，地域や学校の実態，生徒の特性等に応じて，例えば，国際理解，情報，環境，福祉・健康などの現代的な諸課題に対応する横断的・総合的な課題，地域や学校の特色に応じた課題，生徒の興味・関心に基づく課題，職業や自己の進路に関する課題などを踏まえて設定すること。
(6) 探究課題の解決を通して育成を目指す具体的な資質・能力については，次の事項に配慮すること。
　ア　知識及び技能については，他教科等及び総合的な探究の時間で習得する知識及び技能が相互に関連付けられ，社会の中で生きて働くものとして形成されるようにすること。
　イ　思考力，判断力，表現力等については，課題の設定，情報の収集，整理・分析，まとめ・表現などの探究の過程において発揮され，未知の状況において活用できるものとして身に付けられるようにすること。
　ウ　学びに向かう力，人間性等については，自分自身に関すること及び他者や社会との関わりに関することの両方の視点を踏まえること。
(7) 目標を実現するにふさわしい探究課題及び探究課題の解決を通して育成を目指す具体的な資質・能力については，教科・科目等を越えた全ての学習の基盤となる資質・能力が育まれ，活用されるもの

となるよう配慮すること。

●第3　指導計画の作成と内容の取扱い

1　指導計画の作成に当たっては，次の事項に配慮するものとする。
　(1) 年間や，単元など内容や時間のまとまりを見通して，その中で育む資質・能力の育成に向けて，生徒の主体的・対話的で深い学びの実現を図るようにすること。その際，生徒や学校，地域の実態等に応じて，生徒が探究の見方・考え方を働かせ，教科・科目等の枠を超えた横断的・総合的な学習や生徒の興味・関心等に基づく学習を行うなど創意工夫を生かした教育活動の充実を図ること。
　(2) 全体計画及び年間指導計画の作成に当たっては，学校における全教育活動との関連の下に，目標及び内容，学習活動，指導方法や指導体制，学習の評価の計画などを示すこと。
　(3) 目標を実現するにふさわしい探究課題を設定するに当たっては，生徒の多様な課題に対する意識を生かすことができるよう配慮すること。
　(4) 他教科等及び総合的な探究の時間で身に付けた資質・能力を相互に関連付け，学習や生活において生かし，それらが総合的に働くようにすること。その際，言語能力，情報活用能力など全ての学習の基盤となる資質・能力を重視すること。
　(5) 他教科等の目標及び内容との違いに留意しつつ，第1の目標並びに第2の各学校において定める目標及び内容を踏まえた適切な学習活動を行うこと。
　(6) 各学校における総合的な探究の時間の名称については，各学校において適切に定めること。
　(7) 障害のある生徒などについては，学習活動を行う場合に生じる困難さに応じた指導内容や指導方法の工夫を計画的，組織的に行うこと。
　(8) 総合学科においては，総合的な探究の時間の学習活動として，原則として生徒が興味・関心，進路等に応じて設定した課題について知識や技能の深化，総合化を図る学習活動を含むこと。
2　内容の取扱いに当たっては，次の事項に配慮するものとする。
　(1) 第2の各学校において定める目標及び内容に基づき，生徒の学習状況に応じて教師が適切な指導を行うこと。
　(2) 課題の設定においては，生徒が自分で課題を発見する過程を重視すること。
　(3) 第2の3の(6)のウにおける両方の視点を踏まえた学習を行う際には，これらの視点を生徒が自覚し，内省的に捉えられるよう配慮すること。
　(4) 探究の過程においては，他者と協働して課題を解決しようとする学習活動や，言語により分析し，まとめたり表現したりするなどの学習活動が行われるようにすること。その際，例えば，比較する，分類する，関連付けるなどの考えるための技法が自在に活用されるようにすること。
　(5) 探究の過程においては，コンピュータや情報通信ネットワークなどを適切かつ効果的に活用して，情報を収集・整理・発信するなどの学習活動が行われるよう工夫すること。その際，情報や情報手段を主体的に選択し活用できるよう配慮すること。

　(6) 自然体験や就業体験活動，ボランティア活動などの社会体験，ものづくり，生産活動などの体験活動，観察・実験・実習，調査・研究，発表や討論などの学習活動を積極的に取り入れること。
　(7) 体験活動については，第1の目標並びに第2の各学校において定める目標及び内容を踏まえ，探究の過程に適切に位置付けること。
　(8) グループ学習や個人研究などの多様な学習形態，地域の人々の協力も得つつ，全教師が一体となって指導に当たるなどの指導体制について工夫を行うこと。
　(9) 学校図書館の活用，他の学校との連携，公民館，図書館，博物館等の社会教育施設や社会教育関係団

体等の各種団体との連携,地域の教材や学習環境の積極的な活用などの工夫を行うこと。
(10) 職業や自己の進路に関する学習を行う際には,探究に取り組むことを通して,自己を理解し,将来の在り方生き方を考えるなどの学習活動が行われるようにすること。

第5章　特別活動

第1　目標

　集団や社会の形成者としての見方・考え方を働かせ，様々な集団活動に自主的，実践的に取り組み，互いのよさや可能性を発揮しながら集団や自己の生活上の課題を解決することを通して，次のとおり資質・能力を育成することを目指す。
　(1) 多様な他者と協働する様々な集団活動の意義や活動を行う上で必要となることについて理解し，行動の仕方を身に付けるようにする。
　(2) 集団や自己の生活，人間関係の課題を見いだし，解決するために話し合い，合意形成を図ったり，意思決定したりすることができるようにする。
　(3) 自主的，実践的な集団活動を通して身に付けたことを生かして，主体的に集団や社会に参画し，生活及び人間関係をよりよく形成するとともに，人間としての在り方生き方についての自覚を深め，自己実現を図ろうとする態度を養う。

第2　各活動・学校行事の目標及び内容

〔ホームルーム活動〕
1　目標
　ホームルームや学校での生活をよりよくするための課題を見いだし，解決するために話し合い，合意形成し，役割を分担して協力して実践したり，ホームルームでの話合いを生かして自己の課題の解決及び将来の生き方を描くために意思決定して実践したりすることに，自主的，実践的に取り組むことを通して，第1の目標に掲げる資質・能力を育成することを目指す。

2　内容
　1の資質・能力を育成するため，全ての学年において，次の各活動を通して，それぞれの活動の意義及び活動を行う上で必要となることについて理解し，主体的に考えて実践できるよう指導する。
(1) ホームルームや学校における生活づくりへの参画
　ア　ホームルームや学校における生活上の諸問題の解決
　　　ホームルームや学校における生活を向上・充実させるための課題を見いだし，解決するために話し合い，合意形成を図り，実践すること。
　イ　ホームルーム内の組織づくりや役割の自覚
　　　ホームルーム生活の充実や向上のため，生徒が主体的に組織をつくり，役割を自覚しながら仕事を分担して，協力し合い実践すること。
　ウ　学校における多様な集団の生活の向上
　　　生徒会などホームルームの枠を超えた多様な集団における活動や学校行事を通して学校生活の向上を図るため，ホームルームとしての提案や取組を話し合って決めること。
(2) 日常の生活や学習への適応と自己の成長及び健康安全
　ア　自他の個性の理解と尊重，よりよい人間関係の形成
　　　自他の個性を理解して尊重し，互いのよさや可能性を発揮し，コミュニケーションを図りながらよりよい集団生活をつくること。
　イ　男女相互の理解と協力
　　　男女相互について理解するとともに，共に協力し尊重し合い，充実した生活づくりに参画するこ

と。
ウ　国際理解と国際交流の推進
　　我が国と他国の文化や生活習慣などについて理解し，よりよい交流の在り方を考えるなど，共に尊重し合い，主体的に国際社会に生きる日本人としての在り方生き方を探求しようとすること。
エ　青年期の悩みや課題とその解決
　　心や体に関する正しい理解を基に，適切な行動をとり，悩みや不安に向き合い乗り越えようとすること。
オ　生命の尊重と心身ともに健康で安全な生活態度や規律ある習慣の確立
　　節度ある健全な生活を送るなど現在及び生涯にわたって心身の健康を保持増進することや，事件や事故，災害等から身を守り安全に行動すること。

(3) 一人一人のキャリア形成と自己実現
ア　学校生活と社会的・職業的自立の意義の理解
　　現在及び将来の生活や学習と自己実現とのつながりを考えたり，社会的・職業的自立の意義を意識したりしながら，学習の見通しを立て，振り返ること。
イ　主体的な学習態度の確立と学校図書館等の活用
　　自主的に学習する場としての学校図書館等を活用し，自分にふさわしい学習方法や学習習慣を身に付けること。
ウ　社会参画意識の醸成や勤労観・職業観の形成
　　社会の一員としての自覚や責任をもち，社会生活を営む上で必要なマナーやルール，働くことや社会に貢献することについて考えて行動すること。
エ　主体的な進路の選択決定と将来設計
　　適性やキャリア形成などを踏まえた教科・科目を選択することなどについて，目標をもって，在り方生き方や進路に関する適切な情報を収集・整理し，自己の個性や興味・関心と照らして考えること。

3　内容の取扱い
(1) 内容の(1)の指導に当たっては，集団としての意見をまとめる話合い活動など中学校の積み重ねや経験を生かし，それらを発展させることができるよう工夫すること。
(2) 内容の(3)の指導に当たっては，学校，家庭及び地域における学習や生活の見通しを立て，学んだことを振り返りながら，新たな学習や生活への意欲につなげたり，将来の在り方生き方を考えたりする活動を行うこと。その際，生徒が活動を記録し蓄積する教材等を活用すること。

〔生徒会活動〕
1　目　標
　異年齢の生徒同士で協力し，学校生活の充実と向上を図るための諸問題の解決に向けて，計画を立て役割を分担し，協力して運営することに自主的，実践的に取り組むことを通して，第1の目標に掲げる資質・能力を育成することを目指す。

2　内　容
　1の資質・能力を育成するため，学校の全生徒をもって組織する生徒会において，次の各活動を通して，それぞれの活動の意義及び活動を行う上で必要となることについて理解し，主体的に考えて実践できるよう指導する。
(1) 生徒会の組織づくりと生徒会活動の計画や運営
　生徒が主体的に組織をつくり，役割を分担し，計画を立て，学校生活の課題を見いだし解決するた

めに話し合い，合意形成を図り実践すること。
　(2) 学校行事への協力
　　　学校行事の特質に応じて，生徒会の組織を活用して，計画の一部を担当したり，運営に主体的に協力したりすること。
　(3) ボランティア活動などの社会参画
　　　地域や社会の課題を見いだし，具体的な対策を考え，実践し，地域や社会に参画できるようにすること。

〔学校行事〕
　1　目　標
　　　全校若しくは学年又はそれらに準ずる集団で協力し，よりよい学校生活を築くための体験的な活動を通して，集団への所属感や連帯感を深め，公共の精神を養いながら，第1の目標に掲げる資質・能力を育成することを目指す。
　2　内　容
　　　1の資質・能力を育成するため，全校若しくは学年又はそれらに準ずる集団を単位として，次の各行事において，学校生活に秩序と変化を与え，学校生活の充実と発展に資する体験的な活動を行うことを通して，それぞれの学校行事の意義及び活動を行う上で必要となることについて理解し，主体的に考えて実践できるよう指導する。
　(1) 儀式的行事
　　　学校生活に有意義な変化や折り目を付け，厳粛で清新な気分を味わい，新しい生活の展開への動機付けとなるようにすること。
　(2) 文化的行事
　　　平素の学習活動の成果を発表し，自己の向上の意欲を一層高めたり，文化や芸術に親しんだりするようにすること。
　(3) 健康安全・体育的行事
　　　心身の健全な発達や健康の保持増進，事件や事故，災害等から身を守る安全な行動や規律ある集団行動の体得，運動に親しむ態度の育成，責任感や連帯感の涵養，体力の向上などに資するようにすること。
　(4) 旅行・集団宿泊的行事
　　　平素と異なる生活環境にあって，見聞を広め，自然や文化などに親しむとともに，よりよい人間関係を築くなどの集団生活の在り方や公衆道徳などについての体験を積むことができるようにすること。
　(5) 勤労生産・奉仕的行事
　　　勤労の尊さや創造することの喜びを体得し，就業体験活動などの勤労観・職業観の形成や進路の選択決定などに資する体験が得られるようにするとともに，共に助け合って生きることの喜びを体得し，ボランティア活動などの社会奉仕の精神を養う体験が得られるようにすること。
　3　内容の取扱い
　(1) 生徒や学校，地域の実態に応じて，内容に示す行事の種類ごとに，行事及びその内容を重点化するとともに，各行事の趣旨を生かした上で，行事間の関連や統合を図るなど精選して実施すること。また，実施に当たっては，自然体験や社会体験などの体験活動を充実するとともに，体験活動を通して気付いたことなどを振り返り，まとめたり，発表し合ったりするなどの事後の活動を充実すること。

第3 指導計画の作成と内容の取扱い

1 指導計画の作成に当たっては，次の事項に配慮するものとする。
(1) 特別活動の各活動及び学校行事を見通して，その中で育む資質・能力の育成に向けて，生徒の主体的・対話的で深い学びの実現を図るようにすること。その際，よりよい人間関係の形成，よりよい集団生活の構築や社会への参画及び自己実現に資するよう，生徒が集団や社会の形成者としての見方・考え方を働かせ，様々な集団活動に自主的，実践的に取り組む中で，互いのよさや個性，多様な考えを認め合い，等しく合意形成に関わり役割を担うようにすることを重視すること。
(2) 各学校においては，次の事項を踏まえて特別活動の全体計画や各活動及び学校行事の年間指導計画を作成すること。
　ア　学校の創意工夫を生かし，ホームルームや学校，地域の実態，生徒の発達の段階などを考慮すること。
　イ　第2に示す内容相互及び各教科・科目，総合的な探究の時間などの指導との関連を図り，生徒による自主的，実践的な活動が助長されるようにすること。特に社会において自立的に生きることができるようにするため，社会の一員としての自己の生き方を探求するなど，人間としての在り方生き方の指導が行われるようにすること。
　ウ　家庭や地域の人々との連携，社会教育施設等の活用などを工夫すること。その際，ボランティア活動などの社会奉仕の精神を養う体験的な活動や就業体験活動などの勤労に関わる体験的な活動の機会をできるだけ取り入れること。
(3) ホームルーム活動における生徒の自発的，自治的な活動を中心として，各活動と学校行事を相互に関連付けながら，個々の生徒についての理解を深め，教師と生徒，生徒相互の信頼関係を育み，ホームルーム経営の充実を図ること。その際，特に，いじめの未然防止等を含めた生徒指導との関連を図るようにすること。
(4) 障害のある生徒などについては，学習活動を行う場合に生じる困難さに応じた指導内容や指導方法の工夫を計画的，組織的に行うこと。
(5) 第1章第1款の2の(2)に示す道徳教育の目標に基づき，特別活動の特質に応じて適切な指導をすること。
(6) ホームルーム活動については，主としてホームルームごとにホームルーム担任の教師が指導することを原則とし，活動の内容によっては他の教師などの協力を得ること。

2 内容の取扱いに当たっては，次の事項に配慮するものとする。
(1) ホームルーム活動及び生徒会活動の指導については，指導内容の特質に応じて，教師の適切な指導の下に，生徒の自発的，自治的な活動が効果的に展開されるようにすること。その際，よりよい生活を築くために自分たちできまりをつくって守る活動などを充実するよう工夫すること。
(2) 生徒及び学校の実態並びに第1章第7款の1に示す道徳教育の重点などを踏まえ，各学年において取り上げる指導内容の重点化を図るとともに，必要に応じて，内容間の関連や統合を図ったり，他の内容を加えたりすることができること。
(3) 学校生活への適応や人間関係の形成，教科・科目や進路の選択などについては，主に集団の場面で必要な指導や援助を行うガイダンスと，個々の生徒の多様な実態を踏まえ，一人一人が抱える課題に個別に対応した指導を行うカウンセリング（教育相談を含む。）の双方の趣旨を踏まえて指導を行うこと。特に入学当初においては，個々の生徒が学校生活に適応するとともに，希望や目標をもって生活をできるよう工夫すること。あわせて，生徒の家庭との連絡を密にすること。
(4) 異年齢集団による交流を重視するとともに，幼児，高齢者，障害のある人々などとの交流や対話，障

害のある幼児児童生徒との交流及び共同学習の機会を通して，協働することや，他者の役に立ったり社会に貢献したりすることの喜びを得られる活動を充実すること。
　(5) 特別活動の一環として学校給食を実施する場合には，食育の観点を踏まえた適切な指導を行うこと。
3　入学式や卒業式などにおいては，その意義を踏まえ，国旗を掲揚するとともに，国歌を斉唱するよう指導するものとする。

附　則

　この告示は，令和4年4月1日から施行する。ただし，改正後の高等学校学習指導要領は，同日以降高等学校の第1学年に入学した生徒（単位制による課程にあっては，同日以降入学した生徒（学校教育法施行規則第91条の規定により入学した生徒で同日前に入学した生徒に係る教育課程により履修するものを除く。））に係る教育課程及び全課程の修了の認定から適用する。

附　則（平成31年3月28日文部科学省告示第55号）
　この告示は，公布の日から施行する。

附　則（令和元年7月1日文部科学省告示第18号）抄
　（施行期日等）
1　この告示は，公布の日から施行する。

附　則（令和3年3月31日文部科学省告示第61号）
　この告示は，令和4年4月1日から施行する。

附　則（令和4年3月31日文部科学省告示第55号）
　この告示は，令和5年4月1日から施行する。

高等学校 移行措置関係規定

目次

● 平成31年4月1日から新高等学校学習指導要領が適用されるまでの間における現行高等学校学習指導要領の特例を定める件（平成30年文部科学省告示第172号）……486

○文部科学省告示第百七十二号

　学校教育法施行規則（昭和二十二年文部省令第十一号）第八十四条及び第九十六条の規定に基づき，平成三十一年四月一日から高等学校学習指導要領（平成三十年文部科学省告示第六十八号）が適用されるまでの間における高等学校学習指導要領（平成二十一年文部科学省告示第三十四号）の特例を次のように定める。

　　平成三十年八月三十一日

文部科学大臣臨時代理

国務大臣　　松山　政司

1　総則

（高等学校教育の基本と教育課程の役割等）

(1) 高等学校学習指導要領（平成21年文部科学省告示第34号）（以下「現行高等学校学習指導要領」という。）第1章第1款，第4款，第5款（3の(4)を除く。）及び第6款の規定にかかわらず，高等学校学習指導要領（平成30年文部科学省告示第68号）（以下「新高等学校学習指導要領」という。）第1章第1款から第6款まで（第2款の3の(1)，(2)，及び(3)のコ並びに5（3の(2)のアの(ｳ)を除く。）を除く。）の規定によるものとする。

（福祉に属する科目）

(2) 福祉に属する科目については，現行高等学校学習指導要領第1章第2款の3の表福祉の欄中「福祉情報活用」とあるのは，「福祉情報活用，福祉情報」とする。

（総合的な探究の時間）

(3) 現行高等学校学習指導要領第2款及び第3款中「総合的な学習の時間」とあるのは，「総合的な探究の時間」とする。

（通信制の課程における教育課程の特例）

(4) 通信制の課程における教育課程の特例については，次に定めるところによるものとする。

　ア　現行高等学校学習指導要領第1章第7款の規定のうち「第1款から第6款まで（第4款，第5款の1並びに第5款の4の(4)のア及びイを除く。）に定めるところによる」の部分にかかわらず，現行高等学校学習指導要領第1章第2款及び第3款，新高等学校学習指導要領第1章第1款，第2款の1，2，3の(2)のアの(ｳ)及び(5)から(7)まで（(7)のエの(ｱ)及び(ｲ)を除く。）並びに4並びに第3款から第6款まで並びにこの告示の第1項の(5)の規定によること。

　イ　現行高等学校学習指導要領第1章第7款の1から5までの規定にかかわらず，新高等学校学習指導要領第1章第2款の5の(1)から(6)までの規定によること。この場合において，新高等学校学習指導要領第1章第2款の5の(3)中「理数に属する科目及び総合的な探究の時間」とあるのは，「総合的な探究の時間」と読み替えるものとする。

（道徳教育に関する配慮事項）

(5) 道徳教育に関する配慮事項については，現行高等学校学習指導要領第1章第5款の3の(4)の規定にかかわらず，この告示の第1項の(1)から(4)まで並びに現行高等学校学習指導要領第1章第2款及び第3款に示す事項に加え，新高等学校学習指導要領第1章第7款の1から4までの規定に配慮するものとする。この場合において，新高等学校学習指導要領第1章第7款の1中「公共」とあるのは「現代社会」とし，第7款の2中「特別の教科である道徳」とあるのは，「道徳又は特別の教科である道徳」と読み替えるものとする。

2　各教科等

（地理歴史）

(1) 地理歴史に属する科目の指導に当たっては，現行高等学校学習指導要領第2章第2節第2款第3の2の(2)のアの(ｱ)及び第4の2の(4)のアに規定する事項については，新高等学校学習指導要領第2章第

2節第2款第3の3の(2)のウ及び第4の3の(2)のクのうち領土の画定に関する規定をそれぞれ適用するとともに，現行高等学校学習指導要領第5の2の(1)のア及び第6の2の(2)のエに規定する事項については，新高等学校学習指導要領第2章第2節第2款第1の3の(2)のアの(ｱ)及び第2の3の(2)のアの(ｵ)のうち我が国の領域をめぐる問題に関する規定をそれぞれ適用するものとする。

（公民）
(2) 公民に属する科目の指導に当たっては，現行高等学校学習指導要領第2章第3節第2款第1の2の(2)のオに規定する事項については，新高等学校学習指導要領第2章第3節第2款第1の3の(3)のカの(ｵ)のうち「国家主権，領土（領海，領空を含む。）」に関する規定を適用するとともに，現行高等学校学習指導要領第2章第3節第2款第3の2の(1)のイに規定する事項については，新高等学校学習指導要領第2章第3節第2款第3の3の(2)のエの(ｲ)の規定を適用するものとする。

（保健体育）
(3) 保健体育に属する科目の指導に当たっては，現行高等学校学習指導要領第2章第6節の規定にかかわらず，その全部又は一部について新高等学校学習指導要領第2章第6節の規定によることができる。

（芸術）
(4) 芸術に属する科目の指導に当たっては，現行高等学校学習指導要領第2章第7節の規定にかかわらず，その全部又は一部について新高等学校学習指導要領第2章第7節の規定によることができる。

（家庭）
(5) 家庭に属する科目の指導に当たっては，現行高等学校学習指導要領第2章第9節第2款第1の2の(2)のエに規定する事項に，新高等学校学習指導要領第2章第9節第2款第1の2のCの(2)のアのうち契約の重要性及び消費者保護の仕組みに関する規定に係る事項を加え，新高等学校学習指導要領第2章第9節第2款第1の3の(2)のウのうち(2)のアに関する規定を適用するとともに，現行高等学校学習指導要領第2章第9節第2款第2の2の(3)のウ及び第3の2の(2)のアに規定する事項に，高等学校学習指導要領第2章第9節第2款第2の2のCの(2)のアの(ｲ)のうち契約の重要性及び消費者保護の仕組みに関する規定に係る事項を加え，新高等学校学習指導要領第2章第9節第2款第2の3の(2)のウのうち(2)のアの(ｲ)に関する規定を適用するものとする。

（福祉）
(6) 福祉に属する科目の指導に当たっては，現行高等学校学習指導要領第3章第8節の規定にかかわらず，その全部又は一部について新高等学校学習指導要領第3章第8節の規定によることができる。

（体育）
(7) 体育に属する科目の指導に当たっては，現行高等学校学習指導要領第3章第10節の規定にかかわらず，その全部又は一部について新高等学校学習指導要領第3章第10節の規定によることができる。

（音楽）
(8) 音楽に属する科目の指導に当たっては，現行高等学校学習指導要領第3章第11節の規定にかかわらず，その全部又は一部について新高等学校学習指導要領第3章第11節の規定によることができる。

（美術）
(9) 美術に属する科目の指導に当たっては，現行高等学校学習指導要領第3章第12節の規定にかかわらず，その全部又は一部について新高等学校学習指導要領第3章第12節の規定によることができる。

（総合的な探究の時間）
(10) 学校教育法施行規則の一部を改正する省令の一部を改正する省令（平成30年文部科学省令第28号）による改正後の学校教育法施行規則の一部を改正する省令（平成30年文部科学省令第13号）による改正後の学校教育法施行規則（昭和22年文部省令第11号）第83条に規定される総合的な探究の時間の指導に当たっては，新高等学校学習指導要領第4章の規定によるものとする。

（特別活動）

(11) 特別活動の指導に当たっては，現行高等学校学習指導要領第5章の規定にかかわらず，新高等学校学習指導要領第5章の規定によるものとする。

附　則

1　この告示は平成31年4月1日から施行する。ただし，第2項の(5)の規定は，平成30年4月1日以降高等学校（中等教育学校の後期課程を含む。以下同じ。）に入学した生徒（学校教育法施行規則第91条（同令第113条第1項で準用する場合を含む。以下同じ。）の規定により入学した生徒で同日前に入学した生徒に係る教育課程により履修するものを除く。）に係る教育課程及び全課程の修了の認定から適用し，第1項の（3）及び第2項の(10)の規定は，施行日以降高等学校に入学した生徒（学校教育法施行規則第91条の規定により入学した生徒で同日前に入学した生徒に係る教育課程により履修するものを除く。）に係る教育課程及び全課程の修了の認定から適用する。

2　平成31年3月31日以前に高等学校に入学した生徒（学校教育法施行規則第91条の規定により同日後に入学した生徒で同日以前に入学した生徒に係る教育課程により履修するものを含む。）に係る教育課程及び全課程の修了の認定については，新高等学校学習指導要領第1章第1款，第2款及び第4款並びに第5章中「総合的な探究の時間」とあるのは，「総合的な学習の時間」と読み替えるものとする。

中等教育学校等 関係法令

目次

- 学校教育法（抄） …………………………………………… 490
- 学校教育法施行規則（抄） ………………………………… 491
- 中等教育学校並びに併設型中学校及び併設型高等学校の教育課程の基準の特例を定める件（平成10年文部省告示第154号） ………………………………………………… 494
- 連携型中学校及び連携型高等学校の教育課程の基準の特例を定める件（平成16年文部科学省告示第61号） …… 495

学校教育法（抄）

昭和二十二年三月三十一日法律第二十六号
一部改正：平成三十年六月一日法律第三十九号

第七章　中等教育学校

第六十三条　中等教育学校は，小学校における教育の基礎の上に，心身の発達及び進路に応じて，義務教育として行われる普通教育並びに高度な普通教育及び専門教育を一貫して施すことを目的とする。

第六十四条　中等教育学校における教育は，前条に規定する目的を実現するため，次に掲げる目標を達成するよう行われるものとする。

一　豊かな人間性，創造性及び健やかな身体を養い，国家及び社会の形成者として必要な資質を養うこと。

二　社会において果たさなければならない使命の自覚に基づき，個性に応じて将来の進路を決定させ，一般的な教養を高め，専門的な知識，技術及び技能を習得させること。

三　個性の確立に努めるとともに，社会について，広く深い理解と健全な批判力を養い，社会の発展に寄与する態度を養うこと。

第六十五条　中等教育学校の修業年限は，六年とする。

第六十六条　中等教育学校の課程は，これを前期三年の前期課程及び後期三年の後期課程に区分する。

第六十七条　中等教育学校の前期課程における教育は，第六十三条に規定する目的のうち，小学校における教育の基礎の上に，心身の発達に応じて，義務教育として行われる普通教育を施すことを実現するため，第二十一条各号に掲げる目標を達成するよう行われるものとする。

②　中等教育学校の後期課程における教育は，第六十三条に規定する目的のうち，心身の発達及び進路に応じて，高度な普通教育及び専門教育を施すことを実現するため，第六十四条各号に掲げる目標を達成するよう行われるものとする。

第六十八条　中等教育学校の前期課程の教育課程に関する事項並びに後期課程の学科及び教育課程に関する事項は，第六十三条，第六十四条及び前条の規定並びに第七十条第一項において読み替えて準用する第三十条第二項の規定に従い，文部科学大臣が定める。

第七十条　第三十条第二項，第三十一条，第三十四条，第三十七条第四項から第十七項まで及び第十九項，第四十二条から第四十四条まで，第五十九条並びに第六十条第四項及び第六項の規定は中等教育学校に，第五十三条から第五十五条まで，第五十八条，五十八条の二及び第六十一条の規定は中等教育学校の後期課程に，それぞれ準用する。この場合において，第三十条第二項中「前項」とあるのは「第六十四条」と，第三十一条中「前条第一項」とあるのは「第六十四条」と読み替えるものとする。

②　（略）

第七十一条　同一の設置者が設置する中学校及び高等学校においては，文部科学大臣の定めるところにより，中等教育学校に準じて，中学校における教育と高等学校における教育を一貫して施すことができる。

学校教育法施行規則（抄）

昭和二十二年五月二十三日文部省令第十一号
一部改正：平成三十年三月三十日文部科学省令第十三号

第五章　中学校

第七十五条　中学校（併設型中学校，小学校連携型中学校及び第七十九条の九第二項に規定する小学校併設型中学校を除く。）においては，高等学校における教育との一貫性に配慮した教育を施すため，当該中学校の設置者が当該高等学校の設置者との協議に基づき定めるところにより，教育課程を編成することができる。

2　前項の規定により教育課程を編成する中学校（以下「連携型中学校」という。）は，第八十七条第一項の規定により教育課程を編成する高等学校と連携し，その教育課程を実施するものとする。

第七十六条　連携型中学校の各学年における各教科，特別の教科である道徳，総合的な学習の時間及び特別活動のそれぞれの授業時数並びに各学年におけるこれらの総授業時数は，別表第四に定める授業時数を標準とする。

第七十七条　連携型中学校の教育課程については，この章に定めるもののほか，教育課程の基準の特例として文部科学大臣が別に定めるところによるものとする。

第六章　高等学校

第一節　設備，編制，学科及び教育課程

第八十七条　高等学校（学校教育法第七十一条の規定により中学校における教育と一貫した教育を施すもの（以下「併設型高等学校」という。）を除く。）においては，中学校における教育との一貫性に配慮した教育を施すため，当該高等学校の設置者が当該中学校の設置者との協議に基づき定めるところにより，教育課程を編成することができる。

2　前項の規定により教育課程を編成する高等学校（以下「連携型高等学校」という。）は，連携型中学校と連携し，その教育課程を実施するものとする。

第八十八条　連携型高等学校の教育課程については，この章に定めるもののほか，教育課程の基準の特例として文部科学大臣が別に定めるところによるものとする。

第七章　中等教育学校並びに併設型中学校及び併設型高等学校

第一節　中等教育学校

第百七条　次条第一項において準用する第七十二条に規定する中等教育学校の前期課程の各学年における各教科，特別の教科である道徳，総合的な学習の時間及び特別活動のそれぞれの授業時数並びに各学年におけるこれらの総授業時数は，別表第四に定める授業時数を標準とする。

第百八条　中等教育学校の前期課程の教育課程については，第五十条第二項，第五十五条から第五十六条の四まで及び第七十二条の規定並びに第七十四条の規定に基づき文部科学大臣が公示する中学校学習指導要領の規定を準用する。この場合において，第五十五条から第五十六条までの規定中「第五十条第一項，第五十一条（中学校連携型小学校にあつては第五十二条の三，第七十九条の九第二項に規定する中学校併設

型小学校にあつては第七十九条の十二において準用する第七十九条の五第一項）又は第五十二条」とあるのは「第百七条又は第百八条第一項において準用する第七十二条若しくは第七十四条の規定に基づき文部科学大臣が公示する中学校学習指導要領」と，第五十五条の二中「第三十条第一項」とあるのは「第六十七条第一項」と，第五十六条の二及び第五十六条の四中「第五十条第一項，第五十一条（中学校連携型小学校にあつては第五十二条の三，第七十九条の九第二項に規定する中学校併設型小学校にあつては第七十九条の十二において準用する第七十九条の五第一項）及び第五十二条」とあるのは「第百七条並びに第百八条第一項において準用する第七十二条及び第七十四条の規定に基づき文部科学大臣が公示する中学校学習指導要領」と，第五十六条の四中「他の小学校，義務教育学校の前期課程又は特別支援学校の小学部」とあるのは「他の中学校，義務教育学校の後期課程，中等教育学校の前期課程又は特別支援学校の中学部」と読み替えるものとする。

2　中等教育学校の後期課程の教育課程については，第八十三条，第八十五条から第八十六条まで及び第八十八条の二の規定並びに第八十四条の規定に基づき文部科学大臣が公示する高等学校学習指導要領の規定を準用する。この場合において，第八十五条中「前二条」とあり，並びに第八十五条の二及び第八十六条中「第八十三条又は第八十四条」とあるのは，「第百八条第二項において準用する第八十三条又は第八十四条の規定に基づき文部科学大臣が公示する高等学校学習指導要領」と，第八十五条の二中「第五十一条」とあるのは「第六十七条第二項」と読み替えるものとする。

第百九条　中等教育学校の教育課程については，この章に定めるもののほか，教育課程の基準の特例として文部科学大臣が別に定めるところによるものとする。

第百十三条　第四十三条から第四十九条まで（第四十六条を除く。），第五十四条，第五十七条，第五十八条，第五十九条から第七十一条まで（第六十九条を除く。），第七十八条の二，第八十二条，第九十一条，第九十四条及び第百条の三の規定は，中等教育学校に準用する。この場合において，同条中「第百四条第一項」とあるのは，「第百十三条第一項」と読み替えるものとする。

2　（略）

3　第八十一条，第八十八条の三，第八十九条，第九十二条，第九十三条，第九十六条から第百条の二まで，第百一条第二項，第百二条，第百三条第一項及び第百四条第二項の規定は，中等教育学校の後期課程に準用する。この場合において，第九十六条第一項中「第八十五条，第八十五条の二又は第八十六条」とあるのは「第百八条第二項において読み替えて準用する第八十五条，第八十五条の二又は第八十六条」と，「第八十三条又は第八十四条」とあるのは「第百八条第二項において準用する第八十三条又は第八十四条の規定に基づき文部科学大臣が公示する高等学校学習指導要領」と読み替えるものとする。

第二節　併設型中学校及び併設型高等学校

第百十四条　併設型中学校の教育課程については，第五章に定めるもののほか，教育課程の基準の特例として文部科学大臣が別に定めるところによるものとする。

2　併設型高等学校の教育課程については，第六章に定めるもののほか，教育課程の基準の特例として文部科学大臣が別に定めるところによるものとする。

第百十五条　併設型中学校及び併設型高等学校においては，中学校における教育と高等学校における教育を一貫して施すため，設置者の定めるところにより，教育課程を編成するものとする。

第百十七条　第百七条及び第百十条の規定は，併設型中学校に準用する。

附　則

（略）

別表第四（第七十六条，第百七条，第百十七条関係）

区　　　　　分		第1学年	第2学年	第3学年
各教科の授業時数	国　　　語	140	140	105
	社　　　会	105	105	140
	数　　　学	140	105	140
	理　　　科	105	140	140
	音　　　楽	45	35	35
	美　　　術	45	35	35
	保 健 体 育	105	105	105
	技術・家庭	70	70	35
	外　国　語	140	140	140
特別の教科である道徳の授業時数		35	35	35
総合的な学習の時間の授業時数		50	70	70
特別活動の授業時数		35	35	35
総　授　業　時　数		1015	1015	1015

備考

一　この表の授業時数の一単位時間は，五十分とする。

二　特別活動の授業時数は，中学校学習指導要領（第百八条第一項において準用する場合を含む。次号において同じ。）で定める学級活動（学校給食に係るものを除く。）に充てるものとする。

三　各学年においては，各教科の授業時数から七十を超えない範囲内の授業時数を減じ，文部科学大臣が別に定めるところにより中学校学習指導要領で定める選択教科の授業時数に充てることができる。ただし，各学年において，各教科の授業時数から減ずる授業時数は，一教科当たり三十五を限度とする。

中等教育学校並びに併設型中学校及び併設型高等学校の教育課程の基準の特例を定める件

平成十年文部省告示第百五十四号
一部改正：平成十一年三月二十九日文部省告示第五十九号
一部改正：平成十六年三月三十一日文部科学省告示第六十号
一部改正：平成二十年三月二十八日文部科学省告示第三十一号
一部改正：平成二十一年六月十日文部科学省告示第八十八号
一部改正：平成二十三年十一月一日文部科学省告示第百五十七号

1 中等教育学校並びに併設型中学校及び併設型高等学校における中高一貫教育（中学校における教育及び高等学校における教育を一貫して施す教育をいう。以下同じ。）において特色ある教育課程を編成することができるよう次のように教育課程の基準の特例を定める。
　一 中等教育学校の前期課程又は併設型中学校において，学校教育法施行規則別表第四備考第三号の規定により各教科の授業時数を減ずる場合は，その減ずる時数を当該各教科の内容を代替することのできる内容の選択教科の授業時数に充てること。
　二 中等教育学校の後期課程又は併設型高等学校の普通科においては，生徒が高等学校学習指導要領（平成二十一年文部科学省告示第三十四号）第一章第二款の4及び5に規定する学校設定科目及び学校設定教科に関する科目について修得した単位数を，合わせて三十六単位を超えない範囲で中等教育学校又は併設型高等学校が定めた全課程の修了を認めるに必要な単位数のうちに加えることができること。
　三 中等教育学校並びに併設型中学校及び併設型高等学校における指導については，次のように取り扱うものとすること。
　　イ 中等教育学校の前期課程及び併設型中学校と中等教育学校の後期課程及び併設型高等学校における指導の内容については，各教科や各教科に属する科目の内容のうち相互に関連するものの一部を入れ替えて指導することができること。
　　ロ 中等教育学校の前期課程及び併設型中学校における指導の内容の一部については，中等教育学校の後期課程及び併設型高等学校における指導の内容に移行して指導することができること。
　　ハ 中等教育学校の後期課程及び併設型高等学校における指導の内容の一部については，中等教育学校の前期課程及び併設型中学校における指導の内容に移行して指導することができること。この場合においては，中等教育学校の後期課程及び併設型高等学校において当該移行した指導の内容について再度指導しないことができること。
　　ニ 中等教育学校の前期課程及び併設型中学校における各教科の内容のうち特定の学年において指導することとされているものの一部については，他の学年における指導の内容に移行して指導することができること。この場合においては，当該特定の学年において，当該移行した指導の内容について再度指導しないことができること。
2 中等教育学校並びに併設型中学校及び併設型高等学校における中高一貫教育においては，六年間の計画的かつ継続的な教育を施し，生徒の個性の伸長，体験学習の充実等を図るための特色ある教育課程を編成するよう配慮するものとする。

附　則

この告示は，平成二十四年四月一日から施行する。

連携型中学校及び連携型高等学校の教育課程の基準の特例を定める件

平成十六年文部科学省告示第六十一号
一部改正：平成二十年三月二十八日文部科学省告示第三十一号
一部改正：平成二十一年六月十日文部科学省告示第八十八号
一部改正：平成二十三年十一月一日文部科学省告示第百五十七号

1　連携型中学校及び連携型高等学校における中高一貫教育（中学校における教育と高等学校における教育との一貫性に配慮して施す教育をいう。以下同じ。）において特色ある教育課程を編成することができるよう次のように教育課程の基準の特例を定める。

　一　連携型中学校において，学校教育法施行規則別表第四備考第三号の規定により各教科の授業時数を減ずる場合は，その減ずる時数を当該各教科の内容を代替することのできる内容の選択教科の授業時数に充てること。

　二　連携型高等学校の普通科においては，生徒が高等学校学習指導要領（平成二十一年文部科学省告示第三十四号）第一章第二款の4及び5に規定する学校設定科目及び学校設定教科に関する科目について修得した単位数を，合わせて三十六単位を超えない範囲で連携型高等学校が定めた全課程の修了を認めるに必要な単位数のうちに加えることができること。

2　連携型中学校及び連携型高等学校における中高一貫教育においては，六年間の計画的かつ継続的な教育を施し，生徒の個性の伸長，体験学習の充実等を図るための特色ある教育課程を編成するよう配慮するものとする。

附　則

この告示は，平成二十四年四月一日から施行する。

中学校 学習指導要領
平成29年3月告示

目次

- 前文 …………………………………………………………… 498
- 第1章　総則 ………………………………………………… 500
- 第2章　各教科 ……………………………………………… 507
  - 第1節　国　語 …………………………………………… 507
  - 第2節　社　会 …………………………………………… 515
  - 第3節　数　学 …………………………………………… 531
  - 第4節　理　科 …………………………………………… 540
  - 第5節　音　楽 …………………………………………… 555
  - 第6節　美　術 …………………………………………… 561
  - 第7節　保健体育 ………………………………………… 566
  - 第8節　技術・家庭 ……………………………………… 578
  - 第9節　外国語 …………………………………………… 586
- 第3章　特別の教科　道徳 ………………………………… 593
- 第4章　総合的な学習の時間 ……………………………… 596
- 第5章　特別活動 …………………………………………… 599

○文部科学省告示第六十四号

　学校教育法施行規則（昭和二十二年文部省令第十一号）第七十四条の規定に基づき，中学校学習指導要領（平成二十年文部科学省告示第二十八号）の全部を次のように改正し，平成三十三年四月一日から施行する。平成三十年四月一日から平成三十三年三月三十一日までの間における中学校学習指導要領の必要な特例については，別に定める。

　　平成二十九年三月三十一日

　　　　　　　　　　　　　　　　　　　　　　　　　　　　　　文部科学大臣　松野　博一

教育は，教育基本法第1条に定めるとおり，人格の完成を目指し，平和で民主的な国家及び社会の形成者として必要な資質を備えた心身ともに健康な国民の育成を期すという目的のもと，同法第2条に掲げる次の目標を達成するよう行われなければならない。

1　幅広い知識と教養を身に付け，真理を求める態度を養い，豊かな情操と道徳心を培うとともに，健やかな身体を養うこと。
2　個人の価値を尊重して，その能力を伸ばし，創造性を培い，自主及び自律の精神を養うとともに，職業及び生活との関連を重視し，勤労を重んずる態度を養うこと。
3　正義と責任，男女の平等，自他の敬愛と協力を重んずるとともに，公共の精神に基づき，主体的に社会の形成に参画し，その発展に寄与する態度を養うこと。
4　生命を尊び，自然を大切にし，環境の保全に寄与する態度を養うこと。
5　伝統と文化を尊重し，それらをはぐくんできた我が国と郷土を愛するとともに，他国を尊重し，国際社会の平和と発展に寄与する態度を養うこと。

　これからの学校には，こうした教育の目的及び目標の達成を目指しつつ，一人一人の生徒が，自分のよさや可能性を認識するとともに，あらゆる他者を価値のある存在として尊重し，多様な人々と協働しながら様々な社会的変化を乗り越え，豊かな人生を切り拓き，持続可能な社会の創り手となることができるようにすることが求められる。このために必要な教育の在り方を具体化するのが，各学校において教育の内容等を組織的かつ計画的に組み立てた教育課程である。

　教育課程を通して，これからの時代に求められる教育を実現していくためには，よりよい学校教育を通してよりよい社会を創るという理念を学校と社会とが共有し，それぞれの学校において，必要な学習内容をどのように学び，どのような資質・能力を身に付けられるようにするのかを教育課程において明確にしながら，社会との連携及び協働によりその実現を図っていくという，社会に開かれた教育課程の実現が重要となる。

　学習指導要領とは，こうした理念の実現に向けて必要となる教育課程の基準を大綱的に定めるものである。学習指導要領が果たす役割の一つは，公の性質を有する学校における教育水準を全国的に確保することである。また，各学校がその特色を生かして創意工夫を重ね，長年にわたり積み重ねられてきた教育実践や学術研究の蓄積を生かしながら，生徒や地域の現状や課題を捉え，家庭や地域社会と協力して，学習指導要領を踏まえた教育活動の更なる充実を図っていくことも重要である。

　生徒が学ぶことの意義を実感できる環境を整え，一人一人の資質・能力を伸ばせるようにしていくことは，教職員をはじめとする学校関係者はもとより，家庭や地域の人々も含め，様々な立場から生徒や学校に関わる全ての大人に期待される役割である。幼児期の教育及び小学校教育の基礎の上に，高等学校以降の教育や生涯にわたる学習とのつながりを見通しながら，生徒の学習の在り方を展望していくために広く活用されるものとなることを期待して，ここに中学校学習指導要領を定める。

第1章　総則

● 第1　中学校教育の基本と教育課程の役割

1　各学校においては，教育基本法及び学校教育法その他の法令並びにこの章以下に示すところに従い，生徒の人間として調和のとれた育成を目指し，生徒の心身の発達の段階や特性及び学校や地域の実態を十分考慮して，適切な教育課程を編成するものとし，これらに掲げる目標を達成するよう教育を行うものとする。

2　学校の教育活動を進めるに当たっては，各学校において，第3の1に示す主体的・対話的で深い学びの実現に向けた授業改善を通して，創意工夫を生かした特色ある教育活動を展開する中で，次の(1)から(3)までに掲げる事項の実現を図り，生徒に生きる力を育むことを目指すものとする。

(1) 基礎的・基本的な知識及び技能を確実に習得させ，これらを活用して課題を解決するために必要な思考力，判断力，表現力等を育むとともに，主体的に学習に取り組む態度を養い，個性を生かし多様な人々との協働を促す教育の充実に努めること。その際，生徒の発達の段階を考慮して，生徒の言語活動など，学習の基盤をつくる活動を充実するとともに，家庭との連携を図りながら，生徒の学習習慣が確立するよう配慮すること。

(2) 道徳教育や体験活動，多様な表現や鑑賞の活動等を通して，豊かな心や創造性の涵養を目指した教育の充実に努めること。

　学校における道徳教育は，特別の教科である道徳（以下「道徳科」という。）を要として学校の教育活動全体を通じて行うものであり，道徳科はもとより，各教科，総合的な学習の時間及び特別活動のそれぞれの特質に応じて，生徒の発達の段階を考慮して，適切な指導を行うこと。

　道徳教育は，教育基本法及び学校教育法に定められた教育の根本精神に基づき，人間としての生き方を考え，主体的な判断の下に行動し，自立した人間として他者と共によりよく生きるための基盤となる道徳性を養うことを目標とすること。

　道徳教育を進めるに当たっては，人間尊重の精神と生命に対する畏敬の念を家庭，学校，その他社会における具体的な生活の中に生かし，豊かな心をもち，伝統と文化を尊重し，それらを育んできた我が国と郷土を愛し，個性豊かな文化の創造を図るとともに，平和で民主的な国家及び社会の形成者として，公共の精神を尊び，社会及び国家の発展に努め，他国を尊重し，国際社会の平和と発展や環境の保全に貢献し未来を拓く主体性のある日本人の育成に資することとなるよう特に留意すること。

(3) 学校における体育・健康に関する指導を，生徒の発達の段階を考慮して，学校の教育活動全体を通じて適切に行うことにより，健康で安全な生活と豊かなスポーツライフの実現を目指した教育の充実に努めること。特に，学校における食育の推進並びに体力の向上に関する指導，安全に関する指導及び心身の健康の保持増進に関する指導については，保健体育科，技術・家庭科及び特別活動の時間はもとより，各教科，道徳科及び総合的な学習の時間などにおいてもそれぞれの特質に応じて適切に行うよう努めること。また，それらの指導を通して，家庭や地域社会との連携を図りながら，日常生活において適切な体育・健康に関する活動の実践を促し，生涯を通じて健康・安全で活力ある生活を送るための基礎が培われるよう配慮すること。

3　2の(1)から(3)までに掲げる事項の実現を図り，豊かな創造性を備え持続可能な社会の創り手となることが期待される生徒に，生きる力を育むことを目指すに当たっては，学校教育全体並びに各教科，道徳科，総合的な学習の時間及び特別活動（以下「各教科等」という。ただし，第2の3の(2)のア及びウにおいて，特別活動については学級活動（学校給食に係るものを除く。）に限る。）の指導を通してどのような資質・能力の育成を目指すのかを明確にしながら，教育活動の充実を図るものとする。その際，生徒の発達の段

階や特性等を踏まえつつ，次に掲げることが偏りなく実現できるようにするものとする。
(1) 知識及び技能が習得されるようにすること。
(2) 思考力，判断力，表現力等を育成すること。
(3) 学びに向かう力，人間性等を涵養すること。
4 各学校においては，生徒や学校，地域の実態を適切に把握し，教育の目的や目標の実現に必要な教育の内容等を教科等横断的な視点で組み立てていくこと，教育課程の実施状況を評価してその改善を図っていくこと，教育課程の実施に必要な人的又は物的な体制を確保するとともにその改善を図っていくことなどを通して，教育課程に基づき組織的かつ計画的に各学校の教育活動の質の向上を図っていくこと（以下「カリキュラム・マネジメント」という。）に努めるものとする。

第2 教育課程の編成

1 各学校の教育目標と教育課程の編成
　教育課程の編成に当たっては，学校教育全体や各教科等における指導を通して育成を目指す資質・能力を踏まえつつ，各学校の教育目標を明確にするとともに，教育課程の編成についての基本的な方針が家庭や地域とも共有されるよう努めるものとする。その際，第4章総合的な学習の時間の第2の1に基づき定められる目標との関連を図るものとする。
2 教科等横断的な視点に立った資質・能力の育成
(1) 各学校においては，生徒の発達の段階を考慮し，言語能力，情報活用能力（情報モラルを含む。），問題発見・解決能力等の学習の基盤となる資質・能力を育成していくことができるよう，各教科等の特質を生かし，教科等横断的な視点から教育課程の編成を図るものとする。
(2) 各学校においては，生徒や学校，地域の実態及び生徒の発達の段階を考慮し，豊かな人生の実現や災害等を乗り越えて次代の社会を形成することに向けた現代的な諸課題に対応して求められる資質・能力を，教科等横断的な視点で育成していくことができるよう，各学校の特色を生かした教育課程の編成を図るものとする。
3 教育課程の編成における共通的事項
(1) 内容等の取扱い
　ア 第2章以下に示す各教科，道徳科及び特別活動の内容に関する事項は，特に示す場合を除き，いずれの学校においても取り扱わなければならない。
　イ 学校において特に必要がある場合には，第2章以下に示していない内容を加えて指導することができる。また，第2章以下に示す内容の取扱いのうち内容の範囲や程度等を示す事項は，全ての生徒に対して指導するものとする内容の範囲や程度等を示したものであり，学校において特に必要がある場合には，この事項にかかわらず加えて指導することができる。ただし，これらの場合には，第2章以下に示す各教科，道徳科及び特別活動の目標や内容の趣旨を逸脱したり，生徒の負担過重となったりすることのないようにしなければならない。
　ウ 第2章以下に示す各教科，道徳科及び特別活動の内容に掲げる事項の順序は，特に示す場合を除き，指導の順序を示すものではないので，学校においては，その取扱いについて適切な工夫を加えるものとする。
　エ 学校において2以上の学年の生徒で編制する学級について特に必要がある場合には，各教科の目標の達成に支障のない範囲内で，各教科の目標及び内容について学年別の順序によらないことができる。
　オ 各学校においては，生徒や学校，地域の実態を考慮して，生徒の特性等に応じた多様な学習活動が行えるよう，第2章に示す各教科や，特に必要な教科を，選択教科として開設し生徒に履修させるこ

とができる。その場合にあっては，全ての生徒に指導すべき内容との関連を図りつつ，選択教科の授業時数及び内容を適切に定め選択教科の指導計画を作成し，生徒の負担過重となることのないようにしなければならない。また，特に必要な教科の名称，目標，内容などについては，各学校が適切に定めるものとする。

カ　道徳科を要として学校の教育活動全体を通じて行う道徳教育の内容は，第3章特別の教科道徳の第2に示す内容とし，その実施に当たっては，第6に示す道徳教育に関する配慮事項を踏まえるものとする。

(2) 授業時数等の取扱い

ア　各教科等の授業は，年間35週以上にわたって行うよう計画し，週当たりの授業時数が生徒の負担過重にならないようにするものとする。ただし，各教科等や学習活動の特質に応じ効果的な場合には，夏季，冬季，学年末等の休業日の期間に授業日を設定する場合を含め，これらの授業を特定の期間に行うことができる。

イ　特別活動の授業のうち，生徒会活動及び学校行事については，それらの内容に応じ，年間，学期ごと，月ごとなどに適切な授業時数を充てるものとする。

ウ　各学校の時間割については，次の事項を踏まえ適切に編成するものとする。

(ア) 各教科等のそれぞれの授業の1単位時間は，各学校において，各教科等の年間授業時数を確保しつつ，生徒の発達の段階及び各教科等や学習活動の特質を考慮して適切に定めること。

(イ) 各教科等の特質に応じ，10分から15分程度の短い時間を活用して特定の教科等の指導を行う場合において，当該教科等を担当する教師が，単元や題材など内容や時間のまとまりを見通した中で，その指導内容の決定や指導の成果の把握と活用等を責任を持って行う体制が整備されているときは，その時間を当該教科等の年間授業時数に含めることができること。

(ウ) 給食，休憩などの時間については，各学校において工夫を加え，適切に定めること。

(エ) 各学校において，生徒や学校，地域の実態，各教科等や学習活動の特質等に応じて，創意工夫を生かした時間割を弾力的に編成できること。

エ　総合的な学習の時間における学習活動により，特別活動の学校行事に掲げる各行事の実施と同様の成果が期待できる場合においては，総合的な学習の時間における学習活動をもって相当する特別活動の学校行事に掲げる各行事の実施に替えることができる。

(3) 指導計画の作成等に当たっての配慮事項

各学校においては，次の事項に配慮しながら，学校の創意工夫を生かし，全体として，調和のとれた具体的な指導計画を作成するものとする。

ア　各教科等の指導内容については，(1)のアを踏まえつつ，単元や題材など内容や時間のまとまりを見通しながら，そのまとめ方や重点の置き方に適切な工夫を加え，第3の1に示す主体的・対話的で深い学びの実現に向けた授業改善を通して資質・能力を育む効果的な指導ができるようにすること。

イ　各教科等及び各学年相互間の関連を図り，系統的，発展的な指導ができるようにすること。

4　学校段階間の接続

教育課程の編成に当たっては，次の事項に配慮しながら，学校段階間の接続を図るものとする。

(1) 小学校学習指導要領を踏まえ，小学校教育までの学習の成果が中学校教育に円滑に接続され，義務教育段階の終わりまでに育成することを目指す資質・能力を，生徒が確実に身に付けることができるよう工夫すること。特に，義務教育学校，小学校連携型中学校及び小学校併設型中学校においては，義務教育9年間を見通した計画的かつ継続的な教育課程を編成すること。

(2) 高等学校学習指導要領を踏まえ，高等学校教育及びその後の教育との円滑な接続が図られるよう工夫すること。特に，中等教育学校，連携型中学校及び併設型中学校においては，中等教育6年間を見通し

た計画的かつ継続的な教育課程を編成すること。

● 第3　教育課程の実施と学習評価

1　主体的・対話的で深い学びの実現に向けた授業改善
　各教科等の指導に当たっては，次の事項に配慮するものとする。
(1) 第1の3の(1)から(3)までに示すことが偏りなく実現されるよう，単元や題材など内容や時間のまとまりを見通しながら，生徒の主体的・対話的で深い学びの実現に向けた授業改善を行うこと。
　特に，各教科等において身に付けた知識及び技能を活用したり，思考力，判断力，表現力等や学びに向かう力，人間性等を発揮させたりして，学習の対象となる物事を捉え思考することにより，各教科等の特質に応じた物事を捉える視点や考え方（以下「見方・考え方」という。）が鍛えられていくことに留意し，生徒が各教科等の特質に応じた見方・考え方を働かせながら，知識を相互に関連付けてより深く理解したり，情報を精査して考えを形成したり，問題を見いだして解決策を考えたり，思いや考えを基に創造したりすることに向かう過程を重視した学習の充実を図ること。
(2) 第2の2の(1)に示す言語能力の育成を図るため，各学校において必要な言語環境を整えるとともに，国語科を要としつつ各教科等の特質に応じて，生徒の言語活動を充実すること。あわせて，(7)に示すとおり読書活動を充実すること。
(3) 第2の2の(1)に示す情報活用能力の育成を図るため，各学校において，コンピュータや情報通信ネットワークなどの情報手段を活用するために必要な環境を整え，これらを適切に活用した学習活動の充実を図ること。また，各種の統計資料や新聞，視聴覚教材や教育機器などの教材・教具の適切な活用を図ること。
(4) 生徒が学習の見通しを立てたり学習したことを振り返ったりする活動を，計画的に取り入れるように工夫すること。
(5) 生徒が生命の有限性や自然の大切さ，主体的に挑戦してみることや多様な他者と協働することの重要性などを実感しながら理解することができるよう，各教科等の特質に応じた体験活動を重視し，家庭や地域社会と連携しつつ体系的・継続的に実施できるよう工夫すること。
(6) 生徒が自ら学習課題や学習活動を選択する機会を設けるなど，生徒の興味・関心を生かした自主的，自発的な学習が促されるよう工夫すること。
(7) 学校図書館を計画的に利用しその機能の活用を図り，生徒の主体的・対話的で深い学びの実現に向けた授業改善に生かすとともに，生徒の自主的，自発的な学習活動や読書活動を充実すること。また，地域の図書館や博物館，美術館，劇場，音楽堂等の施設の活用を積極的に図り，資料を活用した情報の収集や鑑賞等の学習活動を充実すること。
2　学習評価の充実
　学習評価の実施に当たっては，次の事項に配慮するものとする。
(1) 生徒のよい点や進歩の状況などを積極的に評価し，学習したことの意義や価値を実感できるようにすること。また，各教科等の目標の実現に向けた学習状況を把握する観点から，単元や題材など内容や時間のまとまりを見通しながら評価の場面や方法を工夫して，学習の過程や成果を評価し，指導の改善や学習意欲の向上を図り，資質・能力の育成に生かすようにすること。
(2) 創意工夫の中で学習評価の妥当性や信頼性が高められるよう，組織的かつ計画的な取組を推進するとともに，学年や学校段階を越えて生徒の学習の成果が円滑に接続されるように工夫すること。

第4 生徒の発達の支援

1　生徒の発達を支える指導の充実

教育課程の編成及び実施に当たっては，次の事項に配慮するものとする。

(1) 学習や生活の基盤として，教師と生徒との信頼関係及び生徒相互のよりよい人間関係を育てるため，日頃から学級経営の充実を図ること。また，主に集団の場面で必要な指導や援助を行うガイダンスと，個々の生徒の多様な実態を踏まえ，一人一人が抱える課題に個別に対応した指導を行うカウンセリングの双方により，生徒の発達を支援すること。

(2) 生徒が，自己の存在感を実感しながら，よりよい人間関係を形成し，有意義で充実した学校生活を送る中で，現在及び将来における自己実現を図っていくことができるよう，生徒理解を深め，学習指導と関連付けながら，生徒指導の充実を図ること。

(3) 生徒が，学ぶことと自己の将来とのつながりを見通しながら，社会的・職業的自立に向けて必要な基盤となる資質・能力を身に付けていくことができるよう，特別活動を要としつつ各教科等の特質に応じて，キャリア教育の充実を図ること。その中で，生徒が自らの生き方を考え主体的に進路を選択することができるよう，学校の教育活動全体を通じ，組織的かつ計画的な進路指導を行うこと。

(4) 生徒が，基礎的・基本的な知識及び技能の習得も含め，学習内容を確実に身に付けることができるよう，生徒や学校の実態に応じ，個別学習やグループ別学習，繰り返し学習，学習内容の習熟の程度に応じた学習，生徒の興味・関心等に応じた課題学習，補充的な学習や発展的な学習などの学習活動を取り入れることや，教師間の協力による指導体制を確保することなど，指導方法や指導体制の工夫改善により，個に応じた指導の充実を図ること。その際，第3の1の(3)に示す情報手段や教材・教具の活用を図ること。

2　特別な配慮を必要とする生徒への指導

(1) 障害のある生徒などへの指導

ア　障害のある生徒などについては，特別支援学校等の助言又は援助を活用しつつ，個々の生徒の障害の状態等に応じた指導内容や指導方法の工夫を組織的かつ計画的に行うものとする。

イ　特別支援学級において実施する特別の教育課程については，次のとおり編成するものとする。

(ア) 障害による学習上又は生活上の困難を克服し自立を図るため，特別支援学校小学部・中学部学習指導要領第7章に示す自立活動を取り入れること。

(イ) 生徒の障害の程度や学級の実態等を考慮の上，各教科の目標や内容を下学年の教科の目標や内容に替えたり，各教科を，知的障害者である生徒に対する教育を行う特別支援学校の各教科に替えたりするなどして，実態に応じた教育課程を編成すること。

ウ　障害のある生徒に対して，通級による指導を行い，特別の教育課程を編成する場合には，特別支援学校小学部・中学部学習指導要領第7章に示す自立活動の内容を参考とし，具体的な目標や内容を定め，指導を行うものとする。その際，効果的な指導が行われるよう，各教科等と通級による指導との関連を図るなど，教師間の連携に努めるものとする。

エ　障害のある生徒などについては，家庭，地域及び医療や福祉，保健，労働等の業務を行う関係機関との連携を図り，長期的な視点で生徒への教育的支援を行うために，個別の教育支援計画を作成し活用することに努めるとともに，各教科等の指導に当たって，個々の生徒の実態を的確に把握し，個別の指導計画を作成し活用することに努めるものとする。特に，特別支援学級に在籍する生徒や通級による指導を受ける生徒については，個々の生徒の実態を的確に把握し，個別の教育支援計画や個別の指導計画を作成し，効果的に活用するものとする。

(2) 海外から帰国した生徒などの学校生活への適応や，日本語の習得に困難のある生徒に対する日本語指

導
　ア　海外から帰国した生徒などについては，学校生活への適応を図るとともに，外国における生活経験を生かすなどの適切な指導を行うものとする。
　イ　日本語の習得に困難のある生徒については，個々の生徒の実態に応じた指導内容や指導方法の工夫を組織的かつ計画的に行うものとする。特に，通級による日本語指導については，教師間の連携に努め，指導についての計画を個別に作成することなどにより，効果的な指導に努めるものとする。
(3) 不登校生徒への配慮
　ア　不登校生徒については，保護者や関係機関と連携を図り，心理や福祉の専門家の助言又は援助を得ながら，社会的自立を目指す観点から，個々の生徒の実態に応じた情報の提供その他の必要な支援を行うものとする。
　イ　相当の期間中学校を欠席し引き続き欠席すると認められる生徒を対象として，文部科学大臣が認める特別の教育課程を編成する場合には，生徒の実態に配慮した教育課程を編成するとともに，個別学習やグループ別学習など指導方法や指導体制の工夫改善に努めるものとする。
(4) 学齢を経過した者への配慮
　ア　夜間その他の特別の時間に授業を行う課程において学齢を経過した者を対象として特別の教育課程を編成する場合には，学齢を経過した者の年齢，経験又は勤労状況その他の実情を踏まえ，中学校教育の目的及び目標並びに第2章以下に示す各教科等の目標に照らして，中学校教育を通じて育成を目指す資質・能力を身に付けることができるようにするものとする。
　イ　学齢を経過した者を教育する場合には，個別学習やグループ別学習など指導方法や指導体制の工夫改善に努めるものとする。

● 第5　学校運営上の留意事項

1　教育課程の改善と学校評価，教育課程外の活動との連携等
　ア　各学校においては，校長の方針の下に，校務分掌に基づき教職員が適切に役割を分担しつつ，相互に連携しながら，各学校の特色を生かしたカリキュラム・マネジメントを行うよう努めるものとする。また，各学校が行う学校評価については，教育課程の編成，実施，改善が教育活動や学校運営の中核となることを踏まえつつ，カリキュラム・マネジメントと関連付けながら実施するよう留意するものとする。
　イ　教育課程の編成及び実施に当たっては，学校保健計画，学校安全計画，食に関する指導の全体計画，いじめの防止等のための対策に関する基本的な方針など，各分野における学校の全体計画等と関連付けながら，効果的な指導が行われるように留意するものとする。
　ウ　教育課程外の学校教育活動と教育課程の関連が図られるように留意するものとする。特に，生徒の自主的，自発的な参加により行われる部活動については，スポーツや文化，科学等に親しませ，学習意欲の向上や責任感，連帯感の涵養等，学校教育が目指す資質・能力の育成に資するものであり，学校教育の一環として，教育課程との関連が図られるよう留意すること。その際，学校や地域の実態に応じ，地域の人々の協力，社会教育施設や社会教育関係団体等の各種団体との連携などの運営上の工夫を行い，持続可能な運営体制が整えられるようにするものとする。
2　家庭や地域社会との連携及び協働と学校間の連携
　教育課程の編成及び実施に当たっては，次の事項に配慮するものとする。
　ア　学校がその目的を達成するため，学校や地域の実態等に応じ，教育活動の実施に必要な人的又は物的な体制を家庭や地域の人々の協力を得ながら整えるなど，家庭や地域社会との連携及び協働を深め

ること。また，高齢者や異年齢の子供など，地域における世代を越えた交流の機会を設けること。
　　イ　他の中学校や，幼稚園，認定こども園，保育所，小学校，高等学校，特別支援学校などとの間の連携や交流を図るとともに，障害のある幼児児童生徒との交流及び共同学習の機会を設け，共に尊重し合いながら協働して生活していく態度を育むようにすること。

第6　道徳教育に関する配慮事項

　道徳教育を進めるに当たっては，道徳教育の特質を踏まえ，前項までに示す事項に加え，次の事項に配慮するものとする。
1　各学校においては，第1の2の(2)に示す道徳教育の目標を踏まえ，道徳教育の全体計画を作成し，校長の方針の下に，道徳教育の推進を主に担当する教師（以下「道徳教育推進教師」という。）を中心に，全教師が協力して道徳教育を展開すること。なお，道徳教育の全体計画の作成に当たっては，生徒や学校，地域の実態を考慮して，学校の道徳教育の重点目標を設定するとともに，道徳科の指導方針，第3章特別の教科道徳の第2に示す内容との関連を踏まえた各教科，総合的な学習の時間及び特別活動における指導の内容及び時期並びに家庭や地域社会との連携の方法を示すこと。
2　各学校においては，生徒の発達の段階や特性等を踏まえ，指導内容の重点化を図ること。その際，小学校における道徳教育の指導内容を更に発展させ，自立心や自律性を高め，規律ある生活をすること，生命を尊重する心や自らの弱さを克服して気高く生きようとする心を育てること，法やきまりの意義に関する理解を深めること，自らの将来の生き方を考え主体的に社会の形成に参画する意欲と態度を養うこと，伝統と文化を尊重し，それらを育んできた我が国と郷土を愛するとともに，他国を尊重すること，国際社会に生きる日本人としての自覚を身に付けることに留意すること。
3　学校や学級内の人間関係や環境を整えるとともに，職場体験活動やボランティア活動，自然体験活動，地域の行事への参加などの豊かな体験を充実すること。また，道徳教育の指導内容が，生徒の日常生活に生かされるようにすること。その際，いじめの防止や安全の確保等にも資することとなるよう留意すること。
4　学校の道徳教育の全体計画や道徳教育に関する諸活動などの情報を積極的に公表したり，道徳教育の充実のために家庭や地域の人々の積極的な参加や協力を得たりするなど，家庭や地域社会との共通理解を深め，相互の連携を図ること。

第2章　各教科

第1節　国語

第1　目標

言葉による見方・考え方を働かせ，言語活動を通して，国語で正確に理解し適切に表現する資質・能力を次のとおり育成することを目指す。

(1) 社会生活に必要な国語について，その特質を理解し適切に使うことができるようにする。
(2) 社会生活における人との関わりの中で伝え合う力を高め，思考力や想像力を養う。
(3) 言葉がもつ価値を認識するとともに，言語感覚を豊かにし，我が国の言語文化に関わり，国語を尊重してその能力の向上を図る態度を養う。

第2　各学年の目標及び内容

〔第1学年〕

1　目標

(1) 社会生活に必要な国語の知識や技能を身に付けるとともに，我が国の言語文化に親しんだり理解したりすることができるようにする。
(2) 筋道立てて考える力や豊かに感じたり想像したりする力を養い，日常生活における人との関わりの中で伝え合う力を高め，自分の思いや考えを確かなものにすることができるようにする。
(3) 言葉がもつ価値に気付くとともに，進んで読書をし，我が国の言語文化を大切にして，思いや考えを伝え合おうとする態度を養う。

2　内容

〔知識及び技能〕

(1) 言葉の特徴や使い方に関する次の事項を身に付けることができるよう指導する。
　ア　音声の働きや仕組みについて，理解を深めること。
　イ　小学校学習指導要領第2章第1節国語の学年別漢字配当表（以下「学年別漢字配当表」という。）に示されている漢字に加え，その他の常用漢字のうち300字程度から400字程度までの漢字を読むこと。また，学年別漢字配当表の漢字のうち900字程度の漢字を書き，文や文章の中で使うこと。
　ウ　事象や行為，心情を表す語句の量を増すとともに，語句の辞書的な意味と文脈上の意味との関係に注意して話や文章の中で使うことを通して，語感を磨き語彙を豊かにすること。
　エ　単語の類別について理解するとともに，指示する語句と接続する語句の役割について理解を深めること。
　オ　比喩，反復，倒置，体言止めなどの表現の技法を理解し使うこと。
(2) 話や文章に含まれている情報の扱い方に関する次の事項を身に付けることができるよう指導する。
　ア　原因と結果，意見と根拠など情報と情報との関係について理解すること。
　イ　比較や分類，関係付けなどの情報の整理の仕方，引用の仕方や出典の示し方について理解を深め，それらを使うこと。
(3) 我が国の言語文化に関する次の事項を身に付けることができるよう指導する。

ア　音読に必要な文語のきまりや訓読の仕方を知り，古文や漢文を音読し，古典特有のリズムを通して，古典の世界に親しむこと。
　　イ　古典には様々な種類の作品があることを知ること。
　　ウ　共通語と方言の果たす役割について理解すること。
　　エ　書写に関する次の事項を理解し使うこと。
　　　(ｱ)　字形を整え，文字の大きさ，配列などについて理解して，楷書で書くこと。
　　　(ｲ)　漢字の行書の基礎的な書き方を理解して，身近な文字を行書で書くこと。
　　オ　読書が，知識や情報を得たり，自分の考えを広げたりすることに役立つことを理解すること。
〔思考力，判断力，表現力等〕
A　話すこと・聞くこと
(1)　話すこと・聞くことに関する次の事項を身に付けることができるよう指導する。
　　ア　目的や場面に応じて，日常生活の中から話題を決め，集めた材料を整理し，伝え合う内容を検討すること。
　　イ　自分の考えや根拠が明確になるように，話の中心的な部分と付加的な部分，事実と意見との関係などに注意して，話の構成を考えること。
　　ウ　相手の反応を踏まえながら，自分の考えが分かりやすく伝わるように表現を工夫すること。
　　エ　必要に応じて記録したり質問したりしながら話の内容を捉え，共通点や相違点などを踏まえて，自分の考えをまとめること。
　　オ　話題や展開を捉えながら話し合い，互いの発言を結び付けて考えをまとめること。
(2)　(1)に示す事項については，例えば，次のような言語活動を通して指導するものとする。
　　ア　紹介や報告など伝えたいことを話したり，それらを聞いて質問したり意見などを述べたりする活動。
　　イ　互いの考えを伝えるなどして，少人数で話し合う活動。
B　書くこと
(1)　書くことに関する次の事項を身に付けることができるよう指導する。
　　ア　目的や意図に応じて，日常生活の中から題材を決め，集めた材料を整理し，伝えたいことを明確にすること。
　　イ　書く内容の中心が明確になるように，段落の役割などを意識して文章の構成や展開を考えること。
　　ウ　根拠を明確にしながら，自分の考えが伝わる文章になるように工夫すること。
　　エ　読み手の立場に立って，表記や語句の用法，叙述の仕方などを確かめて，文章を整えること。
　　オ　根拠の明確さなどについて，読み手からの助言などを踏まえ，自分の文章のよい点や改善点を見いだすこと。
(2)　(1)に示す事項については，例えば，次のような言語活動を通して指導するものとする。
　　ア　本や資料から文章や図表などを引用して説明したり記録したりするなど，事実やそれを基に考えたことを書く活動。
　　イ　行事の案内や報告の文章を書くなど，伝えるべきことを整理して書く活動。
　　ウ　詩を創作したり随筆を書いたりするなど，感じたことや考えたことを書く活動。
C　読むこと
(1)　読むことに関する次の事項を身に付けることができるよう指導する。
　　ア　文章の中心的な部分と付加的な部分，事実と意見との関係などについて叙述を基に捉え，要旨を把握すること。
　　イ　場面の展開や登場人物の相互関係，心情の変化などについて，描写を基に捉えること。

ウ　目的に応じて必要な情報に着目して要約したり，場面と場面，場面と描写などを結び付けたりして，内容を解釈すること。
　エ　文章の構成や展開，表現の効果について，根拠を明確にして考えること。
　オ　文章を読んで理解したことに基づいて，自分の考えを確かなものにすること。
(2) (1)に示す事項については，例えば，次のような言語活動を通して指導するものとする。
　ア　説明や記録などの文章を読み，理解したことや考えたことを報告したり文章にまとめたりする活動。
　イ　小説や随筆などを読み，考えたことなどを記録したり伝え合ったりする活動。
　ウ　学校図書館などを利用し，多様な情報を得て，考えたことなどを報告したり資料にまとめたりする活動。

〔第2学年〕
1　目　標
(1) 社会生活に必要な国語の知識や技能を身に付けるとともに，我が国の言語文化に親しんだり理解したりすることができるようにする。
(2) 論理的に考える力や共感したり想像したりする力を養い，社会生活における人との関わりの中で伝え合う力を高め，自分の思いや考えを広げたり深めたりすることができるようにする。
(3) 言葉がもつ価値を認識するとともに，読書を生活に役立て，我が国の言語文化を大切にして，思いや考えを伝え合おうとする態度を養う。

2　内　容
〔知識及び技能〕
(1) 言葉の特徴や使い方に関する次の事項を身に付けることができるよう指導する。
　ア　言葉には，相手の行動を促す働きがあることに気付くこと。
　イ　話し言葉と書き言葉の特徴について理解すること。
　ウ　第1学年までに学習した常用漢字に加え，その他の常用漢字のうち350字程度から450字程度までの漢字を読むこと。また，学年別漢字配当表に示されている漢字を書き，文や文章の中で使うこと。
　エ　抽象的な概念を表す語句の量を増すとともに，類義語と対義語，同音異義語や多義的な意味を表す語句などについて理解し，話や文章の中で使うことを通して，語感を磨き語彙を豊かにすること。
　オ　単語の活用，助詞や助動詞などの働き，文の成分の順序や照応など文の構成について理解するとともに，話や文章の構成や展開について理解を深めること。
　カ　敬語の働きについて理解し，話や文章の中で使うこと。
(2) 話や文章に含まれている情報の扱い方に関する次の事項を身に付けることができるよう指導する。
　ア　意見と根拠，具体と抽象など情報と情報との関係について理解すること。
　イ　情報と情報との関係の様々な表し方を理解し使うこと。
(3) 我が国の言語文化に関する次の事項を身に付けることができるよう指導する。
　ア　作品の特徴を生かして朗読するなどして，古典の世界に親しむこと。
　イ　現代語訳や語注などを手掛かりに作品を読むことを通して，古典に表れたものの見方や考え方を知ること。
　ウ　書写に関する次の事項を理解し使うこと。
　　(ｱ)　漢字の行書とそれに調和した仮名の書き方を理解して，読みやすく速く書くこと。

(イ) 目的や必要に応じて，楷書又は行書を選んで書くこと。
　エ　本や文章などには，様々な立場や考え方が書かれていることを知り，自分の考えを広げたり深めたりする読書に生かすこと。
〔思考力，判断力，表現力等〕
A　話すこと・聞くこと
(1) 話すこと・聞くことに関する次の事項を身に付けることができるよう指導する。
　ア　目的や場面に応じて，社会生活の中から話題を決め，異なる立場や考えを想定しながら集めた材料を整理し，伝え合う内容を検討すること。
　イ　自分の立場や考えが明確になるように，根拠の適切さや論理の展開などに注意して，話の構成を工夫すること。
　ウ　資料や機器を用いるなどして，自分の考えが分かりやすく伝わるように表現を工夫すること。
　エ　論理の展開などに注意して聞き，話し手の考えと比較しながら，自分の考えをまとめること。
　オ　互いの立場や考えを尊重しながら話し合い，結論を導くために考えをまとめること。
(2) (1)に示す事項については，例えば，次のような言語活動を通して指導するものとする。
　ア　説明や提案など伝えたいことを話したり，それらを聞いて質問や助言などをしたりする活動。
　イ　それぞれの立場から考えを伝えるなどして，議論や討論をする活動。
B　書くこと
(1) 書くことに関する次の事項を身に付けることができるよう指導する。
　ア　目的や意図に応じて，社会生活の中から題材を決め，多様な方法で集めた材料を整理し，伝えたいことを明確にすること。
　イ　伝えたいことが分かりやすく伝わるように，段落相互の関係などを明確にし，文章の構成や展開を工夫すること。
　ウ　根拠の適切さを考えて説明や具体例を加えたり，表現の効果を考えて描写したりするなど，自分の考えが伝わる文章になるように工夫すること。
　エ　読み手の立場に立って，表現の効果などを確かめて，文章を整えること。
　オ　表現の工夫とその効果などについて，読み手からの助言などを踏まえ，自分の文章のよい点や改善点を見いだすこと。
(2) (1)に示す事項については，例えば，次のような言語活動を通して指導するものとする。
　ア　多様な考えができる事柄について意見を述べるなど，自分の考えを書く活動。
　イ　社会生活に必要な手紙や電子メールを書くなど，伝えたいことを相手や媒体を考慮して書く活動。
　ウ　短歌や俳句，物語を創作するなど，感じたことや想像したことを書く活動。
C　読むこと
(1) 読むことに関する次の事項を身に付けることができるよう指導する。
　ア　文章全体と部分との関係に注意しながら，主張と例示との関係や登場人物の設定の仕方などを捉えること。
　イ　目的に応じて複数の情報を整理しながら適切な情報を得たり，登場人物の言動の意味などについて考えたりして，内容を解釈すること。
　ウ　文章と図表などを結び付け，その関係を踏まえて内容を解釈すること。
　エ　観点を明確にして文章を比較するなどし，文章の構成や論理の展開，表現の効果について考えること。
　オ　文章を読んで理解したことや考えたことを知識や経験と結び付け，自分の考えを広げたり深めたりすること。

(2) (1)に示す事項については，例えば，次のような言語活動を通して指導するものとする。
　ア　報告や解説などの文章を読み，理解したことや考えたことを説明したり文章にまとめたりする活動。
　イ　詩歌や小説などを読み，引用して解説したり，考えたことなどを伝え合ったりする活動。
　ウ　本や新聞，インターネットなどから集めた情報を活用し，出典を明らかにしながら，考えたことなどを説明したり提案したりする活動。

〔第3学年〕

1　目　標

(1) 社会生活に必要な国語の知識や技能を身に付けるとともに，我が国の言語文化に親しんだり理解したりすることができるようにする。
(2) 論理的に考える力や深く共感したり豊かに想像したりする力を養い，社会生活における人との関わりの中で伝え合う力を高め，自分の思いや考えを広げたり深めたりすることができるようにする。
(3) 言葉がもつ価値を認識するとともに，読書を通して自己を向上させ，我が国の言語文化に関わり，思いや考えを伝え合おうとする態度を養う。

2　内　容

〔知識及び技能〕
(1) 言葉の特徴や使い方に関する次の事項を身に付けることができるよう指導する。
　ア　第2学年までに学習した常用漢字に加え，その他の常用漢字の大体を読むこと。また，学年別漢字配当表に示されている漢字について，文や文章の中で使い慣れること。
　イ　理解したり表現したりするために必要な語句の量を増し，慣用句や四字熟語などについて理解を深め，話や文章の中で使うとともに，和語，漢語，外来語などを使い分けることを通して，語感を磨き語彙を豊かにすること。
　ウ　話や文章の種類とその特徴について理解を深めること。
　エ　敬語などの相手や場に応じた言葉遣いを理解し，適切に使うこと。
(2) 話や文章に含まれている情報の扱い方に関する次の事項を身に付けることができるよう指導する。
　ア　具体と抽象など情報と情報との関係について理解を深めること。
　イ　情報の信頼性の確かめ方を理解し使うこと。
(3) 我が国の言語文化に関する次の事項を身に付けることができるよう指導する。
　ア　歴史的背景などに注意して古典を読むことを通して，その世界に親しむこと。
　イ　長く親しまれている言葉や古典の一節を引用するなどして使うこと。
　ウ　時間の経過による言葉の変化や世代による言葉の違いについて理解すること。
　エ　書写に関する次の事項を理解し使うこと。
　　(ｱ)　身の回りの多様な表現を通して文字文化の豊かさに触れ，効果的に文字を書くこと。
　オ　自分の生き方や社会との関わり方を支える読書の意義と効用について理解すること。

〔思考力，判断力，表現力等〕
A　話すこと・聞くこと
(1) 話すこと・聞くことに関する次の事項を身に付けることができるよう指導する。
　ア　目的や場面に応じて，社会生活の中から話題を決め，多様な考えを想定しながら材料を整理し，伝え合う内容を検討すること。
　イ　自分の立場や考えを明確にし，相手を説得できるように論理の展開などを考えて，話の構成を工

夫すること。
ウ　場の状況に応じて言葉を選ぶなど，自分の考えが分かりやすく伝わるように表現を工夫すること。
エ　話の展開を予測しながら聞き，聞き取った内容や表現の仕方を評価して，自分の考えを広げたり深めたりすること。
オ　進行の仕方を工夫したり互いの発言を生かしたりしながら話し合い，合意形成に向けて考えを広げたり深めたりすること。

(2) (1)に示す事項については，例えば，次のような言語活動を通して指導するものとする。
ア　提案や主張など自分の考えを話したり，それらを聞いて質問したり評価などを述べたりする活動。
イ　互いの考えを生かしながら議論や討論をする活動。

B　書くこと
(1) 書くことに関する次の事項を身に付けることができるよう指導する。
ア　目的や意図に応じて，社会生活の中から題材を決め，集めた材料の客観性や信頼性を確認し，伝えたいことを明確にすること。
イ　文章の種類を選択し，多様な読み手を説得できるように論理の展開などを考えて，文章の構成を工夫すること。
ウ　表現の仕方を考えたり資料を適切に引用したりするなど，自分の考えが分かりやすく伝わる文章になるように工夫すること。
エ　目的や意図に応じた表現になっているかなどを確かめて，文章全体を整えること。
オ　論理の展開などについて，読み手からの助言などを踏まえ，自分の文章のよい点や改善点を見いだすこと。

(2) (1)に示す事項については，例えば，次のような言語活動を通して指導するものとする。
ア　関心のある事柄について批評するなど，自分の考えを書く活動。
イ　情報を編集して文章にまとめるなど，伝えたいことを整理して書く活動。

C　読むこと
(1) 読むことに関する次の事項を身に付けることができるよう指導する。
ア　文章の種類を踏まえて，論理や物語の展開の仕方などを捉えること。
イ　文章を批判的に読みながら，文章に表れているものの見方や考え方について考えること。
ウ　文章の構成や論理の展開，表現の仕方について評価すること。
エ　文章を読んで考えを広げたり深めたりして，人間，社会，自然などについて，自分の意見をもつこと。

(2) (1)に示す事項については，例えば，次のような言語活動を通して指導するものとする。
ア　論説や報道などの文章を比較するなどして読み，理解したことや考えたことについて討論したり文章にまとめたりする活動。
イ　詩歌や小説などを読み，批評したり，考えたことなどを伝え合ったりする活動。
ウ　実用的な文章を読み，実生活への生かし方を考える活動。

● 第3　指導計画の作成と内容の取扱い

1　指導計画の作成に当たっては，次の事項に配慮するものとする。
(1) 単元など内容や時間のまとまりを見通して，その中で育む資質・能力の育成に向けて，生徒の主体的・対話的で深い学びの実現を図るようにすること。その際，言葉による見方・考え方を働かせ，言語活動を通して，言葉の特徴や使い方などを理解し自分の思いや考えを深める学習の充実を図ること。

(2) 第2の各学年の内容の指導については，必要に応じて当該学年の前後の学年で取り上げることもできること。
(3) 第2の各学年の内容の〔知識及び技能〕に示す事項については，〔思考力，判断力，表現力等〕に示す事項の指導を通して指導することを基本とし，必要に応じて，特定の事項だけを取り上げて指導したり，それらをまとめて指導したりするなど，指導の効果を高めるよう工夫すること。
(4) 第2の各学年の内容の〔思考力，判断力，表現力等〕の「A話すこと・聞くこと」に関する指導については，第1学年及び第2学年では年間15〜25単位時間程度，第3学年では年間10〜20単位時間程度を配当すること。その際，音声言語のための教材を積極的に活用するなどして，指導の効果を高めるよう工夫すること。
(5) 第2の各学年の内容の〔思考力，判断力，表現力等〕の「B書くこと」に関する指導については，第1学年及び第2学年では年間30〜40単位時間程度，第3学年では年間20〜30単位時間程度を配当すること。その際，実際に文章を書く活動を重視すること。
(6) 第2の第1学年及び第3学年の内容の〔知識及び技能〕の(3)のオ，第2学年の内容の〔知識及び技能〕の(3)のエ，各学年の内容の〔思考力，判断力，表現力等〕の「C読むこと」に関する指導については，様々な文章を読んで，自分の表現に役立てられるようにするとともに，他教科等における読書の指導や学校図書館における指導との関連を考えて行うこと。
(7) 言語能力の向上を図る観点から，外国語科など他教科等との関連を積極的に図り，指導の効果を高めるようにすること。
(8) 障害のある生徒などについては，学習活動を行う場合に生じる困難さに応じた指導内容や指導方法の工夫を計画的，組織的に行うこと。
(9) 第1章総則の第1の2の(2)に示す道徳教育の目標に基づき，道徳科などとの関連を考慮しながら，第3章特別の教科道徳の第2に示す内容について，国語科の特質に応じて適切な指導をすること。

2 第2の内容の取扱いについては，次の事項に配慮するものとする。
(1) 〔知識及び技能〕に示す事項については，次のとおり取り扱うこと。
　ア　日常の言語活動を振り返ることなどを通して，生徒が，実際に話したり聞いたり書いたり読んだりする場面を意識できるよう指導を工夫すること。
　イ　漢字の指導については，第2の内容に定めるほか，次のとおり取り扱うこと。
　　(ｱ) 他教科等の学習において必要となる漢字については，当該教科等と関連付けて指導するなど，その確実な定着が図られるよう工夫すること。
　ウ　書写の指導については，第2の内容に定めるほか，次のとおり取り扱うこと。
　　(ｱ) 文字を正しく整えて速く書くことができるようにするとともに，書写の能力を学習や生活に役立てる態度を育てるよう配慮すること。
　　(ｲ) 硬筆を使用する書写の指導は各学年で行うこと。
　　(ｳ) 毛筆を使用する書写の指導は各学年で行い，硬筆による書写の能力の基礎を養うよう指導すること。
　　(ｴ) 書写の指導に配当する授業時数は，第1学年及び第2学年では年間20単位時間程度，第3学年では年間10単位時間程度とすること。
(2) 第2の内容の指導に当たっては，生徒がコンピュータや情報通信ネットワークを積極的に活用する機会を設けるなどして，指導の効果を高めるよう工夫すること。
(3) 第2の内容の指導に当たっては，学校図書館などを目的をもって計画的に利用しその機能の活用を図るようにすること。

3 教材については，次の事項に留意するものとする。

(1) 教材は，第2の各学年の目標及び内容に示す資質・能力を偏りなく養うことや読書に親しむ態度を育成することをねらいとし，生徒の発達の段階に即して適切な話題や題材を精選して調和的に取り上げること。また，第2の各学年の内容の〔思考力，判断力，表現力等〕の「A話すこと・聞くこと」，「B書くこと」及び「C読むこと」のそれぞれの(2)に掲げる言語活動が十分行われるよう教材を選定すること。
(2) 教材は，次のような観点に配慮して取り上げること。
　ア　国語に対する認識を深め，国語を尊重する態度を育てるのに役立つこと。
　イ　伝え合う力，思考力や想像力を養い言語感覚を豊かにするのに役立つこと。
　ウ　公正かつ適切に判断する能力や創造的精神を養うのに役立つこと。
　エ　科学的，論理的に物事を捉え考察し，視野を広げるのに役立つこと。
　オ　人生について考えを深め，豊かな人間性を養い，たくましく生きる意志を育てるのに役立つこと。
　カ　人間，社会，自然などについての考えを深めるのに役立つこと。
　キ　我が国の伝統と文化に対する関心や理解を深め，それらを尊重する態度を育てるのに役立つこと。
　ク　広い視野から国際理解を深め，日本人としての自覚をもち，国際協調の精神を養うのに役立つこと。
(3) 第2の各学年の内容の〔思考力，判断力，表現力等〕の「C読むこと」の教材については，各学年で説明的な文章や文学的な文章などの文章の種類を調和的に取り扱うこと。また，説明的な文章については，適宜，図表や写真などを含むものを取り上げること。
(4) 我が国の言語文化に親しむことができるよう，近代以降の代表的な作家の作品を，いずれかの学年で取り上げること。
(5) 古典に関する教材については，古典の原文に加え，古典の現代語訳，古典について解説した文章などを取り上げること。

第2節　社会

● 第1　目標

社会的な見方・考え方を働かせ，課題を追究したり解決したりする活動を通して，広い視野に立ち，グローバル化する国際社会に主体的に生きる平和で民主的な国家及び社会の形成者に必要な公民としての資質・能力の基礎を次のとおり育成することを目指す。

(1) 我が国の国土と歴史，現代の政治，経済，国際関係等に関して理解するとともに，調査や諸資料から様々な情報を効果的に調べまとめる技能を身に付けるようにする。

(2) 社会的事象の意味や意義，特色や相互の関連を多面的・多角的に考察したり，社会に見られる課題の解決に向けて選択・判断したりする力，思考・判断したことを説明したり，それらを基に議論したりする力を養う。

(3) 社会的事象について，よりよい社会の実現を視野に課題を主体的に解決しようとする態度を養うとともに，多面的・多角的な考察や深い理解を通して涵養される我が国の国土や歴史に対する愛情，国民主権を担う公民として，自国を愛し，その平和と繁栄を図ることや，他国や他国の文化を尊重することの大切さについての自覚などを深める。

● 第2　各分野の目標及び内容

〔地理的分野〕

1　目標

社会的事象の地理的な見方・考え方を働かせ，課題を追究したり解決したりする活動を通して，広い視野に立ち，グローバル化する国際社会に主体的に生きる平和で民主的な国家及び社会の形成者に必要な公民としての資質・能力の基礎を次のとおり育成することを目指す。

(1) 我が国の国土及び世界の諸地域に関して，地域の諸事象や地域的特色を理解するとともに，調査や諸資料から地理に関する様々な情報を効果的に調べまとめる技能を身に付けるようにする。

(2) 地理に関わる事象の意味や意義，特色や相互の関連を，位置や分布，場所，人間と自然環境との相互依存関係，空間的相互依存作用，地域などに着目して，多面的・多角的に考察したり，地理的な課題の解決に向けて公正に選択・判断したりする力，思考・判断したことを説明したり，それらを基に議論したりする力を養う。

(3) 日本や世界の地域に関わる諸事象について，よりよい社会の実現を視野にそこで見られる課題を主体的に追究，解決しようとする態度を養うとともに，多面的・多角的な考察や深い理解を通して涵養される我が国の国土に対する愛情，世界の諸地域の多様な生活文化を尊重しようとすることの大切さについての自覚などを深める。

2　内容

A　世界と日本の地域構成

(1) 地域構成

次の①と②の地域構成を取り上げ，位置や分布などに着目して，課題を追究したり解決したりする活動を通して，以下のア及びイの事項を身に付けることができるよう指導する。

①　世界の地域構成　　　②　日本の地域構成

ア　次のような知識を身に付けること。
　　　(ｱ)　緯度と経度，大陸と海洋の分布，主な国々の名称と位置などを基に，世界の地域構成を大観し理解すること。
　　　(ｲ)　我が国の国土の位置，世界各地との時差，領域の範囲や変化とその特色などを基に，日本の地域構成を大観し理解すること。
　　イ　次のような思考力，判断力，表現力等を身に付けること。
　　　(ｱ)　世界の地域構成の特色を，大陸と海洋の分布や主な国の位置，緯度や経度などに着目して多面的・多角的に考察し，表現すること。
　　　(ｲ)　日本の地域構成の特色を，周辺の海洋の広がりや国土を構成する島々の位置などに着目して多面的・多角的に考察し，表現すること。
B　世界の様々な地域
　(1)　世界各地の人々の生活と環境
　　　場所や人間と自然環境との相互依存関係などに着目して，課題を追究したり解決したりする活動を通して，次の事項を身に付けることができるよう指導する。
　　ア　次のような知識を身に付けること。
　　　(ｱ)　人々の生活は，その生活が営まれる場所の自然及び社会的条件から影響を受けたり，その場所の自然及び社会的条件に影響を与えたりすることを理解すること。
　　　(ｲ)　世界各地における人々の生活やその変容を基に，世界の人々の生活や環境の多様性を理解すること。その際，世界の主な宗教の分布についても理解すること。
　　イ　次のような思考力，判断力，表現力等を身に付けること。
　　　(ｱ)　世界各地における人々の生活の特色やその変容の理由を，その生活が営まれる場所の自然及び社会的条件などに着目して多面的・多角的に考察し，表現すること。
　(2)　世界の諸地域
　　　次の①から⑥までの各州を取り上げ，空間的相互依存作用や地域などに着目して，主題を設けて課題を追究したり解決したりする活動を通して，以下のア及びイの事項を身に付けることができるよう指導する。
　　①　アジア　　　②　ヨーロッパ　　　③　アフリカ
　　④　北アメリカ　⑤　南アメリカ　　　⑥　オセアニア
　　ア　次のような知識を身に付けること。
　　　(ｱ)　世界各地で顕在化している地球的課題は，それが見られる地域の地域的特色の影響を受けて，現れ方が異なることを理解すること。
　　　(ｲ)　①から⑥までの世界の各州に暮らす人々の生活を基に，各州の地域的特色を大観し理解すること。
　　イ　次のような思考力，判断力，表現力等を身に付けること。
　　　(ｱ)　①から⑥までの世界の各州において，地域で見られる地球的課題の要因や影響を，州という地域の広がりや地域内の結び付きなどに着目して，それらの地域的特色と関連付けて多面的・多角的に考察し，表現すること。
C　日本の様々な地域
　(1)　地域調査の手法
　　　場所などに着目して，課題を追究したり解決したりする活動を通して，次の事項を身に付けることができるよう指導する。
　　ア　次のような知識及び技能を身に付けること。

(ｱ)　観察や野外調査，文献調査を行う際の視点や方法，地理的なまとめ方の基礎を理解すること。
　　　(ｲ)　地形図や主題図の読図，目的や用途に適した地図の作成などの地理的な技能を身に付けること。
　　イ　次のような思考力，判断力，表現力等を身に付けること。
　　　(ｱ)　地域調査において，対象となる場所の特徴などに着目して，適切な主題や調査，まとめとなるように，調査の手法やその結果を多面的・多角的に考察し，表現すること。
(2) 日本の地域的特色と地域区分
　　次の①から④までの項目を取り上げ，分布や地域などに着目して，課題を追究したり解決したりする活動を通して，以下のア及びイの事項を身に付けることができるよう指導する。
　①　自然環境　　　②　人口　　　③　資源・エネルギーと産業
　④　交通・通信
　　ア　次のような知識及び技能を身に付けること。
　　　(ｱ)　日本の地形や気候の特色，海洋に囲まれた日本の国土の特色，自然災害と防災への取組などを基に，日本の自然環境に関する特色を理解すること。
　　　(ｲ)　少子高齢化の課題，国内の人口分布や過疎・過密問題などを基に，日本の人口に関する特色を理解すること。
　　　(ｳ)　日本の資源・エネルギー利用の現状，国内の産業の動向，環境やエネルギーに関する課題などを基に，日本の資源・エネルギーと産業に関する特色を理解すること。
　　　(ｴ)　国内や日本と世界との交通・通信網の整備状況，これを活用した陸上，海上輸送などの物流や人の往来などを基に，国内各地の結び付きや日本と世界との結び付きの特色を理解すること。
　　　(ｵ)　①から④までの項目に基づく地域区分を踏まえ，我が国の国土の特色を大観し理解すること。
　　　(ｶ)　日本や国内地域に関する各種の主題図や資料を基に，地域区分をする技能を身に付けること。
　　イ　次のような思考力，判断力，表現力等を身に付けること。
　　　(ｱ)　①から④までの項目について，それぞれの地域区分を，地域の共通点や差異，分布などに着目して，多面的・多角的に考察し，表現すること。
　　　(ｲ)　日本の地域的特色を，①から④までの項目に基づく地域区分などに着目して，それらを関連付けて多面的・多角的に考察し，表現すること。
(3) 日本の諸地域
　　次の①から⑤までの考察の仕方を基にして，空間的相互依存作用や地域などに着目して，主題を設けて課題を追究したり解決したりする活動を通して，以下のア及びイの事項を身に付けることができるよう指導する。
　①　自然環境を中核とした考察の仕方
　②　人口や都市・村落を中核とした考察の仕方
　③　産業を中核とした考察の仕方
　④　交通や通信を中核とした考察の仕方
　⑤　その他の事象を中核とした考察の仕方
　　ア　次のような知識を身に付けること。
　　　(ｱ)　幾つかに区分した日本のそれぞれの地域について，その地域的特色や地域の課題を理解すること。
　　　(ｲ)　①から⑤までの考察の仕方で取り上げた特色ある事象と，それに関連する他の事象や，そこで生ずる課題を理解すること。
　　イ　次のような思考力，判断力，表現力等を身に付けること。
　　　(ｱ)　日本の諸地域において，それぞれ①から⑤までで扱う中核となる事象の成立条件を，地域の広

がりや地域内の結び付き，人々の対応などに着目して，他の事象やそこで生ずる課題と有機的に関連付けて多面的・多角的に考察し，表現すること。
(4) 地域の在り方
　空間的相互依存作用や地域などに着目して，課題を追究したり解決したりする活動を通して，次の事項を身に付けることができるよう指導する。
　ア　次のような知識を身に付けること。
　　(ｱ) 地域の実態や課題解決のための取組を理解すること。
　　(ｲ) 地域的な課題の解決に向けて考察，構想したことを適切に説明，議論しまとめる手法について理解すること。
　イ　次のような思考力，判断力，表現力等を身に付けること。
　　(ｱ) 地域の在り方を，地域の結び付きや地域の変容，持続可能性などに着目し，そこで見られる地理的な課題について多面的・多角的に考察，構想し，表現すること。

3　内容の取扱い

(1) 内容のA，B及びCについては，この順序で取り扱うものとし，既習の学習成果を生かすこと。
(2) 内容の取扱いについては，次の事項に配慮するものとする。
　ア　世界や日本の場所や地域の特色には，一般的共通性と地方的特殊性があり，また，地域に見られる諸事象は，その地域の規模の違いによって現れ方が異なることに留意すること。
　イ　地図の読図や作図，景観写真の読み取り，地域に関する情報の収集や処理などの地理的技能を身に付けるに当たっては，系統性に留意して計画的に指導すること。その際，教科用図書「地図」を十分に活用すること。
　ウ　学習で取り上げる地域や国については，各項目間の調整を図り，一部の地域に偏ることのないようにすること。
　エ　地域の特色や変化を捉えるに当たっては，歴史的分野との連携を踏まえ，歴史的背景に留意して地域的特色を追究するよう工夫するとともに，公民的分野との関連にも配慮すること。
　オ　地域的特色を追究する過程で生物や地学的な事象などを取り上げる際には，地域的特色を捉える上で必要な範囲にとどめること。
(3) 内容のAについては，次のとおり取り扱うものとする。
　ア　(1)については，次のとおり取り扱うものとする。
　　(ｱ) 日本の地域構成を扱う際には，都道府県の名称と位置のほかに都道府県庁所在地名も取り上げること。
　　(ｲ) 「領域の範囲や変化とその特色」については，我が国の海洋国家としての特色を取り上げるとともに，竹島や北方領土が我が国の固有の領土であることなど，我が国の領域をめぐる問題も取り上げるようにすること。その際，尖閣諸島については我が国の固有の領土であり，領土問題は存在しないことも扱うこと。
　　(ｳ) 地球儀や地図を積極的に活用し，学習全体を通して，大まかに世界地図や日本地図を描けるようにすること。
(4) 内容のBについては，次のとおり取り扱うものとする。
　ア　(1)については，世界各地の人々の生活の特色やその変容の理由と，その生活が営まれる場所の自然及び社会的条件との関係を考察するに当たって，衣食住の特色や，生活と宗教との関わりなどを取り上げるようにすること。
　イ　(2)については，次のとおり取り扱うものとする。

(ア) 州ごとに設ける主題については，各州に暮らす人々の生活の様子を的確に把握できる事象を取り上げるとともに，そこで特徴的に見られる地球的課題と関連付けて取り上げること。

(イ) 取り上げる地球的課題については，地域間の共通性に気付き，我が国の国土の認識を深め，持続可能な社会づくりを考える上で効果的であるという観点から設定すること。また，州ごとに異なるものとなるようにすること。

(5) 内容のCについては，次のとおり取り扱うものとする。

ア (1)については，次のとおり取り扱うものとする。

(ア) 地域調査に当たっては，対象地域は学校周辺とし，主題は学校所在地の事情を踏まえて，防災，人口の偏在，産業の変容，交通の発達などの事象から適切に設定し，観察や調査を指導計画に位置付けて実施すること。なお，学習の効果を高めることができる場合には，内容のCの(3)の中の学校所在地を含む地域の学習や，Cの(4)と結び付けて扱うことができること。

(イ) 様々な資料を的確に読み取ったり，地図を有効に活用して事象を説明したりするなどの作業的な学習活動を取り入れること。また，課題の追究に当たり，例えば，防災に関わり危険を予測したり，人口の偏在に関わり人口動態を推測したりする際には，縮尺の大きな地図や統計その他の資料を含む地理空間情報を適切に取り扱い，その活用の技能を高めるようにすること。

イ (2)については，次のとおり取り扱うものとする。

(ア) ①から④までで示した日本の地域的特色については，系統的に理解を深めるための基本的な事柄で構成すること。

(イ) 地域区分に際しては，日本の地域的特色を見いだしやすくなるようにそれぞれ適切な数で区分すること。

ウ (3)については，次のとおり取り扱うものとする。

(ア) 日本の諸地域については，国内を幾つかの地域に区分して取り上げることとし，その地域区分は，指導の観点や学校所在地の事情などを考慮して適切に決めること。

(イ) 学習する地域ごとに①から⑤までの考察の仕方を一つ選択することとし，①から④までの考察の仕方は，少なくとも一度は取り扱うこと。また，⑤の考察の仕方は，様々な事象や事柄の中から，取り上げる地域に応じた適切なものを適宜設定すること。

(ウ) 地域の考察に当たっては，そこに暮らす人々の生活・文化，地域の伝統や歴史的な背景，地域の持続可能な社会づくりを踏まえた視点に留意すること。

エ (4)については，次のとおり取り扱うものとする。

(ア) 取り上げる地域や課題については，各学校において具体的に地域の在り方を考察できるような，適切な規模の地域や適切な課題を取り上げること。

(イ) 学習の効果を高めることができる場合には，内容のCの(1)の学習や，Cの(3)の中の学校所在地を含む地域の学習と結び付けて扱うことができること。

(ウ) 考察，構想，表現する際には，学習対象の地域と類似の課題が見られる他の地域と比較したり，関連付けたりするなど，具体的に学習を進めること。

(エ) 観察や調査の結果をまとめる際には，地図や諸資料を有効に活用して事象を説明したり，自分の解釈を加えて論述したり，意見交換したりするなどの学習活動を充実させること。

〔歴史的分野〕

1 目 標

社会的事象の歴史的な見方・考え方を働かせ，課題を追究したり解決したりする活動を通して，広い視野に立ち，グローバル化する国際社会に主体的に生きる平和で民主的な国家及び社会の形成者に必要

な公民としての資質・能力の基礎を次のとおり育成することを目指す。
(1) 我が国の歴史の大きな流れを，世界の歴史を背景に，各時代の特色を踏まえて理解するとともに，諸資料から歴史に関する様々な情報を効果的に調べまとめる技能を身に付けるようにする。
(2) 歴史に関わる事象の意味や意義，伝統と文化の特色などを，時期や年代，推移，比較，相互の関連や現在とのつながりなどに着目して多面的・多角的に考察したり，歴史に見られる課題を把握し複数の立場や意見を踏まえて公正に選択・判断したりする力，思考・判断したことを説明したり，それらを基に議論したりする力を養う。
(3) 歴史に関わる諸事象について，よりよい社会の実現を視野にそこで見られる課題を主体的に追究，解決しようとする態度を養うとともに，多面的・多角的な考察や深い理解を通して涵養される我が国の歴史に対する愛情，国民としての自覚，国家及び社会並びに文化の発展や人々の生活の向上に尽くした歴史上の人物と現在に伝わる文化遺産を尊重しようとすることの大切さについての自覚などを深め，国際協調の精神を養う。

2 内容

A 歴史との対話
(1) 私たちと歴史
　課題を追究したり解決したりする活動を通して，次の事項を身に付けることができるよう指導する。
ア　次のような知識及び技能を身に付けること。
　(ｱ) 年代の表し方や時代区分の意味や意義についての基本的な内容を理解すること。
　(ｲ) 資料から歴史に関わる情報を読み取ったり，年表などにまとめたりするなどの技能を身に付けること。
イ　次のような思考力，判断力，表現力等を身に付けること。
　(ｱ) 時期や年代，推移，現在の私たちとのつながりなどに着目して，小学校での学習を踏まえて歴史上の人物や文化財，出来事などから適切なものを取り上げ，時代区分との関わりなどについて考察し表現すること。
(2) 身近な地域の歴史
　課題を追究したり解決したりする活動を通して，次の事項を身に付けることができるよう指導する。
ア　次のような知識及び技能を身に付けること。
　(ｱ) 自らが生活する地域や受け継がれてきた伝統や文化への関心をもって，具体的な事柄との関わりの中で，地域の歴史について調べたり，収集した情報を年表などにまとめたりするなどの技能を身に付けること。
イ　次のような思考力，判断力，表現力等を身に付けること。
　(ｱ) 比較や関連，時代的な背景や地域的な環境，歴史と私たちとのつながりなどに着目して，地域に残る文化財や諸資料を活用して，身近な地域の歴史的な特徴を多面的・多角的に考察し，表現すること。

B 近世までの日本とアジア
(1) 古代までの日本
　課題を追究したり解決したりする活動を通して，次の事項を身に付けることができるよう指導する。
ア　次のような知識を身に付けること。
　(ｱ) 世界の古代文明や宗教のおこり
　　世界の古代文明や宗教のおこりを基に，世界の各地で文明が築かれたことを理解すること。
　(ｲ) 日本列島における国家形成

　　　　　日本列島における農耕の広まりと生活の変化や当時の人々の信仰，大和朝廷（大和政権）による統一の様子と東アジアとの関わりなどを基に，東アジアの文明の影響を受けながら我が国で国家が形成されていったことを理解すること。
　　　(ｳ)　律令国家の形成
　　　　　律令国家の確立に至るまでの過程，摂関政治などを基に，東アジアの文物や制度を積極的に取り入れながら国家の仕組みが整えられ，その後，天皇や貴族による政治が展開したことを理解すること。
　　　(ｴ)　古代の文化と東アジアとの関わり
　　　　　仏教の伝来とその影響，仮名文字の成立などを基に，国際的な要素をもった文化が栄え，それらを基礎としながら文化の国風化が進んだことを理解すること。
　　イ　次のような思考力，判断力，表現力等を身に付けること。
　　　(ｱ)　古代文明や宗教が起こった場所や環境，農耕の広まりや生産技術の発展，東アジアとの接触や交流と政治や文化の変化などに着目して，事象を相互に関連付けるなどして，アの(ｱ)から(ｴ)までについて古代の社会の変化の様子を多面的・多角的に考察し，表現すること。
　　　(ｲ)　古代までの日本を大観して，時代の特色を多面的・多角的に考察し，表現すること。
(2)　中世の日本
　　課題を追究したり解決したりする活動を通して，次の事項を身に付けることができるよう指導する。
　　ア　次のような知識を身に付けること。
　　　(ｱ)　武家政治の成立とユーラシアの交流
　　　　　鎌倉幕府の成立，元寇（モンゴル帝国の襲来）などを基に，武士が台頭して主従の結び付きや武力を背景とした武家政権が成立し，その支配が広まったこと，元寇がユーラシアの変化の中で起こったことを理解すること。
　　　(ｲ)　武家政治の展開と東アジアの動き
　　　　　南北朝の争乱と室町幕府，日明貿易，琉球の国際的な役割などを基に，武家政治の展開とともに，東アジア世界との密接な関わりが見られたことを理解すること。
　　　(ｳ)　民衆の成長と新たな文化の形成
　　　　　農業など諸産業の発達，畿内を中心とした都市や農村における自治的な仕組みの成立，武士や民衆などの多様な文化の形成，応仁の乱後の社会的な変動などを基に，民衆の成長を背景とした社会や文化が生まれたことを理解すること。
　　イ　次のような思考力，判断力，表現力等を身に付けること。
　　　(ｱ)　武士の政治への進出と展開，東アジアにおける交流，農業や商工業の発達などに着目して，事象を相互に関連付けるなどして，アの(ｱ)から(ｳ)までについて中世の社会の変化の様子を多面的・多角的に考察し，表現すること。
　　　(ｲ)　中世の日本を大観して，時代の特色を多面的・多角的に考察し，表現すること。
(3)　近世の日本
　　課題を追究したり解決したりする活動を通して，次の事項を身に付けることができるよう指導する。
　　ア　次のような知識を身に付けること。
　　　(ｱ)　世界の動きと統一事業
　　　　　ヨーロッパ人来航の背景とその影響，織田・豊臣による統一事業とその当時の対外関係，武将や豪商などの生活文化の展開などを基に，近世社会の基礎がつくられたことを理解すること。
　　　(ｲ)　江戸幕府の成立と対外関係
　　　　　江戸幕府の成立と大名統制，身分制と農村の様子，鎖国などの幕府の対外政策と対外関係など

を基に，幕府と藩による支配が確立したことを理解すること。
- (ウ) 産業の発達と町人文化
    産業や交通の発達，教育の普及と文化の広がりなどを基に，町人文化が都市を中心に形成されたことや，各地方の生活文化が生まれたことを理解すること。
- (エ) 幕府の政治の展開
    社会の変動や欧米諸国の接近，幕府の政治改革，新しい学問・思想の動きなどを基に，幕府の政治が次第に行き詰まりをみせたことを理解すること。

イ 次のような思考力，判断力，表現力等を身に付けること。
- (ア) 交易の広がりとその影響，統一政権の諸政策の目的，産業の発達と文化の担い手の変化，社会の変化と幕府の政策の変化などに着目して，事象を相互に関連付けるなどして，アの(ア)から(エ)までについて近世の社会の変化の様子を多面的・多角的に考察し，表現すること。
- (イ) 近世の日本を大観して，時代の特色を多面的・多角的に考察し，表現すること。

C 近現代の日本と世界
(1) 近代の日本と世界
  課題を追究したり解決したりする活動を通して，次の事項を身に付けることができるよう指導する。
  ア 次のような知識を身に付けること。
  - (ア) 欧米における近代社会の成立とアジア諸国の動き
      欧米諸国における産業革命や市民革命，アジア諸国の動きなどを基に，欧米諸国が近代社会を成立させてアジアへ進出したことを理解すること。
  - (イ) 明治維新と近代国家の形成
      開国とその影響，富国強兵・殖産興業政策，文明開化の風潮などを基に，明治維新によって近代国家の基礎が整えられて，人々の生活が大きく変化したことを理解すること。
  - (ウ) 議会政治の始まりと国際社会との関わり
      自由民権運動，大日本帝国憲法の制定，日清（にっしん）・日露戦争，条約改正などを基に，立憲制の国家が成立して議会政治が始まるとともに，我が国の国際的な地位が向上したことを理解すること。
  - (エ) 近代産業の発展と近代文化の形成
      我が国の産業革命，この時期の国民生活の変化，学問・教育・科学・芸術の発展などを基に，我が国で近代産業が発展し，近代文化が形成されたことを理解すること。
  - (オ) 第一次世界大戦前後の国際情勢と大衆の出現
      第一次世界大戦の背景とその影響，民族運動の高まりと国際協調の動き，我が国の国民の政治的自覚の高まりと文化の大衆化などを基に，第一次世界大戦前後の国際情勢及び我が国の動きと，大戦後に国際平和への努力がなされたことを理解すること。
  - (カ) 第二次世界大戦と人類への惨禍
      経済の世界的な混乱と社会問題の発生，昭和初期から第二次世界大戦の終結までの我が国の政治・外交の動き，中国などアジア諸国との関係，欧米諸国の動き，戦時下の国民の生活などを基に，軍部の台頭から戦争までの経過と，大戦が人類全体に惨禍を及ぼしたことを理解すること。

  イ 次のような思考力，判断力，表現力等を身に付けること。
  - (ア) 工業化の進展と政治や社会の変化，明治政府の諸改革の目的，議会政治や外交の展開，近代化がもたらした文化への影響，経済の変化の政治への影響，戦争に向かう時期の社会や生活の変化，世界の動きと我が国との関連などに着目して，事象を相互に関連付けるなどして，アの(ア)から(カ)までについて近代の社会の変化の様子を多面的・多角的に考察し，表現すること。
  - (イ) 近代の日本と世界を大観して，時代の特色を多面的・多角的に考察し，表現すること。

(2) 現代の日本と世界

　課題を追究したり解決したりする活動を通して，次の事項を身に付けることができるよう指導すること。

　ア　次のような知識を身に付けること。

　　(ア) 日本の民主化と冷戦下の国際社会

　　　　冷戦，我が国の民主化と再建の過程，国際社会への復帰などを基に，第二次世界大戦後の諸改革の特色や世界の動きの中で新しい日本の建設が進められたことを理解すること。

　　(イ) 日本の経済の発展とグローバル化する世界

　　　　高度経済成長，国際社会との関わり，冷戦の終結などを基に，我が国の経済や科学技術の発展によって国民の生活が向上し，国際社会において我が国の役割が大きくなってきたことを理解すること。

　イ　次のような思考力，判断力，表現力等を身に付けること。

　　(ア) 諸改革の展開と国際社会の変化，政治の展開と国民生活の変化などに着目して，事象を相互に関連付けるなどして，アの(ア)及び(イ)について現代の社会の変化の様子を多面的・多角的に考察し，表現すること。

　　(イ) 現代の日本と世界を大観して，時代の特色を多面的・多角的に考察し，表現すること。

　　(ウ) これまでの学習を踏まえ，歴史と私たちとのつながり，現在と未来の日本や世界の在り方について，課題意識をもって多面的・多角的に考察，構想し，表現すること。

3　内容の取扱い

(1) 内容の取扱いについては，次の事項に配慮するものとする。

　ア　生徒の発達の段階を考慮して，各時代の特色や時代の転換に関係する基礎的・基本的な歴史に関わる事象を重点的に選んで指導内容を構成すること。

　イ　調査や諸資料から歴史に関わる事象についての様々な情報を効果的に収集し，読み取り，まとめる技能を身に付ける学習を重視すること。その際，年表を活用した読み取りやまとめ，文献，図版などの多様な資料，地図などの活用を十分に行うこと。

　ウ　歴史に関わる事象の意味・意義や特色，事象間の関連を説明したり，課題を設けて追究したり，意見交換したりするなどの学習を重視して，思考力，判断力，表現力等を養うとともに，学習内容の確かな理解と定着を図ること。

　エ　各時代の文化については，代表的な事例を取り上げてその特色を考察させるようにすること。

　オ　歴史に見られる国際関係や文化交流のあらましを理解させ，我が国と諸外国の歴史や文化が相互に深く関わっていることを考察させるようにすること。その際，歴史に見られる文化や生活の多様性に気付かせること。

　カ　国家及び社会並びに文化の発展や人々の生活の向上に尽くした歴史上の人物と現在に伝わる文化遺産について，生徒の興味・関心を育てる指導に努めるとともに，それらの時代的背景や地域性などと関連付けて考察させるようにすること。その際，身近な地域の歴史上の人物と文化遺産を取り上げることにも留意すること。

　キ　歴史に関わる事象の指導に当たっては，地理的分野との連携を踏まえ，地理的条件にも着目して取り扱うよう工夫するとともに，公民的分野との関連にも配慮すること。

　ク　日本人の生活や生活に根ざした文化については，政治の動き，社会の動き，各地域の地理的条件，身近な地域の歴史とも関連付けて指導したり，民俗学や考古学などの成果の活用や博物館，郷土資料館などの施設を見学・調査したりするなど具体的に学ぶことを通して理解させるように工夫する

こと。
(2) 内容のAについては，次のとおり取り扱うものとする。
　ア　(1)については，中学校の歴史学習の導入として実施することを原則とすること。小学校での学習を踏まえ，扱う内容や活動を工夫すること。「課題を追究したり解決したりする活動」については，内容のB以下の学習と関わらせて，歴史を追究するために，課題意識をもって学ぶことを促す適切な学習活動を設けるような工夫をすること。(1)のアの(ア)の「年代の表し方や時代区分」の学習については，導入における学習内容を基盤にし，内容のB以下の学習と関わらせて継続的・計画的に進めること。また，(1)のイの(ア)の「時期や年代，推移，現在の私たちとのつながり」については，内容のB以下の学習と関わらせて，事象相互の関連などにも留意し，それぞれの時代でこれらに着目して考察することが大切であることに気付かせること。
　イ　(2)については，内容のB以下の学習と関わらせて計画的に実施し，地域の特性に応じた時代を取り上げるようにするとともに，人々の生活や生活に根ざした伝統や文化に着目した取扱いを工夫すること。その際，博物館，郷土資料館などの地域の施設の活用や地域の人々の協力も考慮すること。
(3) 内容のBについては，次のとおり取り扱うものとする。
　ア　(1)のアの(ア)の「世界の古代文明」については，人類の出現にも触れ，中国の文明をはじめとして諸文明の特徴を取り扱い，生活技術の発達，文字の使用，国家のおこりと発展などの共通する特徴に気付かせるようにすること。また，ギリシャ・ローマの文明について，政治制度など民主政治の来歴の観点から取り扱うこと。「宗教のおこり」については，仏教，キリスト教，イスラム教などを取り上げ，古代の文明とともに大きく捉えさせるようにすること。(1)のアの(イ)の「日本列島における国家形成」については，狩猟・採集を行っていた人々の生活が農耕の広まりとともに変化していったことに気付かせるようにすること。また，考古学などの成果を活用するとともに，古事記，日本書紀，風土記などにまとめられた神話・伝承などの学習を通して，当時の人々の信仰やものの見方などに気付かせるよう留意すること。「大和朝廷（大和政権）による統一の様子と東アジアとの関わり」については，古墳の広まりにも触れるとともに，大陸から移住してきた人々の我が国の社会や文化に果たした役割にも気付かせるようにすること。(1)のアの(ウ)の「律令国家の確立に至るまでの過程」については，聖徳太子の政治，大化の改新から律令国家の確立に至るまでの過程を，小学校での学習内容を活用して大きく捉えさせるようにすること。なお，「聖徳太子の政治」を取り上げる際には，聖徳太子が古事記や日本書紀においては「厩戸皇子」などと表記され，後に「聖徳太子」と称されるようになったことに触れること。
　イ　(2)のアの(ア)の「ユーラシアの変化」については，モンゴル帝国の拡大によるユーラシアの結び付きについて気付かせること。(2)のアの(イ)の「琉球の国際的な役割」については，琉球の文化についても触れること。(2)のアの(ウ)の「武士や民衆などの多様な文化の形成」については，代表的な事例を取り上げてその特色を捉えさせるようにすること。その際，この時代の文化の中に現在に結び付くものが見られることに気付かせるようにすること。また，禅宗の文化的な影響についても触れること。「応仁の乱後の社会的な変動」については，戦国の動乱も取り扱うようにすること。
　ウ　(3)のアの(ア)の「ヨーロッパ人来航の背景」については，新航路の開拓を中心に取り扱い，その背景となるアジアの交易の状況やムスリム商人などの役割と世界の結び付きに気付かせること。また，宗教改革についても触れること。「織田・豊臣による統一事業」については，検地・刀狩などの政策を取り扱うようにすること。(3)のアの(イ)の「鎖国などの幕府の対外政策と対外関係」については，オランダ，中国との交易のほか，朝鮮との交流や琉球の役割，北方との交易をしていたアイヌについて取り扱うようにすること。その際，アイヌの文化についても触れること。「幕府と藩による支配」については，その支配の下に大きな戦乱のない時期を迎えたことなどに気付かせること。

(3)のアの(ウ)の「産業や交通の発達」については，身近な地域の特徴を生かすようにすること。「各地方の生活文化」については，身近な地域の事例を取り上げるように配慮し，藩校や寺子屋などによる「教育の普及」や社会的な「文化の広がり」と関連させて，現在との結び付きに気付かせるようにすること。(3)のアの(エ)の「幕府の政治改革」については，百姓一揆などに結び付く農村の変化や商業の発達などへの対応という観点から，代表的な事例を取り上げるようにすること。

(4) 内容のCについては，次のとおり取り扱うものとする。

ア (1)のアの(ア)の「市民革命」については，政治体制の変化や人権思想の発達や広がり，現代の政治とのつながりなどと関連付けて，アメリカの独立，フランス革命などを扱うこと。「アジア諸国の動き」については，欧米諸国の進出に対するアジア諸国の対応と変容という観点から，代表的な事例を取り上げるようにすること。(1)のアの(イ)の「開国とその影響」については，(1)のアの(ア)の欧米諸国のアジア進出と関連付けて取り扱うようにすること。「富国強兵・殖産興業政策」については，この政策の下に新政府が行った，廃藩置県，学制・兵制・税制の改革，身分制度の廃止，領土の画定などを取り扱うようにすること。その際，北方領土に触れるとともに，竹島，尖閣諸島の編入についても触れること。「明治維新」については，複雑な国際情勢の中で独立を保ち，近代国家を形成していった政府や人々の努力に気付かせるようにすること。(1)のアの(ウ)の「日清・日露戦争」については，この頃の大陸との関係を踏まえて取り扱うようにすること。「条約改正」については，当時の国内の社会状況や国際情勢との関わりを踏まえて，欧米諸国と対等な外交関係を樹立する過程の中から代表的な事例を取り上げるようにすること。「立憲制の国家が成立して議会政治が始まる」については，その歴史上の意義や現代の政治とのつながりに気付かせるようにすること。(1)のアの(エ)の「近代文化」については，伝統的な文化の上に欧米文化を受容して形成されたものであることに気付かせるようにすること。(1)のアの(オ)の「第一次世界大戦」については，世界に戦禍が広がった背景や，日本の参戦，ロシア革命なども取り上げて，世界の動きと我が国との関連を踏まえて取り扱うようにすること。「我が国の国民の政治的自覚の高まり」については，大正デモクラシーの時期の政党政治の発達，民主主義的な思想の普及，社会運動の展開を取り扱うようにすること。(1)のアの(カ)については，国際協調と国際平和の実現に努めることが大切であることに気付かせるようにすること。

イ (2)のアの(ア)の「我が国の民主化と再建の過程」については，国民が苦難を乗り越えて新しい日本の建設に努力したことに気付かせるようにすること。その際，男女普通選挙の確立，日本国憲法の制定などを取り扱うこと。(2)のアの(イ)については，沖縄返還，日中国交正常化，石油危機などの節目となる歴史に関わる事象を取り扱うようにすること。また，民族や宗教をめぐる対立や地球環境問題への対応などを取り扱い，これまでの学習と関わらせて考察，構想させるようにすること。

〔公民的分野〕

1 目 標

現代社会の見方・考え方を働かせ，課題を追究したり解決したりする活動を通して，広い視野に立ち，グローバル化する国際社会に主体的に生きる平和で民主的な国家及び社会の形成者に必要な公民としての資質・能力の基礎を次のとおり育成することを目指す。

(1) 個人の尊厳と人権の尊重の意義，特に自由・権利と責任・義務との関係を広い視野から正しく認識し，民主主義，民主政治の意義，国民の生活の向上と経済活動との関わり，現代の社会生活及び国際関係などについて，個人と社会との関わりを中心に理解を深めるとともに，諸資料から現代の社会的事象に関する情報を効果的に調べまとめる技能を身に付けるようにする。

(2) 社会的事象の意味や意義，特色や相互の関連を現代の社会生活と関連付けて多面的・多角的に考察

したり，現代社会に見られる課題について公正に判断したりする力，思考・判断したことを説明したり，それらを基に議論したりする力を養う。
(3) 現代の社会的事象について，現代社会に見られる課題の解決を視野に主体的に社会に関わろうとする態度を養うとともに，多面的・多角的な考察や深い理解を通して涵養される，国民主権を担う公民として，自国を愛し，その平和と繁栄を図ることや，各国が相互に主権を尊重し，各国民が協力し合うことの大切さについての自覚などを深める。

2 内容

A 私たちと現代社会
(1) 私たちが生きる現代社会と文化の特色

位置や空間的な広がり，推移や変化などに着目して，課題を追究したり解決したりする活動を通して，次の事項を身に付けることができるよう指導する。

ア 次のような知識を身に付けること。
 (ア) 現代日本の特色として少子高齢化，情報化，グローバル化などが見られることについて理解すること。
 (イ) 現代社会における文化の意義や影響について理解すること。
イ 次のような思考力，判断力，表現力等を身に付けること。
 (ア) 少子高齢化，情報化，グローバル化などが現在と将来の政治，経済，国際関係に与える影響について多面的・多角的に考察し，表現すること。
 (イ) 文化の継承と創造の意義について多面的・多角的に考察し，表現すること。

(2) 現代社会を捉える枠組み

対立と合意，効率と公正などに着目して，課題を追究したり解決したりする活動を通して，次の事項を身に付けることができるよう指導する。

ア 次のような知識を身に付けること。
 (ア) 現代社会の見方・考え方の基礎となる枠組みとして，対立と合意，効率と公正などについて理解すること。
 (イ) 人間は本来社会的存在であることを基に，個人の尊厳と両性の本質的平等，契約の重要性やそれを守ることの意義及び個人の責任について理解すること。
イ 次のような思考力，判断力，表現力等を身に付けること。
 (ア) 社会生活における物事の決定の仕方，契約を通した個人と社会との関係，きまりの役割について多面的・多角的に考察し，表現すること。

B 私たちと経済
(1) 市場の働きと経済

対立と合意，効率と公正，分業と交換，希少性などに着目して，課題を追究したり解決したりする活動を通して，次の事項を身に付けることができるよう指導する。

ア 次のような知識を身に付けること。
 (ア) 身近な消費生活を中心に経済活動の意義について理解すること。
 (イ) 市場経済の基本的な考え方について理解すること。その際，市場における価格の決まり方や資源の配分について理解すること。
 (ウ) 現代の生産や金融などの仕組みや働きを理解すること。
 (エ) 勤労の権利と義務，労働組合の意義及び労働基準法の精神について理解すること。
イ 次のような思考力，判断力，表現力等を身に付けること。

(ｱ) 個人や企業の経済活動における役割と責任について多面的・多角的に考察し，表現すること。
　　　(ｲ) 社会生活における職業の意義と役割及び雇用と労働条件の改善について多面的・多角的に考察し，表現すること。
　(2) 国民の生活と政府の役割
　　　対立と合意，効率と公正，分業と交換，希少性などに着目して，課題を追究したり解決したりする活動を通して，次の事項を身に付けることができるよう指導する。
　　ア　次のような知識を身に付けること。
　　　(ｱ) 社会資本の整備，公害の防止など環境の保全，少子高齢社会における社会保障の充実・安定化，消費者の保護について，それらの意義を理解すること。
　　　(ｲ) 財政及び租税の意義，国民の納税の義務について理解すること。
　　イ　国民の生活と福祉の向上を図ることに向けて，次のような思考力，判断力，表現力等を身に付けること。
　　　(ｱ) 市場の働きに委ねることが難しい諸問題に関して，国や地方公共団体が果たす役割について多面的・多角的に考察，構想し，表現すること。
　　　(ｲ) 財政及び租税の役割について多面的・多角的に考察し，表現すること。
C　私たちと政治
　(1) 人間の尊重と日本国憲法の基本的原則
　　　対立と合意，効率と公正，個人の尊重と法の支配，民主主義などに着目して，課題を追究したり解決したりする活動を通して，次の事項を身に付けることができるよう指導する。
　　ア　次のような知識を身に付けること。
　　　(ｱ) 人間の尊重についての考え方を，基本的人権を中心に深め，法の意義を理解すること。
　　　(ｲ) 民主的な社会生活を営むためには，法に基づく政治が大切であることを理解すること。
　　　(ｳ) 日本国憲法が基本的人権の尊重，国民主権及び平和主義を基本的原則としていることについて理解すること。
　　　(ｴ) 日本国及び日本国民統合の象徴としての天皇の地位と天皇の国事に関する行為について理解すること。
　　イ　次のような思考力，判断力，表現力等を身に付けること。
　　　(ｱ) 我が国の政治が日本国憲法に基づいて行われていることの意義について多面的・多角的に考察し，表現すること。
　(2) 民主政治と政治参加
　　　対立と合意，効率と公正，個人の尊重と法の支配，民主主義などに着目して，課題を追究したり解決したりする活動を通して，次の事項を身に付けることができるよう指導する。
　　ア　次のような知識を身に付けること。
　　　(ｱ) 国会を中心とする我が国の民主政治の仕組みのあらましや政党の役割を理解すること。
　　　(ｲ) 議会制民主主義の意義，多数決の原理とその運用の在り方について理解すること。
　　　(ｳ) 国民の権利を守り，社会の秩序を維持するために，法に基づく公正な裁判の保障があることについて理解すること。
　　　(ｴ) 地方自治の基本的な考え方について理解すること。その際，地方公共団体の政治の仕組み，住民の権利や義務について理解すること。
　　イ　地方自治や我が国の民主政治の発展に寄与しようとする自覚や住民としての自治意識の基礎を育成することに向けて，次のような思考力，判断力，表現力等を身に付けること。
　　　(ｱ) 民主政治の推進と，公正な世論の形成や選挙など国民の政治参加との関連について多面的・多

角的に考察，構想し，表現すること。
D　私たちと国際社会の諸課題
(1) 世界平和と人類の福祉の増大

対立と合意，効率と公正，協調，持続可能性などに着目して，課題を追究したり解決したりする活動を通して，次の事項を身に付けることができるよう指導する。

ア　次のような知識を身に付けること。
(ｱ) 世界平和の実現と人類の福祉の増大のためには，国際協調の観点から，国家間の相互の主権の尊重と協力，各国民の相互理解と協力及び国際連合をはじめとする国際機構などの役割が大切であることを理解すること。その際，領土（領海，領空を含む。），国家主権，国際連合の働きなど基本的な事項について理解すること。
(ｲ) 地球環境，資源・エネルギー，貧困などの課題の解決のために経済的，技術的な協力などが大切であることを理解すること。

イ　次のような思考力，判断力，表現力等を身に付けること。
(ｱ) 日本国憲法の平和主義を基に，我が国の安全と防衛，国際貢献を含む国際社会における我が国の役割について多面的・多角的に考察，構想し，表現すること。

(2) よりよい社会を目指して

持続可能な社会を形成することに向けて，社会的な見方・考え方を働かせ，課題を探究する活動を通して，次の事項を身に付けることができるよう指導する。

ア　私たちがよりよい社会を築いていくために解決すべき課題を多面的・多角的に考察，構想し，自分の考えを説明，論述すること。

3　内容の取扱い

(1) 内容の取扱いについては，次の事項に配慮するものとする。
ア　地理的分野及び歴史的分野の学習の成果を活用するとともに，これらの分野で育成された資質・能力が，更に高まり発展するようにすること。また，社会的事象は相互に関連し合っていることに留意し，特定の内容に偏ることなく，分野全体として見通しをもったまとまりのある学習が展開できるようにすること。
イ　生徒が内容の基本的な意味を理解できるように配慮し，現代社会の見方・考え方を働かせ，日常の社会生活と関連付けながら具体的事例を通して，政治や経済などに関わる制度や仕組みの意義や働きについて理解を深め，多面的・多角的に考察，構想し，表現できるようにすること。
ウ　分野全体を通して，課題の解決に向けて習得した知識を活用して，事実を基に多面的・多角的に考察，構想したことを説明したり，論拠を基に自分の意見を説明，論述させたりすることにより，思考力，判断力，表現力等を養うこと。また，考察，構想させる場合には，資料を読み取らせて解釈させたり，議論などを行って考えを深めさせたりするなどの工夫をすること。
エ　合意形成や社会参画を視野に入れながら，取り上げた課題について構想したことを，妥当性や効果，実現可能性などを踏まえて表現できるよう指導すること。
オ　分野の内容に関係する専門家や関係諸機関などと円滑な連携・協働を図り，社会との関わりを意識した課題を追究したり解決したりする活動を充実させること。

(2) 内容のAについては，次のとおり取り扱うものとする。
ア　(1)については，次のとおり取り扱うものとすること。
(ｱ) 「情報化」については，人工知能の急速な進化などによる産業や社会の構造的な変化などと関連付けたり，災害時における防災情報の発信・活用などの具体的事例を取り上げたりすること。

アの(イ)の「現代社会における文化の意義や影響」については，科学，芸術，宗教などを取り上げ，社会生活との関わりなどについて学習できるように工夫すること。

(イ) イの(イ)の「文化の継承と創造の意義」については，我が国の伝統と文化などを取り扱うこと。

イ (1)及び(2)については公民的分野の導入部として位置付け，(1)，(2)の順で行うものとし，適切かつ十分な授業時数を配当すること。

(3) 内容のBについては，次のとおり取り扱うものとする。

ア (1)については，次のとおり取り扱うものとすること。

(ア) アの(イ)の「市場における価格の決まり方や資源の配分」については，個人や企業の経済活動が様々な条件の中での選択を通して行われていることや，市場における取引が貨幣を通して行われていることなどを取り上げること。

(イ) イの(ア)の「個人や企業の経済活動における役割と責任」については，起業について触れるとともに，経済活動や起業などを支える金融などの働きについて取り扱うこと。イの(イ)の「社会生活における職業の意義と役割及び雇用と労働条件の改善」については，仕事と生活の調和という観点から労働保護立法についても触れること。

イ (2)については，次のとおり取り扱うものとすること。

(ア) アの(ア)の「消費者の保護」については，消費者の自立の支援なども含めた消費者行政を取り扱うこと。

(イ) イの(イ)の「財政及び租税の役割」については，財源の確保と配分という観点から，財政の現状や少子高齢社会など現代社会の特色を踏まえて財政の持続可能性と関連付けて考察し，表現させること。

(4) 内容のCについては，次のとおり取り扱うものとする。

ア (2)のアの(ウ)の「法に基づく公正な裁判の保障」に関連させて，裁判員制度についても触れること。

(5) 内容のDについては，次のとおり取り扱うものとする。

ア (1)については，次のとおり取り扱うものとすること。

(ア) アの(ア)の「国家間の相互の主権の尊重と協力」との関連で，国旗及び国歌の意義並びにそれらを相互に尊重することが国際的な儀礼であることの理解を通して，それらを尊重する態度を養うように配慮すること。また，「領土（領海，領空を含む。），国家主権」については関連させて取り扱い，我が国が，固有の領土である竹島や北方領土に関し残されている問題の平和的な手段による解決に向けて努力していることや，尖閣諸島をめぐり解決すべき領有権の問題は存在していないことなどを取り上げること。「国際連合をはじめとする国際機構などの役割」については，国際連合における持続可能な開発のための取組についても触れること。

(イ) イの(ア)の「国際社会における我が国の役割」に関連させて，核兵器などの脅威に触れ，戦争を防止し，世界平和を確立するための熱意と協力の態度を育成するように配慮すること。また，国際社会における文化や宗教の多様性について取り上げること。

イ (2)については，身近な地域や我が国の取組との関連性に着目させ，世界的な視野と地域的な視点に立って探究させること。また，社会科のまとめとして位置付け，適切かつ十分な授業時数を配当すること。

第3 指導計画の作成と内容の取扱い

1 指導計画の作成に当たっては，次の事項に配慮するものとする。

(1) 単元など内容や時間のまとまりを見通して，その中で育む資質・能力の育成に向けて，生徒の主体的・対話的で深い学びの実現を図るようにすること。その際，分野の特質に応じた見方・考え方を働かせ，社会的事象の意味や意義などを考察し，概念などに関する知識を獲得したり，社会との関わりを意識した課題を追究したり解決したりする活動の充実を図ること。また，知識に偏り過ぎた指導にならないようにするため，基本的な事柄を厳選して指導内容を構成するとともに，各分野において，第2の内容の範囲や程度に十分配慮しつつ事柄を再構成するなどの工夫をして，基本的な内容が確実に身に付くよう指導すること。

(2) 小学校社会科の内容との関連及び各分野相互の有機的な関連を図るとともに，地理的分野及び歴史的分野の基礎の上に公民的分野の学習を展開するこの教科の基本的な構造に留意して，全体として教科の目標が達成できるようにする必要があること。

(3) 各分野の履修については，第1，第2学年を通じて地理的分野及び歴史的分野を並行して学習させることを原則とし，第3学年において歴史的分野及び公民的分野を学習させること。各分野に配当する授業時数は，地理的分野115単位時間，歴史的分野135単位時間，公民的分野100単位時間とすること。これらの点に留意し，各学校で創意工夫して適切な指導計画を作成すること。

(4) 障害のある生徒などについては，学習活動を行う場合に生じる困難さに応じた指導内容や指導方法の工夫を計画的，組織的に行うこと。

(5) 第1章総則の第1の2の(2)に示す道徳教育の目標に基づき，道徳科などとの関連を考慮しながら，第3章特別の教科道徳の第2に示す内容について，社会科の特質に応じて適切な指導をすること。

2 第2の内容の取扱いについては，次の事項に配慮するものとする。

(1) 社会的な見方・考え方を働かせることをより一層重視する観点に立って，社会的事象の意味や意義，事象の特色や事象間の関連，社会に見られる課題などについて，考察したことや選択・判断したことを論理的に説明したり，立場や根拠を明確にして議論したりするなどの言語活動に関わる学習を一層重視すること。

(2) 情報の収集，処理や発表などに当たっては，学校図書館や地域の公共施設などを活用するとともに，コンピュータや情報通信ネットワークなどの情報手段を積極的に活用し，指導に生かすことで，生徒が主体的に調べ分かろうとして学習に取り組めるようにすること。その際，課題の追究や解決の見通しをもって生徒が主体的に情報手段を活用できるようにするとともに，情報モラルの指導にも留意すること。

(3) 調査や諸資料から，社会的事象に関する様々な情報を効果的に収集し，読み取り，まとめる技能を身に付ける学習活動を重視するとともに，作業的で具体的な体験を伴う学習の充実を図るようにすること。その際，地図や年表を読んだり作成したり，現代社会の諸課題を捉え，多面的・多角的に考察，構想するに当たっては，関連する新聞，読み物，統計その他の資料に平素から親しみ適切に活用したり，観察や調査などの過程と結果を整理し報告書にまとめ，発表したりするなどの活動を取り入れるようにすること。

(4) 社会的事象については，生徒の考えが深まるよう様々な見解を提示するよう配慮し，多様な見解のある事柄，未確定な事柄を取り上げる場合には，有益適切な教材に基づいて指導するとともに，特定の事柄を強調し過ぎたり，一面的な見解を十分な配慮なく取り上げたりするなどの偏った取扱いにより，生徒が多面的・多角的に考察したり，事実を客観的に捉え，公正に判断したりすることを妨げることのないよう留意すること。

3 第2の内容の指導に当たっては，教育基本法第14条及び第15条の規定に基づき，適切に行うよう特に慎重に配慮して，政治及び宗教に関する教育を行うものとする。

第3節　数学

● 第1　目標

数学的な見方・考え方を働かせ，数学的活動を通して，数学的に考える資質・能力を次のとおり育成することを目指す。

(1) 数量や図形などについての基礎的な概念や原理・法則などを理解するとともに，事象を数学化したり，数学的に解釈したり，数学的に表現・処理したりする技能を身に付けるようにする。

(2) 数学を活用して事象を論理的に考察する力，数量や図形などの性質を見いだし統合的・発展的に考察する力，数学的な表現を用いて事象を簡潔・明瞭・的確に表現する力を養う。

(3) 数学的活動の楽しさや数学のよさを実感して粘り強く考え，数学を生活や学習に生かそうとする態度，問題解決の過程を振り返って評価・改善しようとする態度を養う。

● 第2　各学年の目標及び内容

〔第1学年〕

1　目標

(1) 正の数と負の数，文字を用いた式と一元一次方程式，平面図形と空間図形，比例と反比例，データの分布と確率などについての基礎的な概念や原理・法則などを理解するとともに，事象を数理的に捉えたり，数学的に解釈したり，数学的に表現・処理したりする技能を身に付けるようにする。

(2) 数の範囲を拡張し，数の性質や計算について考察したり，文字を用いて数量の関係や法則などを考察したりする力，図形の構成要素や構成の仕方に着目し，図形の性質や関係を直観的に捉え論理的に考察する力，数量の変化や対応に着目して関数関係を見いだし，その特徴を表，式，グラフなどで考察する力，データの分布に着目し，その傾向を読み取り批判的に考察して判断したり，不確定な事象の起こりやすさについて考察したりする力を養う。

(3) 数学的活動の楽しさや数学のよさに気付いて粘り強く考え，数学を生活や学習に生かそうとする態度，問題解決の過程を振り返って検討しようとする態度，多面的に捉え考えようとする態度を養う。

2　内容

A　数と式

(1) 正の数と負の数について，数学的活動を通して，次の事項を身に付けることができるよう指導する。

　ア　次のような知識及び技能を身に付けること。
　　(ｱ)　正の数と負の数の必要性と意味を理解すること。
　　(ｲ)　正の数と負の数の四則計算をすること。
　　(ｳ)　具体的な場面で正の数と負の数を用いて表したり処理したりすること。

　イ　次のような思考力，判断力，表現力等を身に付けること。
　　(ｱ)　算数で学習した数の四則計算と関連付けて，正の数と負の数の四則計算の方法を考察し表現すること。
　　(ｲ)　正の数と負の数を具体的な場面で活用すること。

(2) 文字を用いた式について，数学的活動を通して，次の事項を身に付けることができるよう指導する。

　ア　次のような知識及び技能を身に付けること。

(ｱ) 文字を用いることの必要性と意味を理解すること。
(ｲ) 文字を用いた式における乗法と除法の表し方を知ること。
(ｳ) 簡単な一次式の加法と減法の計算をすること。
(ｴ) 数量の関係や法則などを文字を用いた式に表すことができることを理解し，式を用いて表したり読み取ったりすること。
イ 次のような思考力，判断力，表現力等を身に付けること。
(ｱ) 具体的な場面と関連付けて，一次式の加法と減法の計算の方法を考察し表現すること。
(3) 一元一次方程式について，数学的活動を通して，次の事項を身に付けることができるよう指導する。
ア 次のような知識及び技能を身に付けること。
(ｱ) 方程式の必要性と意味及び方程式の中の文字や解の意味を理解すること。
(ｲ) 簡単な一元一次方程式を解くこと。
イ 次のような思考力，判断力，表現力等を身に付けること。
(ｱ) 等式の性質を基にして，一元一次方程式を解く方法を考察し表現すること。
(ｲ) 一元一次方程式を具体的な場面で活用すること。

〔用語・記号〕
　　自然数　素数　符号　絶対値　項　係数　移項　≦　≧

B　図　形
(1) 平面図形について，数学的活動を通して，次の事項を身に付けることができるよう指導する。
ア 次のような知識及び技能を身に付けること。
(ｱ) 角の二等分線，線分の垂直二等分線，垂線などの基本的な作図の方法を理解すること。
(ｲ) 平行移動，対称移動及び回転移動について理解すること。
イ 次のような思考力，判断力，表現力等を身に付けること。
(ｱ) 図形の性質に着目し，基本的な作図の方法を考察し表現すること。
(ｲ) 図形の移動に着目し，二つの図形の関係について考察し表現すること。
(ｳ) 基本的な作図や図形の移動を具体的な場面で活用すること。
(2) 空間図形について，数学的活動を通して，次の事項を身に付けることができるよう指導する。
ア 次のような知識及び技能を身に付けること。
(ｱ) 空間における直線や平面の位置関係を知ること。
(ｲ) 扇形の弧の長さと面積，基本的な柱体や錐体，球の表面積と体積を求めること。
イ 次のような思考力，判断力，表現力等を身に付けること。
(ｱ) 空間図形を直線や平面図形の運動によって構成されるものと捉えたり，空間図形を平面上に表現して平面上の表現から空間図形の性質を見いだしたりすること。
(ｲ) 立体図形の表面積や体積の求め方を考察し表現すること。

〔用語・記号〕
　　弧　弦　回転体　ねじれの位置　π　//　⊥　∠　△

C　関　数
(1) 比例，反比例について，数学的活動を通して，次の事項を身に付けることができるよう指導する。
ア 次のような知識及び技能を身に付けること。
(ｱ) 関数関係の意味を理解すること。
(ｲ) 比例，反比例について理解すること。
(ｳ) 座標の意味を理解すること。
(ｴ) 比例，反比例を表，式，グラフなどに表すこと。

イ 次のような思考力，判断力，表現力等を身に付けること。
   (ｱ) 比例，反比例として捉えられる二つの数量について，表，式，グラフなどを用いて調べ，それらの変化や対応の特徴を見いだすこと。
   (ｲ) 比例，反比例を用いて具体的な事象を捉え考察し表現すること。
〔用語・記号〕
   関数　変数　変域

D　データの活用
 (1) データの分布について，数学的活動を通して，次の事項を身に付けることができるよう指導する。
   ア　次のような知識及び技能を身に付けること。
    (ｱ) ヒストグラムや相対度数などの必要性と意味を理解すること。
    (ｲ) コンピュータなどの情報手段を用いるなどしてデータを表やグラフに整理すること。
   イ　次のような思考力，判断力，表現力等を身に付けること。
    (ｱ) 目的に応じてデータを収集して分析し，そのデータの分布の傾向を読み取り，批判的に考察し判断すること。
 (2) 不確定な事象の起こりやすさについて，数学的活動を通して，次の事項を身に付けることができるよう指導する。
   ア　次のような知識及び技能を身に付けること。
    (ｱ) 多数の観察や多数回の試行によって得られる確率の必要性と意味を理解すること。
   イ　次のような思考力，判断力，表現力等を身に付けること。
    (ｱ) 多数の観察や多数回の試行の結果を基にして，不確定な事象の起こりやすさの傾向を読み取り表現すること。
〔用語・記号〕
   範囲　累積度数

〔数学的活動〕
 (1) 「A数と式」，「B図形」，「C関数」及び「Dデータの活用」の学習やそれらを相互に関連付けた学習において，次のような数学的活動に取り組むものとする。
   ア　日常の事象を数理的に捉え，数学的に表現・処理し，問題を解決したり，解決の過程や結果を振り返って考察したりする活動
   イ　数学の事象から問題を見いだし解決したり，解決の過程や結果を振り返って統合的・発展的に考察したりする活動
   ウ　数学的な表現を用いて筋道立てて説明し伝え合う活動

3　内容の取扱い

 (1) 内容の「A数と式」の(1)に関連して，自然数を素数の積として表すことを取り扱うものとする。
 (2) 内容の「A数と式」の(1)のアとイの(ｱ)に関連して，数の集合と四則計算の可能性を取り扱うものとする。
 (3) 内容の「A数と式」の(2)のアの(ｴ)に関連して，大小関係を不等式を用いて表すことを取り扱うものとする。
 (4) 内容の「A数と式」の(3)のアの(ｲ)とイの(ｲ)に関連して，簡単な比例式を解くことを取り扱うものとする。
 (5) 内容の「B図形」の(1)のイの(ｳ)に関連して，円の接線はその接点を通る半径に垂直であることを取り扱うものとする。

(6) 内容の「B図形」の(2)のイの(ア)については，見取図や展開図，投影図を取り扱うものとする。

〔第2学年〕

1 目標

(1) 文字を用いた式と連立二元一次方程式，平面図形と数学的な推論，一次関数，データの分布と確率などについての基礎的な概念や原理・法則などを理解するとともに，事象を数学化したり，数学的に解釈したり，数学的に表現・処理したりする技能を身に付けるようにする。

(2) 文字を用いて数量の関係や法則などを考察する力，数学的な推論の過程に着目し，図形の性質や関係を論理的に考察し表現する力，関数関係に着目し，その特徴を表，式，グラフを相互に関連付けて考察する力，複数の集団のデータの分布に着目し，その傾向を比較して読み取り批判的に考察して判断したり，不確定な事象の起こりやすさについて考察したりする力を養う。

(3) 数学的活動の楽しさや数学のよさを実感して粘り強く考え，数学を生活や学習に生かそうとする態度，問題解決の過程を振り返って評価・改善しようとする態度，多様な考えを認め，よりよく問題解決しようとする態度を養う。

2 内容

A 数と式

(1) 文字を用いた式について，数学的活動を通して，次の事項を身に付けることができるよう指導する。

　ア 次のような知識及び技能を身に付けること。

　　(ア) 簡単な整式の加法と減法及び単項式の乗法と除法の計算をすること。

　　(イ) 具体的な事象の中の数量の関係を文字を用いた式で表したり，式の意味を読み取ったりすること。

　　(ウ) 文字を用いた式で数量及び数量の関係を捉え説明できることを理解すること。

　　(エ) 目的に応じて，簡単な式を変形すること。

　イ 次のような思考力，判断力，表現力等を身に付けること。

　　(ア) 具体的な数の計算や既に学習した計算の方法と関連付けて，整式の加法と減法及び単項式の乗法と除法の計算の方法を考察し表現すること。

　　(イ) 文字を用いた式を具体的な場面で活用すること。

(2) 連立二元一次方程式について，数学的活動を通して，次の事項を身に付けることができるよう指導する。

　ア 次のような知識及び技能を身に付けること。

　　(ア) 二元一次方程式とその解の意味を理解すること。

　　(イ) 連立二元一次方程式の必要性と意味及びその解の意味を理解すること。

　　(ウ) 簡単な連立二元一次方程式を解くこと。

　イ 次のような思考力，判断力，表現力等を身に付けること。

　　(ア) 一元一次方程式と関連付けて，連立二元一次方程式を解く方法を考察し表現すること。

　　(イ) 連立二元一次方程式を具体的な場面で活用すること。

〔用語・記号〕

　　同類項

B 図形

(1) 基本的な平面図形の性質について，数学的活動を通して，次の事項を身に付けることができるよう指導する。

ア　次のような知識及び技能を身に付けること。
　　　(ア)　平行線や角の性質を理解すること。
　　　(イ)　多角形の角についての性質が見いだせることを知ること。
　　イ　次のような思考力，判断力，表現力等を身に付けること。
　　　(ア)　基本的な平面図形の性質を見いだし，平行線や角の性質を基にしてそれらを確かめ説明すること。
　(2)　図形の合同について，数学的活動を通して，次の事項を身に付けることができるよう指導する。
　　ア　次のような知識及び技能を身に付けること。
　　　(ア)　平面図形の合同の意味及び三角形の合同条件について理解すること。
　　　(イ)　証明の必要性と意味及びその方法について理解すること。
　　イ　次のような思考力，判断力，表現力等を身に付けること。
　　　(ア)　三角形の合同条件などを基にして三角形や平行四辺形の基本的な性質を論理的に確かめたり，証明を読んで新たな性質を見いだしたりすること。
　　　(イ)　三角形や平行四辺形の基本的な性質などを具体的な場面で活用すること。
〔用語・記号〕
　　対頂角　内角　外角　定義　証明　逆　反例　≡

C　関　数
　(1)　一次関数について，数学的活動を通して，次の事項を身に付けることができるよう指導する。
　　ア　次のような知識及び技能を身に付けること。
　　　(ア)　一次関数について理解すること。
　　　(イ)　事象の中には一次関数として捉えられるものがあることを知ること。
　　　(ウ)　二元一次方程式を関数を表す式とみること。
　　イ　次のような思考力，判断力，表現力等を身に付けること。
　　　(ア)　一次関数として捉えられる二つの数量について，変化や対応の特徴を見いだし，表，式，グラフを相互に関連付けて考察し表現すること。
　　　(イ)　一次関数を用いて具体的な事象を捉え考察し表現すること。
〔用語・記号〕
　　変化の割合　傾き

D　データの活用
　(1)　データの分布について，数学的活動を通して，次の事項を身に付けることができるよう指導する。
　　ア　次のような知識及び技能を身に付けること。
　　　(ア)　四分位範囲や箱ひげ図の必要性と意味を理解すること。
　　　(イ)　コンピュータなどの情報手段を用いるなどしてデータを整理し箱ひげ図で表すこと。
　　イ　次のような思考力，判断力，表現力等を身に付けること。
　　　(ア)　四分位範囲や箱ひげ図を用いてデータの分布の傾向を比較して読み取り，批判的に考察し判断すること。
　(2)　不確定な事象の起こりやすさについて，数学的活動を通して，次の事項を身に付けることができるよう指導する。
　　ア　次のような知識及び技能を身に付けること。
　　　(ア)　多数回の試行によって得られる確率と関連付けて，場合の数を基にして得られる確率の必要性と意味を理解すること。
　　　(イ)　簡単な場合について確率を求めること。

イ 次のような思考力，判断力，表現力等を身に付けること。
　(ｱ) 同様に確からしいことに着目し，場合の数を基にして得られる確率の求め方を考察し表現すること。
　(ｲ) 確率を用いて不確定な事象を捉え考察し表現すること。

〔数学的活動〕
(1) 「A数と式」，「B図形」，「C関数」及び「Dデータの活用」の学習やそれらを相互に関連付けた学習において，次のような数学的活動に取り組むものとする。
　ア 日常の事象や社会の事象を数理的に捉え，数学的に表現・処理し，問題を解決したり，解決の過程や結果を振り返って考察したりする活動
　イ 数学の事象から見通しをもって問題を見いだし解決したり，解決の過程や結果を振り返って統合的・発展的に考察したりする活動
　ウ 数学的な表現を用いて論理的に説明し伝え合う活動

3 内容の取扱い
(1) 内容の「B図形」の(2)のイの(ｱ)に関連して，正方形，ひし形及び長方形が平行四辺形の特別な形であることを取り扱うものとする。

〔第3学年〕
1 目 標
(1) 数の平方根，多項式と二次方程式，図形の相似，円周角と中心角の関係，三平方の定理，関数 $y = ax^2$，標本調査などについての基礎的な概念や原理・法則などを理解するとともに，事象を数学化したり，数学的に解釈したり，数学的に表現・処理したりする技能を身に付けるようにする。
(2) 数の範囲に着目し，数の性質や計算について考察したり，文字を用いて数量の関係や法則などを考察したりする力，図形の構成要素の関係に着目し，図形の性質や計量について論理的に考察し表現する力，関数関係に着目し，その特徴を表，式，グラフを相互に関連付けて考察する力，標本と母集団の関係に着目し，母集団の傾向を推定し判断したり，調査の方法や結果を批判的に考察したりする力を養う。
(3) 数学的活動の楽しさや数学のよさを実感して粘り強く考え，数学を生活や学習に生かそうとする態度，問題解決の過程を振り返って評価・改善しようとする態度，多様な考えを認め，よりよく問題解決しようとする態度を養う。

2 内 容
A 数と式
(1) 正の数の平方根について，数学的活動を通して，次の事項を身に付けることができるよう指導する。
　ア 次のような知識及び技能を身に付けること。
　　(ｱ) 数の平方根の必要性と意味を理解すること。
　　(ｲ) 数の平方根を含む簡単な式の計算をすること。
　　(ｳ) 具体的な場面で数の平方根を用いて表したり処理したりすること。
　イ 次のような思考力，判断力，表現力等を身に付けること。
　　(ｱ) 既に学習した計算の方法と関連付けて，数の平方根を含む式の計算の方法を考察し表現すること。
　　(ｲ) 数の平方根を具体的な場面で活用すること。

(2) 簡単な多項式について，数学的活動を通して，次の事項を身に付けることができるよう指導する。
　ア　次のような知識及び技能を身に付けること。
　　(ｱ)　単項式と多項式の乗法及び多項式を単項式で割る除法の計算をすること。
　　(ｲ)　簡単な一次式の乗法の計算及び次の公式を用いる簡単な式の展開や因数分解をすること。
$$(a + b)^2 = a^2 + 2ab + b^2$$
$$(a - b)^2 = a^2 - 2ab + b^2$$
$$(a + b)(a - b) = a^2 - b^2$$
$$(x + a)(x + b) = x^2 + (a + b)x + ab$$
　イ　次のような思考力，判断力，表現力等を身に付けること。
　　(ｱ)　既に学習した計算の方法と関連付けて，式の展開や因数分解をする方法を考察し表現すること。
　　(ｲ)　文字を用いた式で数量及び数量の関係を捉え説明すること。
(3) 二次方程式について，数学的活動を通して，次の事項を身に付けることができるよう指導する。
　ア　次のような知識及び技能を身に付けること。
　　(ｱ)　二次方程式の必要性と意味及びその解の意味を理解すること。
　　(ｲ)　因数分解したり平方の形に変形したりして二次方程式を解くこと。
　　(ｳ)　解の公式を知り，それを用いて二次方程式を解くこと。
　イ　次のような思考力，判断力，表現力等を身に付けること。
　　(ｱ)　因数分解や平方根の考えを基にして，二次方程式を解く方法を考察し表現すること。
　　(ｲ)　二次方程式を具体的な場面で活用すること。

〔用語・記号〕
　根号　有理数　無理数　因数　$\sqrt{}$

B　図形
(1) 図形の相似について，数学的活動を通して，次の事項を身に付けることができるよう指導する。
　ア　次のような知識及び技能を身に付けること。
　　(ｱ)　平面図形の相似の意味及び三角形の相似条件について理解すること。
　　(ｲ)　基本的な立体の相似の意味及び相似な図形の相似比と面積比や体積比との関係について理解すること。
　イ　次のような思考力，判断力，表現力等を身に付けること。
　　(ｱ)　三角形の相似条件などを基にして図形の基本的な性質を論理的に確かめること。
　　(ｲ)　平行線と線分の比についての性質を見いだし，それらを確かめること。
　　(ｳ)　相似な図形の性質を具体的な場面で活用すること。
(2) 円周角と中心角の関係について，数学的活動を通して，次の事項を身に付けることができるよう指導する。
　ア　次のような知識及び技能を身に付けること。
　　(ｱ)　円周角と中心角の関係の意味を理解し，それが証明できることを知ること。
　イ　次のような思考力，判断力，表現力等を身に付けること。
　　(ｱ)　円周角と中心角の関係を見いだすこと。
　　(ｲ)　円周角と中心角の関係を具体的な場面で活用すること。
(3) 三平方の定理について，数学的活動を通して，次の事項を身に付けることができるよう指導する。
　ア　次のような知識及び技能を身に付けること。
　　(ｱ)　三平方の定理の意味を理解し，それが証明できることを知ること。
　イ　次のような思考力，判断力，表現力等を身に付けること。

(ｱ) 三平方の定理を見いだすこと。
　　　(ｲ) 三平方の定理を具体的な場面で活用すること。
　〔用語・記号〕
　　　∽

C　関　数
　(1) 関数 $y = ax^2$ について，数学的活動を通して，次の事項を身に付けることができるよう指導する。
　　ア　次のような知識及び技能を身に付けること。
　　　(ｱ) 関数 $y = ax^2$ について理解すること。
　　　(ｲ) 事象の中には関数 $y = ax^2$ として捉えられるものがあることを知ること。
　　　(ｳ) いろいろな事象の中に，関数関係があることを理解すること。
　　イ　次のような思考力，判断力，表現力等を身に付けること。
　　　(ｱ) 関数 $y = ax^2$ として捉えられる二つの数量について，変化や対応の特徴を見いだし，表，式，グラフを相互に関連付けて考察し表現すること。
　　　(ｲ) 関数 $y = ax^2$ を用いて具体的な事象を捉え考察し表現すること。

D　データの活用
　(1) 標本調査について，数学的活動を通して，次の事項を身に付けることができるよう指導する。
　　ア　次のような知識及び技能を身に付けること。
　　　(ｱ) 標本調査の必要性と意味を理解すること。
　　　(ｲ) コンピュータなどの情報手段を用いるなどして無作為に標本を取り出し，整理すること。
　　イ　次のような思考力，判断力，表現力等を身に付けること。
　　　(ｱ) 標本調査の方法や結果を批判的に考察し表現すること。
　　　(ｲ) 簡単な場合について標本調査を行い，母集団の傾向を推定し判断すること。
　〔用語・記号〕
　　　全数調査

〔数学的活動〕
　(1) 「A数と式」，「B図形」，「C関数」及び「Dデータの活用」の学習やそれらを相互に関連付けた学習において，次のような数学的活動に取り組むものとする。
　　ア　日常の事象や社会の事象を数理的に捉え，数学的に表現・処理し，問題を解決したり，解決の過程や結果を振り返って考察したりする活動
　　イ　数学の事象から見通しをもって問題を見いだし解決したり，解決の過程や結果を振り返って統合的・発展的に考察したりする活動
　　ウ　数学的な表現を用いて論理的に説明し伝え合う活動

3　内容の取扱い

　(1) 内容の「A数と式」の(1)などに関連して，誤差や近似値，$a \times 10^n$ の形の表現を取り扱うものとする。
　(2) 内容の「A数と式」の(3)については，実数の解をもつ二次方程式を取り扱うものとする。
　(3) 内容の「A数と式」の(3)のアの(ｲ)とイの(ｱ)については，$ax^2 = b$（a, b は有理数）の二次方程式及び $x^2 + px + q = 0$（p, q は整数）の二次方程式を取り扱うものとする。因数分解して解くことの指導においては，内容の「A数と式」の(2)のアの(ｲ)に示した公式を用いることができるものを中心に取り扱うものとする。また，平方の形に変形して解くことの指導においては，x の係数が偶数であるものを中心に取り扱うものとする。

(4) 内容の「B図形」の(2)に関連して，円周角の定理の逆を取り扱うものとする。

第3 指導計画の作成と内容の取扱い

1 指導計画の作成に当たっては，次の事項に配慮するものとする。
 (1) 単元など内容や時間のまとまりを見通して，その中で育む資質・能力の育成に向けて，数学的活動を通して，生徒の主体的・対話的で深い学びの実現を図るようにすること。その際，数学的な見方・考え方を働かせながら，日常の事象や社会の事象を数理的に捉え，数学の問題を見いだし，問題を自立的，協働的に解決し，学習の過程を振り返り，概念を形成するなどの学習の充実を図ること。
 (2) 第2の各学年の目標の達成に支障のない範囲内で，当該学年の内容の一部を軽く取り扱い，それを後の学年で指導することができるものとすること。また，学年の目標を逸脱しない範囲内で，後の学年の内容の一部を加えて指導することもできるものとすること。
 (3) 生徒の学習を確実なものにするために，新たな内容を指導する際には，既に指導した関連する内容を意図的に再度取り上げ，学び直しの機会を設定することに配慮すること。
 (4) 障害のある生徒などについては，学習活動を行う場合に生じる困難さに応じた指導内容や指導方法の工夫を計画的，組織的に行うこと。
 (5) 第1章総則の第1の2の(2)に示す道徳教育の目標に基づき，道徳科などとの関連を考慮しながら，第3章特別の教科道徳の第2に示す内容について，数学科の特質に応じて適切な指導をすること。
2 第2の内容の取扱いについては，次の事項に配慮するものとする。
 (1) 思考力，判断力，表現力等を育成するため，各学年の内容の指導に当たっては，数学的な表現を用いて簡潔・明瞭・的確に表現したり，互いに自分の考えを表現し伝え合ったりするなどの機会を設けること。
 (2) 各領域の指導に当たっては，必要に応じ，そろばんや電卓，コンピュータ，情報通信ネットワークなどの情報手段を適切に活用し，学習の効果を高めること。
 (3) 各領域の指導に当たっては，具体物を操作して考えたり，データを収集して整理したりするなどの具体的な体験を伴う学習を充実すること。
 (4) 第2の各学年の内容に示す〔用語・記号〕は，当該学年で取り扱う内容の程度や範囲を明確にするために示したものであり，その指導に当たっては，各学年の内容と密接に関連させて取り上げること。
3 数学的活動の取組においては，次の事項に配慮するものとする。
 (1) 数学的活動を楽しめるようにするとともに，数学を学習することの意義や数学の必要性などを実感する機会を設けること。
 (2) 数学を活用して問題解決する方法を理解するとともに，自ら問題を見いだし，解決するための構想を立て，実践し，その過程や結果を評価・改善する機会を設けること。
 (3) 各領域の指導に当たっては，観察や操作，実験などの活動を通して，数量や図形などの性質を見いだしたり，発展させたりする機会を設けること。
 (4) 数学的活動の過程を振り返り，レポートにまとめ発表することなどを通して，その成果を共有する機会を設けること。
4 生徒の数学的活動への取組を促し思考力，判断力，表現力等の育成を図るため，各領域の内容を総合したり日常の事象や他教科等での学習に関連付けたりするなどして見いだした問題を解決する学習を課題学習と言い，この実施に当たっては各学年で指導計画に適切に位置付けるものとする。

第4節　理科

● 第1　目標

自然の事物・現象に関わり，理科の見方・考え方を働かせ，見通しをもって観察，実験を行うことなどを通して，自然の事物・現象を科学的に探究するために必要な資質・能力を次のとおり育成することを目指す。
(1) 自然の事物・現象についての理解を深め，科学的に探究するために必要な観察，実験などに関する基本的な技能を身に付けるようにする。
(2) 観察，実験などを行い，科学的に探究する力を養う。
(3) 自然の事物・現象に進んで関わり，科学的に探究しようとする態度を養う。

● 第2　各分野の目標及び内容

〔第1分野〕
1　目標

物質やエネルギーに関する事物・現象を科学的に探究するために必要な資質・能力を次のとおり育成することを目指す。
(1) 物質やエネルギーに関する事物・現象についての観察，実験などを行い，身近な物理現象，電流とその利用，運動とエネルギー，身の回りの物質，化学変化と原子・分子，化学変化とイオンなどについて理解するとともに，科学技術の発展と人間生活との関わりについて認識を深めるようにする。また，それらを科学的に探究するために必要な観察，実験などに関する基本的な技能を身に付けるようにする。
(2) 物質やエネルギーに関する事物・現象に関わり，それらの中に問題を見いだし見通しをもって観察，実験などを行い，その結果を分析して解釈し表現するなど，科学的に探究する活動を通して，規則性を見いだしたり課題を解決したりする力を養う。
(3) 物質やエネルギーに関する事物・現象に進んで関わり，科学的に探究しようとする態度を養うとともに，自然を総合的に見ることができるようにする。

2　内容
(1) 身近な物理現象

身近な物理現象についての観察，実験などを通して，次の事項を身に付けることができるよう指導する。

ア　身近な物理現象を日常生活や社会と関連付けながら，次のことを理解するとともに，それらの観察，実験などに関する技能を身に付けること。

(ｱ) 光と音

㋐　光の反射・屈折

光の反射や屈折の実験を行い，光が水やガラスなどの物質の境界面で反射，屈折するときの規則性を見いだして理解すること。

㋑　凸レンズの働き

凸レンズの働きについての実験を行い，物体の位置と像のでき方との関係を見いだして理解すること。

㋦ 音の性質
　　音についての実験を行い，音はものが振動することによって生じ空気中などを伝わること及び音の高さや大きさは発音体の振動の仕方に関係することを見いだして理解すること。
(ｲ) 力の働き
㋐ 力の働き
　　物体に力を働かせる実験を行い，物体に力が働くとその物体が変形したり動き始めたり，運動の様子が変わったりすることを見いだして理解するとともに，力は大きさと向きによって表されることを知ること。また，物体に働く２力についての実験を行い，力がつり合うときの条件を見いだして理解すること。
イ　身近な物理現象について，問題を見いだし見通しをもって観察，実験などを行い，光の反射や屈折，凸レンズの働き，音の性質，力の働きの規則性や関係性を見いだして表現すること。

(2) 身の回りの物質
　　身の回りの物質についての観察，実験などを通して，次の事項を身に付けることができるよう指導する。
ア　身の回りの物質の性質や変化に着目しながら，次のことを理解するとともに，それらの観察，実験などに関する技能を身に付けること。
(ｱ) 物質のすがた
㋐ 身の回りの物質とその性質
　　身の回りの物質の性質を様々な方法で調べる実験を行い，物質には密度や加熱したときの変化など固有の性質と共通の性質があることを見いだして理解するとともに，実験器具の操作，記録の仕方などの技能を身に付けること。
㋑ 気体の発生と性質
　　気体を発生させてその性質を調べる実験を行い，気体の種類による特性を理解するとともに，気体を発生させる方法や捕集法などの技能を身に付けること。
(ｲ) 水溶液
㋐ 水溶液
　　水溶液から溶質を取り出す実験を行い，その結果を溶解度と関連付けて理解すること。
(ｳ) 状態変化
㋐ 状態変化と熱
　　物質の状態変化についての観察，実験を行い，状態変化によって物質の体積は変化するが質量は変化しないことを見いだして理解すること。
㋑ 物質の融点と沸点
　　物質は融点や沸点を境に状態が変化することを知るとともに，混合物を加熱する実験を行い，沸点の違いによって物質の分離ができることを見いだして理解すること。
イ　身の回りの物質について，問題を見いだし見通しをもって観察，実験などを行い，物質の性質や状態変化における規則性を見いだして表現すること。

(3) 電流とその利用
　　電流とその利用についての観察，実験などを通して，次の事項を身に付けることができるよう指導する。
ア　電流，磁界に関する事物・現象を日常生活や社会と関連付けながら，次のことを理解するとともに，それらの観察，実験などに関する技能を身に付けること。
(ｱ) 電流

㋐ 回路と電流・電圧
　回路をつくり，回路の電流や電圧を測定する実験を行い，回路の各点を流れる電流や各部に加わる電圧についての規則性を見いだして理解すること。
㋑ 電流・電圧と抵抗
　金属線に加わる電圧と電流を測定する実験を行い，電圧と電流の関係を見いだして理解するとともに，金属線には電気抵抗があることを理解すること。
㋒ 電気とそのエネルギー
　電流によって熱や光などを発生させる実験を行い，熱や光などが取り出せること及び電力の違いによって発生する熱や光などの量に違いがあることを見いだして理解すること。
㋓ 静電気と電流
　異なる物質同士をこすり合わせると静電気が起こり，帯電した物体間では空間を隔てて力が働くこと及び静電気と電流には関係があることを見いだして理解すること。
(イ) 電流と磁界
㋐ 電流がつくる磁界
　磁石や電流による磁界の観察を行い，磁界を磁力線で表すことを理解するとともに，コイルの回りに磁界ができることを知ること。
㋑ 磁界中の電流が受ける力
　磁石とコイルを用いた実験を行い，磁界中のコイルに電流を流すと力が働くことを見いだして理解すること。
㋒ 電磁誘導と発電
　磁石とコイルを用いた実験を行い，コイルや磁石を動かすことにより電流が得られることを見いだして理解するとともに，直流と交流の違いを理解すること。
イ　電流，磁界に関する現象について，見通しをもって解決する方法を立案して観察，実験などを行い，その結果を分析して解釈し，電流と電圧，電流の働き，静電気，電流と磁界の規則性や関係性を見いだして表現すること。

(4) 化学変化と原子・分子
　化学変化についての観察，実験などを通して，次の事項を身に付けることができるよう指導する。
ア　化学変化を原子や分子のモデルと関連付けながら，次のことを理解するとともに，それらの観察，実験などに関する技能を身に付けること。
(ア) 物質の成り立ち
㋐ 物質の分解
　物質を分解する実験を行い，分解して生成した物質は元の物質とは異なることを見いだして理解すること。
㋑ 原子・分子
　物質は原子や分子からできていることを理解するとともに，物質を構成する原子の種類は記号で表されることを知ること。
(イ) 化学変化
㋐ 化学変化
　2種類の物質を反応させる実験を行い，反応前とは異なる物質が生成することを見いだして理解するとともに，化学変化は原子や分子のモデルで説明できること，化合物の組成は化学式で表されること及び化学変化は化学反応式で表されることを理解すること。
㋑ 化学変化における酸化と還元

　　　　　酸化や還元の実験を行い，酸化や還元は酸素が関係する反応であることを見いだして理解すること。
　　　㋒　化学変化と熱
　　　　　化学変化によって熱を取り出す実験を行い，化学変化には熱の出入りが伴うことを見いだして理解すること。
　　(ｳ)　化学変化と物質の質量
　　　㋐　化学変化と質量の保存
　　　　　化学変化の前後における物質の質量を測定する実験を行い，反応物の質量の総和と生成物の質量の総和が等しいことを見いだして理解すること。
　　　㋑　質量変化の規則性
　　　　　化学変化に関係する物質の質量を測定する実験を行い，反応する物質の質量の間には一定の関係があることを見いだして理解すること。
　イ　化学変化について，見通しをもって解決する方法を立案して観察，実験などを行い，原子や分子と関連付けてその結果を分析して解釈し，化学変化における物質の変化やその量的な関係を見いだして表現すること。
(5)　運動とエネルギー
　　物体の運動とエネルギーについての観察，実験などを通して，次の事項を身に付けることができるよう指導する。
　ア　物体の運動とエネルギーを日常生活や社会と関連付けながら，次のことを理解するとともに，それらの観察，実験などに関する技能を身に付けること。
　　(ｱ)　力のつり合いと合成・分解
　　　㋐　水中の物体に働く力
　　　　　水圧についての実験を行い，その結果を水の重さと関連付けて理解すること。また，水中にある物体には浮力が働くことを知ること。
　　　㋑　力の合成・分解
　　　　　力の合成と分解についての実験を行い，合力や分力の規則性を理解すること。
　　(ｲ)　運動の規則性
　　　㋐　運動の速さと向き
　　　　　物体の運動についての観察，実験を行い，運動には速さと向きがあることを知ること。
　　　㋑　力と運動
　　　　　物体に力が働く運動及び力が働かない運動についての観察，実験を行い，力が働く運動では運動の向きや時間の経過に伴って物体の速さが変わること及び力が働かない運動では物体は等速直線運動することを見いだして理解すること。
　　(ｳ)　力学的エネルギー
　　　㋐　仕事とエネルギー
　　　　　仕事に関する実験を行い，仕事と仕事率について理解すること。また，衝突の実験を行い，物体のもつ力学的エネルギーは物体が他の物体になしうる仕事で測れることを理解すること。
　　　㋑　力学的エネルギーの保存
　　　　　力学的エネルギーに関する実験を行い，運動エネルギーと位置エネルギーが相互に移り変わることを見いだして理解するとともに，力学的エネルギーの総量が保存されることを理解すること。
　イ　運動とエネルギーについて，見通しをもって観察，実験などを行い，その結果を分析して解釈し，

力のつり合い，合成や分解，物体の運動，力学的エネルギーの規則性や関係性を見いだして表現すること。また，探究の過程を振り返ること。

(6) 化学変化とイオン

化学変化についての観察，実験などを通して，次の事項を身に付けることができるよう指導する。

ア　化学変化をイオンのモデルと関連付けながら，次のことを理解するとともに，それらの観察，実験などに関する技能を身に付けること。

(ア) 水溶液とイオン

㋐　原子の成り立ちとイオン

水溶液に電圧をかけ電流を流す実験を行い，水溶液には電流が流れるものと流れないものとがあることを見いだして理解すること。また，電解質水溶液に電圧をかけ電流を流す実験を行い，電極に物質が生成することからイオンの存在を知るとともに，イオンの生成が原子の成り立ちに関係することを知ること。

㋑　酸・アルカリ

酸とアルカリの性質を調べる実験を行い，酸とアルカリのそれぞれの特性が水素イオンと水酸化物イオンによることを知ること。

㋒　中和と塩

中和反応の実験を行い，酸とアルカリを混ぜると水と塩が生成することを理解すること。

(イ) 化学変化と電池

㋐　金属イオン

金属を電解質水溶液に入れる実験を行い，金属によってイオンへのなりやすさが異なることを見いだして理解すること。

㋑　化学変化と電池

電解質水溶液と2種類の金属などを用いた実験を行い，電池の基本的な仕組みを理解するとともに，化学エネルギーが電気エネルギーに変換されていることを知ること。

イ　化学変化について，見通しをもって観察，実験などを行い，イオンと関連付けてその結果を分析して解釈し，化学変化における規則性や関係性を見いだして表現すること。また，探究の過程を振り返ること。

(7) 科学技術と人間

科学技術と人間との関わりについての観察，実験などを通して，次の事項を身に付けることができるよう指導する。

ア　日常生活や社会と関連付けながら，次のことを理解するとともに，それらの観察，実験などに関する技能を身に付けること。

(ア) エネルギーと物質

㋐　エネルギーとエネルギー資源

様々なエネルギーとその変換に関する観察，実験などを通して，日常生活や社会では様々なエネルギーの変換を利用していることを見いだして理解すること。また，人間は，水力，火力，原子力，太陽光などからエネルギーを得ていることを知るとともに，エネルギー資源の有効な利用が大切であることを認識すること。

㋑　様々な物質とその利用

物質に関する観察，実験などを通して，日常生活や社会では，様々な物質が幅広く利用されていることを理解するとともに，物質の有効な利用が大切であることを認識すること。

㋒　科学技術の発展

科学技術の発展の過程を知るとともに，科学技術が人間の生活を豊かで便利にしていることを認識すること。
  (イ) 自然環境の保全と科学技術の利用
    ㋐ 自然環境の保全と科学技術の利用
      自然環境の保全と科学技術の利用の在り方について科学的に考察することを通して，持続可能な社会をつくることが重要であることを認識すること。
 イ 日常生活や社会で使われているエネルギーや物質について，見通しをもって観察，実験などを行い，その結果を分析して解釈するとともに，自然環境の保全と科学技術の利用の在り方について，科学的に考察して判断すること。

3 内容の取扱い

(1) 内容の(1)から(7)までについては，それぞれのアに示す知識及び技能とイに示す思考力，判断力，表現力等とを相互に関連させながら，3年間を通じて科学的に探究するために必要な資質・能力の育成を目指すものとする。
(2) 内容の(1)から(7)までのうち，(1)及び(2)は第1学年，(3)及び(4)は第2学年，(5)から(7)までは第3学年で取り扱うものとする。
(3) 内容の(1)については，次のとおり取り扱うものとする。
 ア アの(ア)の㋐については，全反射も扱い，光の屈折では入射角と屈折角の定性的な関係にも触れること。また，白色光はプリズムなどによっていろいろな色の光に分かれることにも触れること。
 イ アの(ア)の㋑については，物体の位置に対する像の位置や像の大きさの定性的な関係を調べること。その際，実像と虚像を扱うこと。
 ウ アの(ア)の㋒については，音の伝わる速さについて，空気中を伝わるおよその速さにも触れること。
 エ アの(イ)の㋐については，ばねに加える力の大きさとばねの伸びとの関係も扱うこと。また，重さと質量との違いにも触れること。力の単位としては「ニュートン」を用いること。
(4) 内容の(2)については，次のとおり取り扱うものとする。
 ア アの(ア)の㋐については，有機物と無機物との違いや金属と非金属との違いを扱うこと。
 イ アの(ア)の㋑については，異なる方法を用いても同一の気体が得られることにも触れること。
 ウ アの(イ)の㋐については，粒子のモデルと関連付けて扱い，質量パーセント濃度にも触れること。また，「溶解度」については，溶解度曲線にも触れること。
 エ アの(ウ)の㋐については，粒子のモデルと関連付けて扱うこと。その際，粒子の運動にも触れること。
(5) 内容の(3)については，次のとおり取り扱うものとする。
 ア アの(ア)の㋐の「回路」については，直列及び並列の回路を取り上げ，それぞれについて二つの抵抗のつなぎ方を中心に扱うこと。
 イ アの(ア)の㋑の「電気抵抗」については，物質の種類によって抵抗の値が異なることを扱うこと。また，二つの抵抗をつなぐ場合の合成抵抗にも触れること。
 ウ アの(ア)の㋒については，電力量も扱うこと。その際，熱量にも触れること。
 エ アの(ア)の㋓については，電流が電子の流れに関係していることを扱うこと。また，真空放電と関連付けながら放射線の性質と利用にも触れること。
 オ アの(イ)の㋑については，電流の向きや磁界の向きを変えたときに力の向きが変わることを扱うこと。

カ　アの(イ)の⑨については、コイルや磁石を動かす向きを変えたときに電流の向きが変わることを扱うこと。
(6) 内容の(4)については、次のとおり取り扱うものとする。
　　ア　アの(ア)の④の「物質を構成する原子の種類」を元素ということにも触れること。また、「記号」については、元素記号で表されることにも触れ、基礎的なものを取り上げること。その際、周期表を用いて多くの種類が存在することにも触れること。
　　イ　アの(イ)の⑦の「化学式」及び「化学反応式」については、簡単なものを扱うこと。
　　ウ　アの(イ)の④の「酸化や還元」については、簡単なものを扱うこと。
(7) 内容の(5)については、次のとおり取り扱うものとする。
　　ア　アの(ア)の⑦については、水中にある物体には、あらゆる向きから圧力が働くことにも触れること。また、物体に働く水圧と浮力との定性的な関係にも触れること。
　　イ　アの(イ)の⑦については、物体に力が働くとき反対向きにも力が働くことにも触れること。
　　ウ　アの(イ)の④の「力が働く運動」のうち、落下運動については斜面に沿った運動を中心に扱うこと。その際、斜面の角度が90度になったときに自由落下になることにも触れること。「物体の速さが変わること」については、定性的に扱うこと。
　　エ　アの(ウ)の⑦については、仕事の原理にも触れること。
　　オ　アの(ウ)の④については、摩擦にも触れること。
(8) 内容の(6)については、次のとおり取り扱うものとする。
　　ア　アの(ア)の⑦の「原子の成り立ち」については、原子が電子と原子核からできていることを扱うこと。その際、原子核が陽子と中性子でできていることや、同じ元素でも中性子の数が異なる原子があることにも触れること。また、「イオン」については、化学式で表されることにも触れること。
　　イ　アの(ア)の④については、pHにも触れること。
　　ウ　アの(ア)の⑨については、水に溶ける塩と水に溶けない塩があることにも触れること。
　　エ　アの(イ)の⑦の「金属イオン」については、基礎的なものを扱うこと。
　　オ　アの(イ)の④の「電池」については、電極で起こる反応をイオンのモデルと関連付けて扱うこと。その際、「電池の基本的な仕組み」については、ダニエル電池を取り上げること。また、日常生活や社会で利用されている代表的な電池にも触れること。
(9) 内容の(7)については、次のとおり取り扱うものとする。
　　ア　アの(ア)の⑦については、熱の伝わり方、放射線にも触れること。また、「エネルギーの変換」については、その総量が保存されること及びエネルギーを利用する際の効率も扱うこと。
　　イ　アの(ア)の④の「様々な物質」については、天然の物質や人工的につくられた物質のうち代表的なものを扱うこと。その際、プラスチックの性質にも触れること。
　　ウ　アの(イ)の⑦については、これまでの第1分野と第2分野の学習を生かし、第2分野の内容の(7)のアの(イ)の⑦及びイと関連付けて総合的に扱うこと。

〔第2分野〕
1　目　標
　生命や地球に関する事物・現象を科学的に探究するために必要な資質・能力を次のとおり育成することを目指す。
(1) 生命や地球に関する事物・現象についての観察、実験などを行い、生物の体のつくりと働き、生命の連続性、大地の成り立ちと変化、気象とその変化、地球と宇宙などについて理解するとともに、科学的に探究するために必要な観察、実験などに関する基本的な技能を身に付けるようにする。

(2) 生命や地球に関する事物・現象に関わり，それらの中に問題を見いだし見通しをもって観察，実験などを行い，その結果を分析して解釈し表現するなど，科学的に探究する活動を通して，多様性に気付くとともに規則性を見いだしたり課題を解決したりする力を養う。

(3) 生命や地球に関する事物・現象に進んで関わり，科学的に探究しようとする態度と，生命を尊重し，自然環境の保全に寄与する態度を養うとともに，自然を総合的に見ることができるようにする。

2 内容

(1) いろいろな生物とその共通点

身近な生物についての観察，実験などを通して，次の事項を身に付けることができるよう指導する。

ア　いろいろな生物の共通点と相違点に着目しながら，次のことを理解するとともに，それらの観察，実験などに関する技能を身に付けること。

(ア) 生物の観察と分類の仕方

㋐ 生物の観察

校庭や学校周辺の生物の観察を行い，いろいろな生物が様々な場所で生活していることを見いだして理解するとともに，観察器具の操作，観察記録の仕方などの技能を身に付けること。

㋑ 生物の特徴と分類の仕方

いろいろな生物を比較して見いだした共通点や相違点を基にして分類できることを理解するとともに，分類の仕方の基礎を身に付けること。

(イ) 生物の体の共通点と相違点

㋐ 植物の体の共通点と相違点

身近な植物の外部形態の観察を行い，その観察記録などに基づいて，共通点や相違点があることを見いだして，植物の体の基本的なつくりを理解すること。また，その共通点や相違点に基づいて植物が分類できることを見いだして理解すること。

㋑ 動物の体の共通点と相違点

身近な動物の外部形態の観察を行い，その観察記録などに基づいて，共通点や相違点があることを見いだして，動物の体の基本的なつくりを理解すること。また，その共通点や相違点に基づいて動物が分類できることを見いだして理解すること。

イ　身近な生物についての観察，実験などを通して，いろいろな生物の共通点や相違点を見いだすとともに，生物を分類するための観点や基準を見いだして表現すること。

(2) 大地の成り立ちと変化

大地の成り立ちと変化についての観察，実験などを通して，次の事項を身に付けることができるよう指導する。

ア　大地の成り立ちと変化を地表に見られる様々な事物・現象と関連付けながら，次のことを理解するとともに，それらの観察，実験などに関する技能を身に付けること。

(ア) 身近な地形や地層，岩石の観察

㋐ 身近な地形や地層，岩石の観察

身近な地形や地層，岩石などの観察を通して，土地の成り立ちや広がり，構成物などについて理解するとともに，観察器具の操作，記録の仕方などの技能を身に付けること。

(イ) 地層の重なりと過去の様子

㋑ 地層の重なりと過去の様子

地層の様子やその構成物などから地層のでき方を考察し，重なり方や広がり方についての規則性を見いだして理解するとともに，地層とその中の化石を手掛かりとして過去の環境と地質

　　　　年代を推定できることを理解すること。
　　(ｳ) 火山と地震
　　　㋐ 火山活動と火成岩
　　　　火山の形，活動の様子及びその噴出物を調べ，それらを地下のマグマの性質と関連付けて理解するとともに，火山岩と深成岩の観察を行い，それらの組織の違いを成因と関連付けて理解すること。
　　　㋑ 地震の伝わり方と地球内部の働き
　　　　地震の体験や記録を基に，その揺れの大きさや伝わり方の規則性に気付くとともに，地震の原因を地球内部の働きと関連付けて理解し，地震に伴う土地の変化の様子を理解すること。
　　(ｴ) 自然の恵みと火山災害・地震災害
　　　㋐ 自然の恵みと火山災害・地震災害
　　　　自然がもたらす恵み及び火山災害と地震災害について調べ，これらを火山活動や地震発生の仕組みと関連付けて理解すること。
　イ　大地の成り立ちと変化について，問題を見いだし見通しをもって観察，実験などを行い，地層の重なり方や広がり方の規則性，地下のマグマの性質と火山の形との関係性などを見いだして表現すること。

(3) 生物の体のつくりと働き
　生物の体のつくりと働きについての観察，実験などを通して，次の事項を身に付けることができるよう指導する。
　ア　生物の体のつくりと働きとの関係に着目しながら，次のことを理解するとともに，それらの観察，実験などに関する技能を身に付けること。
　　(ｱ) 生物と細胞
　　　㋐ 生物と細胞
　　　　生物の組織などの観察を行い，生物の体が細胞からできていること及び植物と動物の細胞のつくりの特徴を見いだして理解するとともに，観察器具の操作，観察記録の仕方などの技能を身に付けること。
　　(ｲ) 植物の体のつくりと働き
　　　㋐ 葉・茎・根のつくりと働き
　　　　植物の葉，茎，根のつくりについての観察を行い，それらのつくりと，光合成，呼吸，蒸散の働きに関する実験の結果とを関連付けて理解すること。
　　(ｳ) 動物の体のつくりと働き
　　　㋐ 生命を維持する働き
　　　　消化や呼吸についての観察，実験などを行い，動物の体が必要な物質を取り入れ運搬している仕組みを観察，実験の結果などと関連付けて理解すること。また，不要となった物質を排出する仕組みがあることについて理解すること。
　　　㋑ 刺激と反応
　　　　動物が外界の刺激に適切に反応している様子の観察を行い，その仕組みを感覚器官，神経系及び運動器官のつくりと関連付けて理解すること。
　イ　身近な植物や動物の体のつくりと働きについて，見通しをもって解決する方法を立案して観察，実験などを行い，その結果を分析して解釈し，生物の体のつくりと働きについての規則性や関係性を見いだして表現すること。

(4) 気象とその変化

身近な気象の観察，実験などを通して，次の事項を身に付けることができるよう指導する。
ア　気象要素と天気の変化との関係に着目しながら，次のことを理解するとともに，それらの観察，実験などに関する技能を身に付けること。
　(ｱ)　気象観測
　　　⑦　気象要素
　　　　気象要素として，気温，湿度，気圧，風向などを理解すること。また，気圧を取り上げ，圧力についての実験を行い，圧力は力の大きさと面積に関係があることを見いだして理解するとともに，大気圧の実験を行い，その結果を空気の重さと関連付けて理解すること。
　　　④　気象観測
　　　　校庭などで気象観測を継続的に行い，その観測記録などに基づいて，気温，湿度，気圧，風向などの変化と天気との関係を見いだして理解するとともに，観測方法や記録の仕方を身に付けること。
　(ｲ)　天気の変化
　　　⑦　霧や雲の発生
　　　　霧や雲の発生についての観察，実験を行い，そのでき方を気圧，気温及び湿度の変化と関連付けて理解すること。
　　　④　前線の通過と天気の変化
　　　　前線の通過に伴う天気の変化の観測結果などに基づいて，その変化を暖気，寒気と関連付けて理解すること。
　(ｳ)　日本の気象
　　　⑦　日本の天気の特徴
　　　　天気図や気象衛星画像などから，日本の天気の特徴を気団と関連付けて理解すること。
　　　④　大気の動きと海洋の影響
　　　　気象衛星画像や調査記録などから，日本の気象を日本付近の大気の動きや海洋の影響に関連付けて理解すること。
　(ｴ)　自然の恵みと気象災害
　　　⑦　自然の恵みと気象災害
　　　　気象現象がもたらす恵みと気象災害について調べ，これらを天気の変化や日本の気象と関連付けて理解すること。
イ　気象とその変化について，見通しをもって解決する方法を立案して観察，実験などを行い，その結果を分析して解釈し，天気の変化や日本の気象についての規則性や関係性を見いだして表現すること。

(5) 生命の連続性
　生命の連続性についての観察，実験などを通して，次の事項を身に付けることができるよう指導する。
ア　生命の連続性に関する事物・現象の特徴に着目しながら，次のことを理解するとともに，それらの観察，実験などに関する技能を身に付けること。
　(ｱ)　生物の成長と殖え方
　　　⑦　細胞分裂と生物の成長
　　　　体細胞分裂の観察を行い，その順序性を見いだして理解するとともに，細胞の分裂と生物の成長とを関連付けて理解すること。
　　　④　生物の殖え方

　　　　　　生物の殖え方を観察し，有性生殖と無性生殖の特徴を見いだして理解するとともに，生物が
　　　　　殖えていくときに親の形質が子に伝わることを見いだして理解すること。
　　　(イ) 遺伝の規則性と遺伝子
　　　　㋐　遺伝の規則性と遺伝子
　　　　　　交配実験の結果などに基づいて，親の形質が子に伝わるときの規則性を見いだして理解するこ
　　　　　と。
　　　(ウ) 生物の種類の多様性と進化
　　　　㋐　生物の種類の多様性と進化
　　　　　　現存の生物及び化石の比較などを通して，現存の多様な生物は過去の生物が長い時間の経過
　　　　　の中で変化して生じてきたものであることを体のつくりと関連付けて理解すること。
　　イ　生命の連続性について，観察，実験などを行い，その結果や資料を分析して解釈し，生物の成長
　　　と殖え方，遺伝現象，生物の種類の多様性と進化についての特徴や規則性を見いだして表現するこ
　　　と。また，探究の過程を振り返ること。
(6) 地球と宇宙
　　身近な天体の観察，実験などを通して，次の事項を身に付けることができるよう指導する。
　ア　身近な天体とその運動に関する特徴に着目しながら，次のことを理解するとともに，それらの観
　　　察，実験などに関する技能を身に付けること。
　　(ア) 天体の動きと地球の自転・公転
　　　㋐　日周運動と自転
　　　　　天体の日周運動の観察を行い，その観察記録を地球の自転と関連付けて理解すること。
　　　㋑　年周運動と公転
　　　　　星座の年周運動や太陽の南中高度の変化などの観察を行い，その観察記録を地球の公転や地
　　　　軸の傾きと関連付けて理解すること。
　　(イ) 太陽系と恒星
　　　㋐　太陽の様子
　　　　　太陽の観察を行い，その観察記録や資料に基づいて，太陽の特徴を見いだして理解すること。
　　　㋑　惑星と恒星
　　　　　観測資料などを基に，惑星と恒星などの特徴を見いだして理解するとともに，太陽系の構造
　　　　について理解すること。
　　　㋒　月や金星の運動と見え方
　　　　　月の観察を行い，その観察記録や資料に基づいて，月の公転と見え方を関連付けて理解する
　　　　こと。また，金星の観測資料などを基に，金星の公転と見え方を関連付けて理解すること。
　　イ　地球と宇宙について，天体の観察，実験などを行い，その結果や資料を分析して解釈し，天体の
　　　運動と見え方についての特徴や規則性を見いだして表現すること。また，探究の過程を振り返るこ
　　　と。
(7) 自然と人間
　　自然環境を調べる観察，実験などを通して，次の事項を身に付けることができるよう指導する。
　ア　日常生活や社会と関連付けながら，次のことを理解するとともに，自然環境を調べる観察，実験
　　　などに関する技能を身に付けること。
　　(ア) 生物と環境
　　　㋐　自然界のつり合い
　　　　　微生物の働きを調べ，植物，動物及び微生物を栄養の面から相互に関連付けて理解するとと

もに,自然界では,これらの生物がつり合いを保って生活していることを見いだして理解すること。

　　㋑　自然環境の調査と環境保全
　　　身近な自然環境について調べ,様々な要因が自然界のつり合いに影響していることを理解するとともに,自然環境を保全することの重要性を認識すること。

　　㋒　地域の自然災害
　　　地域の自然災害について,総合的に調べ,自然と人間との関わり方について認識すること。

　(イ)　自然環境の保全と科学技術の利用
　　㋐　自然環境の保全と科学技術の利用
　　　自然環境の保全と科学技術の利用の在り方について科学的に考察することを通して,持続可能な社会をつくることが重要であることを認識すること。

イ　身近な自然環境や地域の自然災害などを調べる観察,実験などを行い,自然環境の保全と科学技術の利用の在り方について,科学的に考察して判断すること。

3 内容の取扱い

(1) 内容の(1)から(7)までについては,それぞれのアに示す知識及び技能とイに示す思考力,判断力,表現力等とを相互に関連させながら,3年間を通じて科学的に探究するために必要な資質・能力の育成を目指すものとする。

(2) 内容の(1)から(7)までのうち,(1)及び(2)は第1学年,(3)及び(4)は第2学年,(5)から(7)までは第3学年で取り扱うものとする。

(3) 内容の(1)については,次のとおり取り扱うものとする。

　ア　アの(ア)の㋐については,身近な生物の観察を扱うが,ルーペや双眼実体顕微鏡などを用いて,外見から観察できる体のつくりを中心に扱うこと。

　イ　アの(イ)の㋐については,花のつくりを中心に扱い,種子植物が被子植物と裸子植物に分類できることを扱うこと。その際,胚珠が種子になることにも触れること。また,被子植物が単子葉類と双子葉類に分類できることについては,葉のつくりを中心に扱うこと。なお,種子をつくらない植物が胞子をつくることにも触れること。

　ウ　アの(イ)の㋑については,脊椎動物と無脊椎動物の違いを中心に扱うこと。脊椎動物については,ヒトや魚を例に,体のつくりの共通点としての背骨の存在について扱うこと。また,体の表面の様子や呼吸の仕方などの特徴を基準として分類できることを扱うこと。無脊椎動物については,節足動物や軟体動物の観察を行い,それらの動物と脊椎動物の体のつくりの特徴を比較し,その共通点と相違点を扱うこと。

(4) 内容の(2)については,次のとおり取り扱うものとする。

　ア　アの(ア)の㋐の「身近な地形や地層,岩石などの観察」については,学校内外の地形や地層,岩石などを観察する活動とすること。

　イ　アの(イ)の㋐については,地層を形成している代表的な堆積岩も取り上げること。「地層」については,断層,褶曲にも触れること。「化石」については,示相化石及び示準化石を取り上げること。「地質年代」の区分は,古生代,中生代,新生代を取り上げること。

　ウ　アの(ウ)の㋐の「火山」については,粘性と関係付けながら代表的な火山を扱うこと。「マグマの性質」については,粘性を扱うこと。「火山岩」及び「深成岩」については,代表的な岩石を扱うこと。また,代表的な造岩鉱物も扱うこと。

　エ　アの(ウ)の㋑については,地震の現象面を中心に扱い,初期微動継続時間と震源までの距離との

定性的な関係にも触れること。また,「地球内部の働き」については,日本付近のプレートの動きを中心に扱い,地球規模でのプレートの動きにも触れること。その際,津波発生の仕組みについても触れること。

　オ　アの(エ)の㋐の「火山災害と地震災害」については,記録や資料などを用いて調べること。

(5) 内容の(3)については,次のとおり取り扱うものとする。

　ア　アの(ア)の㋐については,植物と動物の細胞のつくりの共通点と相違点について触れること。また,細胞の呼吸及び単細胞生物の存在にも触れること。

　イ　アの(イ)の㋐については,光合成における葉緑体の働きにも触れること。また,葉,茎,根の働きを相互に関連付けて扱うこと。

　ウ　アの(ウ)の㋐については,各器官の働きを中心に扱うこと。「消化」については,代表的な消化酵素の働きを扱うこと。また,摂取された食物が消化によって小腸の壁から吸収される物質になることにも触れること。血液の循環に関連して,血液成分の働き,腎臓や肝臓の働きにも触れること。

　エ　アの(ウ)の㋑については,各器官の働きを中心に扱うこと。

(6) 内容の(4)については,次のとおり取り扱うものとする。

　ア　アの(ア)の㋐の「大気圧」については,空気中にある物体にはあらゆる向きから圧力が働くことにも触れること。

　イ　アの(イ)の㋐については,気温による飽和水蒸気量の変化が湿度の変化や凝結に関わりがあることを扱うこと。また,水の循環にも触れること。

　ウ　アの(イ)の㋑については,風の吹き方にも触れること。

　エ　アの(ウ)の㋑については,地球を取り巻く大気の動きにも触れること。また,地球の大きさや大気の厚さにも触れること。

　オ　アの(エ)の㋐の「気象災害」については,記録や資料などを用いて調べること。

(7) 内容の(5)については,次のとおり取り扱うものとする。

　ア　アの(ア)の㋐については,染色体が複製されることにも触れること。

　イ　アの(ア)の㋑については,有性生殖の仕組みを減数分裂と関連付けて扱うこと。「無性生殖」については,単細胞生物の分裂や栄養生殖にも触れること。

　ウ　アの(イ)の㋐については,分離の法則を扱うこと。また,遺伝子の本体がDNAであることにも触れること。

　エ　アの(ウ)の㋐については,進化の証拠とされる事柄や進化の具体例について扱うこと。その際,生物にはその生息環境での生活に都合のよい特徴が見られることにも触れること。また,遺伝子に変化が起きて形質が変化することがあることにも触れること。

(8) 内容の(6)については,次のとおり取り扱うものとする。

　ア　アの(ア)の㋑の「太陽の南中高度の変化」については,季節による昼夜の長さや気温の変化にも触れること。

　イ　アの(イ)の㋐の「太陽の特徴」については,形,大きさ,表面の様子などを扱うこと。その際,太陽から放出された多量の光などのエネルギーによる地表への影響にも触れること。

　ウ　アの(イ)の㋑の「惑星」については,大きさ,大気組成,表面温度,衛星の存在などを取り上げること。その際,地球には生命を支える条件が備わっていることにも触れること。「恒星」については,自ら光を放つことや太陽もその一つであることも扱うこと。その際,恒星の集団としての銀河系の存在にも触れること。「太陽系の構造」については,惑星以外の天体が存在することにも触れること。

　エ　アの(イ)の㋒の「月の公転と見え方」については,月の運動と満ち欠けを扱うこと。その際,日食や月食にも触れること。また,「金星の公転と見え方」については,金星の運動と満ち欠けや見かけ

の大きさを扱うこと。
(9) 内容の(7)については,次のとおり取り扱うものとする。
ア アの(ア)の㋐については,生態系における生産者と消費者との関係を扱うこと。また,分解者の働きについても扱うこと。その際,土壌動物にも触れること。
イ アの(ア)の㋑については,生物や大気,水などの自然環境を直接調べたり,記録や資料を基に調べたりするなどの活動を行うこと。また,気候変動や外来生物にも触れること。
ウ アの(ア)の㋒については,地域の自然災害を調べたり,記録や資料を基に調べたりするなどの活動を行うこと。
エ アの(イ)の㋐については,これまでの第1分野と第2分野の学習を生かし,第1分野の内容の(7)のアの(イ)の㋐及びイと関連付けて総合的に扱うこと。

● 第3 指導計画の作成と内容の取扱い

1 指導計画の作成に当たっては,次の事項に配慮するものとする。
 (1) 単元など内容や時間のまとまりを見通して,その中で育む資質・能力の育成に向けて,生徒の主体的・対話的で深い学びの実現を図るようにすること。その際,理科の学習過程の特質を踏まえ,理科の見方・考え方を働かせ,見通しをもって観察,実験を行うことなどの科学的に探究する学習活動の充実を図ること。
 (2) 各学年においては,年間を通じて,各分野におよそ同程度の授業時数を配当すること。その際,各分野間及び各項目間の関連を十分考慮して,各分野の特徴的な見方・考え方を総合的に働かせ,自然の事物・現象を科学的に探究するために必要な資質・能力を養うことができるようにすること。
 (3) 学校や生徒の実態に応じ,十分な観察や実験の時間,課題解決のために探究する時間などを設けるようにすること。その際,問題を見いだし観察,実験を計画する学習活動,観察,実験の結果を分析し解釈する学習活動,科学的な概念を使用して考えたり説明したりする学習活動などが充実するようにすること。
 (4) 日常生活や他教科等との関連を図ること。
 (5) 障害のある生徒などについては,学習活動を行う場合に生じる困難さに応じた指導内容や指導方法の工夫を計画的,組織的に行うこと。
 (6) 第1章総則の第1の2の(2)に示す道徳教育の目標に基づき,道徳科などとの関連を考慮しながら,第3章特別の教科道徳の第2に示す内容について,理科の特質に応じて適切な指導をすること。
2 第2の内容の取扱いについては,次の事項に配慮するものとする。
 (1) 観察,実験,野外観察を重視するとともに,地域の環境や学校の実態を生かし,自然の事物・現象についての基本的な概念の形成及び科学的に探究する力と態度の育成が段階的に無理なく行えるようにすること。
 (2) 生命を尊重し,自然環境の保全に寄与する態度を養うようにすること。
 (3) 1の(3)の学習活動を通して,言語活動が充実するようにすること。
 (4) 各分野の指導に当たっては,観察,実験の過程での情報の検索,実験,データの処理,実験の計測などにおいて,コンピュータや情報通信ネットワークなどを積極的かつ適切に活用するようにすること。
 (5) 指導に当たっては,生徒が学習の見通しを立てたり学習したことを振り返ったりする活動を計画的に取り入れるよう工夫すること。
 (6) 原理や法則の理解を深めるためのものづくりを,各内容の特質に応じて適宜行うようにすること。
 (7) 継続的な観察や季節を変えての定点観測を,各内容の特質に応じて適宜行うようにすること。

(8) 観察,実験,野外観察などの体験的な学習活動の充実に配慮すること。また,環境整備に十分配慮すること。

(9) 博物館や科学学習センターなどと積極的に連携,協力を図るようにすること。

(10) 科学技術が日常生活や社会を豊かにしていることや安全性の向上に役立っていることに触れること。また,理科で学習することが様々な職業などと関係していることにも触れること。

3 観察,実験,野外観察の指導に当たっては,特に事故防止に十分留意するとともに,使用薬品の管理及び廃棄についても適切な措置をとるよう配慮するものとする。

第5節　音楽

● 第1　目標

　表現及び鑑賞の幅広い活動を通して，音楽的な見方・考え方を働かせ，生活や社会の中の音や音楽，音楽文化と豊かに関わる資質・能力を次のとおり育成することを目指す。
(1) 曲想と音楽の構造や背景などとの関わり及び音楽の多様性について理解するとともに，創意工夫を生かした音楽表現をするために必要な技能を身に付けるようにする。
(2) 音楽表現を創意工夫することや，音楽のよさや美しさを味わって聴くことができるようにする。
(3) 音楽活動の楽しさを体験することを通して，音楽を愛好する心情を育むとともに，音楽に対する感性を豊かにし，音楽に親しんでいく態度を養い，豊かな情操を培う。

● 第2　各学年の目標及び内容

〔第1学年〕
1　目　標
(1) 曲想と音楽の構造などとの関わり及び音楽の多様性について理解するとともに，創意工夫を生かした音楽表現をするために必要な歌唱，器楽，創作の技能を身に付けるようにする。
(2) 音楽表現を創意工夫することや，音楽を自分なりに評価しながらよさや美しさを味わって聴くことができるようにする。
(3) 主体的・協働的に表現及び鑑賞の学習に取り組み，音楽活動の楽しさを体験することを通して，音楽文化に親しむとともに，音楽によって生活を明るく豊かなものにしていく態度を養う。

2　内　容
A　表　現
(1) 歌唱の活動を通して，次の事項を身に付けることができるよう指導する。
　ア　歌唱表現に関わる知識や技能を得たり生かしたりしながら，歌唱表現を創意工夫すること。
　イ　次の(ｱ)及び(ｲ)について理解すること。
　　(ｱ) 曲想と音楽の構造や歌詞の内容との関わり
　　(ｲ) 声の音色や響き及び言葉の特性と曲種に応じた発声との関わり
　ウ　次の(ｱ)及び(ｲ)の技能を身に付けること。
　　(ｱ) 創意工夫を生かした表現で歌うために必要な発声，言葉の発音，身体の使い方などの技能
　　(ｲ) 創意工夫を生かし，全体の響きや各声部の声などを聴きながら他者と合わせて歌う技能
(2) 器楽の活動を通して，次の事項を身に付けることができるよう指導する。
　ア　器楽表現に関わる知識や技能を得たり生かしたりしながら，器楽表現を創意工夫すること。
　イ　次の(ｱ)及び(ｲ)について理解すること。
　　(ｱ) 曲想と音楽の構造との関わり
　　(ｲ) 楽器の音色や響きと奏法との関わり
　ウ　次の(ｱ)及び(ｲ)の技能を身に付けること。
　　(ｱ) 創意工夫を生かした表現で演奏するために必要な奏法，身体の使い方などの技能
　　(ｲ) 創意工夫を生かし，全体の響きや各声部の音などを聴きながら他者と合わせて演奏する技能

(3) 創作の活動を通して，次の事項を身に付けることができるよう指導する。
　ア　創作表現に関わる知識や技能を得たり生かしたりしながら，創作表現を創意工夫すること。
　イ　次の(ｱ)及び(ｲ)について，表したいイメージと関わらせて理解すること。
　　(ｱ)　音のつながり方の特徴
　　(ｲ)　音素材の特徴及び音の重なり方や反復，変化，対照などの構成上の特徴
　ウ　創意工夫を生かした表現で旋律や音楽をつくるために必要な，課題や条件に沿った音の選択や組合せなどの技能を身に付けること。

B　鑑　賞
(1) 鑑賞の活動を通して，次の事項を身に付けることができるよう指導する。
　ア　鑑賞に関わる知識を得たり生かしたりしながら，次の(ｱ)から(ｳ)までについて自分なりに考え，音楽のよさや美しさを味わって聴くこと。
　　(ｱ)　曲や演奏に対する評価とその根拠
　　(ｲ)　生活や社会における音楽の意味や役割
　　(ｳ)　音楽表現の共通性や固有性
　イ　次の(ｱ)から(ｳ)までについて理解すること。
　　(ｱ)　曲想と音楽の構造との関わり
　　(ｲ)　音楽の特徴とその背景となる文化や歴史，他の芸術との関わり
　　(ｳ)　我が国や郷土の伝統音楽及びアジア地域の諸民族の音楽の特徴と，その特徴から生まれる音楽の多様性

〔共通事項〕
(1) 「A表現」及び「B鑑賞」の指導を通して，次の事項を身に付けることができるよう指導する。
　ア　音楽を形づくっている要素や要素同士の関連を知覚し，それらの働きが生み出す特質や雰囲気を感受しながら，知覚したことと感受したこととの関わりについて考えること。
　イ　音楽を形づくっている要素及びそれらに関わる用語や記号などについて，音楽における働きと関わらせて理解すること。

〔第2学年及び第3学年〕

1　目　標

(1) 曲想と音楽の構造や背景などとの関わり及び音楽の多様性について理解するとともに，創意工夫を生かした音楽表現をするために必要な歌唱，器楽，創作の技能を身に付けるようにする。
(2) 曲にふさわしい音楽表現を創意工夫することや，音楽を評価しながらよさや美しさを味わって聴くことができるようにする。
(3) 主体的・協働的に表現及び鑑賞の学習に取り組み，音楽活動の楽しさを体験することを通して，音楽文化に親しむとともに，音楽によって生活を明るく豊かなものにし，音楽に親しんでいく態度を養う。

2　内　容

A　表　現
(1) 歌唱の活動を通して，次の事項を身に付けることができるよう指導する。
　ア　歌唱表現に関わる知識や技能を得たり生かしたりしながら，曲にふさわしい歌唱表現を創意工夫すること。
　イ　次の(ｱ)及び(ｲ)について理解すること。

          (ｱ) 曲想と音楽の構造や歌詞の内容及び曲の背景との関わり
          (ｲ) 声の音色や響き及び言葉の特性と曲種に応じた発声との関わり
      ウ　次の(ｱ)及び(ｲ)の技能を身に付けること。
          (ｱ) 創意工夫を生かした表現で歌うために必要な発声，言葉の発音，身体の使い方などの技能
          (ｲ) 創意工夫を生かし，全体の響きや各声部の声などを聴きながら他者と合わせて歌う技能
  (2) 器楽の活動を通して，次の事項を身に付けることができるよう指導する。
      ア　器楽表現に関わる知識や技能を得たり生かしたりしながら，曲にふさわしい器楽表現を創意工夫すること。
      イ　次の(ｱ)及び(ｲ)について理解すること。
          (ｱ) 曲想と音楽の構造や曲の背景との関わり
          (ｲ) 楽器の音色や響きと奏法との関わり
      ウ　次の(ｱ)及び(ｲ)の技能を身に付けること。
          (ｱ) 創意工夫を生かした表現で演奏するために必要な奏法，身体の使い方などの技能
          (ｲ) 創意工夫を生かし，全体の響きや各声部の音などを聴きながら他者と合わせて演奏する技能
  (3) 創作の活動を通して，次の事項を身に付けることができるよう指導する。
      ア　創作表現に関わる知識や技能を得たり生かしたりしながら，まとまりのある創作表現を創意工夫すること。
      イ　次の(ｱ)及び(ｲ)について，表したいイメージと関わらせて理解すること。
          (ｱ) 音階や言葉などの特徴及び音のつながり方の特徴
          (ｲ) 音素材の特徴及び音の重なり方や反復，変化，対照などの構成上の特徴
      ウ　創意工夫を生かした表現で旋律や音楽をつくるために必要な，課題や条件に沿った音の選択や組合せなどの技能を身に付けること。
B　鑑　賞
  (1) 鑑賞の活動を通して，次の事項を身に付けることができるよう指導する。
      ア　鑑賞に関わる知識を得たり生かしたりしながら，次の(ｱ)から(ｳ)までについて考え，音楽のよさや美しさを味わって聴くこと。
          (ｱ) 曲や演奏に対する評価とその根拠
          (ｲ) 生活や社会における音楽の意味や役割
          (ｳ) 音楽表現の共通性や固有性
      イ　次の(ｱ)から(ｳ)までについて理解すること。
          (ｱ) 曲想と音楽の構造との関わり
          (ｲ) 音楽の特徴とその背景となる文化や歴史，他の芸術との関わり
          (ｳ) 我が国や郷土の伝統音楽及び諸外国の様々な音楽の特徴と，その特徴から生まれる音楽の多様性
〔共通事項〕
  (1) 「A表現」及び「B鑑賞」の指導を通して，次の事項を身に付けることができるよう指導する。
      ア　音楽を形づくっている要素や要素同士の関連を知覚し，それらの働きが生み出す特質や雰囲気を感受しながら，知覚したことと感受したこととの関わりについて考えること。
      イ　音楽を形づくっている要素及びそれらに関わる用語や記号などについて，音楽における働きと関わらせて理解すること。

第3 指導計画の作成と内容の取扱い

1 指導計画の作成に当たっては,次の事項に配慮するものとする。
(1) 題材など内容や時間のまとまりを見通して,その中で育む資質・能力の育成に向けて,生徒の主体的・対話的で深い学びの実現を図るようにすること。その際,音楽的な見方・考え方を働かせ,他者と協働しながら,音楽表現を生み出したり音楽を聴いてそのよさや美しさなどを見いだしたりするなど,思考,判断し,表現する一連の過程を大切にした学習の充実を図ること。
(2) 第2の各学年の内容の「A表現」の(1),(2)及び(3)の指導については,ア,イ及びウの各事項を,「B鑑賞」の(1)の指導については,ア及びイの各事項を適切に関連させて指導すること。
(3) 第2の各学年の内容の〔共通事項〕は,表現及び鑑賞の学習において共通に必要となる資質・能力であり,「A表現」及び「B鑑賞」の指導と併せて,十分な指導が行われるよう工夫すること。
(4) 第2の各学年の内容の「A表現」の(1),(2)及び(3)並びに「B鑑賞」の(1)の指導については,それぞれ特定の活動のみに偏らないようにするとともに,必要に応じて,〔共通事項〕を要として各領域や分野の関連を図るようにすること。
(5) 障害のある生徒などについては,学習活動を行う場合に生じる困難さに応じた指導内容や指導方法の工夫を計画的,組織的に行うこと。
(6) 第1章総則の第1の2の(2)に示す道徳教育の目標に基づき,道徳科などとの関連を考慮しながら,第3章特別の教科道徳の第2に示す内容について,音楽科の特質に応じて適切な指導をすること。

2 第2の内容の取扱いについては,次の事項に配慮するものとする。
(1) 各学年の「A表現」及び「B鑑賞」の指導に当たっては,次のとおり取り扱うこと。
  ア 音楽活動を通して,それぞれの教材等に応じ,音や音楽が生活に果たす役割を考えさせるなどして,生徒が音や音楽と生活や社会との関わりを実感できるよう指導を工夫すること。なお,適宜,自然音や環境音などについても取り扱い,音環境への関心を高めることができるよう指導を工夫すること。
  イ 音楽によって喚起された自己のイメージや感情,音楽表現に対する思いや意図,音楽に対する評価などを伝え合い共感するなど,音や音楽及び言葉によるコミュニケーションを図り,音楽科の特質に応じた言語活動を適切に位置付けられるよう指導を工夫すること。
  ウ 知覚したことと感受したこととの関わりを基に音楽の特徴を捉えたり,思考,判断の過程や結果を表したり,それらについて他者と共有,共感したりする際には,適宜,体を動かす活動も取り入れるようにすること。
  エ 生徒が様々な感覚を関連付けて音楽への理解を深めたり,主体的に学習に取り組んだりすることができるようにするため,コンピュータや教育機器を効果的に活用できるよう指導を工夫すること。
  オ 生徒が学校内及び公共施設などの学校外における音楽活動とのつながりを意識できるようにするなど,生徒や学校,地域の実態に応じ,生活や社会の中の音や音楽,音楽文化と主体的に関わっていくことができるよう配慮すること。
  カ 自己や他者の著作物及びそれらの著作者の創造性を尊重する態度の形成を図るとともに,必要に応じて,音楽に関する知的財産権について触れるようにすること。また,こうした態度の形成が,音楽文化の継承,発展,創造を支えていることへの理解につながるよう配慮すること。
(2) 各学年の「A表現」の(1)の歌唱の指導に当たっては,次のとおり取り扱うこと。
  ア 歌唱教材は,次に示すものを取り扱うこと。
    (ア) 我が国及び諸外国の様々な音楽のうち,指導のねらいに照らして適切で,生徒にとって親しみがもてたり意欲が高められたり,生活や社会において音楽が果たしている役割が感じ取れたりできるもの。

(イ) 民謡，長唄などの我が国の伝統的な歌唱のうち，生徒や学校，地域の実態を考慮して，伝統的な声や歌い方の特徴を感じ取れるもの。なお，これらを取り扱う際は，その表現活動を通して，生徒が我が国や郷土の伝統音楽のよさを味わい，愛着をもつことができるよう工夫すること。

(ウ) 我が国で長く歌われ親しまれている歌曲のうち，我が国の自然や四季の美しさを感じ取れるもの又は我が国の文化や日本語のもつ美しさを味わえるもの。なお，各学年において，以下の共通教材の中から1曲以上を含めること。

「赤とんぼ」　　三木露風作詞　　山田耕筰作曲
「荒城の月」　　土井晩翠作詞　　滝廉太郎作曲
「早春賦」　　　吉丸一昌作詞　　中田 章 作曲
「夏の思い出」　江間章子作詞　　中田喜直作曲
「花」　　　　　武島羽衣作詞　　滝廉太郎作曲
「花の街」　　　江間章子作詞　　團伊玖磨作曲
「浜辺の歌」　　林 古溪作詞　　成田為三作曲

イ　変声期及び変声前後の声の変化について気付かせ，変声期の生徒を含む全ての生徒の心理的な面についても配慮するとともに，変声期の生徒については適切な声域と声量によって歌わせるようにすること。

ウ　相対的な音程感覚などを育てるために，適宜，移動ド唱法を用いること。

(3) 各学年の「A表現」の(2)の器楽の指導に当たっては，次のとおり取り扱うこと。

ア　器楽教材は，次に示すものを取り扱うこと。

(ア) 我が国及び諸外国の様々な音楽のうち，指導のねらいに照らして適切で，生徒にとって親しみがもてたり意欲が高められたり，生活や社会において音楽が果たしている役割が感じ取れたりできるもの。

イ　生徒や学校，地域の実態などを考慮した上で，指導上の必要に応じて和楽器，弦楽器，管楽器，打楽器，鍵盤楽器，電子楽器及び世界の諸民族の楽器を適宜用いること。なお，3学年間を通じて1種類以上の和楽器を取り扱い，その表現活動を通して，生徒が我が国や郷土の伝統音楽のよさを味わい，愛着をもつことができるよう工夫すること。

(4) 歌唱及び器楽の指導における合わせて歌ったり演奏したりする表現形態では，他者と共に一つの音楽表現をつくる過程を大切にするとともに，生徒一人一人が，担当する声部の役割と全体の響きについて考え，主体的に創意工夫できるよう指導を工夫すること。

(5) 読譜の指導に当たっては，小学校における学習を踏まえ，♯や♭の調号としての意味を理解させるとともに，3学年間を通じて，1♯，1♭程度をもった調号の楽譜の視唱や視奏に慣れさせるようにすること。

(6) 我が国の伝統的な歌唱や和楽器の指導に当たっては，言葉と音楽との関係，姿勢や身体の使い方についても配慮するとともに，適宜，口唱歌を用いること。

(7) 各学年の「A表現」の(3)の創作の指導に当たっては，即興的に音を出しながら音のつながり方を試すなど，音を音楽へと構成していく体験を重視すること。その際，理論に偏らないようにするとともに，必要に応じて作品を記録する方法を工夫させること。

(8) 各学年の「B鑑賞」の指導に当たっては，次のとおり取り扱うこと。

ア　鑑賞教材は，我が国や郷土の伝統音楽を含む我が国及び諸外国の様々な音楽のうち，指導のねらいに照らして適切なものを取り扱うこと。

イ　第1学年では言葉で説明したり，第2学年及び第3学年では批評したりする活動を取り入れ，曲や演奏に対する評価やその根拠を明らかにできるよう指導を工夫すること。

(9) 各学年の〔共通事項〕に示す「音楽を形づくっている要素」については，指導のねらいに応じて，音色，リズム，速度，旋律，テクスチュア，強弱，形式，構成などから，適切に選択したり関連付けたりして指導すること。

(10) 各学年の〔共通事項〕の(1)のイに示す「用語や記号など」については，小学校学習指導要領第2章第6節音楽の第3の2の(9)に示すものに加え，生徒の学習状況を考慮して，次に示すものを音楽における働きと関わらせて理解し，活用できるよう取り扱うこと。

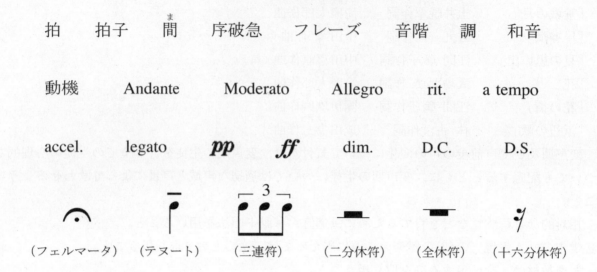

第6節　美術

第1　目標

　表現及び鑑賞の幅広い活動を通して，造形的な見方・考え方を働かせ，生活や社会の中の美術や美術文化と豊かに関わる資質・能力を次のとおり育成することを目指す。
(1) 対象や事象を捉える造形的な視点について理解するとともに，表現方法を創意工夫し，創造的に表すことができるようにする。
(2) 造形的なよさや美しさ，表現の意図と工夫，美術の働きなどについて考え，主題を生み出し豊かに発想し構想を練ったり，美術や美術文化に対する見方や感じ方を深めたりすることができるようにする。
(3) 美術の創造活動の喜びを味わい，美術を愛好する心情を育み，感性を豊かにし，心豊かな生活を創造していく態度を養い，豊かな情操を培う。

第2　各学年の目標及び内容

〔第1学年〕

1　目標
(1) 対象や事象を捉える造形的な視点について理解するとともに，意図に応じて表現方法を工夫して表すことができるようにする。
(2) 自然の造形や美術作品などの造形的なよさや美しさ，表現の意図と工夫，機能性と美しさとの調和，美術の働きなどについて考え，主題を生み出し豊かに発想し構想を練ったり，美術や美術文化に対する見方や感じ方を広げたりすることができるようにする。
(3) 楽しく美術の活動に取り組み創造活動の喜びを味わい，美術を愛好する心情を培い，心豊かな生活を創造していく態度を養う。

2　内容

A　表現
(1) 表現の活動を通して，次のとおり発想や構想に関する資質・能力を育成する。
　ア　感じ取ったことや考えたことなどを基に，絵や彫刻などに表現する活動を通して，発想や構想に関する次の事項を身に付けることができるよう指導する。
　　(ア) 対象や事象を見つめ感じ取った形や色彩の特徴や美しさ，想像したことなどを基に主題を生み出し，全体と部分との関係などを考え，創造的な構成を工夫し，心豊かに表現する構想を練ること。
　イ　伝える，使うなどの目的や機能を考え，デザインや工芸などに表現する活動を通して，発想や構想に関する次の事項を身に付けることができるよう指導する。
　　(ア) 構成や装飾の目的や条件などを基に，対象の特徴や用いる場面などから主題を生み出し，美的感覚を働かせて調和のとれた美しさなどを考え，表現の構想を練ること。
　　(イ) 伝える目的や条件などを基に，伝える相手や内容などから主題を生み出し，分かりやすさと美しさなどとの調和を考え，表現の構想を練ること。
　　(ウ) 使う目的や条件などを基に，使用する者の気持ち，材料などから主題を生み出し，使いやすさや機能と美しさなどとの調和を考え，表現の構想を練ること。

(2)　表現の活動を通して，次のとおり技能に関する資質・能力を育成する。
　　ア　発想や構想をしたことなどを基に，表現する活動を通して，技能に関する次の事項を身に付けることができるよう指導する。
　　　(ｱ)　材料や用具の生かし方などを身に付け，意図に応じて工夫して表すこと。
　　　(ｲ)　材料や用具の特性などから制作の順序などを考えながら，見通しをもって表すこと。
　B　鑑賞
　(1)　鑑賞の活動を通して，次のとおり鑑賞に関する資質・能力を育成する。
　　ア　美術作品などの見方や感じ方を広げる活動を通して，鑑賞に関する次の事項を身に付けることができるよう指導する。
　　　(ｱ)　造形的なよさや美しさを感じ取り，作者の心情や表現の意図と工夫などについて考えるなどして，見方や感じ方を広げること。
　　　(ｲ)　目的や機能との調和のとれた美しさなどを感じ取り，作者の心情や表現の意図と工夫などについて考えるなどして，見方や感じ方を広げること。
　　イ　生活の中の美術の働きや美術文化についての見方や感じ方を広げる活動を通して，鑑賞に関する次の事項を身に付けることができるよう指導する。
　　　(ｱ)　身の回りにある自然物や人工物の形や色彩，材料などの造形的な美しさなどを感じ取り，生活を美しく豊かにする美術の働きについて考えるなどして，見方や感じ方を広げること。
　　　(ｲ)　身近な地域や日本及び諸外国の文化遺産などのよさや美しさなどを感じ取り，美術文化について考えるなどして，見方や感じ方を広げること。
〔共通事項〕
　(1)　「A表現」及び「B鑑賞」の指導を通して，次の事項を身に付けることができるよう指導する。
　　ア　形や色彩，材料，光などの性質や，それらが感情にもたらす効果などを理解すること。
　　イ　造形的な特徴などを基に，全体のイメージや作風などで捉えることを理解すること。

3　内容の取扱い
　(1)　第1学年では，内容に示す各事項の定着を図ることを基本とし，一年間で全ての内容が学習できるように一題材に充てる時間数などについて十分検討すること。
　(2)　「A表現」及び「B鑑賞」の指導に当たっては，発想や構想に関する資質・能力や鑑賞に関する資質・能力を育成する観点から，〔共通事項〕に示す事項を視点に，アイデアスケッチで構想を練ったり，言葉で考えを整理したりすることや，作品などについて説明し合うなどして対象の見方や感じ方を広げるなどの言語活動の充実を図ること。

〔第2学年及び第3学年〕
1　目　標
　(1)　対象や事象を捉える造形的な視点について理解するとともに，意図に応じて自分の表現方法を追求し，創造的に表すことができるようにする。
　(2)　自然の造形や美術作品などの造形的なよさや美しさ，表現の意図と創造的な工夫，機能性と洗練された美しさとの調和，美術の働きなどについて独創的・総合的に考え，主題を生み出し豊かに発想し構想を練ったり，美術や美術文化に対する見方や感じ方を深めたりすることができるようにする。
　(3)　主体的に美術の活動に取り組み創造活動の喜びを味わい，美術を愛好する心情を深め，心豊かな生活を創造していく態度を養う。

2 内容

A 表現

(1) 表現の活動を通して,次のとおり発想や構想に関する資質・能力を育成する。

　ア　感じ取ったことや考えたことなどを基に,絵や彫刻などに表現する活動を通して,発想や構想に関する次の事項を身に付けることができるよう指導する。

　　(ｱ) 対象や事象を深く見つめ感じ取ったことや考えたこと,夢,想像や感情などの心の世界などを基に主題を生み出し,単純化や省略,強調,材料の組合せなどを考え,創造的な構成を工夫し,心豊かに表現する構想を練ること。

　イ　伝える,使うなどの目的や機能を考え,デザインや工芸などに表現する活動を通して,発想や構想に関する次の事項を身に付けることができるよう指導する。

　　(ｱ) 構成や装飾の目的や条件などを基に,用いる場面や環境,社会との関わりなどから主題を生み出し,美的感覚を働かせて調和のとれた洗練された美しさなどを総合的に考え,表現の構想を練ること。

　　(ｲ) 伝える目的や条件などを基に,伝える相手や内容,社会との関わりなどから主題を生み出し,伝達の効果と美しさなどとの調和を総合的に考え,表現の構想を練ること。

　　(ｳ) 使う目的や条件などを基に,使用する者の立場,社会との関わり,機知やユーモアなどから主題を生み出し,使いやすさや機能と美しさなどとの調和を総合的に考え,表現の構想を練ること。

(2) 表現の活動を通して,次のとおり技能に関する資質・能力を育成する。

　ア　発想や構想をしたことなどを基に,表現する活動を通して,技能に関する次の事項を身に付けることができるよう指導する。

　　(ｱ) 材料や用具の特性を生かし,意図に応じて自分の表現方法を追求して創造的に表すこと。

　　(ｲ) 材料や用具,表現方法の特性などから制作の順序などを総合的に考えながら,見通しをもって表すこと。

B 鑑賞

(1) 鑑賞の活動を通して,次のとおり鑑賞に関する資質・能力を育成する。

　ア　美術作品などの見方や感じ方を深める活動を通して,鑑賞に関する次の事項を身に付けることができるよう指導する。

　　(ｱ) 造形的なよさや美しさを感じ取り,作者の心情や表現の意図と創造的な工夫などについて考えるなどして,美意識を高め,見方や感じ方を深めること。

　　(ｲ) 目的や機能との調和のとれた洗練された美しさなどを感じ取り,作者の心情や表現の意図と創造的な工夫などについて考えるなどして,美意識を高め,見方や感じ方を深めること。

　イ　生活や社会の中の美術の働きや美術文化についての見方や感じ方を深める活動を通して,鑑賞に関する次の事項を身に付けることができるよう指導する。

　　(ｱ) 身近な環境の中に見られる造形的な美しさなどを感じ取り,安らぎや自然との共生などの視点から生活や社会を美しく豊かにする美術の働きについて考えるなどして,見方や感じ方を深めること。

　　(ｲ) 日本の美術作品や受け継がれてきた表現の特質などから,伝統や文化のよさや美しさを感じ取り愛情を深めるとともに,諸外国の美術や文化との相違点や共通点に気付き,美術を通した国際理解や美術文化の継承と創造について考えるなどして,見方や感じ方を深めること。

〔共通事項〕

(1) 「A表現」及び「B鑑賞」の指導を通して,次の事項を身に付けることができるよう指導する。

　ア　形や色彩,材料,光などの性質や,それらが感情にもたらす効果などを理解すること。

イ　造形的な特徴などを基に，全体のイメージや作風などで捉えることを理解すること。

3　内容の取扱い

(1) 第2学年及び第3学年では，第1学年において身に付けた資質・能力を柔軟に活用して，表現及び鑑賞に関する資質・能力をより豊かに高めることを基本とし，第2学年と第3学年の発達の特性を考慮して内容の選択や一題材に充てる時間数などについて十分検討すること。

(2) 「A表現」及び「B鑑賞」の指導に当たっては，発想や構想に関する資質・能力や鑑賞に関する資質・能力を育成する観点から，〔共通事項〕に示す事項を視点に，アイデアスケッチで構想を練ったり，言葉で考えを整理したりすることや，作品などに対する自分の価値意識をもって批評し合うなどして対象の見方や感じ方を深めるなどの言語活動の充実を図ること。

(3) 「B鑑賞」のイの(ｲ)の指導に当たっては，日本の美術の概括的な変遷などを捉えることを通して，各時代における作品の特質，人々の感じ方や考え方，願いなどを感じ取ることができるよう配慮すること。

● 第3　指導計画の作成と内容の取扱い

1　指導計画の作成に当たっては，次の事項に配慮するものとする。

(1) 題材など内容や時間のまとまりを見通して，その中で育む資質・能力の育成に向けて，生徒の主体的・対話的で深い学びの実現を図るようにすること。その際，造形的な見方・考え方を働かせ，表現及び鑑賞に関する資質・能力を相互に関連させた学習の充実を図ること。

(2) 第2の各学年の内容の「A表現」及び「B鑑賞」の指導については相互に関連を図り，特に発想や構想に関する資質・能力と鑑賞に関する資質・能力とを総合的に働かせて学習が深められるようにすること。

(3) 第2の各学年の内容の〔共通事項〕は，表現及び鑑賞の学習において共通に必要となる資質・能力であり，「A表現」及び「B鑑賞」の指導と併せて，十分な指導が行われるよう工夫すること。

(4) 第2の各学年の内容の「A表現」については，(1)のア及びイと，(2)は原則として関連付けて行い，(1)のア及びイそれぞれにおいて描く活動とつくる活動のいずれも経験させるようにすること。その際，第2学年及び第3学年の各学年においては，(1)のア及びイそれぞれにおいて，描く活動とつくる活動のいずれかを選択して扱うことができることとし，2学年間を通して描く活動とつくる活動が調和的に行えるようにすること。

(5) 第2の内容の「B鑑賞」の指導については，各学年とも，各事項において育成を目指す資質・能力の定着が図られるよう，適切かつ十分な授業時数を確保すること。

(6) 障害のある生徒などについては，学習活動を行う場合に生じる困難さに応じた指導内容や指導方法の工夫を計画的，組織的に行うこと。

(7) 第1章総則の第1の2の(2)に示す道徳教育の目標に基づき，道徳科などとの関連を考慮しながら，第3章特別の教科道徳の第2に示す内容について，美術科の特質に応じて適切な指導をすること。

2　第2の内容の取扱いについては，次の事項に配慮するものとする。

(1) 〔共通事項〕の指導に当たっては，生徒が造形を豊かに捉える多様な視点をもてるように，以下の内容について配慮すること。

　ア　〔共通事項〕のアの指導に当たっては，造形の要素などに着目して，次の事項を実感的に理解できるようにすること。

　　(ｱ) 色彩の色味や明るさ，鮮やかさを捉えること。

(ｲ) 材料の性質や質感を捉えること。
(ｳ) 形や色彩，材料，光などから感じる優しさや楽しさ，寂しさなどを捉えること。
(ｴ) 形や色彩などの組合せによる構成の美しさを捉えること。
(ｵ) 余白や空間の効果，立体感や遠近感，量感や動勢などを捉えること。
イ 〔共通事項〕のイの指導に当たっては，全体のイメージや作風などに着目して，次の事項を実感的に理解できるようにすること。
(ｱ) 造形的な特徴などを基に，見立てたり，心情などと関連付けたりして全体のイメージで捉えること。
(ｲ) 造形的な特徴などを基に，作風や様式などの文化的な視点で捉えること。
(2) 各学年の「A表現」の指導に当たっては，主題を生み出すことから表現の確認及び完成に至る全過程を通して，生徒が夢と目標をもち，自分のよさを発見し喜びをもって自己実現を果たしていく態度の形成を図るようにすること。
(3) 各学年の「A表現」の指導に当たっては，生徒の学習経験や資質・能力，発達の特性等の実態を踏まえ，生徒が自分の表現意図に合う表現形式や技法，材料などを選択し創意工夫して表現できるように，次の事項に配慮すること。
ア 見る力や感じ取る力，考える力，描く力などを育成するために，スケッチの学習を効果的に取り入れるようにすること。
イ 美術の表現の可能性を広げるために，写真・ビデオ・コンピュータ等の映像メディアの積極的な活用を図るようにすること。
ウ 日本及び諸外国の作品の独特な表現形式，漫画やイラストレーション，図などの多様な表現方法を活用できるようにすること。
エ 表現の材料や題材などについては，地域の身近なものや伝統的なものも取り上げるようにすること。
(4) 各活動において，互いのよさや個性などを認め尊重し合うようにすること。
(5) 互いの個性を生かし合い協力して創造する喜びを味わわせるため，適切な機会を選び共同で行う創造活動を経験させること。
(6) 各学年の「B鑑賞」の題材については，国内外の児童生徒の作品，我が国を含むアジアの文化遺産についても取り上げるとともに，美術館や博物館等と連携を図ったり，それらの施設や文化財などを積極的に活用したりするようにすること。
(7) 創造することの価値を捉え，自己や他者の作品などに表れている創造性を尊重する態度の形成を図るとともに，必要に応じて，美術に関する知的財産権や肖像権などについて触れるようにすること。また，こうした態度の形成が，美術文化の継承，発展，創造を支えていることへの理解につながるよう配慮すること。
3 事故防止のため，特に，刃物類，塗料，器具などの使い方の指導と保管，活動場所における安全指導などを徹底するものとする。
4 学校における鑑賞のための環境づくりをするに当たっては，次の事項に配慮するものとする。
(1) 生徒が造形的な視点を豊かにもつことができるよう，生徒や学校の実態に応じて，学校図書館等における鑑賞用図書，映像資料等の活用を図ること。
(2) 生徒が鑑賞に親しむことができるよう，校内の適切な場所に鑑賞作品などを展示するとともに，学校や地域の実態に応じて，校外においても生徒作品などの展示の機会を設けるなどすること。

第7節　保健体育

● 第1　目　標

　体育や保健の見方・考え方を働かせ，課題を発見し，合理的な解決に向けた学習過程を通して，心と体を一体として捉え，生涯にわたって心身の健康を保持増進し豊かなスポーツライフを実現するための資質・能力を次のとおり育成することを目指す。

(1) 各種の運動の特性に応じた技能等及び個人生活における健康・安全について理解するとともに，基本的な技能を身に付けるようにする。

(2) 運動や健康についての自他の課題を発見し，合理的な解決に向けて思考し判断するとともに，他者に伝える力を養う。

(3) 生涯にわたって運動に親しむとともに健康の保持増進と体力の向上を目指し，明るく豊かな生活を営む態度を養う。

● 第2　各学年の目標及び内容

〔体育分野　第1学年及び第2学年〕

1　目　標

(1) 運動の合理的な実践を通して，運動の楽しさや喜びを味わい，運動を豊かに実践することができるようにするため，運動，体力の必要性について理解するとともに，基本的な技能を身に付けるようにする。

(2) 運動についての自己の課題を発見し，合理的な解決に向けて思考し判断するとともに，自己や仲間の考えたことを他者に伝える力を養う。

(3) 運動における競争や協働の経験を通して，公正に取り組む，互いに協力する，自己の役割を果たす，一人一人の違いを認めようとするなどの意欲を育てるとともに，健康・安全に留意し，自己の最善を尽くして運動をする態度を養う。

2　内　容

A　体つくり運動

　体つくり運動について，次の事項を身に付けることができるよう指導する。

(1) 次の運動を通して，体を動かす楽しさや心地よさを味わい，体つくり運動の意義と行い方，体の動きを高める方法などを理解し，目的に適した運動を身に付け，組み合わせること。

　ア　体ほぐしの運動では，手軽な運動を行い，心と体との関係や心身の状態に気付き，仲間と積極的に関わり合うこと。

　イ　体の動きを高める運動では，ねらいに応じて，体の柔らかさ，巧みな動き，力強い動き，動きを持続する能力を高めるための運動を行うとともに，それらを組み合わせること。

(2) 自己の課題を発見し，合理的な解決に向けて運動の取り組み方を工夫するとともに，自己や仲間の考えたことを他者に伝えること。

(3) 体つくり運動に積極的に取り組むとともに，仲間の学習を援助しようとすること，一人一人の違いに応じた動きなどを認めようとすること，話合いに参加しようとすることなどや，健康・安全に気を配ること。

B　器械運動

器械運動について，次の事項を身に付けることができるよう指導する。

(1) 次の運動について，技ができる楽しさや喜びを味わい，器械運動の特性や成り立ち，技の名称や行い方，その運動に関連して高まる体力などを理解するとともに，技をよりよく行うこと。

　ア　マット運動では，回転系や巧技系の基本的な技を滑らかに行うこと，条件を変えた技や発展技を行うこと及びそれらを組み合わせること。

　イ　鉄棒運動では，支持系や懸垂系の基本的な技を滑らかに行うこと，条件を変えた技や発展技を行うこと及びそれらを組み合わせること。

　ウ　平均台運動では，体操系やバランス系の基本的な技を滑らかに行うこと，条件を変えた技や発展技を行うこと及びそれらを組み合わせること。

　エ　跳び箱運動では，切り返し系や回転系の基本的な技を滑らかに行うこと，条件を変えた技や発展技を行うこと。

(2) 技などの自己の課題を発見し，合理的な解決に向けて運動の取り組み方を工夫するとともに，自己の考えたことを他者に伝えること。

(3) 器械運動に積極的に取り組むとともに，よい演技を認めようとすること，仲間の学習を援助しようとすること，一人一人の違いに応じた課題や挑戦を認めようとすることなどや，健康・安全に気を配ること。

C　陸上競技

陸上競技について，次の事項を身に付けることができるよう指導する。

(1) 次の運動について，記録の向上や競争の楽しさや喜びを味わい，陸上競技の特性や成り立ち，技術の名称や行い方，その運動に関連して高まる体力などを理解するとともに，基本的な動きや効率のよい動きを身に付けること。

　ア　短距離走・リレーでは，滑らかな動きで速く走ることやバトンの受渡しでタイミングを合わせること，長距離走では，ペースを守って走ること，ハードル走では，リズミカルな走りから滑らかにハードルを越すこと。

　イ　走り幅跳びでは，スピードに乗った助走から素早く踏み切って跳ぶこと，走り高跳びでは，リズミカルな助走から力強く踏み切って大きな動作で跳ぶこと。

(2) 動きなどの自己の課題を発見し，合理的な解決に向けて運動の取り組み方を工夫するとともに，自己の考えたことを他者に伝えること。

(3) 陸上競技に積極的に取り組むとともに，勝敗などを認め，ルールやマナーを守ろうとすること，分担した役割を果たそうとすること，一人一人の違いに応じた課題や挑戦を認めようとすることなどや，健康・安全に気を配ること。

D　水　泳

水泳について，次の事項を身に付けることができるよう指導する。

(1) 次の運動について，記録の向上や競争の楽しさや喜びを味わい，水泳の特性や成り立ち，技術の名称や行い方，その運動に関連して高まる体力などを理解するとともに，泳法を身に付けること。

　ア　クロールでは，手と足の動き，呼吸のバランスをとり速く泳ぐこと。

　イ　平泳ぎでは，手と足の動き，呼吸のバランスをとり長く泳ぐこと。

　ウ　背泳ぎでは，手と足の動き，呼吸のバランスをとり泳ぐこと。

　エ　バタフライでは，手と足の動き，呼吸のバランスをとり泳ぐこと。

(2) 泳法などの自己の課題を発見し，合理的な解決に向けて運動の取り組み方を工夫するとともに，自己の考えたことを他者に伝えること。

(3) 水泳に積極的に取り組むとともに、勝敗などを認め、ルールやマナーを守ろうとすること、分担した役割を果たそうとすること、一人一人の違いに応じた課題や挑戦を認めようとすることなどや、水泳の事故防止に関する心得を遵守するなど健康・安全に気を配ること。

E　球　技

　球技について、次の事項を身に付けることができるよう指導する。

　(1) 次の運動について、勝敗を競う楽しさや喜びを味わい、球技の特性や成り立ち、技術の名称や行い方、その運動に関連して高まる体力などを理解するとともに、基本的な技能や仲間と連携した動きでゲームを展開すること。

　　ア　ゴール型では、ボール操作と空間に走り込むなどの動きによってゴール前での攻防をすること。

　　イ　ネット型では、ボールや用具の操作と定位置に戻るなどの動きによって空いた場所をめぐる攻防をすること。

　　ウ　ベースボール型では、基本的なバット操作と走塁での攻撃、ボール操作と定位置での守備などによって攻防をすること。

　(2) 攻防などの自己の課題を発見し、合理的な解決に向けて運動の取り組み方を工夫するとともに、自己や仲間の考えたことを他者に伝えること。

　(3) 球技に積極的に取り組むとともに、フェアなプレイを守ろうとすること、作戦などについての話合いに参加しようとすること、一人一人の違いに応じたプレイなどを認めようとすること、仲間の学習を援助しようとすることなどや、健康・安全に気を配ること。

F　武　道

　武道について、次の事項を身に付けることができるよう指導する。

　(1) 次の運動について、技ができる楽しさや喜びを味わい、武道の特性や成り立ち、伝統的な考え方、技の名称や行い方、その運動に関連して高まる体力などを理解するとともに、基本動作や基本となる技を用いて簡易な攻防を展開すること。

　　ア　柔道では、相手の動きに応じた基本動作や基本となる技を用いて、投げたり抑えたりするなどの簡易な攻防をすること。

　　イ　剣道では、相手の動きに応じた基本動作や基本となる技を用いて、打ったり受けたりするなどの簡易な攻防をすること。

　　ウ　相撲では、相手の動きに応じた基本動作や基本となる技を用いて、押したり寄ったりするなどの簡易な攻防をすること。

　(2) 攻防などの自己の課題を発見し、合理的な解決に向けて運動の取り組み方を工夫するとともに、自己の考えたことを他者に伝えること。

　(3) 武道に積極的に取り組むとともに、相手を尊重し、伝統的な行動の仕方を守ろうとすること、分担した役割を果たそうとすること、一人一人の違いに応じた課題や挑戦を認めようとすることなどや、禁じ技を用いないなど健康・安全に気を配ること。

G　ダンス

　ダンスについて、次の事項を身に付けることができるよう指導する。

　(1) 次の運動について、感じを込めて踊ったりみんなで踊ったりする楽しさや喜びを味わい、ダンスの特性や由来、表現の仕方、その運動に関連して高まる体力などを理解するとともに、イメージを捉えた表現や踊りを通した交流をすること。

　　ア　創作ダンスでは、多様なテーマから表したいイメージを捉え、動きに変化を付けて即興的に表現したり、変化のあるひとまとまりの表現にしたりして踊ること。

　　イ　フォークダンスでは、日本の民踊や外国の踊りから、それらの踊り方の特徴を捉え、音楽に合わ

せて特徴的なステップや動きで踊ること。
　　ウ　現代的なリズムのダンスでは，リズムの特徴を捉え，変化のある動きを組み合わせて，リズムに乗って全身で踊ること。
　(2)　表現などの自己の課題を発見し，合理的な解決に向けて運動の取り組み方を工夫するとともに，自己や仲間の考えたことを他者に伝えること。
　(3)　ダンスに積極的に取り組むとともに，仲間の学習を援助しようとすること，交流などの話合いに参加しようとすること，一人一人の違いに応じた表現や役割を認めようとすることなどや，健康・安全に気を配ること。
　H　体育理論
　(1)　運動やスポーツが多様であることについて，課題を発見し，その解決を目指した活動を通して，次の事項を身に付けることができるよう指導する。
　　ア　運動やスポーツが多様であることについて理解すること。
　　　(ｱ)　運動やスポーツは，体を動かしたり健康を維持したりするなどの必要性及び競い合うことや課題を達成することなどの楽しさから生みだされ発展してきたこと。
　　　(ｲ)　運動やスポーツには，行うこと，見ること，支えること及び知ることなどの多様な関わり方があること。
　　　(ｳ)　世代や機会に応じて，生涯にわたって運動やスポーツを楽しむためには，自己に適した多様な楽しみ方を見付けたり，工夫したりすることが大切であること。
　　イ　運動やスポーツが多様であることについて，自己の課題を発見し，よりよい解決に向けて思考し判断するとともに，他者に伝えること。
　　ウ　運動やスポーツが多様であることについての学習に積極的に取り組むこと。
　(2)　運動やスポーツの意義や効果と学び方や安全な行い方について，課題を発見し，その解決を目指した活動を通して，次の事項を身に付けることができるよう指導する。
　　ア　運動やスポーツの意義や効果と学び方や安全な行い方について理解すること。
　　　(ｱ)　運動やスポーツは，身体の発達やその機能の維持，体力の向上などの効果や自信の獲得，ストレスの解消などの心理的効果及びルールやマナーについて合意したり，適切な人間関係を築いたりするなどの社会性を高める効果が期待できること。
　　　(ｲ)　運動やスポーツには，特有の技術があり，その学び方には，運動の課題を合理的に解決するための一定の方法があること。
　　　(ｳ)　運動やスポーツを行う際は，その特性や目的，発達の段階や体調などを踏まえて運動を選ぶなど，健康・安全に留意する必要があること。
　　イ　運動やスポーツの意義や効果と学び方や安全な行い方について，自己の課題を発見し，よりよい解決に向けて思考し判断するとともに，他者に伝えること。
　　ウ　運動やスポーツの意義や効果と学び方や安全な行い方についての学習に積極的に取り組むこと。

〔体育分野　第3学年〕
1　目　標
(1)　運動の合理的な実践を通して，運動の楽しさや喜びを味わい，生涯にわたって運動を豊かに実践することができるようにするため，運動，体力の必要性について理解するとともに，基本的な技能を身に付けるようにする。
(2)　運動についての自己や仲間の課題を発見し，合理的な解決に向けて思考し判断するとともに，自己や仲間の考えたことを他者に伝える力を養う。

(3) 運動における競争や協働の経験を通して，公正に取り組む，互いに協力する，自己の責任を果たす，参画する，一人一人の違いを大切にしようとするなどの意欲を育てるとともに，健康・安全を確保して，生涯にわたって運動に親しむ態度を養う。

2 内容

A 体つくり運動

体つくり運動について，次の事項を身に付けることができるよう指導する。

(1) 次の運動を通して，体を動かす楽しさや心地よさを味わい，運動を継続する意義，体の構造，運動の原則などを理解するとともに，健康の保持増進や体力の向上を目指し，目的に適した運動の計画を立て取り組むこと。

　ア　体ほぐしの運動では，手軽な運動を行い，心と体は互いに影響し変化することや心身の状態に気付き，仲間と自主的に関わり合うこと。

　イ　実生活に生かす運動の計画では，ねらいに応じて，健康の保持増進や調和のとれた体力の向上を図るための運動の計画を立て取り組むこと。

(2) 自己や仲間の課題を発見し，合理的な解決に向けて運動の取り組み方を工夫するとともに，自己や仲間の考えたことを他者に伝えること。

(3) 体つくり運動に自主的に取り組むとともに，互いに助け合い教え合おうとすること，一人一人の違いに応じた動きなどを大切にしようとすること，話合いに貢献しようとすることなどや，健康・安全を確保すること。

B 器械運動

器械運動について，次の事項を身に付けることができるよう指導する。

(1) 次の運動について，技ができる楽しさや喜びを味わい，技の名称や行い方，運動観察の方法，体力の高め方などを理解するとともに，自己に適した技で演技すること。

　ア　マット運動では，回転系や巧技系の基本的な技を滑らかに安定して行うこと，条件を変えた技や発展技を行うこと及びそれらを構成し演技すること。

　イ　鉄棒運動では，支持系や懸垂系の基本的な技を滑らかに安定して行うこと，条件を変えた技や発展技を行うこと及びそれらを構成し演技すること。

　ウ　平均台運動では，体操系やバランス系の基本的な技を滑らかに安定して行うこと，条件を変えた技や発展技を行うこと及びそれらを構成し演技すること。

　エ　跳び箱運動では，切り返し系や回転系の基本的な技を滑らかに安定して行うこと，条件を変えた技や発展技を行うこと。

(2) 技などの自己や仲間の課題を発見し，合理的な解決に向けて運動の取り組み方を工夫するとともに，自己の考えたことを他者に伝えること。

(3) 器械運動に自主的に取り組むとともに，よい演技を讃えようとすること，互いに助け合い教え合おうとすること，一人一人の違いに応じた課題や挑戦を大切にしようとすることなどや，健康・安全を確保すること。

C 陸上競技

陸上競技について，次の事項を身に付けることができるよう指導する。

(1) 次の運動について，記録の向上や競争の楽しさや喜びを味わい，技術の名称や行い方，体力の高め方，運動観察の方法などを理解するとともに，各種目特有の技能を身に付けること。

　ア　短距離走・リレーでは，中間走へのつなぎを滑らかにして速く走ることやバトンの受渡しで次走者のスピードを十分高めること，長距離走では，自己に適したペースを維持して走ること，ハード

ル走では，スピードを維持した走りからハードルを低く越すこと。
　　イ　走り幅跳びでは，スピードに乗った助走から力強く踏み切って跳ぶこと，走り高跳びでは，リズミカルな助走から力強く踏み切り滑らかな空間動作で跳ぶこと。
　(2) 動きなどの自己や仲間の課題を発見し，合理的な解決に向けて運動の取り組み方を工夫するとともに，自己の考えたことを他者に伝えること。
　(3) 陸上競技に自主的に取り組むとともに，勝敗などを冷静に受け止め，ルールやマナーを大切にしようとすること，自己の責任を果たそうとすること，一人一人の違いに応じた課題や挑戦を大切にしようとすることなどや，健康・安全を確保すること。

D　水　泳
　水泳について，次の事項を身に付けることができるよう指導する。
　(1) 次の運動について，記録の向上や競争の楽しさや喜びを味わい，技術の名称や行い方，体力の高め方，運動観察の方法などを理解するとともに，効率的に泳ぐこと。
　　ア　クロールでは，手と足の動き，呼吸のバランスを保ち，安定したペースで長く泳いだり速く泳いだりすること。
　　イ　平泳ぎでは，手と足の動き，呼吸のバランスを保ち，安定したペースで長く泳いだり速く泳いだりすること。
　　ウ　背泳ぎでは，手と足の動き，呼吸のバランスを保ち，安定したペースで泳ぐこと。
　　エ　バタフライでは，手と足の動き，呼吸のバランスを保ち，安定したペースで泳ぐこと。
　　オ　複数の泳法で泳ぐこと，又はリレーをすること。
　(2) 泳法などの自己や仲間の課題を発見し，合理的な解決に向けて運動の取り組み方を工夫するとともに，自己の考えたことを他者に伝えること。
　(3) 水泳に自主的に取り組むとともに，勝敗などを冷静に受け止め，ルールやマナーを大切にしようとすること，自己の責任を果たそうとすること，一人一人の違いに応じた課題や挑戦を大切にしようとすることなどや，水泳の事故防止に関する心得を遵守するなど健康・安全を確保すること。

E　球　技
　球技について，次の事項を身に付けることができるよう指導する。
　(1) 次の運動について，勝敗を競う楽しさや喜びを味わい，技術の名称や行い方，体力の高め方，運動観察の方法などを理解するとともに，作戦に応じた技能で仲間と連携しゲームを展開すること。
　　ア　ゴール型では，安定したボール操作と空間を作りだすなどの動きによってゴール前への侵入などから攻防をすること。
　　イ　ネット型では，役割に応じたボール操作や安定した用具の操作と連携した動きによって空いた場所をめぐる攻防をすること。
　　ウ　ベースボール型では，安定したバット操作と走塁での攻撃，ボール操作と連携した守備などによって攻防をすること。
　(2) 攻防などの自己やチームの課題を発見し，合理的な解決に向けて運動の取り組み方を工夫するとともに，自己や仲間の考えたことを他者に伝えること。
　(3) 球技に自主的に取り組むとともに，フェアなプレイを大切にしようとすること，作戦などについての話合いに貢献しようとすること，一人一人の違いに応じたプレイなどを大切にしようとすること，互いに助け合い教え合おうとすることなどや，健康・安全を確保すること。

F　武　道
　武道について，次の事項を身に付けることができるよう指導する。
　(1) 次の運動について，技を高め勝敗を競う楽しさや喜びを味わい，伝統的な考え方，技の名称や見取

り稽古の仕方，体力の高め方などを理解するとともに，基本動作や基本となる技を用いて攻防を展開すること。
- ア　柔道では，相手の動きの変化に応じた基本動作や基本となる技，連絡技を用いて，相手を崩して投げたり，抑えたりするなどの攻防をすること。
- イ　剣道では，相手の動きの変化に応じた基本動作や基本となる技を用いて，相手の構えを崩し，しかけたり応じたりするなどの攻防をすること。
- ウ　相撲では，相手の動きの変化に応じた基本動作や基本となる技を用いて，相手を崩し，投げたりいなしたりするなどの攻防をすること。

(2) 攻防などの自己や仲間の課題を発見し，合理的な解決に向けて運動の取り組み方を工夫するとともに，自己の考えたことを他者に伝えること。

(3) 武道に自主的に取り組むとともに，相手を尊重し，伝統的な行動の仕方を大切にしようとすること，自己の責任を果たそうとすること，一人一人の違いに応じた課題や挑戦を大切にしようとすることなどや，健康・安全を確保すること。

G　ダンス

ダンスについて，次の事項を身に付けることができるよう指導する。

(1) 次の運動について，感じを込めて踊ったり，みんなで自由に踊ったりする楽しさや喜びを味わい，ダンスの名称や用語，踊りの特徴と表現の仕方，交流や発表の仕方，運動観察の方法，体力の高め方などを理解するとともに，イメージを深めた表現や踊りを通した交流や発表をすること。
- ア　創作ダンスでは，表したいテーマにふさわしいイメージを捉え，個や群で，緩急強弱のある動きや空間の使い方で変化を付けて即興的に表現したり，簡単な作品にまとめたりして踊ること。
- イ　フォークダンスでは，日本の民踊や外国の踊りから，それらの踊り方の特徴を捉え，音楽に合わせて特徴的なステップや動きと組み方で踊ること。
- ウ　現代的なリズムのダンスでは，リズムの特徴を捉え，変化とまとまりを付けて，リズムに乗って全身で踊ること。

(2) 表現などの自己や仲間の課題を発見し，合理的な解決に向けて運動の取り組み方を工夫するとともに，自己や仲間の考えたことを他者に伝えること。

(3) ダンスに自主的に取り組むとともに，互いに助け合い教え合おうとすること，作品や発表などの話合いに貢献しようとすること，一人一人の違いに応じた表現や役割を大切にしようとすることなどや，健康・安全を確保すること。

H　体育理論

(1) 文化としてのスポーツの意義について，課題を発見し，その解決を目指した活動を通して，次の事項を身に付けることができるよう指導する。
- ア　文化としてのスポーツの意義について理解すること。
  - (ｱ) スポーツは，文化的な生活を営みよりよく生きていくために重要であること。
  - (ｲ) オリンピックやパラリンピック及び国際的なスポーツ大会などは，国際親善や世界平和に大きな役割を果たしていること。
  - (ｳ) スポーツは，民族や国，人種や性，障害の違いなどを超えて人々を結び付けていること。
- イ　文化としてのスポーツの意義について，自己の課題を発見し，よりよい解決に向けて思考し判断するとともに，他者に伝えること。
- ウ　文化としてのスポーツの意義についての学習に自主的に取り組むこと。

〔内容の取扱い〕
(1) 内容の各領域については,次のとおり取り扱うものとする。
　ア　第1学年及び第2学年においては,「A体つくり運動」から「H体育理論」までについては,全ての生徒に履修させること。その際,「A体つくり運動」及び「H体育理論」については,2学年間にわたって履修させること。
　イ　第3学年においては,「A体つくり運動」及び「H体育理論」については,全ての生徒に履修させること。「B器械運動」,「C陸上競技」,「D水泳」及び「Gダンス」についてはいずれかから一以上を,「E球技」及び「F武道」についてはいずれか一以上をそれぞれ選択して履修できるようにすること。
(2) 内容の「A体つくり運動」から「H体育理論」までに示す事項については,次のとおり取り扱うものとする。
　ア　「A体つくり運動」の(1)のアの運動については,「B器械運動」から「Gダンス」までにおいても関連を図って指導することができるとともに,心の健康など保健分野との関連を図って指導すること。また,「A体つくり運動」の(1)のイの運動については,第1学年及び第2学年においては,動きを持続する能力を高めるための運動に重点を置いて指導することができるが,調和のとれた体力を高めることに留意すること。その際,音楽に合わせて運動をするなどの工夫を図ること。第3学年においては,日常的に取り組める運動例を取り上げるなど指導方法の工夫を図ること。
　イ　「B器械運動」の(1)の運動については,第1学年及び第2学年においては,アからエまでの中からアを含む二を選択して履修できるようにすること。第3学年においては,アからエまでの中から選択して履修できるようにすること。
　ウ　「C陸上競技」の(1)の運動については,ア及びイに示すそれぞれの運動の中から選択して履修できるようにすること。
　エ　「D水泳」の(1)の運動については,第1学年及び第2学年においては,アからエまでの中からア又はイのいずれかを含む二を選択して履修できるようにすること。第3学年においては,アからオまでの中から選択して履修できるようにすること。なお,学校や地域の実態に応じて,安全を確保するための泳ぎを加えて履修させることができること。また,泳法との関連において水中からのスタート及びターンを取り上げること。なお,水泳の指導については,適切な水泳場の確保が困難な場合にはこれを扱わないことができるが,水泳の事故防止に関する心得については,必ず取り上げること。また,保健分野の応急手当との関連を図ること。
　オ　「E球技」の(1)の運動については,第1学年及び第2学年においては,アからウまでを全ての生徒に履修させること。第3学年においては,アからウまでの中から二を選択して履修できるようにすること。また,アについては,バスケットボール,ハンドボール,サッカーの中から,イについては,バレーボール,卓球,テニス,バドミントンの中から,ウについては,ソフトボールを適宜取り上げることとし,学校や地域の実態に応じて,その他の運動についても履修させることができること。なお,ウの実施に当たり,十分な広さの運動場の確保が難しい場合は指導方法を工夫して行うこと。
　カ　「F武道」については,柔道,剣道,相撲,空手道,なぎなた,弓道,合気道,少林寺拳法,銃剣道などを通して,我が国固有の伝統と文化により一層触れることができるようにすること。また,(1)の運動については,アからウまでの中から一を選択して履修できるようにすること。なお,学校や地域の実態に応じて,空手道,なぎなた,弓道,合気道,少林寺拳法,銃剣道などについても履修させることができること。また,武道場などの確保が難しい場合は指導方法を工夫して行うとともに,学習段階や個人差を踏まえ,段階的な指導を行うなど安全を十分に確保すること。

キ 「Gダンス」の(1)の運動については，アからウまでの中から選択して履修できるようにすること。なお，学校や地域の実態に応じて，その他のダンスについても履修させることができること。

ク 第1学年及び第2学年の内容の「H体育理論」については，(1)は第1学年，(2)は第2学年で取り上げること。

(3) 内容の「A体つくり運動」から「Gダンス」までの領域及び運動の選択並びにその指導に当たっては，学校や地域の実態及び生徒の特性等を考慮するものとする。また，第3学年の領域の選択に当たっては，安全を十分に確保した上で，生徒が自由に選択して履修することができるよう配慮すること。その際，指導に当たっては，内容の「B器械運動」から「Gダンス」までの領域については，それぞれの運動の特性に触れるために必要な体力を生徒自ら高めるように留意するものとする。

(4) 自然との関わりの深いスキー，スケートや水辺活動などの指導については，学校や地域の実態に応じて積極的に行うことに留意するものとする。

(5) 集合，整頓，列の増減，方向変換などの行動の仕方を身に付け，能率的で安全な集団としての行動ができるようにするための指導については，内容の「A体つくり運動」から「Gダンス」までの領域において適切に行うものとする。

〔保健分野〕

1 目標

(1) 個人生活における健康・安全について理解するとともに，基本的な技能を身に付けるようにする。

(2) 健康についての自他の課題を発見し，よりよい解決に向けて思考し判断するとともに，他者に伝える力を養う。

(3) 生涯を通じて心身の健康の保持増進を目指し，明るく豊かな生活を営む態度を養う。

2 内容

(1) 健康な生活と疾病の予防について，課題を発見し，その解決を目指した活動を通して，次の事項を身に付けることができるよう指導する。

ア 健康な生活と疾病の予防について理解を深めること。

(ｱ) 健康は，主体と環境の相互作用の下に成り立っていること。また，疾病は，主体の要因と環境の要因が関わり合って発生すること。

(ｲ) 健康の保持増進には，年齢，生活環境等に応じた運動，食事，休養及び睡眠の調和のとれた生活を続ける必要があること。

(ｳ) 生活習慣病などは，運動不足，食事の量や質の偏り，休養や睡眠の不足などの生活習慣の乱れが主な要因となって起こること。また，生活習慣病などの多くは，適切な運動，食事，休養及び睡眠の調和のとれた生活を実践することによって予防できること。

(ｴ) 喫煙，飲酒，薬物乱用などの行為は，心身に様々な影響を与え，健康を損なう原因となること。また，これらの行為には，個人の心理状態や人間関係，社会環境が影響することから，それぞれの要因に適切に対処する必要があること。

(ｵ) 感染症は，病原体が主な要因となって発生すること。また，感染症の多くは，発生源をなくすこと，感染経路を遮断すること，主体の抵抗力を高めることによって予防できること。

(ｶ) 健康の保持増進や疾病の予防のためには，個人や社会の取組が重要であり，保健・医療機関を有効に利用することが必要であること。また，医薬品は，正しく使用すること。

イ 健康な生活と疾病の予防について，課題を発見し，その解決に向けて思考し判断するとともに，それらを表現すること。

(2) 心身の機能の発達と心の健康について，課題を発見し，その解決を目指した活動を通して，次の事項を身に付けることができるよう指導する。

　ア　心身の機能の発達と心の健康について理解を深めるとともに，ストレスへの対処をすること。

　　(ｱ) 身体には，多くの器官が発育し，それに伴い，様々な機能が発達する時期があること。また，発育・発達の時期やその程度には，個人差があること。

　　(ｲ) 思春期には，内分泌の働きによって生殖に関わる機能が成熟すること。また，成熟に伴う変化に対応した適切な行動が必要となること。

　　(ｳ) 知的機能，情意機能，社会性などの精神機能は，生活経験などの影響を受けて発達すること。また，思春期においては，自己の認識が深まり，自己形成がなされること。

　　(ｴ) 精神と身体は，相互に影響を与え，関わっていること。欲求やストレスは，心身に影響を与えることがあること。また，心の健康を保つには，欲求やストレスに適切に対処する必要があること。

　イ　心身の機能の発達と心の健康について，課題を発見し，その解決に向けて思考し判断するとともに，それらを表現すること。

(3) 傷害の防止について，課題を発見し，その解決を目指した活動を通して，次の事項を身に付けることができるよう指導する。

　ア　傷害の防止について理解を深めるとともに，応急手当をすること。

　　(ｱ) 交通事故や自然災害などによる傷害は，人的要因や環境要因などが関わって発生すること。

　　(ｲ) 交通事故などによる傷害の多くは，安全な行動，環境の改善によって防止できること。

　　(ｳ) 自然災害による傷害は，災害発生時だけでなく，二次災害によっても生じること。また，自然災害による傷害の多くは，災害に備えておくこと，安全に避難することによって防止できること。

　　(ｴ) 応急手当を適切に行うことによって，傷害の悪化を防止することができること。また，心肺蘇生法などを行うこと。

　イ　傷害の防止について，危険の予測やその回避の方法を考え，それらを表現すること。

(4) 健康と環境について，課題を発見し，その解決を目指した活動を通して，次の事項を身に付けることができるよう指導する。

　ア　健康と環境について理解を深めること。

　　(ｱ) 身体には，環境に対してある程度まで適応能力があること。身体の適応能力を超えた環境は，健康に影響を及ぼすことがあること。また，快適で能率のよい生活を送るための温度，湿度や明るさには一定の範囲があること。

　　(ｲ) 飲料水や空気は，健康と密接な関わりがあること。また，飲料水や空気を衛生的に保つには，基準に適合するよう管理する必要があること。

　　(ｳ) 人間の生活によって生じた廃棄物は，環境の保全に十分配慮し，環境を汚染しないように衛生的に処理する必要があること。

　イ　健康と環境に関する情報から課題を発見し，その解決に向けて思考し判断するとともに，それらを表現すること。

3　内容の取扱い

(1) 内容の(1)のアの(ｱ)及び(ｲ)は第1学年，(1)のアの(ｳ)及び(ｴ)は第2学年，(1)のアの(ｵ)及び(ｶ)は第3学年で取り扱うものとし，(1)のイは全ての学年で取り扱うものとする。内容の(2)は第1学年，(3)は第2学年，(4)は第3学年で取り扱うものとする。

(2) 内容の(1)のアについては，健康の保持増進と疾病の予防に加えて，疾病の回復についても取り扱

(3) 内容の(1)のアの(イ)及び(ウ)については，食育の観点も踏まえつつ健康的な生活習慣の形成に結び付くように配慮するとともに，必要に応じて，コンピュータなどの情報機器の使用と健康との関わりについて取り扱うことにも配慮するものとする。また，がんについても取り扱うものとする。

(4) 内容の(1)のアの(エ)については，心身への急性影響及び依存性について取り扱うこと。また，薬物は，覚醒剤や大麻等を取り扱うものとする。

(5) 内容の(1)のアの(オ)については，後天性免疫不全症候群（エイズ）及び性感染症についても取り扱うものとする。

(6) 内容の(2)のアの(ア)については，呼吸器，循環器を中心に取り扱うものとする。

(7) 内容の(2)のアの(イ)については，妊娠や出産が可能となるような成熟が始まるという観点から，受精・妊娠を取り扱うものとし，妊娠の経過は取り扱わないものとする。また，身体の機能の成熟とともに，性衝動が生じたり，異性への関心が高まったりすることなどから，異性の尊重，情報への適切な対処や行動の選択が必要となることについて取り扱うものとする。

(8) 内容の(2)のアの(エ)については，体育分野の内容の「A体つくり運動」の(1)のアの指導との関連を図って指導するものとする。

(9) 内容の(3)のアの(エ)については，包帯法，止血法など傷害時の応急手当も取り扱い，実習を行うものとする。また，効果的な指導を行うため，水泳など体育分野の内容との関連を図るものとする。

(10) 内容の(4)については，地域の実態に即して公害と健康との関係を取り扱うことにも配慮するものとする。また，生態系については，取り扱わないものとする。

(11) 保健分野の指導に際しては，自他の健康に関心をもてるようにし，健康に関する課題を解決する学習活動を取り入れるなどの指導方法の工夫を行うものとする。

● 第3 指導計画の作成と内容の取扱い

1 指導計画の作成に当たっては，次の事項に配慮するものとする。
 (1) 単元など内容や時間のまとまりを見通して，その中で育む資質・能力の育成に向けて，生徒の主体的・対話的で深い学びの実現を図るようにすること。その際，体育や保健の見方・考え方を働かせながら，運動や健康についての自他の課題を発見し，その合理的な解決のための活動の充実を図ること。また，運動の楽しさや喜びを味わったり，健康の大切さを実感したりすることができるよう留意すること。
 (2) 授業時数の配当については，次のとおり扱うこと。
  ア 保健分野の授業時数は，3学年間で48単位時間程度配当すること。
  イ 保健分野の授業時数は，3学年間を通じて適切に配当し，各学年において効果的な学習が行われるよう考慮して配当すること。
  ウ 体育分野の授業時数は，各学年にわたって適切に配当すること。その際，体育分野の内容の「A体つくり運動」については，各学年で7単位時間以上を，「H体育理論」については，各学年で3単位時間以上を配当すること。
  エ 体育分野の内容の「B器械運動」から「Gダンス」までの領域の授業時数は，それらの内容の習熟を図ることができるよう考慮して配当すること。
 (3) 障害のある生徒などについては，学習活動を行う場合に生じる困難さに応じた指導内容や指導方法の工夫を計画的，組織的に行うこと。
 (4) 第1章総則の第1の2の(2)に示す道徳教育の目標に基づき，道徳科などとの関連を考慮しながら，第3章特別の教科道徳の第2に示す内容について，保健体育科の特質に応じて適切な指導をすること。

2 第2の内容の取扱いについては，次の事項に配慮するものとする。
 (1) 体力や技能の程度，性別や障害の有無等に関わらず，運動の多様な楽しみ方を共有することができるよう留意すること。
 (2) 言語能力を育成する言語活動を重視し，筋道を立てて練習や作戦について話し合う活動や，個人生活における健康の保持増進や回復について話し合う活動などを通して，コミュニケーション能力や論理的な思考力の育成を促し，自主的な学習活動の充実を図ること。
 (3) 第2の内容の指導に当たっては，コンピュータや情報通信ネットワークなどの情報手段を積極的に活用して，各分野の特質に応じた学習活動を行うよう工夫すること。
 (4) 体育分野におけるスポーツとの多様な関わり方や保健分野の指導については，具体的な体験を伴う学習の工夫を行うよう留意すること。
 (5) 生徒が学習内容を確実に身に付けることができるよう，学校や生徒の実態に応じ，学習内容の習熟の程度に応じた指導，個別指導との連携を踏まえた教師間の協力的な指導などを工夫改善し，個に応じた指導の充実が図られるよう留意すること。
 (6) 第1章総則の第1の2の(3)に示す学校における体育・健康に関する指導の趣旨を生かし，特別活動，運動部の活動などとの関連を図り，日常生活における体育・健康に関する活動が適切かつ継続的に実践できるよう留意すること。なお，体力の測定については，計画的に実施し，運動の指導及び体力の向上に活用するようにすること。
 (7) 体育分野と保健分野で示された内容については，相互の関連が図られるよう留意すること。

第8節　技術・家庭

● 第1　目標

生活の営みに係る見方・考え方や技術の見方・考え方を働かせ，生活や技術に関する実践的・体験的な活動を通して，よりよい生活の実現や持続可能な社会の構築に向けて，生活を工夫し創造する資質・能力を次のとおり育成することを目指す。

(1) 生活と技術についての基礎的な理解を図るとともに，それらに係る技能を身に付けるようにする。
(2) 生活や社会の中から問題を見いだして課題を設定し，解決策を構想し，実践を評価・改善し，表現するなど，課題を解決する力を養う。
(3) よりよい生活の実現や持続可能な社会の構築に向けて，生活を工夫し創造しようとする実践的な態度を養う。

● 第2　各分野の目標及び内容

〔技術分野〕

1　目標

技術の見方・考え方を働かせ，ものづくりなどの技術に関する実践的・体験的な活動を通して，技術によってよりよい生活や持続可能な社会を構築する資質・能力を次のとおり育成することを目指す。

(1) 生活や社会で利用されている材料，加工，生物育成，エネルギー変換及び情報の技術についての基礎的な理解を図るとともに，それらに係る技能を身に付け，技術と生活や社会，環境との関わりについて理解を深める。
(2) 生活や社会の中から技術に関わる問題を見いだして課題を設定し，解決策を構想し，製作図等に表現し，試作等を通じて具体化し，実践を評価・改善するなど，課題を解決する力を養う。
(3) よりよい生活の実現や持続可能な社会の構築に向けて，適切かつ誠実に技術を工夫し創造しようとする実践的な態度を養う。

2　内容

A　材料と加工の技術
(1) 生活や社会を支える材料と加工の技術について調べる活動などを通して，次の事項を身に付けることができるよう指導する。
　ア　材料や加工の特性等の原理・法則と，材料の製造・加工方法等の基礎的な技術の仕組みについて理解すること。
　イ　技術に込められた問題解決の工夫について考えること。
(2) 生活や社会における問題を，材料と加工の技術によって解決する活動を通して，次の事項を身に付けることができるよう指導する。
　ア　製作に必要な図をかき，安全・適切な製作や検査・点検等ができること。
　イ　問題を見いだして課題を設定し，材料の選択や成形の方法等を構想して設計を具体化するとともに，製作の過程や結果の評価，改善及び修正について考えること。
(3) これからの社会の発展と材料と加工の技術の在り方を考える活動などを通して，次の事項を身に付けることができるよう指導する。

ア　生活や社会，環境との関わりを踏まえて，技術の概念を理解すること。
　　イ　技術を評価し，適切な選択と管理・運用の在り方や，新たな発想に基づく改良と応用について考えること。
B　生物育成の技術
(1)　生活や社会を支える生物育成の技術について調べる活動などを通して，次の事項を身に付けることができるよう指導する。
　　ア　育成する生物の成長，生態の特性等の原理・法則と，育成環境の調節方法等の基礎的な技術の仕組みについて理解すること。
　　イ　技術に込められた問題解決の工夫について考えること。
(2)　生活や社会における問題を，生物育成の技術によって解決する活動を通して，次の事項を身に付けることができるよう指導する。
　　ア　安全・適切な栽培又は飼育，検査等ができること。
　　イ　問題を見いだして課題を設定し，育成環境の調節方法を構想して育成計画を立てるとともに，栽培又は飼育の過程や結果の評価，改善及び修正について考えること。
(3)　これからの社会の発展と生物育成の技術の在り方を考える活動などを通して，次の事項を身に付けることができるよう指導する。
　　ア　生活や社会，環境との関わりを踏まえて，技術の概念を理解すること。
　　イ　技術を評価し，適切な選択と管理・運用の在り方や，新たな発想に基づく改良と応用について考えること。
C　エネルギー変換の技術
(1)　生活や社会を支えるエネルギー変換の技術について調べる活動などを通して，次の事項を身に付けることができるよう指導する。
　　ア　電気，運動，熱の特性等の原理・法則と，エネルギーの変換や伝達等に関わる基礎的な技術の仕組み及び保守点検の必要性について理解すること。
　　イ　技術に込められた問題解決の工夫について考えること。
(2)　生活や社会における問題を，エネルギー変換の技術によって解決する活動を通して，次の事項を身に付けることができるよう指導する。
　　ア　安全・適切な製作，実装，点検及び調整等ができること。
　　イ　問題を見いだして課題を設定し，電気回路又は力学的な機構等を構想して設計を具体化するとともに，製作の過程や結果の評価，改善及び修正について考えること。
(3)　これからの社会の発展とエネルギー変換の技術の在り方を考える活動などを通して，次の事項を身に付けることができるよう指導する。
　　ア　生活や社会，環境との関わりを踏まえて，技術の概念を理解すること。
　　イ　技術を評価し，適切な選択と管理・運用の在り方や，新たな発想に基づく改良と応用について考えること。
D　情報の技術
(1)　生活や社会を支える情報の技術について調べる活動などを通して，次の事項を身に付けることができるよう指導する。
　　ア　情報の表現，記録，計算，通信の特性等の原理・法則と，情報のデジタル化や処理の自動化，システム化，情報セキュリティ等に関わる基礎的な技術の仕組み及び情報モラルの必要性について理解すること。
　　イ　技術に込められた問題解決の工夫について考えること。

(2) 生活や社会における問題を，ネットワークを利用した双方向性のあるコンテンツのプログラミングによって解決する活動を通して，次の事項を身に付けることができるよう指導する。
　ア　情報通信ネットワークの構成と，情報を利用するための基本的な仕組みを理解し，安全・適切なプログラムの制作，動作の確認及びデバッグ等ができること。
　イ　問題を見いだして課題を設定し，使用するメディアを複合する方法とその効果的な利用方法等を構想して情報処理の手順を具体化するとともに，制作の過程や結果の評価，改善及び修正について考えること。

(3) 生活や社会における問題を，計測・制御のプログラミングによって解決する活動を通して，次の事項を身に付けることができるよう指導する。
　ア　計測・制御システムの仕組みを理解し，安全・適切なプログラムの制作，動作の確認及びデバッグ等ができること。
　イ　問題を見いだして課題を設定し，入出力されるデータの流れを元に計測・制御システムを構想して情報処理の手順を具体化するとともに，制作の過程や結果の評価，改善及び修正について考えること。

(4) これからの社会の発展と情報の技術の在り方を考える活動などを通して，次の事項を身に付けることができるよう指導する。
　ア　生活や社会，環境との関わりを踏まえて，技術の概念を理解すること。
　イ　技術を評価し，適切な選択と管理・運用の在り方や，新たな発想に基づく改良と応用について考えること。

3　内容の取扱い

(1) 内容の「A材料と加工の技術」については，次のとおり取り扱うものとする。
　ア　(1)については，我が国の伝統的な技術についても扱い，緻密なものづくりの技などが我が国の伝統や文化を支えてきたことに気付かせること。
　イ　(2)の製作に必要な図については，主として等角図及び第三角法による図法を扱うこと。

(2) 内容の「B生物育成の技術」については，次のとおり取り扱うものとする。
　ア　(1)については，作物の栽培，動物の飼育及び水産生物の栽培のいずれも扱うこと。
　イ　(2)については，地域固有の生態系に影響を及ぼすことのないよう留意するとともに，薬品を使用する場合には，使用上の基準及び注意事項を遵守させること。

(3) 内容の「Cエネルギー変換の技術」の(1)については，電気機器や屋内配線等の生活の中で使用する製品やシステムの安全な使用についても扱うものとする。

(4) 内容の「D情報の技術」については，次のとおり取り扱うものとする。
　ア　(1)については，情報のデジタル化の方法と情報の量，著作権を含めた知的財産権，発信した情報に対する責任，及び社会におけるサイバーセキュリティが重要であることについても扱うこと。
　イ　(2)については，コンテンツに用いる各種メディアの基本的な特徴や，個人情報の保護の必要性についても扱うこと。

(5) 各内容における(1)については，次のとおり取り扱うものとする。
　ア　アで取り上げる原理や法則に関しては，関係する教科との連携を図ること。
　イ　イでは，社会からの要求，安全性，環境負荷や経済性などに着目し，技術が最適化されてきたことに気付かせること。
　ウ　第1学年の最初に扱う内容では，3年間の技術分野の学習の見通しを立てさせるために，内容の「A材料と加工の技術」から「D情報の技術」までに示す技術について触れること。

(6) 各内容における(2)及び内容の「D情報の技術」の(3)については，次のとおり取り扱うものとする。
　ア　イでは，各内容の(1)のイで気付かせた見方・考え方により問題を見いだして課題を設定し，自分なりの解決策を構想させること。
　イ　知的財産を創造，保護及び活用しようとする態度，技術に関わる倫理観，並びに他者と協働して粘り強く物事を前に進める態度を養うことを目指すこと。
　ウ　第3学年で取り上げる内容では，これまでの学習を踏まえた統合的な問題について扱うこと。
　エ　製作・制作・育成場面で使用する工具・機器や材料等については，図画工作科等の学習経験を踏まえるとともに，安全や健康に十分に配慮して選択すること。
(7) 内容の「A材料と加工の技術」，「B生物育成の技術」，「Cエネルギー変換の技術」の(3)及び内容の「D情報の技術」の(4)については，技術が生活の向上や産業の継承と発展，資源やエネルギーの有効利用，自然環境の保全等に貢献していることについても扱うものとする。

〔家庭分野〕
1　目　標
　生活の営みに係る見方・考え方を働かせ，衣食住などに関する実践的・体験的な活動を通して，よりよい生活の実現に向けて，生活を工夫し創造する資質・能力を次のとおり育成することを目指す。
(1) 家族・家庭の機能について理解を深め，家族・家庭，衣食住，消費や環境などについて，生活の自立に必要な基礎的な理解を図るとともに，それらに係る技能を身に付けるようにする。
(2) 家族・家庭や地域における生活の中から問題を見いだして課題を設定し，解決策を構想し，実践を評価・改善し，考察したことを論理的に表現するなど，これからの生活を展望して課題を解決する力を養う。
(3) 自分と家族，家庭生活と地域との関わりを考え，家族や地域の人々と協働し，よりよい生活の実現に向けて，生活を工夫し創造しようとする実践的な態度を養う。

2　内　容
A　家族・家庭生活
　次の(1)から(4)までの項目について，課題をもって，家族や地域の人々と協力・協働し，よりよい家庭生活に向けて考え，工夫する活動を通して，次の事項を身に付けることができるよう指導する。
(1) 自分の成長と家族・家庭生活
　ア　自分の成長と家族や家庭生活との関わりが分かり，家族・家庭の基本的な機能について理解するとともに，家族や地域の人々と協力・協働して家庭生活を営む必要があることに気付くこと。
(2) 幼児の生活と家族
　ア　次のような知識を身に付けること。
　　(ア) 幼児の発達と生活の特徴が分かり，子供が育つ環境としての家族の役割について理解すること。
　　(イ) 幼児にとっての遊びの意義や幼児との関わり方について理解すること。
　イ　幼児とのよりよい関わり方について考え，工夫すること。
(3) 家族・家庭や地域との関わり
　ア　次のような知識を身に付けること。
　　(ア) 家族の互いの立場や役割が分かり，協力することによって家族関係をよりよくできることについて理解すること。
　　(イ) 家庭生活は地域との相互の関わりで成り立っていることが分かり，高齢者など地域の人々と協働する必要があることや介護など高齢者との関わり方について理解すること。

イ　家族関係をよりよくする方法及び高齢者など地域の人々と関わり，協働する方法について考え，工夫すること。
　(4)　家族・家庭生活についての課題と実践
　　ア　家族，幼児の生活又は地域の生活の中から問題を見いだして課題を設定し，その解決に向けてよりよい生活を考え，計画を立てて実践できること。

B　衣食住の生活
　次の(1)から(7)までの項目について，課題をもって，健康・快適・安全で豊かな食生活，衣生活，住生活に向けて考え，工夫する活動を通して，次の事項を身に付けることができるよう指導する。
　(1)　食事の役割と中学生の栄養の特徴
　　ア　次のような知識を身に付けること。
　　　(ｱ)　生活の中で食事が果たす役割について理解すること。
　　　(ｲ)　中学生に必要な栄養の特徴が分かり，健康によい食習慣について理解すること。
　　イ　健康によい食習慣について考え，工夫すること。
　(2)　中学生に必要な栄養を満たす食事
　　ア　次のような知識を身に付けること。
　　　(ｱ)　栄養素の種類と働きが分かり，食品の栄養的な特質について理解すること。
　　　(ｲ)　中学生の1日に必要な食品の種類と概量が分かり，1日分の献立作成の方法について理解すること。
　　イ　中学生の1日分の献立について考え，工夫すること。
　(3)　日常食の調理と地域の食文化
　　ア　次のような知識及び技能を身に付けること。
　　　(ｱ)　日常生活と関連付け，用途に応じた食品の選択について理解し，適切にできること。
　　　(ｲ)　食品や調理用具等の安全と衛生に留意した管理について理解し，適切にできること。
　　　(ｳ)　材料に適した加熱調理の仕方について理解し，基礎的な日常食の調理が適切にできること。
　　　(ｴ)　地域の食文化について理解し，地域の食材を用いた和食の調理が適切にできること。
　　イ　日常の1食分の調理について，食品の選択や調理の仕方，調理計画を考え，工夫すること。
　(4)　衣服の選択と手入れ
　　ア　次のような知識及び技能を身に付けること。
　　　(ｱ)　衣服と社会生活との関わりが分かり，目的に応じた着用，個性を生かす着用及び衣服の適切な選択について理解すること。
　　　(ｲ)　衣服の計画的な活用の必要性，衣服の材料や状態に応じた日常着の手入れについて理解し，適切にできること。
　　イ　衣服の選択，材料や状態に応じた日常着の手入れの仕方を考え，工夫すること。
　(5)　生活を豊かにするための布を用いた製作
　　ア　製作する物に適した材料や縫い方について理解し，用具を安全に取り扱い，製作が適切にできること。
　　イ　資源や環境に配慮し，生活を豊かにするために布を用いた物の製作計画を考え，製作を工夫すること。
　(6)　住居の機能と安全な住まい方
　　ア　次のような知識を身に付けること。
　　　(ｱ)　家族の生活と住空間との関わりが分かり，住居の基本的な機能について理解すること。
　　　(ｲ)　家庭内の事故の防ぎ方など家族の安全を考えた住空間の整え方について理解すること。

イ　家族の安全を考えた住空間の整え方について考え，工夫すること。
　(7)　衣食住の生活についての課題と実践
　　ア　食生活，衣生活，住生活の中から問題を見いだして課題を設定し，その解決に向けてよりよい生活を考え，計画を立てて実践できること。
C　消費生活・環境
　次の(1)から(3)までの項目について，課題をもって，持続可能な社会の構築に向けて考え，工夫する活動を通して，次の事項を身に付けることができるよう指導する。
　(1)　金銭の管理と購入
　　ア　次のような知識及び技能を身に付けること。
　　　(ｱ)　購入方法や支払い方法の特徴が分かり，計画的な金銭管理の必要性について理解すること。
　　　(ｲ)　売買契約の仕組み，消費者被害の背景とその対応について理解し，物資・サービスの選択に必要な情報の収集・整理が適切にできること。
　　イ　物資・サービスの選択に必要な情報を活用して購入について考え，工夫すること。
　(2)　消費者の権利と責任
　　ア　消費者の基本的な権利と責任，自分や家族の消費生活が環境や社会に及ぼす影響について理解すること。
　　イ　身近な消費生活について，自立した消費者としての責任ある消費行動を考え，工夫すること。
　(3)　消費生活・環境についての課題と実践
　　ア　自分や家族の消費生活の中から問題を見いだして課題を設定し，その解決に向けて環境に配慮した消費生活を考え，計画を立てて実践できること。

3　内容の取扱い

　(1)　各内容については，生活の科学的な理解を深めるための実践的・体験的な活動を充実すること。
　(2)　内容の「A家族・家庭生活」については，次のとおり取り扱うものとする。
　　ア　(1)のアについては，家族・家庭の基本的な機能がAからCまでの各内容に関わっていることや，家族・家庭や地域における様々な問題について，協力・協働，健康・快適・安全，生活文化の継承，持続可能な社会の構築等を視点として考え，解決に向けて工夫することが大切であることに気付かせるようにすること。
　　イ　(1)，(2)及び(3)については，相互に関連を図り，実習や観察，ロールプレイングなどの学習活動を中心とするよう留意すること。
　　ウ　(2)については，幼稚園，保育所，認定こども園などの幼児の観察や幼児との触れ合いができるよう留意すること。アの(ｱ)については，幼児期における周囲との基本的な信頼関係や生活習慣の形成の重要性についても扱うこと。
　　エ　(3)のアの(ｲ)については，高齢者の身体の特徴についても触れること。また，高齢者の介護の基礎に関する体験的な活動ができるよう留意すること。イについては，地域の活動や行事などを取り上げたり，他教科等における学習との関連を図ったりするよう配慮すること。
　(3)　内容の「B衣食住の生活」については，次のとおり取り扱うものとする。
　　ア　日本の伝統的な生活についても扱い，生活文化を継承する大切さに気付くことができるよう配慮すること。
　　イ　(1)のアの(ｱ)については，食事を共にする意義や食文化を継承することについても扱うこと。
　　ウ　(2)のアの(ｱ)については，水の働きや食物繊維についても触れること。
　　エ　(3)のアの(ｱ)については，主として調理実習で用いる生鮮食品と加工食品の表示を扱うこと。(ｳ)

については，煮る，焼く，蒸す等を扱うこと。また，魚，肉，野菜を中心として扱い，基礎的な題材を取り上げること。(エ)については，だしを用いた煮物又は汁物を取り上げること。また，地域の伝統的な行事食や郷土料理を扱うこともできること。
　　オ　食に関する指導については，技術・家庭科の特質に応じて，食育の充実に資するよう配慮すること。
　　カ　(4)のアの(ア)については，日本の伝統的な衣服である和服について触れること。また，和服の基本的な着装を扱うこともできること。さらに，既製服の表示と選択に当たっての留意事項を扱うこと。(イ)については，日常着の手入れは主として洗濯と補修を扱うこと。
　　キ　(5)のアについては，衣服等の再利用の方法についても触れること。
　　ク　(6)のアについては，簡単な図などによる住空間の構想を扱うこと。また，ア及びイについては，内容の「A家族・家庭生活」の(2)及び(3)との関連を図ること。さらに，アの(イ)及びイについては，自然災害に備えた住空間の整え方についても扱うこと。
　(4)　内容の「C消費生活・環境」については，次のとおり取り扱うものとする。
　　ア　(1)及び(2)については，内容の「A家族・家庭生活」又は「B衣食住の生活」の学習との関連を図り，実践的に学習できるようにすること。
　　イ　(1)については，中学生の身近な消費行動と関連を図った物資・サービスや消費者被害を扱うこと。アの(ア)については，クレジットなどの三者間契約についても扱うこと。

●第3　指導計画の作成と内容の取扱い

1　指導計画の作成に当たっては，次の事項に配慮するものとする。
　(1)　題材など内容や時間のまとまりを見通して，その中で育む資質・能力の育成に向けて，生徒の主体的・対話的で深い学びの実現を図るようにすること。その際，生活の営みに係る見方・考え方や技術の見方・考え方を働かせ，知識を相互に関連付けてより深く理解するとともに，生活や社会の中から問題を見いだして解決策を構想し，実践を評価・改善して，新たな課題の解決に向かう過程を重視した学習の充実を図ること。
　(2)　技術分野及び家庭分野の授業時数については，3学年間を見通した全体的な指導計画に基づき，いずれかの分野に偏ることなく配当して履修させること。その際，各学年において，技術分野及び家庭分野のいずれも履修させること。
　　　家庭分野の内容の「A家族・家庭生活」の(4)，「B衣食住の生活」の(7)及び「C消費生活・環境」の(3)については，これら三項目のうち，一以上を選択し履修させること。その際，他の内容と関連を図り，実践的な活動を家庭や地域などで行うことができるよう配慮すること。
　(3)　技術分野の内容の「A材料と加工の技術」から「D情報の技術」まで，及び家庭分野の内容の「A家族・家庭生活」から「C消費生活・環境」までの各項目に配当する授業時数及び各項目の履修学年については，生徒や学校，地域の実態等に応じて，各学校において適切に定めること。その際，家庭分野の内容の「A家族・家庭生活」の(1)については，小学校家庭科の学習を踏まえ，中学校における学習の見通しを立てさせるために，第1学年の最初に履修させること。
　(4)　各項目及び各項目に示す事項については，相互に有機的な関連を図り，総合的に展開されるよう適切な題材を設定して計画を作成すること。その際，生徒や学校，地域の実態を的確に捉え，指導の効果を高めるようにすること。また，小学校における学習を踏まえるとともに，高等学校における学習を見据え，他教科等との関連を明確にして系統的・発展的に指導ができるようにすること。さらに，持続可能な開発のための教育を推進する視点から他教科等との連携も図ること。

(5) 障害のある生徒などについては，学習活動を行う場合に生じる困難さに応じた指導内容や指導方法の工夫を計画的，組織的に行うこと。
 (6) 第1章総則の第1の2の(2)に示す道徳教育の目標に基づき，道徳科などとの関連を考慮しながら，第3章特別の教科道徳の第2に示す内容について，技術・家庭科の特質に応じて適切な指導をすること。
2 第2の内容の取扱いについては，次の事項に配慮するものとする。
 (1) 指導に当たっては，衣食住やものづくりなどに関する実習等の結果を整理し考察する学習活動や，生活や社会における課題を解決するために言葉や図表，概念などを用いて考えたり，説明したりするなどの学習活動の充実を図ること。
 (2) 指導に当たっては，コンピュータや情報通信ネットワークを積極的に活用して，実習等における情報の収集・整理や，実践結果の発表などを行うことができるように工夫すること。
 (3) 基礎的・基本的な知識及び技能を習得し，基本的な概念などの理解を深めるとともに，仕事の楽しさや完成の喜びを体得させるよう，実践的・体験的な活動を充実すること。また，生徒のキャリア発達を踏まえて学習内容と将来の職業の選択や生き方との関わりについても扱うこと。
 (4) 資質・能力の育成を図り，一人一人の個性を生かし伸ばすよう，生徒の興味・関心を踏まえた学習課題の設定，技能の習得状況に応じた少人数指導や教材・教具の工夫など個に応じた指導の充実に努めること。
 (5) 生徒が，学習した知識及び技能を生活に活用したり，生活や社会の変化に対応したりすることができるよう，生活や社会の中から問題を見いだして課題を設定し解決する学習活動を充実するとともに，家庭や地域社会，企業などとの連携を図るよう配慮すること。
3 実習の指導に当たっては，施設・設備の安全管理に配慮し，学習環境を整備するとともに，火気，用具，材料などの取扱いに注意して事故防止の指導を徹底し，安全と衛生に十分留意するものとする。
　その際，技術分野においては，正しい機器の操作や作業環境の整備等について指導するとともに，適切な服装や防護眼鏡・防塵マスクの着用，作業後の手洗いの実施等による安全の確保に努めることとする。
　家庭分野においては，幼児や高齢者と関わるなど校外での学習について，事故の防止策及び事故発生時の対応策等を綿密に計画するとともに，相手に対する配慮にも十分留意するものとする。また，調理実習については，食物アレルギーにも配慮するものとする。

第9節　外国語

● 第1　目標

　外国語によるコミュニケーションにおける見方・考え方を働かせ，外国語による聞くこと，読むこと，話すこと，書くことの言語活動を通して，簡単な情報や考えなどを理解したり表現したり伝え合ったりするコミュニケーションを図る資質・能力を次のとおり育成することを目指す。
(1) 外国語の音声や語彙，表現，文法，言語の働きなどを理解するとともに，これらの知識を，聞くこと，読むこと，話すこと，書くことによる実際のコミュニケーションにおいて活用できる技能を身に付けるようにする。
(2) コミュニケーションを行う目的や場面，状況などに応じて，日常的な話題や社会的な話題について，外国語で簡単な情報や考えなどを理解したり，これらを活用して表現したり伝え合ったりすることができる力を養う。
(3) 外国語の背景にある文化に対する理解を深め，聞き手，読み手，話し手，書き手に配慮しながら，主体的に外国語を用いてコミュニケーションを図ろうとする態度を養う。

● 第2　各言語の目標及び内容等

英　語
1　目　標
　英語学習の特質を踏まえ，以下に示す，聞くこと，読むこと，話すこと［やり取り］，話すこと［発表］，書くことの五つの領域別に設定する目標の実現を目指した指導を通して，第1の(1)及び(2)に示す資質・能力を一体的に育成するとともに，その過程を通して，第1の(3)に示す資質・能力を育成する。
(1) 聞くこと
　ア　はっきりと話されれば，日常的な話題について，必要な情報を聞き取ることができるようにする。
　イ　はっきりと話されれば，日常的な話題について，話の概要を捉えることができるようにする。
　ウ　はっきりと話されれば，社会的な話題について，短い説明の要点を捉えることができるようにする。
(2) 読むこと
　ア　日常的な話題について，簡単な語句や文で書かれたものから必要な情報を読み取ることができるようにする。
　イ　日常的な話題について，簡単な語句や文で書かれた短い文章の概要を捉えることができるようにする。
　ウ　社会的な話題について，簡単な語句や文で書かれた短い文章の要点を捉えることができるようにする。
(3) 話すこと［やり取り］
　ア　関心のある事柄について，簡単な語句や文を用いて即興で伝え合うことができるようにする。
　イ　日常的な話題について，事実や自分の考え，気持ちなどを整理し，簡単な語句や文を用いて伝えたり，相手からの質問に答えたりすることができるようにする。
　ウ　社会的な話題に関して聞いたり読んだりしたことについて，考えたことや感じたこと，その理由

などを，簡単な語句や文を用いて述べ合うことができるようにする。
(4) 話すこと［発表］
　ア　関心のある事柄について，簡単な語句や文を用いて即興で話すことができるようにする。
　イ　日常的な話題について，事実や自分の考え，気持ちなどを整理し，簡単な語句や文を用いてまとまりのある内容を話すことができるようにする。
　ウ　社会的な話題に関して聞いたり読んだりしたことについて，考えたことや感じたこと，その理由などを，簡単な語句や文を用いて話すことができるようにする。
(5) 書くこと
　ア　関心のある事柄について，簡単な語句や文を用いて正確に書くことができるようにする。
　イ　日常的な話題について，事実や自分の考え，気持ちなどを整理し，簡単な語句や文を用いてまとまりのある文章を書くことができるようにする。
　ウ　社会的な話題に関して聞いたり読んだりしたことについて，考えたことや感じたこと，その理由などを，簡単な語句や文を用いて書くことができるようにする。

2　内　容

〔知識及び技能〕
(1) 英語の特徴やきまりに関する事項
　　実際に英語を用いた言語活動を通して，小学校学習指導要領第2章第10節外国語第2の2の(1)及び次に示す言語材料のうち，1に示す五つの領域別の目標を達成するのにふさわしいものについて理解するとともに，言語材料と言語活動とを効果的に関連付け，実際のコミュニケーションにおいて活用できる技能を身に付けることができるよう指導する。
　ア　音声
　　　次に示す事項について取り扱うこと。
　　(ｱ) 現代の標準的な発音
　　(ｲ) 語と語の連結による音の変化
　　(ｳ) 語や句，文における基本的な強勢
　　(ｴ) 文における基本的なイントネーション
　　(ｵ) 文における基本的な区切り
　イ　符号
　　　感嘆符，引用符などの符号
　ウ　語，連語及び慣用表現
　　(ｱ) 1に示す五つの領域別の目標を達成するために必要となる，小学校で学習した語に1600〜1800語程度の新語を加えた語
　　(ｲ) 連語のうち，活用頻度の高いもの
　　(ｳ) 慣用表現のうち，活用頻度の高いもの
　エ　文，文構造及び文法事項
　　　小学校学習指導要領第2章第10節外国語第2の2の(1)のエ及び次に示す事項について，意味のある文脈でのコミュニケーションの中で繰り返し触れることを通して活用すること。
　　(ｱ) 文
　　　a　重文，複文
　　　b　疑問文のうち，助動詞（may, will など）で始まるものや or を含むもの，疑問詞（which, whose）で始まるもの

c　感嘆文のうち基本的なもの
(イ) 文構造
　　a　［主語＋動詞＋補語］のうち，
　　　　主語＋be 動詞以外の動詞＋$\begin{Bmatrix} 名詞 \\ 形容詞 \end{Bmatrix}$
　　b　［主語＋動詞＋目的語］のうち，
　　　(a) 主語＋動詞＋$\begin{Bmatrix} 動名詞 \\ to 不定詞 \\ how（など）to 不定詞 \end{Bmatrix}$
　　　(b) 主語＋動詞＋$\begin{Bmatrix} that で始まる節 \\ what などで始まる節 \end{Bmatrix}$
　　c　［主語＋動詞＋間接目的語＋直接目的語］のうち，
　　　(a) 主語＋動詞＋間接目的語＋$\begin{Bmatrix} 名詞 \\ 代名詞 \end{Bmatrix}$
　　　(b) 主語＋動詞＋間接目的語＋how（など）to 不定詞
　　　(c) 主語＋動詞＋間接目的語＋$\begin{Bmatrix} that で始まる節 \\ what などで始まる節 \end{Bmatrix}$
　　d　［主語＋動詞＋目的語＋補語］のうち，
　　　(a) 主語＋動詞＋目的語＋$\begin{Bmatrix} 名詞 \\ 形容詞 \end{Bmatrix}$
　　　(b) 主語＋動詞＋目的語＋原形不定詞
　　e　その他
　　　(a) There＋be 動詞＋〜
　　　(b) It＋be 動詞＋〜（＋for 〜）＋to 不定詞
　　　(c) 主語＋tell, want など＋目的語＋to 不定詞
　　　(d) 主語＋be 動詞＋形容詞＋that で始まる節
(ウ) 文法事項
　　a　代名詞
　　　(a) 人称や指示，疑問，数量を表すもの
　　　(b) 関係代名詞のうち，主格の that, which, who, 目的格の that, which の制限的用法
　　b　接続詞
　　c　助動詞
　　d　前置詞
　　e　動詞の時制及び相など
　　　　現在形や過去形，現在進行形，過去進行形，現在完了形，現在完了進行形，助動詞などを用いた未来表現
　　f　形容詞や副詞を用いた比較表現
　　g　to 不定詞
　　h　動名詞
　　i　現在分詞や過去分詞の形容詞としての用法
　　j　受け身
　　k　仮定法のうち基本的なもの

〔思考力，判断力，表現力等〕
(2) 情報を整理しながら考えなどを形成し，英語で表現したり，伝え合ったりすることに関する事項
　　具体的な課題等を設定し，コミュニケーションを行う目的や場面，状況などに応じて，情報を整理しながら考えなどを形成し，これらを論理的に表現することを通して，次の事項を身に付けることができるよう指導する。
　ア　日常的な話題や社会的な話題について，英語を聞いたり読んだりして必要な情報や考えなどを捉えること。
　イ　日常的な話題や社会的な話題について，英語を聞いたり読んだりして得られた情報や表現を，選択したり抽出したりするなどして活用し，話したり書いたりして事実や自分の考え，気持ちなどを表現すること。
　ウ　日常的な話題や社会的な話題について，伝える内容を整理し，英語で話したり書いたりして互いに事実や自分の考え，気持ちなどを伝え合うこと。
(3) 言語活動及び言語の働きに関する事項
　① 言語活動に関する事項
　　(2)に示す事項については，(1)に示す事項を活用して，例えば次のような言語活動を通して指導する。
　ア　小学校学習指導要領第2章第10節外国語の第2の2の(3)に示す言語活動のうち，小学校における学習内容の定着を図るために必要なもの。
　イ　聞くこと
　　(ｱ) 日常的な話題について，自然な口調で話される英語を聞いて，話し手の意向を正確に把握する活動。
　　(ｲ) 店や公共交通機関などで用いられる簡単なアナウンスなどから，自分が必要とする情報を聞き取る活動。
　　(ｳ) 友達からの招待など，身近な事柄に関する簡単なメッセージを聞いて，その内容を把握し，適切に応答する活動。
　　(ｴ) 友達や家族，学校生活などの日常的な話題や社会的な話題に関する会話や説明などを聞いて，概要や要点を把握する活動。また，その内容を英語で説明する活動。
　ウ　読むこと
　　(ｱ) 書かれた内容や文章の構成を考えながら黙読したり，その内容を表現するよう音読したりする活動。
　　(ｲ) 日常的な話題について，簡単な表現が用いられている広告やパンフレット，予定表，手紙，電子メール，短い文章などから，自分が必要とする情報を読み取る活動。
　　(ｳ) 簡単な語句や文で書かれた日常的な話題に関する短い説明やエッセイ，物語などを読んで概要を把握する活動。
　　(ｴ) 簡単な語句や文で書かれた社会的な話題に関する説明などを読んで，イラストや写真，図表なども参考にしながら，要点を把握する活動。また，その内容に対する賛否や自分の考えを述べる活動。
　エ　話すこと［やり取り］
　　(ｱ) 関心のある事柄について，相手からの質問に対し，その場で適切に応答したり，関連する質問をしたりして，互いに会話を継続する活動。
　　(ｲ) 日常的な話題について，伝えようとする内容を整理し，自分で作成したメモなどを活用しながら相手と口頭で伝え合う活動。

(ｳ) 社会的な話題に関して聞いたり読んだりしたことから把握した内容に基づき，読み取ったことや感じたこと，考えたことなどを伝えた上で，相手からの質問に対して適切に応答したり自ら質問し返したりする活動。

オ 話すこと［発表］
(ｱ) 関心のある事柄について，その場で考えを整理して口頭で説明する活動。
(ｲ) 日常的な話題について，事実や自分の考え，気持ちなどをまとめ，簡単なスピーチをする活動。
(ｳ) 社会的な話題に関して聞いたり読んだりしたことから把握した内容に基づき，自分で作成したメモなどを活用しながら口頭で要約したり，自分の考えや気持ちなどを話したりする活動。

カ 書くこと
(ｱ) 趣味や好き嫌いなど，自分に関する基本的な情報を語句や文で書く活動。
(ｲ) 簡単な手紙や電子メールの形で自分の近況などを伝える活動。
(ｳ) 日常的な話題について，簡単な語句や文を用いて，出来事などを説明するまとまりのある文章を書く活動。
(ｴ) 社会的な話題に関して聞いたり読んだりしたことから把握した内容に基づき，自分の考えや気持ち，その理由などを書く活動。

② 言語の働きに関する事項
言語活動を行うに当たり，主として次に示すような言語の使用場面や言語の働きを取り上げるようにする。

ア 言語の使用場面の例
(ｱ) 生徒の身近な暮らしに関わる場面
・家庭での生活　・学校での学習や活動
・地域の行事　など
(ｲ) 特有の表現がよく使われる場面
・自己紹介　・買物　・食事
・道案内　・旅行　・電話での対応
・手紙や電子メールのやり取り　など

イ 言語の働きの例
(ｱ) コミュニケーションを円滑にする
・話し掛ける　・相づちを打つ　・聞き直す
・繰り返す　など
(ｲ) 気持ちを伝える
・礼を言う　・苦情を言う　・褒める
・謝る　・歓迎する　など
(ｳ) 事実・情報を伝える
・説明する　・報告する　・発表する
・描写する　など
(ｴ) 考えや意図を伝える
・申し出る　・約束する　・意見を言う
・賛成する　・反対する　・承諾する
・断る　・仮定する　など
(ｵ) 相手の行動を促す

- ・質問する　　・依頼する　　・招待する
- ・命令する　など

3　指導計画の作成と内容の取扱い

(1) 指導計画の作成に当たっては，小学校や高等学校における指導との接続に留意しながら，次の事項に配慮するものとする。

　ア　単元など内容や時間のまとまりを見通して，その中で育む資質・能力の育成に向けて，生徒の主体的・対話的で深い学びの実現を図るようにすること。その際，具体的な課題等を設定し，生徒が外国語によるコミュニケーションにおける見方・考え方を働かせながら，コミュニケーションの目的や場面，状況などを意識して活動を行い，英語の音声や語彙，表現，文法の知識を五つの領域における実際のコミュニケーションにおいて活用する学習の充実を図ること。

　イ　学年ごとの目標を適切に定め，3学年間を通じて外国語科の目標の実現を図るようにすること。

　ウ　実際に英語を使用して互いの考えや気持ちを伝え合うなどの言語活動を行う際は，2の(1)に示す言語材料について理解したり練習したりするための指導を必要に応じて行うこと。また，小学校第3学年から第6学年までに扱った簡単な語句や基本的な表現などの学習内容を繰り返し指導し定着を図ること。

　エ　生徒が英語に触れる機会を充実するとともに，授業を実際のコミュニケーションの場面とするため，授業は英語で行うことを基本とする。その際，生徒の理解の程度に応じた英語を用いるようにすること。

　オ　言語活動で扱う題材は，生徒の興味・関心に合ったものとし，国語科や理科，音楽科など，他の教科等で学習したことを活用したり，学校行事で扱う内容と関連付けたりするなどの工夫をすること。

　カ　障害のある生徒などについては，学習活動を行う場合に生じる困難さに応じた指導内容や指導方法の工夫を計画的，組織的に行うこと。

　キ　指導計画の作成や授業の実施に当たっては，ネイティブ・スピーカーや英語が堪能な地域人材などの協力を得る等，指導体制の充実を図るとともに，指導方法の工夫を行うこと。

(2) 2の内容に示す事項については，次の事項に配慮するものとする。

　ア　2の(1)に示す言語材料については，平易なものから難しいものへと段階的に指導すること。また，生徒の発達の段階に応じて，聞いたり読んだりすることを通して意味を理解できるように指導すべき事項と，話したり書いたりして表現できるように指導すべき事項とがあることに留意すること。

　イ　音声指導に当たっては，日本語との違いに留意しながら，発音練習などを通して2の(1)のアに示す言語材料を継続して指導するとともに，音声指導の補助として，必要に応じて発音表記を用いて指導することもできることに留意すること。また，発音と綴りとを関連付けて指導すること。

　ウ　文字指導に当たっては，生徒の学習負担にも配慮しながら筆記体を指導することもできることに留意すること。

　エ　文法事項の指導に当たっては，次の事項に留意すること。

　　(ｱ)　英語の特質を理解させるために，関連のある文法事項はまとめて整理するなど，効果的な指導ができるよう工夫すること。

　　(ｲ)　文法はコミュニケーションを支えるものであることを踏まえ，コミュニケーションの目的を達成する上での必要性や有用性を実感させた上でその知識を活用させたり，繰り返し使用することで当該文法事項の規則性や構造などについて気付きを促したりするなど，言語活動と効果的に関連付けて指導すること。

(ｳ) 用語や用法の区別などの指導が中心とならないよう配慮し，実際に活用できるようにするとともに，語順や修飾関係などにおける日本語との違いに留意して指導すること。
　オ　辞書の使い方に慣れ，活用できるようにすること。
　カ　身近な事柄について，友達に質問をしたり質問に答えたりする力を育成するため，ペア・ワーク，グループ・ワークなどの学習形態について適宜工夫すること。その際，他者とコミュニケーションを行うことに課題がある生徒については，個々の生徒の特性に応じて指導内容や指導方法を工夫すること。
　キ　生徒が身に付けるべき資質・能力や生徒の実態，教材の内容などに応じて，視聴覚教材やコンピュータ，情報通信ネットワーク，教育機器などを有効活用し，生徒の興味，関心をより高め，指導の効率化や言語活動の更なる充実を図るようにすること。
　ク　各単元や各時間の指導に当たっては，コミュニケーションを行う目的，場面，状況などを明確に設定し，言語活動を通して育成すべき資質・能力を明確に示すことにより，生徒が学習の見通しを立てたり，振り返ったりすることができるようにすること。
(3) 教材については，次の事項に留意するものとする。
　ア　教材は，聞くこと，読むこと，話すこと［やり取り］，話すこと［発表］，書くことなどのコミュニケーションを図る資質・能力を総合的に育成するため，1に示す五つの領域別の目標と2に示す内容との関係について，単元など内容や時間のまとまりごとに各教材の中で明確に示すとともに，実際の言語の使用場面や言語の働きに十分配慮した題材を取り上げること。
　イ　英語を使用している人々を中心とする世界の人々や日本人の日常生活，風俗習慣，物語，地理，歴史，伝統文化，自然科学などに関するものの中から，生徒の発達の段階や興味・関心に即して適切な題材を効果的に取り上げるものとし，次の観点に配慮すること。
　　　(ｱ) 多様な考え方に対する理解を深めさせ，公正な判断力を養い豊かな心情を育てるのに役立つこと。
　　　(ｲ) 我が国の文化や，英語の背景にある文化に対する関心を高め，理解を深めようとする態度を養うのに役立つこと。
　　　(ｳ) 広い視野から国際理解を深め，国際社会と向き合うことが求められている我が国の一員としての自覚を高めるとともに，国際協調の精神を養うのに役立つこと。

その他の外国語

　その他の外国語については，英語の1に示す五つの領域別の目標，2に示す内容及び3に示す指導計画の作成と内容の取扱いに準じて指導を行うものとする。

● 第3　指導計画の作成と内容の取扱い

1　外国語科においては，英語を履修させることを原則とすること。
2　第1章総則の第1の2の(2)に示す道徳教育の目標に基づき，道徳科などとの関連を考慮しながら，第3章特別の教科道徳の第2に示す内容について，外国語科の特質に応じて適切な指導をすること。

第3章　特別の教科　道徳

● 第1　目標

第1章総則の第1の2の(2)に示す道徳教育の目標に基づき，よりよく生きるための基盤となる道徳性を養うため，道徳的諸価値についての理解を基に，自己を見つめ，物事を広い視野から多面的・多角的に考え，人間としての生き方についての考えを深める学習を通して，道徳的な判断力，心情，実践意欲と態度を育てる。

● 第2　内容

学校の教育活動全体を通じて行う道徳教育の要である道徳科においては，以下に示す項目について扱う。

A　主として自分自身に関すること

［自主，自律，自由と責任］
　自律の精神を重んじ，自主的に考え，判断し，誠実に実行してその結果に責任をもつこと。

［節度，節制］
　望ましい生活習慣を身に付け，心身の健康の増進を図り，節度を守り節制に心掛け，安全で調和のある生活をすること。

［向上心，個性の伸長］
　自己を見つめ，自己の向上を図るとともに，個性を伸ばして充実した生き方を追求すること。

［希望と勇気，克己と強い意志］
　より高い目標を設定し，その達成を目指し，希望と勇気をもち，困難や失敗を乗り越えて着実にやり遂げること。

［真理の探究，創造］
　真実を大切にし，真理を探究して新しいものを生み出そうと努めること。

B　主として人との関わりに関すること

［思いやり，感謝］
　思いやりの心をもって人と接するとともに，家族などの支えや多くの人々の善意により日々の生活や現在の自分があることに感謝し，進んでそれに応え，人間愛の精神を深めること。

［礼儀］
　礼儀の意義を理解し，時と場に応じた適切な言動をとること。

［友情，信頼］
　友情の尊さを理解して心から信頼できる友達をもち，互いに励まし合い，高め合うとともに，異性についての理解を深め，悩みや葛藤も経験しながら人間関係を深めていくこと。

［相互理解，寛容］
　自分の考えや意見を相手に伝えるとともに，それぞれの個性や立場を尊重し，いろいろなものの見方や考え方があることを理解し，寛容の心をもって謙虚に他に学び，自らを高めていくこと。

C　主として集団や社会との関わりに関すること

［遵法精神，公徳心］
　法やきまりの意義を理解し，それらを進んで守るとともに，そのよりよい在り方について考え，自他の権利を大切にし，義務を果たして，規律ある安定した社会の実現に努めること。

［公正，公平，社会正義］
　　正義と公正さを重んじ，誰に対しても公平に接し，差別や偏見のない社会の実現に努めること。
［社会参画，公共の精神］
　　社会参画の意識と社会連帯の自覚を高め，公共の精神をもってよりよい社会の実現に努めること。
［勤労］
　　勤労の尊さや意義を理解し，将来の生き方について考えを深め，勤労を通じて社会に貢献すること。
［家族愛，家庭生活の充実］
　　父母，祖父母を敬愛し，家族の一員としての自覚をもって充実した家庭生活を築くこと。
［よりよい学校生活，集団生活の充実］
　　教師や学校の人々を敬愛し，学級や学校の一員としての自覚をもち，協力し合ってよりよい校風をつくるとともに，様々な集団の意義や集団の中での自分の役割と責任を自覚して集団生活の充実に努めること。
［郷土の伝統と文化の尊重，郷土を愛する態度］
　　郷土の伝統と文化を大切にし，社会に尽くした先人や高齢者に尊敬の念を深め，地域社会の一員としての自覚をもって郷土を愛し，進んで郷土の発展に努めること。
［我が国の伝統と文化の尊重，国を愛する態度］
　　優れた伝統の継承と新しい文化の創造に貢献するとともに，日本人としての自覚をもって国を愛し，国家及び社会の形成者として，その発展に努めること。
［国際理解，国際貢献］
　　世界の中の日本人としての自覚をもち，他国を尊重し，国際的視野に立って，世界の平和と人類の発展に寄与すること。
D　主として生命や自然，崇高なものとの関わりに関すること
［生命の尊さ］
　　生命の尊さについて，その連続性や有限性なども含めて理解し，かけがえのない生命を尊重すること。
［自然愛護］
　　自然の崇高さを知り，自然環境を大切にすることの意義を理解し，進んで自然の愛護に努めること。
［感動，畏敬の念］
　　美しいものや気高いものに感動する心をもち，人間の力を超えたものに対する畏敬の念を深めること。
［よりよく生きる喜び］
　　人間には自らの弱さや醜さを克服する強さや気高く生きようとする心があることを理解し，人間として生きることに喜びを見いだすこと。

● 第3　指導計画の作成と内容の取扱い

1　各学校においては，道徳教育の全体計画に基づき，各教科，総合的な学習の時間及び特別活動との関連を考慮しながら，道徳科の年間指導計画を作成するものとする。なお，作成に当たっては，第2に示す内容項目について，各学年において全て取り上げることとする。その際，生徒や学校の実態に応じ，3学年間を見通した重点的な指導や内容項目間の関連を密にした指導，一つの内容項目を複数の時間で扱う指導を取り入れるなどの工夫を行うものとする。
2　第2の内容の指導に当たっては，次の事項に配慮するものとする。
(1)　学級担任の教師が行うことを原則とするが，校長や教頭などの参加，他の教師との協力的な指導などについて工夫し，道徳教育推進教師を中心とした指導体制を充実すること。

(2) 道徳科が学校の教育活動全体を通じて行う道徳教育の要としての役割を果たすことができるよう，計画的・発展的な指導を行うこと。特に，各教科，総合的な学習の時間及び特別活動における道徳教育としては取り扱う機会が十分でない内容項目に関わる指導を補うことや，生徒や学校の実態等を踏まえて指導をより一層深めること，内容項目の相互の関連を捉え直したり発展させたりすることに留意すること。

(3) 生徒が自ら道徳性を養う中で，自らを振り返って成長を実感したり，これからの課題や目標を見付けたりすることができるよう工夫すること。その際，道徳性を養うことの意義について，生徒自らが考え，理解し，主体的に学習に取り組むことができるようにすること。また，発達の段階を考慮し，人間としての弱さを認めながら，それを乗り越えてよりよく生きようとすることのよさについて，教師が生徒と共に考える姿勢を大切にすること。

(4) 生徒が多様な感じ方や考え方に接する中で，考えを深め，判断し，表現する力などを育むことができるよう，自分の考えを基に討論したり書いたりするなどの言語活動を充実すること。その際，様々な価値観について多面的・多角的な視点から振り返って考える機会を設けるとともに，生徒が多様な見方や考え方に接しながら，更に新しい見方や考え方を生み出していくことができるよう留意すること。

(5) 生徒の発達の段階や特性等を考慮し，指導のねらいに即して，問題解決的な学習，道徳的行為に関する体験的な学習等を適切に取り入れるなど，指導方法を工夫すること。その際，それらの活動を通じて学んだ内容の意義などについて考えることができるようにすること。また，特別活動等における多様な実践活動や体験活動も道徳科の授業に生かすようにすること。

(6) 生徒の発達の段階や特性等を考慮し，第2に示す内容との関連を踏まえつつ，情報モラルに関する指導を充実すること。また，例えば，科学技術の発展と生命倫理との関係や社会の持続可能な発展などの現代的な課題の取扱いにも留意し，身近な社会的課題を自分との関係において考え，その解決に向けて取り組もうとする意欲や態度を育てるよう努めること。なお，多様な見方や考え方のできる事柄について，特定の見方や考え方に偏った指導を行うことのないようにすること。

(7) 道徳科の授業を公開したり，授業の実施や地域教材の開発や活用などに家庭や地域の人々，各分野の専門家等の積極的な参加や協力を得たりするなど，家庭や地域社会との共通理解を深め，相互の連携を図ること。

3 教材については，次の事項に留意するものとする。

(1) 生徒の発達の段階や特性，地域の実情等を考慮し，多様な教材の活用に努めること。特に，生命の尊厳，社会参画，自然，伝統と文化，先人の伝記，スポーツ，情報化への対応等の現代的な課題などを題材とし，生徒が問題意識をもって多面的・多角的に考えたり，感動を覚えたりするような充実した教材の開発や活用を行うこと。

(2) 教材については，教育基本法や学校教育法その他の法令に従い，次の観点に照らし適切と判断されるものであること。

　ア　生徒の発達の段階に即し，ねらいを達成するのにふさわしいものであること。

　イ　人間尊重の精神にかなうものであって，悩みや葛藤等の心の揺れ，人間関係の理解等の課題も含め，生徒が深く考えることができ，人間としてよりよく生きる喜びや勇気を与えられるものであること。

　ウ　多様な見方や考え方のできる事柄を取り扱う場合には，特定の見方や考え方に偏った取扱いがなされていないものであること。

4 生徒の学習状況や道徳性に係る成長の様子を継続的に把握し，指導に生かすよう努める必要がある。ただし，数値などによる評価は行わないものとする。

第4章　総合的な学習の時間

第1　目標

探究的な見方・考え方を働かせ，横断的・総合的な学習を行うことを通して，よりよく課題を解決し，自己の生き方を考えていくための資質・能力を次のとおり育成することを目指す。

(1) 探究的な学習の過程において，課題の解決に必要な知識及び技能を身に付け，課題に関わる概念を形成し，探究的な学習のよさを理解するようにする。

(2) 実社会や実生活の中から問いを見いだし，自分で課題を立て，情報を集め，整理・分析して，まとめ・表現することができるようにする。

(3) 探究的な学習に主体的・協働的に取り組むとともに，互いのよさを生かしながら，積極的に社会に参画しようとする態度を養う。

第2　各学校において定める目標及び内容

1　目標

各学校においては，第1の目標を踏まえ，各学校の総合的な学習の時間の目標を定める。

2　内容

各学校においては，第1の目標を踏まえ，各学校の総合的な学習の時間の内容を定める。

3　各学校において定める目標及び内容の取扱い

各学校において定める目標及び内容の設定に当たっては，次の事項に配慮するものとする。

(1) 各学校において定める目標については，各学校における教育目標を踏まえ，総合的な学習の時間を通して育成を目指す資質・能力を示すこと。

(2) 各学校において定める目標及び内容については，他教科等の目標及び内容との違いに留意しつつ，他教科等で育成を目指す資質・能力との関連を重視すること。

(3) 各学校において定める目標及び内容については，日常生活や社会との関わりを重視すること。

(4) 各学校において定める内容については，目標を実現するにふさわしい探究課題，探究課題の解決を通して育成を目指す具体的な資質・能力を示すこと。

(5) 目標を実現するにふさわしい探究課題については，学校の実態に応じて，例えば，国際理解，情報，環境，福祉・健康などの現代的な諸課題に対応する横断的・総合的な課題，地域や学校の特色に応じた課題，生徒の興味・関心に基づく課題，職業や自己の将来に関する課題などを踏まえて設定すること。

(6) 探究課題の解決を通して育成を目指す具体的な資質・能力については，次の事項に配慮すること。

　ア　知識及び技能については，他教科等及び総合的な学習の時間で習得する知識及び技能が相互に関連付けられ，社会の中で生きて働くものとして形成されるようにすること。

　イ　思考力，判断力，表現力等については，課題の設定，情報の収集，整理・分析，まとめ・表現などの探究的な学習の過程において発揮され，未知の状況において活用できるものとして身に付けられるようにすること。

　ウ　学びに向かう力，人間性等については，自分自身に関すること及び他者や社会との関わりに関することの両方の視点を踏まえること。

(7) 目標を実現するにふさわしい探究課題及び探究課題の解決を通して育成を目指す具体的な資質・能力については，教科等を越えた全ての学習の基盤となる資質・能力が育まれ，活用されるものとなるよう配慮すること。

第3 指導計画の作成と内容の取扱い

1 指導計画の作成に当たっては，次の事項に配慮するものとする。
  (1) 年間や，単元など内容や時間のまとまりを見通して，その中で育む資質・能力の育成に向けて，生徒の主体的・対話的で深い学びの実現を図るようにすること。その際，生徒や学校，地域の実態等に応じて，生徒が探究的な見方・考え方を働かせ，教科等の枠を超えた横断的・総合的な学習や生徒の興味・関心等に基づく学習を行うなど創意工夫を生かした教育活動の充実を図ること。
  (2) 全体計画及び年間指導計画の作成に当たっては，学校における全教育活動との関連の下に，目標及び内容，学習活動，指導方法や指導体制，学習の評価の計画などを示すこと。その際，小学校における総合的な学習の時間の取組を踏まえること。
  (3) 他教科等及び総合的な学習の時間で身に付けた資質・能力を相互に関連付け，学習や生活において生かし，それらが総合的に働くようにすること。その際，言語能力，情報活用能力など全ての学習の基盤となる資質・能力を重視すること。
  (4) 他教科等の目標及び内容との違いに留意しつつ，第1の目標並びに第2の各学校において定める目標及び内容を踏まえた適切な学習活動を行うこと。
  (5) 各学校における総合的な学習の時間の名称については，各学校において適切に定めること。
  (6) 障害のある生徒などについては，学習活動を行う場合に生じる困難さに応じた指導内容や指導方法の工夫を計画的，組織的に行うこと。
  (7) 第1章総則の第1の2の(2)に示す道徳教育の目標に基づき，道徳科などとの関連を考慮しながら，第3章特別の教科道徳の第2に示す内容について，総合的な学習の時間の特質に応じて適切な指導をすること。
2 第2の内容の取扱いについては，次の事項に配慮するものとする。
  (1) 第2の各学校において定める目標及び内容に基づき，生徒の学習状況に応じて教師が適切な指導を行うこと。
  (2) 探究的な学習の過程においては，他者と協働して課題を解決しようとする学習活動や，言語により分析し，まとめたり表現したりするなどの学習活動が行われるようにすること。その際，例えば，比較する，分類する，関連付けるなどの考えるための技法が活用されるようにすること。
  (3) 探究的な学習の過程においては，コンピュータや情報通信ネットワークなどを適切かつ効果的に活用して，情報を収集・整理・発信するなどの学習活動が行われるよう工夫すること。その際，情報や情報手段を主体的に選択し活用できるよう配慮すること。
  (4) 自然体験や職場体験活動，ボランティア活動などの社会体験，ものづくり，生産活動などの体験活動，観察・実験，見学や調査，発表や討論などの学習活動を積極的に取り入れること。
  (5) 体験活動については，第1の目標並びに第2の各学校において定める目標及び内容を踏まえ，探究的な学習の過程に適切に位置付けること。
  (6) グループ学習や異年齢集団による学習などの多様な学習形態，地域の人々の協力も得つつ，全教師が一体となって指導に当たるなどの指導体制について工夫を行うこと。
  (7) 学校図書館の活用，他の学校との連携，公民館，図書館，博物館等の社会教育施設や社会教育関係団体等の各種団体との連携，地域の教材や学習環境の積極的な活用などの工夫を行うこと。

(8) 職業や自己の将来に関する学習を行う際には，探究的な学習に取り組むことを通して，自己を理解し，将来の生き方を考えるなどの学習活動が行われるようにすること。

第5章　特別活動

● 第1　目標

　集団や社会の形成者としての見方・考え方を働かせ，様々な集団活動に自主的，実践的に取り組み，互いのよさや可能性を発揮しながら集団や自己の生活上の課題を解決することを通して，次のとおり資質・能力を育成することを目指す。
(1) 多様な他者と協働する様々な集団活動の意義や活動を行う上で必要となることについて理解し，行動の仕方を身に付けるようにする。
(2) 集団や自己の生活，人間関係の課題を見いだし，解決するために話し合い，合意形成を図ったり，意思決定したりすることができるようにする。
(3) 自主的，実践的な集団活動を通して身に付けたことを生かして，集団や社会における生活及び人間関係をよりよく形成するとともに，人間としての生き方についての考えを深め，自己実現を図ろうとする態度を養う。

● 第2　各活動・学校行事の目標及び内容

〔学級活動〕

1　目標

　学級や学校での生活をよりよくするための課題を見いだし，解決するために話し合い，合意形成し，役割を分担して協力して実践したり，学級での話合いを生かして自己の課題の解決及び将来の生き方を描くために意思決定して実践したりすることに，自主的，実践的に取り組むことを通して，第1の目標に掲げる資質・能力を育成することを目指す。

2　内容

　1の資質・能力を育成するため，全ての学年において，次の各活動を通して，それぞれの活動の意義及び活動を行う上で必要となることについて理解し，主体的に考えて実践できるよう指導する。
(1) 学級や学校における生活づくりへの参画
　ア　学級や学校における生活上の諸問題の解決
　　学級や学校における生活をよりよくするための課題を見いだし，解決するために話し合い，合意形成を図り，実践すること。
　イ　学級内の組織づくりや役割の自覚
　　学級生活の充実や向上のため，生徒が主体的に組織をつくり，役割を自覚しながら仕事を分担して，協力し合い実践すること。
　ウ　学校における多様な集団の生活の向上
　　生徒会など学級の枠を超えた多様な集団における活動や学校行事を通して学校生活の向上を図るため，学級としての提案や取組を話し合って決めること。
(2) 日常の生活や学習への適応と自己の成長及び健康安全
　ア　自他の個性の理解と尊重，よりよい人間関係の形成
　　自他の個性を理解して尊重し，互いのよさや可能性を発揮しながらよりよい集団生活をつくること。
　イ　男女相互の理解と協力

　　　　男女相互について理解するとともに，共に協力し尊重し合い，充実した生活づくりに参画すること。
　　ウ　思春期の不安や悩みの解決，性的な発達への対応
　　　　心や体に関する正しい理解を基に，適切な行動をとり，悩みや不安に向き合い乗り越えようとすること。
　　エ　心身ともに健康で安全な生活態度や習慣の形成
　　　　節度ある生活を送るなど現在及び生涯にわたって心身の健康を保持増進することや，事件や事故，災害等から身を守り安全に行動すること。
　　オ　食育の観点を踏まえた学校給食と望ましい食習慣の形成
　　　　給食の時間を中心としながら，成長や健康管理を意識するなど，望ましい食習慣の形成を図るとともに，食事を通して人間関係をよりよくすること。
(3)　一人一人のキャリア形成と自己実現
　　ア　社会生活，職業生活との接続を踏まえた主体的な学習態度の形成と学校図書館等の活用
　　　　現在及び将来の学習と自己実現とのつながりを考えたり，自主的に学習する場としての学校図書館等を活用したりしながら，学ぶことと働くことの意義を意識して学習の見通しを立て，振り返ること。
　　イ　社会参画意識の醸成や勤労観・職業観の形成
　　　　社会の一員としての自覚や責任を持ち，社会生活を営む上で必要なマナーやルール，働くことや社会に貢献することについて考えて行動すること。
　　ウ　主体的な進路の選択と将来設計
　　　　目標をもって，生き方や進路に関する適切な情報を収集・整理し，自己の個性や興味・関心と照らして考えること。

3　内容の取扱い

(1)　2の(1)の指導に当たっては，集団としての意見をまとめる話合い活動など小学校からの積み重ねや経験を生かし，それらを発展させることができるよう工夫すること。
(2)　2の(3)の指導に当たっては，学校，家庭及び地域における学習や生活の見通しを立て，学んだことを振り返りながら，新たな学習や生活への意欲につなげたり，将来の生き方を考えたりする活動を行うこと。その際，生徒が活動を記録し蓄積する教材等を活用すること。

〔生徒会活動〕
1　目　標

異年齢の生徒同士で協力し，学校生活の充実と向上を図るための諸問題の解決に向けて，計画を立て役割を分担し，協力して運営することに自主的，実践的に取り組むことを通して，第1の目標に掲げる資質・能力を育成することを目指す。

2　内　容

1の資質・能力を育成するため，学校の全生徒をもって組織する生徒会において，次の各活動を通して，それぞれの活動の意義及び活動を行う上で必要となることについて理解し，主体的に考えて実践できるよう指導する。
(1)　生徒会の組織づくりと生徒会活動の計画や運営
　　生徒が主体的に組織をつくり，役割を分担し，計画を立て，学校生活の課題を見いだし解決するた

めに話し合い，合意形成を図り実践すること。
(2) 学校行事への協力
　学校行事の特質に応じて，生徒会の組織を活用して，計画の一部を担当したり，運営に主体的に協力したりすること。
(3) ボランティア活動などの社会参画
　地域や社会の課題を見いだし，具体的な対策を考え，実践し，地域や社会に参画できるようにすること。

〔学校行事〕
1　目　標
　全校又は学年の生徒で協力し，よりよい学校生活を築くための体験的な活動を通して，集団への所属感や連帯感を深め，公共の精神を養いながら，第1の目標に掲げる資質・能力を育成することを目指す。

2　内　容
　1の資質・能力を育成するため，全ての学年において，全校又は学年を単位として，次の各行事において，学校生活に秩序と変化を与え，学校生活の充実と発展に資する体験的な活動を行うことを通して，それぞれの学校行事の意義及び活動を行う上で必要となることについて理解し，主体的に考えて実践できるよう指導する。
(1) 儀式的行事
　学校生活に有意義な変化や折り目を付け，厳粛で清新な気分を味わい，新しい生活の展開への動機付けとなるようにすること。
(2) 文化的行事
　平素の学習活動の成果を発表し，自己の向上の意欲を一層高めたり，文化や芸術に親しんだりするようにすること。
(3) 健康安全・体育的行事
　心身の健全な発達や健康の保持増進，事件や事故，災害等から身を守る安全な行動や規律ある集団行動の体得，運動に親しむ態度の育成，責任感や連帯感の涵養，体力の向上などに資するようにすること。
(4) 旅行・集団宿泊的行事
　平素と異なる生活環境にあって，見聞を広め，自然や文化などに親しむとともに，よりよい人間関係を築くなどの集団生活の在り方や公衆道徳などについての体験を積むことができるようにすること。
(5) 勤労生産・奉仕的行事
　勤労の尊さや生産の喜びを体得し，職場体験活動などの勤労観・職業観に関わる啓発的な体験が得られるようにするとともに，共に助け合って生きることの喜びを体得し，ボランティア活動などの社会奉仕の精神を養う体験が得られるようにすること。

3　内容の取扱い
(1) 生徒や学校，地域の実態に応じて，2に示す行事の種類ごとに，行事及びその内容を重点化するとともに，各行事の趣旨を生かした上で，行事間の関連や統合を図るなど精選して実施すること。また，実施に当たっては，自然体験や社会体験などの体験活動を充実するとともに，体験活動を通して気付いたことなどを振り返り，まとめたり，発表し合ったりするなどの事後の活動を充実すること。

第3　指導計画の作成と内容の取扱い

1　指導計画の作成に当たっては，次の事項に配慮するものとする。
 (1) 特別活動の各活動及び学校行事を見通して，その中で育む資質・能力の育成に向けて，生徒の主体的・対話的で深い学びの実現を図るようにすること。その際，よりよい人間関係の形成，よりよい集団生活の構築や社会への参画及び自己実現に資するよう，生徒が集団や社会の形成者としての見方・考え方を働かせ，様々な集団活動に自主的，実践的に取り組む中で，互いのよさや個性，多様な考えを認め合い，等しく合意形成に関わり役割を担うようにすることを重視すること。
 (2) 各学校においては特別活動の全体計画や各活動及び学校行事の年間指導計画を作成すること。その際，学校の創意工夫を生かし，学級や学校，地域の実態，生徒の発達の段階などを考慮するとともに，第2に示す内容相互及び各教科，道徳科，総合的な学習の時間などの指導との関連を図り，生徒による自主的，実践的な活動が助長されるようにすること。また，家庭や地域の人々との連携，社会教育施設等の活用などを工夫すること。
 (3) 学級活動における生徒の自発的，自治的な活動を中心として，各活動と学校行事を相互に関連付けながら，個々の生徒についての理解を深め，教師と生徒，生徒相互の信頼関係を育み，学級経営の充実を図ること。その際，特に，いじめの未然防止等を含めた生徒指導との関連を図るようにすること。
 (4) 障害のある生徒などについては，学習活動を行う場合に生じる困難さに応じた指導内容や指導方法の工夫を計画的，組織的に行うこと。
 (5) 第1章総則の第1の2の(2)に示す道徳教育の目標に基づき，道徳科などとの関連を考慮しながら，第3章特別の教科道徳の第2に示す内容について，特別活動の特質に応じて適切な指導をすること。
2　第2の内容の取扱いについては，次の事項に配慮するものとする。
 (1) 学級活動及び生徒会活動の指導については，指導内容の特質に応じて，教師の適切な指導の下に，生徒の自発的，自治的な活動が効果的に展開されるようにすること。その際，よりよい生活を築くために自分たちできまりをつくって守る活動などを充実するよう工夫すること。
 (2) 生徒及び学校の実態並びに第1章総則の第6の2に示す道徳教育の重点などを踏まえ，各学年において取り上げる指導内容の重点化を図るとともに，必要に応じて，内容間の関連や統合を図ったり，他の内容を加えたりすることができること。
 (3) 学校生活への適応や人間関係の形成，進路の選択などについては，主に集団の場面で必要な指導や援助を行うガイダンスと，個々の生徒の多様な実態を踏まえ，一人一人が抱える課題に個別に対応した指導を行うカウンセリング（教育相談を含む。）の双方の趣旨を踏まえて指導を行うこと。特に入学当初においては，個々の生徒が学校生活に適応するとともに，希望や目標をもって生活をできるよう工夫すること。あわせて，生徒の家庭との連絡を密にすること。
 (4) 異年齢集団による交流を重視するとともに，幼児，高齢者，障害のある人々などとの交流や対話，障害のある幼児児童生徒との交流及び共同学習の機会を通して，協働することや，他者の役に立ったり社会に貢献したりすることの喜びを得られる活動を充実すること。
3　入学式や卒業式などにおいては，その意義を踏まえ，国旗を掲揚するとともに，国歌を斉唱するよう指導するものとする。

高等学校学習指導要領（平成30年告示）

MEXT 1-1812

平成31年2月15日　初版発行
令和6年11月20日　2刷発行

著作権所有　文 部 科 学 省

発 行 者　株式会社　東 山 書 房
　　　　　代表者　山 本 敬 一

印 刷 者　創栄図書印刷株式会社
　　　　　代表者　田 中 雅 博

〒604-0812　京都市中京区高倉通二条上ル天守町766

発 行 所　株式会社　東 山 書 房
〒604-8454　京都市中京区西ノ京小堀池町8-2
電話　075-841-9278
振替　01070-1-1067

定価：1059円（本体963円＋税）